JOHN STOTT

COMO POSICIONAR-SE BIBLICAMENTE
DIANTE DOS DESAFIOS CONTEMPORÂNEOS

O CRISTÃO EM UMA SOCIEDADE NÃO CRISTÃ

Rio de Janeiro, 2023

Título original: *Issues Facing Christians Today*
Copyright © 1984, 1990, 1999 e 2006 por John Stott
Edição original por Zondervan. Todos os direitos reservados.
Copyright da tradução © Vida Melhor Editora Ltda., 2019.
Todos os direitos desta publicação reservados por Vida Melhor Editora Ltda.

Gerente editorial	Samuel Coto
Editor	André Lodos
Produção editorial	Bruna Gomes
Copidesque	Carla Morais
Revisão	Simone Fraga
Capa	Douglas Lucas
Diagramação	Julio Fado

Os pontos de vista desta obra são de total responsabilidade de seu autor, não refletindo necessariamente a posição da Thomas Nelson Brasil, da HarperCollins Christian Publishing ou de sua equipe editorial.

As citações bíblicas são da *Nova Versão Internacional* (NVI), da Bíblica, Inc., a menos que seja especificada outra versão da Bíblia Sagrada.

Thomas Nelson Brasil é uma marca licenciada à Vida Melhor Editora Ltda.

Dados Internacionais de Catalogação na Publicação (CIP)
Angélica Ilacqua CRB-8/7057

S888c
   Stott, John
   O cristão em uma sociedade não cristã : como posicionar-se biblicamente diante dos desafios contemporâneos / John Stott ; tradução de Markus Hediger. -- Rio de Janeiro : Thomas Nelson, 2019.
   640 p.

   ISBN 978-85-7167-012-9
   Título original: Issues Facing Christians Today

   1. Sociologia cristã 2. Igreja e problemas sociais 3. Evangelicalismo 4. Vida cristã I. Título II. Hediger, Markus

                               CDD 261.8
                               CDU 261:304

Todos os direitos reservados à Vida Melhor Editora Ltda.
Rua da Quitanda, 86, sala 601A – Centro
Rio de Janeiro, RJ – CEP 20091-005
Tel.: (21) 3175-1030
www.thomasnelson.com.br

SUMÁRIO

Prefácio à primeira edição (1984) — 5
Prefácio à segunda edição (1990) — 9
Prefácio à terceira edição (1999) — 11
Prefácio do editor à quarta edição (2006) — 13
Uma nota de John Stott — 17

PRIMEIRA PARTE: Questões contextuais

1. Nosso mundo em transformação: o envolvimento cristão é necessário? — 21
2. Nosso mundo complexo: o pensamento cristão é distintivo? — 51
3. Nosso mundo plural: o testemunho cristão é influente? — 79

SEGUNDA PARTE: Questões globais

4. Guerra e paz — 111
5. Cuidando da Criação — 155
6. Convivendo com a pobreza global — 187
7. Direitos humanos — 223

TERCEIRA PARTE: Questões sociais

8. O mundo do trabalho — 255
9. Relacionamentos de negócio — 285
10. Celebrando a diversidade étnica — 319
11. Simplicidade, generosidade e contentamento — 351

QUARTA PARTE: Questões pessoais

12. Mulheres, homens e Deus — 385
13. Casamento, coabitação e divórcio — 425

14. Aborto e eutanásia   461
15. A nova biotecnologia (por professor John Wyatt)   495
16. Relacionamentos homossexuais   523

CONCLUSÃO
17. Um chamado para a liderança cristã   573

Guia de estudos   593
Índice remissivo   609

PREFÁCIO À PRIMEIRA EDIÇÃO (1984)

Um dos aspectos mais notáveis do movimento evangélico global durante os últimos dez ou quinze anos tem sido a recuperação de nossa consciência social temporariamente perdida. Durante cinquenta anos (ca. 1920-1970), os cristãos evangélicos estiveram preocupados com a tarefa de defender a fé bíblica histórica contra os ataques do liberalismo teológico e reagindo contra o seu "evangelho social". Contudo, agora, estamos convencidos de que Deus nos deu responsabilidades não só evangelísticas, mas também sociais em seu mundo. No entanto, meio século de negligência deixou-nos muito atrasados nessa área. Temos um longo caminho a recuperar.

Este livro é minha própria contribuição para esse processo de recuperação. Sua origem pode ser retraçada até 1978/1979, quando Michael Baughen, agora bispo de Chester, mas na época reitor da All Souls Church, convidou-me a pregar uma série de sermões ocasionais sob o título "Questões que a Bretanha enfrenta hoje". Vários destes capítulos iniciaram sua vida no púlpito, tendo sido desenvolvidos e transformados, subsequentemente, em palestras no London Institute for Contemporary Christianity, cuja *raison d'être* é ajudar as pessoas a desenvolver uma perspectiva cristã sobre as complexidades do mundo moderno.

Confesso que, ao longo do tempo em que escrevia, enfrentei várias vezes a tentação de desistir. Por vezes, senti-me tolo; por outras, presunçoso por tentar tal empreendimento. Não sou, de forma alguma, especialista em teologia moral ou ética social e não possuo nenhum conhecimento ou experiência em alguns dos campos que invado. Além do mais, cada tema é complexo, gerou uma literatura extensa, da qual só pude ler alguma parte, e é potencialmente divisório ou, em alguns casos, até mesmo explosivo. Todavia, perseverei, principalmente porque me aventuro a oferecer ao público não uma obra profissional polida, mas uma obra amadora bruta de um cristão comum que está tentando pensar de modo cristão, ou seja, que tenta aplicar a revelação bíblica às questões urgentes da atualidade.

Essa é a minha preocupação. Começo pelo compromisso com a Bíblia, como a "Palavra escrita de Deus", tal qual ela é apresentada nos Artigos Anglicanos e tal qual foi recebida por quase todas as igrejas até tempos comparativamente recentes. Essa é a pressuposição básica deste livro; meu propósito atual não inclui a argumentação dela. Contudo, nós, cristãos, temos um segundo compromisso, um compromisso com o mundo no qual Deus nos colocou. E, muitas vezes, nossos dois compromissos parecem estar em conflito um com o outro. Por ser uma coleção de documentos que se referem a eventos específicos e distantes, a Bíblia passa uma sensação arcaica. Ela parece ser incompatível com a nossa cultura ocidental, cheia de sondas espaciais e microprocessadores. Como qualquer outro cristão, sinto-me preso na tensão dolorosa entre esses dois mundos. Séculos os separam. Mas tentei resistir à tentação de recuar diante de qualquer um dos dois mundos por meio da rendição ao outro.

Alguns cristãos que desejam, acima de tudo, ser fiéis à revelação de Deus sem compromisso ignoram os desafios do mundo moderno e vivem no passado. Outros, que desejam responder ao mundo em sua volta, podam e distorcem a revelação de Deus em sua busca por relevância. Lutei para evitar ambas as armadilhas, pois o cristão não tem a liberdade de se render nem à antiguidade nem à modernidade. Em vez disso, busquei submeter-me com integridade à revelação de ontem dentro das realidades de hoje. Não é fácil combinar a lealdade ao passado com a sensibilidade com o presente. Contudo, este é o nosso chamado cristão: viver, neste mundo, sob a Palavra.

Muitas pessoas ajudaram a desenvolver meu raciocínio. Agradeço a "sucessão apostólica" dos meus assistentes de estudo Roy McCloughry, Tom Cooper, Mark Labberton, Steve Ingraham e Bob Wismer, que compilaram bibliografias, criaram grupos de discussão para temas de sermões, reuniram informações e verificaram referências. A ajuda de Bob Wismer foi essencial nas últimas etapas, lendo duas vezes o manuscrito e fazendo sugestões valiosas. Agradeço também à Frances Whitehead, minha secretária há 28 anos. Ela e Vivienne Curry datilografaram o manuscrito. Steve Andrews, meu assistente atual, foi meticuloso na revisão da versão final. Agradeço, ainda, aos amigos que leram capítulos diferentes e teceram seus comentários: Oliver Barclay, Raymond Johnston, John Gladwin, Mark Stephens, Roy McCloughry, Myra Chave-Jones e meus colegas do London Institute, Andrew Kirk (diretor associado) e Martyn Eden (decano). Sou especialmente grato a Jim Houston, diretor fundador e agora chanceler do Regent College, em Vancouver, cuja noção da necessidade de uma visão do mundo integrada para os cristãos estimulou meu próprio pensamento e a fundação do London Institute.

J. S.
Junho de 1984

PREFÁCIO À SEGUNDA EDIÇÃO (1990)

Seis anos se passaram desde a publicação deste livro, e, nesse curto período de tempo, o mundo tem testemunhado muitas mudanças. Desanuviamento entre os superpoderes e desarmamento começaram. Liberdade e democracia, impensáveis apenas um ano atrás, arraigaram-se na Europa Oriental e na União Soviética, ao mesmo tempo em que a repressão brutal tem pisoteado esses brotos frágeis na China. Debates antigos (como a ameaça nuclear) têm sido encerrados e novos debates (como a epidemia da Aids) têm surgido.

Em função dessas mudanças, surge a necessidade de uma segunda edição revisada deste livro. As estatísticas sobre armamento, violações de direitos humanos, outras religiões, desemprego, divórcio e aborto foram atualizadas. Tem sido necessário ler e refletir sobre livros recém-publicados que abarcam todas essas questões. Vários desses livros foram escritos por autores evangélicos, o que é um sinal encorajador da nossa consciência social em desenvolvimento. Outro sinal disso é a fusão do London Institute for Contemporary Christianity com o Shaftesbury Project for Christian Involvement in Society para, assim, formar o "Christian Impact" e combinar pesquisa, educação e pensamento com ação. Outros sinais são o compromisso mais forte com a ação social, explícito no Manifesto de Manila, que foi adotado na conclusão do Segundo Congresso Lausanne sobre Evangelização Mundial (1989), e o projeto "Sal e Luz", patrocinado pela Aliança Evangélica Britânica.

Esta segunda edição incorpora, também, conteúdos novos sobre muitos temas, tais como: o crescimento rápido do movimento verde e seus alertas sobre a destruição da camada de ozônio e o efeito estufa; o Relatório Brundtland, intitulado *Nosso futuro comum*, e seu conceito de "desenvolvimento sustentável"; o peso da dívida suportado por muitas famílias nucleares no

Ocidente e — em medida paralisante — pelos países do Terceiro Mundo; três documentos cristãos importantes publicados recentemente na África do Sul; a reflexão continuada de cristãos evangélicos sobre a função, o ministério e a liderança de mulheres; a fertilização humana e as tecnologias reprodutivas modernas; os aspectos teológicos, morais, pastorais e educacionais da Aids; e a eficácia do protesto e testemunho social cristãos.

Gostaria também de agradecer a Toby Howarth e Todd Shy, meus assistentes antigo e atual, que releram o livro com todo o cuidado e fizeram inúmeras sugestões; a Martyn Eden, Elaine Storkey, Roy McCloughry, Maurice Hobbs, John Wyatt e Stephen Rand, que analisaram seções ou capítulos individuais e sugeriram alterações; a Lance Pierson, que produziu o guia de estudos; e a Frances Whitehead, que datilografou novamente grande parte do livro, com sua edição verdadeiramente hábil no estilo "copiar e colar".

Para encerrar, sinto a necessidade de reafirmar o que escrevi no prefácio à primeira edição, principalmente que este livro representa as lutas de uma pessoa que não alega infalibilidade, que deseja continuar a aumentar sua integridade cristã diante das pressões de uma sociedade secular e que, para esse fim, busca continuamente luz nova nas Escrituras.

J. S.
Janeiro de 1990

PREFÁCIO À TERCEIRA EDIÇÃO (1999)

Este livro foi publicado pela primeira vez em 1984, e sua segunda edição atualizada chegou às lojas em 1990. Desde então, passaram-se oito anos, e já está na hora de uma terceira edição revisada. É extraordinário que o debate tenha avançado no tema de cada capítulo e, em alguns casos, a situação tenha mudado significativamente.

Com o colapso do marxismo europeu após a demolição do Muro de Berlim, grande parte do mapa da Europa precisou ser redesenhada. O fim da Guerra Fria viabilizou alguns tratados internacionais de desarmamento. A "Cúpula da Terra" de 1992, no Rio de Janeiro, espelhou e estimulou a consciência pública crescente sobre a destruição da camada de ozônio e o aquecimento global. Novas políticas de desenvolvimento e propostas para o cancelamento de dívidas geraram uma esperança realista para as nações mais pobres. A liderança reconciliadora do presidente Mandela e o desmantelamento do *Apartheid* brilham fortemente contra o aumento da violência racialmente motivada e a reemergência do nacionalismo na Europa. Os cristãos estão preocupados, também, com as influências que pretendem minar o casamento e a família (especialmente as parcerias de coabitação e homossexuais) e que desafiam a santidade da vida humana (especialmente o aborto e a eutanásia).

Dez consultores, especialistas de diversos campos, tiveram a gentileza de ler o capítulo referente à sua especialidade e de sugerir mudanças, livros a consultar e novas questões a contemplar. Sou muito grato por suas críticas e sugestões. São eles: sr. Fred Catherwood, Martyn Eden, dr. David Green, Gary Haugen, sr. John Houghton, Roy McCloughry, sr. Alan Storkey, Pradip Sudra, dr. Neil Summerton e professor John Wyatt.

Sou especialmente grato a John Yates, meu atual assistente. Ele não só assumiu a tarefa de ler várias vezes a segunda edição do livro, de fazer sugestões e de atualizar as estatísticas, mas também seguiu as sugestões de nossos consultores, reescreveu algumas partes do livro e indicou livros e artigos que eu deveria ler e contemplar. Não tenho palavras para elogiar o seu trabalho minucioso.

J. S.
Outono de 1998

PREFÁCIO DO EDITOR À QUARTA EDIÇÃO (2006)

Tem sido um privilégio trabalhar na quarta edição deste livro, não só por sua influência sobre o pensamento cristão desde a primeira edição, em 1984, mas também por sua influência sobre a minha jornada pessoal, quando ainda era aluno, em Londres, e ouvia os sermões de John Stott sobre esses temas. Então, como seu primeiro assistente, 25 anos atrás, continuei a ser influenciado pelas suas ideias. Sendo eu alguém chamado para refletir, como cristão, sobre a vida social, econômica e política contemporânea, descobri que a abordagem de Stott é iluminadora e inspiradora.

Esta edição teve uma revisão maior do que as anteriores. Isso se deve, principalmente, ao fato de alguns eventos ou debates, abordados na terceira edição, não serem mais tão relevantes quanto eram na época. O Relatório Brandt, por exemplo, não ocupa mais o centro das atenções no debate sobre a pobreza global; a discussão sobre relações industriais, retratada nas edições anteriores, também não é mais tão relevante para a vida dos negócios.

Alguns capítulos permaneceram praticamente intocados, tendo apenas suas estatísticas atualizadas, já que John sentiu que continuam a representar o que ele tem a dizer sobre o tema. O capítulo "Guerra e paz", por exemplo, ainda contém uma reflexão teológica substancial sobre a guerra nuclear. Outros capítulos, por sua vez, sofreram uma intervenção mais extensa. Mas tanto John quanto eu estamos cientes de que os eventos passam por uma rápida evolução em cada uma das áreas abrangidas pelo livro. Semelhantemente a computadores, que se tornam antiquados assim que são tirados da embalagem, os leitores descobrirão que alguns dos eventos aqui discutidos já ficaram para trás desde que enviamos o livro para a gráfica. Felizmente, muitos dos leitores têm acesso à internet, podendo atualizar-se sobre o material.

Este livro faz uma distinção entre o cenário estabelecido e a reflexão de John e sua análise teológica. O cenário pode ter mudado, mas não a reflexão de John. Críticos podem dizer que o debate teológico evoluiu, e, é claro, eles estão certos, quando se pensa que, agora, felizmente, existem muitos livros e artigos sobre cada um desses temas, escritos por cristãos, muitos deles evangélicos. No entanto, a razão desta quarta edição é que milhares de pessoas ainda se beneficiam da sabedoria e da reflexão de John sobre certas questões. Seu manuseio hábil das Escrituras, além de sua maneira de aplicá-las a muitos problemas contemporâneos, é algo que muitos procurarão, ainda, por muitos anos.

Tenho tido o cuidado de não permitir que meus próprios preconceitos transpareçam no texto, especialmente nas áreas em que John e eu expressaríamos as coisas de modo diferente. O livro é dele, não meu, e minha esperança é que os leitores ainda reconheçam a distintiva voz de John nas páginas. Aqueles que perceberem uma mudança na posição de John em questões importantes do livro estão equivocados. Com exceção de uma breve inserção no capítulo "Mulheres, homens e Deus", John não elaborou novos escritos para este livro, apesar de ter lido a nova edição e feito as correções necessárias. Todas as mudanças provêm de mim ou daqueles que tiveram a gentileza de oferecer seus conhecimentos, e sempre gratuitamente, o que é muito generoso. São eles: Christopher Ash, Andrew Cornes, Mark Greene, Martin Hallet, Peter Harris, Mark Lovatt, Stephen Rand, Nick Riley, Trevor Stammers, Neil Summerton, Beverly Thomas e Scott Thomas. A menção, aqui, não significa que eles concordem com tudo (ou com qualquer coisa!) o que foi apresentado em suas áreas de especialidade.

Gostaria de agradecer, de forma especial, a três pessoas. Meu amigo John Wyatt, que se dispôs a encontrar tempo, em sua agenda extremamente lotada, para escrever um capítulo extra nesta edição, sobre "A nova biotecnologia", aconselhando-me, também, a respeito do capítulo "Aborto e eutanásia". Sou muito grato a ele. Agradeço também a Matthew Smith, assistente de John durante este projeto, seu trabalho foi de grande ajuda. Ele não só atualizou estatísticas e outros detalhes afins, mas também contribuiu para o capítulo "Relacionamentos profissionais". Escreveu, ainda, o guia de estudos, que esperamos ser útil não só ao leitor individualmente, mas também a um estudo em grupo. Minha assistente pessoal Kaja Ziesler também fez muitas contribuições para este livro, com pesquisa, redação de esboços e sugestões. Eu assumo a responsabilidade por quaisquer erros de omissão ou comissão! Esta edição levou muito mais tempo para ser feita do que qualquer um dos envolvidos poderia ter imaginado no início do projeto. Assim, sou grato a John, por sua paciência e graciosidade, e a Zondervan, que ofereceu apoio em todo o tempo. Por fim, quero agradecer especialmente a Amy Boucher--Pye, Maryl Darko e Angela Scheff.

Espero que a nova edição seja proveitosa, e minha oração é que ela continue a ser usada para inspirar uma nova geração e para desafiá-la a pensar no mundo de um jeito cristão, com atitudes que o tornem mais agradável a Deus.

Roy McCloughry
West Bridgford
SETEMBRO DE 2005

UMA NOTA DE JOHN STOTT

É uma tarefa ingrata ser convidado a atualizar o livro de outra pessoa! Mas Roy McCloughry fez isso com graça, habilidade e perseverança consideráveis.

Pedi que Roy assumisse a responsabilidade pela quarta edição deste livro porque, em razão da minha idade (estou em meu 85º ano), sabia que eu não conseguiria, mas ele, sim.

Não fui decepcionado. Embora tenha dado liberdade total a Roy, que fez uma revisão minuciosa e, por vezes, radical, havíamos combinado que, no fim, o livro ainda deveria ser reconhecível como meu, e creio que ele cumpriu a proposta. A fim de indicar isso, várias passagens na primeira pessoa do singular ("Eu...") e algumas anedotas pessoais foram preservadas.

Sou extremamente grato a Roy, pelo tempo e pela energia que ele investiu no trabalho editorial, e a todos que o ajudaram, citados em seu prefácio, especialmente a Matthew Smith, meu assistente na época.

Liberamos esta quarta edição com a oração esperançosa de que ela estimulará uma nova geração de leitores a refletir de modo cristão sobre algumas das grandes questões do nosso tempo.

J. S.
Setembro de 2005

UMA NOTA DE JOHN STOTT

PRIMEIRA PARTE

QUESTÕES CONTEXTUAIS

CAPÍTULO 1

Nosso mundo em transformação: o envolvimento cristão é necessário?

No início do século 21, enfrentamos um conjunto desconcertante de desafios que, cinquenta anos atrás, jamais teríamos imaginado. De um lado, a velocidade das mudanças tecnológicas confirmou a esperteza da humanidade; de outro, a persistência da pobreza global permanece um desafio ao nosso senso de justiça. Somos cada vez mais interdependentes em escala global, e as oportunidades comerciais abundam, mas com pouco senso de propósito. As consequências não intencionais das nossas ações causaram problemas ambientais que ameaçam seriamente o nosso futuro conjunto. Mesmo que a ameaça de uma guerra nuclear tenha diminuído, precisamos aprender a lidar com a ascensão do terrorismo global, com o advento do terrorista suicida e com a ressurgência da violência inspirada religiosamente. A falência da família, principalmente no Ocidente, impôs um fardo pesado a pais e mães solteiros, ameaçou a coesão da comunidade e, em muitos casos, levou a um senso de alienação entre os jovens. Estamos confusos sobre a natureza da identidade humana, e essa confusão se mostra na destruição de vida por meio do aborto e da eutanásia e na nossa intenção de criar vida por meio da genética e da clonagem.

Por que se envolver nesse tipo de mundo? É extraordinário que precisemos fazer essa pergunta e que a controvérsia sobre a relação entre o evangelismo e a responsabilidade social tenha explodido. Todas essas questões, e muitas outras, afetam cristãos e pessoas sem fé religiosa. Elas desafiam nosso senso de identidade e nosso propósito. Elas nos desafiam a aplicar o pensamento cristão a novas questões que nos sobrevêm num ritmo acelerado.

No próximo capítulo, analisarei como os cristãos são chamados para desenvolver uma mente cristã, mas, neste capítulo, quero examinar o chamado para nos envolvermos neste mundo. Infelizmente, alguns ainda acreditam que os cristãos não têm responsabilidade social neste mundo, mas apenas a comissão de evangelizar aqueles que não ouviram o evangelho. No entanto, é evidente que, em seu ministério público, Jesus "foi [...] ensinando [...] pregando" (Mateus 4:23; 9:35) e "fazendo o bem e curando" (Atos 10:38). Consequentemente,

> evangelismo e preocupação social sempre estiveram intimamente relacionados ao longo de toda a história da igreja [...] Muitas vezes, cristãos têm-se envolvido em ambas as atividades de forma bastante inconsciente, sem qualquer necessidade de definir o que estavam fazendo e por quê.[1]

Nosso Deus é amoroso e perdoa aqueles que se voltam para ele em arrependimento, mas é também um Deus que deseja justiça e pede que nós, como seu povo, não só vivamos de forma justa, mas defendamos a causa dos pobres e impotentes.

Por que os cristãos deveriam envolver-se? No fim, existem apenas duas posturas que os cristãos podem adotar em relação ao mundo. Uma é a fuga; a outra, o envolvimento. (Você poderia dizer que existe uma terceira opção, a acomodação. Mas isso significa que os cristãos se tornariam indistinguíveis do mundo e que não seriam mais capazes de desenvolver uma postura distintiva em relação a ele. Eles se tornariam, simplesmente, parte dele.) "Fuga" significa voltar nossas costas para o mundo em rejeição, lavar nossas mãos em inocência (apenas para descobrir com Pôncio Pilatos que a responsabilidade não sai com a lavagem) e endurecer nosso coração contra os gritos agonizados de socorro. "Envolvimento", por sua vez, significa voltar nossos rostos para o mundo com compaixão, sujar as nossas mãos, desgastadas e rasgadas em seu serviço, e sentir dentro de nós a comoção do amor de Deus que não pode ser contido.

Muitos de nós, evangélicos, fomos, ou talvez ainda sejamos, escapistas irresponsáveis. Comunhão uns com os outros na igreja é muito mais agradável do que o serviço num ambiente apático e até mesmo hostil no lado de fora. É claro, lançamos ataques evangelísticos ocasionais no território inimigo (essa é a nossa especialidade evangélica), mas depois recuamos novamente pelo fosso para o interior do nosso castelo cristão (a segurança da nossa própria comunhão evangélica), levantamos a ponte e até mesmo fechamos nossos ouvidos aos gritos daqueles que batem à porta. Quanto à atividade social, tendemos a dizer que é, em grande parte, tempo perdido em vista do retorno iminente do Senhor. Afinal de contas, quando a casa está em chamas, que sentido faz pendurar cortinas novas e reorganizar os móveis? A única coisa que importa é resgatar os que estão perecendo. Assim temos tentado salvar nossa consciência com uma teologia falsa.

A herança da preocupação social evangélica[2]

Os evangélicos têm uma história notável de compromisso com a justiça social e econômica, e isso também na Europa e na América do Norte do século 18. O reavivamento evangélico, que estremeceu ambos os continentes, não deve ser imaginado apenas em termos da pregação do evangelho e da conversão de pecadores a Cristo; gerou também uma filantropia ampla e afetou profundamente a sociedade em ambos os lados do Atlântico. John Wesley permanece o exemplo mais marcante. Ele é lembrado principalmente como evangelista itinerante e pregador ao ar livre, mas o evangelho que ele pregava inspirou as pessoas a se dedicarem a causas sociais em nome de Cristo. Historiadores têm atribuído à influência de Wesley, mais do que a qualquer outro, o fato de a Grã-Bretanha ter sido poupada dos horrores de uma revolução sangrenta como a que ocorreu na França.[3]

A mudança que atingiu a Grã-Bretanha durante esse período foi bem documentada no livro notável de J. Wesley Bready, *England: Before and After Wesley* [Inglaterra: antes e depois de Wesley], cujo subtítulo é *The Evangelical Revival and Social Reform* [O reavivamento evangélico e a reforma social]. Sua pesquisa o obrigou a concluir que "a verdadeira ama dos valores de espírito e caráter que criaram e sustentaram instituições livres em todo o mundo anglófono", "o divisor de águas morais na história anglo-saxônica", foi "o reavivamento evangélico negligenciado e ridicularizado".[4] Bready descreve "a selvageria profunda de grande parte do século 18",[5] caracterizada do seguinte modo:

> A tortura gratuita de animais por diversão, a embriaguez bestial da população, o tráfico desumano de negros africanos, o sequestro de conterrâneos para exportação e venda como escravos, a mortalidade de crianças paroquiais, a obsessão universal com jogos, a selvageria do sistema prisional e do código penal, a catadupa de imoralidade, a prostituição do teatro, a prevalência crescente da ilegalidade, da superstição e da lascívia, o suborno e a corrupção política, a arrogância e a truculência eclesiástica, as pretensões superficiais do deísmo, a hipocrisia e a degradação desenfreada na Igreja e no Estado — tais manifestações sugerem que o povo britânico estava, na época, talvez tão degradado e desregrado quanto qualquer povo no cristianismo.[6]

As coisas, então, começaram a mudar. No século 19, houve a abolição da escravatura e do tráfico de escravos, bem como a humanização do sistema prisional, a melhoria das condições de trabalho em fábricas e minas, a disponibilização da educação aos pobres e a fundação dos sindicatos.

> De onde vem essa humanidade pronunciada? — essa paixão por justiça social e a sensibilidade aos males humanos? Existe apenas uma resposta compatível com a teimosa verdade histórica. Deriva de uma nova consciência social. E, mesmo que admitamos que essa consciência social tenha sido a cria de mais de um progenitor, ela foi cultivada e nutrida pelo reavivamento evangélico de um cristianismo vital e prático — um reavivamento que iluminou os postulados centrais da ética do Novo Testamento, que tornou reais a paternidade de Deus e a irmandade dos homens, que colocou a pessoa à frente da propriedade e que dirigiu coração, alma e mente para o estabelecimento do reino dos justos na terra.[7]

O reavivamento evangélico "contribuiu mais para transfigurar o caráter moral da população geral do que qualquer outro movimento registrado na história britânica".⁸ Wesley foi tanto pregador do evangelho quanto profeta da justiça social. Ele foi "o homem que devolveu a uma nação a sua alma".⁹

Os líderes evangélicos da geração seguinte tinham um compromisso igualmente entusiasmado com o evangelismo e a ação social. Os mais famosos entre eles foram Granville Sharp, Thomas Clarkson, James Stephen, Zachary Macaulay, Charles Grant, John Shore (Lord Teignmouth), Thomas Babington, Henry Thornton e, é claro, a estrela-guia de todos eles, William Wilberforce. Como vários deles viviam em Clapham, na época em uma aldeia que ficava pouco mais de 4 km ao sul de Londres, e participavam da Igreja Paroquial de Clapham (cujo reitor, John Venn, era um deles), vieram a ser conhecidos como "a Seita de Clapham", mas no parlamento e na imprensa eram zombados como "os Santos".

Foi a preocupação com a luta dos escravos africanos que os reuniu inicialmente. Três dias antes de sua morte, em 1791, John Wesley escreveu a Wilberforce a fim de assegurá-lo de que Deus o tinha criado para seu "empreendimento glorioso" e de encorajá-lo a não se cansar de fazer o bem. Cabe em grande parte à Seita de Clapham (sob a liderança de Wilberforce) o mérito do primeiro assentamento de escravos libertos em Serra Leoa (1787), bem como a abolição do comércio (1807), o registro de escravos nas colônias (1820), que pôs um fim ao contrabando de escravos, e, finalmente, a sua emancipação (1833). É verdade que "os Santos" eram aristocratas ricos, que compartilhavam alguns dos pontos cegos sociais de seu tempo, mas eram extremamente generosos em sua filantropia, e o escopo de suas preocupações era extraordinário.

Além da questão dos escravos, eles se envolveram na reforma penal e parlamentar, na educação popular (escolas dominicais, folhetos e o jornal *Christian Observer*), na obrigação britânica para com suas colônias (especialmente a Índia), na propagação do evangelho (eles foram essenciais na fundação da Sociedade Bíblica e da Church Missionary Society) e na legislação para as fábricas. Também lançaram campanhas contra duelos, jogos, embriaguez, imoralidade e práticas animais cruéis. Todos eles eram orientados e motivados pela sua forte fé evangélica. Ernest Marshall Howse escreveu sobre eles:

Esse grupo de amigos de Clapham uniu-se gradativamente numa intimidade e solidariedade surpreendentes. Planejavam e trabalhavam como um comitê que nunca se dissolveu. Nas mansões de Clapham, eles se congregavam por impulso comum naquilo que chamavam seus "Conselhos de Gabinete", onde discutiam os males e as injustiças que eram uma mancha na reputação de seu país e as batalhas que precisariam ser travadas para estabelecer justiça. E, depois, entrando e saindo do Parlamento, agiam como um único corpo, delegando a cada um o trabalho que aquele fazia melhor, para que os princípios comuns pudessem ser mantidos, e seus propósitos comuns, realizados.[10]

Reginald Coupland, em sua biografia de Wilberforce, comenta corretamente: "Era realmente um fenômeno único — essa irmandade de políticos cristãos. Desde então, nunca mais houve algo igual na vida pública britânica."[11]

Anthony Ashley Cooper foi eleito ao parlamento britânico em 1826, aos 25 anos de idade. Primeiro na Câmara dos Comuns, depois na Câmara dos Lordes, como sétimo Conde de Shaftesbury, ele se preocupou sucessivamente com a luta dos lunáticos, com o trabalho infantil nas fábricas e na indústria têxtil, com os limpadores de chaminés, com as mulheres e crianças nas minas e com as crianças das favelas, 30 mil das quais, em Londres, não tinham lar e 1 milhão das quais, no país inteiro, não tinham acesso à educação escolar. Sua biógrafa, Georgina Battiscombe, que, muitas vezes, o critica duramente, mesmo assim encerra o relato de sua vida com este tributo generoso: "Nenhum homem tem feito mais para diminuir a extensão da miséria humana ou para aumentar a soma da felicidade humana."[12] Ele mesmo se sentiu na posição de alegar que "a maioria dos grandes movimentos filantrópicos do século nasceu dos evangélicos".[13]

Podemos contar a mesma história sobre os Estados Unidos no século 19. O envolvimento social foi filho da religião evangélica e irmão gêmeo do evangelismo. Isso é visto claramente em Charles G. Finney, famoso como advogado que se tornou evangelista e como autor de *Lectures on Revivals of Religion* [Ensinos sobre o reavivamento da religião] (1835). Por meio de sua pregação do evangelho, grande número de pessoas foi levado à fé em Cristo. Um fato menos conhecido é que ele se preocupava tanto com "reformas" quanto com "reavivamentos". Ele nutria a convicção, como mostrou Donald

W. Dayton em seu livro *Discovering an Evangelical Heritage* [Descoberta de uma herança evangélica], de que o evangelho "libera um impulso poderoso em direção às reformas sociais" e de que a negligência da reforma social pela Igreja entristecia o Espírito Santo e impedia o reavivamento. É incrível ler a declaração de Finney, feita em sua 23ª palestra sobre reavivamento:

> A grande tarefa da igreja é reformar o mundo [...] A Igreja de Cristo foi originalmente organizada como corpo de reformadores. A própria profissão do cristianismo implica a profissão e praticamente um juramento de fazer tudo o que pode ser feito pela reforma universal do mundo.[14]

Não nos surpreendemos, portanto, com a descoberta de que, por meio do evangelismo de Finney, Deus levantou "um exército de jovens convertidos que se tornaram tropas do movimento de reforma de seu tempo". Sobretudo "as forças contrárias à escravidão [...] foram recrutadas em grande parte dos convertidos dos reavivamentos de Finney".[15]

O século 19 é conhecido, também, pela enorme expansão das missões cristãs que ele testemunhou. No entanto, não devemos imaginar que os missionários concentraram-se exclusivamente na pregação ou que sua preocupação social limitava-se à ajuda e alívio, negligenciando o desenvolvimento ou até mesmo a atividade sociopolítica. Há dúvidas de que essas distinções tenham sido cuidadosamente desenhadas na prática. Não, eles levaram medicina e educação, técnicas agrícolas e outras tecnologias como expressão de missão e compaixão. Eles lutaram contra a injustiça e a opressão em nome do evangelho. Sua missão não era apenas de palavras, mas de palavras e de atos.

"A GRANDE REVERSÃO"

Depois, porém, aconteceu algo que desafiou o compromisso evangélico com a causa social. Isso se tornou aparente, em especial, durante as três primeiras décadas do século 20, sobretudo durante a década após a Primeira Guerra Mundial, quando ocorreu uma grande mudança, que o historiador norte-americano Timothy L. Smith chamou "a Grande Reversão", investigada por David O. Moberg em seu livro homônimo, *The Great Reversal*.[16]

A luta contra o liberalismo

A primeira causa dessa mudança foi a luta contra o liberalismo teológico, que negligenciava a pregação do evangelho. Os evangélicos sentiam que estavam com as costas contra a parede.[17]

Compreensivelmente, começaram a se preocupar com a defesa e a proclamação do evangelho, pois ninguém mais parecia defender o cristianismo bíblico histórico. Foi nesse período (1910-1915) que a série de doze pequenos livros, intitulada *The Fundamentals*, foi publicada nos Estados Unidos, da qual surgiu o termo "fundamentalismo". Quando os evangélicos estavam ocupados, procurando vindicar os fundamentos de sua fé, eles acreditavam não ter tempo para preocupações sociais.

A rejeição do "evangelho social"

Como segundo motivo, os evangélicos reagiram contra o chamado "evangelho social" que os teólogos liberais estavam desenvolvendo na época, cujo propósito era gerar uma sociedade cristã por meio de ação social e política. Teólogos como Walter Rauschenbusch, professor de História da Igreja no seminário de Rochester, Nova York, de 1897 a 1917, criticavam o capitalismo e defendiam um tipo simples de "comunismo" ou socialismo cristão.[18] Rauschenbusch estava errado ao identificar o Reino de Deus com "uma reconstrução da sociedade numa base cristã".[19] Depois, dava a entender que os seres humanos seriam capazes de estabelecer o reino divino por esforço próprio (enquanto Jesus falou dele como uma dádiva de Deus).

O Reino de Deus não é uma sociedade cristianizada. É o domínio divino na vida daqueles que reconhecem Cristo. Ele precisa ser "recebido", "adentrado" ou "herdado" pela fé humilde e penitente nele. A nova sociedade de Deus é chamada para exibir os ideais de seu governo no mundo e, assim, apresentar ao mundo uma realidade social alternativa. Esse desafio social do evangelho do reino é bem diferente do "evangelho social". É compreensível (mesmo que lamentável) que, em reação a ele, os evangélicos tenham se concentrado no evangelismo e na filantropia pessoal, distanciando-se de qualquer ação sociopolítica.

O impacto da guerra

A terceira razão para a negligência da responsabilidade social pelos evangélicos foi a difusão do pessimismo e da desilusão após a Primeira Guerra Mundial, em virtude da exposição da maldade humana. Programas sociais anteriores tinham falhado. Os indivíduos e a sociedade humana, em geral, pareciam irreformáveis. Tentativas de reforma mostraram-se inúteis. Conhecendo-se as doutrinas bíblicas sobre o pecado original e a depravação humana, isso não deveria ter surpreendido os evangélicos. Contudo, entre as guerras não houve nenhum líder evangélico capaz de articular a providência e a graça comum como base para a esperança perseverante. O cristianismo reformado histórico encontrava-se em eclipse.

A influência do pré-milenarismo

Como quarto motivo, espalhou-se (especialmente com o ensino de J. N. Darby e a sua popularização por meio da Bíblia de Scofield) o esquema do pré-milenarismo. Ele retrata o mundo mau, atual, como incapaz de ser melhorado ou redimido; prediz que ele sofrerá deterioração continuamente até a vinda de Jesus, que, então, estabelecerá seu reino milenar na terra. Seu raciocínio diz que, se o mundo está piorando e se apenas a vinda de Jesus pode consertar isso, não faz sentido reformá-lo. "Adotar programas políticos é como limpar as salas de banquete no Titanic após seu choque contra o *iceberg* [...] É muito mais importante simplesmente pregar o evangelho e resgatar almas para a próxima vida."[20]

A ascensão da classe média

A quinta razão pela qual os evangélicos se alienaram da preocupação social foi, provavelmente, a propagação do cristianismo entre pessoas da classe média, que tendiam a diluí-lo, identificando-o com sua própria cultura. Precisamos admitir que muitos de nós, que conferimos um alto valor à salvação, somos profundamente conservadores em termos culturais e preferimos preservar o *status quo* a nos envolver nas atividades "sujas" da ação política e social. Essa é uma das razões pelas quais muitos estereotipam os cristãos como preocupados com sua própria salvação a custo da luta pelos pobres e impotentes. Sim, se formos fiéis ao evangelho cristão, precisamos agir contra a injustiça sempre que a encontramos. Mesmo que eu tenha tido a possibilidade de mencionar, anteriormente, alguns belos exemplos de ação social nos séculos 18 e 19, certamente houve outras situações em que a Igreja aceitou opressão e exploração e não tomou qualquer medida contra esses males, nem mesmo protestou contra eles.

Essa "Grande Reversão" se explica por essas cinco razões. Não culpamos nossos antepassados evangélicos; é provável que, estando em seu lugar, nós tivéssemos reagido da mesma forma às pressões contemporâneas. E não significa que todos os evangélicos se despiram de sua consciência social no início do século 20 e entre as guerras. Alguns continuaram a envolver-se profundamente em ministérios sociais e evangélicos e, assim, mantiveram essa aplicação indispensável do evangelho, sem a qual o evangelicalismo perde parte de sua autenticidade. Mas a maioria se afastou.

Então, durante a década de 1960, a década de protesto, quando os jovens se rebelaram contra o materialismo, a superficialidade e a hipocrisia do mundo adulto que eles haviam herdado, o movimento evangélico recuperou sua moral, e as coisas começaram a mudar.

A RECUPERAÇÃO DA PREOCUPAÇÃO SOCIAL EVANGÉLICA

A primeira voz a lembrar a constituinte evangélica de suas responsabilidades sociais foi, provavelmente, a do estudioso cristão norte-americano Carl F. H. Henry, editor fundador da revista *Christianity Today*, em seu livro *The Uneasy Conscience of Modern Fundamentalism* [A consciência incômoda do fundamentalismo moderno] (1947). Somente alguns pareciam dar-lhe ouvidos, mas, aos poucos, a mensagem pegou. Em 1966, no final de uma conferência norte-americana sobre missão global, os participantes adotaram de forma unânime a "Declaração de Wheaton", que emoldurou firmemente "a primazia da pregação do evangelho a toda criatura" e "um testemunho verbal de Jesus Cristo" com "ação social evangélica", encorajando "todos os evangélicos a defender aberta e firmemente igualdade racial, liberdade humana e todas as formas de justiça social no mundo inteiro".

Na década de 1960, vários líderes evangélicos da Grã-Bretanha, a maioria leiga na vida profissional e comercial, começaram a refletir sobre as implicações sociais do evangelho. Entre eles estavam George Goyder, Fred Catherwood e o professor Norman Anderson. Então, no primeiro Congresso Anglicano Evangélico Nacional na Keele University, em 1967, os evangélicos anglicanos arrependeram-se publicamente de sua tendência de retirar-se do mundo secular e da igreja maior, concluindo que "evangelismo e serviço compassivo são inseparáveis na missão de Deus".[21]

O divisor de águas para o mundo evangélico mundial foi, sem dúvida, o Congresso Internacional sobre Evangelização Mundial, realizado em julho de 1974, em Lausanne, na Suíça. Em média 2.700 participantes, de mais de 150 nações, reuniram-se sob o lema "Ouça a Terra a sua voz" e, ao final do congresso, assinaram o Pacto de Lausanne. Após três seções introdutórias sobre o propósito de Deus, a autoridade da Bíblia e a singularidade de Cristo, vieram a quarta seção, intitulada "A natureza do evangelismo", e a quinta, "Responsabilidade social cristã". Essa última declara que "evangelismo e envolvimento sociopolítico fazem parte da nossa obrigação cristã". Mas os dois parágrafos estão lado a lado na aliança, sem qualquer tentativa de relacioná-los, exceto pela declaração no parágrafo 6, de que "na missão da igreja de serviço sacrificial, o evangelismo é primário".

Nos anos seguintes ao congresso de Lausanne, houve certa tensão dentro do movimento evangélico. Alguns ressaltavam o evangelismo; outros, a atividade social, e todos nós nos perguntávamos como deveríamos definir a relação entre os dois de acordo com as Escrituras. Assim, em junho de 1982, sob o patrocínio conjunto do Comitê de Lausanne e da World Evangelical Fellowship, foi realizada a Consulta sobre a Relação entre Evangelismo e Responsabilidade Social, em Grand Rapids, o que levou à publicação do relatório intitulado *Evangelism and Social Responsibility: An Evangelical Commitment* [Evangelização e responsabilidade social: um compromisso evangélico].

Apesar de não concordarmos em cada detalhe, Deus nos levou a um grau notável de consenso. A atividade social deveria ser uma consequência do evangelismo e uma ponte para ele, e os dois foram declarados parceiros.

Além disso, estão unidos pelo evangelho. "Pois o evangelho é a raiz da qual tanto o evangelismo quanto a responsabilidade social são frutos."²²

Desde então, o compromisso dos evangélicos com a ação social cresce de forma imensurável. Muitas consultas e declarações têm sido feitas sobre temas tão diversos quanto meio ambiente, deficiência, guerra e paz e muitos aspectos da vida econômica e política. Novas instituições nasceram cuja *raison d'être* é facilitar a ação social cristã, e um grande número de igrejas locais tem, agora, projetos que procuram aplicar princípios cristãos à ação social. Muitas agências missionárias acataram o conceito da missão holística, que une evangelismo e ação social.

Este livro mencionará projetos, campanhas e organizações que testemunham a recuperação da preocupação social evangélica. Infelizmente, porém, em anos recentes, houve também uma reação negativa a essa redescoberta da nossa herança social cristã. Alguns alegam que devemos focar nossa atenção apenas na exposição das Escrituras, e o evangelismo pessoal como ação social é apenas uma distração dessas coisas. Mas isso não pode ser. É justamente por termos as Escrituras em grande estima, fazendo a sua leitura cuidadosa, que acreditamos que elas não separam o evangelismo da ação social, e o exemplo supremo disso é a vida de Jesus com todos os seus ensinamentos. Ele nos ensina que não podemos separar amor e justiça: pois o que o amor deseja, a justiça exige.

IGREJA E POLÍTICA

Nesse contexto, é importante analisarmos com cuidado a relação entre cristianismo e política, pois, com frequência, ação social significa também ação política de algum tipo. No passado, os evangélicos foram extremamente cautelosos a respeito da relação entre cristianismo e política, acreditando que os dois não se misturavam. Evidentemente, a Seita de Clapham não compartilhava dessa convicção!

Em anos recentes, alguns dos que mais suspeitavam da ação política abraçaram-na de todo o coração. Penso, aqui, nos muitos conservadores evangélicos dos Estados Unidos, os quais, no final do século 20 e no início do século 21, começaram a realizar campanhas e a se manifestar sobre questões éticas como aborto, homossexualidade, eutanásia e pesquisa de células-tronco, vistas por eles como ameaça vinda de um liberalismo secular contrário ao evangelho cristão. Tornaram-se famosos como "Maioria Moral", e seu voto era tão poderoso, que se acredita que eles foram um fator-chave na reeleição do presidente George W. Bush, em 2004, não só porque ele simpatizava com essas convicções, mas também porque ele professava uma fé cristã pessoal. Outros permaneceram cautelosos a respeito de uma identificação tão próxima com uma postura política, enquanto grupos focados em justiça social também viam a ação política como parte essencial de seu compromisso com as Escrituras.[23]

Desse modo, é extremamente importante examinarmos a relação entre cristianismo e política por duas razões. Em primeiro lugar, para convencer aqueles excessivamente cautelosos de que existe um envolvimento apropriado de cristãos na política e de que isso é parte do nosso chamado cristão. Em segundo lugar, para determinar os limites desse chamado, a fim de que aqueles que se envolveram profundamente na política possam apreciar os limites desse envolvimento e os perigos de se politizar o evangelho.

Muitas questões diferentes estão envolvidas nessa controvérsia, e as águas do debate foram turvadas pela falha da não distinção entre elas. A primeira é a definição da palavra "política". A segunda diz respeito à relação entre o social e o político, e por que os dois não podem ser separados. Em terceiro lugar, precisamos considerar as razões pelas quais algumas pessoas se opõem ao envolvimento da Igreja na política e o que elas estão tentando proteger. Então, em quarto lugar, precisamos examinar a relação entre princípios e programas.

A definição de política

Em primeiro lugar, precisamos definir nossos termos. As palavras "política" e "político" podem ser definidas de forma mais ampla ou mais restrita. Em termos mais amplos, "política" denota a vida da cidade (*polis*) e as responsabilidades do cidadão (*polites*). Ela se preocupa, portanto, com o todo da nossa vida na sociedade humana. Política é a arte de conviver numa comunidade. Segundo sua definição mais restrita, política é a ciência de governo. Ela se preocupa com o desenvolvimento e com a adoção de políticas específicas, tendo em vista sua inserção na legislação. Trata-se de obter poder para uma mudança social.

Uma vez que essa distinção esteja clara, podemos perguntar se Jesus se envolveu em política. No sentido mais restrito, ele claramente não se envolveu. Nunca fundou um partido político, nunca adotou um programa político nem mesmo organizou um protesto político. Ele não tomou nenhuma medida para influenciar as políticas de César, Pilatos ou Herodes. Pelo contrário, rejeitou uma carreira política. No outro sentido mais amplo da palavra, porém, todo o seu ministério foi político, pois ele mesmo tinha vindo ao mundo a fim de compartilhar da vida da comunidade humana, e enviou seus seguidores mundo afora para que fizessem o mesmo. Além disso, o Reino de Deus que ele proclamava e inaugurou era uma organização social radicalmente diferente e nova, cujos valores e padrões desafiavam os valores e padrões da antiga comunidade caída. Nesse sentido, seu ensinamento teve implicações "políticas". Oferecia uma alternativa ao *status quo*. Seu reinado foi compreendido como um desafio ao reinado de César e, por isso, Jesus foi acusado de conspiração.

É irrelevante afirmar que Jesus e seus apóstolos não tinham nenhum interesse em política, que não exigiram nem recomendaram ação política, muito menos que teriam estado envolvidos pessoalmente nela. Isso é verdade. Eles não o fizeram. No entanto, mesmo que a política trate dos negócios do Estado, trata também da obtenção de poder e do seu exercício. O fato de Jesus ter uma visão muito diferente de poder era uma das razões pelas quais ele era temido pelos políticos do seu tempo e visto pelos líderes como ameaça ao governo. Não é à toa que Maria disse no *Magnificat*: "Derrubou governantes dos seus tronos, mas exaltou os humildes" (Lucas 1:52). Mesmo que o ensino de Jesus não tenha sido abertamente político, ele subvertia estruturas políticas injustas, desafiava a opressão e prometia a existência de um novo reino caracterizado por justiça, no qual a verdade, e não as promessas políticas, libertava as pessoas. O impacto disso sobre a vida social e política foi tão profundo, que é legítimo falar da "política de Jesus".[24]

Esse ensinamento demorou algum tempo até causar impacto. Precisamos lembrar que os seguidores de Cristo eram uma minoria insignificante sob o regime totalitário de Roma. As legiões estavam por toda parte e tinham ordens de reprimir dissenso, esmagar oposição e preservar o *status quo*. A pergunta é: Eles teriam sido politicamente ativos se tivessem tido a oportunidade e chances de sucesso? Eu acredito que sim, pois sem uma ação política adequada, algumas necessidades sociais simplesmente não podem ser satisfeitas. Os apóstolos não exigiam a abolição da escravidão. Todavia, não ficamos gratos e orgulhosos em saber que cristãos do século 19 tenham feito? Sua campanha baseava-se no ensino bíblico sobre a dignidade humana e era uma dedução legítima dela. Os apóstolos também não construíram hospitais nem exigiram que fossem construídos, mas hospitais cristãos são uma extrapolação legítima da preocupação compassiva de Jesus com os enfermos. Da mesma forma, a ação política (que é amor buscando justiça para os oprimidos) é uma extrapolação legítima do ensinamento e do ministério de Jesus. Como o arcebispo Desmond Tutu comentou com seu jeito típico: "Pergunto-me que Bíblia as pessoas leem quando sugerem que religião e política não se misturam."[25]

Serviço social e ação social

Em segundo lugar, precisamos contemplar a relação entre o "social" e o "político", usando esse último termo agora em sentido mais restrito. Em seu último capítulo, o relatório de Grand Rapids, "Evangelização e responsabilidade social", trata dessa questão. Ele estabelece uma distinção entre "serviço social" e "ação social" e oferece a seguinte tabela útil:

Serviço social	Ação social
Alívio de necessidades humanas	Remoção das causas de necessidades humanas
Atividade filantrópica	Atividade política e econômica
Ministração a indivíduos e famílias	Busca da transformação de estruturas
Obras de misericórdia	A busca de justiça[26]

O relatório esboça a ação sociopolítica nesses termos: "Ela olha, para além das pessoas, as estruturas; para além da reabilitação de prisioneiros, a reforma do sistema prisional; para além de melhores condições nas fábricas, a garantia de um papel mais participativo dos trabalhadores; para além da assistência aos pobres, a melhoria — e, se necessário, a transformação — do sistema econômico (qualquer que seja) e do sistema político (novamente, qualquer que seja) até lhes facilitar a libertação da pobreza e da opressão."[27]

Parece claro, então, que a genuína preocupação social cristã abraçará tanto o serviço social quanto a ação social. Seria artificial separá-los. Alguns casos de necessidades não podem ser aliviados sem ação política (o tratamento severo dos escravos poderia ter sido aliviado, mas não a escravidão em si; ela precisava ser abolida). Continuar aliviando outras necessidades, embora seja preciso, pode reforçar a situação que as causa. Se os viajantes na estrada de Jerusalém para Jericó fossem habitualmente assaltados, mas habitualmente socorridos por "bons samaritanos", a necessidade de leis melhores para eliminar assaltos à mão armada poderia muito bem ter sido ignorada. Se acidentes continuam a ocorrer em cruzamentos específicos, precisamos não de um número maior de ambulâncias, mas da instalação de semáforos para impedir acidentes. É sempre bom alimentar os famintos; melhor ainda é erradicar as causas da fome. Assim, se realmente amamos o próximo e queremos servi-lo, nosso serviço poderá obrigar-nos (ou exigir) à ação política em seu nome.

A politização do cristianismo

Em terceiro lugar, precisamos entender aqueles que assumiram uma postura hostil em relação a uma igreja com envolvimento político. Existe, é claro, um perigo real de politização do evangelho, que é a identificação da fé cristã com um programa político. Isso é errado por duas razões. A primeira é que isso ignora a preocupação primária da fé cristã, que é amar a Deus — o "primeiro e maior" mandamento. Amar o próximo como a nós mesmos também é importante, e os dois aspectos andam juntos. A segunda razão é que, num mundo caído, nenhum programa político pode reivindicar ser a expressão da vontade de Deus.

Como disse o arcebispo William Temple, provavelmente o arcebispo de Cantuária com a maior preocupação social do século 20: "A asserção da Igreja sobre o pecado original deveria torná-la intensamente realista e conspicuamente livre de utopismos."²⁸ Certamente, os cristãos evangélicos que se reuniram em Lausanne, no grande Congresso Internacional sobre Evangelização Mundial (1974), declararam em sua aliança: "Nós [...] rejeitamos como sonho orgulhoso e autoconfiante a noção de que o homem conseguirá construir uma utopia na terra."²⁹

Tampouco deveríamos esquecer que nosso chamado para um envolvimento social precisa estar integrado à nossa vida espiritual. Não podemos, por exemplo, separar a ação social ou o serviço social da oração. Um bom exemplo disso é o trabalho da Madre Teresa de Calcutá.

> Muitos que visitam a Madre Teresa e suas Missionárias de Caridade se surpreendem ao verem que, após cada almoço, elas deixam sua obra nos ambulatórios e nos asilos dos moribundos. Por que voltar tão cedo? Para orar. Elas aprenderam que trabalhar sem oração significa alcançar apenas o que é humanamente possível, e seu desejo é envolver-se em possibilidades divinas.³⁰

A Igreja precisa, portanto, lembrar-se de seu chamado primário de orar, adorar, evangelizar e chamar as pessoas para seguirem a Cristo. Em termos políticos, precisa também estar ciente de que, mesmo que busque o melhor para a sociedade humana e estude a Palavra de Deus na busca de uma mente cristã, ela não pode fixar o pensamento cristão a um programa político específico. Como veremos, uma das virtudes da democracia é que ela nos leva à humildade e à necessidade de ouvir uns aos outros, especialmente quando discordamos uns dos outros e tentamos um caminho que nos leve adiante.

A relação entre princípios e programas

Em 1942, William Temple destacou a importante distinção entre princípios e programas em seu famoso livro *Christianity and the Social Order* [Cristianismo e a ordem social].³¹ "A Igreja está comprometida com o evangelho eterno [...]. Ela jamais deve comprometer-se com um programa efêmero de ação detalhada."³² Leitores de Temple sabem que ele estava longe de dizer que religião e política não se misturam. Seu ponto era diferente, era que "a Igreja se preocupa com princípios, não com política".³³ As razões pelas quais ele acreditava que a Igreja como um todo não deveria envolver-se em "ação política direta", desenvolvendo e defendendo programas específicos, podem ser resumidas como "integridade" (falta à Igreja o conhecimento especializado necessário, mesmo que alguns de seus membros possam tê-lo), "prudência" (ela pode estar errada e, assim, ser desacreditada) e "justiça" (cristãos diferentes defendem opiniões diferentes, e a Igreja não deve tomar partido nem mesmo de uma maioria de seus membros contra uma minoria igualmente leal).

> Assim, é provável que a Igreja seja atacada de ambos os lados se cumprir o seu dever. Dirão que ela se tornou política quando, na verdade, teve o cuidado de afirmar apenas princípios e de apontar lacunas; e os advogados de políticas específicas dirão que ela é fútil porque não as apoia. Se ela for fiel à sua comissão, ignorará ambos os conjuntos de queixas e continuará a influenciar ao máximo todas as agências e a permear todos os partidos.[34]

Precisamos reconhecer que cristãos individuais e até mesmo agências cristãs especializadas possuem conhecimento em questões políticas e se manifestarão, farão campanhas e realizarão pesquisas sobre essas questões. É possível, também, que um grande número de cristãos se encontre em acordo com uma política específica e se una para apoiá-la ou combatê-la. No entanto, isso não é igual a vincular a Igreja a uma política específica. Mesmo se concordarmos com esse esclarecimento dos papéis e admitirmos que nem todos os cristãos são responsáveis pelo desenvolvimento de políticas, precisamos estudar os princípios, e eles nem sempre são fáceis de formular.

TRÊS OPÇÕES POLÍTICAS

O que precisamos fazer, agora, é retomar as três posturas possíveis em relação à mudança social que estivemos contemplando e conferir-lhes um toque político, ao mesmo tempo que analisamos qual visão dos seres humanos cada uma pressupõe.

Autoritarismo

Governos autoritários impõem sua visão do mundo às pessoas. Eles não são supervisionados por uma constituição ou por eleições livres e justas. Governos autoritários são obcecados com controle e têm uma visão pessimista da natureza humana. Não acreditam que confiança deva ocupar o núcleo da sociedade civil, mas suspeitam das consequências da liberdade humana e da escolha pessoal. Dentro da história humana, o governo autoritário, seja fascista, seja comunista, seja a expressão de uma ditadura, como se pode encontrar em alguns países, não acredita em discurso social, tampouco acredita que qualquer coisa possa ser aprendida do povo. Já que as pessoas desejam ter seus direitos humanos e querem ter a liberdade de escolher como viver sua vida, o governo autoritário costuma não só impor sua visão de sociedade às pessoas, mas as coage a aceitá-la. Isso tem gerado violência e levado à supressão dos direitos humanos em muitas sociedades, não só naquelas que têm resistido em nome da liberdade, mas também naqueles grupos que não são tolerados pelo regime autoritário. No século 20, isso, em sua forma mais extrema, levou aos campos de concentração nazistas e ao arquipélago Gulag na antiga União Soviética. Mesmo se uma autocracia fosse genuinamente benevolente, ela rebaixaria seus cidadãos porque não acredita que eles possam ter nenhuma participação em tomadas de decisão.

Anarquia

O outro extremo do espectro é ocupado pela anarquia. Nessa filosofia, existe tamanho otimismo em relação ao indivíduo, em que lei, governo e qualquer autoridade são vistos não só como supérfluos, mas como ameaça à liberdade humana. O filósofo russo Bakunin era contra qualquer distribuição desigual de poder. Ele comentou: "Vocês querem tornar impossível que qualquer pessoa oprima seu conterrâneo? Então garantam que ninguém possua poder."[35] O escritor Brian Morris comentou:

> O termo *anarquia* vem do grego e significa essencialmente "nenhum senhor". Anarquistas são pessoas que rejeitam todas as formas de governo ou de autoridade coerciva, todas as formas de hierarquia e

dominação. Portanto, eles se opõem ao que o anarquista mexicano Flores Magon chamou a "trindade sombria" — Estado, capital e igreja. Assim, os anarquistas se opõem tanto ao capitalismo quanto ao Estado e a todas as formas de autoridade religiosa. Mas anarquistas também procuram estabelecer ou gerar, pelos mais variados meios, uma condição de anarquia, isso é, uma sociedade descentralizada sem instituições coercivas, uma sociedade organizada por meio de uma federação de associações voluntárias.[36]

Mesmo que essa definição pareça inócua, a anarquia tem sido associada também à violência. Alguns anarquistas procuraram causar a queda do Estado ou de outras instituições por meio de violência, e, na imaginação popular, a anarquia está associada mais ao caos do que à ordem social. O problema é, então, que, enquanto o autoritarismo tem uma visão pessimista da condição humana e nega às pessoas liberdade e dignidade, a anarquia tem uma visão otimista demais da natureza humana, aparentemente ignorando o fato de que a raça humana está caída e é capaz de grande depravação. Sabemos, hoje, que nenhuma visão cristã da sociedade civil pode ser expressada num sonho utópico, pois as pessoas não só são criadas à imagem de Deus, mas também estão caídas, e qualquer sociedade precisa lidar com os elementos da natureza humana. É por isso que, agora, voltamos nossa atenção para a democracia.

DEMOCRACIA

A democracia é a terceira opção. É a expressão política de persuasão por meio do argumento. Se o autoritarismo, por ser pessimista, impõe a lei arbitrariamente, e a anarquia, por ser otimista, assume uma visão inadequada da autoridade, então a democracia, por ter uma visão realista do ser humano como criado e caído, envolve os cidadãos no estabelecimento de suas próprias leis. Pelo menos é isso na teoria. Na prática, as mídias manipulam as pessoas com facilidade, e a corrupção interfere no processo político. E em cada democracia existe o perigo constante de opressão das minorias.

Várias filosofias políticas são consistentes com a democracia. Muitas formas de socialismo veem a democracia como núcleo da sociedade civil, e a democracia social vê a provisão de assistência social como necessária para uma sociedade justa. Aqui, o objetivo é que a sociedade deva servir para o bem de todos. Na democracia liberal, o foco está na liberdade e no indivíduo, não na igualdade e na comunidade. Mercados econômicos ocupam o centro da sociedade, e o papel do Estado é visto como secundário em relação à escolha individual. A democracia social e a democracia liberal são, talvez, os modelos mais conhecidos que vemos em prática hoje. No entanto, existem outros dois modelos que merecem ser mencionados. O libertarismo concentra-se totalmente nas escolhas dos indivíduos e limita o Estado a protegê-los de coerção. Nessa visão, fornecer ajuda àqueles em desvantagem significa interferir na liberdade. Em alguns sentidos, é uma forma mais extrema do liberalismo. No comunitarismo, a ênfase está na comunidade e na tradição, não no indivíduo. É uma alternativa ao liberalismo e ao libertarismo; aponta para a necessidade de preservarmos nossos valores morais e nossas instituições comuns, como a família, por meio da qual descobrimos nossa identidade.

"A palavra 'democracia' e seus derivados se aplicam a procedimentos de tomada de decisão", escreve John R. Lucas em seu livro *Democracy and Participation* [Democracia e participação]. A palavra descreve três aspectos do processo de tomada de decisões. O primeiro diz respeito a quem as toma.

> Uma decisão é tomada democraticamente se a resposta à pergunta "Quem a toma?" é "Mais ou menos todos", ao contrário de decisões tomadas apenas por aqueles com as melhores qualificações para tomá-las, como numa meritocracia, ou daquelas tomadas por um único homem, como numa autocracia ou monarquia.

Como segundo aspecto, democracia descreve como se chega a uma decisão. "Uma decisão é tomada democraticamente se ela é tomada por meio de discussão, crítica e compromisso." E como terceiro aspecto, democracia descreve o espírito em que uma decisão é tomada, mais especificamente "levando em consideração os interesses de todos, e não apenas de uma facção ou de um partido".[37]

Assim, a democracia moderna tem a melhor chance de refletir uma visão bíblica equilibrada do ser humano, como poderíamos esperar em vista de suas raízes na Europa cristã da pós-Reforma. Também dá aos cristãos a oportunidade de fazer uma contribuição construtiva numa sociedade pluralista, inserindo-se no debate público (sobre o desarmamento ou o divórcio, o aborto ou a fertilização artificial) e procurando influenciar a opinião pública até que haja uma exigência pública por uma legislação que seria mais agradável a Deus. Ora, se a democracia é o governo pelo consentimento, este depende de consenso (ou, pelo menos, é o que acontece quando os procedimentos eleitorais são verdadeiramente democráticos), e o consenso resulta de uma discussão em que as questões são esclarecidas.

Durante o século 20, as ideologias do fascismo e do comunismo foram impostas às pessoas. Ambos alegavam ser capazes de alcançar um estado ideal em que a humanidade transcenderia suas lutas históricas. O resultado foi miséria, injustiça e terror para milhões de pessoas. Testemunhamos, no início do século 21, com o colapso do comunismo, uma onda de democratização na antiga União Soviética e a notável ocorrência de eleições no Iraque, até então sob a ditadura de Saddam Hussein, mesmo que o Iraque ainda estivesse frágil e caótico.

O que é tão atraente na democracia? Afinal de contas, é uma maneira frágil de organizar uma sociedade. Ela pode ser sequestrada, corrompida e abusada pelos poderosos. No entanto, qualquer que seja nossa preferência política, os cristãos tendem a defender a democracia, que Abraham Lincoln definiu como "governo do povo, pelo povo, para o povo". Não que seja "perfeita e sempre sábia", como Winston Churchill admitiu na Câmara dos Comuns em 11 de novembro de 1947. "Na verdade", ele continuou, "alguns têm dito que a democracia é a pior forma de governo — com exceção de todas as outras formas que foram tentadas de tempos em tempos."

Fato é que constitui a forma mais sábia e segura de governo desenvolvida até agora, pois ela reflete o paradoxo da nossa humanidade. De um lado, leva a Criação a sério (isto é, a dignidade humana), já que se recusa a governar seres humanos sem o seu consentimento e insiste em conceder-lhes uma parte responsável no processo de tomada de decisão. De outro, leva a Queda a sério (isto é, a depravação humana), pois se recusa a concentrar o poder nas mãos de uma ou de poucas pessoas e insiste em dispersá-lo, protegendo, assim, os seres humanos de seu próprio orgulho e loucura. Reinhold Niebuhr expressou-o sucintamente: "A capacidade do homem de buscar a justiça torna a democracia possível, mas a inclinação do homem para a injustiça torna a democracia necessária."³⁸

Ao falar sobre a importância da democracia, o teólogo católico Richard Niebuhr disse:

> Democracia é a forma apropriada de governo numa criação caída em que nenhuma pessoa ou instituição, incluindo a Igreja, é capaz de falar infalivelmente no lugar de Deus. Democracia é a expressão necessária de humildade, em que todas as pessoas e instituições precisam prestar contas a propósitos transcendentes imperfeitamente discernidos [...] é claro que a democracia é insatisfatória. Os descontentes da democracia — seu caráter provisório e incompleto — são os sinais de saúde política. A fome, de uma maneira verdadeiramente satisfatória, de pôr o mundo em ordem é louvável. Mas é uma fome do Reino de Deus, e ela está perigosamente fora do lugar quando é investida na arena política.³⁹

Os cristãos devem ter o cuidado de não "batizar" qualquer ideologia política (de direita, de esquerda ou de centro) como se ela detivesse um monopólio de verdade e bondade. No melhor dos casos, uma ideologia política e seu programa são apenas uma aproximação à vontade e ao propósito de Deus. Os partidos que se rotulam explicitamente cristãos também precisam estar cientes disso. Fato é que cristãos podem ser encontrados na maioria dos partidos políticos e conseguem defender sua afiliação com base cristã consciente.

Assim, em termos excessivamente simplicistas, duas das principais ideologias políticas nas sociedades ocidentais apelam aos cristãos por razões diferentes. O capitalismo atrai porque encoraja a iniciativa e o empreendimento humano individual, mas também repele porque parece não se importar com o fato de que os fracos sucumbem à competição feroz que ele gera. O socialismo, por sua vez, agrada porque nutre uma grande compaixão pelos pobres e fracos, mas também repele porque parece não se importar quando a iniciativa e o empreendimento individual são esmagados pelo grande governo que ele gera. Cada um atrai porque ressalta uma verdade sobre os seres humanos: ou a necessidade de dar espaço às suas habilidades criativas ou a necessidade de protegê-los da injustiça. Cada um repele porque não contempla com a mesma seriedade a verdade complementar. Ambos podem ser liberadores. Ambos podem, também, ser opressivos. Como disse o economista e estadista J. K. Galbraith: "Sob o capitalismo, o homem explora o homem. Sob o comunismo, é o contrário." É compreensível que muitos cristãos sonhem com uma terceira opção que supere o confronto atual e incorpore os melhores aspectos de ambos.

Numa democracia, somos chamados a ouvir humildemente uns aos outros, entendendo que não temos um monopólio da verdade, ao mesmo tempo que buscamos os propósitos de Deus para a nossa sociedade. Já que os seres humanos são caídos, é inevitável que haja uma lacuna entre o ideal divino e a realidade humana, entre aquilo que Deus revelou e aquilo que os seres humanos consideram possível.

NOSSA RESPONSABILIDADE POLÍTICA CRISTÃ

Quando confrontados com as complexidades da vida moderna, os cristãos podem sentir-se tentados a aderir a um dos dois extremos. Em primeiro lugar, podem sucumbir ao desespero e até mesmo ao cinismo. Citam discórdias entre cristãos, uma Bíblia antiquada e questões que só podem ser compreendidas por especialistas como razões pelas quais as coisas estão perdidas. Não confiam que Deus fale conosco por meio das Escrituras e que ele nos leve até a verdade. Em segundo lugar, outros podem ser ingênuos e simplicistas. Querem soluções rápidas e, muitas vezes, veem as questões em preto e branco e não refletem sobre elas sabiamente à luz das Escrituras. Podem negar os problemas, citar textos como prova, denegrir aqueles que discordam deles e fazer de tudo, menos estudar as questões à luz das Escrituras.

O que precisamos, então, como será discutido no próximo capítulo, é desenvolver uma mente cristã, e isso significa analisar as questões, ler as Escrituras, ouvir os outros e partir para a ação.

No entanto, mesmo que façamos nosso dever de casa e discutamos e oremos juntos, precisamos perguntar: "A responsabilidade política se apoia nos ombros de quem?" Não fazer essa pergunta nem lhe responder, é uma das razões principais da confusão atual referente ao envolvimento político cristão. Precisamos fazer a distinção entre indivíduos, grupos e igrejas cristãos. Todos os indivíduos cristãos deveriam ser politicamente ativos no sentido de que, como cidadãos conscientes, eles votem nas eleições, estejam informados sobre questões contemporâneas, participem do debate público e, talvez, escrevam a um jornal, procurem seu representante no congresso ou parlamento e acompanhem uma demonstração. Além disso, alguns indivíduos são chamados por Deus para dedicar sua vida ao serviço político, no governo local ou nacional. Cristãos que compartilham de preocupações morais e sociais devem ser encorajados a unir-se a grupos (ou a criá-los) que estudam as questões num nível mais profundo e tomam medidas apropriadas. Em alguns casos, serão grupos exclusivamente cristãos; em outros, um cristão poderá contribuir com sua perspectiva bíblica num grupo misto, seja um partido político, seja um sindicato, seja uma associação profissional.

Dada a propriedade de ação e pensamento políticos de indivíduos e grupos cristãos, a Igreja como um todo deveria envolver-se na política? Certamente, a Igreja precisa ensinar a lei e o evangelho de Deus. Essa é a obrigação de pastores, mestres e outros líderes da Igreja. E, "quando a Igreja chegar à conclusão de que a fé bíblica ou a justiça exige que ela assuma uma postura pública sobre determinadas questões, então ela precisa obedecer à Palavra de Deus e confiar a ele as consequências".[40] Se acreditamos que a Igreja deva ir além do ensino e tomar medidas políticas corporativas de algum tipo, isso dependerá da tradição a que aderimos (luterana, reformada ou anabatista) dentro do protestantismo sobre a relação entre Igreja e Estado. Ao menos podemos concordar que a Igreja não deve aventurar-se nesse campo sem a especialização necessária. Contudo, quando os líderes da Igreja fazem seus deveres de casa e se dão ao trabalho de estudar um tema juntos, a fim de alcançar uma mente cristã comum e sugerir uma ação cristã comum, sua postura informada e unida exerce influência extrema.

Vejamos, primeiro, o cristão individual. Em termos gerais, cada cristão é chamado para ser uma testemunha e um servo. Cada um de nós é um seguidor do Senhor Jesus, que testemunhou uma boa confissão e disse: "Mas eu estou entre vocês como quem serve" (Lucas 22:27). Assim, a *diakonia* (serviço) e a *martyria* (testemunho) são gêmeos inseparáveis. No entanto, cristãos diferentes são chamados para ministérios especializados diferentes, assim como os Doze foram chamados para o ministério da Palavra e da oração, enquanto os Sete foram chamados para cuidar da distribuição diária às viúvas (veja Atos 6). A metáfora da Igreja como corpo de Cristo reforça a mesma lição. Assim como cada membro do corpo humano tem uma função diferente, cada membro do corpo de Cristo tem um dom diferente e, portanto, um ministério diferente. Ao mesmo tempo, qualquer que seja nosso chamado especializado, emergências podem passá-lo para segundo plano. O sacerdote e o levita, na parábola do bom samaritano, não podiam alegar que seu chamado era trabalhar no templo como desculpa por sua negligência vergonhosa em relação ao homem que tinha sido assaltado e roubado. Se formos chamados para um ministério predominantemente social, mesmo assim temos a obrigação de testemunhar. Se formos chamados para um ministério predominantemente evangelístico, mesmo assim não podemos alegar que não temos responsabilidades sociais.

Quanto à igreja local, a versatilidade de seu alcance pode ser bastante aumentada se ela fizer pleno uso de todos os seus membros com seus dons e chamados diferentes. É algo muito saudável quando a supervisão ou a liderança da igreja encoraja pessoas com preocupações semelhantes a se reunir em grupos de "interesses especiais" ou de "estudo e ação". Alguns terão um objetivo evangelístico — visitas de casa em casa, um grupo musical, um grupo de missão global etc. Outros grupos terão uma preocupação social — visita a enfermos e necessitados, uma associação para os sem-teto, relações comunitárias ou raciais, cuidado com o meio ambiente, defesa da vida, campanhas antiaborto, necessidades de uma minoria étnica etc. Esses grupos especialistas complementam uns aos outros. Se surgir uma oportunidade ocasional para que prestem contas à igreja como um todo, a natureza representativa de seu trabalho será confirmada, e eles podem receber apoio valioso do seu corpo em termos de conselhos, encorajamento, orações e apoio financeiro.

Nenhum cristão pode ou deveria tentar envolver-se em todos os tipos de ministério. Mas cada igreja local pode e deve envolver-se no máximo de áreas possível por meio de seus grupos. Os grupos permitem que a igreja diversifique sua preocupação e ação.[41] Como veremos no próximo capítulo, cristãos precisam ter um conhecimento profundo das Escrituras, o qual lhes garanta os fundamentos teológicos para o envolvimento cristão. A reflexão e a ação cristã não podem ser separadas.

Encerro este capítulo com o que pode ser uma referência um tanto surpreendente à missa católica romana. A palavra "missa" é derivada da última sentença do antigo rito latino, *Ite, missa est*. Em português, poderíamos traduzi-la como: "Agora, estão dispensados." Numa linguagem mais direta, poderíamos dizer: "Saiam daqui!" — para o mundo que Deus fez e que é habitado por pessoas criadas à imagem de Deus, para o mundo ao qual Cristo veio e ao qual ele agora nos envia, pois este é o nosso lugar. O mundo é a arena em que devemos viver e amar, testemunhar e servir, sofrer e morrer por Cristo.

NOTAS

1. Evangelism and social responsibility: an evangelical commitment, The Grand Rapids Report. In: STOTT, John (Org.). *Making Christ known:* historic mission documents from the Lausanne Movement 1974-1989. Carlisle: Paternoster, 1996; Grand Rapids: Eerdmans, 1997. p. 179.
2. O adjetivo "evangélico" é usado de maneiras diferentes por pessoas diferentes, mas, neste livro, denota aqueles cristãos que, como herdeiros da Reforma, destacam as Escrituras como autoridade suprema na igreja e a cruz de Cristo como único fundamento da salvação.
3. G. M. Trevelyan acatou a opinião do historiador francês Elie Halevy, segundo a qual a religião evangélica na Inglaterra "foi a principal influência que impediu que o nosso país seguisse a trilha da violência revolucionária". *English Social History*. Londres: Longmans Green, 1942. p. 477. Veja também LECKY, W. E. H. *A History of England in the Eighteenth Century*. Londres: Longmans Green, 1919. p. 376. v. 6.
4. BREADY, J. Wesley. *England:* before and after Wesley. Londres: Hodder & Stoughton, 1939. p. 11-14.
5. Ibid., p. 126.
6. Ibid., p. 405.
7. Ibid.
8. Ibid., p. 327.
9. Ibid., p. 316.
10. HOWSE, Ernest Marshall. *Saints in politics:* the "Clapham Sect" and the growth of freedom. Londres: George Allen & Unwin, 1953. p. 26. Veja também HYLSON-SMITH, Kenneth. *Evangelicals in the Church of England 1734-1984*. Edimburgo: T. & T. Clark, 1989. cap. 5.
11. Id., *Saints in politics*. [S.l.: s.n.], p. 27.
12. BATTISCOMBE, Georgina. *Shaftesbury:* a biography of the 7th Earl 1801-1885. Bend, Ore.: Constable, 1974. p. 334.
13. Citado por David O. Moberg. MOBERG, David O. *The great reversal:* evangelism versus social concern. Nova York: Lippincott, 1972; Londres: Scripture Union, 1973, p. 184. Para um relato da obra social evangélica na Grã-Bretanha do século 19, veja também HEASMAN, Kathleen. *Evangelicals in action*. Londres: Geoffrey Bles, 1962.
14. DAYTON, Donald W. *Discovering an evangelical heritage*. Nova York: Harper & Row, 1976. p. 15-24. Veja também SMITH, Timothy L. *Revivalism and social re-*

form: American Protestantism on the eve of the Civil War. Nova York: Harper Torchbooks, 1957; Baltimore: Johns Hopkins Univ. Press, 1980. Doutor Smith começa seu prefácio dizendo que Thomas Paine, se tivesse visitado Nova York em 1865, ficaria surpreendido ao descobrir que "a glória de emancipação dos grandes despertamentos tinha transformado a liberdade cristã, a igualdade cristã e a fraternidade cristã na paixão do país" (p. 7).

15. De um artigo de Donald W. Dayton em *The Post-American* (março de 1975).
16. Moberg, *The Great Reversal*. Veja também MARSDEN, George. *Fundamentalism and American culture.* Oxford: Oxford Univ. Press, 1980. p. 85-93. SMITH, Timothy L. *Revivalism and social reform.* p. 212. Para uma visão mais concisa e histórica do período da "Grande Reversão", veja HUNTER, James Davidson. *American evangelicalism:* conservative religion and the quandary of modernity. Nova Brunswick, N.J.: Rutgers Univ. Press, 1983. p. 23-34.
17. CASSIDY, Michael. *The passing summer:* a South African pilgrimage in the politics of love. Londres: Hodder & Stoughton, 1989. p. 253-254.
18. Ibid., p. 391-400.
19. Ibid., p. 149.
20. MARSDEN, George. An overview. In: CROMARTIE, Michael (Org.). *No longer exiles.* Washington, DC: Ethics and Public Policy Center, 1993. p. 14.
21. CROWE, Philip (Org.). *The National Evangelical Anglican Congress, Keele 67.* Londres: Falcon, 1967. parágrafo 20.
22. STOTT, John (Org.). *Making Christ known:* historic mission documents from the Lausanne Movement 1974-1989. Carlisle: Paternoster, 1996; Grand Rapids: Eerdmans, 1997. p. 185.
23. Veja WALLIS, Jim. *God's politics:* why the right gets it wrong and the left doesn't get it. Nova York: HarperCollins, 2005.
24. Sobre isso, veja STORKEY, Alan. *Jesus and politics:* confronting the powers. Grand Rapids: Baker Academic, 2005.
25. Citado em *www.christian-aid.org.uk/worship/0210into/quotes.htm* (em inglês).
26. Ibid., p. 197-198.
27. STOTT, op. cit., p. 196.
28. TEMPLE, William. *Christianity and the social order.* Londres: Penguin, 1942. p. 29.
29. "The Lausanne Covenant", parágrafo 15. Veja STOTT, op. cit., p. 49.
30. HATFIELD, Jane. *Creative prayer.* Cambridge: Grove Books, 1983. (Spirituality Series 7).

31. TEMPLE, op. cit., p. 54.
32. Ibid.
33. Ibid., p. 31.
34. Ibid., p. 59.
35. MAXIMOFF, G. P. (Org.). *The political philosophy of Bakunin*. Rockland, Me.: The Free Press, 1965. p. 271.
36. MORRIS, Brian. Anthropology and anarchism. *Anarchy*, [S.l.], [s.n.], v. 16, n. 45, p. 38, 1998.
37. LUCAS, John R. *Democracy and participation*. [S.l.: s.n.], 1975; Harmondsworth: Pelican, 1976. p. 10. Sugerimos também NIEBUHR, Reinhold. *The children of the light and the children of the darkness*. Londres: Nisbet, 1945. Ele escreveu 18 meses antes do final da Segunda Guerra Mundial, na qual ele viu o colapso da "civilização burguesa" antes da onda da barbaridade nazista. Deu ao seu livro o subtítulo *A vindication of democracy and a critique of its traditional defenders* [Uma vindicação da democracia e uma crítica de seus defensores tradicionais]. Sua fé na democracia não era o otimismo cego dos liberais que, não tendo qualquer concepção do pecado original, nutriam "uma visão fátua e superficial do homem" (p. 15). Acreditava que a democracia era a melhor maneira de resolver a tensão entre o indivíduo e a comunidade, o interesse próprio e o bem comum, a liberdade e a ordem.
38. NIEBUHR, op. cit., p. vi.
39. NEUHAUS, Richard. *The naked public square:* religion and democracy in America. Grand Rapids: Eerdmans, 1984. p. 116-125.
40. STOTT, op. cit., p. 202.
41. CARE, Jubilee Trust, Tearfund e o Institute for Contemporary Christianity (entre outros) patrocinam grupos que procuram combinar o pensamento cristão (sobre questões específicas) com a ação. Veja EDEN, M. A.; LUCAS, E. C. *Being transformed*. Londres: Marshall, 1988. Consulte especialmente o Apêndice 3. Veja também MCCLOUGHRY, Roy. *The eye of the needle*. Leicester: InterVarsity Press, 1990.

CAPÍTULO 2

Nosso mundo complexo: o pensamento cristão é distintivo?

Embora seja vital estarmos informados sobre questões com as quais somos confrontados e a respeito das quais queremos tomar alguma medida concreta, é importante ter certeza dos fundamentos teológicos do envolvimento social. Como cristãos, precisamos estar certos de que temos uma visão cristã do mundo, e isso só pode ser alcançado se tivermos uma compreensão profundamente bíblica das doutrinas básicas da nossa fé. Apenas isso nos protegerá de uma simplificação ingênua e daquele senso de desespero que descrevi no último capítulo. Proponho que existem cinco áreas em que Deus nos desafia a termos uma compreensão mais plena daquilo que a Bíblia está dizendo.

OS CINCO FUNDAMENTOS

Uma doutrina mais plena de Deus

Para começar, precisamos de uma doutrina mais plena de Deus. Tendemos a esquecer que Deus se preocupa com o todo da humanidade e com o todo da vida humana, em todas as suas cores e complexidades. Esses axiomas têm consequências importantes para o nosso pensamento.

Em primeiro lugar, o Deus vivo é o Deus da natureza e também da religião, tanto do "secular" quanto do "sagrado". Fato é que os cristãos sempre se sentem desconfortáveis com essa distinção. Tudo é "sagrado" no sentido de que tudo pertence a Deus, e nada é "secular" no sentido de que Deus está excluído dele. Deus criou o universo físico, ele o sustenta e ainda pronuncia que ele é bom (Gênesis 1:31). Na verdade, "tudo o que Deus criou é bom, e nada deve ser rejeitado, se for recebido com ação de graças" (1Timóteo 4:4). Deveríamos ser mais gratos do que costumamos ser pelas boas dádivas de um bom Criador — pelo sexo, pelo casamento e pela família, pela beleza e pela ordem do mundo natural, pelo trabalho e pelo lazer, pelas amizades e pela experiência de comunidade inter-racial ou intercultural, pela música e por outros tipos de arte criativa que enriquecem a qualidade da vida humana.

Muitas vezes, nosso Deus é pequeno demais porque é religioso demais. Imaginamos que ele se interessa, principalmente, pela religião — por prédios religiosos (igrejas e capelas), atividades religiosas (adoração e rituais) e livros religiosos (Bíblias e livros de oração). É claro que ele se preocupa com essas coisas, mas só se estiverem relacionadas ao todo da vida. Segundo os profetas do Antigo Testamento e os ensinamentos de Jesus, Deus é muito crítico quanto à "religião", se isso se referir a serviços religiosos separados da vida real, do serviço amoroso e da obediência moral do coração. "A religião que Deus, o nosso Pai, aceita como pura e imaculada é esta: cuidar dos órfãos e das viúvas em suas dificuldades e não se deixar corromper pelo mundo" (Tiago 1:27). O único valor dos serviços religiosos é que eles concentram em mais ou menos uma hora de atividade pública, vocal e congregacional a devoção de toda a nossa vida. Se eles não fizerem isso, se dissermos e cantarmos coisas na igreja que não têm correspondência no nosso dia a dia fora da igreja, em casa e no trabalho, eles são piores do que inúteis; sua hipocrisia é positivamente repugnante para Deus.

Em segundo lugar, o Deus vivo é o Deus das nações e também do seu povo pactual. Às vezes, nós, cristãos, cometemos o erro que Israel cometeu no Antigo Testamento, quando se concentrou exclusivamente no Deus da aliança, que o escolhera, entre todas as nações, para ser a nação sagrada e que se comprometera com ele, dizendo: "[...] serei o seu Deus, e vocês serão o meu povo" (Levítico 26:12). Para não deixar nenhuma dúvida: isso era uma verdade gloriosa. A noção de "aliança" é um grande tema bíblico; a revelação bíblica é ininteligível sem ela. Mas é uma perigosa meia verdade.

Quando Israel ressaltava-a demais, o povo diminuía o Deus vivo. Os israelitas o reduziam ao *status* de uma deidade tribal, um deusinho mesquinho. Ele se tornava Javé, o deus dos Israelitas, mais ou menos à altura de Camos, o deus dos moabitas, e Moloque, o deus dos amonitas. Também esqueciam as outras nações ou simplesmente as desdenhavam e rejeitavam.

Contudo, a Bíblia começa com as nações, não com Israel; com Adão, não com Abraão; com a Criação, não com a aliança. E, quando Deus escolheu Israel, ele não perdeu o interesse nas nações. Amós corajosamente deu voz à palavra do Senhor: "'Vocês, israelitas, não são para mim melhores do que os etíopes', declara o Senhor. 'Eu tirei Israel do Egito, os filisteus de Caftor [Creta] e os arameus de Quir'" (Amós 9:7). Semelhantemente, o arrogante imperador Nabucodonosor teve de aprender que "o Altíssimo domina sobre os reinos dos homens e os dá a quem quer" (Daniel 4:32). Ele governa sobre as nações.

O destino das nações está sob o controle do Pai. Mesmo que Satanás seja chamado "o príncipe deste mundo", sendo, na verdade, o seu usurpador, Deus permanece o governador último de tudo o que se fez. "Dos céus olha o Senhor e vê toda a humanidade; do seu trono ele observa todos os habitantes da terra; ele, que forma o coração de todos, que conhece tudo o que fazem" (Salmos 33:13-15). Mais do que isso, ele prometeu que, ao abençoar Abraão e sua posteridade, abençoaria todas as famílias da terra e que, um dia, restauraria o que a Queda manchou e levaria à perfeição tudo o que ele fez.

Em terceiro lugar, o Deus vivo é o Deus da justiça e também da justificação.[1] É claro que ele é o Deus da justificação, o Salvador dos pecadores, o "Deus compassivo e misericordioso, paciente, cheio de amor e de fidelidade" (Êxodo 34:6). Mas ele também quer que a nossa vida comunal seja caracterizada pela justiça.

> Ele defende a causa dos oprimidos e dá alimento aos famintos. O Senhor liberta os presos, o Senhor dá vista aos cegos, o Senhor levanta os abatidos, o Senhor ama os justos. O Senhor protege o estrangeiro e sustém o órfão e a viúva, mas frustra o propósito dos ímpios (Salmos 146:7-9).

Isso não significa que ele faz todas essas coisas invariavelmente, mas, sim, que esse é o tipo de Deus que ele é. Além do mais, a preocupação de Deus com a justiça, apesar de exigi-la especialmente de seu próprio povo, estende-se para além deles, a todos os povos. Ele se importava com a compaixão e justiça sociais tanto nas nações como em Israel. Não existe evidência mais clara disso do que nos dois primeiros capítulos da profecia de Amós.

Antes da repreensão de Amós a Judá, que rejeitou a lei de Deus e se voltou para a idolatria, e a Israel, que esmagou os pobres e negou justiça aos oprimidos (Amós 2:4-8), ele pronunciou o julgamento de Deus sobre todas as nações vizinhas (Amós 1:3; 2:3) — sobre a Síria, por causa de sua crueldade selvagem; sobre a Filisteia, por capturar comunidades inteiras e vendê-las em escravidão; sobre Tira, por violar um tratado de irmandade; sobre Edom, pela hostilidade impiedosa contra Israel; sobre Amom, pelas atrocidades na guerra e sobre Moabe, por profanar os ossos de um rei vizinho.

Vários dos livros proféticos semelhantemente contêm uma seção de oráculos sobre ou contra as nações. Que Deus é o Deus da justiça e deseja justiça em cada nação e comunidade evidencia-se especialmente no livro de Naum, que é uma profecia contra Nínive, capital e símbolo da Assíria. Assíria não é denunciada por Javé apenas por ser inimiga de longa data de Israel (por exemplo, Naum 1:9 e seguintes; 2:2 e seguintes), mas também por causa de sua idolatria (Naum 1:14) e porque era uma "cidade sanguinária, repleta de fraudes e cheia de roubos, sempre fazendo as suas vítimas!" (Naum 3:1). Duas vezes, Javé diz as palavras terríveis "Estou contra você" (Naum 2:13; 3:5), e o oráculo termina com a pergunta retórica: "Quem não sofreu por sua crueldade sem limites?" (Naum 3:19).

Essas passagens do Antigo Testamento deixam claro que Deus odeia a injustiça e a opressão em todos os lugares e que ele ama e promove a justiça em todos os lugares. Onde quer que a justiça seja encontrada em nosso mundo caído, isso se deve à ação da graça de Deus. Todos os seres humanos sabem disso também. Temos um senso de justiça inato, do qual a exclamação "Isso não é justo!", de toda criança, é testemunho eloquente. É evidência sólida do ensinamento de Paulo que a lei moral de Deus está inscrita no coração humano (Romanos 2:14-15). A lei e o evangelho de Deus são ambos para o nosso bem.

Aqui, então, está o Deus vivo da Bíblia. Suas preocupações abarcam tudo — não só o "sagrado", mas também o "secular", não só a religião, mas também a natureza, não só o seu povo pactual, mas todos os povos, não só a justificação, mas a justiça social em cada comunidade, não só o seu evangelho, mas também a sua lei. Não devemos tentar limitar seus interesses. Aliás, nossos interesses deveriam ser tão amplos quanto os de Deus.

Uma doutrina mais plena dos seres humanos

Todo o nosso trabalho filantrópico — isto é, o trabalho inspirado no amor pelos seres humanos — depende da avaliação que fazemos deles. Quanto mais positiva a nossa visão de seu valor, maior o nosso desejo de servi-los.

Humanistas seculares, que são sinceros ao descrever a si próprios como dedicados "ao caso humano e à causa humana",[2] aparentam ser, às vezes, mais humanos do que cristãos. Mas, quando lhes perguntamos por que se dedicam tanto à humanidade, é provável que respondam, com Julian Huxley, que o fazem por causa do potencial humano nos anos futuros de evolução. "Assim, o desenvolvimento do vasto potencial do homem de possibilidade realizável", escreveu ele, "fornece o motivo primário para a ação coletiva."[3] A inadequação disso como base para o serviço é óbvia. Se o progresso desimpedido da evolução fosse nosso interesse principal, por que deveríamos preocupar-nos com o criminoso endurecido, o psicopata, os doentes crônicos ou aqueles que estão morrendo de fome? Não seria mais prudente colocá-los para dormir como um cão amado, para que não impeçam o processo evolucionário? A eutanásia obrigatória, não o serviço compassivo, seria a dedução lógica da premissa dos humanistas. O fato de eles recuarem diante desse abismo indica que seu coração é melhor do que sua mente, e sua filantropia é melhor do que sua filosofia.

Os cristãos têm uma base mais saudável para servir a outros seres humanos. Não é por causa do que podem tornar-se no futuro desenvolvimento especulativo da raça, mas por causa do que já são em virtude da criação divina. Seres humanos são feitos à semelhança de Deus e possuem capacidades que os distinguem da criação animal. Sim, seres humanos são caídos, e a imagem divina está distorcida; mas, a despeito de todas as aparências contrárias, ela não foi destruída (Gênesis 9:6; Tiago 3:9). É isso que explica o valor único dos seres humanos, e que sempre tem inspirado a filantropia cristã.

Essas criaturas humanas, mas semelhantes a Deus, não são apenas almas (para que nossa preocupação exclusiva seja a sua salvação eterna), não apenas corpos (de modo que nossa preocupação seja apenas com sua comida, sua roupa, seu abrigo e sua saúde), não só seres sociais (para que seus problemas na comunidade devam ocupar-nos inteiramente). São todos os três. De uma perspectiva bíblica, o ser humano pode ser definido como "um corpo-alma-numa-comunidade". É assim que Deus nos fez. Se, portanto, realmente amamos nosso próximo e, por causa de seu valor, desejamos servi-lo, precisamos estar preocupados com seu bem-estar total, o bem-estar de sua alma, de seu corpo e de sua comunidade. Nossa preocupação levará a programas práticos de evangelismo, alívio e desenvolvimento. Não ficaremos apenas conversando, planejando e orando, como aquele vigário rural que recebeu a visita de uma mulher desabrigada à procura de ajuda e que (sem dúvida com sinceridade, e porque ele estava ocupado e se sentiu impotente) prometeu orar por ela. Mais tarde, ela escreveu este poema e o entregou ao oficial regional da instituição de caridade em questão:

> Eu estava com fome,
>   E o senhor formou um grupo humanista para discutir minha fome.
> Eu estava presa,
>   E o senhor saiu sorrateiramente para a sua capela e orou por minha soltura.
> Eu estava nua,
>   E em sua mente o senhor debateu a moralidade da minha aparência.
> Eu estava doente,
>   E o senhor se ajoelhou e agradeceu a Deus por sua saúde.
> Eu estava desabrigada,
>   E o senhor me pregou sobre o refúgio espiritual do amor de Deus.
> Eu estava sozinha,
>   E o senhor me deixou sozinha para orar por mim.
> O senhor parece tão santo, tão próximo de Deus
>   Mas eu continuo com muita fome — e solitária — e com muito frio.

Tantos cristãos têm-se envolvido na ajuda aos pobres, aos impotentes, aos enfermos, aos dependentes químicos e aos presos desde o tempo de Cristo, suprindo não só as suas necessidades imediatas, mas também buscando justiça para eles. Por que eles o fizeram? Por causa da doutrina cristã sobre o ser humano, homem e mulher, todos feitos à imagem de Deus, mesmo que também caídos. Porque pessoas importam. Porque cada homem, cada mulher, cada criança possui um valor intrínseco e inalienável como ser humano. Uma vez que reconhecemos isso, nós nos dispomos a liberar as pessoas de tudo o que é desumano e consideramos um privilégio servi-las, fazendo de tudo em nosso poder para tornar a vida humana mais humana.

Uma doutrina mais plena de Cristo

Muitas reinterpretações e reconstruções diferentes de Jesus têm sido feitas. Na verdade, é correto que cada geração de cristãos procure entender e apresentá-lo em termos apropriados à sua própria era e cultura. Assim, temos visto o Jesus ascético, o sofredor, o monarca, o cavalheiro, o palhaço, o astro, o capitalista, o socialista, o revolucionário, o guerrilheiro, o remédio milagroso. Vários desses retratos são mutuamente contraditórios, é claro, e outros não têm nenhuma, ou têm pouca, base histórica. Agora, tivemos também *O Código Da Vinci* com sua retratação ficcional de um Jesus casado e com filho.

Precisamos, então, recuperar uma imagem autêntica dele, que o Pacto de Lausanne chama "o Cristo histórico e bíblico" (parágrafo 4). Precisamos vê-lo em sua plenitude paradoxal — seu sofrimento e sua glória, sua posição de servo e de senhor, sua encarnação humilde e seu reinado cósmico. A encarnação é, talvez, o que nós, evangélicos, mais tendemos a negligenciar, tanto em sua importância teológica quanto em suas implicações práticas.

O Filho de Deus não permaneceu na imunidade segura de seu céu. Ele se esvaziou de sua glória e se humilhou para servir. Tornou-se pequeno, fraco e vulnerável. Entrou na nossa dor, na nossa alienação e nas nossas tentações. Ele não só proclamou as boas-novas do Reino de Deus, mas demonstrou sua chegada curando enfermos, alimentando famintos, perdoando pecaminosos, aproximando-se de marginalizados e ressuscitando mortos. Não veio para ser servido, ele disse, mas para servir e dar sua vida em resgate pela libertação de outros. Assim, permitiu tornar-se uma vítima de injustiça bruta nas cortes, e, quando o crucificaram, ele orou por seus inimigos. Então, na terrível escuridão desamparada por Deus, tomou nossos pecados sobre sua própria pessoa inocente.

Essa visão de Cristo não deveria afetar nosso entendimento de sua comissão: "Assim como o Pai me enviou, eu os envio" (João 20:21)? Se a missão cristã deve ser moldada segundo a missão de Cristo, isso certamente significará para nós, assim como significou para ele, entrar nos mundos de outras pessoas. No evangelismo, significará entrar no mundo de seus pensamentos e no mundo de sua tragédia e perdição, a fim de compartilhar Cristo com as pessoas onde quer que estejam. Na atividade social, significará uma disposição de renunciar ao conforto e à segurança do nosso próprio pano de fundo cultural a fim de doarmos a nós mesmos em serviço às pessoas de outra cultura, cujas necessidades talvez nunca tenhamos conhecido ou experimentado. A missão encarnacional, seja evangelística, seja social, sejam ambas, exige uma identificação custosa com as pessoas em suas situações reais. Jesus de Nazaré sentiu compaixão ao ver seres humanos necessitados, doentes ou enlutados, famintos, assediados ou desamparados; será que a compaixão de seu povo não deveria ser despertada pela mesma visão?

Leonidas Proaño era um bispo católico romano de Riobamba, mais ou menos 160 km ao sul de Quito, no Equador. Baseando seu pensamento na Bíblia, ele tinha um compromisso forte com a justiça social em seu país, e não menos com os indígenas, cuja cultura ele queria resguardar daqueles que ameaçavam prejudicá-la e até mesmo destruir. Embora se recusasse a identificar-se com o marxismo, e, de fato, não ser marxista, ele era crítico — e até desafiador — dos sistemas políticos e eclesiásticos de seu país. Ele se opôs ao feudalismo e ao poder opressivo dos latifundiários ricos. Talvez não seja surpreendente que tenha sido ameaçado de morte. De qualquer modo, após a queda e a morte, em 1973, do presidente Salvador Allende, do Chile, o bispo Proaño pregou numa missa para estudantes marxistas em Quito. Ele retratou Jesus como o radical que era, o crítico do sistema, o defensor dos oprimidos, o amante dos pobres, que não só pregou o evangelho, mas também serviu compassivamente aos necessitados. Depois da missa, houve tempo para perguntas, e alguns estudantes disseram: "Se tivéssemos conhecido esse Jesus, jamais nos teríamos tornado marxistas."

Em qual Jesus acreditamos? Qual Jesus pregamos? É possível que, em algumas partes da Igreja, seja apresentado aos jovens um Jesus tão falso (outro Jesus — 2Coríntios 11:4), que os estamos afastando dele e levando para os braços de Karl Marx?

Uma doutrina mais plena da salvação

Existe uma tendência constante na igreja de banalizar a natureza da salvação, como se não significasse nada além de uma reformação própria, do perdão de nossos pecados, de um passaporte pessoal para o Paraíso ou de uma experiência mística pessoal sem consequências sociais ou morais. Urge resgatarmos a salvação dessas caricaturas e recuperarmos a doutrina de sua plenitude bíblica. Salvação é, pois, uma transformação radical em três fases, a qual começa com a nossa conversão, continua ao longo da nossa vida na terra e será levada à perfeição quando Cristo voltar. Em especial, precisamos superar a tentação de separar verdades que formam um todo.

Em primeiro lugar, não devemos separar a salvação do Reino de Deus. Na Bíblia, essas duas expressões são praticamente sinônimas, modelos alternativos para descrever a mesma obra de Deus. Segundo Isaías 52:7, aqueles que pregam as boas-novas da paz são também aqueles que "proclamam salvação, que dizem a Sião: 'O seu Deus reina!'". Ou seja, onde Deus reina, ele salva. Salvação é a benção de seu reinado. Evidentemente que os discípulos assimilavam a entrada no reino com a salvação, quando Jesus disse a eles:

> "Filhos, como é difícil entrar no Reino de Deus! É mais fácil passar um camelo pelo fundo de uma agulha do que um rico entrar no Reino de Deus." Os discípulos ficaram perplexos, e perguntavam uns aos outros: "Neste caso, quem pode ser salvo?" (Marcos 10:24-26).

Uma vez que essa identificação é feita, a salvação assume um sentido mais amplo. O Reino de Deus é o governo dinâmico de Deus, que irrompe na história humana por meio de Jesus, confrontando, combatendo e superando o mal, propagando a integridade do bem-estar pessoal e comunal, apossando-se de seu povo em benção total e exigência total. A igreja deve ser a comunidade do reino, um modelo de como é a comunidade humana quando ela se submete ao governo de Deus, e uma alternativa desafiadora para a sociedade secular. Entrar no Reino de Deus significa entrar na nova era, prometida desde longa data no Antigo Testamento, que é também o início da nova criação de Deus. Agora, vivemos na expectativa da consumação do reino, quando nossos corpos, nossa sociedade e nosso universo serão renovados, e pecado, dor, futilidade, doença e morte serão erradicados. A salvação é um conceito grande; não temos a liberdade de reduzi-lo.

Em segundo lugar, não devemos separar Jesus, o Salvador, de Jesus, o Senhor. É quase inacreditável que alguns evangelistas ensinem a possibilidade de se aceitar Jesus, o Salvador, mas, ao mesmo tempo, adiem apresentá-lo como Salvador. Deus exaltou Jesus à sua direita e o tornou Senhor. Dessa posição de poder supremo e autoridade executiva, ele é capaz de conceder salvação e o dom do Espírito. É justamente pelo fato de ser Senhor que ele pode salvar. As afirmações "Jesus é Senhor" e "Jesus é Salvador" são praticamente intercambiáveis. E seu senhorio estende-se muito além da parte religiosa de nossa vida. Ele abarca o todo da nossa experiência, pública e privada, lar e trabalho, participação na igreja e dever civil, responsabilidades evangelísticas e sociais.

Em terceiro lugar, não devemos separar fé de amor. Cristãos evangélicos sempre ressaltaram a fé. *Sola fide*, "apenas pela fé", foi uma das grandes palavras da Reforma. "Justificação", ou aceitação por Deus, não ocorre por meio de boas obras que fizemos ou podemos fazer; é somente pelo favor desmerecido ("graça"), unicamente por causa da morte expiatória de Jesus Cristo, por meio da simples confiança nele apenas. Essa verdade central do evangelho não pode ser comprometida por qualquer coisa. Contudo, mesmo que a justificação seja apenas pela fé, esta não pode permanecer sozinha. Se ela for viva e autêntica, inevitavelmente resultará em boas obras, e, se não o fizer, ela é espúria. O próprio Jesus ensinou isso em sua descrição das "ovelhas e cabras" do dia do julgamento. Nossa atitude em relação a Cristo, ele disse, será revelada e julgada segundo as boas obras de amor que fizemos aos menores de nossos irmãos e irmãs. Todos os apóstolos enfatizaram a necessidade de boas obras de amor. Tiago ensina: "Assim também a fé, por si só, se não for acompanhada de obras, está morta [...] eu lhe mostrarei a minha fé pelas obras" (Tiago 2:17,18). João também: "Se alguém tiver recursos materiais e, vendo seu irmão em necessidade, não se compadecer dele, como pode permanecer nele o amor de Deus?" (1João 3:17). E também Paulo: Cristo morreu para criar um novo povo "dedicado à prática de boas obras" (Tito 2:14). Fomos recriados em Cristo "para fazermos boas obras, as quais Deus preparou antes para nós as praticarmos" (Efésios 2:10). Novamente: a única coisa que importa é "a fé que atua pelo amor [...] sirvam uns aos outros mediante o amor" (Gálatas 5:6,13). Esta, então, é a sequência — fé, amor, serviço. Fé verdadeira resulta em amor, e amor verdadeiro resulta em serviço.

São especialmente aqueles entre nós chamados cristãos "evangélicos" que precisam levar essa ênfase do Novo Testamento a sério. Precisamos ter o cuidado de não engrandecer a fé e o conhecimento a custo do amor. Paulo não o fez. Se ele soubesse "todos os mistérios e todo o conhecimento", ele escreveu, e se ele tivesse "uma fé capaz de mover montanhas", mas não tivesse amor, ele nada seria (1Coríntios 13:2). Fé salvadora e amor servidor andam de mãos dadas. Sempre que um deles estiver ausente, o outro também estará. Nenhum dos dois pode existir isoladamente.

Uma doutrina mais plena da igreja

Muitas pessoas veem a igreja como um tipo de clube, semelhante ao clube de golfe local, exceto que o interesse comum de seus membros não é o golfe, mas Deus. São pessoas religiosas que fazem coisas religiosas juntas. Pagam sua mensalidade e têm direito aos privilégios de membros do clube. Com essa postura mental, elas se esquecem da expressão perspicaz de William Temple: "A igreja é a única sociedade cooperativa que existe para o benefício de seus não membros."[4]

No lugar do modelo "clube", precisamos recuperar a verdade da "identidade dupla" da igreja. De um lado, a igreja é um povo "santo", chamado para fora do mundo a fim de pertencer a Deus. De outro, é um povo "mundano", no sentido de renunciar à sua cidadania "do outro mundo" e de ser enviado de volta ao mundo atual para testemunhar e servir. É isso que o doutor Alec Vidler, seguindo uma deixa de Dietrich Bonhoeffer, chamou o "mundanismo santo" da igreja.[5] Raramente, em sua longa e atribulada história, a igreja tem lembrado ou preservado a sua dupla identidade. Em alguns casos, numa ênfase correta de "santidade" da igreja, ela se retirou erradamente do mundo e se isolou dele. Em outros, numa ênfase correta de seu "mundanismo" (isto é, de sua imersão na vida do mundo), a igreja erradamente se assimilou aos padrões e valores do mundo e, assim, se contaminou com eles. No entanto, sem a preservação de ambas as partes de sua identidade, a igreja não pode se empenhar em missões. Missão surge da doutrina bíblica da igreja na sociedade. Uma eclesiologia desequilibrada produz também uma missão desequilibrada.

O próprio Jesus ensinou essas verdades, não só em sua famosa expressão "no mundo, mas não dele" (veja João 17:11-19), mas também em suas metáforas vívidas do sal e da luz. "Vocês são o sal da terra", ele disse, e: "Vocês são a luz do mundo" (Mateus 5:13-16). Ele deu a entender (como veremos mais claramente no Capítulo 3) que as duas comunidades, a nova e a antiga, a Igreja e o mundo, são tão diferentes uma da outra quanto a luz e a escuridão, o sal e a decomposição. Ele deu a entender também que, para fazerem algum bem, o sal precisa penetrar a carne e a luz precisa brilhar na escuridão. Da mesma forma, os cristãos precisam penetrar uma sociedade que voltou as costas para Deus. Assim, a dupla identidade e a responsabilidade da Igreja estão claras.

De maneira semelhante, o apóstolo Pedro descreve os membros do novo povo de Deus, de um lado, como "estrangeiros e peregrinos no mundo", e, de outro, como cidadãos conscientes nele (1Pedro 2:11-17). Não podemos "afirmar o mundo" totalmente (como se não houvesse nada de mau nele) nem "negá-lo" totalmente (como se não houvesse nada de bom nele); precisamos fazer um pouco dos dois, e precisamos ser, particularmente, "desafiadores do mundo", reconhecendo o seu potencial como mundo de Deus e buscando deixar a vida cada vez mais em conformidade com seu senhorio.

A visão da influência da igreja sobre a sociedade pode ser descrita da melhor forma nos termos de "reforma", não de "redenção". Nas palavras de A. N. Triton:

> Redenção não é uma infecção de estruturas sociais [...] Ela resulta em indivíduos restaurados a um relacionamento correto com Deus. Mas isso provoca ondas de choque horizontais na sociedade, das quais todos nós nos beneficiamos. Esses benefícios ocorrem em termos de re-

formar a sociedade segundo a lei de Deus, não em termos de remi-la pela morte de Cristo.⁶

A eficácia da igreja depende de sua combinação de "santidade" e "mundanismo". Voltaremos a essas imagens mais tarde.

UMA MENTE CRISTÃ

Com uma compreensão clara e profunda dessas cinco bases para o envolvimento social, estamos prontos para tomar os próximos passos no desenvolvimento de uma mente cristã, pois é esse o nosso objetivo. É apenas esse tipo de mente que pode pensar com integridade cristã sobre os problemas do mundo contemporâneo.

Essa proposta, no entanto, provoca uma oposição imediata daqueles cristãos que assimilaram o humor anti-intelectual do mundo de hoje. Não querem que ninguém lhes diga que devem usar a mente, eles falam. Alguns declaram até que não é "espiritual" fazer isso. Em resposta, chamamos a atenção para a injunção de Paulo aos coríntios: "Irmãos, deixem de pensar como crianças [...] quanto ao modo de pensar, sejam adultos" (1Coríntios 14:20). Fato é que o uso correto da nossa mente é maravilhosamente benéfico. (1) Glorifica Deus, pois ele nos fez seres racionais à sua própria imagem e nos deu, nas Escrituras, uma revelação racional que ele espera que estudemos. (2) Enriquece-nos, pois cada aspecto do nosso discipulado cristão (por exemplo, nossa adoração, fé e obediência) depende, para o seu amadurecimento, da nossa reflexão, respectivamente, sobre a glória, a fidelidade e a vontade de Deus. (3) Fortalece nosso testemunho no mundo, pois, como os apóstolos, somos chamados não só para "pregar" o evangelho, mas também para "defender" e "argumentá-lo" e, assim, "convencer" as pessoas de sua verdade (por exemplo, Atos 17:2 e seguintes; 19:8; 2Coríntios 5:11; Filipenses 1:7).

No início de Romanos 12, Paulo usa a expressão "a renovação da sua mente". Ele acaba de fazer seu famoso apelo aos leitores romanos para que, em gratidão pelas misericórdias de Deus, apresentem seus corpos a ele como "sacrifício vivo" e como seu "culto espiritual". Agora, Paulo explica como é possível que o povo de Deus lhe sirva no mundo. Ele nos apresenta uma alternativa. Uma maneira é "conformar-se" a esse mundo ou "século", aos seus padrões (ou à falta deles), aos seus valores (predominantemente materialistas) e aos seus objetivos (egocêntricos e sem Deus). Essas são as características da cultura ocidental. Além do mais, a cultura dominante (como o vento dominante) não é fácil de enfrentar. É mais fácil seguir o caminho da menor resistência e curvar-se diante dele, como "capim ao vento". O secularismo contemporâneo é forte e sutil; as pressões de conformar-se a ele são grandes.

Paulo, contudo, exorta-nos a não nos conformarmos ao mundo, mas a sermos "transformados" pela renovação da nossa mente com o objetivo de discernir a vontade agradável e perfeita de Deus. Aqui, então, está a suposição do apóstolo de que os cristãos têm ou deveriam ter uma mente renovada, e que essa mente renovada terá um efeito radical sobre nossas vidas, já que ela nos capacitará a discernir e a aprovar a vontade de Deus e, assim, transformar a nossa conduta. A sequência é convincente. Se quisermos levar uma vida reta, precisamos ter pensamentos retos. Se quisermos ter pensamentos retos, precisamos ter uma mente renovada. Uma vez que nossa mente foi renovada, devemos estar preocupados não com o caminho do mundo, mas com a vontade de Deus, a qual nos transformará.

Conversão cristã significa renovação total. A Queda levou à depravação total — uma doutrina, suspeito eu, que só é rejeitada por aqueles que não a entendem. Jamais significou que cada humano é tão depravado quanto poderia ser, mas, sim, que cada parte da nossa natureza humana, incluindo a nossa mente, foi distorcida pela Queda. Assim, redenção envolve renovação total (o que não significa que, agora, somos tão bons quanto poderíamos ser, mas que cada parte de nós, incluindo a nossa mente, foi renovada). O contraste é claro. Nossa antiga perspectiva levou à conformidade com a multidão; nossa nova perspectiva levou-nos à não conformidade moral por preocupação com a vontade de Deus. Nossa mente caída seguia o caminho do mundo; nossa mente renovada é fortalecida pela vontade de Deus, revelada na Palavra de Deus. Entre os dois está o arrependimento, *metanoia*, uma mudança completa de mente ou perspectiva.

Paulo escreve não apenas sobre uma "mente renovada", mas também sobre a "mente de Cristo". Ele exorta os filipenses: "Seja a atitude de vocês a mesma de Cristo Jesus" (Filipenses 2:5). Isto é, quando estudamos o ensinamento e o exemplo de Jesus, conscientemente colocando nossa mente sob o jugo de sua autoridade (Mateus 11:29), começamos a pensar como ele pensava. A mente de Cristo é, aos poucos, formada dentro de nós pelo Espírito Santo, que é o Espírito de Cristo. Vemos as coisas do seu jeito, de sua perspectiva. Nossa perspectiva se alinha com a de Cristo. Quase ousamos dizer o que o apóstolo podia dizer: "[...] temos a mente de Cristo" (1Coríntios 2:16).

"A mente renovada". "A mente de Cristo". "Uma perspectiva cristã". "A mente cristã". Foi Harry Blamires que popularizou essa quarta expressão em seu livro homônimo, *The Christian Mind*, que, desde a sua publicação, em 1963, tem exercido ampla influência. A expressão "mente cristã" não se refere a uma mente ocupada com temas especificamente "religiosos", mas a uma mente capaz de refletir sobre os temas mais "seculares" de maneira "cristã" — isto é, de uma perspectiva cristã. Não é a mente de um cristão esquizoide que "entra e sai de sua mentalidade cristã à medida que a conversa passa da Bíblia para as manchetes do jornal de hoje".[7] Não, a mente cristã, escreve ele, é "uma mente treinada, informada, equipada para manusear dados de controvérsia secular dentro de uma estrutura de referência construída de pressuposições cristãs".[8] Blamires lamenta a perda contemporânea do pensamento cristão até mesmo entre líderes cristãos: "A mente cristã sucumbiu à maré secular com um nível de fraqueza sem igual na história cristã."[9] Após lamentar a perda, Harry Blamires prepara-se para buscar a sua recuperação. Ele quer testemunhar a ascensão do tipo de pensador cristão que "desafia preconceitos correntes [...] perturba os complacentes [...] obstrui os pragmáticos ocupados [...] questiona os fundamentos de tudo em relação a ele e [...] é um importuno".[10]

Então, Blamires cita o que ele considera as seis "marcas" essenciais da mente cristã: (1) "sua orientação sobrenatural" (ela olha para além do tempo, para a eternidade; para além da terra, para o céu e a terra; e, ao mesmo tempo, habita um mundo feito, sustentado e cuidado por Deus); (2) "sua consciência do mal" (o pecado original que perverte até mesmo as coisas mais nobres em instrumentos de "vaidade faminta"); (3) "sua concepção de verdade" (a graça da revelação divina que não pode ser comprometida); (4) "sua aceitação de autoridade" (o que Deus revelou exige de nós "não um apego igualitário, mas uma submissão concreta"); (5) "sua preocupação com a pessoa" (um reconhecimento do valor da personalidade humana contra a servidão à máquina); e (6) "seu molde sacramental" (por exemplo, reconhecendo o amor sexual como "um dos instrumentos mais eficientes de Deus" para abrir o coração do homem à realidade).

A ESTRUTURA QUÁDRUPLA

Pessoalmente, tenho considerado mais útil adotar a estrutura fornecida pelas Escrituras como um todo. A mente verdadeiramente cristã arrependeu-se do *proof-texting*, ou "texto comprobatório" (a noção de que podemos resolver qualquer questão doutrinal e ética citando um texto isolado, enquanto Deus nos tem dado uma revelação abrangente), e, em vez disso, satura-se com a plenitude das Escrituras. Mais especificamente, ela absorveu o esquema quádruplo da história bíblica. A Bíblia divide a história humana em épocas, marcadas não pela ascensão e pela queda de impérios, dinastias ou civilizações, mas por quatro grandes eventos: a Criação, a Queda, a Redenção e a Consumação.

Criação

Em primeiro lugar, a Criação. É absolutamente fundamental para a fé cristã (e, portanto, para a mente cristã) que, no início, quando o tempo começou, Deus criou o universo do nada. Depois, criou o planeta terra, seus continentes, seus mares e todas as suas criaturas. Por fim, como clímax de sua atividade criativa, ele fez o homem, macho e fêmea, à sua imagem. A semelhança divina da humanidade emerge conforme a história se desdobra: homens e mulheres são seres racionais e morais (capazes de entender e de responder aos mandamentos de Deus), seres responsáveis (que exercem domínio sobre a natureza), seres sociais (com a capacidade de amar e ser amados) e seres espirituais (que encontram sua satisfação maior no conhecimento de seu Criador e na adoração a ele). De fato, o Criador e suas criaturas humanas são retratados como caminhando e conversando juntos no jardim. Tudo isso foi a semelhança divina que conferia a Adão e Eva seu valor e dignidade únicos.

Queda

Em segundo lugar, a Queda. Eles deram ouvidos às mentiras de Satanás, e não à verdade de Deus. Como resultado de sua desobediência, foram expulsos do jardim. Nenhuma tragédia maior do que essa tem acometido os seres humanos, pois, apesar de terem sido feitos por Deus, como Deus e para Deus, eles agora vivem sem Deus. Toda a nossa alienação, desorientação e o nosso senso de falta de significado provêm disso. Ademais, nossos relacionamentos uns com os outros tornaram-se distorcidos. A igualdade sexual foi derrubada: "[...] seu marido [...] a dominará" (Gênesis 3:16). A dor veio para assombrar o limiar da maternidade. O ódio enciumado de Caim irrompeu em assassinato. Até mesmo a natureza foi tirada dos eixos. O solo foi amaldiçoado por causa do homem, a cultivação do solo se tornou uma luta contra as probabilidades, e a obra criativa degenerou em labuta. Ao longo dos séculos, homens e mulheres abandonaram a administração responsável do meio ambiente a eles confiado e derrubaram florestas, criaram desertos, poluíram rios e mares, estragaram a atmosfera com venenos. "Pecado original" significa que nossa natureza humana herdada está agora distorcida por um egocentrismo desastroso. O mal é uma realidade permeada e generalizada. Mesmo que a nossa semelhança divina não tenha sido destruída, ela foi seriamente distorcida. Nós já não amamos mais a Deus com todo o nosso ser, mas somos hostis a ele e estamos sob sua justa condenação.

Redenção

Em terceiro lugar, a Redenção. Em vez de abandonar ou destruir suas criaturas rebeldes, como teriam merecido, Deus planejou remi-las. Tão logo eles pecaram, Deus prometeu que a semente da mulher esmagaria a cabeça da serpente (Gênesis 3:15), o que reconhecemos como primeira predição do Salvador vindouro. O propósito redentor de Deus começou a assumir uma forma mais clara quando ele chamou Abraão e firmou uma aliança solene com ele, prometendo abençoá-lo e também, por meio de sua posteridade, todas as famílias da terra — outra promessa que sabemos ter-se cumprido em Cristo e sua comunidade mundial. Deus renovou sua aliança, dessa vez com Israel, no Monte Sinai, e continuou prometendo, por meio dos profetas, que muito, muito mais viria nos dias do reino messiânico. Então, na plenitude do tempo, o Messias veio. Com ele, iniciou-se uma nova era, o Reino de Deus irrompeu, começou o fim. Agora, pela morte, pela ressurreição e pelo dom do Espírito de Jesus, Deus está cumprindo sua promessa de redenção e refazendo sua humanidade comprometida, salvando indivíduos e incorporando-os à sua nova comunidade reconciliada.

Consumação

Em quarto lugar virá a Consumação. Algum dia, quando as boas-novas do reino tiverem sido proclamadas no mundo inteiro (Mateus 24:14), Jesus Cristo aparecerá em grande magnificência. Ele ressuscitará os mortos, julgará o mundo, regenerará o universo e levará o Reino de Deus à sua perfeição. Toda dor, decadência, pecado, tristeza e morte serão banidos, e, nele, Deus será glorificado para sempre. Enquanto isso, estamos vivendo entre os tempos, entre o reino que veio e o reino vindouro, entre o "agora" e o "depois" da redenção, entre o "já" e o "ainda não".

Aqui, portanto, estão os quatro eventos que correspondem às quatro realidades — a Criação ("o bem"), a Queda ("o mal"), a Redenção ("o novo") e a Consumação ("o perfeito"). Essa realidade bíblica quádrupla capacita os cristãos a contemplar a paisagem histórica dentro dos horizontes corretos. Ela fornece a perspectiva verdadeira por meio da qual é possível ver o processo de desdobramento entre duas eternidades, a visão de Deus trabalhando em seu propósito. Isso nos dá uma estrutura em que podemos encaixar tudo, uma maneira de integrar nossa compreensão, a possibilidade de um pensamento reto, mesmo sobre as questões mais complexas.

Os quatro eventos, ou épocas, sobre os quais estivemos refletindo, especialmente quando compreendidos em relação recíproca, ensinam verdades importantes sobre Deus, os seres humanos e a sociedade, as quais dão direção ao nosso pensamento cristão.

TRÊS APLICAÇÕES

A realidade de Deus

Inicialmente, vamos dar uma olhada na realidade de Deus. O esquema bíblico quádruplo é essencialmente centrado em Deus; suas quatro fases são reveladas com base em seu ponto de vista. Até mesmo a Queda, apesar de ter sido um ato de desobediência humana, é apresentada no contexto de mandamentos, sanções e julgamento divinos. Assim, é Deus quem cria, julga, redime e aperfeiçoa. A iniciativa é dele, do início ao fim. Em consequência, existe um conjunto de atitudes populares que são fundamentalmente incompatíveis com a fé cristã: por exemplo, o conceito de desenvolvimento evolucionário cego; a afirmação de autonomia humana em arte, ciência e educação; e as declarações de que a história é arbitrária, que a vida é absurda e que nada tem sentido.

A mente cristã entra em colisão direta com essas noções precisamente por serem "seculares" — isto é, porque não deixam espaço para Deus. Insiste que os seres humanos podem ser definidos apenas em relação a Deus, e que, sem Deus, eles deixam de ser verdadeiramente humanos. Somos criaturas, pois, que dependem de nosso Criador, pecadores que prestam contas a ele e estão sob seu julgamento, vagantes que estão perdidos sem a sua redenção.

Esse teocentrismo é fundamental para a mente cristã. Esta é uma mente santa. Mais do que isso, entende "bondade" acima de tudo em termos de "santidade". Ela não pode descrever como "boa" uma pessoa que é "ímpia". Esse é o testemunho claro da sabedoria sapiencial da Bíblia. Os cinco livros de sabedoria (Jó, Salmos, Provérbios, Eclesiastes e Cântico dos Cânticos) concentram-se todos, de maneiras diferentes e com ênfases diferentes, no significado da existência humana e em como o sofrimento, o mal, a opressão e o amor se encaixam em nossa humanidade. O livro de Eclesiastes é mais conhecido por seu refrão pessimista: "Vaidade de vaidades! Tudo é vaidade" (ARA), bem traduzido pela NIV como "Que grande inutilidade! Nada faz sentido!", demonstrando a loucura e a futilidade de uma vida humana circunscrita por tempo e espaço. Se a vida se limita à breve duração de vida mediana, marcada pela dor e injustiça, e culmina para todos no mesmo destino, a morte; se ela estiver restrita pelas dimensões do espaço da experiência humana "embaixo do sol", sem nenhum ponto de referência último além do sol — então, realmente, a vida é um "correr atrás do vento". Apenas Deus, Criador e Juiz, Início e Fim, que acrescenta à vida humana as dimensões ausentes de transcendência e eternidade, pode dar sentido a ela e, assim, transformar a loucura em sabedoria.

Contra o pessimismo de Eclesiastes, lemos a máxima frequentemente repetida da literatura sapiencial: "No temor do Senhor está a sabedoria [ou seu "início" ou "princípio"], e evitar o mal é ter entendimento" (Jó 28:28; confira Salmos 111:10; Provérbios 1:7; 9:10; Eclesiastes 12:13). Aqui estão as duas maiores realidades da experiência humana, Deus e o mal. Não são realidades iguais, pois cristãos não são dualistas, mas elas dominam a vida na terra. Uma (Deus) traz satisfação humana, até mesmo êxtase; a outra (o mal), alienação humana, até mesmo desespero. Sabedoria consiste em adotar a postura correta em relação a ambas: amar a Deus e odiar o mal, "temer" a Deus com a adoração que reconhece o seu valor infinito e "evitar" o mal na santidade que o despreza por sua futilidade.

É porque Deus nos criou como seres espirituais e morais em que religião, santidade e bondade são fundamentais para a humanidade autêntica. Daí a tragédia do "secularismo", a visão do mundo fechada que nega Deus e até se gloria no vácuo espiritual que cria. T. S. Eliot estava certo ao chamá-lo uma "terra erma", e também Theodore Roszak, em *Where the Wasteland Ends* [Onde o deserto termina], ao caracterizá-lo como um deserto do espírito. "Pois o que a ciência consegue medir é apenas uma porção daquilo que o homem pode saber. Nosso conhecimento se estende para abraçar o sagrado." Sem transcendência, "a pessoa murcha".[11] Secularismo não só tira Deus de seu trono; ele destrói seres humanos.

Se, por causa da realidade de Deus, a mente cristã é uma mente santa, ela é também uma mente humilde. Esse é outro tema consistente nas Escrituras. Quando Nabucodonosor pavoneou pelo teto plano de seu palácio babilônico, reivindicando para si mesmo, e não para Deus, o reino, o poder e a glória, ele enlouqueceu. Apenas quando reconheceu o governo de Deus e o adorou é que lhe foram devolvidos, simultaneamente, a sua razão e o seu reino. Daniel apontou a moral: "E ele tem poder para humilhar aqueles que vivem com arrogância" (Daniel 4:28-37). É uma história que nos deixa sóbrios. Se orgulho e loucura andam juntos, o mesmo acontece com a humildade e a sanidade.

Os contemporâneos de Jesus devem ter ficado chocados quando ele disse aos adultos que eles precisavam tornar-se como crianças se quisessem entrar no Reino de Deus, e (pior ainda) que a grandeza no reino seria medida pela humildade infantil. Estamos demasiadamente familiarizados com esse ensinamento; ele perdeu seu poder de nos chocar ou surpreender. Mas Jesus não só o ensinou; ele o exibiu. Esvaziou-se a si mesmo e se humilhou. Então, agora, acrescenta Paulo: "Seja a atitude de vocês a mesma de Cristo Jesus" (Filipenses 2:5). Os moralistas medievais estavam certos ao considerar o orgulho o pior dos "sete pecados mortais" e a raiz de todos os outros. Não há nada tão obsceno quanto o orgulho, nada tão atraente quanto a humildade.

É provável que não exista outro ponto em que a mente cristã se choca de forma tão violenta contra a mente secular quanto em sua insistência na humildade e em sua hostilidade implacável contra o orgulho. A sabedoria do mundo desdenha a humildade. A cultura ocidental impregnou-se mais do que imagina com a filosofia de poder de Nietzsche. O modelo do mundo e de Nietzsche é o "super-homem"; o modelo de Jesus permanece sendo a pequena criança.

Assim, a realidade de Deus (como Criador, Senhor, Redentor, Pai, Juiz) confere à mente cristã sua primeira e mais fundamental característica. Os cristãos se recusam a honrar qualquer coisa que desonre a Deus. Aprendemos a avaliar tudo em termos da glória que aquilo dá a Deus ou retém dele. É por isso que, para a mente cristã, a sabedoria é o temor de Deus, e a virtude preeminente, a humildade.

O enigma humano

Volto, agora, minha atenção de Deus para o homem, do esplendor puro que caracteriza tudo o que é "divino" para a dolorosa ambiguidade que se apega a tudo o que é "humano". Já vimos que a compreensão bíblica da humanidade leva em consideração tanto a Criação quanto a Queda. É isso que constitui "o paradoxo da nossa humanidade". Nós, seres humanos, temos uma dignidade única como criaturas feitas à imagem de Deus e uma depravação única como pecadores sob seu julgamento. O primeiro nos dá esperança; o segundo impõe um limite às nossas expectativas. Nossa crítica cristã da mente secular é que ela tende a ser ou demasiadamente ingênua e otimista ou demasiadamente negativa e pessimista em suas avaliações da condição humana, enquanto a mente cristã, firmemente arraigada no realismo bíblico, celebra a glória e deplora a vergonha do nosso ser humano. Podemos proceder como Deus, a cuja imagem fomos feitos, apenas para descer até o nível de bestas. Somos capazes de pensar, escolher, criar, amar e adorar, mas também de nos recusar a pensar, de escolher o mal, de destruir, de odiar e de adorar a nós mesmos. Construímos igrejas e lançamos bombas. Desenvolvemos unidades de tratamento intensivo para os gravemente feridos e usamos a mesma tecnologia para torturar inimigos políticos que ousam discordar de nós. Isso é "humanidade", um paradoxo estranho e perturbador, pó da terra e sopro de Deus, vergonha e glória. Assim, quando a mente cristã se aplica à vida humana na terra, aos nossos assuntos pessoais, sociais e políticos, ela procura lembrar que criaturas paradoxais somos — nobres e ignóbeis, racionais e irracionais, amorosos e egoístas, semelhantes a Deus e bestiais.

A possibilidade de mudança social

Uma terceira esfera a que podemos aplicar o esquema quádruplo da Bíblia é a da possibilidade de mudança social. Quais expectativas devemos nutrir quanto à possibilidade de melhorar a sociedade? Nessa questão, cristãos de diferentes tradições ocupam diversas posições ao longo de um amplo espectro.

Os cristãos "liberais" tendem a ser ativistas sociais. Por causa de sua confiança quase ilimitada na conquista humana, eles alimentam sonhos de construir uma utopia (às vezes, equivocadamente identificada como "o Reino de Deus") na terra.

Cristãos "evangélicos", por sua vez, tendem — ou pelo menos tendiam até parte do século 20 — a não se envolver em questões sociais. Por causa de sua visão sombria da depravação humana, falta-lhes a confiança nos seres humanos (pelo menos até nascerem de novo). Veem, portanto, a ação social como uma perda de tempo e a transformação social como impossível.

Apresentei ambas as posições deliberadamente em suas formas mais extremas. Mas essa polarização não une as duas partes do paradoxo humano.

Já que os seres humanos foram feitos à imagem de Deus e que a imagem divina (apesar de manchada) não se perdeu completamente, eles retêm alguma percepção da sociedade justa e compassiva que lhes agradaria, e alguns desejam realizá-la. Em geral, a humanidade como um todo ainda prefere paz à guerra, justiça à opressão, harmonia à discórdia, ordem ao caos. Então, mudança social é possível e, de fato, tem acontecido. Em muitas partes do mundo, podemos ver padrões crescentes de higiene e serviços de saúde, um respeito maior por mulheres e crianças, a disponibilidade crescente de educação, um reconhecimento mais claro de direitos humanos, uma preocupação crescente com a conservação do ambiente natural e condições melhores em minas, fábricas e prisões. Grande parte disso se deve (direta ou indiretamente) à influência cristã, mesmo que de forma alguma todos os reformadores sociais tenham sido cristãos comprometidos. Todavia, sempre que o povo de Deus tem sido eficaz como sal e luz na comunidade, menos decadência social e mais melhorias sociais têm havido. Nos Estados Unidos, por exemplo, quando, no início do século 19, ocorreu o despertamento associado a Charles G. Finney:

> [...] cristãos nascidos de novo estavam na vanguarda de cada reforma social maior na América [...] Foram a ponta de lança do movimento abolicionista, do movimento da temperança, do movimento de paz e do início do movimento feminista.[12]

Pelo fato, contudo, de os seres humanos serem caídos e terem herdado uma boa dose de egocentrismo, jamais conseguiremos construir uma sociedade perfeita. Melhorias — sim; justiça perfeita — não. Sonhos utópicos são irrealistas; eles pertencem ao mundo da fantasia. Todos os planos humanos, mesmo que lançados com grandes esperanças, têm, em alguma medida, decepcionado os planejadores, pois foram fundamentados na rocha do egocentrismo humano. Normalmente, os cristãos se têm lembrado disso. São os socialistas que tendiam a ser demasiadamente otimistas em relação à conquista humana. O professor C. E. M. Joad é um bom exemplo. Tendo sido educado com base nas confissões do *Livro de Oração Comum*, de 1662, da Igreja da Inglaterra, ele começou a acreditar na pecaminosidade inerente dos seres humanos. Mais tarde, porém, descartou essa noção a favor de seu "aperfeiçoamento infinito", até a Segunda Guerra Mundial destruir essa ilusão e convencê-lo novamente de que o "mal é endêmico no homem". Ele escreveu com sinceridade em seu livro *Recovery of Belief* [Recuperação da crença]:

> É porque rejeitamos a doutrina do pecado original que nós, da Esquerda, sempre fomos decepcionados; decepcionados pela recusa das pessoas de serem sensatas, pela subserviência do intelecto à emoção, pelo fracasso do socialismo verdadeiro de chegar [...] acima de tudo, pelo fato recorrente da guerra.[13]

Como, então, podemos sintetizar uma atitude para a possibilidade de mudança social que reflita "nem o otimismo fácil do humanista nem o pessimismo obscuro do cínico, mas o realismo radical da Bíblia"?[14] Como podemos fazer justiça igualmente às verdades da Criação, da Queda, da Redenção e da Consumação? Aponto que o equilíbrio bíblico é bem expresso por Paulo em 1Tessalonicenses 1:9-10, em que ele descreve os resultados da conversão de ídolos para Deus como "servir ao Deus vivo e verdadeiro, e esperar dos céus seu Filho, a quem ressuscitou dos mortos: Jesus, que nos livra da ira que há de vir." A combinação de "servir" e "esperar" é surpreendente, já que o primeiro é empenhar-se ativamente por Cristo na terra, enquanto o segundo é esperar passivamente que ele volte do céu. Precisamos servir, mas existem limites para o que podemos alcançar. Precisamos esperar, mas não temos a liberdade de fazê-lo em ócio. Assim, "trabalhar" e "esperar" andam de mãos dadas. A necessidade de esperar que Cristo retorne do céu nos resgatará da presunção que acredita que tudo podemos fazer; a necessidade de trabalhar por Cristo na terra nos resgatará do pessimismo que acredita que nada podemos fazer. Apenas uma mente cristã que desenvolveu uma perspectiva bíblica pode capacitar-nos a manter o equilíbrio.

Comecei este capítulo admitindo a complexidade dos problemas de ética pessoal e social com os quais somos confrontados nos dias de hoje. Soluções limpas e claras costumam ser impossíveis. Atalhos simplistas, que ignoram as questões reais, não ajudam. Ao mesmo tempo, não é cristão desistir em desespero. Precisamos lembrar, para o nosso encorajamento, que Deus nos deu quatro dádivas.

AS QUATRO DÁDIVAS

Nossa mente

A primeira dádiva de Deus é uma mente com a qual podemos pensar. Ele nos fez criaturas racionais e inteligentes. Ainda nos proíbe de nos comportarmos como cavalos e mulas, que não têm entendimento, e nos instrui a não sermos bebês em nosso pensar, mas adultos (Salmos 32:9; 1Coríntios 14:20).

A Bíblia

Em segundo lugar, ele nos deu a Bíblia e seu testemunho de Cristo, a fim de direcionar e controlar nosso pensamento. Quando absorvemos seu ensinamento, nossos pensamentos se conformam cada vez mais aos seus. Isso acontece não porque decoramos muitos textos de prova que, então, recitamos em momentos apropriados, com cada texto rotulado para responder à sua própria pergunta. Não, isso acontece porque compreendemos os grandes temas e princípios das Escrituras e a estrutura quádrupla que temos contemplado neste capítulo.

O Espírito Santo

A terceira dádiva de Deus é o Espírito Santo, o Espírito da verdade, que nos abre as Escrituras e ilumina nossas mentes para que possamos entendê-las e aplicá-las.

A comunidade cristã

Em quarto lugar, Deus nos deu a comunidade cristã como o contexto em que podemos praticar o nosso pensamento. Sua heterogeneidade é a melhor proteção contra uma visão estreita. A igreja possui membros de ambos os sexos e de todas as idades, temperamentos, experiências e culturas. Cada igreja local deveria refletir essa diversidade colorida. Quando perspectivas ricas, de diferentes contextos, contribuem para a interpretação das Escrituras, é difícil manter nossos preconceitos.

Com essas quatro dádivas, usadas em conjunto — uma mente, um manual, um Mestre e uma escola —, deveria ser possível desenvolver uma mente cada vez mais cristã e aprender a pensar direito.

No restante deste livro, essas questões estão presentes em cada capítulo, explícita ou implicitamente. Não importa se o tema é o processo político, que já mencionei, ou aspectos sobre sexualidade, guerra ou meio ambiente, a mente cristã é distintiva em sua abordagem, humilde em sua atitude e santa em seu caráter.

NOTAS

1. Creio que foi o doutor Carl Henry quem cunhou essa expressão. Veja a sua autobiografia: *Confessions of a theologian*. Waco: Word, 1986. p. 257.
2. BLACKHAM, H. J. *Humanism*. Harmondsworth: Penguin, 1968. Ele escreve: "Humanismo é o caso humano e a causa humana, uma convicção antiga sobre o caso humano [...] que induzirá homens e mulheres [...] a acatarem a causa humana com mente e coração e duas mãos" (p. 9).
3. HUXLEY, Julian (Org.). *The humanist frame*. Londres: George Allen & Unwin, 1961. p. 47.
4. Citado por Charles Smyth em *Cyril Forster Garbett*. Londres: Hodder & Stoughton, 1959. p. 106.
5. VIDLER, A. R. *Essays in liberality*. Londres: SCM, 1957. p. 95-112. Doutor Vidler o contrastou com o "mundanismo ímpio", que significa "conformar-se de forma acrítica e complacente com os padrões e as modas que prevalecem" (p. 96).
6. TRITON, A. N. *Whose world?* Leicester: InterVarsity Press, 1970. p. 35-36.
7. BLAMIRES, Harry. *The Christian mind*. Londres: SPCK, 1963. p. 70.
8. Ibid., p. 43.
9. Ibid., p. 3.
10. Ibid., p. 50.
11. ROSZAK, Theodore. *Where the Wasteland ends:* politics and transcendence in post-industrial society. [S.l.: s.n.], 1972; Nova York: Anchor, 1973. p. xxi, 67.
12. SINE, Tom. *The mustard seed conspiracy*. Waco: Word, 1981. p. 70.
13. JOAD, C. E. M. *The recovery of belief*. Londres: Faber & Faber, 1952. p. 82.
14. WHALE, J. S. *Christian doctrine*. [S.l.: s.n.], 1941; Londres: Fontana, 1957. p. 41.

CAPÍTULO 3

Nosso mundo plural: o testemunho cristão é influente?

Aceitamos que devemos estar envolvidos, e lutamos para pensar de modo cristão sobre as questões. Consequentemente, desenvolvemos algumas convicções bastante fortes, mas outros não as compartilham. Na verdade, os cristãos ocidentais encontram-se cada vez mais alienados em uma sociedade pós-cristã. Como, então, podemos esperar influenciar nosso país para que ele volte aos valores cristãos em suas leis, suas instituições e sua cultura? Os cristãos devem tentar impor suas visões a uma nação que virou as costas para Deus?

COMO LIDAR COM O PLURALISMO

Na Europa e nos Estados Unidos, e naqueles países do Commonwealth que herdaram a "civilização cristã" do Ocidente, certamente precisamos aprender a lidar com o novo "pluralismo", isto é, uma sociedade composta de grupos diferentes, alguns deles étnicos e religiosos, que não compartilham a visão cristã do mundo. O pluralismo se deve, em grande parte, a três fatores.

O processo de secularização

O primeiro é o processo de secularização, visto como a influência decrescente da igreja sobre as pessoas e instituições. Mesmo que, no censo de 2001 do Reino Unido, 72% da população se tenha descrito como cristã, isso representava um declínio em relação aos 76% em 1980. Um indicador do padrão de declínio pode ser visto na percentagem de membros de uma igreja em relação ao total da população. Em 1990, 1 entre 9 pessoas da população era membro de uma igreja; em 2020, será apenas 1 em 14 pessoas.[1] Durante o período de 1990 a 2040, se as tendências atuais forem precisas, a frequência de cultos dominicais no Reino Unido cairá pela metade.

Então, independentemente daquilo que aconteça com o número de prédios em que ocorrem os cultos ou com o número de pastores de qualquer tipo que estiverem presentes, o número de pessoas que frequentam a igreja serão significativamente reduzidos. É significativo, também, observar que esse declínio em números faz parte de um padrão maior de declínio que vem ocorrendo desde a Segunda Guerra Mundial.

Mesmo que o número de membros de uma igreja tenha continuado a cair em anos recentes, as estatísticas não são tão deprimentes quanto possam parecer à primeira vista. Muitas igrejas evangélicas e carismáticas vêm experimentando períodos de crescimento, e existe um interesse renovado pela fundação de igrejas e pela exploração de novas maneiras de ser igreja, o que tem sido estimulado, em parte, pela crise atual. Se considerarmos as tendências até 2040, podemos ver que, em várias denominações, igrejas maiores estão crescendo. Isso vale para os anglicanos, os irmãos cristãos, a aliança das igrejas evangélicas independentes e as novas igrejas carismáticas. A palavra "maior" em cada caso é relativa à denominação específica, mas as igrejas muito grandes estão crescendo — mesmo que mais provavelmente em frequência do que em número de membros. No entanto, com uma redução geral do número de membros das igrejas, isso só pode significar que o número de membros de igrejas menores está caindo, enquanto o número de membros de igrejas maiores está aumentando.[2] Mais especificamente, a proporção de evangélicos está crescendo tanto no mundo desenvolvido quanto no mundo em desenvolvimento. Isso está acontecendo também no Reino Unido, entre igrejas institucionais e livres.

É importante lembrar que, quando o estado da igreja é analisado dentro de uma perspectiva global, vemos que, em muitos países, a igreja está crescendo em ritmo acelerado. Em grande parte do mundo em desenvolvimento, muitos se estão juntando à igreja. Até mesmo em países como a China, onde a igreja é perseguida, ela está em expansão.

Um aumento em alternativas religiosas

O declínio cristão tem sido acompanhado por um aumento em alternativas religiosas. A segunda causa do pluralismo é a política de imigração liberal dos anos imediatamente após a guerra. Em decorrência disso, a maioria dos países ocidentais inclui, agora, em suas populações grupos étnicos consideráveis da África, da Ásia, do Oriente Médio e dos Caribes. Isso permite a todos nós uma rica experiência de diversidade cultural. Contudo, gera também competição religiosa e a exigência consequente de reconhecimento de outras religiões em sistemas educacionais, leis e instituições desses países.

Nos últimos anos no Reino Unido, isso tem gerado uma preocupação sobre a influência de grupos religiosos sobre a cultura geral. À medida que a tensão entre islamistas e o Ocidente aumenta, ela é projetada também sobre os muçulmanos que adoram pacificamente em nossa sociedade. É importante respeitar o direito de muçulmanos e membros de outras religiões de adorar livremente, mas é igualmente importante ter o direito de debater e discordar sobre a forma como convivemos e organizamos a nossa sociedade. No Canadá, mais especificamente no Estado de Ontário, algumas formas de arbitração podem ser conduzidas segundo os princípios da comunidade de fé à qual a pessoa pertence, e não segundo as regulamentações do Estado. Em outras palavras, é possível que um divórcio, por exemplo, seja realizado segundo a lei judaica ou muçulmana no lugar da lei secular. Isso tem sido assim já por algum tempo, e agora existe um debate sobre a continuidade disso. Oposição vem daqueles grupos que acreditam que o *status* das mulheres é minado quando o divórcio ocorre sob a *sharia*. Assim, ao mesmo tempo que respeitamos as visões daqueles que pertencem a outras religiões, precisamos estar atentos às suas influências sobre a sociedade em que vivemos quando os convidamos para debater conosco a maneira como vivemos e as posições que ocupamos. O que não podemos fazer é tentar impor a nossa visão do mundo a outros grupos religiosos, mesmo que estejamos cientes de que discordamos deles. Jamais, porém, devemos sucumbir à estereotipagem ou às teorias de conspiração, acusando grupos religiosos daquilo que percebemos como o declínio espiritual da nação, quando as causas reais são outras.

Em outros lugares do mundo, mesmo onde os cristãos representam uma minoria substancial, a cultura predominante é ou hindu ou budista, ou judaica ou islâmica, ou marxista ou secular. Também aqui, normalmente de modo mais agudo, os cristãos enfrentam o mesmo dilema. Em muitas questões, eles acreditam conhecer a vontade de Deus. Acreditam também que é seu dever cristão orar e trabalhar para que a vontade de Deus seja feita. Eles devem esperar poder impor suas convicções cristãs às pessoas que não são cristãs? Se fosse possível, seria desejável? Mesmo se pudessem, deveriam tentar?

O desenvolvimento de uma imaginação pós-moderna

Nosso mundo, especialmente o Ocidente, deslocou-se em seu eixo e passou de moderno para pós-moderno em muitos aspectos. As antigas certezas e convicções, que eram a resposta da humanidade a muitos problemas da vida, cederam espaço a um novo senso de incerteza e até mesmo de ansiedade quando percebemos que muitas das nossas ações produziram consequências não intencionais e que têm sido desastrosas — principalmente na área do meio ambiente. Vivemos também numa sociedade pós-tradicional em que instituições como o casamento tornaram-se uma escolha entre muitas. O pluralismo não é, então, apenas uma expressão do número de grupos étnicos ou religiosos numa sociedade. Envolve, ainda, a fragmentação de todos os tipos de crenças em virtude da ruína de valores compartilhados e da desconfiança diante de qualquer tipo de autoridade, especialmente as autoridades políticas e religiosas. As chamadas "metanarrativas" — as grandes histórias que pretendiam explicar o todo da vida, entre elas o cristianismo — estão agora fragmentadas, e a verdade é vista como algo pessoal e não público, como algo subjetivo e não objetivo. A ideia de que cada pessoa tem uma visão diferente da verdade, mas que nenhuma pessoa tem o direito de desafiar a outra em relação à veracidade daquela crença, ocupa o centro da visão do mundo pós-moderno.

Numa sociedade desse tipo, o cristianismo não pode recuar em sua alegação essencial de que Deus revelou a verdade por meio de Cristo e que essa verdade é aquilo que o falecido Francis Schaeffer costumava chamar de a "verdadeira verdade". A revelação de Deus em Cristo é a essência do evangelho. Ela não é negociável. Ao mesmo tempo, precisamos entender que a nossa sociedade pós-moderna fornece desafios criativos ao testemunho cristão, os quais são muito positivos. Não podemos voltar para os métodos evangelísticos da década de 1950; precisamos repensar a maneira como conduzimos missões para o século 21. Como podemos testemunhar Cristo do melhor modo possível numa sociedade pluralista que considera a verdade algo relativo? Essa pergunta ocupa o centro de dezenas de experimentos criativos sobre o que significa alcançar pessoas que desconfiam da igreja e que são indiferentes à sua mensagem. Não é a hora de sucumbir ao desespero por causa do desafio do declínio da igreja nem de ficar na defensiva numa sociedade multicultural. É a hora de reconquistar o que o teólogo Lesslie Newbigin chamou de "uma confiança correta" no evangelho (nem impor o evangelho aos outros nem ser tímido em agarrar-se às suas verdades) e de assumir uma postura no meio de uma comunidade construída sobre areia movediça.

Assim, o pluralismo se deve, principalmente, a três fatores: ao declínio da Igreja institucional, à ascensão de alternativas religiosas e à fragmentação da natureza da crença. Como devemos lidar com isso?

TRÊS RESPOSTAS AO PLURALISMO

As duas respostas mais comuns a essa questão representam dois extremos opostos. Uma é a "imposição", tentativa cruzada de coagir as pessoas, por meio de legislação, a aceitar o caminho cristão. A outra é o *laissez-faire*, a decisão derrotista de deixar as pessoas em paz e não interferir ou tentar influenciá-las de maneira nenhuma. Precisamos estudar cuidadosamente essas alternativas, com a ajuda de alguns exemplos históricos, antes de estarmos prontos para uma terceira e melhor opção.

Imposição

Temos, aqui, cristãos com um zelo louvável por Deus. Eles acreditam na revelação e se importam profundamente com a verdade e vontade reveladas de Deus. Querem que a sociedade as reflita. Assim, o desejo de alcançar esse fim por meio de força é uma tentação compreensível. Um exemplo disso é a Inquisição, que começou em 1252 e durou trezentos anos. Durante esse tempo, a Igreja Católica Romana identificou aqueles que ela acreditava serem hereges e, usando tortura e outros meios coercivos, tentou obrigá-los a confessar, e, quando não o faziam, ela os levava a julgamento e depois à morte, muitas vezes na estaca. Hoje, é claro, nós nos envergonhamos desses métodos, pois são incompatíveis com a fé cristã. Eu já falei sobre a incompatibilidade de qualquer regime autoritário com o cristianismo, e a Inquisição é apenas outro exemplo disso.

Contudo, a política da imposição é impossível para aqueles que defendem uma doutrina bíblica de seres humanos. Deus criou o homem e a mulher para que fossem seres responsáveis. Ele os instruiu a serem férteis (a exercerem seus poderes de procriação), a subjugarem a terra e a governarem suas criaturas, a trabalharem e descansarem, bem como obedecerem a ele. Essas injunções não fariam sentido se Deus não tivesse dotado a humanidade de dois dons únicos — consciência (para discernir entre alternativas) e liberdade (para escolher entre elas). O resto da Bíblia confirma isso. Toda ela parte do pressuposto de que os seres humanos são seres morais, responsáveis por suas ações. Eles conhecem a lei moral, já que suas exigências estão "gravadas em seu coração" (Romanos 2:14-15), e são exortados à obediência e alertados sobre as penalidades da desobediência. Mas jamais são coagidos. Jamais uma compulsão é usada — apenas persuasão por meio do argumento: "'Venham, vamos refletir juntos', diz o Senhor" (Isaías 1:18).

Você não pode obrigar uma pessoa a acreditar no que ela não acredita ou a praticar algo que não queira praticar. Semelhantemente, imaginar hoje que podemos impor convicções e padrões cristãos à Europa, por exemplo, é totalmente irrealista. É um desejo tolo e nostálgico de uma cristandade que desapareceu há muito tempo.

Laissez-faire

O oposto da imposição é o *laissez-faire*. Originalmente, o termo era usado no século 18 para os economistas do comércio livre, e o conceito foi importante no debate econômico e na política do século 19. Era uma crença na necessidade de não interferência por parte do governo.

Na nossa era pós-moderna, existe uma confusão tão grande entre tolerância e *laissez-faire*, que, às vezes, as pessoas acham que não concordar com alguém significa ser intolerante com ele. É fato que todas as visões do mundo são tidas com igualdade e que, portanto, nenhuma perspectiva tem o direito de se considerar dotada de maior autoridade do que a outra. No entanto, como já mencionei, se os cristãos acreditam que Deus revelou a verdade em Jesus Cristo, adotar essa posição não é uma opção. O que aconteceu é que a tolerância verdadeira, que respeita as visões de outros ao mesmo tempo que discorda delas, transformou-se numa tolerância falsa ou vazia, que não se envolve e que chega a ser indiferença. É importante observar também que, em muitas ocasiões, aqueles que pretendem ser tolerantes com todas as outras perspectivas são extremamente intolerantes com as perspectivas cristãs, entregando, assim, o jogo.

Os cristãos deveriam ser tolerantes com as visões de outros e respeitá-las. Deveriam ser, também, socialmente tolerantes no sentido de desejar que minorias políticas e religiosas sejam aceitas na comunidade e protegidas pela lei, da mesma forma como a minoria cristã num país não cristão espera ser legalmente livre para professar, praticar e propagar o evangelho. Mas como nós, cristãos, podemos ser intelectualmente tolerantes com opiniões que sabemos serem falsas ou com ações que sabemos serem más? Que tipo de indulgência sem princípios é esse? Deus não é indiferente a questões de justiça social; como, então, a igreja deveria ser? Permanecer em silêncio e inativo quando o erro ou o mal está sendo expressado tem consequências muito sérias, pois, assim, a opção cristã desaparece por omissão. Não foi, pelo menos em parte, porque os cristãos não levantaram suas vozes para Jesus Cristo que o nosso país abriu mão de seus ancoradouros cristãos e foi levado pelas correntezas?

O exemplo moderno mais grave de um *laissez-faire* cristão é a falha das igrejas alemãs de não se manifestarem contra o tratamento dos nazistas aos judeus, minuciosamente documentada por Richard Gutteridge em seu livro *Open Thy Mouth for the Dumb!* [Abra a boca em favor do mundo!].[3] Depois da Primeira Guerra Mundial, houve várias tentativas de fornecer um fundamento teológico para as visões arianas associadas ao movimento nacional-socialista, citando a necessidade de se permanecer puro e separado dos vínculos do cristianismo com o judaísmo. Apenas algumas vozes corajosas (como as de Karl Barth e Paul Tillich) se levantaram em protesto. Enquanto isso, o "movimento de fé dos cristãos alemães", apadrinhado pelo partido nazista, afirmava a raça ariana.

Quando Hitler chegou ao poder, em 1933, foi sancionada uma lei para purificar o serviço civil de oficiais de descendência não ariana, e, por incrível que pareça, os "cristãos alemães" racialmente comprometidos queriam aplicar essa "cláusula ariana" à Igreja. Vários sínodos a adotaram, contra a oposição de homens como Martin Niemöller, Walter Künneth, Hanns Lilje e Dietrich Bonhoeffer. No entanto, "a Igreja Evangélica jamais se manifestou oficialmente contra a legislação ariana em geral". Bonhoeffer ficou profundamente perturbado com o silêncio da Igreja e frequentemente citou Provérbios 31:8: "Erga a voz em favor dos que não podem defender-se."[4]

No terrível *pogrom* de novembro de 1938, dezenas de milhares de judeus sofreram terrivelmente às mãos de Hitler e de seus seguidores. O público geral ficou horrorizado, e alguns líderes da Igreja protestaram. Mas tanto a Igreja Evangélica quanto a Igreja Católica permaneceram em silêncio quase total. Foi apenas em 1943, dois anos após o lançamento da "solução final" de Hitler, que uma conferência de líderes da Igreja Luterana resolveu atacar o governo do *Reich* por suas atrocidades cometidas contra os judeus. Essa falha de não denúncia do antissemitismo foi chamada por Barth de "o pecado contra o Espírito Santo" e uma "rejeição da graça de Deus".[5] Alguns outros oficiais da Igreja foram igualmente corajosos e pagaram um alto preço por sua coragem. Contudo, quando os líderes da Igreja Evangélica se reuniram, logo após o fim da guerra, e publicaram sua "Declaração de Stuttgart", eles tiveram de admitir: "É nossa autoacusação que não fizemos uma confissão mais corajosa."[6] É claro que os líderes da Igreja tiveram de assumir sua parte da culpa, mas também não houve uma expressão de indignação justa por parte do povo cristão ordinário decente. A liderança nazista teria sido obrigada a levar a sério uma condenação tão ampla.

A história que Richard Gutteridge conta fala por si só. Ela não precisa de um comentário adicional meu. A cumplicidade dos "cristãos alemães", que não desenvolveram uma crítica bíblica ao racismo descarado dos nazistas, deve ser o suficiente para banir para sempre o *laissez-faire*. Eles não poderiam ter impedido o holocausto?

Persuasão

Melhor do que os extremos de imposição e *laissez-faire* é a estratégia da persuasão por meio do argumento. Essa é a maneira como a mente cristã trabalha, pois surge naturalmente das doutrinas bíblicas de Deus e dos seres humanos.

A natureza de Deus

O Deus vivo da revelação bíblica, que criou e sustenta o universo, queria que os seres humanos feitos por ele vivessem em comunidade amorosa. Ele ama todas as pessoas independentemente das condições em que vivem e deseja que elas sejam salvas. Nós também devemos amar os outros. Devemos respeitar homens e mulheres feitos à imagem de Deus, buscar a justiça, odiar a injustiça, cuidar dos necessitados, preservar a dignidade do trabalho, reconhecer a necessidade de descanso, manter a santidade do casamento, zelar pela honra de Jesus Cristo e desejar que cada joelho se dobre para homenageá-lo e que cada língua o confesse. Por quê? Porque todas essas são preocupações de Deus. Como podemos aceitar coisas que passionalmente lhe desagradam ou demonstrar indiferença em relação a coisas com as quais ele está fortemente comprometido? A política do *laissez-faire* é inconcebível para cristãos que defendem uma doutrina bíblica de Deus.

Respeito pela consciência

Uma razão fundamental para isso é que a consciência humana precisa ser tratada com o maior respeito. Paulo expressa sua determinação pessoal de "conservar minha consciência limpa diante de Deus e dos homens" (Atos 24:16). Ele tem também muito a dizer sobre a consciência de outras pessoas. Ela pode ser "forte" (bem instruída e livre) ou "fraca" (excessivamente escrupulosa e cheia de dúvidas), mas não importa qual seja a condição da consciência de uma pessoa, ela precisa ser respeitada, mesmo que esteja errada.

Consciências fracas precisam ser fortalecidas, e as enganosas precisam ser esclarecidas, mas não pode haver intimidação de consciências. Apenas nas circunstâncias mais extremas as pessoas devem ser induzidas a agir contra sua consciência. Em geral, consciências devem ser educadas, não violadas. Esse princípio, que resulta da doutrina cristã do ser humano, deve afetar nossa conduta e nossas instituições sociais. É a razão pela qual cristãos se opõem à autocracia e favorecem a democracia. A autocracia esmaga consciências; a democracia (pelo menos em teoria) as respeita, já que governos democráticos derivam "seus justos poderes do consentimento dos governados" (como afirma a Declaração de Independência dos Estados Unidos).[7] Todavia, uma vez que leis foram promulgadas, todos os cidadãos (tanto numa democracia quanto numa autocracia) estão sob a obrigação de obedecer a elas. Eles não podem fazer o que bem quiserem. No entanto, em questões de grande importância (por exemplo, alistamento em tempos de guerra), um governo civilizado permitirá "objeções conscienciosas". Essa provisão também é o produto do pensamento cristão.

Assim, a doutrina bíblica de Deus e a dos seres humanos guiam nossa conduta numa sociedade pluralista, sendo que a primeira exclui o *laissez-faire*; e a segunda, a imposição. Porque Deus é quem é, não podemos ser indiferentes quando sua verdade e sua lei são desrespeitadas, mas, porque os seres humanos são quem são, não podemos impô-las.

O que, então, os cristãos devem fazer? Devemos tentar educar a consciência pública a conhecer e a desejar a vontade de Deus. A Igreja deve procurar ser a consciência da nação. Já que não podemos impor a vontade de Deus por meio de legislação, também não podemos convencer as pessoas apenas citando passagens bíblicas. Essas duas abordagens são exemplos de "autoridade de cima", coisa de que as pessoas não gostam e à qual resistem. Mais eficaz é a "autoridade de baixo", a verdade e o valor intrínsecos de uma coisa que é autoevidente e, portanto, se autoautentica. (Não que os dois sejam incompatíveis; a autoridade de Deus é essencialmente ambos.) Esse princípio aplica-se igualmente ao evangelismo e à ação social.

No evangelismo, não devemos nem tentar obrigar as pessoas a acreditar no evangelho, nem permanecer em silêncio, como se fôssemos indiferentes à sua reação, nem confiar exclusivamente na proclamação dogmática de textos bíblicos (por mais autoritativa que seja a exposição bíblica), mas devemos, como os apóstolos, argumentar com as pessoas na base da natureza e das Escrituras, recomendando-lhes o evangelho de Deus por meio de argumentos racionais.

Na ação social, também não devemos tentar impor padrões cristãos a um público indisposto, nem permanecer em silêncio e inativos perante o deslizamento contemporâneo, nem confiar exclusivamente na afirmação dogmática de valores bíblicos, mas discutir com as pessoas sobre os benefícios da moralidade cristã, recomendando-lhes a lei de Deus por meio de argumentos racionais. Acreditamos que as leis de Deus são boas por si sós e universais em sua aplicação porque, longe de serem arbitrárias, elas são apropriadas para os seres humanos que Deus criou. Essa foi a pretensão de Deus para as suas leis desde o início. Ele as deu e disse: "para o seu próprio bem" (Deuteronômio 10:13), e implorou que o povo lhe obedecesse para que tudo fosse "bem com eles e com seus descendentes" (Deuteronômio 5:29).

Havia, portanto, uma correspondência essencial entre o que era "bom e certo perante o SENHOR" e o que era "bem com vocês" (Deuteronômio 12:28). O "bom" e o "bem" coincidiam. Acreditamos, ademais, que todos têm uma noção de que isso é, de fato, assim — mas porque são ou incapazes de admitir isso ou indispostos para tal, precisamos empregar argumentos a fim de demonstrar que as leis de Deus são para o bem-estar dos indivíduos e da sociedade.

Precisamos, assim, de uma apologética doutrinal no evangelismo (que defende a verdade do evangelho) e de uma apologética ética na ação social (que defende a bondade da lei moral). Apologistas de ambos os tipos são necessários na Igreja e no mundo de hoje.

Em muitos sentidos, este livro fornece um conjunto de exemplos de persuasão por meio do argumento. Espero que, qualquer que seja o tema que você esteja discutindo ou qualquer que seja a campanha que esteja organizando, os capítulos a seguir lhe forneçam uma rica mistura de descobertas bíblicas e análises sociais, necessária para que sejamos cristãos informados e entremos nos debates atuais com confiança.

FRAGMENTAÇÃO E ALIENAÇÃO

Quando vemos o pluralismo como expressão de diferença, percebemos que precisamos de tolerância verdadeira, respeito e uma dedicação à persuasão. Mas uma sociedade que está perdendo seus valores compartilhados também experimenta o pluralismo como fragmentação e, eventualmente, como alienação. É certamente verdade que, hoje, na Grã-Bretanha e em muitos países, certos grupos, especialmente grupos minoritários, sentem-se alienados da sociedade geral. Isso vale, por exemplo, para os jovens homens muçulmanos nos centros urbanos do Reino Unido e para muitos jovens que se sentem ignorados. O que acontece, frequentemente, com aqueles que permanecem desempregados por muito tempo, ou com as muitas pessoas com deficiência, é que se sentem vistos como consumidores dos recursos da comunidade, não como colaboradores para a sua existência. Mesmo que as pessoas não usem a palavra específica, elas sentem que não conseguem mais se relacionar com a sociedade e que são impotentes para mudar sua situação.

A despeito da minha tentativa de defesa teológica da teoria democrática e do meu apelo para que os cristãos aproveitem o processo democrático e se juntem ao debate público, devo admitir que a democracia nem sempre cura a alienação, pois muitos estão desiludidos com suas realidades. É o abismo entre teoria e prática que ocupa o centro do livro de John P. Lucas, *Democracy and Participation* [Democracia e participação], que citei anteriormente. As pessoas exercem seu direito democrático de votar e, sem dúvida, "o voto constitui uma forma de participação mínima".[8] Depois disso, porém, "a democracia se torna uma autocracia, em que todas as decisões exceto uma são tomadas pelo autocrata, e a única decisão que resta ao povo é a escolha ocasional do autocrata". Por isso, ele rebatiza a democracia como "autocracia eletiva", pois ela "permite que as pessoas participem do governo apenas em extensão irrisória". Também "torna o governo singularmente insensível aos desejos dos governados e às exigências de justiça".[9] Novamente, "apesar de ter um aspecto democrático, a autocracia eletiva é profundamente antidemocrática na maneira e no espírito como as decisões são tomadas [...] Ela é não participativa".[10] Sem dúvida, essa desilusão com o funcionamento da democracia é difundida. Os cristãos devem compartilhar com outros a preocupação a fim de ampliar o contexto do debate público, até as discussões parlamentares "reverberarem em cada bar e oficina na esfera". Doutor Lucas encerra seu livro com a bela declaração de que "a democracia só pode florescer num país de bares".[11]

Eu fico triste quando vejo que muitos cristãos foram contaminados pelo humor da alienação. "Sim", eles concordam, "a busca de justiça social é a nossa preocupação, e não podemos escapar desse fato. Mas os obstáculos são imensos. As questões são complexas (não somos especialistas), e a sociedade é pluralista (não detemos o monopólio de poder ou privilégio), e as forças reacionárias dominam (não temos influência). O recuo da fé cristã na comunidade nos deixou na seca. Além disso, os seres humanos são egoístas, e a sociedade é podre. É totalmente irrealista esperar qualquer mudança social."

O testemunho da história

O primeiro antídoto contra essa mistura de alienação secular e pessimismo cristão é a história. No primeiro capítulo, mostrei como a influência cristã pôde transformar uma sociedade brutal e ímpia em uma sociedade na qual evangelismo e justiça social tiveram um impacto enorme. No entanto, a influência social do cristianismo tem sido global. K. S. Latourette faz um resumo disso na conclusão de sua *History of the Expansion of Christianity* [História da expansão do cristianismo] de sete volumes. Em termos entusiasmados, ele se refere aos efeitos da vida de Cristo por meio de seus seguidores:

> Nenhuma vida jamais vivida neste planeta teve tamanha influência sobre os assuntos dos homens [...] Dessa vida curta e de sua aparente frustração fluiu uma força mais poderosa para a longa batalha triunfal do homem do que qualquer outra que a raça humana tenha conhecido [...] Por meio dela, centenas de milhões têm sido retirados do analfabetismo e da ignorância e colocados no caminho da liberdade intelectual crescente e do controle sobre seu ambiente físico. Ela tem feito mais para aliviar os males físicos da doença e da fome do que qualquer outro impulso conhecido ao homem. Ela emancipou milhares da escravidão e milhões de outros das amarras do vício. Ela protegeu dezenas de milhões da exploração por seus próximos. Ela tem sido a fonte mais frutífera de movimentos para amenizar os horrores da guerra e para fundamentar os relacionamentos de homens e nações em justiça e paz.[12]

O testemunho da Bíblia

O pessimismo cristão é, portanto, infundado historicamente. É também teologicamente inepto. Vimos que a mente cristã contempla, juntos, os eventos bíblicos da Criação, da Queda, da Redenção e da Consumação. Os pessimistas cristãos concentram-se na Queda ("os seres humanos são incorrigíveis") e na Consumação ("Cristo está vindo para colocar tudo em ordem") e imaginam que essas verdades justificam o desespero social. Mas eles ignoram a Criação e a Redenção. A imagem divina nos seres humanos não foi obliterada. Apesar de maus, eles ainda podem fazer o bem, como Jesus ensinou claramente (Mateus 7:11). As evidências de nossos olhos confirmam isso. Muitos indivíduos que não são cristãos têm bons casamentos, são bons pais, profissionais com altos padrões e ativistas preocupados com o mundo em que vivemos. Isso se deve, em parte, ao fato de que a verdade da lei de Deus está inscrita em todos os corações humanos e, em parte, porque os valores do Reino de Deus, quando representados na comunidade cristã, são, muitas vezes, reconhecidos e, em certa medida, imitados pelas pessoas fora dela. Dessa forma, o evangelho tem dado frutos na sociedade ocidental ao longo de muitas gerações.

Além disso, Jesus Cristo redime as pessoas e as renova. Estamos dizendo que pessoas regeneradas e renovadas não podem fazer nada para refrear ou reformar a sociedade? Essa opinião é monstruosa. Esse é o impulso do livro *Kingdoms in Conflict* [Reinos em conflito], de Charles Colson. Os valores radicais do Reino de Deus, inaugurado por Jesus Cristo, confrontam, desafiam e mudam os reinos dos homens, especialmente por meio da agência daquilo que, no século 18, Edmund Burke chamou de "pequenos pelotões". Charles Colson se refere a pequenas associações voluntárias de pessoas que amam a Deus e ao seu próximo, demonstram transcendência em meio ao secularismo, se recusam a aceitar o mal, se opõem à injustiça e propagam misericórdia e reconciliação no mundo.[13]

O testemunho combinado de história e Escrituras afirma que as pessoas cristãs têm exercido uma influência enorme sobre a sociedade. Não somos impotentes. As coisas podem ser diferentes. Nikolai Berdyaev resumiu a situação de modo admirável nestas palavras: "A pecaminosidade da natureza humana não significa que reformas sociais e melhorias são impossíveis. Significa apenas que não pode existir uma ordem social perfeita e absoluta [...] antes da transfiguração do mundo."[14]

A NATUREZA DA INFLUÊNCIA CRISTÃ

Da história e das Escrituras, volto minha atenção, agora, para a expectativa que Jesus tinha por seus seguidores. Ele a expressou da forma mais vívida no Sermão do Monte, usando suas metáforas de sal e luz:

> Vocês são o sal da terra. Mas se o sal perder o seu sabor, como restaurá-lo? Não servirá para nada, exceto para ser jogado fora e pisado pelos homens. Vocês são a luz do mundo. Não se pode esconder uma cidade construída sobre um monte. E, também, ninguém acende uma candeia e a coloca debaixo de uma vasilha. Ao contrário, coloca-a no lugar apropriado, e assim ilumina a todos os que estão na casa. Assim brilhe a luz de vocês diante dos homens, para que vejam as suas boas obras e glorifiquem ao Pai de vocês, que está nos céus (Mateus 5:13-16).

Todos conhecem sal e luz. Nós os encontramos em praticamente todos os lares do mundo. O próprio Jesus, como garoto em seu lar em Nazaré, deve ter observado muitas vezes como sua mãe Maria usava o sal como conservante na cozinha e como ela acendia as lanternas quando o sol caía. Ele conhecia sua utilidade prática. Assim, eram imagens que Jesus usou mais tarde para ilustrar a influência que ele esperava que seus discípulos exercessem sobre a sociedade humana. Na época, ainda eram muito poucos, o núcleo inicial de sua nova sociedade; mesmo assim, deveriam ser o sal e a luz para o mundo inteiro. O que ele quis dizer? Duas verdades não podem ser ignoradas.

Cristãos devem ser distintivos

Em primeiro lugar, cristãos devem ser fundamentalmente diferentes daqueles que não são cristãos. Ambas as imagens separam as duas comunidades. O mundo é escuro, Jesus deu a entender, mas vocês devem ser a sua luz. O mundo está em decomposição, mas vocês devem ser o sal que a impede. Hoje, poderíamos dizer que essas palavras são tão diferentes uma da outra como "óleo e água". Esse é um dos grandes temas de toda a Bíblia. Deus chama um povo para si mesmo, e a vocação desse povo é ser "santo" ou "diferente". "Sejam santos", ele não se cansa de dizer a eles, "porque eu sou santo". Assim, os cristãos devem preservar sua distinção cristã. Se o sal não preservar sua salinidade, ele não serve para nada. Se a luz não retiver sua claridade, ela se torna ineficaz. Assim, nós que alegamos ser seguidores de Cristo precisamos cumprir duas condições se quisermos fazer algum bem para ele. De um lado, devemos estar imersos na vida do mundo. De outro, devemos evitar que nos assimilemos ao mundo. Precisamos reter nossas convicções, nossos valores, nossos padrões e nosso estilo de vida cristãos. Voltamos para a "dupla identidade" da igreja ("santidade" e "mundanismo"), que mencionei no Capítulo 2.

Se perguntarmos o que são a "salinidade" e a "clareza" da santidade cristã, o restante do Sermão do Monte nos dá a resposta. Nele, Jesus diz que não devemos ser iguais aos que nos cercam: "Não sejam iguais a eles" (Mateus 6:8). Em vez disso, ele nos chama para uma justiça maior (do coração), um amor mais amplo (até mesmo para com inimigos), uma devoção mais profunda (de crianças que vêm ao seu Pai) e uma ambição mais nobre (buscando primeiro o reino e a justiça de Deus).[15] É apenas quando escolhermos e seguirmos o seu caminho que nosso sal reterá sua salinidade e nossa luz brilhará, que seremos testemunhas e servos eficazes e que exerceremos uma influência saudável sobre a sociedade.

Cristãos devem ser influentes

Em segundo lugar, os cristãos devem permear a sociedade. Mesmo que os cristãos sejam (ou devessem ser) moral e espiritualmente distintos dos não cristãos, eles não devem ser socialmente segregados. Pelo contrário, sua luz deve brilhar na escuridão e seu sal deve encharcar a carne em decomposição.

Os cristãos podem influenciar a sociedade até mesmo quando ela rejeita fortemente a fé cristã. Antes dos dias de refrigeração, sal era o conservador mais conhecido. Ele era esfregado no peixe e na carne, ou esses ficavam de molho nele. Dessa maneira, a decomposição bacteriana era retardada, mas, é claro, não suspensa completamente. O efeito da luz é ainda mais óbvio: quando a luz é ligada, a escuridão se dispersa. É exatamente assim, Jesus quis dizer, que cristãos podem impedir a decadência social e dispersar a escuridão do mal. William Temple escreveu sobre o "adoçamento pervasivo da vida e de todos os relacionamentos humanos por aqueles que levam consigo algo da mente de Cristo".[16]

Isso leva à pergunta: Por que cristãos não têm exercido uma influência muito maior para o bem sobre o mundo não cristão? Espero que meus amigos norte-americanos me perdoem por usar os Estados Unidos como exemplo. As estatísticas publicadas sobre o cristianismo norte-americano são espantosas. Segundo uma pesquisa de 2002, 85% dos norte-americanos se descreveriam como "cristãos". Desses, 41% se descrevem como "nascidos de novo ou evangélicos".[17] Em 2005, 45% dos adultos norte-americanos frequentavam a igreja num fim de semana típico, sem incluir eventos especiais como casamentos ou funerais.[18]

Por que, então, esse grande exército de soldados cristãos não tem tido mais sucesso em rebater as forças do mal? Esta é a explicação do futurologista norte-americano Tom Sine: "Temos sido notavelmente eficazes em diluir o ensinamento extremista de Cristo e em truncar seu evangelho radical. Isso explica por que nós [...] fazemos uma diferença tão vergonhosamente pequena na moralidade da nossa sociedade."[19]

Mais importante do que os meros números de discípulos professos são a qualidade de seu discipulado (manter os padrões de Cristo sem compromisso) e o seu emprego estratégico (conquistar posições de influência para Cristo). Nosso hábito cristão é lamentar os padrões do mundo em deterioração com um ar de desespero um tanto farisaico. Criticamos sua violência, sua desonestidade, sua imoralidade, seu desrespeito à vida humana e sua ganância materialista. "O mundo está indo por água abaixo", dizemos balançando a cabeça. Mas a culpa é de quem? Quem é o culpado? Deixe-me dizê-lo assim: Se a casa estiver escura quando a noite cai, não faz sentido culpar a casa; é o que acontece quando o sol se põe. A pergunta que precisamos fazer é: "Onde está a luz?" Semelhantemente, quando a carne estraga e se torna intragável, não faz sentido culpar a carne; é o que acontece quando permitimos que as bactérias se multipliquem. A pergunta que precisamos fazer é: "Onde está o sal?" Da mesma forma, se a sociedade se deteriora e seus padrões entram em declínio até que ela se transforme em noite escura ou peixe podre, não faz sentido culpar a sociedade; é o que acontece quando homens e mulheres caídos são entregues a si mesmos e o egoísmo humano não é controlado. A pergunta que precisamos fazer é: "Onde está a Igreja? Por que o sal e a luz de Jesus Cristo não estão permeando e mudando nossa sociedade?" É pura hipocrisia da nossa parte levantar as sobrancelhas e os ombros ou esfregar as mãos. O Senhor Jesus nos instruiu a sermos o sal e a luz do mundo. Se abundarem escuridão e podridão, em grande parte a culpa é nossa, e precisamos assumir a responsabilidade.

Esse propósito e essa expectativa de Cristo deveriam ser o bastante para superar nosso senso de alienação. Podemos ser hostilizados por alguém no trabalho ou na nossa comunidade local. A sociedade secular pode fazer de tudo para nos empurrar até as margens de suas preocupações. Mas, recusando-nos a sermos marginalizados, devemos tentar ocupar uma esfera de influência para Cristo. Ambição é o desejo de ser bem-sucedido. Não há nada de errado com ela se estiver verdadeiramente subordinada à vontade e à glória de Deus.

Sim, o poder pode corromper. É verdade também que o poder de Cristo se manifesta da forma mais clara em nossa fraqueza. E devemos continuar a sentir a nossa inadequação pessoal. Ainda assim, devemos ter a determinação, por sua graça, de nos infiltrar em algum segmento secular da sociedade e erguer ali a bandeira de Cristo, mantendo sem compromisso os seus padrões de amor, verdade e bondade.

Como podemos exercer alguma influência por Cristo? O que significa, na prática, ser o sal e a luz do mundo? O que podemos fazer em prol da mudança social? Tentarei desenvolver seis caminhos em três pares.

ORAÇÃO E EVANGELISMO

Em primeiro lugar, há o poder da oração. Imploro que você não dispense isso como um chavão piedoso, uma concessão à convenção cristã. Não é. Não podemos ler a Bíblia sem ficarmos impressionados com sua ênfase constante à eficácia da oração.

O poder da oração

"A oração de um justo é poderosa e eficaz", escreveu Tiago (5:16). "Também lhes digo", disse Jesus, "que se dois de vocês concordarem na terra em qualquer assunto sobre o qual pedirem, isso lhes será feito por meu Pai que está nos céus" (Mateus 18:19). Não alegamos entender a lógica da intercessão, mas, de alguma forma, ela nos capacita a entrar no campo do conflito espiritual e a nos alinhar com os bons propósitos de Deus, de modo que seu poder é liberado e os principados do mal são contidos.

A oração é uma parte indispensável da vida do indivíduo cristão. É também indispensável para a vida da igreja local. Paulo lhe deu prioridade.

> Antes de tudo, recomendo que se façam súplicas, orações, intercessões e ação de graças por todos os homens; pelos reis e por todos os que exercem autoridade, para que tenhamos uma vida tranquila e pacífica, com toda a piedade e dignidade. Isso é bom e agradável perante Deus, nosso Salvador, que deseja que todos os homens sejam salvos e cheguem ao conhecimento da verdade (1Timóteo 2:1-4).

Aqui está a oração por líderes nacionais, para que eles cumpram a sua responsabilidade de manter as condições de paz e ordem por meio das quais a igreja tem a liberdade de obedecer a Deus e de pregar o evangelho.

Em teoria, não duvidamos dessa obrigação de orar. Mesmo assim, alguns ativistas sociais cristãos raramente param para orar. E algumas igrejas não parecem levá-la a sério. Se na comunidade (e, na verdade, no mundo) houver mais violência do que paz, mais opressão do que justiça, mais secularismo do que santidade, será que isso se deve ao fato de que os cristãos e as igrejas não estão orando como deviam?

Também nos regozijamos com o crescimento dos movimentos paraeclesiais cujo objetivo é estimular as orações do povo de Deus (por exemplo, no Reino Unido, Lydia Fellowship, Crosswinds e Intercessors for Britain; nos Estados Unidos, Intercessors for America e o movimento AD 2000[20]).

O poder do evangelho

Em segundo lugar, volto minha atenção, agora, do poder da oração para o poder do evangelho e, portanto, para o evangelismo. Este livro é sobre a responsabilidade social cristã, não sobre o evangelismo. No entanto, os dois andam juntos. Mesmo que cristãos diferentes tenham recebido dons e chamados diferentes, e mesmo que, em algumas situações, seja perfeitamente apropriado concentrar-se ou no evangelismo ou na ação social sem misturar os dois, em geral e na teoria eles não podem ser separados. Nosso amor pelo próximo ficará concretizado numa preocupação holística com todas as suas necessidades — as necessidades de seu corpo, de sua alma e de sua comunidade. É por isso que, no ministério de Jesus, palavras e obras sempre andavam de mãos dadas. Como o expressou o relatório de Grand Rapids, evangelismo e atividade social são como "as duas lâminas de uma tesoura ou como as duas asas de uma ave".[21]

Existem, porém, duas maneiras específicas pelas quais o evangelismo deveria ser visto como prelúdio necessário da ação social e seu fundamento.

O evangelho transforma pessoas

Em primeiro lugar, o evangelho transforma pessoas. Cada cristão deveria ser capaz de repetir as palavras de Paulo com convicção: "Não me envergonho do evangelho, porque é o poder de Deus para a salvação de todo aquele que crê" (Romanos 1:16). Sabemos disso em nossa própria vida e o vimos na vida de outros. Se o pecado é a raiz do egocentrismo, então a transformação do "ego" para o "não ego" é um ingrediente essencial da salvação. A fé leva ao amor, e o amor leva ao serviço. Assim, a atividade social, que é o serviço amoroso aos necessitados, deveria ser o resultado inevitável da fé salvadora, mesmo que tenhamos de confessar que isso nem sempre é o caso.

Existem outras situações em que uma mudança social positiva está ocorrendo sem iniciativas explicitamente cristãs. Não devemos, portanto, amarrar evangelismo e mudança social de forma tão indissolúvel a ponto de dizer que o primeiro sempre resulta no segundo e que o segundo nunca acontece sem o primeiro. Mesmo assim, trata-se de exceções que confirmam a regra. Precisamos insistir que o evangelismo é o principal instrumento de mudança social, pois o evangelho transforma pessoas, e pessoas transformadas podem mudar a sociedade. Vimos que a sociedade precisa de sal e luz, mas apenas o evangelho pode produzi-los. Essa é uma maneira pela qual podemos declarar sem vergonha que o evangelho tem a primazia sobre a ação social. Falando em termos lógicos: "A responsabilidade social cristã pressupõe cristãos socialmente responsáveis", e é o evangelho que os produz.[22]

Quando John V. Taylor, que, mais tarde, se tornou bispo de Winchester, ainda era secretário-geral da Church Missionary Society, ele descreveu em sua circular da CMS (maio de 1972) suas reações ao livro *Calcutta*, de Geoffrey Moorhouse, e à aparente situação sem saída daquela cidade. "Mas, invariavelmente, aquilo que transforma o desespero em fé", ele escreveu, "é a pessoa que se eleva acima da situação." Essas pessoas não estão nem "presas" na cidade nem "escaparam" dela.

> Elas transcenderam a situação [...] Salvação não é igual solução: ela precede esta e a transforma numa possibilidade [...] Salvação pessoal — salvação na primeira marcha — ainda é o caminho de entrada. É a chave para destravar a porta do determinismo e viabilizar a "salvação" de organizações corporativas e instituições — salvação na segunda marcha — ajudando aqueles que conseguem transcender a situação.

Existe outra maneira por meio da qual a melhoria social é facilitada pelo evangelismo. Quando o evangelho é pregado de forma fiel e ampla, ele não só leva uma renovação radical até os indivíduos, mas produz o que Raymond Johnston chamou de "uma atmosfera antisséptica", em que blasfêmia, egoísmo, ganância, desonestidade, imoralidade, crueldade e injustiça não florescem com tanta facilidade. Um país permeado pelo evangelho não é um solo em que as ervas daninhas conseguem arraigar-se com facilidade, muito menos florescer.

O evangelho transforma culturas

Em segundo lugar, o evangelho que transforma pessoas também transforma culturas. Um dos maiores obstáculos para a mudança social é o conservadorismo cultural. Leis, instituições e costumes de um país foram desenvolvidos ao longo de séculos; eles têm uma resistência inata à reforma. Em alguns casos, é a ambiguidade moral da cultura o obstáculo. Cada programa político, sistema econômico ou plano de desenvolvimento depende de valores que o motivem e sustentem. Ele não consegue operar sem honestidade e algum grau de altruísmo. Assim, o progresso é efetivamente bloqueado se a cultura nacional (e a religião ou a ideologia que a molda) tolera corrupção e egoísmo e não oferece qualquer incentivo ao autocontrole ou ao sacrifício próprio. Nesse caso, a cultura obstrui o caminho do desenvolvimento. É, portanto, completamente lógico que Brian Griffiths, em seu livro sobre abordagens cristãs para a vida econômica, conclua com as palavras:

> O cristianismo começa com fé em Cristo e termina com serviço no mundo [...] Por causa disso, acredito que o evangelismo seja uma parte indispensável no estabelecimento de uma ordem econômica mais justa. Obediência a Cristo exige mudança, o mundo se torna seu mundo, os pobres, os fracos e os que sofrem são homens, mulheres e crianças criados à sua imagem; injustiça é uma afronta à sua criação; desespero, indiferença e falta de rumo são substituídos por esperança, responsabilidade e propósito; e, acima de tudo, egoísmo é transformado em amor.[23]

Assim, o evangelho transforma pessoas e culturas. Isso não significa que nenhum desenvolvimento seja possível sem evangelismo, mas, sim, que o desenvolvimento é dificultado sem as mudanças culturais que o evangelismo traz e significativamente facilitado pela presença delas. E, quanto mais o evangelho se espalha, mais esperançosa a situação fica. Até mesmo alguns cristãos na vida pública podem iniciar mudanças sociais, mas sua influência será, provavelmente, muito maior se tiverem o apoio maciço das bases, como o que tiveram os reformadores britânicos evangélicos no século 19. Por isso, cristãos em todos os países devem orar por uma aceitação ampla do evangelho. Como reconheceram claramente os evangélicos norte-americanos do século 19, reavivamento e reforma andam de mãos dadas.

TESTEMUNHO E PROTESTO

Vimos que o evangelho é o poder de Deus para a salvação, mas fato é que toda verdade é poderosa. A verdade é muito mais poderosa do que as mentiras distorcidas do diabo. Jamais devemos ter medo da verdade. Nem precisamos ter medo pela verdade, como se sua sobrevivência estivesse em perigo, pois Deus a protege e jamais permitirá que ela seja completamente reprimida. Nas palavras de Paulo: "Pois nada podemos contra a verdade, mas somente em favor da verdade" (2Coríntios 13:8). E nas palavras de João: "A luz brilha nas trevas, e as trevas não a derrotaram" (João 1:5). Um pensador cristão contemporâneo que está convencido disso é Solzhenitsyn. Sua palestra, ao receber o prêmio Nobel de Literatura (1970), intitulava-se "Uma palavra de verdade". Ele confessou que escritores carecem de todas as armas materiais, como foguetes e tanques. "O que, então, a literatura pode fazer", ele perguntou, "em face da onda impiedosa de violência aberta?" Em primeiro lugar, ela pode recusar-se "a participar da mentira". Em segundo lugar, escritores e artistas podem "derrotar a mentira", pois:

> uma palavra de verdade pesa mais do que o mundo inteiro. É nessa fantástica brecha da lei de conservação de massa e energia que se baseiam minhas próprias atividades e meu apelo aos escritores do mundo.[24]

Todos os cristãos são chamados, como seu mestre, a dar testemunho da verdade. Isso, João acrescentou, era a razão pela qual ele tinha nascido e pela qual tinha vindo ao mundo (João 18:37). A verdade suprema que testificamos é, sem dúvida, o próprio Jesus Cristo, pois ele é a verdade (João 14:6). Mas toda verdade — científica, bíblica, teológica, moral — pertence a ele, e não devemos ter medo ao defendê-la, mantê-la e discuti-la. Esse é o lugar para se desenvolver uma apologética ética, como encorajei antes, e para se entrar no debate público sobre questões contemporâneas. Do púlpito (que ainda é uma "plataforma" mais influente do que em geral se admite, especialmente na formação da opinião pública), por meio de cartas e artigos em jornais nacionais e regionais, em discussões em casa e no trabalho, por meio de oportunidades no rádio e na televisão, por meio de poesia, teatro e músicas populares, nós, como cristãos, somos chamados a testificar a lei e o evangelho de Deus, sem medo nem desculpas. Além do mais, como foi com Jesus, e com seus seguidores, a testemunha verdadeira (*mártir*) precisa estar preparada para sofrer e, se necessário, até morrer por seu testemunho. O testemunho tão custoso é a arma principal daqueles aos quais é negado o processo democrático por viverem num regime opressivo.

O testemunho positivo da verdade precisa ser acompanhado por sua contraparte negativa, o protesto contra a loucura, o engano e a iniquidade. Muitos parecem estar desencantados com a arma do protesto racional, mas acredito que não deveriam estar. A agitação pública pode ser uma arma eficaz, mesmo se não for totalmente bem-sucedida. Deixe-me dar dois exemplos. O primeiro ilustra uma situação em que o protesto em massa foi bem-sucedido; o segundo, uma situação que não teve sucesso em alcançar seus objetivos imediatos, mas, mesmo assim, foi uma expressão poderosa de protesto público.

Em primeiro lugar, a "Revolução Laranja" da Ucrânia, em 2004-2005, foi uma série de protestos e eventos políticos ocorridos no país inteiro em reação a alegações de corrupção maciça, intimidação de eleitores e fraude eleitoral durante a eleição presidencial da Ucrânia em 21 de novembro de 2004, em que os candidatos principais eram o primeiro-ministro Viktor Yanukovych e o líder da oposição Viktor Yushchenko. Centenas de milhares de manifestantes reuniram-se na Praça da Independência, a maioria vestida de laranja, a cor da oposição, para exigir novas eleições. Protestos foram organizados também em toda a Ucrânia, além de greves gerais. Uma nova eleição foi convocada pela Suprema Corte da Ucrânia, sob uma supervisão intensa internacional, e Viktor Yushchenko foi declarado presidente. Com sua inauguração em 23 de janeiro de 2005, em Kiev, a Revolução Laranja chegou à sua conclusão bem-sucedida e pacífica. Citá-la como exemplo de protesto bem-sucedido não significa, porém, que o governo eleito estivesse livre de seus próprios problemas de corrupção e má administração. Numa eleição subsequente, o governador problemático foi retirado de seu cargo, e o poder voltou àqueles que simpatizavam com o comunismo.

Meu segundo exemplo é o protesto em massa contra a segunda Guerra do Iraque. Em 15 de fevereiro de 2003, houve um protesto em massa contra a ida da Inglaterra à guerra contra o Iraque. A demonstração foi a maior já realizada no Reino Unido. As estimativas da polícia falavam de 750 mil pessoas; as dos organizadores, de até 2 milhões. O protesto foi pacífico e consistiu numa marcha seguida por palestras, com palestrantes de alto escalão que apelavam ao governo que desistisse da guerra e continuasse com as negociações. Grupos cristãos uniram-se a outros, exigindo paz e não guerra (mas outros cristãos, é claro, apoiaram a decisão de ir à guerra). Um dos objetivos do protesto era garantir que, se o governo fosse à guerra, não seria capaz de alegar que tinha o apoio unânime do povo. No fim, a Inglaterra foi à guerra contra o Iraque; esse protesto em massa foi, portanto, um fracasso em termos de seus objetivos específicos. Mas, ao exigir que o governo prestasse contas de sua conduta, ele demonstrou que muitas pessoas ainda estavam dispostas a protestar publicamente quando sentiam que estavam sendo envolvidas em algo que era moralmente errado e estrategicamente desastroso.

DEMONSTRAÇÃO E ORGANIZAÇÃO

A verdade é poderosa quando é argumentada; ela se torna ainda mais poderosa quando também é demonstrada. As pessoas precisam não só entender o argumento, mas também ver a manifestação de seus benefícios. Uma enfermeira cristã num hospital, um professor numa escola, uma secretária num escritório, um assistente numa loja ou um trabalhador numa fábrica podem exercer influência fora de proporção em termos de números e percentagens. E quem pode calcular a influência para o bem, sobre o todo de uma vizinhança, de um único lar cristão em que marido e esposa são fiéis um ao outro e encontram satisfação um no outro, em que as crianças são criadas na segurança disciplinada do amor e a família não é introvertida, mas estende a mão à comunidade? Cristãos são pessoas marcadas no trabalho e em casa; o mundo nos observa.

Ainda mais influente do que o exemplo de indivíduos e famílias cristãos é o exemplo da igreja local. Deus criou a igreja para que ela fosse sua nova e remida comunidade que representa os ideais do seu reino. Não devemos subestimar, escreve o doutor John Howard Yoder, "o impacto poderoso sobre a sociedade da criação de um grupo social alternativo", pois "a estrutura social primária por meio da qual o evangelho opera para mudar outras estruturas é a da comunidade cristã".[25]

Pequenos grupos de cristãos podem ser representações visíveis do evangelho. Também podem recorrer a todos os meios de influenciar a sociedade que mencionei até agora. Existe poder na oração e no evangelho; há ainda mais poder se orarmos e evangelizarmos juntos. Há poder em testemunho e protesto; há ainda mais poder se testificarmos e partirmos para a ação juntos. O grupo foi o caminho que nosso próprio Senhor escolheu. Ele começou com os Doze. E a longa história da Igreja abunda em exemplos de influência estratégica de grupos pequenos. Na cidade de Cambridge do século 16, os primeiros reformadores encontravam-se no White Horse Inn para estudar o

Novo Testamento grego de Erasmo; no século 18, em Oxford, o Holy Club, ao qual pertenciam os Wesleys e os Whitefields, apesar de se empenhar inicialmente em boas obras inférteis, foi o pano de fundo diante do qual o reavivamento evangélico começou; e no sul de Londres, no século 19, a Seita de Clapham deu apoio a Wilberforce em sua campanha abolicionista e a muitas outras causas sociais e religiosas. Hoje, um dos aspectos mais promissores da vida da Igreja moderna é a fome pela experiência de grupos pequenos. Milhares de congregações têm dividido seus membros em pequenas comunhões ou grupos domésticos. Muitas igrejas também encorajam a formação de grupos de especialistas — equipes evangelísticas de visitação, grupos missionários de oração, grupos musicais, grupos especializados em questões contemporâneas, grupos de leitura, grupos de estudo e ação social —; a lista é praticamente infinita.

Há também comunidades que experimentam novos estilos de vida, compartilhando-os e/ou trabalhando juntas — por exemplo, Comunidade Kairos, em Buenos Aires (para reflexão teológica sobre discipulado no mundo secular); Sojourners Community, em Washington, DC (envolvida em produzir a revista Sojourners, em promover sua preocupação com a paz e a justiça e em servir a famílias negras locais); e TRACI, em Nova Deli (The Research And Communication Institute de jovens pensadores e autores indianos). Na Inglaterra, há grupos como CARE Trust e CARE Campaigns (Ação, Pesquisa e Educação Cristã), que promovem padrões morais na sociedade, e poderia mencionar também o Institute for Contemporary Christianity, em Londres, cujo objetivo é estimular a integração de consistentes pensamento e ação cristãos no mundo.[26]

Um líder católico romano amplamente respeitado, que acreditava fortemente no potencial de grupos pequenos, foi Dom Hélder Câmara, ex-arcebispo em Recife, no Nordeste do Brasil, falecido em 1999. Acusado de ser subversivo e proibido de acessar as mídias, sob ameaça constante de assassinato, esse "pacificador violento" (como era chamado) estava dedicado à paz e à justiça. Após viajar por metade do mundo durante vários anos, apelando a instituições, ele veio a depositar mais fé em grupos. Encorajou a formação de "minorias abraâmicas" (assim chamadas "porque, como Abraão, esperamos contra a esperança")[27] em vizinhanças, universidades e sindicatos, dentro das mídias, na administração, entre políticos e nas Forças Armadas. Ao compartilhar uma sede comum de justiça e liberdade, eles reúnem informações; tentam diagnosticar os problemas relacionados a abrigo, desemprego, trabalho escravo e estruturas sociais; unem experiências e realizam qualquer forma de "violência pacífica" que considerem apropriada. Dom Hélder acreditava que esses grupos de minoria têm "o poder de amor e justiça que pode ser comparado à energia nuclear presa por milhões de anos nos menores átomos, esperando o momento de sua liberação".[28] "Todas essas minorias unidas poderiam transformar-se numa força irresistível", acrescentou.[29] Alguns o ridicularizaram, mas ele perseverou. "Meu plano", escreveu ele, "e estou ciente disso, pode lembrar o combate contra Golias. Mas a mão de Deus estava com o jovem pastor, e Davi venceu o filisteu com sua fé, um estilingue e cinco pedras pequenas."[30] "Lembrem-se", ele disse em outro momento, "que, ao longo dos séculos, a humanidade tem sido liderada por minorias corajosas."[31]

Esse contraste entre o gigante e o garoto, a espada e as pedrinhas, a gabação arrogante e a confiança humilde, é a característica da atividade de Deus no mundo. Tom Sine expressou bem esse aspecto em seu livro *The Mustard Seed Conspiracy* [A conspiração da semente de mostarda], cujo título alude à minúscula semente da qual nasce um grande arbusto. Seu subtítulo é: *You Can Make a Difference in Tomorrow's Troubled World* [Você pode fazer a diferença no mundo atribulado de amanhã]. Ele escreve:

> Jesus nos revela um segredo surpreendente. Deus decidiu mudar o mundo por meio dos humildes, despretensiosos e imperceptíveis [...] Essa sempre tem sido a estratégia de Deus — mudar o mundo por meio da conspiração dos insignificantes. Ele escolheu um bando desordenado de escravos semitas para se tornarem os insurgentes de sua nova ordem [...] E quem jamais teria imaginado que Deus escolheria operar por meio de um bebê num estábulo para virar o mundo de ponta-cabeça! "Deus escolheu as coisas loucas [...] as coisas fracas [...] as coisas humildes [...] aquelas que não são" [...] Ainda é a política de Deus operar por meio dos insignificantes para mudar seu mundo e criar seu futuro [...][32]

Se é verdade que Deus costuma operar por meio dos insignificantes e pequenos para realizar seus propósitos, então não há desculpa para um cristão sentir-se alienado. Bem pelo contrário: devemos deleitar-nos com o fato de que ninguém é insignificante demais para ser usado por Deus a fim de mudar o mundo.

NOTAS

1. BRIERLEY, Peter (Org.). *UK Christian Handbook Religious Trends 5:* 2005/06. Londres: Christian Research, 2005. p. 2.23.
2. Ibid., p. 12.5.
3. GUTTERIDGE, Richard. *Open thy mouth for the dumb!* The German Evangelical Church and the Jews, 1870-1950. Oxford: Basil Blackwell, 1976.
4. Ibid., p. 128.
5. Ibid., p. 298.
6. Ibid., p. 299.
7. Abraham Lincoln concluiu seu famoso discurso de Gettysburg (1863) com a resolução "de que esta nação, sob Deus, terá um novo nascimento de liberdade e que governo do povo, pelo povo, para o povo, não desaparecerá da terra". Ele parece ter emprestado essa definição de democracia do reverendo Theodore Parker, que a usou num discurso em Boston, em 1850.
8. LUCAS, John R. *Democracy and participation*. [S.l.: s.n.], p. 166.
9. Ibid., p. 184.
10. Ibid., p. 198.
11. Ibid., p. 264.
12. LATOURETTE, K. S. *History of the expansion of Christianity*. Londres: Eyre & Spottiswoode, 1945. p. 503-504. v. 7.
13. COLSON, Charles W. *Kingdoms in conflict:* an insider's challenging view of politics, power and the pulpit. Nova York: William Morrow; Grand Rapids: Zondervan, 1987, e.g., p. 238, 253-264, 371. Fran Beckett, em seu livro *Called to action* (Londres: Fount, 1989), ressalta a responsabilidade de cada igreja de conhecer sua comunidade local e mobilizar equipes para servir às necessidades que ela descobrir.
14. BERDYAEV, Nikolai. *The destiny of man*. Londres: Geoffrey Bles, 1937. p. 281.
15. Mateus 5-7. Tento desenvolver essa exposição em *The message of the Sermon on the Mount:* Christian counter-culture. Leicester: InterVarsity Press, 1978.
16. TEMPLE, William. *Christianity and the Social Order*. [S.l.: s.n.], p. 27.
17. BARNA. *American faith is diverse, as shown among five faith-based segments*. Disponível em: <www.barna.org>. Acesso em: 29 jan. 2002. Para uma discussão sobre as razões pelas quais a Europa pode ser uma exceção, veja DAVIE, Grace. *Europe:* the exceptional case, parameters of faith in the modern world. Londres: Darton, Longman & Todd, 2002.

18. Ibid., www.barna.org/FlexPage.aspx?Page=Topic&TopicID=10.
19. SINE, Tom. *The mustard seed conspiracy*. [S.l.: s.n.], p. 113.
20. *www.lydiafellowship.org*; Intercessors for Britain, 14 Orchard Road, Moreton, Wirral, Merseyside L46 8TS; *www.ifapray.org*; *www.ad2000.org*.
21. Evangelism and social responsibility. In: STOTT, John (Org.). *Making Christ known*. Carlisle: Paternoster, 1996; Grand Rapids: Eerdmans, 1997, p. 182.
22. Ibid., p. 183.
23. GRIFFITHS, Brian. *Morality in the marketplace*. Londres: Hodder & Stoughton, 1989. p. 154-155.
24. SOLZHENITSYN, Alexander. *One word of truth*. Londres: Bodley Head, 1972. p. 22-27.
25. YODER, John Howard. *The politics of Jesus*. Grand Rapids: Eerdmans, 1972. p. 111, 157.
26. Kairos Community: *www.kairos.org.ar/english.php*; Sojourners: *www.sojo.net/*; TRACI: TRACI House, E-537, Greater Kailash II, New Delhi 110048, India; CARE: *www.care.org.uk*; London Institute of Contemporary Christianity: *www.licc.org.uk*.
27. CAMARA, Dom Helder. *Spiral of violence*. [S.l.: s.n.], 1970; Londres: Sheed & Ward, 1971. p. 69.
28. Id. *The desert is fertile*. Londres: Sheed & Ward, 1974. p. 3.
29. Id. *Spiral of violence*. p. 43.
30. Id. *Race against time*. Londres: Sheed & Ward, 1971. p. vii-viii.
31. Ibid., p. 17.
32. SINE, Tom. op. cit., p. 11-12.

SEGUNDA PARTE

QUESTÕES GLOBAIS

CAPÍTULO 4

Guerra e paz

De todos os problemas globais que enfrentamos nos dias de hoje, não existe nenhum mais grave do que a ameaça de autodestruição da raça humana. A guerra já não se limita mais a um confronto entre exércitos. De um lado, Estados nacionais têm desenvolvido continuamente armas de destruição em massa, que possuem a capacidade de erradicar sociedades inteiras e até mesmo destruir a civilização humana. De outro, estamos vendo o crescimento de grupos terroristas, que cometem atos de violência simbólicos e poderosos diante dos olhos do mundo. No início do século 21, estamos apreensivos, temendo que os dois se unam e que armas de destruição em massa, sejam nucleares, sejam biológicas, sejam químicas, caiam nas mãos de terroristas ou de "Estados fora da lei", que as usariam para defender sua causa com resultados horrorosos.

É claro, até mesmo armas primitivas são capazes de criar um banho de sangue terrível quando usadas por aqueles que são motivados pelo ódio e inclinados ao genocídio. Em 1994, mais de 800 mil pessoas foram mortas ao longo de cem dias em Ruanda, muitas delas por machetes. Basta mencionar o nome Srebrenica, na Bósnia, para trazer à memória as atrocidades lá cometidas quando milhares de pessoas inocentes foram massacradas em nome de "purificação étnica". Talvez a pior emergência a desdobrar-se na África, em décadas recentes, tenha sido a guerra civil na República Democrática do Congo (antigo Zaire). Segundo estimativas, 2 milhões e meio de pessoas foram mortas ou como resultado direto das lutas ou por doenças e desnutrição.[1]

Assim, não precisamos salientar as armas de destruição em massa para ver o sofrimento causado por conflitos humanos. Em 2003, a International Campaign to Ban Land Mines [campanha internacional para banir minas terrestres], fundada por veteranos norte-americanos do Vietnã, acreditava que 100 milhões de minas permaneciam no solo e que ocorrem de 15 a 20 mil fatalidades por minas a cada ano. A despeito de uma redução encorajadora, em 2002, resultante de mais atividades de limpeza de minas por um número maior de países e do cessar-fogo em países como Angola, Sri Lanka e Sudão,[2] o Mines Advisory Group,[3] em 2003, estimou que, em decorrência das Guerras do Golfo, em 1991 e 2003, duas décadas de conflito tinham deixado de 8 a 12 milhões de minas. No norte do Iraque, controlado pelos curdos, a taxa de fatalidades por minas ou outros itens não explodidos aumentou em 90% durante as hostilidades de 2003 e ainda depois disso.

Ou, ainda, considere um dos aspectos mais tristes do conflito humano, que é o envolvimento de crianças na guerra. Crianças, em número crescente, estão morrendo durante conflitos armados; 300 mil combatentes infantis estão travando guerras e inúmeros outros exercem funções de apoio; 25 milhões de crianças foram tiradas de seus lares em decorrência de conflito.[4] Meninas e crianças com deficiência são especialmente vulneráveis. Um combatente infantil descreve as experiências terríveis pelas quais passou: "Plantei minas terrestres, parei veículos, incendiei lares e destruí campos de trigo [...] O que mais me assombrou foi que, quando uma criança ficava cansada demais, nós, cativos, recebíamos a ordem de matá-la."[5]

Agora, também temos o poder de destruir todo o legado de civilizações passadas, o delicado equilíbrio ecológico atual da biosfera e, por meio da radiação, o potencial genético do futuro. A sobrevivência da raça humana e do nosso planeta está em jogo. A mente cristã não pode operar num vácuo. Por mais que nos agarremos à revelação definitiva de Deus em Cristo e nas Escrituras, precisamos lutar para relacioná-la aos duros fatos da situação atual. Assim, revelação e realidade precisam andar juntas, enquanto tentamos discernir a vontade de Deus. Existem cinco questões que pretendo contemplar antes de chegar ao chamado dos cristãos de serem pacificadores num mundo perturbado.

O FIM DA GUERRA FRIA

Com o colapso do Muro de Berlim, em 9 de novembro de 1989, o equilíbrio do poder mundial mudou quando o comunismo implodiu como ideologia e o poder militar soviético começou a desvanecer. A antiga superpotência da União Soviética começou a mudar e, em muitos casos, se desfez em velocidade rápida. Em parte, isso aconteceu graças à visão positiva do líder soviético Mikhail Gorbachev, representada pelos conceitos por ele introduzidos de *perestroika* (reconstrução) e *glasnost* (abertura), com a intenção de criar uma medida de responsabilidade democrática no sistema. Foi também graças à pobreza econômica, à opressão política e ao atraso industrial de um modelo soviético que se tinha transformado num pesadelo burocrático.

Em julho de 1989, o movimento Solidariedade, na Polônia, liderado por Lech Walesa, derrotou os comunistas em eleições livres. Então, Gorbachev anunciou que os países do Pacto de Varsóvia estavam livres para decidir seu próprio futuro. A Hungria abriu suas fronteiras para o Oeste. A Tchecoslováquia passou por sua "revolução de veludo", elegendo o poeta Vaclav Havel como seu presidente. E, depois de algum derramamento de sangue, o reinado brutal do presidente Ceausescu da Romênia foi derrubado, e ele e a esposa foram executados no dia de Natal.

A despeito das novas medidas, o declínio econômico continuou na União Soviética. Gorbachev passou a ser mais impopular em seu país, apesar de permanecer um herói no exterior, ganhando o prêmio Nobel da Paz. Ele se tornou presidente soviético e não líder do Partido Comunista, como seus antecessores, assumindo novos poderes e atuando com mais rigidez. Mas a Rússia, em suas primeiras eleições, escolheu Boris Yeltsin, o arquirrival de Gorbachev, como seu presidente. Ele declarou ilegal o Partido Comunista na Rússia, obrigando Gorbachev a dissolver o Comitê Central. Em 1991, as quatro repúblicas soviéticas votaram pela independência. Moscou reconheceu sua soberania em 6 de setembro de 1991. Outras repúblicas, Ucrânia, Armênia, Geórgia e Moldávia, planejavam sua separação. Os líderes da Ucrânia, da Rússia e da Bielorrússia se encontraram em 8 de setembro de 1991, nas proximidades de Minsk, e concordaram em dissolver a União Soviética e em formar a Comunidade dos Estados Independentes. Em 25 de dezembro de 1991, Gorbachev anunciou em rede nacional a sua resignação como presidente soviético. A bandeira soviética foi recolhida do Kremlin, e a bandeira russa, erguida. A União Soviética não existia mais. Mesmo que isso não tenha impedido uma guerra amarga, em 1950, entre os Estados Unidos e as forças comunistas pela divisão da Coreia e, durante a década de 1960, pelo Vietnã, a extensão da mudança é evidente pelo fato de a maioria dos antigos Estados comunistas da Europa central e oriental ter-se juntado à União Europeia, em 1º de maio de 2004. A Bulgária e a Romênia planejaram fazer o mesmo em 2007.

Com essa onda de democratização que inundou a antiga União Soviética, todos esperavam que o mundo se tornasse um lugar mais seguro. No entanto, uma década mais tarde, as expectativas de paz se revelaram ilusórias, e novos conflitos têm surgido. Durante os cinquenta anos, de 1945 a 1995, houve oitenta guerras. Dessas, no entanto, apenas 28 eram guerras "tradicionais" entre exércitos de Estados nacionais, enquanto 46 foram guerras civis ou de guerrilha.

Quais, então, seriam as causas dessa intensificação da violência? O professor Samuel P. Huntington, de Harvard, desenvolve, em seu livro *O choque de civilizações e a recomposição da ordem mundial*, a tese de que, durante a Guerra Fria, a política global tinha sido "bipolar" (entre duas superpotências), mas que, depois da Guerra Fria, ela passou a ser "multipolar e multicivilizacional".[6] Mais especificamente,

> ao lidar com crises de identidade, o que mais conta para as pessoas são sangue e crença, fé e família. As pessoas se agrupam em torno daqueles com descendência, religião, língua, valores e instituições semelhantes e se distanciam daqueles com características diferentes.[7]

Assim, hoje, as importantes distinções entre pessoas não são tanto ideológicas e políticas, mas culturais. O professor Huntington divide o mundo em sete ou oito grandes civilizações, cujos distintivos proeminentes são culturais e moldam "os antagonismos e as associações dos Estados".[8]

Uma guerra global que envolva os principais Estados das maiores civilizações do mundo, assim declara o professor Huntington, é "altamente improvável, mas não impossível". Ele esboça até um cenário vívido em que os Estados Unidos, a Europa, a Rússia e a Índia alinham-se contra a China, o Japão e a maior parte do islã.⁹ Esta é a sua conclusão: "Choques entre civilizações são a maior ameaça à paz mundial, e uma ordem internacional baseada em civilizações é a proteção mais certa contra a guerra mundial."¹⁰ No entanto, devemos ter o cuidado de não sucumbir ao fatalismo, como se esse choque fosse inevitável. Após os eventos de 11 de setembro, alguns passaram a falar desse "choque das civilizações" como se ele já estivesse acontecendo — uma atitude que só pôde ter impacto negativo sobre as relações entre o Ocidente e o mundo do islã.

O ex-secretário-geral da Organização das Nações Unidas (ONU), Perez de Cuellar, disse que a proliferação atual das guerras civis é "a nova anarquia". O fato de que, em 1993, 42 países estivessem envolvidos em conflitos maiores, e outros 37, em conflitos menores, certamente parece demonstrar "essa tendência anárquica".¹¹ "Não estamos no controle", ele conclui, e "a ideia de que uma elite global como a ONU consiga produzir uma realidade a partir do acima descrito [...] é absurda." Vivemos "numa era de mini-holocaustos localizados".¹²

À luz da mudança da situação mundial desde o fim da Guerra Fria, não surpreende que especialistas em defesa ocidentais tenham revisado completamente a sua estratégia. Eles já não se preparam mais para uma única guerra em grande escala contra a União Soviética, mas, sim, para múltiplos conflitos regionais. Enquanto, porém, existirem armas de destruição em massa, existirá também o medo de seu uso em conflitos locais ou em atos insanos de terrorismo. É para essas armas que, agora, voltamos a nossa atenção.

ARMAS DE DESTRUIÇÃO EM MASSA

Armas nucleares

Sabemos de sete nações que possuem armas nucleares e dispõem dos meios para transportá-las — Estados Unidos, Rússia, Inglaterra, França, China, Índia e Paquistão. Israel é, quase com certeza, um oitavo membro nesse clube mortal. Recentemente, um físico nuclear do Paquistão revelou que ele tinha compartilhado segredos nucleares com a Líbia, o Irã e a Coreia do Norte — países considerados por muitos "Estados fora da lei" e que fazem parte do "eixo do mal" do ex-presidente norte-americano George W. Bush.

Muitas pessoas se sentem tentadas a descartar armas nucleares (e, portanto, também a reflexão ética sobre elas) como ameaça na atualidade, identificando-as com a ameaça representada pela Guerra Fria, durante a qual tanto os Estados Unidos quanto a União Soviética possuíam armas em número muito além do necessário. No entanto, precisamos resistir a essa tentação. Em 2006, uma das preocupações-chave nas relações internacionais globais era o fato de que o Irã tinha produzido urânio enriquecido com o qual seria possível construir bombas nucleares. As autoridades iranianas declararam que o faziam apenas para fornecer potencial nuclear como fonte de energia, mas seu programa nuclear se tornou motivo de preocupação global, especialmente porque o então presidente recém-eleito do Irã, Mahmoud Ahmadinejad, um nacionalista extremo, exigia que Israel fosse "apagado do mapa" — mesmo que, para sermos justos, precisemos mencionar que ele também comentou que "uma nação que possui cultura, lógica e civilização não precisa de armas nucleares".

É a perspectiva de um cenário tão terrível ocorrendo no futuro que nos obriga a nunca esquecer o que aconteceu quando armas nucleares foram usadas pela última vez ou o motivo por que elas nunca mais devem ser usadas. Creio que nada nos consiga remeter de forma mais vívida aos efeitos horrorosos de uma explosão nuclear do que os testemunhos oculares daquilo que aconteceu em Hiroshima e Nagasaki. Lorde Mountbatten citou um desses relatos pouco antes de ser morto em um ato de violência sem sentido:

> De repente, apareceu uma forte luz branca e rosada no céu, acompanhada de um tremor não natural, seguida quase que imediatamente por uma onda de calor sufocante e um vento que levou consigo tudo o que encontrava pelo seu caminho. Dentro de poucos segundos, milhares de pessoas nas ruas do centro da cidade foram incinerados por uma onda de calor insuportável. Muitos foram mortos instantaneamente, outros se retorciam no chão, gritando em agonia por causa da dor insuportável de suas queimaduras. Tudo no caminho da explosão [...] foi aniquilado [...] Hiroshima tinha deixado de existir.[13]

Esse foi o resultado de uma única e pequena explosão atômica. É impossível predizer quais seriam as consequências de uma guerra nuclear por causa das muitas variáveis, como o número de ogivas utilizadas, a distribuição da população na região-alvo, o grau de defesa civil disponível e as condições climáticas. Mas o documento *The Effects of Nuclear War* [Os efeitos da guerra nuclear] (1979), do Congresso dos Estados Unidos, diz que "as consequências mínimas seriam enormes".

Durante a Guerra Fria, muitos cenários foram examinados a fim de se analisar o impacto de uma interação nuclear entre as duas superpotências. Por exemplo, um ataque de apenas 1 megaton a uma única cidade grande, como Detroit ou Leningrado, resultaria em até 2 milhões de mortos e outro milhão de feridos. "Um ataque muito grande contra uma variedade de alvos militares e econômicos", em que a antiga União Soviética atacasse primeiro e os Estados Unidos retaliassem, significaria a morte de até 77% da população norte-americana (ou de 220 milhões de pessoas) e até 40% da população russa (por se espalhar mais pelas regiões rurais). Essas fatalidades seriam os efeitos imediatos (dentro dos primeiros trinta dias) do calor, da explosão, do vento e da radiação direta. Muitos outros milhões morreriam em decorrência dos ferimentos (já que as instalações médicas seriam totalmente inadequadas) e das epidemias (em virtude da destruição de instalações de higiene básica, como esgoto, e da não disponibilidade de água limpa) ou morreriam de fome e de frio durante o primeiro inverno (por causa do colapso da prestação de serviços). Uma nuvem de fumaça tóxica sobre as regiões devastadas não só envenenaria muitos sobreviventes, mas também anularia completamente o calor e a luz do sol, causando um retorno às condições da era do gelo. Em longo prazo, o câncer causaria muitas outras vítimas, e as consequências genéticas e a devastação ecológica continuariam por décadas e seriam incalculáveis.[14]

Armas biológicas

Guerra biológica é a proliferação deliberada de doenças como antraz, varíola, botulismo ou peste. O Protocolo de Genebra, de 1925, proíbe o uso de armas químicas ou biológicas em guerras, e a Convenção sobre Armas Biológicas e Tóxicas, de 1972, que entrou em vigor em 1975, bane o desenvolvimento, a produção, a aquisição, o armazenamento e a retenção dessas armas. No entanto, muitos[15] têm produzido esse tipo de arma.[16] Preocupações com seu possível uso cresceram quando o então presidente russo Boris Yeltsin admitiu, em 1992, que, durante anos, a antiga União Soviética tinha mantido um programa de armas biológicas. Em 1995, o Iraque, que tinha assinado a Convenção sobre Armas Biológicas e Tóxicas, também foi desmascarado por ter um programa de armas biológicas. Subsequentemente, descobriu-se que esse país tinha usado bombas e mísseis que continham agentes biológicos durante a Guerra do Golfo de 1991. Uma das questões centrais no núcleo da guerra com o Iraque era a suspeita de que o país possuía armas de destruição em massa que estava disposto a usar. Na verdade, nenhuma foi encontrada.

Mesmo que as armas biológicas possam, dependendo do tipo usado, levar algum tempo para surtir efeito, a possibilidade de uma epidemia ou pandemia não pode ser descartada. A velocidade das viagens internacionais significa que uma doença pode ser transmitida de um continente para outro antes de ser descoberta em sua origem.

Um dos atrativos das armas biológicas para qualquer usuário em potencial é que elas são baratas quando comparadas com outras armas.

> Numa análise, o custo comparativo de fatalidades civis (não protegidas) é de 2 mil dólares por quilômetro quadrado com armas convencionais, de 800 dólares com armas nucleares, de 600 dólares com agentes nervosos e de 1 dólar com armas biológicas [...] Não surpreende, então, que as armas biológicas se tenham tornado conhecidas como a bomba atômica do homem pobre.[17]

A guerra biológica é, também, notavelmente mortal quando comparada a outras armas:

> Num cenário conhecido, um único avião que deixe uma trilha de 100 quilogramas de antraz ao longo de uma linha em direção de Washington, DC, poderia resultar em 1 a 3 milhões de mortes. Em comparação, uma bomba de hidrogênio de 1 megaton lançada sobre o capitólio norte-americano só causaria cerca de 0,5 a 1,9 milhão de mortes.[18]

Isso levou Colin Powell, então diretor do US Joint Chiefs of Staff, a dizer: "O que me deixa aterrorizado, mais talvez do que armas nucleares táticas, e contra a qual temos menos capacidade de nos defender, são as armas biológicas." As armas biológicas não precisam de complicados sistemas de lançamento para serem eficazes. Terroristas poderiam usar um veículo, um avião pequeno ou simplesmente liberar o agente ao vento para torná-lo eficaz. Em certa ocasião, a seita Aum Shinrikyo dirigiu uma *van* com um ventilador pelas ruas de Tóquio e tentou espalhar a toxina botulínica. Naquela ocasião, porém, ninguém se feriu.[19] Após o 11 de setembro, o medo de que esse tipo de ataque pudesse acontecer foi intensificado com a distribuição de pequenas quantidades de antraz pelo sistema postal. No entanto, muitos cientistas têm afirmado que é muito mais difícil usar armas biológicas do que se costuma imaginar. Mesmo que as coisas possam mudar a qualquer momento, a guerra biológica não tem sido, até agora, uma arma usada por grupos terroristas como o Al-Qaeda.

Armas químicas

Armas químicas funcionam pelo contato direto com a substância, causando ferimentos ou morte. Existem vários tipos. "Agentes sufocantes", como cloro ou fosgênio, agem no trato respiratório por meio da inalação, tendo sido usados extensamente na Primeira Guerra Mundial. "Agentes vesicantes", como gás mostarda, agem por meio de inalação e contato com a pele, afetando os olhos, o trato respiratório e a pele, primeiro irritando e depois destruindo células. "Agentes sanguíneos", como cianeto de hidrogênio, são distribuídos pelo sangue e geralmente entram no corpo por meio da inalação. São essencialmente venenos que causam o sufocamento do corpo. Por fim, os "agentes nervosos", como sarin ou tabun, bloqueiam os impulsos entre as células nervosas ou as sinapses. Eles são divididos em diversos grupos; o mais conhecido é o gás CS, usado por agentes de controle de revoltas, e o mais mortal é o gás VX, do qual bastam poucos miligramas para causar morte.

Em janeiro de 1989, representantes de quase 150 nações se reuniram em Paris numa conferência sobre a proibição das armas químicas, e, em 29 de abril de 1997, a Convenção sobre Armas Químicas entrou em vigor com 117 signatários. Esse foi o primeiro tratado de desarmamento multilateral para providenciar a eliminação de toda uma categoria de armas de destruição em massa dentro de determinado período. A Organização para a Proibição de Armas Químicas foi fundada para supervisionar o processo.

Se isso ocorrer, será levado a cabo um processo que tem continuado desde 1675, quando França e Alemanha condenaram e proibiram o uso de projéteis envenenados. A Conferência de Bruxelas, de 1875, baniu o uso de gases e armas venenosas. A Convenção de Hague, de 1899, baniu projéteis capazes de propagar "gases asfixiantes ou nocivos". Mas, na Primeira Guerra Mundial, armas químicas foram usadas em escala maciça, notavelmente na batalha de Ypres, na Bélgica, em 22 de abril de 1915. Até o fim da guerra, umas 124 mil toneladas de cloro, gás mostarda e outros agentes químicos haviam sido liberadas, e mais de 90 mil soldados sofreram uma morte dolorosa por causa deles.[20]

Isso era uma violação da Convenção de Hague de 1907. O Protocolo de Genebra, de 1925, estipulou que seus signatários (agora já praticamente todas as nações) não fossem os primeiros a usar tais armas. Na Segunda Guerra Mundial, nenhuma nação violou esse juramento, apesar de a Itália ter usado armas químicas na Abissínia na década de 1930. Histórias sobre "chuva amarela", porém, levaram à convicção generalizada de que as tropas soviéticas usaram gases venenosos no Afeganistão e de que as forças comunistas usaram-nos em Camboja e Laos. O Iraque certamente os usou contra os curdos e na guerra contra o Irã.

No entanto, o uso de armas químicas por Estados nacionais não é o único problema que encaramos. Em 1995, a seita Aum Shinrikyo liberou sarin no metrô de Tóquio, causando a morte de dezenas de pessoas e a hospitalização de 5.500 mais. O sarin tinha sido diluído a 30% de seu poder total para proteger aqueles que o estavam manipulando. Se tivesse apresentado uma pureza de 70%, milhares a mais teriam perecido. Esse evento mostrou que a ameaça de grupos terroristas usando armas bioquímicas se tornou uma realidade, mesmo que nenhum grupo as tenha utilizado para causar fatalidades em massa. Muitos analistas acreditam que é apenas uma questão de tempo até essa tentativa.

Enquanto isso, o público precisa entender que os modernos gases nervosos são, para o químico, aquilo que as armas nucleares são para o físico. Máscaras de gás podem não oferecer proteção, pois algumas das armas químicas penetram a pele. Se fossem lançadas do ar, acredita-se que, para cada combatente, vinte civis seriam mortos, porque apenas combatentes estariam equipados com roupas protetoras.

Essas três armas (âtomica, biológica e química) são, às vezes, chamadas de armas "ABC" (com base nos nomes em inglês: *atomic, biological, chemical*). Certamente, constituem o alfabeto mais terrível jamais concebido. A invenção e o refinamento de armas ABC, em especial ogivas nucleares, mudaram radicalmente o contexto no qual devemos pensar sobre a moralidade da guerra. Essas armas desafiam a relevância da teoria da "guerra justa". Uma guerra ainda poderia ter uma causa e um objetivo justos. Mas, se forem usadas armas macro ("estratégicas" ou "táticas"), não haverá uma perspectiva sensata para o alcance do objetivo, já que, no caso de guerras nucleares, elas não podem ser vencidas. Os meios não seriam justos, pois armas nucleares não são proporcionais, não fazem distinção, não são controláveis. Milhões de não combatentes seriam mortos. Num holocausto nuclear, muito sangue inocente seria derramado. A consciência cristã precisa, portanto, declarar imoral o uso de armas nucleares indiscriminadas e também de armas químicas e biológicas. Uma guerra nuclear jamais poderia ser uma guerra justa. Como declararam os presidentes Reagan e Gorbachev, em 1985, em Genebra: "Uma guerra nuclear não pode ser vencida e jamais deve ser travada."

REFLEXÕES TEOLÓGICAS E MORAIS

Os cristãos não concordam em tudo quando se trata dos problemas associados à guerra. É importante, porém, não exagerarmos nossas diferenças, não minimizarmos nossas áreas substanciais de acordo. Todos os cristãos afirmam que o caráter do Reino de Deus é paz e justiça. Acreditamos que a conduta de Jesus foi um exemplo perfeito dos ideais do reino que ele proclamou. Nós, como comunidade do reino, somos chamados a ter fome de justiça, a buscar a paz, a conter a vingança, a amar os inimigos — em outras palavras, a sermos marcados pela cruz. Esperamos o reino consumado em que "eles farão de suas espadas, arados, e de suas lanças, foices", pois "nação não mais pegará em armas para atacar outra nação, elas jamais tornarão a preparar-se para a guerra" (Isaías 2:4).

Tudo isso deve significar que, como cristãos, nosso compromisso primário é paz e justiça. Essa busca por paz e justiça é muito mais custosa do que o apaziguamento, como descobriram muitos mártires cristãos. Também admiramos a lealdade, o sacrifício próprio e a coragem de soldados. Mas não devemos enaltecer ou glorificar a guerra em si, por mais que possamos crer que ela seja justa. Alguns cristãos acreditam que, em algumas circunstâncias, ela pode ser defendida como o menor de dois males, mas jamais deve ser vista pela mente cristã como mais do que uma necessidade dolorosa num mundo caído.

Além desse contexto bíblico geral, existem três posições principais que os cristãos defendem — a teoria da guerra justa, o pacifismo total ou o pacifismo relativo.[21]

A tradição da "guerra justa"[22]

As origens do conceito de "guerra justa" podem ser encontradas tanto nas "guerras santas" do Antigo Testamento quanto no ensinamento ético de gregos e romanos. No século 4, o conceito foi cristianizado por Agostinho. No século 13, Tomás de Aquino o inseriu numa estrutura sistemática, tendo sido desenvolvido por Francisco de Vitória, no século 16, e acatado pela maioria dos reformadores. É defendido pela maioria dos católicos romanos e protestantes na atualidade. A tradição da guerra justa costuma expressar-se em sete condições que precisam ser cumpridas para que uma guerra possa ser justa. São elas: declaração de guerra formal, último recurso, causa justa, intenção correta, meios proporcionais, imunidade aos não combatentes e expectativa sensata. No entanto, alguns desses sete critérios se sobrepõem aos outros, e creio ser mais útil reduzi-los a três, relacionados ao início, à conduta e ao fim da guerra.

Como, então, podemos julgar se uma guerra é "justa" ou não?

Em primeiro lugar, *sua causa precisa ser justa*. Ela precisa ser defensiva, não agressiva. Seus objetivos devem ser garantir a justiça ou remediar a injustiça, proteger os inocentes ou defender direitos humanos. Ela só pode ser travada como recurso último, após se esgotarem todas as tentativas de negociação e reconciliação, e, então, apenas depois de uma declaração formal (após um ultimato) por uma autoridade legítima, não por grupos ou indivíduos. Além do mais, a intenção precisa ser tão justa quanto a causa. Causas justas não são apoiadas por motivos injustos. Não pode, desse modo, haver ódio, animosidade nem sede de vingança.

Em segundo lugar, *seus meios precisam ser controlados*. Não deve haver violência arbitrária ou desnecessária. Na verdade, duas palavras-chave são usadas para descrever o uso legítimo de violência numa causa justa. Uma delas é "proporcional"; a outra, "discriminado". "Proporcional" significa que a guerra é entendida como o menor de dois males, que a violência infligida é proporcionalmente menor do que a que se pretende remediar, e que os ganhos finais superam as perdas. "Discriminado" significa que a guerra é direcionada contra combatentes inimigos e alvos militares, e os civis gozam de imunidade. Temos de admitir que é impossível preservar a imunidade total dos não combatentes. Mas, numa "guerra justa", a distinção deve ser preservada e a morte intencional de civis precisa ser ilegal. O princípio da imunidade do não combatente era implícito nas convenções de Hague (1899 e 1907), tornou-se explícito nas convenções de Genebra e em seu protocolo adicional (1949 e 1977) e foi enfaticamente reafirmado pela Assembleia Geral das Nações Unidas (1970).

Em terceiro lugar, *seu resultado deve ser previsível*. Ou seja, como o rei na pequena parábola de Jesus, que "calculou os custos" antes de ir à guerra (Lucas 14:31-32), precisa existir uma perspectiva calculada de vitória, obtendo, assim, a causa justa pela qual a guerra foi iniciada. No entanto, pode haver ocasiões em que um país vai à guerra por princípio, mesmo que sinta que o inimigo é mais poderoso, e, com isso, ele assume um risco. Alguns podem argumentar que esse foi o caso da Inglaterra ao entrar na Segunda Guerra Mundial para cumprir suas obrigações pactuais. Contudo, ir à guerra quando não há expectativa sensata de vitória é imprudente, e há o risco de sacrificar as vidas de milhares de pessoas sem a esperança de estabelecer a causa pela qual morreram.

Em suma, "guerra justa" é aquela travada por uma causa justa, com meios controlados e uma expectativa sensata de sucesso.

A teoria da "guerra justa" é, contudo, apenas uma das tradições. Ela pode ser recomendada por meio das Escrituras? Alguns tentam fazê-lo com base nas guerras ordenadas e direcionadas por Javé no Antigo Testamento. Mas esse procedimento é precário, já que elas foram expressamente sancionadas, e nenhuma nação atual pode reclamar para si a posição privilegiada de "nação santa", povo especial da aliança de Deus, teocracia única.

Uma base mais segura é fornecida no ensinamento de Paulo sobre o Estado, em Romanos 13:1-7 e seu contexto. Na verdade, isso está inserido numa passagem sobre o amor ao próximo, já que ele é precedido pelas injunções de amar e servir nossos inimigos (Romanos 12:14-21) e seguido por declarações de que o amor jamais prejudica o próximo (Romanos 13:8-10). Somos, portanto, confrontados com um problema exegético difícil. Mais especificamente, o final de Romanos 12 e o início de Romanos 13 parecem estar em conflito um com o outro. O primeiro, um eco do Sermão do Monte, proíbe-nos de repagar mal com mal; o segundo, um eco do Antigo Testamento, descreve o Estado como agente de Deus para a punição de malfeitores. O primeiro diz que devemos servir aos malfeitores; o segundo, que eles devem ser punidos. Como essas instruções podem ser reconciliadas?

O apóstolo Paulo afirma que as autoridades governantes foram estabelecidas por Deus e que ele lhes delegou sua autoridade. Assim, quando nos submetemos a elas, nós nos submetemos a Deus, e, quando nos rebelamos contra elas, nós nos rebelamos contra Deus. Além do mais, "aquele em autoridade" (qualquer oficial do Estado) é "servo de Deus" para recompensar o bom cidadão e punir o malfeitor. De fato, Paulo repete três vezes que a "autoridade" do Estado é a autoridade de Deus e três vezes que o "ministro" do Estado é o ministro de Deus (Romanos 13:1,4,6, ARA). Parece claro, para mim, que não se trata de concessão relutante de Deus a "atribuição de um lugar" ao Estado, que, quando usa de força para punir o mal, está, todavia, "pecando"; é uma afirmação genuína de que Deus "instituiu" o Estado com sua autoridade e de que este, quando exerce autoridade para punir o mal, está cumprindo a vontade de Deus.

Assim sendo, não posso dizer que os cristãos devem permanecer isolados da vida pública; antes, devem envolver-se nela, sabendo que, ao fazê-lo, eles são "ministros de Deus", tanto quanto os pastores aos quais se aplica a mesma expressão. Não há nada de anormal em cristãos que servem na força policial ou atuam como guardas na prisão, políticos e magistrados. Os cristãos adoram um Deus que é justo; são, portanto, comprometidos com a busca da justiça. A comunidade cristã não deve isolar-se da comunidade secular, mas buscar acessá-la para Cristo.

Entre aqueles que aceitam a legitimidade da participação cristã no trabalho da autoridade secular se encontra a maioria dos pacifistas que não são membros das Igrejas da Paz. Mas, como todos os outros cristãos, eles consideram sua participação crítica e condicional. Por exemplo, eles se recusariam a obedecer ao chamado do Estado de ir à guerra.

Como, então, devemos resolver essa aparente discrepância entre Romanos 12:17-21, com seu chamado para o serviço amoroso ao inimigo, e Romanos 13:1-7, com seu chamado para a punição dos malfeitores? Começaremos a perceber a resposta quando observarmos que o contraste *entre* perdão e punição não ocorre apenas entre esses parágrafos, mas ocorre já *dentro* do primeiro. A proibição "Não retribuam a ninguém mal por mal" é seguida por "'eu retribuirei', diz o Senhor", e a proibição "Nunca procurem vingar-se" é seguida por "deixem com Deus a ira, pois está escrito: 'Minha é a vingança; eu retribuirei'" (Romanos 12:17,19).

Assim, a razão pela qual ira, vingança e retribuição nos são proibidas não é por serem reações erradas ao mal, mas por serem prerrogativa de *Deus*, não nossa. Semelhantemente, Jesus, quando "insultado", não só "não revidava", mas também "entregava-se [e a sua causa] àquele que julga com justiça" (1Pedro 2:23).

É melhor, portanto, ver o final de Romanos 12 e o início de Romanos 13 como complementares. Membros da nova comunidade de Deus podem ser indivíduos privados e oficiais do Estado. No primeiro papel, jamais devemos exercer vingança pessoal ou retribuir mal por mal, mas abençoar nossos perseguidores (Romanos 12:24), servir nossos inimigos (Romanos 12:20) e vencer o mal com o bem (Romanos 12:21). Mas, no segundo papel, se formos chamados por Deus para servir como policiais, guardas de prisão ou juízes, somos agentes de Deus na punição de malfeitores. Sim, "vingança" e "ira" pertencem a Deus, mas uma maneira como ele executa seu julgamento contra malfeitores, nos dias de hoje, é por meio do Estado. "Deixar com Deus a ira" (Romanos 12:19) significa permitir que o Estado seja um "agente da justiça para punir quem pratica o mal" (Romanos 13:4). Isso não significa que a administração de justiça não deva ser equilibrada pela misericórdia. Deve. E os oficiais do Estado devem preocupar-se não só em "punir" o mal, mas em "vencê-lo", já que as justiças retributiva e reformadora devem andar de mãos dadas. Mesmo assim, o que essa passagem ressalta é que, se o mal deve ser punido (como merece ser punido), a punição precisa ser administrada pelo Estado e por seus oficiais, não por indivíduos que executam a lei com as próprias mãos.[23]

Deveria ser claro, então, que o papel punitivo do Estado é estritamente limitado e controlado. Não existe nenhuma justificativa, em Romanos 13:1-7, para um regime opressivo, no qual as palavras "lei e ordem" nada mais são do que um sinônimo de tirania. Não. O Estado é agente de Deus para executar sua ira apenas contra malfeitores — isto é, contra pessoas específicas e identificáveis que cometeram erros e precisam ser levadas à justiça. Isso implica uma restrição tripla sobre os poderes do Estado. Em primeiro lugar, as *pessoas* que o Estado pune precisam ser limitadas a malfeitores ou violadores da lei. Em segundo lugar, a *força* usada para prendê-las precisa limitar-se ao mínimo necessário para levá-las à justiça. Em terceiro lugar, a *punição* imposta precisa ser limitada em proporção ao mal que cometeram. Todas as três — pessoas, força e punição — precisam ser cuidadosamente controladas.

Os mesmos princípios devem ser aplicados a soldados. Na verdade, a distinção entre soldados e policiais é relativamente moderna. A execução da lei, a manutenção da ordem e a proteção dos inocentes, o que, hoje, costuma ser o trabalho da polícia, eram, nos dias de Paulo, de responsabilidade dos soldados romanos. Ainda nos tempos de hoje, existem situações de desordem civil (por exemplo, durante a rebelião de Mau Mau, no Quênia) em que o exército é chamado para apoiar a polícia. Sempre que isso acontece, a conduta dos soldados precisa ser entendida como uma forma ampliada de ação policial e regulamentada de acordo. O Ministério de Defesa britânico, por exemplo, explica a existência de lei relativa a operações de segurança com a expressão "mínima força necessária": "Não deve ser usada força maior do que a necessária e sensata nas circunstâncias. O grau de força jamais pode ser sensato se for maior do que é necessário para alcançar o objetivo imediato" — os objetivos imediatos sendo a prevenção de crimes e a prisão de criminosos.

O que acontece, porém, se o perturbador da paz não é um indivíduo ou um grupo, mas, sim, outra nação? O argumento agora é que, por extrapolação legítima, a autoridade do Estado, concedida por Deus, de administrar justiça inclui a contenção de malfeitores que, mais que criminosos, são agressores, a resistência a eles e, portanto, a proteção dos direitos de seus cidadãos ameaçados de fora e de dentro. É verdade, a analogia não é exata. De um lado, o Estado que vai à guerra está agindo como juiz em sua própria causa, e não como árbitro de um partido não envolvido, enquanto, de outro, os procedimentos judiciais frios do tribunal da lei não têm paralelo na declaração e na conduta de uma guerra. Essas diferenças se devem ao fato de que uma justiça internacional aceitável (em arbitração, intervenção e manutenção da paz) está apenas em sua infância. Mesmo assim, o desenvolvimento da teoria da "guerra justa" representava "uma tentativa sistemática de interpretar atos de guerra por analogia aos atos de governo civil" e, assim, de vê-los como pertencentes ao "contexto da administração de justiça" e como sujeitos aos "padrões restritivos da justiça executiva".[24]

A justiça executiva, contudo, em relação a crime, desordem civil ou guerra internacional, precisa sempre ser tanto uma ação *discriminada* (limitando as pessoas envolvidas aos malfeitores que precisam ser levados à justiça) quanto uma ação *controlada* (limitando a força usada ao mínimo necessário para garantir esse fim).

Um compromisso com o pacifismo[25]

Numa era em que armas nucleares e outras armas de destruição em massa existem, o pacifismo pode ser total ou relativo (chamado, às vezes, de pacifismo nuclear). Abordarei primeiro o pacifismo total.

Pacifismo total

Os pacifistas tendem a começar com o Sermão do Monte. É com base nessa parte do ensinamento de Jesus que muitos desenvolvem seu compromisso com a não violência. Não devemos resistir a uma pessoa má, disse Jesus. Pelo contrário, se alguém nos bater na face direita, devemos oferecer-lhe também a outra. Devemos amar nossos inimigos, fazer o bem a quem nos odeia e orar por aqueles que nos perseguem. Apenas assim podemos ser qualificados como filhos do nosso Pai celestial, pois seu amor não discrimina, e ele dá as bênçãos da chuva e do sol igualmente aos maus e aos bons. Odiar aqueles que nos amam é o caminho do diabo. Amar aqueles que nos amam e odiar aqueles que nos odeiam é o caminho do mundo. Se, porém, seguirmos a Jesus e aceitarmos os padrões do seu reino, devemos amar aqueles que nos odeiam (Mateus 5:38-48; Lucas 6:27-36).

E mais, Jesus praticava o que pregava. Ele exemplificava seu chamado à não resistência. Ele não resistiu nem à traição nem à prisão, nem ao julgamento nem à sentença, nem à tortura nem à crucificação. Quando era insultado, não retribuía. Ele era o inocente, o Servo sofredor do Senhor. "Como um cordeiro foi levado para o matadouro, e como uma ovelha que diante de seus tosquiadores fica calada, ele não abriu a sua boca" (Isaías 53:7). Ele amava aqueles que o desprezavam e rejeitavam. Até orou pedindo perdão para aqueles que o pregaram na cruz.

Assim, concluem os pacifistas, o ensinamento e o exemplo de Jesus nos obrigam ao caminho da não resistência e da não violência. Esse é o caminho da cruz, e Jesus nos chama para tomarmos sobre nós a nossa cruz e segui-lo. Além do mais, parece historicamente comprovado que, durante dois séculos, até a conversão de Constantino, os cristãos, em sua maioria, recusaram-se a servir como soldados. Existem evidências claras de que a recusa estava relacionada às práticas idólatras associadas à vida no exército romano. Os pacifistas argumentam que também consideram a guerra incompatível com sua obediência cristã. Isso não é certo.

A posição pacifista foi adotada pelos chamados "reformadores radicais" do século 16 (os vários grupos anabatistas), é preservada pelas Igrejas da Paz de hoje (quacres, menonitas, irmãos unidos etc.) e também é defendida por minorias consideráveis nas igrejas reformadas "históricas".

Pacifismo relativo ou nuclear[26]

A invenção das armas de destruição em massa acrescentou uma dimensão totalmente nova ao debate sobre guerra. As antigas categorias de sabedoria convencional pareciam tornar-se tão obsoletas quanto as antigas armas da guerra convencional. Cientistas e teólogos começaram a exigir um pensamento novo e ousado. Como disseram os bispos católicos romanos no Concílio Vaticano II, a Igreja precisa "fazer uma avaliação completamente nova da guerra".[27] Todos sabem, pois, que, quando armas de destruição em massa são usadas, as fatalidades resultantes de seu uso chegam a milhões ou até mesmo a centenas de milhões, e não se limitam (como foi, em grande parte, no passado, ainda que menos no século 20) aos exércitos combatentes.

O princípio bíblico relevante que devemos evocar e aplicar parece ser o grande mal do "sangue inocente derramado". A importância do "sangue" nas Escrituras é que ele é o portador da vida e, desse modo, seu símbolo (por exemplo, Gênesis 9:4; Levítico 17:11; Deuteronômio 12:23). "Derramar sangue" significa, portanto, tirar a vida por meios violentos; em outras palavras, matar. Mas a vida humana, sendo a vida de seres humanos criados à imagem de Deus, é sacrossanta. No Antigo Testamento, o derramamento de sangue era estritamente proibido, exceto quando ocorria com sanção divina, isto é, na execução de um assassino e em guerras explicitamente autorizadas por Deus. É verdade que, na lei mosaica, um pequeno número de outras ofensas sérias (como sequestro, amaldiçoar os pais, bruxaria, bestialidade, idolatria e blasfêmia; veja Êxodo 21, 22 e Levítico 24) era punível com a morte. Mas isso não anula o princípio: "Quem derramar sangue do homem, pelo homem seu sangue será derramado; porque à imagem de Deus foi o homem criado" (Gênesis 9:6). Ou seja, o derramamento de sangue num assassinato exige o derramamento de sangue por meio da pena de morte, pois, nesse segundo caso, é o sangue do culpado que é derramado. Em todos os outros casos, o pecado de "derramar sangue inocente" foi cometido. Daí a gratidão de Abigail, pois, como Davi não se vingou de Nabal, ele não tinha "no coração o peso de ter derramado sangue desnecessariamente" (1Samuel 25:31).

Esse entendimento foi consagrado na provisão, do Antigo Testamento, das seis "cidades de refúgio", três em cada lado do rio Jordão, cuidadosamente situadas para cobrir o país inteiro. Ela se baseava na distinção entre assassinato (homicídio intencional) e homicídio involuntário (não intencional); pretendia proteger o homicida sem intenção do "vingador de sangue" e impedir, assim, o derramamento de sangue inocente (Números 35:9-34; Josué 20:1-9).

No Antigo Testamento, é feita uma distinção não só entre assassinato e homicídio, mas também entre sangue derramado em guerra (que era permissível) e sangue derramado em tempos de paz (que não era permissível). Assim, quando Joabe matou Abner e Amasa, Davi o condenou por derramar "sangue em tempos de paz; agiu como se estivesse em guerra", trazendo, com isso, sobre a casa de Davi a culpa de derramar "sangue inocente" (1Reis 2:5,31-34).

Diante desse contexto da lei do Antigo Testamento, os profetas fizeram denúncias ferozes contra Israel. Jeremias alertou o povo do julgamento vindouro de Deus porque eles o tinham abandonado e profanado Jerusalém. Como? Eles tinham "oferecido sacrifícios" a outros deuses e "encheram este lugar com o sangue de inocentes" (Jeremias 19:4). Assim, idolatria e derramamento de sangue eram vinculados. Nenhum pecado contra Deus era pior do que adorar ídolos. Nenhum pecado contra o homem era pior do que derramar sangue inocente. Semelhantemente, Ezequiel descreveu Jerusalém trazendo condenação sobre si mesma "por derramar sangue em seu meio" e por se contaminar "fazendo ídolos" (Ezequiel 22:1-4;36:18). Ambos os profetas vincularam ídolos e a morte de inocentes como os dois piores pecados.

O mesmo horror causado pelo derramamento de sangue inocente continua no Novo Testamento. Judas confessou que ele tinha "traído sangue inocente" (Mateus 27:4), e, quando Pilatos alegou ser "inocente do sangue deste homem", o povo respondeu: "Que o sangue dele caia sobre nós e sobre nossos filhos!" (Mateus 27:24-25).

As evidências bíblicas sobre essa questão são um testemunho impressionantemente unido que vai desde o tempo dos patriarcas, passando pela lei e pelos profetas até o Novo Testamento. O sangue humano é sacrossanto porque é a vida dos seres humanos criados à imagem de Deus. Derramar o sangue de um inocente é, portanto, o mais grave dos pecados sociais, seja cometido pessoalmente num assassinato, seja cometido judicialmente por um regime opressivo. O julgamento de Deus caiu sobre Israel no século 7 a.C., porque eles eram culpados de derramar muito sangue inocente, e no primeiro século d.C., porque derramaram o sangue inocente de Jesus Cristo. "Mãos que derramam sangue inocente" é uma das coisas que Deus odeia (Provérbios 6:16-17).

Não temos como nos esquivar dessa mensagem bíblica. A autoridade judicial que Deus atribuiu ao Estado, inclusive o uso da "espada" (Romanos 13:4), é estritamente limitada. No caso da polícia, ela deve ser usada apenas para prender criminosos e levá-los à justiça; no caso do exército, apenas para se empenhar em uma guerra justa por meios justos para um fim justo. Em ambos os casos, a imunidade dos inocentes precisa ser garantida — de cidadãos que seguem a lei em tempos de paz e de não combatentes em tempos de guerra. Logo, qualquer uso ilimitado, incontrolado ou indiscriminado de força é proibido. Mais especificamente, uma distinção entre combatentes e não combatentes, entre exército e população civil, sempre tem sido reconhecida na guerra. É verdade que o exército consiste em seres humanos feitos à imagem de Deus, os quais podem ter sido alistados contra a vontade e ser totalmente inocentes dos crimes cometidos por seu governo. Mesmo assim, se for legítimo resistir a uma nação agressora, é legítimo ter o exército como seu agente, no sentido de que sua população civil não o é. Essa distinção é confirmada pela lei internacional ("a proteção de pessoas civis em tempos de guerra") e pelo ensino bíblico (a proibição de derramamento de sangue inocente). Ela se aplica de duas formas.

Em primeiro lugar, o princípio da imunidade do não combatente condena o uso indiscriminado de armas "convencionais" (isto é, não nucleares). Por exemplo, a consciência cristã revolta-se contra a "obliteração" ou o bombardeamento total de Hamburgo, Colônia e Berlim, em 1942 e 1943, e, especialmente, de Dresden, em 1945. Os líderes britânico e norte-americano (notavelmente, Churchill e Roosevelt) haviam declarado, anteriormente, os bombardeamentos nazistas de cidades como odiosos e chocantes, e o governo britânico anunciou publicamente que não teria parte nessa política de bombardear alvos não militares, independentemente daquilo que os nazistas fizessem. Mas os aliados voltaram atrás, como tinham garantido fazer se a Alemanha não seguisse as mesmas restrições. As bombas aliadas sobre Hamburgo, em 1943, e Dresden, em 1945, criaram uma "tempestade de fogo" de terror inimaginável. Calcula-se que mais ou menos 135 mil pessoas morreram durante os dois dias de ataques a Dresden, em fevereiro de 1945 (um número consideravelmente maior do que as mortes imediatas causadas pelas bombas atômicas lançadas sobre Hiroshima e Nagasaki); entre elas estavam milhares de refugiados que fugiam do avanço russo.

De minha parte, sou grato pelo bispo George Bell de Chichester, que teve a coragem de protestar na Câmara dos Lordes contra essa política. Bombardeamento de obliteração "não é um ato justificável de guerra", ele disse, e "justificar métodos desumanos com argumentos de eficiência cheira à filosofia nazista de que Poder é Direito". O relatório de uma comissão da Igreja da Inglaterra, *The Church and the Atom* [A Igreja e o átomo] (1948), concordou com seu juízo, descrevendo os assaltos a Dresden como "inconsistentes com os fins limitados de uma guerra justa: viola os princípios da discriminação".[28]

Em segundo lugar, o princípio da imunidade do não combatente condena o uso de todas as armas indiscriminadas. Um pouco antes, neste capítulo, abordei o desenvolvimento de armas nucleares, biológicas e químicas, cujo impacto é indiscriminado. Parece haver um crescimento contínuo do consenso cristão sobre essas questões. O Concílio Vaticano II disse: "Qualquer ato de guerra voltado indiscriminadamente à destruição de cidades inteiras ou de áreas extensas com sua população é um crime contra Deus e o homem. Merece condenação inequívoca e determinada."[29] O British Council of Churches, em sua assembleia de novembro de 1980, disse, sobre armas nucleares, que "usar as armas seria diretamente contrário às exigências da chamada guerra justa".[30]

Os cristãos evangélicos têm demorado a acompanhar as perspectivas bíblicas de outras seções da Igreja. Mas, em 1980, um grupo ecumênico (com forte participação evangélica) encontrou-se nos Estados Unidos, reconheceu um paralelo entre o movimento do século 19, de abolição da escravatura, e a necessidade de um movimento no século 20, de abolição das armas nucleares, e publicou *The New Abolitionist Covenant* [A nova aliança abolicionista]. Inclui as seguintes declarações:

> Ilimitadas em sua violência, indiscriminadas em suas vítimas, incontroláveis em sua devastação, as armas nucleares levaram a humanidade a uma encruzilhada histórica. Mais do que nunca, as alternativas são paz ou destruição. Na guerra nuclear não há vencedores.[31]

O que essas declarações cristãs afirmam sobre armas nucleares é igualmente aplicável a armas químicas e biológicas, pois todas as três, indiscriminadas em seus efeitos, são indefensíveis quando de seu uso.

Cristãos por toda parte, unidos a todos aqueles que desejam paz, deveriam, portanto, lutar pela abolição das armas de destruição em massa. Houve progresso considerável, especialmente na relação entre os Estados Unidos e a antiga União Soviética, na redução de armas nucleares, mas países como a Índia e o Paquistão têm armas nucleares e se encontram em conflito sobre questões relacionadas à Caxemira. Isso significa que, mesmo que alguns dos nossos medos mais aterrorizantes e apocalípticos, experimentados durante a Guerra Fria, tenham sido reduzidos, a ameaça de armas nucleares em nosso mundo é muito real. Isso vale também para guerras biológicas e químicas. Com a biotecnologia tornando-se cada vez mais importante em nossas vidas, novas tecnologias cuja maior relevância é curar o corpo podem fornecer, também, maneiras mais eficientes de destruí-lo. É difícil ver como esse paradoxo possa ser resolvido, pois, ao descobrirmos mais sobre o funcionamento do corpo humano, dependemos da boa vontade dos que fazem essas descobertas para que sejam usadas de forma benevolente, e não para criar modos mais eficientes de guerra. Jamais houve um tempo em que tenha sido tão importante para o mundo agir em conjunto para o alcance da paz.

PERGUNTAS E QUALIFICAÇÕES

Existem quatro questões que precisamos discutir se quisermos enfrentar o mundo real.

A distinção entre combatentes e não combatentes

A distinção entre combatentes e não combatentes não é obsoleta? Em outras palavras, a guerra moderna é guerra total, e não existem mais não combatentes. Toda a população de uma nação é envolvida no esforço de guerra. Cada contribuinte está ajudando a financiá-la. Até mesmo pessoas em empregos civis estão, assim, permitindo que outros prestem serviço militar. Desse modo, já que todos estão envolvidos, o uso de armas indiscriminadas é legítimo.

Em resposta, concordamos que a antiga distinção clara entre um país e seu pequeno exército profissional não se aplica mais e que todos os envolvidos na produção, na manutenção ou no uso de armas podem ser considerados combatentes. Mesmo assim, ainda existem algumas categorias, como pessoas idosas, crianças pequenas ou doentes físicos e mentais, que deveriam gozar da imunidade de não combatentes, pois matar essas pessoas significaria claramente derramar sangue inocente.

Não basta citar exemplos de massacres universais do Antigo Testamento, já que, nesses casos, somos informados especificamente de que a culpa também era universal. Eram, portanto, julgamentos "indiscriminados". Antes do dilúvio, "O Senhor viu que a perversidade do homem tinha aumentado na terra e que toda a inclinação dos pensamentos do seu coração era sempre e somente para o mal" (Gênesis 6:5).

Sodoma e Gomorra teriam sido poupadas se apenas dez pessoas justas tivessem sido ali encontradas (Gênesis 18:32), enquanto as práticas cananeias eram tão depravadas e detestáveis, que a própria terra "vomitou os seus habitantes" (Levítico 18:25).

Se os julgamentos universais do Antigo Testamento não representam um precedente para a guerra indiscriminada, o que dizer do princípio de solidariedade ou responsabilidade corporativa, também do Antigo Testamento? Deus descreveu-se como aquele que castiga "os filhos pelos pecados de seus pais até a terceira e quarta geração" daqueles que o desprezam (Êxodo 20:5), e os sobreviventes humilhados da destruição de Jerusalém se queixaram: "Nossos pais pecaram [...] e nós recebemos o castigo" (Lamentações 5:7). Pergunta-se, então, se essa ação divina não justifica o abate de inocentes com os culpados numa guerra? Não. O princípio foi exemplificado nas interações de Deus com seu povo como nação; ele não foi transferido para os tribunais de direito, onde a culpa precisava ser estabelecida. Se, então, estivermos certos de que a defesa moral da "guerra justa" é possível apenas se pudermos vê-la como uma extensão da administração de justiça, a distinção entre o inocente e o culpado precisa ser preservada de alguma forma.

Também é importante, mesmo que perturbador, observar que, até em guerras locais e civis, a distinção entre combatentes e não combatentes é frequentemente ignorada. A Campaign Against Arms Trade [Campanha contra o comércio de armas] (CAAT) afirma: "Dezenas de milhões de pessoas foram mortas em guerras desde 1945. Até o final da década de 1990, 90% das vítimas de guerra tinham sido não combatentes, e pelo menos a metade dessas era de crianças."[32]

Mesmo que nos sintamos distantes do palco da guerra, a morte de inocentes deveria provocar em nós uma ira justa. Não basta descartar essas ações como aspectos inevitáveis de uma guerra. Precisamos recuperar o senso do que significa um inocente temer por sua vida ou ser torturado sem nenhuma razão. Em comparação com o poder de todo esse mal, nossos próprios protestos parecem fracos. No entanto, se estivermos motivados a agir, certamente sentiremos que fazer algo é melhor do que não fazer nada. Chamar a atenção das mídias para tais situações, entrar em contato com um representante no congresso para que trate dessas questões no parlamento, participar de uma associação que promova ativamente a defesa dos direitos humanos dos inocentes nesses países, tudo isso pode contribuir para resolver a questão. É verdade também que, onde uma guerra ameaça irromper, a mediação pode ser eficaz para impedir que ela aconteça. Precisamos de pacificadores cristãos para mediar onde exista o perigo de uma conflagração. Mas, além de tudo isso, os cristãos são chamados a orar: orar porque acreditamos que a oração transforma o mundo e porque é um ato de solidariedade com os propósitos de Deus, que é o Deus da justiça, que se importa com a defesa da causa dos inocentes.

A distinção entre armas discriminadas e não discriminadas

Alguns observam que nem todas as armas ABC são indiscriminadas. Armas químicas, por exemplo, podem ser usadas no campo de batalha de modo razoavelmente controlado. Há até quem sugira que as armas nucleares se tornaram tão sofisticadas, que conseguem acertar alvos com uma precisão incrível. A arma de radiação aprimorada, a "bomba de nêutrons", é capaz de imobilizar um único tanque, matando sua tripulação. Assim, à medida que processos de miniaturização e precisão continuam, as armas nucleares tornam-se cada vez mais discriminadas em seus efeitos, e seu uso não pode ser condenado universalmente. Esse é o argumento.

Existe, evidentemente, alguma coerência nesse raciocínio. Quanto mais discriminadas as armas se tornam, menos inaceitáveis são. É possível, então, imaginar uma situação em que seria permissível usar uma arma nuclear muito limitada, mesmo que houvesse alguma medida de radiação nuclear, sendo provável que ela matasse alguns não combatentes. Teria de ser uma situação de extrema urgência, em que a única alternativa seria o mal pior da entrega a um regime ímpio.

No cenário da Guerra Fria, duas superpotências se enfrentaram, cada uma com armas nucleares. A pergunta era se o uso de armas nucleares levaria a um agravamento da crise. No entanto, é concebível que, com o colapso da União Soviética, não é provável que duas potências se enfrentem com números comparáveis de armas nucleares. O medo agora é que, com a dispersão da tecnologia nuclear, um Estado fora da lei use arma nuclear para desestabilizar uma região ou atacar um inimigo, e que esse inimigo tenha ou não a capacidade de responder com armas nucleares. Se o Irã construir uma arma nuclear, o potencial para uma desestabilização do Oriente Médio será alarmante, em especial se Israel também possuir armas nucleares. Até mesmo o uso de uma arma nuclear limitada poderia ser desastroso no barril de pólvora do Oriente Médio. A arma pode até mesmo ser limitada em termos de poder físico, mas seria ingênuo sugerir que esse tipo de arma seria limitado em suas consequências políticas e sociais. Por certo, é altamente improvável que, uma vez que um conflito nuclear de qualquer tipo tenha sido iniciado, seu progresso possa ser previsível e controlado.

A distinção entre uso e posse de armas

Se o uso de armas ABC seria mau, sua retenção como dissuasão não deveria ser declarada igualmente má? Supondo que concordamos que o uso de armas de destruição em massa seja imoral; e a situação, frágil demais até mesmo para o uso de microarmas, isso não significa que todos os cristãos deveriam apoiar e exigir o desarmamento nuclear unilateral? Não, nem todos os pacifistas relativos (ou nucleares) são unilateralistas. Existe, pois, uma distinção moral entre posse, ameaça e uso.[33] É uma provável verdade que, se uma ação é imoral, a ameaça ativa de executá-la também é imoral. Mas posse é mais uma advertência condicional do que uma ameaça agressiva. Na verdade, visto que a intenção por trás da posse não é encorajar o uso, mas impedi-lo, a posse não pode ser declarada tão imoral quanto o uso.

Devemos, então, renunciar ao uso, mas defender a posse? Essa parece ser a conclusão à qual estamos chegando. É claro, reconhecemos imediatamente sua inconsistência lógica. A eficácia de uma dissuasão depende da habilidade (técnica) e da vontade (moral e política) de usá-la quando necessário e da convicção do inimigo de que pretendemos fazer uso dela. Uma dissuasão perde a credibilidade se o inimigo sabe que jamais a usaremos. E, se perder a credibilidade, ela perde o poder de dissuadir. Assim, "reter a posse, renunciar ao uso", apesar de moralmente defensível, parece uma contradição em si. Estamos presos entre o ineficaz e o imoral ou, ainda, entre uma postura moral ineficaz e uma dissuasão eficaz que (se usada) seria imoral; portanto, entre o princípio e a prudência, entre o que é certo e o que é realista. O professor Wolfhart Pannenberg colocou o dedo nessa tensão. Ele escreve sobre:

> o conflito [...] entre duas atitudes éticas diferentes: uma ética de convicção que adere à pureza de princípios morais e uma ética de responsabilidade que se sente obrigada a contemplar as consequências que seguem da decisão acatada.[34]

Falando por mim mesmo, porém, não estou disposto a ser obrigado a escolher entre idealismo cristão e realismo cristão. Pacifistas realistas são, certamente, idealistas que percebem com clareza e se recusam a comprometer o princípio de que o uso de armas de destruição em massa é imoral. Mas, ao permanecermos fiéis a esse ideal, precisamos também encarar as realidades do mal em nosso mundo caído e da situação atual que o reflete. Como, então, podemos reconciliar o ideal com a realidade? Existe alguma forma de escapar do dilema que expressei como "imoral usar, prudente guardar"? Há cinco questões que precisamos ter em mente quando contemplamos isso.

O equilíbrio entre dissuasão e desarmamento

Aceito o argumento de que o desarmamento unilateral imediato pode muito bem, especialmente no caso de armas nucleares, tornar uma guerra nuclear mais provável, não menos. Um inimigo pode sentir-se tentado a explorar nossa fraqueza autoimposta. Pode usar mísseis nucleares para exigir que nos entreguemos sem temer retaliação (caso em que teríamos precipitado o uso por outros em razão da nossa própria renúncia) ou nos chantagear com a ameaça de usá-los (caso em que a nossa renúncia teria encorajado uma invasão inimiga). A pergunta é: Como impedir o uso de armas nucleares por *ambos* os lados e, ao mesmo tempo, preservar nossa liberdade? Parece, portanto, mais seguro e mais consistente com o ideal e a realidade reter um meio de dissuasão nuclear ao mesmo tempo que desenvolvemos a busca de um desarmamento que seja mútuo, progressivo e verificável.

Dissuasão como passo temporário para o desarmamento

A retenção de meios de dissuasão cujo uso seria imoral pode ser justificada moralmente apenas como medida temporária. Como disse o papa João Paulo II, em junho de 1982, à Segunda Sessão Especial sobre Desarmamento, da ONU, a dissuasão nuclear "ainda pode ser julgada moralmente aceitável", mas só se for vista "certamente não como um fim em si mesma, mas como um passo no caminho para um desarmamento progressivo".[35] Isso deve aumentar a urgência das buscas por propostas efetivas de desarmamento.

"Gestos audaciosos de paz"

Dentro da estrutura do desarmamento bilateral há lugar para iniciativas unilaterais, as quais o papa João Paulo II chamou de "gestos audaciosos de paz". Algumas foram tomadas anteriormente pelo Ocidente sem que fossem retribuídas (por exemplo, a remoção de mil ogivas nucleares da Europa pelos Estados Unidos, mesmo que estivessem obsoletas há muito tempo). Certamente, porém, poderia ter sido feito mais sem incorrer um perigo indevido. Quem quer que seja o inimigo, devemos ter a coragem de declarar um compromisso de "não primeiro uso".

Suficiente, não superior

Se nossa consciência aceita ou não uma distinção entre armas limitadas e ilimitadas, devemos ser capazes de concordar que as últimas devem ser renunciadas e abolidas o mais rápido possível. O professor Keith Ward, por exemplo, que, com base no princípio moral de que podemos "cometer um ato vil (que causa danos) a fim de evitar um mal muito maior", acredita que o uso de uma arma nuclear limitada possa ser o menor dos males numa situação extrema, mas declara, mesmo assim, que "uma guerra nuclear total precisa [...] ser inequivocamente condenada [...] Ela é moralmente injustificável". "Logo, é imperativo", acrescenta ele, "desmantelar o aparato que torna a guerra total possível"[36] e reter apenas "uma dissuasão nuclear limitada", o mínimo necessário para dissuadir. A "superioridade" nuclear é totalmente desnecessária; "suficiência" nuclear basta. Além do mais, por causa do excessivo poder de destruição dos arsenais das superpotências, reduzi-los não parece envolver um risco inaceitável. E tal redução poderia muito bem ser o ímpeto necessário para acelerar a espiral descendente do desarmamento em ambos os lados.

Crível, mas incerto

Enquanto isso, a dissuasão precisa, de alguma forma, permanecer crível. Se o uso de armas nucleares seria imoral, não podemos ameaçar usá-las. Contudo, se quisermos desencorajar a dissuasão, também não podemos blefar. A única alternativa parece ser cultivar a incerteza. Poderíamos dizer ao suposto inimigo: "Acreditamos que o uso de armas de destruição indiscriminada seria loucura e imoral. Estamos determinados a não usá-las. Temos certeza de que você também não quer usá-las. Mas, se você nos atacar, pode provocar-nos a agir contra a razão e a nossa consciência. Pedimos que não nos coloque nessa situação."

A distinção entre subjugação e aniquilação

Uma tomada pelo inimigo não seria um mal maior do que uma guerra nuclear? O cenário frequentemente evocado e grandemente temido é que nós e nossos aliados, ameaçados de derrota por um exército invasor equipado com armas convencionais superiores, seríamos tentados a recorrer a armas nucleares como meio de autodefesa e, assim, lançaríamos o mundo numa guerra nuclear. "Isso não seria justificado?", perguntam. Conseguimos realmente imaginar a possibilidade de permitirmos que nosso país seja invadido e subjugado? Assim, se anteciparmos o pior que pode acontecer, a liberdade que viemos a aceitar como indispensável à nossa qualidade de vida seria brutalmente oprimida. Tamanho mal não seria literalmente "intolerável", pior ainda do que o mal de uma guerra nuclear? Sim, o mal da subjugação seria cometido por um agressor ateu, não por nós. No entanto, se isso pudesse ser evitado por alguma ação moral de nossa parte e nós não o fizéssemos, então nos tornaríamos cúmplices do mal. Se algo pudesse ser feito, fazer nada seria o mal. Por sua vez, se o "algo" que poderia ser feito para impedir uma invasão fosse recorrer à guerra nuclear, voltamos à pergunta original: Qual é o mal maior?

Os pacifistas relativos, porém, preocupam-se com o princípio moral, não com o equilíbrio prudente. Nossa posição é esta: começar (ou participar do início de) uma guerra nuclear seria um mal moral de tamanha magnitude, que nenhuma situação jamais o justificaria, nem mesmo o medo de sermos subjugados ou destruídos. Como podemos esperar conservar nossos valores se nós os violarmos? Não seria melhor viver sob um regime opressivo, com todo o sofrimento e a escravidão que isso envolveria, do que ser responsável pela destruição de toda a civilização humana? Seria realmente terrível permitir que milhões de pessoas fossem privadas de sua liberdade; mas nós estaríamos preparados para incinerar milhões a fim de impedir que isso acontecesse? Não seria melhor sofrermos injustiça pessoalmente do que causá-lo a outros?

No fim, então, precisamos decidir qual benção valorizamos mais: liberdade social, mesmo que a custo de perder nossa integridade moral, iniciando uma guerra nuclear; ou integridade moral como uma nação, mesmo que a custo de perdermos nossa liberdade social, permitindo que nosso país seja invadido. Se algum dia estivermos diante dessa opção, espero que saibamos o que escolher. É melhor sofrer derrota física do que derrota moral; é melhor perder a liberdade de fala, de reunião e até mesmo de religião do que a liberdade da consciência perante Deus. Aos olhos do Senhor, a integridade é mais valiosa do que a liberdade.

A ASCENSÃO DO TERRORISMO

Até agora, tenho falado muito sobre guerra nuclear e, por associação, sobre todas as armas de destruição em massa. Todavia, poderíamos argumentar, o conflito humano que estamos confrontando no início do século 21 não é a ameaça de uma guerra nuclear entre Estados nacionais, mas a ascensão do terrorismo. Ao longo dos últimos anos, o crescimento do terrorismo alcançou proporções épicas. Muitos países, inclusive Estados Unidos, Quênia, Espanha, Peru, Indonésia, Israel, Palestina, Irlanda do Norte e Inglaterra, têm visto tremenda violência cometida por terroristas de diferentes origens.

Se a queda do Muro de Berlim, em 1989, sinalizou o início de novas liberdades para aqueles que foram oprimidos, a queda das Torres Gêmeas em Nova York, em 11 de setembro de 2001, sinalizou um novo senso de opressão para aqueles que estavam acostumados com a liberdade. Certamente, os

Estados Unidos nunca mais se sentirão invencíveis dentro de suas próprias fronteiras. Quando aqueles dois jatos se chocaram contra o World Trade Center e outro errou por pouco o seu alvo em Washington, DC, o perfil do terrorismo ampliou-se. De repente, os terroristas tinham uma audiência global. Em 7 de julho de 2005, Londres também foi alvo de homens-bomba quando três bombas explodiram, dentro de 50 segundos, em três metrôs londrinos. Uma quarta explodiu num ônibus. Ao todo, 56 pessoas foram mortas; setecentas ficaram feridas. O incidente de 11 de setembro foi o mais sério ato de terrorismo contra os norte-americanos desde a explosão do voo 103 da Pan Am, em 1988, quando 270 pessoas foram mortas. As bombas nos trens foram as mais mortais em Londres desde a Segunda Guerra Mundial.

Existem muitos atos de violência praticados no mundo inteiro, mas nós, por meio das mídias, somos os que rotulamos alguns deles como atos de terrorismo. Em seu livro *Terror in the Mind of God: The Global Rise of Religious Violence* [Terror na mente de Deus: a ascensão global da violência religiosa],[37] Mark Juergensmeyer diz que são "atos públicos de destruição, praticados sem um objetivo militar claro, que provocam um senso amplo de medo". A palavra terrorismo vem da palavra latina *terrere*, que significa "causar tremor". Assim, nossa reação é parte do significado do termo. Em outras palavras, o significado de terrorismo se encontra no tremor que ele produz naqueles que são afetados pelo ato ou em suas testemunhas, e não apenas na parte que comete o ato. Terrorismo é notoriamente difícil de definir, mas todas as definições têm em comum o fato de que ele é caracterizado, em primeiro lugar, pelo uso de violência. Contudo, o propósito dessa violência e a motivação por trás dela são, muitas vezes, pouco claros. É com frequência separado da atividade criminal, o que lhe atribui alguma legitimidade política, mas, mesmo assim, muitos terroristas não conseguem definir seus próprios objetivos em termos coerentes.

Normalmente, porém, os atos de terrorismo fazem muitas vítimas inocentes, no sentido de estarem envolvidas neles por acaso. Significa que muitas pessoas têm pouca simpatia por suas ações. Ocasionalmente, alguns terroristas podem perceber, com isso, que seus atos de violência têm gerado uma opinião pública ou internacional negativa, levando-os a retomar recursos políticos e diplomáticos para tentar alcançar seus objetivos. O Irish Republican Army (IRA) pode, talvez, ser visto como um grupo terrorista que aparenta estar no processo de largar as armas em prol de um envolvimento político. Resta ver se será uma situação permanente. Durante a escrita deste livro, o Hamas, conhecido como organização terrorista palestinense que se recusa a reconhecer o Estado de Israel, conquistou uma vitória imensa nas eleições na Palestina. Trata-se de um dilema para a comunidade internacional, já que a Palestina depende de ajuda internacional para que sua economia funcione. No entanto, poucas das organizações internacionais e dos Estados nacionais que financiam a Palestina estão felizes reconhecendo um Estado palestinense, governado pelo Hamas, que não renunciou à violência nem reconheceu o Estado de Israel. Ainda não sabemos como esse cenário será resolvido.*

Em anos recentes, o crescimento do terrorismo tem tido consequências horríveis. Em particular, a Al-Qaeda deixou de ser um movimento desconhecido no Ocidente e passou a ser uma rede terrorista sinônima dos piores excessos de violência. No entanto, existe uma dificuldade inerente à reação do Estado nacional a atos de terrorismo, no sentido de que é uma forma de violência muito diferente e muito difícil de combater segundo as regras convencionais de guerra. É, portanto, possível que um Estado nacional com poder militar excepcional responda de modo desproporcional a uma ameaça terrorista muito real. A reação dos Estados Unidos e da Inglaterra, entre outros, aos eventos de 11 de setembro gerou um debate sobre esse tipo de reação. Não havia dúvida de que esses atos de terror e violência precisavam ser combatidos e de que os responsáveis precisavam ser levados à justiça, mas, ao chamar de "guerra contra o terror" a reação aos eventos de 11 de setembro, George W. Bush sinalizou o início de um debate ético que sempre deveria acompanhar uma declaração de guerra, pelo Estado, contra qualquer que seja o tipo de violência.

Houve grande preocupação quando o foco da atividade deixou de ser a procura por Osama bin Laden e pela Al-Qaeda, no Afeganistão, e passou a ser a guerra contra o Iraque. Após usarem a existência de armas de destruição em massa como uma das razões principais para ir à guerra, descobri-

---

* Livro lançado originalmente no ano de 2006 (STOTT, John. *Issues facing Christians today*. 4. ed. Grand Rapids: Zondervan, 2006). Considere-se, portanto, a contextualização histórica da época. [N. do R.]

ram que, aparentemente, essas armas não existiam. Os inspetores de armas ainda não tinham encerrado sua investigação nos locais em que tais armas poderiam ser encontradas. Além disso, a ação não foi legitimada pelas Nações Unidas, mas tanto os Estados Unidos quanto a Inglaterra, assim como seus outros aliados, agiram de modo preventivo ao entrar na guerra. Isso levantou dúvidas nas mentes de alguns dos que eram contrários à guerra; se ela teria sido declarada por autoridades legítimas e se uma ação preventiva podia ser justificada segundo os princípios da guerra justa.

De qualquer modo, durante a produção deste livro, o Iraque realizou eleições para o seu primeiro parlamento e tentava formar um governo.** Aqueles que apoiam a ação militar estão certos em dizer que essas eleições democráticas jamais teriam acontecido sem a intervenção militar do Ocidente? Outros, porém, ainda mantêm a concepção de que a diplomacia poderia ter deposto Saddam Hussein e seu regime corrupto sem tamanha perda de vidas. Jamais saberemos. Muitos no Iraque acreditam que foram libertos da opressão. Outros veem que as ações de países como os Estados Unidos e a Inglaterra acabaram por torná-los forças invasoras com segundas intenções. Isso gerou a insurgência não só de alguns iraquianos, mas também de terroristas de outros países. O júri ainda está deliberando sobre as consequências da ação militar, mas precisamos ter a esperança de que a paz virá ao Iraque e de que o governo resultante atuará com justiça e sob uma constituição que garanta liberdade e direitos humanos ao seu povo.

O terrorismo pode ter várias raízes, mas existem três em especial. Primeiro, o Ocidente vê a modernização e a propagação da democracia não só como inevitáveis, mas também como desejáveis. Outros, porém, podem considerar a propagação do materialismo secular do Ocidente uma ameaça à sua própria identidade cultural. Grupos menores podem sentir-se atropelados pelo impacto da globalização sobre sua cultura local, e, em casos extremos, esses grupos recorrem a meios violentos para preservar a própria cultura. Segundo, explicações econômicas também são importantes. À medida que a globalização aumenta as expectativas por um padrão de vida mais alto, aqueles que experimentam um abismo cada vez maior

---

** Vale a nota anterior para esta e as próximas menções a ocorrências históricas no capítulo. [N. do R.]

entre tais possibilidades e a sua própria pobreza podem reagir contra "o sistema", pois reconhecem que aquelas expectativas não se cumprirão em sua vida. Nesse caso, então, poderíamos dizer que a violência terrorista é um ataque às desigualdades do sistema global. Aqueles que defendem essa visão observam que os dois ataques terroristas ao World Trade Center, em 1993 e 2001, poderiam ser interpretados como ataques a um ícone capitalista. Ironicamente, o poder e a eficiência dos sistemas financeiros globais são frequentemente usados por grupos terroristas no planejamento e no financiamento de suas campanhas. E, em terceiro, aquilo que às vezes é chamado de o "novo terrorismo" é religioso em sua origem. Isso também tem sido chamado de "terrorismo pós-moderno". É difícil usar força para derrotar esse tipo de terrorismo, pois, como podemos enfrentar com força alguém que acredita que morrer pela causa defendida o levará a recompensas do martírio depois da morte? Parece que a linguagem da religião e os atos associados à religião fazem parte da mistura de terrorismo que está sendo usada para alcançar outros objetivos políticos.[38]

Grupos religiosamente violentos cresceram durante a última década do século 20. Juergensmeyer diz que, em 1980, a lista de grupos terroristas internacionais do Departamento de Estado dos Estados Unidos mal continha uma organização religiosa. Em 1998, a secretária de Estado dos Estados Unidos, Madeleine Albright, elaborou uma lista dos trinta grupos mais perigosos do mundo; mais da metade era religiosa. Outros analistas aumentaram esses números, o que levou o ex-secretário de Estado dos Estados Unidos, Warren Christopher, a comentar que atos terroristas em nome da religião e da identidade étnica se tinham tornado "um dos maiores desafios à segurança que enfrentamos após a Guerra Fria".

À luz de tudo isso, é vital que não demonizemos outras religiões do mundo por causa dos atos violentos de terroristas que alegam ter sido inspirados por aquela religião ou ter um mandado derivado daquela religião. Islamofobia não é uma opção para cristãos, pois estabelece estereótipos do islã que são distorcidos e só podem servir para danificar as boas relações entre cristãos e muçulmanos. No entanto, como observa Vinoth Ramachandra em seu livro *Faiths in Conflict: Christian Integrity in a Multicultural World* [Fé em conflito: integridade cristã em um mundo multicultural], esse desafio é mútuo. Religiões e culturas podem demonizar umas às outras e tornar-se defensivas e temerosas do impacto que as outras podem ter sobre elas. Muitas culturas no Oriente Médio são extremamente críticas dos valores ocidentais, incluindo aquilo que elas veem como imposição dos valores ocidentais sob a máscara de direitos humanos. No entanto, o islã também deve evitar uma "ocidentofobia" militante e aquilo que tem sido chamado de "cristofobia", que consiste na criação de estereótipos distorcidos de cristãos e da fé cristã. Ramachandra comenta:

> "Islamofobia", "ocidentofobia", "cristofobia" — estas são palavras feias, mas chamam nossa atenção, mesmo que insatisfatoriamente, para realidades feias. Todas as fobias são o resultado de ignorância e da incapacidade de olhar criticamente para nós mesmos e para nossa própria comunidade. Boas relações podem ser estabelecidas entre cristãos e muçulmanos no Ocidente apenas se cristãos forem abertos e diretos na exposição e na condenação de todas as expressões de intolerância antimuçulmana no Ocidente e se líderes muçulmanos condenarem, com igual fervor, a intolerância e a discriminação semelhante de seus pares no Ocidente e naquilo que consideram o *dar-ul-Islam*.[39]

Precisamos lembrar, também, que violência religiosamente inspirada tem aparecido em todas as religiões mundiais, inclusive a violência exibida entre protestantes e católicos na Irlanda do Norte. Sejam eles extremistas hindus, sejam eles fundamentalistas judeus, a violência não se limita a uma religião.

O aumento da violência religiosamente inspirada é, ainda, um dos sinais de que a influência da religião está crescendo no século 21. Do ponto de vista da Europa do século 21, temos sido levados a acreditar que a religião não é mais um agente no palco mundial. Nada poderia estar mais distante da verdade. A identidade religiosa torna-se cada vez mais importante em todas as partes do mundo, e, em muitas fontes de conflito, ela foi a característica determinante que identificou a linha de falha entre os povos em conflito. Isso se aplicou, por exemplo, à Bósnia, onde a religião foi tão importante quanto a etnicidade ou qualquer lealdade política para se determinar a natureza do conflito.

Uma das coisas que parecem ser necessárias para que o terrorismo crie raízes na imaginação é a crença de que o mundo já é violento e de que, em algum sentido, já nos encontramos num estado de guerra. Isso é oportuno se alguém quiser ver seu próprio ato de violência como justificado. A existência de um mundo violento dá ao terrorista a justificação moral para que se envolva em violência. Também, se o Estado é visto como fraco ou comprometido e incapaz de corrigir injustiças, a violência pode preencher o vazio. Às vezes, acontece que, quando os cristãos equivocadamente citam sua religião como o motivo para atos terroristas, eles veem os resultados de suas ações como mais justos do que se o *status quo* permanecesse. Foi o caso dos ataques às clínicas de aborto nos Estados Unidos. Aqueles que o praticaram disseram que pretendiam criar uma sociedade cristã, livrando o mundo de seus males. Em vez disso, eles mesmos cometeram o mal e trouxeram vergonha e desonra à fé que alegavam defender.

Muitos desses atos não parecem ser realizados para alcançar um objetivo específico, mas para fazer declarações simbólicas. Aqui, Juergensmeyer diz:

> Ao chamar atos de terrorismo religioso de "simbólicos", quero dizer que eles pretendem ilustrar ou indicar algo além de seu alvo imediato: uma conquista maior, por exemplo, ou uma luta mais impressionante do que é à primeira vista.[40]

É importante que sejamos cautelosos a respeito do uso de violência religiosamente inspirada, pois pode acontecer de ela ser usada cinicamente pelas autoridades para servir a propósitos políticos, enquanto aqueles que estão suficientemente comprometidos para serem "mártires" veem isso como um fim em si mesmo. Um objetivo político pode ser o desejo de alguns de criar um estado islamista. Mas, também, a violência religiosa pode ter um simbolismo que é importante e com o qual precisamos estar envolvidos.

Existe um contexto ainda mais profundo e maior no qual a violência religiosamente inspirada precisa ser inserida. Em muitos casos, a violência religiosa é inserida no contexto de uma luta divina, uma guerra "cósmica", que está ocorrendo invisivelmente em nossa volta. Isso significa que a violência religiosa pode ser vista como tratando de um confronto espiritual muito mais profundo. Um dos símbolos poderosos disso é que os homens-bomba islâmicos acreditam que, se matarem os inimigos do islã, eles serão recebidos no paraíso com uma recompensa maior por causa de seus atos. Como eu disse, já é difícil combater um homem-bomba por causa das estratégias que ele emprega, mas é muito mais difícil enfrentar a imaginação de um homem-bomba que acredita que, ao cometer tal atrocidade, será aceito no paraíso. Na mente dessas pessoas, essa convicção parece justificar qualquer ato que estejam prestes a realizar, seja num restaurante, seja num ônibus lotado, mesmo quando crianças estiverem presentes.

Uma visão tão distorcida da natureza da religião pode, entretanto, fornecer oportunidades de pacificação para aqueles que se dedicam à não violência e veem esse compromisso como tão poderoso ou até mais poderoso do que os fins alcançados pela própria violência. A revolta sentida por todos aqueles que desejam paz pode unir pessoas separadas por muitas fronteiras culturais e religiosas num desejo de cultivar comunidade, respeito e compreensão. Como cristãos chamados para a esperança, na base da possibilidade de transformação pessoal e justiça social, acreditamos que as pessoas podem ser afastadas da violência e levadas a se empenhar no processo de paz como vocação. Com esse fim em mente, não devemos desistir da luta pela paz num mundo violento.[41]

É verdade que o cristianismo fala de uma guerra cósmica. Em sua carta aos Efésios, o apóstolo Paulo diz que estamos lutando não só contra carne e sangue, mas também contra "principados e poderes". Ele aconselha os cristãos em Éfeso a se vestirem com o que ele chama de "toda a armadura de Deus", e essa armadura consiste nas características da virtude e missão cristãs. Um elemento da armadura, por exemplo, é descrito como o evangelho da paz; outro é a verdade; outro, a fé. A ideia da armadura é oposta a uma campanha de violência religiosa travada ferozmente. Num mundo de falsidade, diz Paulo, verdade e honestidade são as únicas armas; num mundo de violência, pacificação é a única resistência eficaz. A violência religiosamente inspirada só pode terminar com a redescoberta da verdadeira fé cristã.

UM CHAMADO PARA A PACIFICAÇÃO CRISTÃ

Jesus falou de guerra e de paz. De um lado, ele nos alertou de "guerras e rumores de guerras"; de outro, ele incluiu em sua caracterização dos cidadãos do Reino de Deus o papel ativo de pacificadores. Ele declarou seus seguidores pacificadores abençoados por Deus e pelos filhos de Deus (Mateus 5:9). Pacificação é uma atividade divina. Deus fez paz conosco e entre nós por meio de Cristo. Não podemos alegar ser filhos autênticos de Deus se não nos empenharmos na pacificação.

Quais iniciativas pacificadoras práticas podemos tomar?

Pacificadores cristãos precisam recuperar sua moral

Existem duas tendências, na Igreja de hoje, que minam a moral cristã. Ambas precisam ser repudiadas com firmeza.

A primeira é a tendência de banalização. Preferimos a passividade de sermos entretidos ao desafio de nos envolver. É fácil ignorar os problemas do mundo, reduzindo-o à nossa própria agenda. Mas nada poderia ser mais urgente do que a ameaça da autodestruição, o sofrimento de milhões ou a destruição do nosso estilo de vida.

A segunda tendência que mina a moral é ser tão pessimista sobre o futuro a ponto de uma rendição à postura geral de impotência. Mas tanto indiferença quanto pessimismo são inapropriados aos seguidores de Jesus. Somos chamados a nos envolver com a nossa cultura contemporânea, em vez de sermos indiferentes a ela, e a ser um exemplo de esperança numa cultura de desespero em que as pessoas se tornaram cínicas em relação a qualquer possibilidade de mudança para melhor. É importante que a voz da Igreja Cristã seja ouvida não só local, mas também nacional e internacionalmente, e isso significa apresentar nossas visões claramente nas mídias e pressionar o governo quando mudanças forem necessárias. O mundo precisa de pacificadores militantes.

Pacificadores cristãos precisam orar

Por favor, não rejeitem essa exortação como irrelevância pietista. Para os cristãos, a oração não é nada disso. Independentemente da lógica e da eficácia da oração, fomos ordenados a praticá-la. Jesus, nosso Senhor, instruiu-nos especificamente a orarmos por nossos inimigos. Paulo afirmou que nossa primeira obrigação, quando nos reunimos como congregação adoradora, é orar por nossos líderes nacionais, para que "tenhamos uma vida tranquila e pacífica, com toda a piedade e dignidade" (1Timóteo 2:2). Hoje, porém, "muitas vezes, a oração pastoral na adoração pública é breve e superficial; as petições são tão entediantes e obsoletas a ponto de beirarem 'vãs repetições'; e as pessoas cochilam e sonham em vez de orar".[42] Existe uma grande necessidade de levar a sério o período de intercessão na adoração pública e de orar por governadores e governos, paz e justiça, amigos e inimigos, liberdade e estabilidade, bem como pelo livramento do vulto da guerra. O Deus vivo ouve as orações sinceras de seu povo e responde.

Pacificadores cristãos precisam dar o exemplo como comunidade de paz

Deus nos chama não só para "pregar a paz" e para "fazer a paz", mas também para incorporá-la. Seu propósito, por meio da obra de seu Filho e de seu Espírito, é criar uma sociedade reconciliada em que nenhuma cortina, nenhuma parede e nenhuma barreira seja tolerada e na qual as influências divisórias de raça, nacionalidade, posição e sexo tenham sido destruídas. Ele quer que sua Igreja seja um sinal de seu reino — isto é, um modelo de comunidade humana que se submete ao seu reinado de justiça e paz. Uma comunidade autêntica do reino desafiará o sistema de valores da comunidade secular e oferecerá uma alternativa viável.

Dificilmente podemos chamar o mundo à paz enquanto a Igreja não consegue ser a comunidade reconciliada que Deus espera que ela seja. Se caridade começa em casa, o mesmo vale para reconciliação. Precisamos banir toda malícia, raiva e amargura da Igreja e do lar, transformando-os em comunidades de amor, alegria e paz. A influência das comunidades de paz em favor da paz é inestimável.

Pacificadores cristãos precisam contribuir para a construção da confiança

Não existe razão pela qual o conceito de "medidas de construção de confiança" deva limitar-se a questões especificamente militares. Em toda situação na qual as pessoas se sintam ameaçadas, nossa reação cristã deve ser remover o medo e construir confiança. Eu já falei sobre a necessidade de "gestos audaciosos de paz", e estes precisam ser seguidos por medidas de construção de confiança. Seja na criação de escolas integradas para crianças protestantes e católicas romanas, seja na reunião de famílias palestinenses e israelenses, para que compartilhem suas culturas, as medidas de construção de confiança são vitais para a paz. Contatos pessoais destroem caricaturas e ajudam as pessoas a descobrir umas as outras como seres humanos. É ainda mais importante que cristãos viajem para servir e compartilhar, a fim de que se descubram como irmãos e irmãs em Cristo.

Pacificadores cristãos devem promover o debate público

Movimentos de paz contribuem para a pacificação apenas se conseguirem estimular uma discussão informada. Sempre existe a necessidade de um debate renovado com perguntas atuais. Por que precisamos de arsenais de armas de destruição em massa? "Posse moral, uso imoral" é uma postura viável ou totalmente contraditória em si? Existe o que às vezes se chama de "política de defesa alternativa"?[43] O aumento de exércitos "convencionais" tornaria mais segura a redução de armas de destruição em massa, ou será que ambos podem ser reduzidos simultaneamente? Em algum momento seria justificável comprar defesa nacional às custas de milhões de vidas civis? O que é mais importante no fim: integridade nacional ou segurança nacional? Essas perguntas — e muitas outras — precisam ser levantadas e debatidas.

Cada cristão é chamado para ser um pacificador. As bem-aventuranças não são um conjunto de oito opções, para que alguns possam escolher ser mansos; outros, misericordiosos; e outros, pacificadores. Juntas, elas são a descrição de Cristo para os membros de seu reino. Sim, não conseguiremos estabelecer uma utopia na terra, tampouco o reino de justiça e paz de Cristo se tornará universal durante a história.

Apenas quando ele retornar, as espadas serão forjadas em arados; e as lanças, em instrumentos de poda. Mas esse fato não nos dá a permissão para a proliferação de fábricas de espadas e lanças. A predição de fome por Cristo nos impede de buscar uma distribuição mais justa de comida? De modo igual, sua predição de guerras não pode inibir nossa busca pela paz. Deus é um pacificador. Jesus Cristo é um pacificador. Então, se quisermos ser filhos de Deus e discípulos de Cristo, nós também precisamos ser pacificadores.

NOTAS

1. Estimativa de maio de 2001, feita por uma agência de refugiados norte-americana, do número de mortos desde agosto de 1998. Veja *http://news.bbc.co.uk/1/hi/world/africa/1072684.stm* (em inglês).
2. Veja *Land Mine Monitor Report 2003* em *www.icbl.org/lm/2003/findings.html* (em inglês).
3. MINES ADVISORY GROUP. *Iraq Fact Sheet*: an overview. [S.l.]: ReliefWeb. 20 jan. 2003.
4. *Child Soldiers Global Report 2001*: campaign to stop the use of child soldiers. Protecting Refugees. Consulte UN Refugee Service (UNHCR) em *www.unhcr.org*.
5. Robinson O., relato em *World Vision News*. p. 10-11. dez. 1999.
6. HUNTINGTON, Samuel P. *The clash of civilizations and the remaking of world order*. Nova York: Simon & Schuster, 1997. p. 21.
7. Ibid., p. 126.
8. Ibid., p. 29.
9. Ibid., p. 312-316.
10. Ibid., p. 321.
11. Citado em KAPLAN, Robert. *The ends of the Earth*: a journey at the dawn of the Twenty-First Century. Nova York: Random House Inc., 1996. p. 8-9.
12. Ibid., p. 436.
13. Da palestra de Earl Mountbatten, "The Final Abyss?", de maio de 1979, publicada em *Apocalypse Now?* Nottingham: Spokesman Books, 1980. p. 11.
14. Veja também *The Long-Term Consequences of Nuclear War* (1983), relatório de uma conferência internacional realizada por 31 grupos. Dois cenários imaginários, escritos por militares, foram publicados em 1978. *World War 3, A Military Projection Founded on Today's Facts*, organizado pelo brigadeiro Shelford Bidwell (Londres: Hamlyn, 1978), predizia que, em 1983, a Terceira Guerra Mundial começaria "como resultado de alguma provocação intolerável" (p. xiii); por exemplo, a invasão da Alemanha Ocidental por tanques soviéticos para impedir que ela se tornasse uma potência nuclear. O último capítulo é intitulado *Apocalipse* e descreve a devastação final e total. *The Third World War*, escrito pelo general Sir John Hackett, com a ajuda de generais alemães e norte-americanos da mais alta patente (Londres: Sidgwick & Jackson, 1978), se autoconsidera "uma história futura". Essa obra também descreve uma invasão da Alemanha Ocidental por tanques soviéticos, mas em 1985, o que se intensifica continuamente até, primeiro, Birmingham e, depois, Minsk, que são destruídas por mísseis nucleares. Dessa vez, porém, o holo-

causto final é impedido com a rebelião contra a União Soviética por seus países-satélite. As consequências assombrosas de uma explosão nuclear são descritas por Donald B. Kraybill em *Facing Nuclear War* (Scottdale, Penn.: Herald Press, 1982) e em *Common Security* (The Palme Commission Report, 1982), p. 49-70.

15. Acredita-se que Estados Unidos, Líbia, Israel, Síria, Iraque, Irã, Rússia, China, Taiwan, Coreias do Norte e do Sul possuam capacidades de armas bioquímicas.

16. PEARSON, Graham S. *Biological weapons proliferation:* reasons for concern, courses of action. Henry L. Stimson Centre Report No. 24, janeiro de 1998. Esse documento pode ser encontrado também em *www.brad.ac.uk/acad/sbtwc/other/disease.htm* com o título *The Threat of Deliberate Disease in the 21st Century.*

17. ROBINSON, Julian Perry; HEDAN, Carl-Goran; VON SCREEB, Hans. *The problem of chemical and biological warfare:* CB weapons today. Nova York: Stockholm International Peace Research Institute, 1973. p. 135. v. II. Citado em PEARSON, Graham S. *Biological weapons proliferation.*

18. US CONGRESS, OFFICE OF TECHNOLOGY ASSESSMENT. *Proliferation of weapons of mass destruction:* assessing the risks. OTAISC 559. Washington, DC: Government Printing Office, agosto de 1993. p. 52-55. UNITED NATIONS. *Report of the Secretary General:* chemical and bacteriological (biological) weapons and the effects of their possible use. Document A/7575/Rev.1, S/9292/Rev. 1, 1969. FETTER, Stephen. Ballistic missiles and weapons of mass destruction: What is the threat? What should be done?. *International Security* 16, n. 1. p. 5-42. verão de 1991.

19. PEARSON, op. cit..

20. *The Chemical Weapons Convention and the OPCW:* how they came about. OPCW Fact Sheet 1. Veja *www.opcw.org* (em inglês).

21. Para um debate entre oito pensadores cristãos que avaliam os argumentos em prol e contra essas três posições, veja BARCLAY, Oliver R. (Org.). *Pacifism and war:* when Christians disagree. Leicester: InterVarsity Press, 1984. Um território semelhante é explorado em CLOUSE, Robert G. (Org.). *War:* four Christian views. Downers Grove: InterVarsity Press, 1981. Veja também KIRK, J. Andrew (Org.). *Handling problems of peace and war.* Londres: Marshall Pickering, 1988.

22. A teoria da "guerra justa" é cuidadosamente discutida em dois livros de Paul Ramsey: *War and the Christian Conscience* (Durham, N.C.: Duke Univ. Press, 1961) e *The just war* (Nova York: Scribner's, 1968). Para declarações mais recentes sobre a posição da "guerra justa", veja Arthur F. Holmes em CLOUSE (Org.), op. cit., p. 120-121; *The Church and the bomb* (Londres: Hodder & Stoughton, 1982. p. 81-98); e *The challenge of peace:* God's

promise and our response, the US Bishops' Pastoral Letter (Londres: CTS/SPCK, 1983. p. 24-32). Para uma posição semelhante baseada na justiça de Deus, veja: BARRS, Jerram. *Peace and justice in the nuclear age*. Chicago: Garamond Press, 1983.

23. Precisamos acrescentar que, em algumas situações de emergência, quando nenhum policial estiver presente, o cidadão pode ter o direito de intervir numa briga, proteger uma pessoa inocente contra um assalto ou prender um ladrão. Mas, em casos assim, o cidadão se constitui temporariamente em braço da lei; ele não está agindo como indivíduo privado, tampouco tem o direito de sentir animosidade pessoal ou exercer vingança pessoal.

24. O'DONOVAN, Oliver. *In pursuit of a Christian view of war*. Cambridge: Grove Books, 1977. p. 13-14. (Grove Booklet on Ethics no. 15.) Esse livreto é uma investigação valiosa da legitimidade da analogia entre justiça doméstica e guerra.

25. Para informações sobre o pacifismo, veja o seguinte *site* menonita, que contém alguns recursos:
http://peace.mennolink.org (em inglês). Veja também: LASSERRE, Jean. *War and the gospel*. Cambridge: E. T. James Clarke, 1962. SIDER, Ronald J. *Christ and violence*. Scottdale, Penn.: Herald Press, 1979. SIDER, Ronald J.; TAYLOR, Richard K. *Nuclear Holocaust and Christian hope*. Downers Grove: InterVarsity Press, 1982. AUGSBURGER, Myron. *Christian pacifism*. Downers Grove, InterVarsity Press, 2001.

26. MILLS-POWELL, Dana (Org.). *Decide for peace:* Evangelicals against the bomb. Londres: Marshall Pickering, 1986. Trata-se de um simpósio com dezesseis contribuições de pacifistas nucleares e totais.

27. Constituição Pastoral, parágrafo 80.

28. *The Church and the Atom*, o relatório de uma comissão da Igreja da Inglaterra (1948), p. 43. Para um relato factual do bombardeamento de cidades alemãs e japonesas, veja Brigadier YOUNG, Peter (Org.). *The Almanac of World War II*. Londres: Hamlyn, 1981. O discurso do bispo Bell na Câmara dos Lordes está documentado em *Hansard*, v. 130, p. 738-746. 9 fev. 1944. É mencionado também em JASPER, Ronald C. D. *George Bell:* bishop of Chichester. Oxford: Oxford Univ. Press, 1967. p. 276-277.

29. *Gaudium et Spes:* the Church in the modern world, 1965, parágrafo 80, em ABBOTT, W. M.; GALLAGHER, J. *The documents of Vatican II*. Londres: Geoffrey Chapman, 1966.

30. Resolução do British Council of Churches.

31. *The New Abolitionist Covenant* foi impressa em WALLIS, JIM (Org.). *Waging peace:* a handbook for the struggle to abolish nuclear weapons. São Francisco: Harper & Row, 1982. p. 17-21. Veja também WALLIS, Jim (Org.). *Peace-Makers:* Christian voices from the New Abolitionist Movement. São Francisco: Harper & Row, 1983.

32. CAAT. *The arms trade:* an introductory briefing. Disponível em: <www.caat.org.uk>. Acesso em: 5 fev. 2019.
33. Veja, por exemplo: STEIN, Walter (Org.). *Nuclear weapons and Christian conscience.* Londres: Merlin Press, 1961 e 1980. GOODWIN, Geoffrey (Org.). *Ethics and nuclear deterrence.* Londres: Croom Helm, 1982. Veja também HARRIES, Richard. The strange mercy of deterrence. In: GLADWIN, John (Org.). *Dropping the bomb.* Londres: Hodder & Stoughton, 1985. p. 64-73; HARRIES, Richard. *Christianity and war in a nuclear age.* Oxford: Mowbray, 1986. p. 134-144.
34. LEFEVER, Ernest; HUNT, Stephen (Orgs.). *The apocalyptic premise:* nuclear arms debated. Washington, DC: Ethics and Public Policy Center, 1982. p. 351-359. Veja também KENNY, Anthony. *The logic of deterrence,* Londres: Firethorn Press, 1985.
35. Citado na Carta Pastoral dos Bispos Norte-Americanos, *The Challenge of Peace.* Os bispos elaboraram a declaração do papa, afirmando que eles tinham "chegado a uma aceitação estritamente condicional, moral da dissuasão".
36. BRIDGER, Francis (Org.). *The cross and the bomb:* Christian ethics and nuclear debate. Oxford: Mowbray, 1983. p. 50, 60, 64-65.
37. JUERGENSMEYER, Mark. *Terror in the mind of God:* the global rise of religious violence. Berkeley: Univ. California Press, 2000. p. 5.
38. KIRAS, James D. Terrorism and globalization. In: BAYLIS, John; SMITH, Steve (Orgs.). *The globalization of world politics.* Oxford: Oxford Univ. Press, 2005. p. 479-497.
39. RAMACHANDRA, Vinoth. *Faiths in conflict:* Christian integrity in a multicultural world. Leicester: InterVarsity Press, 1999. p. 44. *Dar-ul-Islam* significa, literalmente, "casa do islã", e existe um mito associado a isso, segundo o qual, dentro da casa do islã, há unidade e igualdade entre todos os muçulmanos.
40. JUERGENSMEYER, op. cit., p. 123.
41. APPLEBY, R. Scott. *The ambivalence of the sacred:* religion, violence, and reconciliation. Lanham, Md.: Rowman & Littlefield, 2000.
42. Evangelism and social responsibility. In: STOTT, John (Org.) *Making Christ known.* Carlisle: Paternoster, 1996; Grand Rapids: Eerdmans, 1997. p. 200.
43. Veja, por exemplo, *Defence without the bomb:* the report of the Alternative Defence Commission. Londres: Taylor and Francis, 1983.

CAPÍTULO 5

Cuidando da Criação

Em setembro de 2002, líderes mundiais, com a exceção notável do então presidente George W. Bush, reuniram-se em Joanesburgo para dar seguimento à Conferência das Nações Unidas sobre o Meio Ambiente e o Desenvolvimento, que tinha sido realizada no Rio de Janeiro, em junho de 1992. Conhecida como Cúpula da Terra (ou ECO-92), essa reunião original com mais de cem líderes de Estado e representantes de outros governos, da comunidade científica e de grupos de interesse especial foi, possivelmente, a maior conferência já realizada. Uma década mais tarde, a conferência de Joanesburgo parecia revelar as dificuldades complexas então enfrentadas na tentativa de resolver problemas que só se intensificaram desde 1992.

A agenda de 2002 concentrava-se em desenvolvimento sustentável, biodiversidade, esgotamento de recursos, poluição e mudança climática, mas todos esses temas, com a possível exceção da conservação de água, foram discutidos numa atmosfera de controvérsia e decepção crescentes, levando a poucas propostas definitivas. Mesmo as convenções iniciadas dez anos antes, no Rio de Janeiro, haviam sido ratificadas apenas por poucos governos nacionais. Apesar disso, talvez tenha havido um desenvolvimento mais positivo como resultado da crescente percepção de que, antes, abordagens mais conflituosas estavam cedendo lugar a novas alianças entre o desenvolvimento econômico e social e as preocupações ambientais e de que, nesse processo criativo, seria mais fácil encontrar caminhos para o futuro. Mark Malloch Brown, administrador do Programa de Desenvolvimento das Nações Unidas, disse:

O antigo movimento ambiental tinha uma reputação de elitismo. A chave agora é colocar as pessoas em primeiro lugar e o meio ambiente em segundo, mas lembrando que, se esgotarmos os recursos, destruiremos as pessoas.

Para Brown e para muitos outros, desenvolvimento sustentável tornou-se a palavra-chave da nova década.

Enquanto isso, a comunidade científica entrava num debate veemente após a publicação de *The Skeptical Environmentalist* [O ambientalista cético], do estatístico Bjorn Lomberg, em 2002, obra na qual ele questionou muitos dos cenários mais pessimistas de grupos ambientalistas e organizações não governamentais. A intensidade do debate revelou o papel central que ideologia e teoria econômica continuam a exercer na discussão sobre questões ambientais, mesmo quando o tema se limita a dados e sua interpretação. Um resultado triste tem sido o cansaço da comunidade cristã em um mundo mais rico diante de questões urgentes que impactam a vida diária dos pobres e o bem-estar da Criação mais ampla.

Mesmo assim, na sociedade mais ampla, é notável a rapidez com que uma minoria dedicada conseguiu alertar o público geral sobre os problemas ambientais nas últimas décadas do século 20. Um número significativo de pessoas no mundo mais rico parece preocupar-se com a destruição da floresta tropical e da camada de ozônio, com a mudança climática e com o desaparecimento iminente de um número de grandes mamíferos espetaculares, como o tigre siberiano. A chave é traduzir essas preocupações para mudanças de estilo de vida e ação política. Políticos até então indiferentes acrescentaram questões ambientais à sua agenda. Corporações têm departamentos especializados em aspectos ecológicos de suas atividades. A maioria dos carros a gasolina, na estrada, usam-na sem chumbo, e as leis sobre emissões têm ficado mais rígidas. Além disso, famílias estão tornando-se "consumidores verdes", usando produtos mais ecológicos, comendo alimentos mais "naturais" ou "orgânicos" e encorajando a reciclagem de papel, vidro e metais.[1]

Parecem existir cinco[2] áreas principais de preocupação ambiental que ajudam a explicar essa maior consciência pública. Elas devem ser analisadas em relação umas às outras.

RAZÕES PARA A PREOCUPAÇÃO COM O MEIO AMBIENTE

Crescimento populacional

A primeira é o crescimento populacional. Sabemos, há séculos, que a população mundial está crescendo. Apenas desde a Segunda Guerra Mundial, porém, a taxa de crescimento acelerada foi claramente percebida e o potencial de desastre resultante da explosão populacional incontrolada, predito. Dizem que, no ano 1800 d.C., havia mais ou menos 1 bilhão de pessoas na terra. Em 1900, esse número já tinha dobrado, e dobrou novamente até 1974, indo a 4 bilhões de pessoas. Estima-se que, atualmente, dependemos do equivalente a 1,2 planeta para satisfazer as nossas necessidades anuais, e, apesar de uma desaceleração na taxa de crescimento, a população mundial continua a crescer, de modo que o número atual de mais de 6 bilhões de habitantes chegará a 11 bilhões em meados deste século, segundo os cálculos da ONU.*

Dos 4 bilhões de pessoas na década de 1980, um quinto (800 milhões) era pobre, e perguntamos, angustiados, como mais de 7 bilhões de pessoas poderão ser alimentadas muitos anos mais tarde. Esse é um problema particular do mundo em desenvolvimento, onde 90% do crescimento populacional está ocorrendo. A terra não consegue sustentar uma população maior, a qual, em razão da pobreza e da fome, é obrigada a usar seus recursos tendo em mente apenas o ganho de curto prazo, muitas vezes causando destruição de longo prazo. Na Inglaterra, por exemplo, a população está crescendo a uma taxa relativamente lenta, de 116 mil pessoas por ano. Mas cada inglês adicional usa mais do que trinta vezes o combustível fóssil que um habitante mediano de Bangladesh usaria. Assim, seriam necessárias mais 3.390.000 pessoas em Bangladesh para causar o mesmo impacto de pouco mais de 100 mil ingleses.[3] Os ricos consomem demais e desperdiçam muito, enquanto os pobres estão preocupados com sua sobrevivência imediata, e não com o cuidado de longo prazo com o planeta. Doenças mundiais, causadas por condições de superlotação urbana e degradação da terra rural, estão levando milhões à beira da fome.

---

* Dados válidos no período de escrita do livro. A observação vale para quaisquer apontamentos estatísticos neste capítulo. [N. do R.]

Existem opiniões variadas, até mesmo entre os cristãos, sobre a extensão do problema populacional e sobre o que deveria ser feito em resposta. Em seu livreto intitulado *Population Growth and Christian Ethics* [Crescimento populacional e ética cristã], Roy McCloughry argumenta que o problema populacional não é primariamente econômico nem ambiental, mas moral, pois envolve basicamente relacionamentos. Ele tece argumentos em prol de "uma visão positiva da vida humana": (1) os seres humanos são vistos como providos de um valor intrínseco porque foram criados à imagem de Deus; (2) o acesso à educação, especialmente para mulheres e crianças, capacita as pessoas a desenvolver todo o seu potencial e a desfrutar uma qualidade de vida compatível com a sua dignidade humana; e (3) os limites e o espaço das crianças são determinados não por governos coercivos, mas pela decisão livre dos pais.[4] Qualquer discussão sobre população deve começar reafirmando a dignidade de toda vida humana e os direitos dos seres humanos de viver todo o seu potencial. Como argumentou o professor John Guillebaud, para interromper o ciclo vicioso entre pobreza e população — em que a pobreza leva as famílias a terem mais filhos, a fim de aumentar a renda familiar, e, ainda assim, elas percebem que não conseguem lidar com os números —, serão necessários planejamento familiar e justiça social. O primeiro lhes permite tomar decisões responsáveis sobre o tamanho da família; a segunda capacita pessoas pobres a saírem de sua pobreza.[5]

É esse pensamento de que as pessoas deveriam ter condições de viver todo o seu potencial que nos preocupa muito quando contemplamos o impacto da Aids em tantos países. Em alguns deles, uma geração tem sido tão afetada, que todas as áreas da sociedade acabam sofrendo. Contemplarei isso em mais detalhes no próximo capítulo.

Esgotamento de recursos

A segunda causa de preocupação é o esgotamento de recursos. Foi o chamado "Clube de Roma" que, em 1972, atraiu a atenção do mundo para a natureza finita dos recursos da terra. Até então, os líderes ocidentais vinham predizendo confiantemente um crescimento anual de 4%. Agora, crescimento contínuo e recursos finitos passaram a ser vistos como incompatíveis. E. F. Schumacher, em 1973, popularizou a verdade intragável em seu famoso livro *Small Is Beautiful* [O pequeno é belo], com o subtítulo *A Study of Economics as if People Mattered* [Um estudo sobre economia como se as pessoas importassem]. Ele escreveu sobre o "fracasso em se distinguir renda de capital onde essa distinção mais importa [...] isto é, o capital insubstituível que o homem não criou, mas simplesmente encontrou". Seu primeiro exemplo desse "capital natural" foram os combustíveis fósseis: "Combustíveis fósseis não foram feitos pelo homem; eles não podem ser reciclados. Uma vez que se esgotam, estão esgotados para sempre."

Em 2003, a Association of Peak Oil [Associação do Pico do Petróleo] (ASPO) predisse que a demanda global de petróleo superaria a capacidade dos campos de petróleo de produzi-lo economicamente antes de 2015. Não se trata de quanto petróleo há no solo, mas da taxa cada vez mais limitada de sua extração. Grande parte do "petróleo fácil" já foi produzida.[6]

O outro exemplo de Schumacher foi a "natureza viva" (o plâncton dos mares, a superfície verde da terra, o ar limpo etc.), grande parte da qual estava sendo destruída pela poluição. "Se desperdiçarmos nossos combustíveis fósseis, ameaçamos a civilização", ele escreveu, "mas, se desperdiçarmos o capital representado pela natureza viva em nossa volta, ameaçamos a própria vida." A loucura do "sistema industrial moderno", continuou, é que ele "consome a base sobre a qual foi erguido. Para usar a linguagem do economista, ele vive de capital insubstituível, que o sistema trata alegremente como renda".[7]

Um dos recursos raros, que é foco de preocupação, é a água. Há muito, dizem que a água será ainda mais importante do que o petróleo como um recurso escasso e ameaçado nos próximos cinquenta anos. Alguns predisseram até que haverá violência entre Estados nacionais no que diz respeito ao acesso à água e aos direitos a rios que atravessam as fronteiras entre os países. Acesso a água limpa e saneamento adequado foram declarados um "direito humano" em 2002. O Comitê das Nações Unidas para Direitos Econômicos, Culturais e Sociais afirmou, num "comentário geral", que "água é fundamental para a vida e para a saúde. O direito humano a água é indispensável para se levar uma vida saudável com dignidade humana. É um pré-requisito para a realização de outros direitos humanos".[8]

Dois outros aspectos da degradação ambiental são extremamente importantes e poderiam ter suas próprias seções. O primeiro é o desmatamento; e o segundo, a devastação do solo.

O desmatamento vem acontecendo há muitos anos, mas não no ritmo atual, e seu impacto é, agora, global, e não mais local. Se a taxa atual continuar, as florestas tropicais do mundo devem desaparecer dentro de cem anos, causando um impacto incalculável sobre o clima e as espécies de plantas e animais. Muito desmatamento é feito para propósitos agrícolas, como pastos para gado e plantação de grãos por fazendeiros pobres num processo chamado de "queimadas". Mas, no caso de agricultura intensiva, muitos quilômetros quadrados podem ser desmatados de uma só vez para criar pastos para o gado. Madeireiros profissionais também podem derrubar centenas de quilômetros quadrados de árvores. As causas do desmatamento e o seu impacto são muito complexos. À medida que a demanda por produtos cresce num mundo orientado pelo consumo, precisa-se de mais madeira para satisfazê-la. Em outros casos, florestas são derrubadas para construir cidades, e a construção de represas faz com que áreas de floresta sejam inundadas.

O impacto sobre o clima se deve ao fato de as florestas serem "os pulmões do planeta". Segundo o observatório da terra da NASA, as plantas e o solo das florestas tropicais armazenam 460 a 575 bilhões de toneladas de carbono, e cada acre de floresta tropical armazena cerca de 180 toneladas de carbono. Quando uma floresta é derrubada e queimada para criar terra de plantio e pastos, o carbono que estava armazenado nos troncos das árvores (a madeira consiste em cerca de 50% de carbono) se une ao oxigênio e é liberado na atmosfera na forma de CO_2. A destruição das florestas tropicais também possui o potencial de extinguir muitos milhões de espécies de flora e fauna.[9]

Vastas áreas da América, da África e da Ásia, antigamente terras agrícolas férteis, tornaram-se, agora, em razão do uso impróprio, desertos irrevogáveis. No mundo inteiro, os desertos têm aumentado em 150% ao longo dos últimos cem anos, de modo que, hoje, quase 50% da superfície da terra é de deserto ou semideserto. O mar de Aral, no passado o local de pesca mais produtivo da Ásia central e o quarto maior mar interior do mundo, perdeu metade de seu volume nos últimos trinta anos. Um esquema de irrigação mal projetado para retirar água dos rios que alimentavam o mar resultou em seu desaparecimento virtual. Em alguns lugares, a costa recuou quase 50 km, substituída por um deserto de areia e depósitos de sal.[10] Desmatamento provoca erosão severa do solo. Estima-se que 25 bilhões de toneladas de solo superficial se perdem a cada ano. O solo tem sido tão abusado em algumas partes do mundo, que 11% do solo com vegetação do mundo não pode mais ser recuperado. Trata-se de uma área com extensão equivalente à da China e à da Índia.[11] Parte dessa destruição do meio ambiente acontece, sem dúvida alguma, em decorrência da ignorância humana (por exemplo, as primeiras tempestades de areia). Assim sendo, o Comitê de Responsabilidade Social da Igreja da Inglaterra não estava exagerando quando disse que "a espoliação da terra é uma blasfêmia, não só um erro de juízo ou um engano".[12] É um pecado contra Deus e a humanidade.

Redução da biodiversidade

Biodiversidade é um termo que, segundo Sir Ghillean Prance, diretor dos Jardins Botânicos Reais em Kew, Londres, abrange "a diversidade de espécies de organismos vivos na terra, os genes ou a informação genética que eles contêm e os ecossistemas complexos em que vivem".[13] Estimativas do número de espécies diferentes na terra vão de 5 a 50 milhões, com estimativas conservadoras girando em torno de 10 milhões.[14] Cada espécie contém um código genético único e vive em determinado *habitat*, muitas vezes exigindo condições de vida muito específicas. Extinção é uma parte diária da vida normal num mundo onde as espécies existem num fluxo surpreendente. A preocupação na discussão da diversidade, porém, não diz respeito apenas à extinção natural das espécies, mas à velocidade com que ela ocorre por meio da intervenção humana, desde que os humanos passaram a ser a causa principal de extinção. Perda de *habitat*, introdução de espécies e exploração excessiva são as ameaças principais, e a mudança climática induzida pelos humanos é um problema cada vez mais relevante. Segundo a União Internacional para a Conservação da Natureza (UICN), a maior e mais prestigiosa rede de conservação, as taxas de extinção atuais são, pelo menos, cem a mil vezes mais altas do que as taxas "naturais".[15] A razão pela qual os cientistas se preocupam com a perda de biodiversidade não é apenas porque espécies individuais estão sendo extintas, mas porque, quando isso acontece, o equilíbrio delicado de seu ecossistema é perturbado. E, quando espécies centrais são extintas, surgem rapidamente problemas de grande escala. Um exemplo famoso é a quase extinção de lontras marinhas na costa oeste dos Estados

Unidos. Stephen Schneider, professor de ciências biológicas na Universidade de Stanford, descreve o que aconteceu:

> Após seu declínio, um grande distúrbio se propagou pela comunidade marinha. Ouriços-do-mar, normalmente um dos principais alimentos das lontras, multiplicaram-se rapidamente e dizimaram as florestas de algas, gerando um solo marinho biologicamente empobrecido e desértico. Somente depois que pressões políticas controversas, pela reinserção das lontras, foram bem-sucedidas, as populações de ouriços-do-mar entraram em declínio, as algas voltaram a crescer e uma nova comunidade de peixes, polvos e organismos menores se restabeleceu.[16]

Segundo a Lista Vermelha de Espécies Ameaçadas da UICN, de 2004, um total de 15.589 espécies corre perigo de extinção. Estão sob ameaça 1 de 3 anfíbios e quase a metade de todas as tartarugas de água doce, além de 1 entre 8 aves e 1 em 4 mamíferos, que sabemos estarem prestes a cair nas categorias de criticamente ameaçados, ameaçados ou vulneráveis.[17] Atualmente,** essa lista foi ampliada para 1 em cada 3 anfíbios (32%) e quase metade (42%) das tartarugas.

Visto que os anfíbios dependem de água fresca, seu declínio catastrófico é um alerta sobre o estado dos recursos de água do planeta. Mesmo que a situação nos *habitats* de água fresca seja menos conhecida do que a nos *habitats* terrestres, os primeiros sinais mostram que ela é igualmente séria. Mais da metade (53%) dos peixes de água fresca em Madagascar está ameaçada de extinção. As vastas profundezas dos oceanos estão oferecendo pouco refúgio às muitas espécies marinhas, que têm sido exploradas em excesso a ponto de extinção. Quase 1 em cada 5 (18%) dos tubarões e das raias sob análise está ameaçado. Muitas plantas também foram analisadas, mas apenas coníferos e cicas têm sido avaliados completamente, sendo que 25 e 52%, respectivamente, estão ameaçados. Existem também boas notícias: um quarto das espécies ameaçadas de aves tem sido beneficiado com as medidas de conservação, mas o número de espécies ameaçadas de extinção é uma subestimativa, pois muito poucas foram analisadas.

** Considere-se a data de lançamento do livro na versão em inglês originalmente. [N. do R.]

Descarte de lixo

Um terceiro motivo de preocupação é o descarte de lixo. Uma população crescente gera o problema crescente de como eliminar com segurança os indesejáveis subprodutos de fabricação, embalagem e consumo. Uma pessoa comum, no Reino Unido, joga fora seu próprio peso na forma de lixo a cada três meses. A produção de lixo do cidadão norte-americano comum praticamente dobrou nos últimos quarenta anos, e, mesmo que os Estados Unidos reciclem mais de um terço de seu lixo, isso ainda representa mais do que o total da produção de lixo da maioria dos outros países. Em meados de 1990, os países da Organização para a Cooperação e Desenvolvimento Econômico (OCDE) estavam produzindo quase duas toneladas de lixo doméstico e industrial por pessoa a cada ano. Embora os africanos gerem menos lixo, mais de dois terços dele não é removido formalmente; no entanto, até 96% do lixo de uma família típica em países pobres consiste em comida e produtos biodegradáveis.[18] A maior parte do lixo de economias ricas poderia ser reprocessada, mas, em vez disso, é enviada para incineradores ou lixões.[19] Um exemplo chocante do problema ocorreu em 1987, quando a "balsa de lixo" partiu de Long Island, Nova York, e passou seis meses em busca de um porto que aceitasse suas mais de 3 mil toneladas de lixo. Após sua entrada ter sido negada por numerosos portos nos Estados Unidos e em outros países, a balsa eventualmente retornou para Nova York, onde o problema tinha começado.

Em janeiro de 1994, o governo britânico publicou um relatório extenso intitulado *Sustainable Development: The UK Strategy* [Desenvolvimento sustentável: a estratégia do Reino Unido]. Ele recomendava uma "hierarquia" quádrupla "de administração de lixo"; mais especificamente, "redução", "reúso", "recuperação" (incluindo reciclagem e recuperação energética) e "descarte sem recuperação de energia por incinerador ou aterro". A última dessas opções, apesar de ser a mais comum, é a que mais prejudica o meio ambiente. No entanto, ainda é inevitável, sempre que "o custo ambiental da reciclagem de lixo, em termos de consumo de energia e emissões, é mais alto do que o do descarte". A melhor opção na hierarquia é, claramente, reduzir o lixo que produzimos para que tenhamos menos do que nos livrar. As implicações de um descarte negativo de lixo podem ser desastrosas para os recursos naturais. Calvin B. DeWitt cita o exemplo da presença de DDT na gordura de pinguins, na Antártida, além da presença de pesticidas num lago remoto na Isle Royale, no Lago Superior, ambas as regiões muito distantes dos lugares em que esses produtos químicos foram usados.[20]

Mudança climática

Uma quarta grande preocupação ambiental, que tem ocupado as manchetes de discussão desde a década de 1980, é a nossa atmosfera danificada, resultado de combinadas destruição da camada de ozônio e mudança climática.

A destruição da camada protetora de ozônio expõe-nos à radiação ultravioleta, que causa câncer de pele e interfere no nosso sistema imunológico. Isso dito, a descoberta, em 1985, de um buraco do tamanho de um continente na camada de ozônio, acima da Antártida, causou amplo alarme público. Em 1991, esse buraco tinha alcançado tamanho recorde, estendendo-se sobre uma área de mais de 21 milhões de quilômetros quadrados, e, em 1993, a concentração de ozônio antártico foi a menor já registrada. Países vizinhos de Argentina e Chile, Austrália e Nova Zelândia vinham relatando danos a animais, vegetação e humanos; e, em meados da década de 1990, uma destruição séria da camada de ozônio foi registrada em regiões mais amenas do hemisfério norte.[21] Na primavera de 2005, a destruição do ozônio no hemisfério norte foi a mais severa já constatada.

Pouco tempo após a descoberta do buraco na camada de ozônio, sobre a Antártida, sua causa foi atribuída aos clorofluorocarbonetos (CFCs), substâncias químicas usadas em *sprays*, condicionadores de ar e geladeiras. Reconhecendo a gravidade da crise, o Programa das Nações Unidas para o Meio Ambiente tomou medidas. O Protocolo de Montreal (1987) exigiu que o uso de CFCs fosse cortado pela metade até 1999, enquanto vários adendos, na década de 1990, estipularam que as nações industrializadas deveriam suspender completamente o uso de CFCs até 1996, enquanto as nações não industrializadas, até 2006. Em 2006, quando questionada sobre o sucesso do Protocolo de Montreal na redução dos gases que destruíam a camada de ozônio, a National Oceanic and Atmospheric Administration (NOAA), um ramo do Departamento de Comércio dos Estados Unidos, pôde afirmar:

Sim, como resultado do Protocolo de Montreal, a abundância total de gases destruidores de ozônio na atmosfera tem começado a diminuir em anos recentes. Se as nações do mundo continuarem a seguir as propostas do Protocolo de Montreal, a diminuição continuará ao longo do século 21. Alguns gases individuais, como halons e hidroclorofluorocarbonetos (HCFCs), ainda estão aumentando na atmosfera, mas começarão a diminuir nas próximas décadas, se o Protocolo continuar a ser seguido. Em meados do século, a abundância efetiva de gases destruidores de ozônio deverá cair para níveis presentes antes de o "buraco de ozônio" começar a se formar, no início da década de 1980.[22]

A questão da mudança climática é um problema diferente, mas relacionado.[23] O calor da superfície da terra (essencial para a sobrevivência do planeta) é mantido por uma combinação de radiação que ela absorve do sol e de radiação infravermelha que ela emite para o espaço. É o chamado "efeito estufa". A poluição atmosférica por "gases estufa", metano, óxido nitroso e, especialmente, dióxido de carbono, leva a uma redução de emissão infravermelha e, assim, aumenta a temperatura da superfície da terra.

Com algumas exceções notáveis, existe um amplo consenso entre os cientistas sobre a seriedade da contribuição humana para o efeito estufa. E a reação do público também não é uniforme. Ela vai do medo de uma catástrofe iminente à negação da ameaça, tida como ficção. No entanto, existe um consenso geral de que, até 2100, a temperatura global mediana deve aumentar entre 2 e 6 graus Celsius.[24] O Ártico está aquecendo a uma taxa duas vezes maior do que a média global, e praticamente todas as geleiras de montanhas estão derretendo. O monte Kilimanjaro perderá sua capa de gelo ao longo das duas próximas décadas, tendo sobrevivido a todas as flutuações climáticas ao longo dos últimos 9 mil anos. Os efeitos de longo prazo poderiam incluir mudanças climáticas substanciais, inclusive uma expansão térmica dos oceanos; a inundação de muitas ilhas, cidades portuárias e países baixos, como Bangladesh; o ressecamento de regiões antigamente férteis; e a extinção regional de plantas que não conseguem adaptar-se às mudanças.

Em 2005, furacões foram acrescentados à lista de indícios de que a mudança climática estava ocorrendo. Conrad C. Lautenbacher Jr., administrador da NOAA, disse:

Este período de furacões quebrou recordes de décadas — maior número de tempestades batizadas, maior número de furacões e maior número de tempestades de categoria 5. É justo dizer que foi o período de furacões mais devastador que o país vivenciou em tempos modernos.[25]

O furacão Katrina, que devastou a cidade de Nova Orleans, é, provavelmente, o furacão norte-americano a causar maiores danos, e o custo final talvez seja um dos mais altos na história dos Estados Unidos, recorde estabelecido apenas no ano anterior. Katrina foi também o furacão norte-americano mais mortal desde 1928, causando pelo menos 1.200 mortes. A análise de tais condições climáticas, tão extraordinárias, mostra que há, no mínimo, uma pergunta a ser respondida: se esses furacões vieram para ficar, como consequência da mudança climática, ou se são apenas, como alguns têm sugerido, uma aberração passageira.

A acidificação do oceano também é um problema sério. Segundo relatório da Royal Society,[26] os oceanos estão absorvendo dióxido de carbono num ritmo insustentável. Eles ajudam a retardar mudanças climáticas, e, ao longo dos últimos duzentos anos, absorveram mais ou menos a metade do dióxido de carbono produzido por humanos, principalmente por meio da queima de combustíveis fósseis. Atualmente, absorvem uma tonelada desse dióxido de carbono para cada pessoa no planeta a cada ano, mas, com o aumento de sua acidez, a capacidade de fazer isso diminuirá, e os mecanismos tenuamente equilibrados e complexos que sustentam a vida marinha serão afetados. Essa é mais uma razão para a redução das emissões de gases de efeito estufa para a atmosfera, em especial o dióxido de carbono.

Precisamos reduzir globalmente a emissão de gases de efeito estufa, a uma taxa gradual de até 60% em relação aos níveis do ano 2000, até 2050.[27] A fim de alcançar a redução de 60%, a ação multilateral da comunidade global terá de gerar reduções significativas até 2025.[28] No entanto, até o momento, existe uma reticência quanto à obrigatoriedade dessas metas. Em dezembro de 1997, negociadores do mundo inteiro se encontraram em Quioto, Japão, para discutir a imposição de limites e a redução das emissões de gases de efeito estufa. Após onze dias de debates intensos e concessões múltiplas de todos os lados, os participantes chegaram a um acordo provisório. Trinta e oito nações industrializadas, incluindo Estados Unidos, União Europeia,

Rússia e Japão, concordaram em reduzir as emissões em 6 a 8%, em relação aos níveis de 1990, até 2008-2012.*** Países em desenvolvimento não eram obrigados a cumprir as mesmas exigências, mas tiveram a opção de cumpri-las e receber ajuda tecnológica e material em troca. Como parte do alcance de objetivos individuais de redução, as nações industriais podiam "trocar" emissões entre elas. Assim, se a União Europeia, comprometendo-se a reduzir as emissões em 8%, em relação aos níveis de 1990, alcançasse uma redução de 12%, ela poderia vender a redução extra a outro país que não tivesse conseguido alcançar a própria meta. O país que comprasse o excedente poderia, então, aplicá-lo à sua própria meta de redução. Dessa forma, um potencial de incentivo econômico foi incluído no processo de redução.

O Protocolo de Quioto tornou-se um tratado com validade legal em 16 de fevereiro de 2005, após cumprir duas condições. Primeiro, ser ratificado por pelo menos 55 países. Segundo, ter sido ratificado por nações responsáveis por, ao menos, 55% das emissões dos países do "Anexo 1", bem como 38 países industrializados que receberam metas para a redução de emissões, além de Bielorrússia, Turquia e Cazaquistão. Apesar disso, Austrália e Estados Unidos não ratificaram o tratado, e, em 2001, os Estados Unidos, responsáveis por cerca de um quarto das emissões globais, retiraram-se do tratado, com o presidente George W. Bush alegando que sua implementação prejudicaria seriamente a economia norte-americana. Sua administração disse que o tratado era "fatalmente falho", pois não exigia que países em desenvolvimento se comprometessem com a redução das emissões, e economias em rápido desenvolvimento, como China e Índia, se encaixavam nessa categoria. No entanto, o presidente Bush disse que apoiava a redução de emissões por meio de ações voluntárias e novas tecnologias de energia. China e Índia, porém, ratificaram o protocolo.

Grupos ambientalistas comentaram que, na cúpula de 2005 da G8, o acordo sobre mudança climática foi enfraquecido quando se optou pelo consenso entre as oito nações, pois, de fato, apenas sete tinham ratificado o protocolo. Um indicativo disso é que um esboço do comunicado trazia a palavra "ameaça" da mudança climática, mas a versão oficial falava de um "sério de-

---

*** Sobre a atualidade das informações relativas a esse tema, apresentadas no texto, considere a data de lançamento do livro originalmente em inglês. [N. do R.]

safio de longo prazo". O diálogo com os Estados Unidos e o amplo consenso de todas as nações vieram à custa de metas definitivas e uma postura unida diante da urgência do problema.

Os cinco principais motivos de preocupação — crescimento populacional, esgotamento de recursos, redução da biodiversidade, descarte de lixo e mudança climática — estão intimamente relacionados uns aos outros e, juntos, constituem uma única "crise global entrelaçada". Essa expressão foi usada em *Our Common Future* [Nosso futuro comum], o relatório oficial da Conferência das Nações Unidas sobre o Meio Ambiente e o Desenvolvimento, de 1987. A noção central do relatório era que os diversos problemas ambientais, de desenvolvimento e de energia que atormentam o mundo são, todos eles, aspectos da mesma crise, cuja solução está no "desenvolvimento sustentável".

Isso foi reafirmado na ECO-92, no Rio de Janeiro, e recebeu uma confirmação abrangente na *Agenda 21: Um projeto de ação para o desenvolvimento sustentável global no século 21*. Um dos relatórios oficiais da conferência no Rio de Janeiro, *Agenda 21* é um documento de longo alcance, adotado por 178 governos. Estabelece metas ambientais, econômicas e de desenvolvimento, as quais abrangem todo o espectro de atividades humanas e nacionais. Não encerra os poderes de um documento plenamente legal, mas tem sido chamada de um "quase direito", o que significa que é dotada de autoridade moral e que deveria ser seguida por todas as nações, na medida das possibilidades de cada uma.

O termo "desenvolvimento sustentável" tem sido interpretado de várias maneiras; em *Our Common Future* [Nosso futuro comum], por sua vez, ele *é visto* como um desenvolvimento que "satisfaz as necessidades do presente sem comprometer a capacidade das gerações futuras de satisfazer as suas próprias necessidades".[29] A responsabilidade intergeracional, contida implicitamente na palavra "sustentável", tem sido captada pela expressão popular "não enganemos nossos filhos".

A PERSPECTIVA BÍBLICA

A abordagem bíblica sobre a questão ambiental consiste em fazer esta pergunta básica: "A quem pertence a terra?" A pergunta é enganosamente elementar. Como devemos responder? A primeira resposta é bastante direta. Ela nos é dada em Salmos 24:1: "Do Senhor é a terra e tudo o que nela existe." Deus é seu Criador, portanto, por direito, a Criação pertence ao seu dono. Mas isso é apenas uma resposta parcial. Salmos 115:16 diz: "Os mais altos céus pertencem ao Senhor, mas a terra ele a confiou ao homem." A resposta bíblica equilibrada à nossa pergunta é, então, que a terra pertence a Deus e ao homem — a Deus, porque ele a fez, e a nós, porque ele nos deu. Não, é claro, que ele nos tenha entregue a terra completamente, a ponto de não reter nenhum direito ou controle sobre ela, mas ele nos deu a terra para que a governássemos em seu lugar. Nossa posse da terra é de arrendamento, não, portanto, de propriedade. Somos apenas inquilinos. Deus permanece (no sentido mais literal) o "senhorio", o Senhor de toda a terra.

Essa verdade dupla (de que a terra pertence tanto a ele quanto a nós) é explicitada mais completamente em Gênesis 1 e 2. A palavra "terra" aparece em vários versículos de Gênesis 1:

Versículo 10	À parte seca Deus chamou terra.
Versículos 11, 12	Então disse Deus: "Cubra-se a terra de vegetação" [...] E assim foi. A terra fez brotar a vegetação.
Versículo 24	E disse Deus: "Produza a terra seres vivos" [...] E assim foi.
Versículo 26	Então disse Deus: "Façamos o homem à nossa imagem [...] Domine ele sobre [...] toda a terra."
Versículo 28	Deus os abençoou, e lhes disse: "Encham e subjuguem a terra!"

Podemos fazer três afirmações legítimas com base nesse material bíblico.

Domínio sobre a terra

Em primeiro lugar, Deus nos deu domínio sobre a terra. Observamos as duas determinações divinas no versículo 26: "Façamos o homem à nossa imagem" e "Domine ele sobre [...] toda a terra". Observamos também as duas ações divinas que expressam suas determinações: "Criou Deus o homem à sua imagem" e "Deus [lhes] disse: 'Encham e subjuguem a terra'" (Gênesis 1:27,28). Assim, desde o início, os seres humanos foram dotados de uma singularidade dupla: carregamos a imagem de Deus (o que consiste em qualidades racionais, morais, sociais e espirituais, as quais nos permitem conhecer Deus) e temos domínio sobre a terra e sobre suas criaturas.

Na verdade, nosso domínio singular sobre a terra se deve à nossa relação singular com Deus. Deus arranjou uma ordem, até mesmo uma hierarquia de Criação. Ele estabeleceu os seres humanos entre ele, o Criador, e o restante da criação, animada e inanimada. Em certos sentidos, somos um com o restante da natureza, somos parte dela e temos o *status* de criaturas. Em outros sentidos, somos distintos da natureza, pois fomos criados à imagem de Deus e nos foi dado domínio sobre a terra. Biologicamente, somos como os animais. Por exemplo, respiramos como eles ("seres vivos", Gênesis 1:21,24; 2:7), comemos como eles (Gênesis 1:29,30) e nos reproduzimos como eles ("Sejam férteis e multipliquem-se", Gênesis 1:22,28). Mas também desfrutamos um nível mais elevado de experiência, e nisso nos distinguimos dos animais e somos como Deus: somos capazes de pensar, escolher, criar, amar, orar e exercer domínio. Essa é a nossa posição intermediária entre Deus e a natureza, entre o Criador e o resto de sua Criação. Combinamos dependência de Deus com domínio sobre a terra. Gerhard von Rad comenta:

> Assim como os poderosos reis terrenos, a fim de indicar sua pretensão ao domínio, erguem imagens de si mesmos em províncias de seu império que eles não costumam visitar, o homem é colocado na terra à imagem de Deus como emblema soberano de Deus.[30]

Em termos gerais, os seres humanos têm obedecido à ordem de Deus de encher e subjugar a terra. O progresso foi lento no início, quando passaram de coletar comida a cultivar comida. Eles aprenderam a cultivar o solo, a proteger as áreas cultivadas de animais saqueadores e a usar os produtos da terra como alimento, vestuário e abrigo para si próprios e para suas famílias. Em seguida, aprenderam a domesticar os animais e a atrelá-los ao seu serviço, a fim de tornar o trabalho mais leve e, adicionalmente, trazer alegria. Aprenderam, então, os segredos do poder que Deus havia escondido no mundo criado — o poder do fogo e da água; mais tarde, o poder do vapor, do carvão, do gás e do petróleo; agora, o poder do urânio, do átomo e do poderoso *chip* de silício.

Em tudo isso, pesquisa, descoberta e invenção humanas, biologia, química, física e outras esferas, e em todos os triunfos da tecnologia, os seres humanos têm obedecido a Deus, exercendo o domínio que lhes foi dado por ele. Não há dúvida (pelo menos não em princípio) de que se tenham comportado como Prometeu, que roubou o fogo dos deuses. Em seu controle progressivo sobre a terra, eles não invadiram a esfera privada de Deus e lhe roubaram parte do poder, muito menos têm preenchido as lacunas em que Deus costumava espreitar, de modo que, agora, pudessem dispensá-lo. É tolice tirar essas deduções. Os seres humanos podem não ter tido consciência disso nem reconhecido isso humildemente, mas, em todas as suas pesquisas e em sua engenhosidade no uso de recursos, não usurparam as prerrogativas ou o poder de Deus, apenas exerceram o domínio que Deus lhes deu. Desenvolver ferramentas e tecnologia, cultivar a terra, minerar, extrair petróleo, represar rios para a produção de energia hidrelétrica, aproveitar energia atômica — tudo isso ocorreu em cumprimento da ordem primordial de Deus. Na terra, Deus forneceu todos os recursos de comida, água, roupa, abrigo, energia e calor de que precisamos, e ele nos deu domínio sobre a terra, onde esses recursos foram depositados.

Cooperação com a terra

Em segundo lugar, nosso domínio é cooperativo. Ao exercermos o domínio que Deus nos deu, não estamos criando os processos da natureza, mas cooperando com eles. Gênesis 1 deixa claro que a terra era fértil antes que o homem recebesse a ordem de torná-la fértil e de subjugá-la. É verdade que nós somos capazes de torná-la mais fértil. Podemos limpar, arar, irrigar e enriquecer o solo. Podemos colocar plantas sob vidro para captar mais luz do sol. Podemos administrar o solo, fazendo rodízio de plantio. Podemos melhorar o gado por meio de criação seletiva. Podemos produzir grãos híbridos com colheitas fantásticas. Podemos mecanizar a colheita usando máquinas enormes. Mas, em todas essas atividades, estamos apenas cooperando com as leis de fertilidade que Deus já estabeleceu. Além disso, "o sofrimento" que experimentamos na agricultura por causa da "maldição" de Deus sobre o solo (Gênesis 3:17) somente muda, mas não anula nosso cuidado contínuo do solo sob a "benção" de Deus (Salmos 65:9 e seguintes).

Sim, estamos controlando e até mesmo acelerando as coisas artificialmente. Mas é um controle artificial de processos essencialmente naturais. É o humano cooperando com Deus. É um reconhecimento de que aquilo que Deus dá é "natureza", enquanto o que nós fazemos é "cultura" ou "cultivação".

É verdade, também, que Deus se humilhou por nossa cooperação (ou seja, ele precisa que subjuguemos a terra e trabalhemos o solo). Mas nós também nos devemos humilhar para reconhecer que nosso domínio sobre a natureza seria inteiramente em vão se Deus não tivesse feito a terra fértil, se ele não continuasse a "dar o crescimento".

Essa combinação de natureza e cultura, de impotência humana e destreza humana, de recursos e labuta, de fé e trabalho, lança luz sobre a moda recente de declarar que "agora o homem se tornou adulto" e que (em nossa recém-conquistada fase adulta) podemos dispensar a ajuda de Deus. Fato é que a humanidade alcançou a idade adulta em termos tecnológicos. Temos desenvolvido uma perícia extraordinária em domar, controlar e usar a natureza. Nesse sentido, somos senhores, exatamente como Deus ordenou que fôssemos. Mas somos também crianças em dependência da providência paterna de Deus, que nos dá a luz do sol, a chuva e os períodos férteis. E. F. Schumacher cita Tom Dale e Vernon Gill Carter neste contexto: "O homem, civilizado ou selvagem, é um filho da natureza — ele não é o mestre da natureza. Ele precisa adaptar suas ações a determinadas leis naturais se quiser manter o domínio sobre o seu ambiente."[31]

A terra nos foi confiada

Em terceiro lugar, nosso domínio é delegado e, portanto, responsável. Ou seja, o domínio que exercemos sobre a terra não nos pertence por direito, apenas por favor. A terra nos "pertence" não porque nós a criamos ou possuímos, mas porque o seu Criador a confiou a nós.

Isso tem consequências importantes. Se imaginarmos a terra como um reino, nós não somos reis que reinam sobre o próprio território, mas vice-reis que o governam em nome do rei, já que o rei não abdicou de seu trono.

Ou, se imaginarmos a terra como um latifúndio, nós não somos os donos dela, mas os meirinhos que administram e cultivam a terra no lugar do latifundiário. Deus nos torna, no sentido mais literal possível, "zeladores" de sua propriedade.

A supervisão continuada da terra (na verdade, do universo) por Deus é afirmada muitas vezes nas Escrituras. Já contemplamos a afirmação de Salmos 24:1: "Do SENHOR é a terra." Isso inclui todas as coisas vivas que habitam a terra: "Todos os animais da floresta são meus, como são as cabeças de gado aos milhares nas colinas. Conheço todas as aves dos montes, e cuido das criaturas do campo" (Salmos 50:10,11). No Sermão do Monte, Jesus estendeu o domínio divino ainda mais — desde as maiores até as menores criaturas. De um lado, Deus faz "seu sol" raiar (o sol pertence a ele); de outro, ele alimenta os pássaros e veste os lírios nos campos (Mateus 5:45; 6:26,28,30). Assim, ele sustenta o todo de sua Criação; ao entregá-la a nós, ele não renunciou à sua responsabilidade por ela. Essa deve ser a razão pela qual até mesmo Canaã, "a terra de Israel", não pertencia a Israel. Sim, era a "Terra Prometida", porque Deus tinha prometido dá-la aos descendentes de Abraão, e realmente o fez. No entanto, os indivíduos eram donos de terra apenas como representantes de sua tribo. Ninguém podia transferir terra para fora da tribo (Números 35:5 e seguintes) nem vendê-la a alguém para sempre. A cada cinquenta anos, no Ano do Jubileu, toda a terra devia ser devolvida ao dono original.

Deus estava ensinando que a terra ainda era dele e que nenhum ser humano tinha direitos de propriedade. Sim, direitos de propriedade eram reconhecidos, de modo que não só roubo mas também cobiça eram proibidos por lei. No entanto, os proprietários deveriam lembrar duas verdades fundamentais. Primeiro, eram apenas residentes temporários: "A terra não poderá ser vendida definitivamente, porque ela é minha, e vocês são apenas estrangeiros e imigrantes" (Levítico 25:23). Segundo, eles não deveriam ficar com toda a renda da terra para si mesmos, mas dar parte dela ao seu próximo necessitado. Como disse o professor Martin Hengel: "O direito à propriedade era, a princípio, subordinado à obrigação de cuidar dos membros mais fracos da sociedade."[32] É interessante que o papa João Paulo II tenha resumido a tradição cristã sobre essa questão em termos semelhantes. Em sua encíclica *Trabalho humano*, ele se distanciou do "coletivismo" marxista e do "capitalismo" liberal. Nesse segundo caso, explicou ele, a questão é como "o direito a propriedade é compreendido". E continuou:

> A tradição cristã nunca defendeu esse direito como absoluto e intocável. Pelo contrário, ela sempre entendeu esse direito dentro do contexto mais amplo do direito comum de todos usarem os bens de toda a Criação: o direito a propriedade privada está subordinado ao direito de uso comum, ao fato de que os bens são para todos.[33]

Se, então, o nosso domínio sobre a terra nos foi delegado por Deus, tendo em vista nossa cooperação com ele e o compartilhamento de seus produtos com outros, devemos prestar contas a ele dessa administração. Não temos a liberdade de fazer o que queremos com nosso ambiente natural; ele não nos pertence para que possamos fazer o que bem desejarmos. "Domínio" não é sinônimo de "dominação", muito menos de "destruição". Já que a terra nos foi apenas confiada, precisamos administrá-la de modo responsável e produtivo para o bem da nossa geração e das gerações futuras.

O DEBATE CONSERVACIONAL

Gestão fiduciária inclui conservação. A maior ameaça à humanidade pode, no fim, não ser a guerra, mas o perigo dos tempos de paz, mais especificamente a exploração dos recursos naturais da terra por tolice ou ganância humana. Toda a vida na terra depende da biosfera, a fina camada de água, solo e ar em que vivemos. Contudo, nosso histórico de conservá-la, especialmente durante o século 20, não é bom.

Ao mesmo tempo, nem todos os cristãos têm aceitado a responsabilidade que as Escrituras nos atribuem; alguns até usaram a história de Gênesis para desculpar sua irresponsabilidade. Gavin Maxwell, autor de livros sobre lontras, especialmente *Ring of Bright Water* [Anel de água brilhante], descreveu como ele perdeu dois adoráveis filhotes de lontras que tinha trazido da Nigéria:

> Um pastor da Igreja da Escócia, que passeava pela praia com uma arma, encontrou-os brincando na beira do mar e os matou. Um dos

filhotes morreu na hora, o outro morreu mais tarde, na água, em decorrência dos ferimentos. O pastor expressou seu arrependimento, mas lembrou a um jornalista que "o Senhor deu ao homem controle sobre os animais do campo".[34]

Como devidamente comenta o professor C. F. D. Moule: "Um crime contra a razão e a sensibilidade não pode ser defendido por meio de um apelo a meros textos."[35]

Os textos bíblicos têm sido interpretados de várias maneiras. Na Idade Média, por exemplo, Tomás de Aquino ensinou que animais existem inteiramente para o prazer e proveito do homem, enquanto Francisco de Assis tratou-os como seus iguais, como irmãos e irmãs. Mas foi Jeremy Bentham, no final do século 18, quem primeiro defendeu que os animais têm direitos por serem criaturas sensíveis que sentem dor. Nos nossos dias, o doutor Peter Singer, professor de bioética na Universidade de Princeton, foi muito mais longe. Em seu controverso livro *Libertação animal*,[36] mesmo reconhecendo que existem diferenças entre humanos e animais, ele defende uma extensão dos "princípios básicos de igualdade" aos animais (ou a "animais não humanos", como ele os chama). Ele rejeita o que chama de "especismo" tão vigorosamente quanto rejeita racismo e sexismo. Define-o como "preconceito ou postura de parcialidade em favor de interesses de membros de sua própria espécie contra os interesses de membros de outras espécies".[37] Em consequência, a pressuposição de que "o animal humano" tem o direito de governar "sobre outros animais" é, em sua opinião, "obsoleta agora".[38]

Essa, porém, é uma reação extrema e exagerada. De forma nenhuma podemos ceder à verdade fundamental de que apenas os seres humanos são, entre todas as criaturas de Deus, aqueles feitos à sua imagem e que receberam um domínio responsável sobre a terra e sobre as suas criaturas. Faz mais sentido, portanto, falar de nossas responsabilidades em relação aos animais do que de direitos dos animais em si. Já que Deus os criou (Gênesis 1), já que ele demonstra sua preocupação com eles, dando-lhes vida, comida e abrigo (Salmos 104), e já que Jesus falou de seu "valor" intrínseco (Mateus 10:31; 12:12), nós também devemos estar preocupados com seu bem-estar. A Bíblia é bastante clara nesse ponto. Segundo a lei, os benefícios do descanso do sábado deviam ser desfrutados também pelos animais (Êxodo 20:10). Segundo a literatura de sabedoria, "o justo cuida bem dos seus rebanhos, mas até os atos mais bondosos dos ímpios são cruéis" (Provérbios 12:10).

Um ansioso debate público continua, também entre cristãos, sobre a aplicação desses princípios bíblicos a práticas como vivissecção, criação intensiva de gado, transporte e abate de animais, domesticação para fins de trabalho e diversão ou criação de animais de estimação. Nós, cristãos, devemos protestar contra qualquer crueldade aplicada a animais e defender o seu tratamento digno em todas as circunstâncias, perguntando-nos se cada prática está de acordo com o valor dos animais (como criaturas de Deus) e com a nossa responsabilidade (como administradores de Deus).[39]

E quanto aos textos de Gênesis? Temos certeza de tê-los interpretado corretamente? Ou será que os críticos ao cristianismo estão certos em dizer que esses versículos são culpados pela irresponsabilidade ecológica contemporânea? O historiador norte-americano Lynn White, por exemplo, da Universidade da Califórnia, em Berkeley, escreveu: "O cristianismo [...] não só estabeleceu um dualismo de homem e natureza, mas também insistiu que é a vontade de Deus que o homem explore a natureza para seus próprios fins [...] O cristianismo carrega um fardo enorme de culpa."[40] Ainda mais claro e direto é Ian L. McHarg. Ele é um escocês que passou a infância entre a feiura de Glasgow e a beleza de Firth of Clyde e das ilhas e Terras Altas da Escócia. Tornou-se urbanista e ecologista, além de fundador e diretor do Departamento de Paisagismo e Planejamento Regional da Universidade da Pensilvânia. Em 1969, escreveu que a história de Gênesis:

> em sua insistência no domínio e na subjugação da natureza, encoraja os instintos mais exploradores e destrutivos no homem em vez dos instintos mais respeitosos e criativos. Na verdade, se quiséssemos legitimar o comportamento daqueles que desejam aumentar a radioatividade, criar canais e portos com bombas atômicas, empregar venenos sem restrição ou apoiar a mentalidade de destruição, não existiria injunção melhor do que esse texto [isto é, Gênesis 1:26,28].

"Quando entendemos isso", ele continua, "a conquista, as depredações e a pilhagem são compreensíveis."[41] A declaração de Deus sobre o domínio do homem foi "também uma declaração de guerra contra a natureza". Ele conclui com estas palavras: "Domínio e subjugação precisam ser expurgados como injunção bíblica da relação do homem com a natureza."[42]

Em suas palestras do Dunning Trust, de 1972 e 1973, Ian McHarg ampliou seu ataque. Ele identificou como fundamento da postura do homem em relação ao mundo natural aquelas "três linhas aterrorizantes" em Gênesis 1 sobre o domínio que Deus deu ao homem. "Domínio é uma relação não negociável", ele disse.

> Se quiser identificar um texto de terror concentrado que garanta que a relação do homem com a natureza só pode ser destruição e que atrofiará qualquer habilidade criativa [...] que explique toda a destruição e pilhagem realizadas pelo homem ocidental durante pelo menos 2 mil anos, basta olhar para esse texto terrível e calamitoso.[43]

Ian McHarg usa uma linguagem muito desregrada para expor sua causa. Algumas pessoas equivocadas (como o pastor citado por Gavin Maxwell) podem ter tentado defender sua aplicação irresponsável de Gênesis 1. Mas é absurdo chamar esse texto de "aterrorizador", "terrível" e "calamitoso" e atribuir a ele dois milênios de exploração do meio ambiente pelo homem ocidental.

Uma avaliação muito mais moderada é fornecida por Keith Thomas, historiador social da Universidade de Oxford. Em seu livro *O homem e o mundo natural*, ele fornece uma documentação meticulosa da mudança de posturas, na Inglaterra, em relação à natureza de 1500 a 1800.[44] Seu tema é que, no início desse período, "o domínio humano" era visto como fato. As pessoas aceitavam "a visão há muito estabelecida [...] de que o mundo tinha sido criado para o bem do homem e de que as outras espécies deveriam ser subjugadas aos seus desejos e necessidades".[45] Gradativamente, porém, essa interpretação "impressionantemente antropocêntrica" dos primeiros capítulos de Gênesis foi descartada.[46] É verdade que alguns cristãos usaram o "domínio" concedido sobre as criaturas como um mandato para esportes tão cruéis como lutas de galo.[47] Mas o doutor Thomas escreve, também, que Gênesis 1 não pode ser culpado pelos problemas ecológicos, visto que (a) eles existem "em partes do mundo onde a tradição judaico-cristã não tem influência", (b) Gênesis apresenta também uma "doutrina distintiva da administração e responsabilidade humana em relação às criaturas de Deus", e (c) outras partes do Antigo Testamento inculcam claramente o cuidado com a criação animal.⁴⁸ De fato, ele reconhece que:

> a ideia moderna de equilíbrio da natureza [...] possuía uma base teológica antes de ganhar uma base científica. Foi a crença na perfeição da Criação de Deus que precedeu e fundamentou o conceito da corrente ecológica cujos elos não podem ser removidos sem provocar grandes perigos.⁴⁹

Analisemos, então, mais uma vez o texto de Gênesis. É verdade que as duas palavras hebraicas empregadas em Gênesis 1:26,28 são fortes. O verbo traduzido como "domine" significa "pisar", "pisotear", de modo que a paráfrase em Salmos 8 é "sob os seus pés tudo puseste". É uma expressão usada com frequência no Antigo Testamento para referir-se ao domínio de reis. O outro verbo, "subjugar", era usado como referência aos inimigos subjugados na guerra e às pessoas levadas à servidão como escravas. Assim, o homem foi ordenado a exercer domínio sobre as criaturas do mar, do céu e da terra (Gênesis 1:26) e a subjugar a terra, colocando-a em submissão (Gênesis 1:28).

Então, Ian McHarg estava certo? Não, não estava. Um princípio elementar da interpretação bíblica é que devemos estabelecer o significado das palavras não só por sua etimologia, mas também, e especialmente, por seu uso no contexto. O que escrevi anteriormente sobre essa instrução bíblica é pertinente à interpretação desses textos. O domínio que Deus nos deu, como vimos, é delegado, responsável e cooperativo; procura expressar o mesmo cuidado do Criador no sustento do meio ambiente. Vimos que, longe de explorar a terra e suas criaturas, devemos usá-las de modo a prestar contas a Deus e servir aos outros. Não temos a liberdade de fazer o que Ian McHarg fez em uma de suas palestras, ou seja, contrapor Gênesis 1 a Gênesis 2, como se Gênesis 2 ensinasse "cultivação", e Gênesis 1, "destruição". Pelo contrário, as duas passagens se interpretam uma a outra. O domínio que Deus deu à humanidade é uma administração consciente e cuidadosa que envolve uma gestão dos recursos da terra. Seria ridículo supor que Deus teria, primeiro, criado a terra para, então, entregá-la a nós, que a destruiríamos.

CONSCIÊNCIA CONTEMPORÂNEA

Certamente, nossa geração está levando mais a sério a responsabilidade ambiental do que o fizeram nossos predecessores imediatos. Cientistas têm destacado o equilíbrio delicado da natureza. Deus estabeleceu na natureza poderes quase inacreditáveis de recuperação e regeneração e, em especial, um ciclo de renovação de energia (do sol para as plantas, os animais, as bactérias e a terra, e de volta para as plantas). É um exemplo daquilo que Barbara Ward chamou de "a unidade mais majestosa" do nosso planeta. Isso se deve a leis naturais que produzem "um equilíbrio dinâmico de forças biológicas mantidas em posição por pesos e contrapesos do tipo mais delicado".[50] "São tão complexos", comentou o doutor John Klotz, conservacionista norte-americano, "que não podem ter-se desenvolvido por acaso."[51] Mas, se arrasarmos a superfície verde da terra ou destruirmos o plâncton nos oceanos, alcançaremos rapidamente o ponto sem retorno no processo de reciclagem. Nosso vasto conhecimento científico moderno nos ensina uma coisa "acima de todas as outras", escreveu Barbara Ward, ou seja, "a necessidade de extremo cuidado, um senso da amplidão e complexidade incríveis das forças que podem ser liberadas e da delicadeza dos agentes que podem ser ativados".[52]

Tem havido uma série de encorajamentos em anos recentes. O meio ambiente voltou a ser um tema importante na agenda em reuniões de cúpula. No entanto, é mais fácil assinar tratados do que viver uma vida consistente com a boa administração do mundo de Deus.

Os cristãos têm uma contribuição distintiva a fazer ao debate ecológico? Sim, acreditamos que Deus criou a terra, confiando a nós o seu cuidado, e que ele a recriará algum dia, quando fizer "novos céus e nova terra". "Sabemos que toda a natureza criada geme até agora, como em dores de parto." Seus gemidos se devem à "escravidão da decadência em que se encontra" e à sua consequente "inutilidade". No fim, porém, ela compartilhará da gloriosa liberdade dos filhos de Deus. Isso é, sua escravidão cederá à liberdade; sua decadência, à glória; e sua dor, à alegria de um novo mundo (Romanos 8:19-22). Essas duas doutrinas, quanto ao início e ao fim da história, à Criação e à consumação, têm um efeito profundo sobre a nossa perspectiva. Elas nos ensinam um respeito apropriado pela terra; aliás, por toda a Criação material, visto que Deus a fez e voltará a fazer.

Por conseguinte, precisamos aprender a pensar e a agir ecologicamente. Nós nos arrependemos da extravagância, da poluição e da destruição aleatória. Reconhecemos que os seres humanos têm mais facilidade de subjugar a terra do que de subjugar a si mesmos. O livro *The Seventh Enemy* [O sétimo inimigo], de Ronald Higgins, é significativo nesse sentido. Os seis primeiros "inimigos" são a explosão populacional, a crise alimentícia, a escassez de recursos, a degradação ambiental, o abuso nuclear e a tecnologia científica. O sétimo inimigo, porém, somos nós mesmos, nossa cegueira pessoal e a inércia política diante do desafio ecológico atual. Por isso o subtítulo do livro de Ronald Higgins é *The Human Factor in the Global Crisis* [O fator humano na crise global]. A raça humana precisa de uma nova autoconsciência, de uma nova visão, de um despertar das suas capacidades morais e religiosas.[53] Mas isso é possível? Sim, os cristãos têm certeza.

Um dos méritos do livreto *Conservation and Lifestyle* [Conservação e estilo de vida], do falecido professor Klaus Bockmuhl, é que ele vai além dos "critérios cristãos" na responsabilidade ambiental, tratando também dos "motivos cristãos". Em sua conclusão, ele insiste no desafio:

> O que precisamos dos cristãos é a motivação para o serviço altruísta, que, no passado, caracterizou a herança cristã. Devemos ser pioneiros no cuidado da humanidade [...] Devemos mostrar de onde vêm o poder e a perspectiva para tal contribuição. Somos transformados para sermos um exemplo. [Devemos] reavivar o coração da ética do evangelho.[54]

Podemos ser gratos por existirem, agora, várias organizações cristãs que trabalham especificamente na área do cuidado com a Criação. Entre elas estão John Ray Institute, International Evangelical Environmental Network, A Rocha e Au Sable Institute. A raiz da crise ecológica é a ganância humana, aquilo que tem sido chamado de "ganho econômico por perda ambiental". Muitas vezes, é uma questão de interesses comerciais concorrentes (mesmo que algumas corporações multinacionais tenham, agora, um departamento ambiental). Faz sentido, também, que o consumidor pague o custo de uma produção sem emissões, seja pelo aumento dos preços (por meio de subsídios governamentais ao produtor), seja pelo aumento dos impostos. Os cristãos não devem opor-se a isso, se esse for o custo de uma administração responsável e ecológica. Aqueles que desejam viver de modo responsável, à luz da visão bíblica sobre o ambiente e as crises atuais que o cercam, encontrarão muitas sugestões práticas no livro de Ruth Valerio, *L Is for Lifestyle* ["E" de estilo de vida], cujo subtítulo é *Christian Living that doesn't Cost the Earth* [Vida cristã que não custa a terra].[55] O livro usa o alfabeto para analisar questões específicas que estamos enfrentando e oferece sugestões de como podemos mudar nosso estilo de vida ou estar mais informados sobre um tema em particular. Assim, A é para ativistas, B é para bananas, H é para HIV, R é para reciclagem, S é para simplicidade, T é para turismo etc. O livro é uma combinação de sugestões práticas e meditações sobre temas como globalização e simplicidade. Explica, ainda, onde encontrar maiores informações e ajuda.

Enquanto os países do Mundo Majoritário lutam para elevar seus padrões de vida, o ambiente costuma não receber tanta atenção quanto os problemas mais imediatos de subnutrição, doenças e pobreza. Isso é compreensível, e essas questões mais profundas precisam ser tratadas se quisermos fazer progresso na preservação do ambiente natural. Além do mais, insistir na proteção das florestas tropicais, no Mundo Majoritário, sem estarmos dispostos a reduzir a emissão de CO_2 é pura hipocrisia. Devemos estar dispostos, também, a compartilhar tecnologias que podem ajudar a reduzir a destruição natural e a criar benefícios econômicos para práticas comerciais ambientalmente seguras. Enquanto a grande disparidade entre ricos e pobres permanecer, os cristãos estão fadados a serem incomodados por sua consciência. Devemos evitar todo tipo de desperdício e ganância, não só por solidariedade aos pobres, mas também por respeito ao ambiente vivo.

NOTAS

1. Muitos guias "verdes" podem ser adquiridos na maioria das livrarias.Calvin B. DeWitt divide as "degradações da criação" em sete categorias: (1) alteração na troca de energia da terra com o sol; (2) degradação da terra; (3) desmatamento; (4) extinção de espécies; (5) degradação da qualidade da água; (6) geração de lixo e intoxicação global; (7) degradação humana e cultural. Veja DEWITT, Calvin B.
2. Creation's environmental challenge to Evangelical Christianity. In: BERRY, R. J. (Org.). *The care of Creation:* focusing concern and action. Leicester: InterVarsity Press, 2000. p. 61-62.
3. PRANCE, Ghillean. *The Earth under threat.* Glasgow: Wild Goose Publications, 1996. p. 31.
4. MCCLOUGHRY, Roy. *Population growth and Christian ethics.* Cambridge: Grove Books, 1995. (Grove Ethical Studies no 98.)
5. GUILLEBAUD, John. Population numbers and environmental degradation. In: BERRY, op. cit., p. 155-160.
6. Sobre isso, veja *www.peakoil.net/TheLamp/TheLamp.html* (em inglês).
7. SCHUMACHER, E. F. *Small is beautiful.* [S.l.: s.n.], 1973; Londres: Abacus, 1974. p. 11-16. A visão de crescimento ilimitado tem sido criticada insistentemente pelo bispo Lesslie Newbigin em *Foolishness to the Greeks* (Londres: SPCK, 1986). "Crescimento [...] pelo bem do crescimento", ele escreve, que "não é determinado por um propósito social maior" é "um relato exato do fenômeno que, quando ocorre no corpo humano, é chamado de câncer" (p. 114).
8. Veja *www.unhchr.ch/htm/menu2/6/gc15.doc* (em inglês).
9. Veja *http://earthobservatory.nasa.gov/Library/Deforestation/* (em inglês).
10. MATTHEWS, Jessica Tuchman. Nations and nature: a new view of security. In: PRINS, Gwyn; TROMP, Hylke (Orgs.). *Threats without enemies.* Londres: Earthscan Publications, 1993. p. 36.
11. Ibid., p. 48-49.
12. *Man in his living environment:* an ethical assessment, a report from the Board for Social Responsibility. Londres: Church Information Office, 1970. p. 61. Veja também *Our responsibility for the living environment*, a report from the Board for Social Responsibility's Environmental Issues Reference Panel. Londres: Church House Publishing, 1986.
13. PRANCE, op. cit., p. 45.
14. Ibid.

15. Veja *www.iucn.org* (em inglês).
16. SCHNEIDER, Stephen. *Laboratory Earth*: the planetary gamble we can't afford to lose. Nova York: Basic Books, 1998. p. 107.
17. Consulte *www.iucn.org/themes/ssc/red_list_2004/English/newsrelease_EN.htm* (em inglês).
18. Consulte *http://news.bbc.co.uk/hi/english/static/in_depth/world/2002/disposable_planet/* (em inglês).
19. Consulte *www.foe.co.uk/campaigns/waste/issues/what_a_mess/index.html* (em inglês).
20. DEWITT, Calvin B. Creation's environmental challenge to Evangelical Christianity. In: BERRY, op. cit., p. 62, nota de fim 9.
21. PRANCE, op. cit., p. 41.
22. Veja *www.al.noaa.gov/assessments/2002/Q&As16.pdf* (em inglês).
23. Veja Sir HOUGHTON, John (Chairman of the Royal Commission on Environmental Pollution). *Global warming*: the complete briefing. Oxford: Lion, 1994.
24. *Climate change 2001*: the scientific basis. Londres: Intergovernmental Panel on Climate Change, 2001. Disponível em: <http://www.grida.no/publications/270>. Acesso em: 6 fev. 2019.
25. Veja *www.noaanews.noaa.gov/stories2005/s2540.htm* (em inglês).
26. ROYAL SOCIETY. *Ocean acidification due to increasing atmospheric carbon dioxide*. Londres: Royal Society, 2005. Disponível em <www.royalsoc.ac.uk/displaypagedoc.asp?id=13249>. Acesso em: 6 fev. 2019.
27. Royal Commission on Environmental Pollution Report 21. Em 2003, o governo britânico adotou essa meta como núcleo de sua política de energia.
28. Segundo a International Energy Agency (IEA), a demanda global por energia deve *aumentar* entre 2002 e 2030, e 85% do aumento virá de combustíveis fósseis. Dois terços do aumento em demanda de energia virão do Mundo Majoritário, que, até 2030, constituirá 50%. Estimativas de *World Energy Outlook 2004*. Paris: International Energy Agency, 2004.
29. WORLD COMMISSION ON ENVIRONMENT AND DEVELOPMENT. *Our common future*. Oxford: Oxford Univ. Press, 1987. p. 8, 43.
30. VON RAD, Gerhard. *Genesis*. [S.l.: s.n.], 1956; Londres: SCM, 1963. p. 58.
31. DALE, Tom; CARTER, Vernon Gill. *Topsoil and civilization*. Norman, Okla.: Univ. Oklahoma Press, 1955. Citado em SCHUMACHER, op. cit., p. 84.
32. HENGEL, Martin. *Property and riches in the Early Church*. [S.l.: s.n.], 1973; Minneapolis: Fortress, Londres: SCM, 1974. p. 12.

33. *Laborem Exercens*: Pope John Paul II's encyclical letter "Human Work". Londres: Catholic Truth Society, 1981. p. 50-51.
34. O artigo de Gavin Maxwell foi publicado no *Observer*, em 13 de outubro de 1963.
35. MOULE, C. F. D. *Man and nature in the New Testament:* some reflections on biblical ecology. Londres: Athlone, 1964; Minneapolis: Fortress, 1967. p. 1. Veja também LINZEY, Andrew. *Christianity and the rights of animals.* Londres: SPCK, 1988.
36. SINGER, Peter. *Animal liberation.* 2. ed. [S.l.: s.n.], 1990; Londres: Pimlico Books, 1995. Veja também sua obra mais recente: *Rethinking life and death:* the collapse of our traditional ethics. Oxford: Oxford Univ. Press, 1995, em que ele tenta estreitar a diferença entre humanos e animais.
37. Ibid., p. 6.
38. Ibid., p. 185.
39. Para uma boa discussão sobre os direitos dos animais, veja *Green Cross*, n. 1., v. 2, inverno 1996. Essa edição dedica-se à discussão da responsabilidade cristã para com os animais. Veja também GRIFFITHS, Richard. *The human use of animals*. Cambridge: Grove Booklets, 1982; SARGENT, Tony. *Animal rights and wrongs:* a biblical perspective. Londres: Hodder & Stoughton, 1996.
40. De uma palestra na American Association for the Advancement of Science, publicada como "The Historical Roots of our Ecological Crisis", em *Science*, n. 155, p. 1203-1207, 1967, e reimpressa como o Capítulo 5 do livro *Machina ex Deo:* essays in the dynamism of Western culture. Cambridge, Mass.; Londres: MIT Press, 1968.
41. MCHARG, Ian L. *Design with nature*. Nova York: Doubleday, 1969. p. 26.
42. Ibid., p. 197.
43. Esses fragmentos das palestras de Ian McHarg foram citados em *Ontario Naturalist*, março de 1973.
44. THOMAS, Keith. *Man and the natural world*. [S.l.: s.n.], 1983; Harmondsworth: Penguin, 1984. Veja também ECHLIN, Edward. *The Christian green heritage:* world as creation. Cambridge: Grove Books, 1989. (Grove Ethical Studies no. 74); RUSSELL, Colin A. *The earth, humanity and God*. Londres: UCL Press, 1994. especialmente p. 86-93.
45. THOMAS, op. cit., p. 17.
46. Ibid., p. 18.
47. Ibid., p. 22.
48. Ibid., p. 24; cf. p. 151.
49. Ibid., p. 278.
50. WARD, Barbara; DUBOS, Rene. *Only one Earth:* the care and maintenance of a small planet. Londres: Penguin, 1972. p. 83.

51. Ibid., p. 45.
52. Ibid., p. 85.
53. HIGGINS, Ronald. *The seventh enemy*. Londres: Hodder & Stoughton, 1978.
54. BOCKMUEHL, Klaus. *Conservation and lifestyle*. [S.l.: s.n.], 1975, tradução: Bruce N. Kaye; Cambridge: Grove Books, 1977. p. 23-24. Para uma avaliação cristã mais recente das questões ambientais, veja ELSDON, Ron. *Greenhouse theology*. Londres: Monarch, 1992; LEQUIRE, Stan (Org.). *The best preaching on Earth:* a collection of sermons on care for and God. Londres: UCL Press, 1994. Veja também a revista *Green Cross*, uma publicação da Christian Society of the Green Cross, ministério evangélico para ação social — Green Cross, 10 East Lancaster Avenue, Wynnewood, PA 19096-3495, EUA.
55. VALERIO, Ruth. *L is for lifestyle*. Leicester: InterVarsity Press, 2004.

CAPÍTULO 6

Convivendo com a pobreza global

É famosa a declaração do presidente Roosevelt sobre os valores pelos quais os aliados lutaram na Segunda Guerra Mundial:

> Aguardamos com ansiedade um mundo fundamentado em quatro liberdades humanas essenciais. A primeira é a liberdade de expressão. A segunda é a liberdade de cada pessoa de adorar a Deus do seu jeito. A terceira é a liberdade de querer [...] a quarta é a liberdade de viver sem medo.

Dos esforços do Plano Marshall para reconstruir a Europa após a devastação da guerra, quando a Europa era um continente de refugiados e com escassez de alimentos, surgiu uma nova visão para uma resposta às necessidades dos pobres — o Terceiro Mundo, como era conhecido na época, mas que talvez devesse, de forma mais apropriada, ser chamado de o Mundo Majoritário.[1] Atenção política séria começou a ser dada à questão da pobreza global. A primeira United Nations Conference on Trade and Development [Conferência das Nações Unidas sobre Comércio e Desenvolvimento] (UNCTAD), em 1964, testemunhou os inícios de uma organização política pelos países em desenvolvimento. Mas foi a publicação do relatório da Comissão Brandt, *Norte-Sul: um programa para a sobrevivência*, em 1980, que iniciou uma nova fase no debate ao ressaltar a necessidade de ação urgente e argumentar que resolver o problema da pobreza global servia aos interesses tanto dos ricos quanto dos pobres. O "princípio da mutualidade de interesses tem sido o centro das nossas discussões", eles escreveram.² Em outras palavras: "Norte e Sul dependem um do outro numa economia de um mundo único", e, agora que estão "cada vez mais cientes dessa interdependência, eles precisam revitalizar o diálogo para alcançar metas específicas, num espírito de parceria e interesse mútuo, não num espírito de desigualdade e caridade".³

Parte da reação à necessidade global foi o estabelecimento de instituições de caridade, como Oxfam (1942), seguida por Christian Aid (1953). Tearfund foi lançada formalmente pela Aliança Evangélica em 1968, com o objetivo explícito de "remover o álibi" com o qual os cristãos evangélicos se esquivavam do desafio de alívio e desenvolvimento, deixando-o para outros. Não foi nenhuma coincidência que o lançamento da Tearfund, sob a liderança de George Hoffman e com o *slogan* "Eles não podem comer orações", veio acompanhado pelas primeiras imagens televisivas da fome em Biafra, o Estado separatista durante a guerra civil na Nigéria.

Em outubro de 1984, a fome sobreveio à Etiópia, e pessoas do mundo inteiro se viram expostas a imagens fortes de pessoas morrendo de fome. O jornalista Michael Buerk disse tratar-se de uma fome de "proporções bíblicas"; o cantor de rock Bob Geldof, comovido com a luta dos pobres e irritado com a falta de reação no Ocidente, reuniu outros músicos para arrecadar dinheiro por meio da Band Aid e do *show* Live Aid, em 1985.

Uma geração inteira se comoveu com o momento singular de consciência e reagiu com generosidade. Mas a década seguinte foi caracterizada por uma explosão dramática de crescimento econômico, nas nações mais ricas do mundo, e uma falha completa quanto ao compartilhamento da riqueza que era gerada, com os níveis de ajuda chegando a cair durante a década de 1990,⁴ e, com isso, a disparidade entre ricos e pobres aumentou de modo inexorável. O resultado foi que, embora alguns países, especialmente na Ásia, tenham aproveitado as oportunidades de crescimento econômico, geradas por aquilo que ficou conhecido como globalização, outros ficaram para trás, como a maior parte da África subsaariana.

Desse modo, no início do novo milênio, já estava evidente que a pobreza global era mais complexa do que uma simples divisão Norte-Sul. Alguns países parecem carecer de quaisquer perspectivas de crescimento econômico que tenham um impacto significativo sobre os níveis de pobreza em suas comunidades. Ao mesmo tempo, existem países, sobretudo China e Índia (que, juntos, representam quase um terço da população global), passando por um rápido crescimento econômico, enquanto o seu povo, em grandes proporções, continua preso à pobreza. Embora alguns países estejam ficando mais ricos em relação ao resto do mundo, alguns deles estão vivenciando disparidades cada vez maiores dentro de sua própria sociedade.

Assim, nosso mundo, o mundo de Deus, ainda é marcado por um abismo cada vez maior entre ricos e pobres, tanto entre países quanto dentro deles. As estatísticas são, por vezes, demais para assimilar, dado o número de pessoas envolvidas. Estima-se que 1,100 bilhão de pessoas vive em condições de pobreza extrema, definida como a renda inferior a 1 dólar por dia; 2,800 bilhões, quase a metade da população do mundo, vivem com menos de 2 dólares por dia; 1,100 bilhão vive sem acesso a água potável; 2,400 bilhões não têm acesso a saneamento básico.[5]

O *Chronic Poverty Report 2004-2005* fala de "pobreza crônica" distinguindo-se pela duração e diz:

> Entre 300 e 420 milhões de pessoas estão presas em pobreza crônica. Elas experimentam privação ao longo de muitos anos, muitas vezes durante toda a vida, e normalmente repassam a pobreza aos filhos. Muitos dos cronicamente pobres morrem de um jeito precoce em decorrência de problemas de saúde que seriam facilmente evitáveis. Para elas, pobreza não é apenas uma questão de renda baixa: é uma questão de privação multidimensional — fome, subnutrição, água suja para beber, analfabetismo, falta de acesso a assistência médica, isolamento social e exploração. Tal privação e tal sofrimento existem num mundo que possui o conhecimento e os recursos para erradicá-los.[6]

OS OBJETIVOS DE DESENVOLVIMENTO DO MILÊNIO

É nessa perspectiva que podemos dizer, também, que estamos vivendo um momento único na história do mundo. Na virada do milênio, a maior reunião de líderes mundiais já realizada debateu questões relativas à pobreza global. Os Millennium Development Goals [Objetivos de Desenvolvimento do Milênio] (MDGs), com respectivas metas, vieram da Declaração do Milênio, assinada por 189 países, incluindo 147 chefes de Estado, em setembro de 2000. Os objetivos são acompanhados de metas detalhadas (não esboçadas aqui), que servem como indicadores do alcance desses objetivos. Eles representam a decisão, como afirma a declaração, "de criar um ambiente — nos níveis nacionais e globais — que favoreça o desenvolvimento e a eliminação da pobreza".[7]

A declaração indica de que maneiras as nações poderiam unir-se para combater problemas como degradação ambiental, guerra e pobreza. Os líderes mundiais concordaram com um plano que, entre outras coisas, pretendia cortar pela metade, até 2015, a proporção da população do mundo que vivia em pobreza.* Os Objetivos de Desenvolvimento do Milênio tornaram-se foco de atenção e uma medida por meio da qual o progresso poderia ser avaliado.[8] Havia sinais de que alguns políticos e líderes estavam dispostos a acatar esses objetivos como intenções sérias, e não como uma declaração de visão idealista, o que os tornou bastante significativos. O século 20 encerrou-se não só com um consenso global de ação, mas também com uma atmosfera política singular, criada pela eleição de vários líderes mundiais[9] sensibilizados por questões da pobreza global.

Os Objetivos de Desenvolvimento do Milênio[10]

1. Erradicar a pobreza extrema e a fome.
2. Alcançar uma educação primária universal.
3. Promover a igualdade de gêneros e empoderar mulheres.
4. Reduzir a mortandade infantil.
5. Melhorar a saúde materna.
6. Combater HIV/Aids, malária e outras doenças.
7. Garantir a sustentabilidade ambiental.
8. Desenvolver uma parceria global de desenvolvimento.

Claro, é fácil ser cínico a respeito da assinatura desse tipo de documento. Dezenas de declarações como essa têm sido assinadas por líderes mundiais, mas nunca foram colocadas em prática. Os Objetivos de Desenvolvimento do Milênio serão alcançados? A resposta é mista. O *Global Monitoring Re-*

---

* Livro lançado originalmente em 2006 (em inglês). Alguns dados podem estar desatualizados. [N. do R.]

port 2005, documento de monitoração do progresso desses objetivos, reconheceu sinais de esperança. No que concerne ao primeiro objetivo, de cortar pela metade a pobreza de renda de 1990 até 2015, ele disse:

> Globalmente, as perspectivas de cortar pela metade a pobreza de renda entre 1990 e 2015 — o primeiro MDG — são promissoras. A China e a Índia, os dois países com o maior número de pessoas pobres, alcançaram um crescimento forte e constante e fizeram grandes e rápidos progressos na redução da pobreza. Graças, em grande parte, aos seus próprios esforços, a Ásia Oriental já alcançou o MDG referente à pobreza, e o Sul da Ásia está a caminho de alcançá-lo.[11]

Um exemplo particularmente notável é o Vietnã, país de renda baixa que reduziu a pobreza de 51%, em 1990, para 14%, em 2002. Em outros países, porém, a situação é desastrosa. A África subsaariana, em especial, apresenta dificuldades em todos os objetivos.

As dificuldades associadas ao alcance dos Objetivos de Desenvolvimento do Milênio nessa região levaram Gordon Brown, então chanceler econômico do Reino Unido, a dizer, no lançamento da Comissão sobre o Relatório da África, em março de 2005:

> Na melhor das hipóteses, com base no atual progresso na África subsaariana, a promessa de desenvolvimento do milênio não será cumprida a tempo até 2015. Na verdade, segundo as taxas de progresso atuais, ela só será cumprida em 2130. A promessa de cortar pela metade a pobreza não será cumprida em 2015, mas em 2150. A promessa de cortar em dois terços a mortalidade infantil e materna evitável será cumprida não em 2015, mas em 2165. Os africanos cultivam há muito a virtude da paciência, mas o mundo inteiro deveria saber que esperar 150 anos por justiça é pedir demais às pessoas. E a pergunta que precisamos fazer é: "Se não agora, quando? Se não nós, quem?".[12]

Os dizeres de Gordon Brown mostram-nos mais uma vez que palavras sem ações são piores do que inúteis. Se a questão é a ausência de vontade política por parte daquelas nações ricas, então estamos ficando aquém das exigências bíblicas de justiça para os pobres.

O Consenso de Monterrey — resultado de uma reunião sobre desenvolvimento financeiro, em 2002 — discutiu o que precisaria ser feito para que os Objetivos de Desenvolvimento do Milênio fossem alcançados. O evento reafirmou a necessidade de que países desenvolvidos e em desenvolvimento reconhecessem que são interdependentes, como Brandt havia feito em 1980. Também lançou um apelo aos países em desenvolvimento para que implantassem políticas saudáveis, viabilizassem uma boa administração, lutassem contra a corrupção e aplicassem direitos de propriedade privada e o governo da lei dentro de uma estrutura democrática.[13] Em outras palavras, os países em desenvolvimento precisavam construir uma política e instituições saudáveis nas quais a comunidade internacional pudesse confiar.

AJUDA, COMÉRCIO E DÍVIDA

Quando examinamos a pobreza global, três questões sempre aparecem na pauta — ajuda, comércio e endividamento das nações pobres.

Ajuda

O ano de 2005 marcou os 35 anos desde que essa meta foi afirmada pela primeira vez, pelos Estados-membros das Nações Unidas, na resolução da Assembleia Geral de 1970.

> Em reconhecimento da importância especial do papel que pode ser cumprido apenas pela assistência oficial ao desenvolvimento, grande parte das transferências de recursos financeiros aos países em desenvolvimento deveria ser fornecida na forma de assistência oficial ao desenvolvimento. Cada país economicamente avançado aumentará gradativamente sua assistência oficial ao desenvolvimento nos países em desenvolvimento e fará tudo que estiver dentro de suas capacidades para alcançar um mínimo de 0,7% de sua renda nacional bruta até os meados da década.[14]

Países ricos assumiram esse compromisso novamente na ECO-92, no Rio de Janeiro. Monterrey também encerrou sua declaração com um apelo às nações ricas de fornecer 0,7% da renda bruta como assistência oficial ao desenvolvimento. No entanto, apenas poucos países conseguiram chegar perto dessa meta. Vários países, notavelmente Noruega, Dinamarca, Suécia, Luxemburgo e Países Baixos, cumpre-na. Contudo, mesmo que a contribuição norte-americana seja a mais alta em termos de volume, ela é a mais baixa quando medida como proporção da renda bruta (0,14% em 2003). Em geral, a parte da ajuda financeira como proporção da renda bruta dos países ricos caiu de 0,3% para 0,2% durante a década de 1990.[15] No entanto, recentemente, Gordon Brown afirmou que a ajuda precisaria ser dobrada se quiséssemos alcançar os Objetivos de Desenvolvimento do Milênio.[16]

Recentemente, a África testemunhou o nascimento da The New Partnership for Africa's Development [A Nova Parceria para o Desenvolvimento da África] (NEPAD), iniciada por cinco chefes de Estado africanos (Argélia, Egito, Nigéria, Senegal e África do Sul). Essa estrutura para a renovação do continente afirma que o desenvolvimento da África é responsabilidade da África. Ela assume a tarefa de desenvolvimento da África como um continente capaz de participar com efetividade dos mercados globais, de cultivar saúde, paz, transparência e de criar as outras condições necessárias para uma sociedade estável.

A ajuda ocupa um lugar vital no apoio ao crescimento e ao desenvolvimento dos países do Mundo Majoritário e na provisão de alívio urgente com o qual todos nos familiarizamos em casos de tragédias provocadas por desastres como *tsunamis* ou fome. Como mostrarei mais adiante, isso faz parte da maneira como nós aplicamos o princípio bíblico da igualdade.

Comércio

Justiça no comércio internacional é de suma importância para a igualdade de oportunidades entre os países. A ajuda de desenvolvimento é importante, mas não é um fim em si mesma. Certamente, o objetivo da ajuda deve ser o preparo de um país saudável e estável, a fim de que seja capaz de participar do comércio em pé de igualdade com o resto do mundo. Como cristãos, não podemos ser observadores passivos de um sistema de comércio internacional construído sobre a base da injustiça. Devemos, portanto, apoiar cada tentativa das agências e igrejas cristãs de chamar a atenção para a injustiça comercial, de tal modo que governos, corporações multinacionais e organizações intergovernamentais não possam ignorar a opinião pública. Em 2005, a Campanha Global pela Ação contra a Pobreza apelou às pessoas para que voltassem sua atenção para a necessidade de apoiar a justiça comercial, de cancelar dívidas e de cultivar ajuda de qualidade aos países do Mundo Majoritário. Mesmo que seja difícil, ou até mesmo impossível, alcançar igualdade, certamente é possível reduzir a desigualdade. Negligenciamos isso por nossa conta e risco, não só política e economicamente, mas também moral e espiritualmente.

Muitos países do Mundo Majoritário enfrentam o protecionismo dos países ricos quando tentam comercializar nos mercados globais. Quando Gana desenvolveu uma indústria de tomates, a Itália inundou Gana com seus tomates sobressalentes e matou a indústria local.[17] Moçambique produz 200 mil toneladas de açúcar por ano, mas, por causa de cotas, o país só pode vender uma fração disso à Europa e aos Estados Unidos, que também subsidiam a produção de açúcar de beterraba. Moçambique sai perdendo.[18] Poderíamos citar outros exemplos infinitamente, com casos famosos de bananas, têxteis e café entre os produtos negociados injustamente. Como cristãos, devemos apoiar o comércio justo sempre que possível.

Dívida

Existem, ainda, vastas desigualdades estruturais no mundo de hoje que perpetuam a pobreza global e que devemos desafiar. Pessoas no Mundo Majoritário, por exemplo, precisam pagar 30 milhões de libras ao mundo rico a cada dia como reembolso de dívidas, enquanto milhões se encontram em pobreza. Em 1998, 52 países deviam um total de 375 bilhões de dólares. Os países do G8 concordaram em cancelar (ou "perdoar") 100 bilhões disso. Mas, até abril de 2005, apenas 48 bilhões de dólares haviam sido cancelados.[19] Numa reunião das poderosas nações do "G7", em fevereiro de 2005 (passa a ser conhecido como "G8" quando a Rússia é incluída), Canadá, Alemanha, França, Japão, Itália, Estados Unidos e Reino Unido concordaram que alguns países, notavelmente os 42 países pobres muito endividados (PPME), precisavam de um perdão total de suas dívidas.

Muitos países carregam um pesado fardo de dívidas em razão dos grandes empréstimos feitos na década de 1970. Mesmo que, é claro, em princípio, todos os contratos devam ser cumpridos e todas as dívidas devam ser pagas, nós nos perguntamos se a situação atual não se enquadra na condenação de usura do Velho Testamento. Certamente passa a impressão de exploração dos pobres por meio de empréstimo extorsivo de dinheiro pelos ricos. Os pagamentos de dívidas da Zâmbia ao Fundo Monetário Internacional (FMI) chegam a 25 milhões de dólares, mais do que os gastos do país com educação, embora 40% das mulheres rurais não saibam ler nem escrever. Malawi gasta mais em dívidas do que em saúde, mesmo que 1 em cada 5 de seus habitantes seja soropositivo. E, apesar de ser o segundo país a ter suas dívidas canceladas (depois da Uganda), a Bolívia ainda gasta mais em dívidas do que em saúde, e sua mortandade infantil é dez vezes mais alta do que a do Reino Unido.[20]

A crise de dívidas não pode ser atribuída de modo simplista a uma administração falha ou à extravagância de governos inescrupulosos e de seus apoiadores. Ela se deve, principalmente, a fatores sobre os quais os líderes do país não têm controle: a recessão global no início da década de 1980, taxas de juros cada vez mais altas nos países credores, inflação altíssima nos países devedores e instabilidade — até mesmo o colapso — dos preços de produtos. Assim, em muitos casos, as dívidas aumentaram, enquanto a capacidade de quitá-las diminuiu.

É claro que governos inescrupulosos podem desperdiçar recursos, e aqueles países credores impõem, muitas vezes, antes do cancelamento das dívidas, condições aos países a respeito de como reestruturar sua economia e reformar sua sociedade civil. Às vezes, isso funciona, mas, com frequência, passa a ser outro fardo para um país que já se encontra sob uma pressão intolerável. É verdade que os países do Mundo Majoritário precisam assumir responsabilidades por sua política e uma boa administração; ao mesmo tempo, porém, ao reagendar e cancelar arranjos, é moralmente errado que países ricos obriguem governos devedores a reduzir suas despesas públicas em programas sociais como educação, saúde e emprego, já que são os pobres que mais sofrem com esse tipo de corte. Críticos alegam que é isso o que costuma acontecer sob os programas de ajustes estruturais iniciados pelo Banco Mundial e pela política de estabilização do FMI, sendo que ambos visam a uma mudança estrutural, de longo termo, de práticas economicamente não produtivas.

O cancelamento de dívidas faz uma diferença real para um país. A Jubilee Debt Campaign nos dá quatro exemplos disso. Em Benim, 54% do dinheiro economizado com o perdão de dívidas foi gasto em saúde, incluindo assistência médica rural e programas de HIV. Na Tanzânia, o perdão de dívidas permitiu que o governo abolisse mensalidades na educação primária, gerando um aumento de 66% na frequência escolar. Quando as dívidas de Moçambique foram perdoadas, o país pôde oferecer a todas as crianças imunização gratuita. Na Uganda, o perdão de dívidas deu acesso a água potável a 2,200 milhões de pessoas.

Grande parte do foco em alívio de dívidas veio pela iniciativa da campanha Jubilee 2000, apoiada por uma ampla coalizão de agências cristãs e não cristãs. O trabalho do diplomata aposentado Bill Peters e do acadêmico Martin Dent (Universidade de Keele) foi vinculado à liderança visionária e inspiradora de Ann Pettifor. Ela trabalhava para a Debt Network, que coordenava atividades de caridade relacionadas à questão das dívidas. Vários cristãos evangélicos se destacaram. Mark Greene, na época no London Bible College, ajudou a criar o que muitos, incluindo Bob Geldof, consideravam impossível — uma campanha popular sobre uma questão econômica abstrusa. Tearfund exerceu um papel fundamental no início dos trabalhos, com Stephen Rand desempenhando um papel particularmente de destaque. Christian Aid e CAFOD foram essenciais na propagação da campanha pelas igrejas do Reino Unido, e a Igreja Católica, apoiada fortemente pela Mothers' Union, foi responsável pela internacionalização da campanha.

Mais de 24 milhões assinaram a petição da campanha de dívidas da Jubilee 2000. Foi um instrumento poderoso para o seu sucesso. Estima-se que, para cada assinatura, 4 mil libras em dívidas tenham sido canceladas. Gastos sociais em todos os países pobres muito endividados aumentaram em torno de 20%.[21]

Um senso de injustiça e ultraje moral alimentou o desejo de mudança e forneceu o estímulo para que medidas práticas fossem tomadas. Isso se concretizou na aplicação dos princípios relativos aos ensinamentos do Jubileu, no Antigo Testamento. Não foi uma exegese estreita das passagens bíblicas; foi mais uma expressão de aspiração que ressoou com os valores bíblicos, o que levou o economista Will Hutton a escrever ao *Observer*: "No final do século 20, são as palavras de Levítico, e não os ensinamentos de Karl Marx, que servem de inspiração para uma mudança significativa nos assuntos globais." Gordon Brown, falando num evento da Jubilee 2000, em dezembro daquele ano, comentou:

> O sucesso da Jubilee 2000 pode ser atribuído ao idealismo e à força incansável das nossas igrejas. Estamos reunidos aqui para nos dedicarmos novamente ao que precisamos fazer juntos. Nas palavras de Isaías, para aliviar os fardos pesados e libertar os oprimidos.[22]

O IMPACTO DA AIDS

Muitas partes do Mundo Majoritário foram empobrecidas ainda mais com o advento da Aids, que tem devastado sua sociedade. Na Zâmbia, por exemplo, a expectativa de vida foi reduzida a quarenta anos ou menos. A Aids (síndrome da imunodeficiência adquirida) foi identificada e descrita pela primeira vez em 1981, nos Estados Unidos.[23] Ela é causada pelo HIV (vírus da imunodeficiência humana), que pode permanecer inativo e não identificado em seu anfitrião humano por até dez anos. Mas, em algum momento, ele se manifestará, atacando e prejudicando os sistemas nervoso e imunológico, tornando-os indefesos contra determinadas doenças fatais. O HIV pode ser transmitido de várias maneiras, incluindo transfusões de sangue, uso de drogas intravenosas por meio de agulhas compartilhadas ou contaminadas, contato sexual ou transmissão de mãe para filho.[24] Atualmente, apesar de existirem drogas antirretrovirais que retardam seu desenvolvimento, a doença é sempre fatal.

Quando o Ocidente tomou consciência da existência da Aids, acreditava-se que se tratava de uma doença basicamente confinada à comunidade *gay*. Em seus primeiros anos, era chamada de a "praga *gay*" por causa do número de homens *gays* afetados por ela, do número de parceiros sexuais que eles tinham e das suas práticas sexuais de "alto risco". No entanto, sabemos que a Aids pode afetar qualquer um, homem, mulher ou criança, heterossexual ou homossexual. Na verdade, em breve, o número de mulheres e garotas com HIV ultrapassará o número de homens e garotos. Na África subsaariana, mulheres jovens de 15 a 24 anos de idade são três vezes mais vulneráveis ao HIV do que seus colegas homens. Elas são fisicamente mais suscetíveis, muitas vezes não têm controle sobre a própria vida e estão mais expostas a abuso e exploração.

Mesmo que a Aids exista no mundo inteiro, ela costuma ser associada ao Mundo Majoritário. Ainda que epidemias estejam crescendo em países como Índia e China, e por toda a Europa Oriental, a Aids veio a ser associada ao continente africano. É aqui onde a maior tragédia se desdobra. Ao longo dos próximos vinte anos, se nada for feito, quase 90 milhões de africanos poderão estar infectados pelo HIV — 10% da população do continente. No entanto, muitas dessas mortes podem ser evitadas, especialmente se a ajuda for maior e se saúde, agricultura e educação forem reforçadas. Em termos mais gerais, o número global de pessoas vivendo com HIV/Aids, em 2005, era de 40,300 milhões.[25] Pessoas recentemente infectadas, em 2005, somavam 4,900 milhões,[26] enquanto 3,170 milhões de pessoas com Aids morreram.[27] Em alguns países, é difícil obter números exatos ou identificar pessoas vulneráveis em razão do estigma envolvendo a dependência química e as relações sexuais entre homens numa cultura em que essa conduta ocorre em secreto.

O vínculo entre pobreza e Aids é circular. Saúde debilitada causa pobreza, e pobreza contribui para saúde debilitada.[28] A pobreza torna o tratamento inadquirível, o acesso a cuidados médicos ineficiente e a nutrição, geralmente, inadequada. Significa sobreviver a curto prazo, em vez de investir em benefícios de longo prazo. A Aids reduz a capacidade de uma família de cultivar a terra, e o dinheiro é reservado a remédios, prejudicando as economias. Em seu livro *The End of Poverty* [O fim da pobreza], Jeffrey Sachs diz o seguinte:

> A África está perdendo seus professores e médicos, seus funcionários públicos e fazendeiros, suas mães e seus pais. Já existem mais de 10 milhões de crianças órfãs. As despesas empresariais dispararam em razão dos vastos gastos médicos, descontrolados, com funcionários, das faltas constantes e de uma avalanche de mortes de empregados. Investidores estrangeiros são dissuadidos de pisar no pântano de Aids na África, e milhões de lares estão lutando contra a doença do chefe de família, o que resulta num gasto incrível de tempo e dinheiro, sem falar do trauma emocional da família.[29]

Na Uganda, por sua vez, o HIV alcançou um pico de mais ou menos 15%, em 1991, e caiu para 5%, em 2001. Essa causa de esperança foi analisada num artigo escrito por Edward Green e quatro outros analistas experientes da Aids na África.[30] Eles observaram que, embora a situação fosse complexa, a liderança do presidente Museveni, que discursou publicamente sobre a Aids, foi crucial. Ele deu prioridade à educação sobre HIV/Aids em escolas, reuniões locais e instituições religiosas. Líderes de comunidades religiosas foram encorajados a superar sua relutância em se envolver. Líderes comunitários foram treinados e designados. Aconselhamento e exames voluntários também foram importantes.

De qualquer modo, talvez o fator mais importante para a redução do HIV/Aids na Uganda tenha sido a diminuição das múltiplas parcerias sexuais. Em comparação com os homens do Quênia, da Zâmbia e do Malawi, em 1995, era menor a probabilidade de os homens ugandeses com idade de 15 a 19 anos terem tido relações sexuais, com maior chance de serem casados e leais à parceira e uma menor propensão a manterem parceiros múltiplos, especialmente se não fossem casados.

O presidente da Uganda e sua esposa falavam com frequência da "abordagem ABC" sobre a Aids[31] — em outras palavras, as pessoas deveriam "abster-se de sexo, ser fiéis ao parceiro e, se não conseguissem fazer isso, usar camisinhas" (em inglês: *abstain from sex, be faithful, use condoms*). A ênfase aos dois primeiros pontos causou uma mudança de comportamento que não poderia ter sido produzida somente com o uso de camisinhas. Segundo Stoneburner, um dos autores do relatório, "o efeito das intervenções para prevenção do HIV na Uganda (especialmente a redução do número de parceiros), durante a última década, parece ter tido impacto semelhante ao de uma vacina médica com eficácia de 80%".[32] Essa abordagem também teve seus críticos. De um lado, alguns daqueles que apoiavam a abstinência e a fidelidade criticavam aqueles que se concentravam exclusivamente no uso de camisinha, como se isso encorajasse a promiscuidade sexual, enquanto aqueles que acreditavam no uso de camisinha como a abordagem estratégica mais importante consideravam o apelo à abstinência e à fidelidade irrealista e inadequado. Eram abordagens muito diferentes. Um grupo tentava mudar as escolhas sexuais das pessoas, enquanto o outro tentava respeitar as escolhas sexuais, não mudá-las.

Os cristãos não deveriam surpreender-se diante do impacto da abstinência e da fidelidade nessa situação. O chamado de Deus para nossas vidas inclui uma celebração alegre do sexo dentro do casamento e do celibato fora dele. Quando ignoramos ou rejeitamos esse chamado, os resultados podem ser trágicos e, em alguns casos, catastróficos. Esses perigos não podem ser evitados simplesmente usando camisinha, um contraceptivo não confiável. O doutor Patrick Dixon, fundador da Aids Care, Education and Training (ACET), apresenta o assunto de forma sucinta:

> Camisinhas não tornam o sexo seguro; elas simplesmente o tornam mais seguro. Sexo seguro é sexo entre dois parceiros não infectados! Isso significa uma parceria vitalícia e fiel entre duas pessoas que eram virgens e que permanecem fiéis uma a outra por toda a vida.[33]

Ou, para citar a Conferência Católica dos Estados Unidos:

> Abstinência fora do casamento e fidelidade dentro do casamento, assim como evitar o abuso de drogas intravenosas, são as únicas maneiras moralmente corretas e medicamente seguras de impedir a propagação da Aids.[34]

Qual é a nossa resposta cristã a essa situação desesperadora?

Uma resposta teológica

Em primeiro lugar, ela precisa ser teológica. É claro, muitas pessoas vivendo com HIV/Aids, no mundo inteiro, estão nessa situação não por culpa própria. Elas podem ter sido esposas fiéis de homens infectados, crianças infectadas pelo leito materno ou, simplesmente, pessoas que receberam uma transfusão de sangue contaminado. Como cristãos, nossa primeira reação precisa ser a compaixão. Isso não significa que devemos evitar discutir se a Aids é o julgamento de Deus sobre aqueles que agem imoralmente, assunto que tem sido levantado com frequência. O apóstolo Paulo escreveu: "Não se deixem enganar: de Deus não se zomba. Pois o que o homem semear, isso também colherá" (Gálatas 6:7). O fato de que colhemos o que semeamos ou de que ações más trazem consequências más parece ter sido inscrito por

Deus na ordem de seu mundo moral. Os cristãos não podem ver como acidente que, por exemplo, a promiscuidade expõe as pessoas a doenças sexualmente transmissíveis, que o tabagismo pode causar câncer de pulmão, que o consumo excessivo de álcool afeta o fígado e que a gula causa problemas cardíacos. Além disso, esse mecanismo de causa e efeito é visto, nas Escrituras, como uma das maneiras pela qual a "ira de Deus" — isto é, seu julgamento justo contra o mal — é revelada (Romanos 1:18-32). Jesus ensinou que, antes de chegar o dia do juízo, já ocorre um processo de julgamento (João 3:18-21; 5:24-29). Então, a Aids pode ser vista justamente como "parte do julgamento de Deus sobre a sociedade". "Está desmascarando a falácia da sociedade permissiva de que existe liberação sexual na promiscuidade."[35]

Uma resposta profética

Em segundo lugar, ela precisa ser profética. Como cristãos, somos chamados para exigir que as autoridades prestem contas de suas ações, e, nesse caso, é importante e urgente que o façamos. Os cristãos devem monitorar a conduta de governos e outras instituições para garantir que sua reação à crise da Aids no mundo inteiro seja não só adequada, mas também eficiente. Milhões de vidas poderiam ser salvas se houvesse a vontade política internacional de dedicar recursos ao combate à Aids. Precisamos ser aqueles dispostos a fazer perguntas incômodas sobre o que está sendo feito para ajudar àqueles que estão sofrendo, mas que também são impotentes. Países ricos podem pensar que têm seus próprios problemas, mas, em comparação com as questões enfrentadas pelos países dizimados pela Aids, poucos de nós podemos reclamar da situação em que vivemos. Como observou Jeffrey Sachs, 3 mil pessoas morreram de forma trágica e desnecessária no World Trade Center, em 11 de setembro de 2001, mas 10 mil africanos morrem trágica e desnecessariamente a cada dia desde aquele 11 de setembro — de Aids, tuberculose e malária. Muitas dessas mortes são evitáveis.[36]

Uma resposta pastoral

Em terceiro lugar, ela precisa ser pastoral. Mesmo que as pessoas contraiam Aids como resultado de suas próprias ações, isso não nos dá nenhuma justificativa para evitá-las ou negligenciá-las. Como o disseram os bispos católicos romanos norte-americanos: "Histórias de pessoas com Aids não devem ser ocasiões para estereotipagem ou preconceito, para raiva ou discriminação, para rejeição ou isolamento, para injustiça ou condenação." Em vez disso,

> elas nos dão a oportunidade de caminhar com aqueles que estão sofrendo, de ter compaixão daqueles dos quais poderíamos ter medo, de levar coragem e força até aqueles que enfrentam a perspectiva da morte e aos seus entes queridos.[37]

Felizmente, muitas igrejas no Mundo Majoritário e no Ocidente estão envolvidas em ajuda prática e emocional daqueles que têm HIV/Aids e de suas famílias.

Uma resposta educacional

Em quarto lugar, ela deve ser educacional. Dada a extensão da crise da Aids, a educação pode ser vista como uma resposta inadequada quando comparada ao desenvolvimento de remédios e outras intervenções médicas. Mas a educação é uma força poderosa para o bem no nosso mundo, onde tanta pobreza e impotência resultam da ignorância. Todos os três aspectos da abordagem ABC para prevenção da Aids se apoiam em educação e informação. Em muitos países, aconselhamento e exames voluntários têm sido importantes para impedir a propagação do HIV/Aids. No Ocidente, certamente estamos cientes da necessidade de manter os temas em pauta, visto que gerações sucessivas podem tornar-se complacentes ou indiferentes em relação aos perigos da conduta promíscua ou do uso de drogas intravenosas. As igrejas deveriam exercer um papel importante nisso. Não devemos falhar, mas desafiar a sociedade a um autocontrole sexual e à fidelidade, além de apontar Jesus como fonte de perdão e poder.

DESENVOLVIMENTO HOLÍSTICO

No debate sobre desenvolvimento, um importante pensamento inovador foi apresentado pela Comissão Mundial sobre Meio Ambiente e Desenvolvimento das Nações Unidas (presidida pela senhora Gro Harlem Brundtland, na época primeira-ministra da Noruega), cujo relatório, *Our Common Future* [Nosso futuro comum], foi publicado em 1987. Caracterizado pelo mesmo tom urgente do Relatório Brandt, pedia a integração dos problemas ambientais e de desenvolvimento (já que economia e ecologia são inseparáveis) e a cooperação de todas as nações para resolvê-los. Popularizou o conceito de "desenvolvimento sustentável", definindo-o como "desenvolvimento que satisfaz as necessidades do presente (em particular, as necessidades essenciais dos pobres) sem comprometer a capacidade das gerações futuras de satisfazer as suas próprias necessidades".[38] A definição combina "dois conceitos-chave" — a satisfação de necessidades e o estabelecimento de limites. Assim, promove o desenvolvimento e protege o meio ambiente ao mesmo tempo.

O desenvolvimento sustentável tornou-se a marca da Conferência das Nações Unidas sobre Meio Ambiente e Desenvolvimento, no Rio de Janeiro, realizada em 1992, onde a interação entre meio ambiente e desenvolvimento foi definida em mais detalhes. No entanto, do ponto de vista da cúpula de 2002, em Joanesburgo, sobre desenvolvimento sustentável, o progresso alcançado na década decorrida foi extremamente decepcionante. Discutirei mais a importância de questões ambientais em outros pontos deste livro.

A década de 1990 foi marcada por questionamento contínuo e reformulação das ideias básicas de desenvolvimento. Isso resultou em preocupações muito mais amplas a serem tratadas do que as questões com um foco meramente econômico.[39] Mais especificamente, os "três valores fundamentais de desenvolvimento" são definidos como: (1) "sustento" ou a capacidade de satisfazer as necessidades básicas (isto é, comida, saúde e abrigo), (2) "autoestima" ou a capacidade de ser uma pessoa (com a dignidade derivada de educação e emprego) e (3) "libertação da servidão" ou a capacidade de fazer escolhas (econômicas, sociais e políticas).[40] Em anos recentes, a pobreza tem sido cada vez mais medida não só em termos econômicos, mas, holisticamente, em termos de qualidade de vida, por indicadores como expectativa de vida, alfabetização e "padrão de vida", com base na renda *per capita* ajustada ao custo de vida e a outros fatores que divergem entre os países. O Índice de Desenvolvimento Humano (IDH) foi criado para analisar a extensão de pobreza das pessoas nesse sentido mais amplo. Recentemente, alguns passaram a concentrar-se numa abordagem "baseada em direitos" para o desenvolvimento, ressaltando que, quando os direitos humanos são respeitados, as pessoas são capazes de participar plenamente de uma sociedade democrática saudável.[41]

Especialmente as mulheres podem ser afetadas pela pobreza em todas as suas dimensões, sendo-lhes muitas vezes negados os seus direitos humanos. Elas podem ter menos acesso a recursos econômicos, e os direitos de propriedade privada, caso existam, com frequência não valem para mulheres, apenas para homens. Muitas delas não têm dinheiro para pagar a assistência médica necessária, e, em diversos países, a educação de mulheres e meninas é secundária à de meninos. Aliás, em algumas partes da Ásia, tendo em vista os custos estimados de se dar à luz uma menina, algumas pessoas identificam o sexo e, se for uma menina, optam pelo aborto em uma clínica particular ou, em alguns casos, clandestina. Por isso, alguns pesquisadores têm falado de "feminização da pobreza".[42] Já que ambos, homens e mulheres, foram criados à imagem de Deus, o desenvolvimento deveria ser mais sensível em termos de gênero.

É gratificante ver que, em anos recentes, houve uma atenção maior aos direitos das mulheres e ao seu acesso a recursos que garantam qualidade de vida. Ainda assim, é lamentável que, em algumas conferências voltadas às necessidades das mulheres, internacionalmente, um espaço indevido seja reservado ao que é chamado de "saúde reprodutiva", uma parte sabidamente relevante das necessidades femininas, só que essa expressão, muitas vezes, é usada para denotar uma demanda por maior acesso a estruturas abortivas.

É verdade que as mulheres precisam ter acesso a uma assistência médica cada vez melhor em cada fase da vida e que, tragicamente, muitas delas, no Mundo Majoritário, morrem por causa de "abortos inseguros". É verdade, também, que o crescimento populacional e as questões relacionadas a mudanças demográficas são prioridades que precisam ser contempladas quando analisamos a pobreza global ou os desafios ambientais. Os países ocidentais podem, contudo, tentar manipular os debates sobre essas questões e impor sua visão do mundo a outras culturas. Isso ocorreu na Conferência das Nações Unidas sobre Assentamentos Humanos (conhecida como Habitat II), em Istambul, em junho de 1996. Com o objetivo de abordar questões sobre o desenvolvimento urbano sustentável no Mundo Majoritário, ela se transformou numa batalha sobre "saúde reprodutiva". Países do Mundo Majoritário resistiram à agenda política dos grupos pró-aborto europeus e norte-americanos. Como resultado de sua obstinação, do discurso corajoso de John Gummer (então secretário britânico do meio ambiente) e do apoio de organizações não governamentais pró-vida, a maioria do Mundo Majoritário modificou radicalmente o vocabulário pró-aborto de algumas resoluções da conferência, reafirmou a família como pedra angular da sociedade e não deixou espaço para o aborto universal. Esses debates ocorreram também na Conferência da ONU sobre População e Desenvolvimento, em Cairo, 1994; na Conferência Mundial sobre a Mulher, em Pequim, 1995; e na Conferência +5, em Pequim, 2000.

A TRANSFORMAÇÃO DA CULTURA

Se, então, a perspectiva de um país é ser transformado de nação empobrecida em nação próspera, não é só a economia que está em jogo. Precisamos analisar a influência da cultura e, efetivamente, como as pessoas veem a si mesmas, pois um desenvolvimento verdadeiro não pode ser imposto de cima, mas precisa começar pelas próprias pessoas. O professor Brian Griffiths (agora Lord Griffiths), um conhecido economista cristão, banqueiro e conselheiro político, lembra que as causas da pobreza do Mundo Majoritário dizem respeito às pessoas e ao seu comportamento político, econômico e cultural.[43] Os fatores políticos incluem má gestão, expulsão de minorias raciais, extravagância e corrupção por parte dos governos e de seus líderes. Há também o sistema econômico que escolheram e aplicam. Mas, acima de tudo, está o fator cultural — ou seja, o efeito profundo do contexto cultural das pessoas sobre seus motivos, seus pensamentos, suas aspirações e suas ações.

Brian Griffiths acertadamente abordou a afirmação do próprio Willy Brandt em nome da Comissão Brandt: "Partimos do fato inquestionável de que todas as culturas merecem respeito, proteção e promoção iguais."[44] "Embora todas as culturas mereçam respeito", Brian Griffiths respondeu, "elas não merecem proteção e promoção iguais." Pelo contrário, como podemos querer "proteger e promover" culturas que ativamente impedem o desenvolvimento, por exemplo, inculcando um espírito de fatalismo e apatia? Ele continua:

Se realmente quisermos entender as origens da pobreza em países do Mundo Majoritário, creio que precisamos examinar a cultura dos diferentes países e fazer perguntas básicas. Por que, em algumas sociedades, os seres humanos individuais têm pontos de vista do mundo físico, da importância do trabalho e do senso de autodisciplina que possuem? Por que, em outras sociedades, eles não os têm? [...] Pessoalmente, acho impossível responder a essas perguntas em termos puramente econômicos. É nesse ponto que a análise econômica precisa de uma dimensão religiosa [...] Dado que qualquer cultura contém valores judaico-cristãos, então certamente os aspectos dessa cultura merecem proteção e promoção especiais.[45]

Assim, de uma perspectiva cristã, precisamos incluir também a necessidade de transformação espiritual da humanidade, e isso não pode ser separado daquelas outras metas que estão no centro das visões mais tradicionais de desenvolvimento. Esse conceito é esboçado num livro de Bryant Myers, intitulado *Walking with the Poor: Principles and Practices of Transformational Development* [Caminhando com os pobres: princípios e práticas de desenvolvimento transformacional].[46] Para Bryant Myers, transformação é um processo contínuo que inclui o bem-estar espiritual e a autoestima das pessoas, bem como seus recursos sociais e econômicos. Apesar de usar a palavra "desenvolvimento", ele acrescenta a ressalva de que ele é, muitas vezes, associado à ocidentalização ou à modernização. Os pobres e os não pobres têm desafios diferentes.

Os pobres sofrem de identidades manchadas e da crença de que eles não têm outra vocação senão servir aos poderosos. Os não pobres e, às vezes, facilitadores de desenvolvimento sofrem da tentação de exercer a função de Deus na vida dos pobres e da crença de que aquilo que eles têm em termos de dinheiro, conhecimento e posição é o resultado de sua própria esperteza ou direito de seu grupo. Tanto os pobres quanto os não pobres precisam recuperar sua identidade e vocação verdadeiras.[47]

Então, ele reúne a percepção bíblica e a prática de desenvolvimento para argumentar que o desenvolvimento transformacional verdadeiro acontece quando as pessoas pobres entendem o que significa ser feito à imagem de Deus e descobrem que têm dons que podem ser usados para uma vocação frutífera. Ele também acontece quando os não pobres percebem que seus recursos e dons são dádivas de Deus, concedidas para serem utilizadas a serviço dos pobres.

Esse conceito é um parceiro apropriado da "missão integral". Essa ideia está no âmago da Micah Network, uma rede de agências de desenvolvimento cristãs dedicadas a cooperar para o bem dos pobres.[48] A declaração da Micah Network sobre missão integral surgiu de uma consulta em Oxford, em setembro de 2001. Ela consagrou o conceito, descrito anteriormente, de que evangelismo e desenvolvimento social são interdependentes. Chama a Igreja de volta para a centralidade de Jesus Cristo e para a graça de Deus como o pulso vital da missão integral e fala sobre tratar os pobres com respeito, capacitando-os a serem arquitetos da mudança. Vê a Igreja entre os pobres como ocupando a posição singular de restaurar a dignidade que lhes foi dada por Deus, que deveria ocupar o centro de toda transformação verdadeira. Chama-se Micah Declaration [Declaração de Miqueias] porque, é claro, o profeta Miqueias disse: "O que o SENHOR exige: pratique a justiça, ame a fidelidade e ande humildemente com o seu Deus" (Miqueias 6:8).

Isso se expressou no lançamento do Micah Challenge [Desafio Miqueias], uma campanha global que visava ao encorajamento de cristãos, para que aproveitassem o impulso do Jubilee 2000 e enfatizassem aos líderes do mundo o desafio de se cumprirem os Objetivos de Desenvolvimento do Milênio. O Desafio Miqueias começou encorajando indivíduos e igrejas a assinarem o "Chamado de Miqueias", que afirma a centralidade e a urgência da missão integral no âmago do evangelho e a exigência de se viver como cristão no mundo de hoje.[49]

Não sendo economista nem especialista em desenvolvimento,[50] falta-me a perícia para comentar aspectos técnicos e políticos que ocupam o centro das questões de desenvolvimento aqui esboçadas. No entanto, sinto-me capacitado a oferecer alguns pensamentos bíblicos como justificativa para continuar na busca de uma cooperação econômica e ambiental global. É outro caso de lutar para esclarecer os princípios envolvidos, deixando o desenvolvimento de políticas àqueles que possuem treinamento, conhecimento e influência necessários. Parece-me que dois princípios bíblicos fundamentais se aplicam a essa questão.

O princípio da unidade

O primeiro é o princípio da unidade, ou seja, de que a terra é uma e de que a raça humana é uma. No entanto, essa unidade dupla não controla nossa conduta. Em vez disso, o dilema humano básico é que "a Terra é uma, mas o mundo não".[51]

Nada, então, é mais importante do que permitir que as duas unidades criadas por Deus permeiem a nossa consciência. Isso é uma visão bíblica clara. "Do SENHOR é a terra e tudo o que nela existe, o mundo e os que nele vivem" (Salmos 24:1). Eu já citei esse versículo no contexto do meio ambiente: a terra pertence a Deus. Agora, observamos que aqueles que vivem nela também pertencem a ele. Deus criou um único povo (a raça humana) e nos colocou num único *habitat* (o planeta Terra). Somos um povo que habita um planeta. Além do mais, essas duas unidades (planeta e povo) estão intimamente relacionadas uma com a outra. Deus disse: "Sejam férteis e multipliquem-se! Encham e subjuguem a terra!" (Gênesis 1:28). Assim, esse povo único deveria popular e dominar a terra única, a fim de colher recursos para o seu serviço. No início, não havia indício da repartição da terra ou da rivalidade entre nações. Não, toda a terra deveria ser desenvolvida por todo o povo para o bem comum. Todos deveriam compartilhar as riquezas dadas por Deus. Esse princípio de "justiça distributiva" ainda se aplica hoje. Esse propósito divino foi frustrado pela ascensão de nações competidoras, que dividiram a superfície da terra e, agora, guardam seus depósitos minerais e combustíveis fósseis para si mesmas. É claro que a Bíblia (sendo o livro realista que é) reconhece a existência de nações, indica que suas histórias e fronteiras territoriais estão sob o controle soberano de Deus, valoriza a diversidade cultural (mesmo que não todas as práticas culturais) que criaram e nos alerta de que "nação se levantará contra nação" até o fim. Mas não se conforma com essa rivalidade internacional. Pelo contrário, ela nos diz que a multiplicidade de nações mutuamente hostis, com línguas mutuamente incompreensíveis, é uma consequência do julgamento de Deus contra a desobediência e o orgulho do homem (Gênesis 11).

A Bíblia indica também que um dos principais propósitos de Deus na redenção será superar a inimizade que separa as nações e reunir a raça humana em Cristo. Assim, imediatamente após o episódio da Torre de Babel, Deus prometeu abençoar todos os povos da terra por meio da descendência de Abraão (Gênesis 12:1-3); ele predisse, por meio dos profetas, que todas as nações "correrão" como rios para Jerusalém (veja Isaías 2:2); o Jesus ressurreto instruiu seus seguidores para que fossem e fizessem discípulos de todas as nações (Mateus 28:19); Paulo descreve a conquista da cruz de Cristo em termos da destruição do muro divisor de inimizade entre judeus e gentios e da criação de "um novo homem" ou de uma única nova humanidade (Efésios 2:14-15); e a visão dos remidos perante o trono de Deus é a de uma multidão incontável "de todas as nações, tribos, povos e línguas" (Apocalipse 7:9). Seria impossível ignorar esse fio de internacionalismo que corre por toda a revelação bíblica.

Assim, não podemos fugir da nossa responsabilidade para com os pobres do mundo porque eles pertencem a outras nações e não nos dizem respeito. O ponto principal da parábola do bom samaritano é seu aspecto racial. O amor ao próximo não só ignora barreiras raciais e nacionais. Na história de Jesus, um samaritano faz para um judeu o que um judeu jamais pensaria em fazer por um samaritano.

Patriotismo é um amor legítimo pelo país ao qual pertencemos. Mas Sir Alfred Duff Cooper estava errado quando observou (acho que no início da década de 1950) que "o amor pelo país deve ser como todo amor verdadeiro — cego, preconceituoso e passional". Espero que tenha sido brincadeira, pois o que ele descreveu não era patriotismo, mas nacionalismo; mais especificamente, uma lealdade exagerada e limitada ao "meu país, certo ou errado". É o nacionalismo, e não o patriotismo, que leva à criação de políticas que beneficiam um país desenvolvido às custas dos países em desenvolvimento. O nacionalismo é incompatível com a perspectiva da Bíblia e a mente de Cristo. Nós, cristãos, deveríamos ter a ambição de nos tornar internacionalistas mais dedicados, simbolizando nossa determinação de afirmar o princípio bíblico da unidade (um planeta, um povo), de desenvolver uma perspectiva global e de reconhecer a interdependência inevitável de todos.

O princípio da igualdade

Passo, agora, do primeiro princípio bíblico (unidade) para o segundo (igualdade). Contemple o seguinte ensinamento do apóstolo Paulo, em 2Coríntios 8:8-15:

Versículo 8	Não lhes estou dando uma ordem, mas quero verificar a sinceridade do amor de vocês, comparando-o com a dedicação dos outros.
Versículo 9	Pois vocês conhecem a graça de nosso Senhor Jesus Cristo que, sendo rico, se fez pobre por amor de vocês, para que por meio de sua pobreza vocês se tornassem ricos.
Versículo 10	Este é meu conselho: convém que vocês contribuam, já que desde o ano passado vocês foram os primeiros, não somente a contribuir, mas também a propor esse plano.
Versículo 11	Agora, completem a obra, para que a forte disposição de realizá-la seja igualada pelo zelo em concluí-la, de acordo com os bens que vocês possuem.
Versículo 12	Porque, se há prontidão, a contribuição é aceitável de acordo com aquilo que alguém tem, e não de acordo com o que não tem.
Versículo 13	Nosso desejo não é que outros sejam aliviados enquanto vocês são sobrecarregados, mas que haja *igualdade*.
Versículo 14	No presente momento, a fartura de vocês suprirá a necessidade deles, para que, por sua vez, a fartura deles supra a necessidade de vocês. Então haverá *igualdade*,

Versículo 15   como está escrito: "Quem tinha recolhido muito não teve demais, e não faltou a quem tinha recolhido pouco".

As duas referências à meta da igualdade foram grifadas no texto para que não as ignoremos. No entanto, precisamos vê-las no contexto da instrução de Paulo sobre a coleta de recursos para os pobres cristãos judeus, organizada por ele nas igrejas gregas. Ele começa dizendo que esse ensino não é um mandamento, mas um teste. Está buscando evidências da autenticidade de seu amor (2Coríntios 8:8). A doação, portanto, deve ser voluntária — não no sentido de ser opcional (pois eles têm a obrigação de compartilhar com seus irmãos e irmãs cristãos mais necessitados), mas no sentido de ser espontânea e livre (como expressão de seu amor pelos pobres, não como mera obediência ao apóstolo).

Isso leva Paulo diretamente até Cristo e a uma declaração sublime de sua graça espontânea (2Coríntios 8:9). Ele fundamenta seu apelo mundano pelos desfavorecidos na teologia da encarnação e na renúncia graciosa que ela abarcava. Faz duas referências à riqueza e duas à pobreza. Cristo era rico, mas se tornou pobre; não como um gesto sem sentido de ascetismo, mas "por amor de vocês", ou seja, para que, por meio da pobreza de Cristo, vocês pudessem tornar-se ricos. Isso significa: por causa da nossa pobreza, ele renunciou às próprias riquezas, para que, por meio de sua pobreza, nós pudéssemos compartilhar delas. Era uma renúncia com visão de certa igualização. Além do mais, tanto sua preocupação em acabar com nossa pobreza quanto sua decisão de renunciar às próprias riquezas eram expressões de sua "graça" (2Coríntios 8:9), da mesma forma que ações semelhantes da nossa parte serão expressões do nosso "amor" (2Coríntios 8:8). Graça é amor gratuito e não merecido.

A essa exortação de que eles deveriam provar seu amor, Paulo acrescenta alguns conselhos práticos de como fazer isso. Eles deveriam completar, agora, o que, um ano atrás, tinham desejado e começado a fazer. Desejo e ação devem andar juntos, segundo os seus meios (2Coríntios 8:10-12). A doação cristã é doação proporcional, aceitável segundo o que cada um tem, contanto que haja disposição para fazê-lo. Paulo não quer que eles aliviem as necessidades de outros colocando a si mesmos numa situação de necessidade, pois isso significaria inverter a situação, resolver um problema criando outro. Não, seu desejo é que "haja igualdade" (2Coríntios 8:13). Ele coloca a riqueza de alguns ao lado da necessidade de outros e, então, pede um ajuste — ou seja, um alívio da necessidade pela riqueza (2Coríntios 8:14). Duas vezes ele diz que isso ocorre sob uma perspectiva de *isotes*, que normalmente significa "igualdade", mas que pode significar, também, "justiça". Finalmente (2Coríntios 8:15), ele apela a uma citação do Antigo Testamento sobre o maná. Deus providenciou o suficiente para todos. Famílias maiores colhiam muito, mas não demais, pois nada sobrava depois; famílias menores colhiam pouco, mas não de menos, pois nada lhes faltava. Cada família tinha o bastante, pois eles colhiam segundo a necessidade, não segundo a ganância.

Tentarei resumir essas instruções, na ordem inversa, aplicando-as à situação global atual. (1) Deus providenciou o suficiente para a necessidade de cada um (recursos adequados em termos de sol e chuva, terra, ar e água); (2) toda grande disparidade entre riqueza e necessidade, riqueza e pobreza, é inaceitável para ele; (3) quando surge uma situação de disparidade séria, ela deve ser corrigida por um ajuste, a fim de garantir "igualdade" ou "justiça"; (4) o motivo cristão para o desejo de tal "justiça" é a "graça", generosidade amorosa, como no caso de Jesus Cristo, que, apesar de rico, se tornou pobre para que, por meio de sua pobreza, nós pudéssemos ser ricos; (5) devemos seguir seu exemplo nisso e, assim, demonstrar a autenticidade do nosso amor. Como, exatamente, uma igualização global deve ou pode ser alcançada é outra questão. Os economistas divergem. No entanto, qualquer que seja o método, a motivação para a busca de igualdade ou justiça é o amor.

Alguns podem objetar que as instruções de Paulo diziam respeito a uma igualização dentro da casa de Deus, cristãos gentios da Grécia vindo ao socorro dos cristãos judeus na Judeia, e que não temos a liberdade de estender essa aplicação da igreja ao mundo. Mas eu não posso aceitar essa limitação. Os "pobres" pelos quais o Cristo rico se empobreceu eram pecadores descrentes como nós. Além disso, o princípio de que a disparidade grave deve ser abolida soa como uma verdade universal. Quando Paulo escreveu "enquanto temos oportunidade, façamos o bem a todos, especialmente aos da família da fé" (Gálatas 6:10), o propósito de "especialmente" não era excluir os não cristãos, mas apenas nos lembrar de que a nossa primeira responsabilidade é para com os nossos irmãos e irmãs cristãos.

Agora, preciso interpretar o ensinamento de Paulo com uma qualificação importante: a "igualdade" que ele apresenta como meta é relativa, não absoluta. Ele não está sugerindo um "igualitarismo" total, que torna as pessoas todas iguais com uma renda idêntica, um lar idêntico com móveis idênticos, roupas idênticas e um estilo de vida idêntico. O Deus vivo não é Senhor de uniformidade insípida, mas de diversidade colorida. Sim, ele nos criou iguais em dignidade e valor (pois todos nós compartilhamos sua vida e sua semelhança). É verdade também que ele concede as bênçãos do sol e da chuva a toda a humanidade indiscriminadamente (Mateus 5:45). Mas ele não nos fez iguais em habilidade. Pelo contrário, por Criação, somos diferentes uns dos outros — intelectualmente (temos QIs diferentes), psicologicamente (nossos temperamentos variam) e fisicamente (alguns são elegantes; outros, simples; e alguns são fortes; outros, fracos). E a nova Criação estende essa disparidade, pois, apesar de sermos "todos um em Cristo Jesus" (Gálatas 3:28), igualmente filhos de Deus, justificados pela sua graça por meio da fé, e apesar de todos nós termos recebido o mesmo Espírito Santo que habita em nós, Cristo, por meio de seu Espírito, nos concede dons espirituais diferentes, cujo valor diverge de acordo com a medida com que eles edificam a igreja.[52]

REPERCUSSÕES PESSOAIS E ECONÔMICAS

Como, então, podemos juntar o que encontramos na Bíblia — essa unidade e diversidade, essa igualdade e desigualdade? Podemos dar duas respostas. Em primeiro lugar, há a questão do nosso estilo de vida econômico pessoal. Existe algum critério para decidirmos em que nível devemos viver? Quanta diferença devemos permitir entre nós mesmos e outras em nossa vizinhança? São perguntas que todos os missionários precisam encarar, especialmente quando saem de uma situação de riqueza e partem para um país em desenvolvimento. O Relatório de Willowbank foi útil nessa questão:

> Não acreditamos que tenhamos de nos "naturalizar", principalmente porque a tentativa de um estrangeiro de fazer isso pode ser vista não como autêntica, mas como encenação. No entanto, também não acreditamos que deva haver uma disparidade conspícua entre o nos-

so estilo de vida e o estilo de vida das pessoas em nossa volta. Entre esses extremos, vemos a possibilidade de desenvolver um padrão de vida que expressa o tipo de amor que se importa e compartilha e que considera natural cultivar hospitalidade com outros na base de reciprocidade sem embaraço.[53]

Isso me parece uma regra básica muito prática. No momento em que fico envergonhado de visitar a casa de outras pessoas ou de convidá-las para a minha por causa da disparidade entre nossos estilos de vida, algo está errado. A desigualdade prejudicou a comunhão. Precisa haver uma igualização nessa ou naquela direção ou em ambas. Em 1967, Julius Nyerere, então presidente da Tanzânia, aplicou esse desafio à construção de um Estado em que "nenhum homem se envergonha de sua pobreza à luz da riqueza de outro e nenhum homem se envergonha de sua riqueza à luz da pobreza de outro".[54]

Em segundo lugar, esse princípio pode ajudar em nossa reflexão sobre a desigualdade econômica entre o Norte e o Sul. Já que todos nós temos o mesmo valor (a despeito de nossa capacidade desigual), deve ser correto garantir oportunidade igual, a fim de que cada pessoa possa desenvolver seu potencial para o bem comum. Não podemos abolir todas as desigualdades, nem mesmo tentar (por causa da diversidade da Criação). O que devemos tentar abolir é a desigualdade de privilégio, a fim de criar igualdade de oportunidade. Milhões de pessoas não têm condições de desenvolver seu potencial humano. Os cristãos veem isso como o verdadeiro escândalo. É uma ofensa não só aos seres humanos, já que ficam frustrados e insatisfeitos, mas também ao seu Criador, que lhes concedeu os seus dons para que fossem desenvolvidos e usados no serviço, e não para que fossem desperdiçados. Eu já discuti a importância vital da justiça no comércio, o perdão de dívidas, a necessidade de ajuda efetiva e a necessidade urgente de se combater a Aids. Mas existem duas outras áreas nas quais a igualdade de oportunidade é, também, de importância real. Trata-se de educação e participação.

Educação

Certamente, a eduação vem primeiro. No Mundo Majoritário, 1 em cada 4 adultos é analfabeto; 130 milhões das crianças do mundo, de seis a onze anos de idade, não estão na escola; desse número, 90 milhões são garotas; 1 em cada 4 meninas que iniciam a escola primária não completam os quatro primeiros anos.[55] Deveríamos, portanto, apoiar cada programa que busca igualdade de oportunidade educacional. Educação universal é, provavelmente, o caminho mais rápido para a justiça social, pois desenvolve a percepção social das pessoas e, assim, dá a elas o entendimento e a coragem para assumir o próprio destino. A criança de uma mãe da Zâmbia com educação escolar primária possui chance de sobrevivência 25% maior do que a criança de uma mãe desprovida de educação. Nas Filipinas, a educação primária de uma mãe reduz o risco de mortandade infantil pela metade.

Participação

Em seguida, as nações em desenvolvimento devem receber igualdade em participação internacional. O FMI, o Banco Mundial e o Acordo Geral de Tarifas e Comércio (AGTC), agora Organização Mundial do Comércio (OMC), foram criados como resultado da conferência de Bretton Woods, em 1944, mais de vinte anos antes da primeira reunião da Conferência das Nações Unidas sobre Comércio e Desenvolvimento (UNCTAD), onde, pela primeira vez, representantes dos países do Mundo Majoritário receberam um fórum próprio. Parece ser justiça elementar conceder aos países em desenvolvimento uma voz maior nessas instituições internacionais que controlam uma parte tão grande de sua vida econômica. Aqueles que são afetados pelas decisões tomadas deveriam participar do processo de tomada de decisão. Existem alguns sinais positivos: o AGTC tinha 23 signatários quando entrou em vigor, em janeiro de 1948. Em janeiro de 2000, a OMC já contava com 135 membros e outros 31 países no processo de afiliação. Mas a influência do Mundo Majoritário ainda é pequena demais para que ele consiga superar as injustiças da parte dos países ricos e poderosos.

Talvez seja a igualdade de oportunidade nessas áreas (educação e participação) e, também, a ação em outras áreas vitais, discutidas anteriormente, que garantiriam, mais do que qualquer outra coisa, uma distribuição mais justa das riquezas do mundo.

A situação atual da desigualdade Norte-Sul ("um abismo tão profundo que, em seus extremos, as pessoas parecem viver em mundos diferentes") não é culpa de Deus (pois ele forneceu recursos amplos na terra e no mar) nem é culpa dos pobres (já que a maioria nasceu nessas circunstâncias, embora alguns governos possam ser acusados de corrupção e incompetência), também não é necessariamente nossa culpa (ainda que nossos antepassados coloniais possam ter contribuído para criá-la). Nós nos tornamos pessoalmente culpados apenas se aceitarmos que isso continue. Na história de Jesus sobre Lázaro e o homem rico, não há indícios de que o homem rico tivesse sido responsável pela luta do homem pobre. No entanto, o homem rico tornou-se culpado por ignorar o mendigo à sua porta, por não fazer nada a respeito de sua destituição, por não usar sua riqueza para aliviar a necessidade do homem pobre e por se conformar com uma situação de grande desigualdade econômica que desumanizou Lázaro, mas que o rico poderia ter remediado. Os cachorros que lamberam as feridas do homem pobre demonstraram mais compaixão por ele do que o homem rico. O homem rico foi para o inferno não porque tinha explorado Lázaro, mas por causa de sua indiferença e apatia escandalosa (Lucas 16:19-21).

Nossa tentação é usarmos a complexidade da macroeconomia como desculpa para nada fazer. Precisamos orar, a fim de que Deus chame mais pessoas para desenvolver novas políticas econômicas internacionais, trabalhar por soluções políticas e dedicar suas vidas ao campo do desenvolvimento do Mundo Majoritário, da filantropia prática e do evangelismo. Mas esses são os chamados de apenas alguns.

Todos nós, entretanto, podemos sentir o que Jesus sentiu: a dor dos famintos, a alienação dos pobres e as indignidades dos "miseráveis da terra". No fim das contas, as desigualdades entre Norte e Sul não são problemas nem políticos nem econômicos, mas morais. Se não sentirmos a indignação moral diante da injustiça social global, nós não agiremos. O que podemos fazer? Podemos começar colhendo informações. Assim como Lázaro estava deitado à porta do homem rico, o Mundo Majoritário está batendo à nossa porta. O homem rico não pôde alegar ignorância; nós também não podemos. Devemos garantir que o jornal diário traga uma cobertura adequada do Mundo Majoritário, e talvez devamos assinar uma revista voltada às necessidades do Mundo Majoritário e/ou nos filiar a uma organização dedicada a transformar a vida dos pobres. Podemos fazer amizade com alguém que viva num país em desenvolvimento e participar de algum serviço, por algum tempo, numa situação do Mundo Majoritário.

Educação voluntária desse tipo pode resultar em agitação política. Sem dúvida alguma, afetará também o nosso bolso. Aqueles que leem este livro são todos relativamente ricos; caso contrário, não conseguiriam comprá-lo. Devemos ser gratos pelas coisas boas que Deus nos deu, mas devemos lembrar, também, os princípios bíblicos de unidade e igualdade. Então, doaremos generosamente ao desenvolvimento mundial e à evangelização do mundo. Nosso compromisso pessoal com um estilo de vida mais simples não resolverá os problemas econômicos do mundo. Mas seria um símbolo importante da obediência cristã, da solidariedade para com os pobres e da nossa participação na graça de Jesus Cristo, que o induziu a esvaziar-se a si próprio e a assumir a forma de servo.

NOTAS

1. Devo ao reverendo e doutor Christopher Wright a observação de que essa expressão, além de mais precisa, não contém nenhuma conotação de inferioridade que possa ser vinculada à ideia de alguns países serem "terceiros" em vez de "primeiros". É, também, um lembrete saudável de que nós, que vivemos em riqueza, somos uma minoria no mundo.
2. *North-South:* a programme for survival. The Report of the Independent Commission on International Development Issues. [S.l.: s.n.], 1980. p. 64.
3. Ibid., p. 30.
4. Mais precisamente, os níveis de ajuda, em termos de percentagem da renda nacional bruta dos doadores, caíram durante a década de 1990. Se usarmos a Official Development Assistance (ODA) como definição de ajuda, a percentagem de ODA caiu durante a década de 1990, mas não os níveis absolutos, exceto em 1997. Veja *www.oecd.org* (em inglês).
5. WORLD HEALTH ORGANIZATION AND UNITED NATIONS CHILDREN'S FUND. *Global Water Supply and Sanitation Assessment 2000 Report.* [S.l.]: The WHO and UNICEF Joint Monitoring Programme for Water Supply and Sanitation (JMP), 2000.
6. THE CHRONIC POVERTY RESEARCH CENTRE. *Chronic Proverty Report 2004-05.* Disponível em: <http://www.chronicpoverty.org/uploads/publication_files/CPR1_ReportFull.pdf>. Acesso em: 8 fev. 2019.
7. ORGANIZAÇÃO DAS NAÇÕES UNIDAS. *Millennium Declaration:* A/RES/55/2. Nova York, 18 de setembro de 2000.
8. Mais informações sobre os Objetivos de Desenvolvimento do Milênio podem ser encontradas no *site* das Nações Unidas: *www.un.org/millenniumgoals/* (em inglês).
9. Mais notavelmente, Blair, Brown e Clinton, com Schröder na Alemanha. Sua eleição foi uma mudança significativa da política conservadora e da economia neoliberal de Thatcher e Reagan.
10. ORGANIZAÇÃO DAS NAÇÕES UNIDAS. *The Human Development Report 2004.* [S.l.], 2004. p. 129, 135-136.
11. *Global Monitoring Report 2005*: millennium development goals from consensus to momentum. Washington, DC: World Bank, 2005. p. 2.
12. Observações feitas pelo senhor Gordon Brown, chanceler econômico do Reino Unido, por ocasião do lançamento do relatório da Comissão pela África, no Museu Britânico, em 11 de março de 2005. Veja *www.hm-treasury.gov.uk/newsroom_and_speeches/press/2005/press_26_05.cfm* (em inglês).

13. Veja o Consenso de Monterrey em *www.un.org/esa/ffd/monterrey-consensus-excepts-a-conf-198_11.pdf* (em inglês).
14. Consulte *www.unmillenniumproject.org/reports/costs_benefits2.htm* (em inglês). O primeiro prazo expirou. Tendo caído de 0,51%, em 1960, para 0,33%, em 1970, a assistência oficial ao desenvolvimento alcançou 0,35% em 1980. Em 1990, estava em 0,34%; depois, em 2002, caiu para 0,23%, mesmo ano em que a meta de 0,7% foi reafirmada por todos os países no Consenso de Monterrey.
15. Visite Organisation for Economic Co-operation and Development [Organização para Cooperação e Desenvolvimento Econômico] (OECD) em *www.oecd.org* (em inglês).
16. A limitação de espaço, neste livro, não permite contemplar outros desenvolvimentos, como o Millennium Challenge Account e a International Finance Facility, embora também sejam importantes no processo de execução dos Objetivos de Desenvolvimento do Milênio.
17. GRIFFITHS, Brian. Trade, aid and domestic reform. In: HESLAM, Peter (Org.). *Globalisation and the good*. Londres: SPCK, 2004. p. 22.
18. Ibid.
19. Veja Jubilee Debt Campaign, *www.jubilee2000uk.org/* (em inglês).
20. Ibid.
21. Consulte *www.micahchallenge.org/home/default.asp* (em inglês).
22. Em 4 de dezembro de 2000. Consulte *www.cafod.org.uk* (em inglês).
23. Visite *www.avert.org* (em inglês).
24. Não é possível tratar, neste espaço disponível, das muitas questões importantes sobre HIV/Aids e seu impacto. Perguntas frequentes e suas respostas podem ser encontradas no *site* da UNAIDS: *www.unaids.org/en/* (em inglês).
25. Adultos: 38 milhões; crianças com menos de 15 anos de idade: 2,300 milhões.
26. Adultos: 4,300 milhões; crianças com menos de 15 anos de idade: 700 mil.
27. Adultos: 2,600 milhões; crianças com menos de 15 anos de idade: 570 mil.
28. SACHS, Jeffrey. *The end of poverty*: how we can make it happen in our lifetime. Londres: Penguin Books, 2005. p. 204.
29. Ibid., p. 201.
30. HOGLE, Janice A. (Org.); GREEN, Edward; NANTULYA, Vinand; STONEBURNER, Rand; STOVER, John. *What happened in Uganda?* Declining HIV prevalence, behavior change and national response. Washington, DC: USAID, 2002. p. 11. O artigo pode ser acessado em *www.usaid.gov/our_work/global_health/aids/Countries/africa/uganda_report.pdf* (em inglês).

31. Para uma discussão sobre a importância das iniciativas ABC de prevenção das doenças sexualmente transmissíveis, veja GENUIS, S. K. *Primary prevention of sexually transmitted disease:* applying the ABC strategy. Disponível em: <http://pmj.bmjjournals.com>. Acesso em: 8 fev. 2019.
32. HOGLE, op. cit., p. 11.
33. DIXON, Patrick. *The truth about AIDS*. Eastbourne: Kingsway Communications, 1994. p. 113. Veja também p. 88 e todo o capítulo intitulado *Condoms are unsafe*, p. 110-122.
34. *The many faces of AIDS:* a gospel response. [S.l.]: United States Catholic Conference, 1987. p. 18.
35. MCCLOUGHRY, Roy; BEBAWI, Carol. *AIDS:* a Christian response. Nottingham: Grove Books, 1987. n. 64, p. 4, 18. Veja a discussão teológica *Is AIDS the judgement of God?*, p. 12-19.
36. SACHS, op. cit., p. 215.
37. *The many faces of AIDS*, p. 6.
38. WORLD COMMISSION ON ENVIRONMENT AND DEVELOPMENT. *Our common future*. [S.l.: s.n.], p. 8, 43.
39. Veja TODARO, M. P. *Economic development in the Third World*. 7. ed. Londres: Pearson Education, 2000. p. 69.
40. Ibid., p. 7-19.
41. Veja MCCLOUGHRY, Roy. *Rights or wrong:* Christian reflections on a human rights approach to development. Milton Keynes: World Vision, 2003.
42. Por exemplo, o texto Poverty has become feminized to a significant degree. In: *Christian faith and the world economy today*, um estudo de 1992 do Conselho Mundial de Igrejas, p. 26.
43. GRIFFITHS, Brian. *Morality and the market place*. Londres: Hodder & Stoughton, 1980. p. 127.
44. Ibid., p. 25.
45. Ibid., p. 143.
46. MYERS, Bryant. *Walking with the poor:* principles and practices of transformational development. Nova York: Orbis Books/World Vision, 2000.
47. Ibid., p. 14-15.
48. Veja www.micahchallenge.org/home/intro.asp (em inglês).
49. CHESTER, Tim (Org.). *Justice, mercy, and humility:* integral mission and the poor. Carlisle, Penn.: Paternoster, 2002.
50. Eu li que existem pelo menos "cinco teorias de desenvolvimento principais e, muitas vezes, contraditórias". Veja Todaro, *Economic Development*, p. 69-95.

51. WORLD COMMISSION ON ENVIRONMENT AND DEVELOPMENT, op. cit., p. 27.
52. Para o mesmo Espírito, veja, por exemplo, Romanos 8:9 e 1Coríntios 12:13. Para dons espirituais diferentes, veja, por exemplo, Romanos 12:3-8 e 1Coríntios 12:4-31.
53. Gospel and culture, the Willowbank Report. In: STOTT, John (Org.). *Making Christ known*. Carlisle: Paternoster, 1996; Grand Rapids: Eerdmans, 1997. p. 77-113.
54. De um discurso de 1967 sobre a Declaração de Arusha, publicado em *Freedom and socialism/Uhuru na ujamaa:* a selection from the writings and speeches of Julius Nyerere 1965-1967. Dar-es-Salaam: Oxford Univ. Press, 1968. p. 326.
55. Veja *www.literacytrust.org.uk/Database/stats/keystatsadult.html* (em inglês).

CAPÍTULO 7

Direitos humanos

Embora nos acompanhe há milhares de anos a ideia de que as pessoas têm valor e devem ser tratadas com dignidade e respeito, foi o século 20 que usou a linguagem dos direitos humanos para expressar isso. Os direitos humanos descrevem o tipo de vida que um ser humano deveria poder esperar por ser humano, diferentemente dos direitos que uma pessoa possa ter em virtude de ser cidadã de um país ou de ter assinado um contrato de venda, que são direitos humanos especiais.

Existem muitos tipos de direitos humanos, e a diferença entre os dois grupos principais de direitos é ilustrada pela situação com a qual Mary Robinson deparou quando se tornou alta-comissária das Nações Unidas para os direitos humanos, em janeiro de 2002. Ela descobriu que a agenda dos direitos humanos era fonte de dissenso e escreveu:

> Ouvindo atentamente, discerni duas vertentes dessas queixas. A primeira alegava que a agenda dos direitos humanos se reduzia a países ocidentais apontando o dedo, principalmente para países em desenvolvimento, por seu fracasso na defesa das liberdades civis, e isso seria feito seletivamente. A segunda vertente dizia respeito à ênfase estreita desse exercício de apontar o dedo. Os direitos humanos eram vistos como restritos a liberdades civis, como julgamento justo, liberdade de expressão, de associação e de religião e ausência de tortura — e ignoravam direitos econômicos, sociais e culturais, como o direito a comida, educação e assistência médica básica.[1]

É importante levar em consideração os dois elementos dos direitos humanos. Em termos amplos, podemos dizer que direitos civis são os direitos de que algo não aconteça conosco, como tortura e violência. Os direitos econômicos, às vezes chamados de direitos de bem-estar, descrevem o direito de se ter algo, como educação e comida. A Bíblia, por sua vez, preocupa-se com pobreza *e* opressão, pois ambas são insultos às intenções de Deus para a humanidade.

VIOLAÇÕES FLAGRANTES DOS DIREITOS HUMANOS

Não é coincidência que a ideia dos direitos humanos tenha surgido no século 20 e encontrado sua expressão mais forte na assinatura da Declaração Universal dos Direitos Humanos, em 1948. O século foi marcado por extrema violência, que assustou e horrorizou o mundo. Duas guerras mundiais haviam ceifado as vidas de 60 milhões de pessoas e destruído as esperanças de inúmeras outras. A comunidade mundial testemunhou genocídios em mais de uma ocasião. Seis milhões de judeus foram exterminados em campos de concentração e em câmaras de gás na Segunda Guerra Mundial. Os nomes Stalin, Idi Amin, Milton Obote, Saddam Hussein e Pol Pot evocam imagens repugnantes do assassinato de inocentes.

Em muitas sociedades, como na Argentina ou no Iraque, pessoas simplesmente "desapareciam" para nunca mais serem vistas. As valas comuns da Bósnia ou do Iraque dão testemunho da supressão brutal naqueles países. Há muitos conflitos "esquecidos" que tiveram um alto custo em termos de direitos humanos e vidas humanas. Na República Democrática do Congo, a Anistia Internacional calcula que 3 milhões de pessoas perderam suas vidas ao longo de cinco anos até 2003. Mas a lista dos lugares em que continuam as violações dos direitos humanos é longa. Apesar de sua condenação universal, a tortura ainda é usada em muitas partes do mundo, que, como escreveu o doutor Emilio Castro, "mata o humano no torturador e esmaga a personalidade do torturado".[2]

Em 1989, caiu o Muro de Berlim, e muitos no Ocidente acreditaram estar testemunhando o alvorecer de uma era de liberdade e segurança para as pessoas no mundo inteiro. Houve uma onda de democratização quando países que haviam pertencido à União Soviética optaram pela democracia, alguns se tornarando membros da União Europeia. Nós não imaginávamos que, a despeito de alguns avanços, o mundo estava prestes a embarcar numa década de amplas violações dos direitos humanos, de exploração em massa de mulheres e crianças, de ressurgimento do genocídio flagrante e de uma perseguição crescente a cristãos.

Na África Central, vimos disputas étnicas e tribais irromperem naquilo que foi descrito como o assassinato "sistematicamente planejado e tolerado" de meio milhão de tútsis na Ruanda apenas no ano de 1994.[3] Além do mais, a maioria dos assassinatos na Ruanda foi efetivada com o uso de porretes e machetes contra cidadãos não armados, muitos dos quais se tinham refugiado em igrejas.[4] A história é praticamente a mesma nos Bálcãs, onde a "limpeza étnica" (expressão horrível) levou a uma repressão severa, a mortes e a "desaparecimentos". Dois dos líderes sérvios mais altos na Bósnia, Radovan Karadzic e Ratko Mladic, são acusados de terem supervisionado pessoalmente a execução de 8 mil muçulmanos em território sérvio.

Os cristãos também sofrem cada vez mais opressão, em determinadas partes do mundo, e são mortos todos os anos por governos ou grupos em razão de sua fé. Eles são perseguidos principalmente no Egito, no Sudão, no Irã, na Indonésia e na China, onde há relatos de sequestros, escravidão, tortura e queima de igrejas. Na China, em 2004, mais de cem líderes de igrejas domésticas protestantes estavam iniciando um retiro de duas semanas na cidade de Kaifeng, em Henan (China central oriental), quando mais de duzentos oficiais do Departamento de Segurança apareceram. Eles não apresentaram nenhum mandado de prisão nem identificações oficiais, mas, mesmo assim, prenderam os líderes, inclusive algumas crianças que estavam presentes. Essa prisão em massa foi a terceira desse tipo dentro de três meses; e, embora a maioria seja liberta, os líderes cristãos ainda podem enfrentar longas sentenças de prisão.

Na Somália, ser um cristão confesso pode levar à morte. Esse país tem longa história de hostilidade em relação ao cristianismo. Após sua independência, as instituições eclesiásticas foram nacionalizadas, e toda a atividade missionária foi encerrada. Houve perseguição severa quando o Estado entrou em colapso, após a queda de Siad Barre, em 1991. Congregações inteiras foram massacradas, enquanto o país passava a sofrer uma influência cada vez maior dos islamistas. Em abril de 2004, o xeique Nur Barud, vice-líder do influente grupo islamista Kulanka Culimda, disse numa entrevista a *Reuters*: "Todos os cristãos da Somália precisam ser mortos segundo a lei islâmica. Tais pessoas não têm lugar na Somália, e nós jamais reconheceremos sua existência, e vamos abatê-los."[5]

Diante de tal lista de atrocidades, corremos o risco de indignação seletiva, como se as violações dos direitos humanos fossem praticadas apenas por grupos étnicos militantes, polícias corruptas e ditadores maus. Por isso, nós, os ingleses,* precisamos lembrar com vergonha que, em 1978, a Corte Europeia de Direitos Humanos, em Estrasburgo, julgou que os métodos de interrogação aplicados sumariamente, em 1971, a catorze terroristas da IRA pelo Royal Ulster Constabulary violavam o artigo 3º da Convenção Europeia sobre Direitos Humanos. Embora a corte tenha esclarecido à Grã-Bretanha as acusações do governo irlandês de que as técnicas usadas pelos ingleses representavam "tortura", ela própria as descreveu como "tratamento desumano e degradante". O governo britânico aceitou a sentença da corte, estabeleceu uma comissão de revisão e implementou as suas recomendações.

Em 2004, as especulações de que as forças norte-americanas e britânicas, no Iraque, estariam violando os direitos humanos da população nativa concretizaram-se quando foram expostas as condições sob as quais os prisioneiros eram mantidos na prisão de Abu Ghraib, perto de Bagdá. Começaram a circular histórias de tortura, humilhação e insulto aos costumes religiosos dos muçulmanos presos. Os abusos foram fotografados, e essas imagens se tornaram acessíveis ao público geral, tendo sido publicadas em jornais e mostradas na TV e na internet. Após uma investigação dos acontecimentos, as autoridades chegaram à conclusão de que houve ampla violação dos direitos humanos, e alguns dos envolvidos enfrentaram a corte marcial por causa disso.

Ao mesmo tempo, houve vários protestos contra as condições em que as pessoas eram mantidas na prisão de Guantánamo, em Cuba. Essa instalação era operada pelo governo norte-americano e continha homens que haviam sido presos sob a suspeita de serem terroristas durante o envolvimento norte-americano no Afeganistão. Os protestos tiveram início porque os prisioneiros de Guantánamo não haviam tido acesso ao devido processo legal, e

---

* O autor John Stott é de nacionalidade inglesa. [N. do R.]

alguns que foram libertos disseram jamais ter sido informados do motivo da prisão e alegaram, também, que as condições da detenção eram precárias e os métodos de interrogação, inconsistentes com a Convenção de Genebra.

EMERGÊNCIA DOS DIREITOS HUMANOS

O conceito de direitos humanos tem uma história muito longa. Platão e Aristóteles lutaram com as noções de liberdade e justiça, enquanto Tomás de Aquino e outros teólogos medievais cristianizaram o pensamento dos gregos em termos de "direitos naturais". A Inglaterra vê com gratidão a Magna Carta, que o rei João foi induzido a assinar, em 1215, e que foi confirmada pelo rei Henrique III dez anos mais tarde. Ela garantia, entre outras coisas, a liberdade da igreja e o processo justo. Outra marca na história britânica foi a Declaração de Direitos (1688-1689), que tornou a coroa sujeita ao parlamento.

A América do Norte e a França lembram suas revoluções no final do século 18 como o período em que os direitos constitucionais foram garantidos aos seus cidadãos. A Declaração de Independência dos Estados Unidos (1776), redigida por Thomas Jefferson, afirmava como "evidente" que "todos os homens são criados iguais" e que "foram dotados por seu Criador de certos direitos inalienáveis", especialmente dos direitos a "vida, liberdade e busca de felicidade". Linguagem semelhante foi usada na Declaração dos Direitos do Homem e do Cidadão, na França, promulgada pela Assembleia Nacional, em 1789. Ela fala dos "direitos naturais, imprescritíveis e inalienáveis" do homem ou dos "direitos naturais, inalienáveis e sagrados do homem". Essa declaração foi eloquentemente defendida por Thomas Paine em seu celebrado livro *The Rights of Man* [Os direitos do homem] (1791). Vou citá-lo em breve.

Foi a Segunda Guerra Mundial, no entanto, com os horrores da selvageria de Hitler e a brutalidade do Japão, que levou os direitos humanos ao topo da agenda mundial. Em junho de 1941, o presidente Roosevelt fez sua famosa palestra sobre o "Estado da União", em que ele falou da emergência de "um mundo fundamentado nas quatro liberdades essenciais" — liberdade de expressão, liberdade de cada pessoa de adorar a Deus do seu jeito, liberdade de querer e liberdade de viver sem medo — acrescentando após cada uma as palavras "em toda parte do mundo".[6]

A Organização das Nações Unidas foi estabelecida em 1945. O preâmbulo de seu estatuto diz: "Nós, o povo das Nações Unidas", estamos determinados a "reafirmar a fé nos direitos humanos fundamentais, na dignidade e no valor da pessoa humana, nos direitos iguais de homens e mulheres e de nações grandes e pequenas [...]" O artigo 1º fala da cooperação internacional a fim de "promover e encorajar respeito pelos direitos humanos e pelas liberdades fundamentais para todos sem distinção de raça, sexo, língua ou religião". O artigo 55 vai além e diz que as Nações Unidas devem promover "respeito universal e observância dos direitos humanos e das liberdades fundamentais para todos sem distinção de raça, sexo, língua ou religião".

No ano seguinte, as Nações Unidas estabeleceram a Comissão de Direitos Humanos, sob a presidência de Eleanor, viúva do presidente Roosevelt, incumbida da tarefa de preparar uma Declaração Universal dos Direitos Humanos como primeiro elemento da Carta de Direitos internacional que a ONU foi encarregada de produzir. Seu preâmbulo afirma que "reconhecimento da dignidade inerente, dos direitos iguais e inalienáveis, de todos os membros da família humana é o fundamento de liberdade, justiça e paz no mundo". O artigo 1º declara que "todos os seres humanos nascem livres e iguais em dignidade e direitos". O artigo 2º acrescenta que "todos são beneficiários dos direitos e das liberdades estabelecidos na Declaração, sem distinção de nenhum tipo, como raça, cor, sexo, língua, religião, opinião política, origem nacional ou social, propriedade, nascimento ou outro *status* qualquer". A primeira parte do documento trata dos direitos políticos e civis; a segunda, dos direitos econômicos, sociais e culturais. Ela foi acatada pela Assembleia Geral das Nações Unidas em Paris, em 10 de dezembro de 1948, mas nem todas as nações a ratificaram.

Escrevendo sobre o final da década de 1940, quando a declaração estava sendo preparada, o doutor Charles H. Malik, já falecido, que pertencia à comunidade cristã do Líbano e que, mais tarde, se tornaria presidente da Assembleia Geral das Nações Unidas, disse:

> Acreditávamos que não existia necessidade maior num mundo que acabara de emergir de uma guerra devastadora — devastadora não só em termos físicos, econômicos e políticos, mas, sobretudo, em termos morais, espirituais e humanos — do que resgatar e reafirmar a integridade plena do homem.[7]

Existem, agora, centenas de alianças, tratados e outros documentos que protegem os direitos humanos, em escopo moral, legal ou econômico.[8] Normalmente, algum mecanismo é instalado para garantir o cumprimento, mas, em certos casos, um país pode assinar uma convenção e simplesmente negligenciar suas responsabilidades na prática. Existe, porém, um crescente corpo de leis internacionais por meio do qual países, companhias e outras agências podem ser chamados a prestar contas no que diz respeito aos direitos humanos internacionais. Mesmo que a adesão a tratados de direitos humanos signifique que um governo aceita que a maneira como ele trata o seu povo é, agora, matéria de interesse internacional, é essencial exigir que os governos cumpram o que concordaram em fazer. As pessoas só desfrutam de seus direitos quando eles são implementados, não quando são prometidos; assim, é importante que os direitos humanos sejam protegidos e totalmente implementados e monitorados. Se isso não for feito, centenas de documentos e dezenas de conferências sobre direitos humanos apenas aumentarão o ceticismo de que os acordos lá estabelecidos serão ignorados, não passando de retórica vazia. É, no entanto, extraordinário que cada país no mundo tenha ratificado ao menos um tratado sobre a proteção de direitos humanos.[9]

OS FUNDAMENTOS BÍBLICOS DOS DIREITOS HUMANOS

É importante que os cristãos se perguntem se têm algo a acrescentar a esse debate. Alguns cristãos têm negado todo o conceito de direitos humanos, acreditando que temos responsabilidades e obrigações apenas uns com os outros. Outros estão preocupados que a noção de direitos humanos se torne tão dominante, a ponto de as responsabilidades humanas serem diminuídas. Ainda outros acreditam que a noção moderna de direitos humanos contenha em si um componente essencialmente cristão que a Igreja tem a obrigação de preservar e a missão de propagar. Ao avaliarmos esse debate, precisamos fazer algumas perguntas fundamentais. De onde vêm os direitos humanos? Em que consistem? Se os cristãos têm algo essencial com que contribuir, o que seria?

Creio que seja bom começar a responder com Thomas Paine. Apesar de ter sido um deísta e, portanto, longe de ser um cristão ortodoxo, seu pai era um *quaker*; sua mãe, uma anglicana, de modo que ele ainda era cristão o suficiente para saber que os direitos do homem remontam à Criação do homem. Em 1791, ele escreveu:

> O erro daqueles que argumentam com precedentes da antiguidade, a respeito dos direitos do homem, é que eles não voltam o bastante na história. Eles não percorrem todo o caminho. Param em alguns estágios intermediários de uns cem ou mil anos [...] Mas, se continuarmos, chegaremos ao ponto certo; alcançaremos o tempo em que o homem surgiu da mão de seu Criador. O que ele era naquele tempo? Homem. Homem era seu título mais alto e único, e nenhum título maior pode ser dado a ele.[10]

Thomas Paine estava certo. A origem dos direitos humanos é a Criação. Os seres humanos jamais os "adquiriram", tampouco eles foram concedidos por qualquer governo ou autoridade. Nós os tínhamos desde o início. Nós os recebemos com a nossa vida da mão do nosso Criador. São inerentes à nossa Criação. Eles nos foram concedidos por nosso Criador.

É importante entender esse princípio, pois a visão relativista e secular da nossa era pós-moderna ameaça deixar a comunidade tradicional dos direitos humanos sem fundamento para o seu apoio. Gary Haugen, ex-diretor da investigação de genocídio pelas Nações Unidas, em Ruanda, e ex-presidente da Missão de Justiça Internacional, resume o problema quando diz que o movimento dos direitos humanos tem suas raízes na visão de mundo judaico-cristã e em seu compromisso com absolutos éticos. Com o advento da pós-modernidade e do relativismo cultural, esse compromisso está em jogo agora. Ele comenta:

> Desde a Segunda Guerra Mundial, a comunidade tradicional dos direitos humanos tem assumido uma postura corajosa em prol da justiça por meio de uma intuição moral passional que está arraigada, conscientemente ou não, no compromisso judaico-cristão com os absolutos éticos. Os ativistas de direitos humanos da década de 1990, porém, são filhos de uma filosofia secular de relativismo moral, multiculturalismo e pluralismo radical. Consequentemente, quando a coisa aperta no novo mundo desordenado do século seguinte, o movimen-

to internacional dos direitos humanos pode achar cada vez mais difícil orientar-se sem uma bússola moral, a fim de evitar confusão moral ou evitar ser capturado pela moda política do dia.¹¹

Michael Ignatieff, professor de direitos humanos na Universidade de Harvard, concorda com isso:

> Os direitos humanos têm-se tornado um importante artigo de fé de uma cultura secular que teme não acreditar em nenhuma outra coisa. Tornou-se a língua franca do pensamento moderno, assim como o inglês se tornou a língua franca da economia global.¹²

A preocupação de Ignatieff é que, na ausência de absolutos morais, os direitos humanos possam tornar-se um tipo de religião secular, a estrutura última de referência para os problemas morais em escala global. No início de um artigo sobre direitos humanos como idolatria, ele comenta:

> Argumentarei que os direitos humanos são interpretados de modo errado se forem vistos como religião secular. Não são um credo; não são metafísica. Transformá-los nisso significa transformá-los num tipo de idolatria: o humanismo adorando a si mesmo. Elevar as pretensões morais e metafísicas feitas em nome dos direitos humanos pode pretender aumentar seu apelo universal. Na verdade, isso tem o efeito oposto, levantando dúvidas entre os grupos religiosos e não ocidentais que não precisam de credos seculares ocidentais.¹³

Assim, as pessoas que têm uma fé religiosa olharão para os seus ensinamentos religiosos fundamentais à procura de sua visão sobre direitos humanos, estejam eles no Alcorão, estejam na Bíblia, por exemplo. Essa é uma das razões pelas quais os muçulmanos têm tido problemas com a Declaração Universal dos Direitos Humanos. Para alguns, não há nada de universal na linguagem da declaração. Ela está arraigada na linguagem e na filosofia do Ocidente e na sua ênfase ao individualismo e à autonomia humana. Na verdade, quando a Declaração Universal foi redigida, em 1947, a delegação da Arábia Saudita objetou especificamente ao artigo 16, sobre a escolha livre de casamento, e ao artigo 18, sobre a liberdade de religião. Essas críticas ainda ocorrem, de vez em quando, na relação entre o islã e os direitos humanos ocidentais.

Desejar proteção contra violações ou querer acesso a proteção jurídica ou educação não significa que você precisa tornar-se ocidental quanto ao modo de vestir-se, quanto à linguagem ou à atitude. Michael Igniatieff escreve sobre isso:

> As mulheres em Kabul que procuram agências ocidentais de direitos humanos em busca de proteção das milícias talibãs não querem deixar de ser esposas e mães muçulmanas; elas querem combinar o respeito por suas tradições com uma educação e cuidados médicos profissionais prestados por uma mulher. Elas esperam que as agências as defendam contra a violência física e a perseguição por estarem reivindicando esses direitos.[14]

É importante, então, que sejamos interculturais em nossa discussão sobre direitos humanos. De um lado, não podemos ceder ao relativismo cultural que pode aceitar que uma nação se esquive de seus compromissos com os direitos humanos pela alegação de ser uma cultura diferente. Mas, de outro, não podemos impor os valores da nossa própria cultura ocidental ao restante do mundo. O que o Ocidente vê como universal pode ser encarado como ocidental pelo resto do mundo, que tem toda a liberdade de ser crítico em relação a isso.

A linguagem dos direitos humanos é uma linguagem moral, no sentido de que é uma tentativa de descrever o certo e o bom. Mas é, também, uma linguagem política. Apelar aos direitos humanos não encerra um debate. Na maioria das vezes, inicia um debate. Os direitos humanos não representam um trunfo moral. É preciso algum arcabouço moral que vá além dos direitos humanos, do qual eles possam extrair sua autoridade e que lhes forneça sua base. Sem esse arcabouço, eles existem num vácuo moral e correm o perigo de tornar-se autorreferenciais.

A natureza dos direitos humanos depende do nosso conceito de ser humano. Por que as pessoas não devem ser torturadas? Por que queremos que as pessoas sejam alimentadas e educadas? O que, no ser humano, exige nossa atenção quando outros vivem em miséria? No entanto, no século 21, os direitos humanos entram em foco não só quando pessoas são ameaçadas ou quando lhes são negados os meios para uma qualidade de vida satisfatória. Também é essencial entendê-los quando tentamos criar vida humana. Por essa razão, os direitos humanos ocupam o centro dos debates sobre clonagem e engenharia genética. Já que a Bíblia se concentra no propósito divino para os seres humanos, ela tem muito a dizer sobre esse assunto. Três palavras o resumem: "dignidade", "igualdade" e "responsabilidade".

Dignidade humana

A dignidade dos seres humanos é afirmada em três sentenças sucessivas em Gênesis 1:27-28, que nós já analisamos em relação ao meio ambiente.

Em primeiro lugar, "Criou Deus o homem à sua imagem". Em segundo lugar, "homem e mulher os criou". Em terceiro lugar, "Deus os abençoou, e lhes disse: '[...] Encham e subjuguem a terra!'". Aqui, vemos a dignidade humana consistindo em três relações singulares que Deus estabeleceu para nós por meio da Criação, as quais, juntas, compõem grande parte da nossa natureza humana, e que foram distorcidas, mas não destruídas, pela Queda. A primeira é o nosso relacionamento com Deus. Os seres humanos são seres divinos, feitos, pela vontade de Deus, à sua imagem. A imagem divina inclui aquelas qualidades racionais, morais e espirituais que expressam algo daquilo que Deus é. Em consequência, podemos aprender sobre ele de evangelistas ou mestres (é um direito humano básico ouvir o evangelho); podemos vir a conhecê-lo, amá-lo e servi-lo; viver em dependência consciente e humilde dele; entender sua vontade e obedecer aos seus mandamentos. Então, todos aqueles direitos humanos que chamamos de a liberdade de professar, praticar e propagar religião, a liberdade de adorar, a liberdade de consciência, pensamento e fala entram nessa primeira categoria, a do nosso relacionamento com Deus. É impressionante que até mesmo os líderes deístas das Revoluções Americana e Francesa soubessem disso instintivamente. Como vimos, a Declaração de Independência norte-americana (1776) proclama:

> Acreditamos que estas verdades são evidentes: que todos os homens são criados iguais, que foram dotados por seu Criador de certos di-

reitos inalienáveis, dentre os quais estão o direito a vida, liberdade e busca de felicidade.[15]

A segunda capacidade singular dos seres humanos diz respeito ao relacionamento uns com os outros. O Deus que criou a humanidade é, ele mesmo, um ser social, um Deus que abrange três modos eternamente distintos de personalidade. Ele disse: "Façamos o homem à nossa imagem" e "Não é bom que o homem esteja só". Assim, Deus criou o homem e a mulher e ordenou que procriassem. Sexualidade é sua criação, casamento é sua instituição, e companheirismo humano é seu propósito. Então, todas aquelas liberdades humanas que chamamos de a santidade de sexo, casamento e família, o direito de se reunir pacificamente e o direito de ser respeitado, quaisquer que sejam nossa idade, sexo, raça ou posição, entram nessa segunda categoria, a do relacionamento uns com os outros.

Nossa terceira qualidade distintiva, como seres humanos, é a relação que temos com a terra e com suas criaturas. Deus nos deu domínio, instruindo-nos a subjugar e cultivar a terra fértil e a dominar suas criaturas. Então, todos aqueles direitos humanos que chamamos de o direito a emprego e a descanso, o direito a compartilhar dos recursos da terra, o direito a comida, roupa e abrigo, o direito a vida, saúde e sua preservação, incluindo a libertação da pobreza, da fome e da doença, entram nessa terceira categoria, a da nossa relação com a terra.

Apesar da simplificação excessiva, podemos resumir o significado de dignidade humana de três maneiras: nosso relacionamento com Deus (ou o direito e a responsabilidade de adoração), o relacionamento uns com os outros (ou o direito e a responsabilidade de comunhão) e nossa relação com a terra (ou o direito e a responsabilidade de administração) — somando-se, é claro, à oportunidade que nossa educação, nossa renda e nossa saúde fornecem para o desenvolvimento desse potencial humano único.

Assim, todos os direitos humanos consistem, por base, no direito de ser humano e de, com isso, desfrutar a dignidade de termos sido criados à imagem de Deus e de possuirmos relações singulares com ele, com outros seres humanos e com o mundo material. Os cristãos têm algo importante a acrescentar a tudo isso, ou seja, que nosso Criador também nos remiu ou recriou a um alto preço pessoal, por meio da encarnação e da expiação de seu

Filho. O custo da obra redentora de Deus reforça o senso de valor humano que sua Criação já nos deu. William Temple expressou essa verdade com sua clareza costumeira:

> Não pode haver nenhum direito do homem, exceto na base da fé em Deus. Mas, se Deus é real, e todos os homens são seus filhos, esse é o valor verdadeiro de cada um deles. Meu valor é o que eu valho para Deus; e isso é maravilhosamente muito, pois Cristo morreu por mim. Assim, aliás, aquilo que confere a cada um de nós seu valor máximo confere o mesmo valor a todos; em tudo o que mais conta, todos nós somos iguais.[16]

Nosso valor depende, portanto, da visão de Deus a nosso respeito e do relacionamento que ele tem conosco. Como resultado disso, os direitos humanos não são ilimitados, como se tivéssemos a liberdade de fazer e de ser o que bem entendemos. Eles são limitados ao que é compatível com a existência de uma pessoa humana criada por Deus. Como certo autor comentou:

> Se Deus não nos deu algo como um direito, não podemos reivindicá-lo como um direito, e é isso que leva os cristãos a discordarem daqueles que arraigam os direitos humanos no ideal ocidental do indivíduo autônomo que tem a liberdade de escolher seus próprios objetivos.[17]

Encontramos nossa verdadeira liberdade quando somos seres humanos autênticos, não quando nos contradizemos a nós mesmos. Por isso é essencial definirmos "ser humano" antes de definirmos "direitos humanos". Esse princípio é relevante ao considerarmos os "direitos das mulheres" e os "direitos dos *gays*". Essas reivindicações suscitam um questionamento; até que ponto o feminismo e as práticas homossexuais são compatíveis com a humanidade que Deus criou e pretende proteger? Esses temas são discutidos nos Capítulos 12 e 16.

Não existe situação em que seja permissível esquecer a dignidade dos seres humanos por Criação e o seu consequente direito a respeito. Criminosos condenados podem ser justamente privados de sua liberdade durante um período de encarceramento, mas o direito de encarcerar não implica o direito de submeter o prisioneiro a confinamento solitário ou de tratá-lo de qualquer outra forma desumana. Sou grato pelo trabalho da Prison Fellowship International, fundada por Charles Colson após experimentar pessoalmente os efeitos brutais do encarceramento. Hoje, a Prison Fellowship tem mais de 100 mil voluntários que trabalham com prisioneiros em mais de 75 países. Esses prisioneiros podem ter sido privados de sua liberdade por um tribunal, mas não podem ser privados de outros direitos. "Estive preso", Jesus disse, "e vocês me visitaram."

Antes de falarmos sobre igualdade humana, é importante observarmos que, mesmo que defendamos a dignidade humana como fundamental para a noção dos direitos humanos, às vezes discernimos de modo imperfeito as práticas e as tradições que constituem a dignidade. Michael Ignatieff está ciente desse problema; ele indica como diferentes culturas expressam a ideia de dignidade e como ela é relativa em termos culturais. Apesar de defender a noção do "respeito último", ele diz:

> Embora eu reconheça esse ponto, continuo com dificuldades em relação à dignidade. Existem muitas formas e expressões de dignidade humana, e algumas me parecem profundamente desumanas. Rituais de iniciação sexual, como mutilação genital, por exemplo, estão vinculados a uma ideia de dignidade e valor da mulher. Semelhantemente, o judaísmo ultraortodoxo impõe à mulher um papel que as mulheres seculares consideram opressivo, mas que as religiosas consideram digno. Assim, ideias de dignidade que pretendem unir culturas diferentes em algum solo compartilhado acabam dividindo-nos. Não existe maneira fácil de resolver o caráter culturalmente específico e relativo da ideia de dignidade.[18]

Não podemos, portanto, aceitar as práticas de outras culturas (ou da nossa própria) incondicionalmente. Quando afirmamos a importância da dignidade humana, precisamos ter o cuidado de aplicar-lhe os mais altos padrões e garantir que nada que façamos desumanize aqueles com os quais vivemos e trabalhamos. Ao dizer isso, os cristãos devem estar cientes de que, durante muitos séculos, foi a igreja que, de um lado, alegava retratar o evangelho e, de outro, sancionava práticas que desumanizavam as pessoas, até mesmo com torturas em nome da fé cristã. Nosso desejo de promover a dignidade humana em todos os aspectos da vida humana precisa começar no próprio quintal.

Igualdade humana

É uma tragédia que "direitos humanos" nem sempre tenham significado "direitos iguais". As boas dádivas do Criador são estragadas pelo egoísmo humano. Os direitos que Deus entregou igualmente a todos os seres humanos degeneram com facilidade em "meus direitos" nos quais insisto, sem respeitar os direitos de outros ou o bem comum. Assim, a história do mundo tem sido a história de conflitos entre os meus direitos e os seus, entre o bem de cada um e o bem de todos, entre o indivíduo e a comunidade. Na verdade, é quando os direitos humanos entram em conflito uns com os outros que somos confrontados com um dilema ético difícil. Pode ser a tensão entre o direito de um senhorio individual a propriedade e paz, de um lado, e a necessidade de uma nova autoestrada ou aeroporto para a comunidade, de outro; ou entre a liberdade de expressão e de reunião reivindicada por um grupo de direitos civis, para que possa manifestá-la, e a liberdade, reivindicada pelos habitantes locais, de não terem sua tranquilidade perturbada nem sua paciência esgotada.

O conflito de direitos frequentemente retratado na Bíblia assume, porém, uma forma bastante diferente. Sua ênfase é que nenhum indivíduo poderoso pode impor sua vontade à comunidade e que nenhuma comunidade pode violar os direitos de um indivíduo ou de uma minoria. Os fracos e vulneráveis eram cuidadosamente protegidos pela lei mosaica. Longe de explorá-los, o povo de Deus devia ser a voz dos mudos e o defensor dos impotentes, incluindo seus inimigos. Paul Oestreicher expressou isso bem:

> Quando os elétrodos são ligados, a vítima de tortura sofre igualmente quando os "seguranças" acreditam que estão salvando o livre empreendimento da revolução ou a revolução da reação [...] Meu compromisso pessoal não é nem com o liberalismo nem com o marxismo, mas com uma ideia curiosa apresentada por um carpinteiro tornado pregador dissidente na Palestina de que o teste da nossa humanidade

é a maneira como tratamos nossos inimigos [...] A maturidade e a humanidade de uma sociedade são medidas pelo grau de dignidade que ela concede aos desafetos e impotentes.[19]

A igualdade dos seres humanos é claramente expressa quando a Bíblia diz que Deus "não faz diferença entre as pessoas". O que a expressão original em grego pretende dizer é que Deus não faz "diferença entre rostos". Em outras palavras, não devemos demonstrar "nenhuma parcialidade" em nossa atitude para com outras pessoas nem conceder tratamento especial a alguém por ser rico, famoso ou influente. Os autores bíblicos dão muita importância a isso. Moisés, por exemplo, declarou: "Pois o SENHOR, o seu Deus, é o Deus dos deuses e o Soberano dos soberanos, o grande Deus, poderoso e temível, que não age com parcialidade." Assim, os juízes israelitas também não deveriam ser parciais, mas dar justiça "tanto ao pequeno como ao grande" (Deuteronômio 10:17; 1:16,17; confira 16:18,19).

A mesma ênfase ocorre no Novo Testamento. Deus é o Juiz imparcial. Ele não considera aparências externas ou circunstâncias. Ele não demonstra favoritismo, qualquer que seja o contexto racial ou social (por exemplo, Atos 10:34; Romanos 2:11; 1Pedro 1:17). Certa vez, Jesus foi descrito nestes termos (talvez em tom de bajulação, mas com precisão: "Mestre, sabemos que és íntegro e que não te deixas influenciar por ninguém, porque não te prendes à aparência dos homens" (Marcos 12:14). Ou seja, ele não se curvou diante dos ricos e poderosos nem desprezou os pobres e fracos, mas prestou respeito igual a todos, qualquer que tenha sido seu *status* social. Nós devemos fazer o mesmo.[20]

Creio que a melhor ilustração desse princípio possa ser encontrada no livro de Jó. É o último apelo de Jó por justiça, depois que seus três consoladores finalmente encerraram suas acusações injustas e inverídicas. Jó insiste em sua inocência, reconhecendo ao mesmo tempo que Deus é um justo juiz. Se ele violou as leis de Deus (por imoralidade, idolatria ou opressão), então que realmente caia o julgamento de Deus sobre ele. E continua:

> Se neguei justiça aos meus servos e servas, quando reclamaram contra mim, que farei quando Deus me confrontar? Que responderei quando chamado a prestar contas? Aquele que me fez no ventre materno não

os fez também? Não foi ele que nos formou, a mim e a eles, no interior de nossas mães? (Jó 31:13-15).

Jó continua na mesma linha de raciocínio ao falar sobre os pobres e necessitados, as viúvas e os órfãos. Temos direitos iguais porque temos o mesmo Criador. Dignidade e igualdade dos seres humanos são traçadas na Bíblia a respeito da nossa Criação.

Esse princípio deveria ser ainda mais óbvio na comunidade do Novo Testamento, pois também temos o mesmo Salvador. Paulo regulamenta a conduta entre mestres e escravos lembrando que ambos têm o mesmo mestre celestial e que "ele não faz diferença entre as pessoas" (Efésios 6:9; confira Colossenses 3:25). Tiago tenta banir distinções de classe da adoração pública, insistindo que não pode haver "favoritismo" entre ricos e pobres no meio dos crentes em Jesus Cristo (Tiago 2:1-9). A mesma verdade, porém, é evidente entre os incrédulos. Nossa humanidade comum basta para abolir favoritismo e privilégio e para estabelecer *status* e direitos iguais. Todas as violações dos direitos humanos contradizem a igualdade que desfrutamos por Criação. "Oprimir o pobre é ultrajar o seu Criador" (Provérbios 14:31). Se Deus demonstra, e se nós devemos demonstrar, uma "tendência para os pobres" (como é muitas vezes sugerido, e como consideramos no Capítulo 6), e se essa tendência não é uma violação da regra do "não favoritismo", ela precisa ser justificada ou porque a sociedade, como um todo, demonstra preconceito contra eles ou porque eles não têm ninguém que os defenda.

O fato de "não haver favoritismo com Deus" é o fundamento da tradição bíblica do protesto profético. Os profetas eram corajosos em denunciar a tirania dos líderes, especialmente dos reis de Israel e Judá. Ainda que fossem monarcas e até mesmo "ungidos do Senhor", não estavam imunes a críticas e repreensões. Sim, os governadores precisavam ser respeitados em razão de seu ofício, mas qualquer tentativa, da parte deles, de converter a autoridade em tirania ou o governo em despotismo precisava ser combatida com toda a seriedade. Davi foi o mais famoso de todos os reis de Israel, mas isso não lhe permitia matar Urias e roubar-lhe a esposa Bate-Seba; Deus enviou o profeta Natã para repreendê-lo. Quando Acabe era rei em Samaria, sua esposa Jezabel pensou que seu poder fosse absoluto. "É assim que você age como rei de Israel?", perguntou ela com desdém quando o encontrou aborrecido porque Nabote se tinha recusado a vender-lhe sua vinha. Deus enviou Elias para denunciar o assassinato de Nabote por Acabe e a tomada de sua propriedade. Joaquim foi rei de Judá no século 7 a.C., mas ele não tinha o direito de construir para si mesmo um palácio luxuoso com trabalho forçado. "Ai daquele [...]", gritou Jeremias, "Você acha que acumular cedro faz de você um rei?" Então o profeta lembrou-o de seu pai Josias: "Ele fez o que era justo e certo, e tudo ia bem com ele. Ele defendeu a causa do pobre e do necessitado, e, assim, tudo corria bem [...] 'Mas você não vê nem pensa noutra coisa além de lucro desonesto, derramar sangue inocente, opressão e extorsão.'" Ninguém lamentaria sua morte, Jeremias acrescentou; ele teria o sepultamento de um jumento e seria arrastado e lançado para fora dos portões de Jerusalém.[21]

Nos dias de hoje, ditadores tentam defender prisões e detenções arbitrárias e até mesmo cárcere e execução sem julgamento público, alegando "segurança nacional". Como um profeta bíblico reagiria? Protesto ou denúncia dentro do respectivo país certamente lhe custaria a vida. No entanto, a história oferece-nos muitos exemplos de pessoas que se levantaram contra a injustiça e sofreram as consequências em decorrência disso, o que, em alguns casos, incluía tortura e martírio. Hoje, temos a sorte não só de haver um consenso crescente sobre o que seria uma conduta aceitável em termos de lei internacional, mas também de haver várias organizações cujo propósito principal é observar a conduta de governos, corporações e outras agências em relação aos direitos humanos. Estou pensando em organizações como Anistia Internacional, Human Rights Watch, Christian Solidarity Worldwide, International Justice Mission[22] e Barnabas Fund,[23] que, mesmo com agendas diferentes, levam ao conhecimento do público as violações de direitos humanos cometidas mundo afora.[24] Esse trabalho é consistente com o precedente bíblico e com o reconhecimento de que, com Deus, "não há favoritismo".[25] Os direitos humanos são universais e iguais.

Responsabilidade humana

Muitas vezes, os cristãos têm problemas com o conceito de direitos humanos. Parece sugerir conflito, visto que uma pessoa afirma seus direitos contra outra pessoa. Parece encorajar também o egoísmo. O conceito ignora o fato de que os seres humanos têm deveres e responsabilidades, não só direitos. Em 1989, Solzhenitsyn exigiu que esse equilíbrio fosse restabelecido.

> Durante esses trezentos anos de civilização ocidental, houve uma abolição de deveres e uma expansão de direitos. Mas temos dois pulmões. Você não pode respirar com um pulmão e com o outro não. Temos de nos servir de direitos e deveres em medida igual.[26]

Quero, então, tentar esclarecer a relação entre direitos e responsabilidades.

A Bíblia diz muito sobre defender os direitos de outros, mas pouco sobre defender nossos próprios direitos. Pelo contrário, quando se dirige a nós, ela ressalta nossas responsabilidades, não nossos direitos. Devemos amar a Deus e ao próximo. Essas exigências primárias abrangem todo o nosso dever, pois: "Destes dois mandamentos dependem toda a Lei e os Profetas", disse Jesus (Mateus 22:40). O vínculo entre ver os outros como nossos próximos e agir em sua defesa é claro nas Escrituras. O que está claro, também, é que esse tipo de ação nem sempre é uma questão de nossa generosidade, mas de seus direitos humanos. Nicholas Wolterstorff afirma:

> Nossa preocupação com a pobreza não é uma questão de generosidade, mas de direitos. Se um homem rico tiver conhecimento de alguém que está morrendo de fome e tem o poder de ajudar aquela pessoa, mas decide não fazê-lo, ele viola os direitos da pessoa esfomeada de modo tão certo e represensível, como se tivesse atacado fisicamente o sofredor.[27]

Na verdade, o que a Bíblia contém é, como escreveu o doutor Christopher Wright, uma "Declaração Universal das Responsabilidades Humanas" (especialmente em termos de amar a Deus e ao próximo), não de direitos humanos.[28] Ele comenta: "Não é que eu esteja sob uma obrigação para com os outros seres humanos, mas estou sob uma obrigação para com Deus em prol dos outros seres humanos."[29] Dentro de uma visão de mundo cristã, as pessoas têm direitos porque Deus exige que os outros façam certas coisas por elas. Não fazê-las significa cometer injustiça e desobedecer a Deus. Isso vai muito além dos conceitos seculares de direitos humanos, reunindo amor e justiça com responsabilidade para com Deus e percebendo que as consequências disso não se limitam à conduta de governos, mas que haverá, também, consequências pessoais.[30]

A Bíblia é radical nesse sentido. Ela ressalta que nossa responsabilidade é garantir os direitos de outra pessoa. Devemos até renunciar aos próprios direitos a fim de fazer isso. O modelo supremo dessa renúncia responsável aos direitos é Jesus Cristo. Apesar de "existindo na forma de Deus", ele "não considerou que o ser igual a Deus era algo a que devia apegar-se" (Filipenses 2:6-7). Durante toda a sua vida, ele foi vítima de violações dos direitos humanos. Tornou-se um bebê refugiado no Egito, foi profeta sem honra em sua própria terra, bem como o Messias rejeitado pela classe religiosa de seu próprio povo, pelo qual ele tinha vindo. Ele se tornou prisioneiro de consciência, recusando-se a aceitar um compromisso para garantir sua libertação. Foi acusado falsamente, condenado injustamente, torturado brutalmente e, por fim, crucificado. E, durante todo o seu sofrimento, ele se recusou a defender ou a exigir seus direitos, para que, por meio de seu sacrifício próprio, ele pudesse servir aos nossos.

"Seja a atitude de vocês a mesma de Cristo Jesus", escreveu Paulo (Filipenses 2:5). E Paulo praticou o que pregava. Ele tinha direitos como apóstolo (o direito de se casar, o direito de receber apoio financeiro), mas renunciou a eles pelo bem do evangelho, a fim de se tornar escravo de todos e, assim, servir aos seus direitos (veja, por exemplo, 1Coríntios 9).

A renúncia a direitos, por mais idealista que possa parecer, é uma característica essencial da nova sociedade de Deus. No mundo externo, pessoas afirmam seus próprios direitos e exercem autoridade. "Não será assim entre vocês", Jesus disse. Pelo contrário, em sua comunidade, aqueles que aspiram à grandeza precisam tornar-se servos; o líder precisa ser escravo; e o primeiro, o último. O amor não busca seus próprios interesses, escreveu Paulo. Essa postura fundamental, aprendida de Jesus, aplica-se a toda situação. Cristãos, por exemplo, não devem processar uns aos outros, especialmente num tribunal secular. O litígio cristão era um escândalo em Corinto; ainda o é na Índia, em Paquistão, na Sri Lanka e em outros países. No mínimo, os cristãos deveriam resolver suas próprias disputas. Melhor ainda: "Por que não preferem sofrer a injustiça? Por que não preferem sofrer o prejuízo?" Não é esse o caminho de Cristo? Outra aplicação, no primeiro século, se deu aos escravos cristãos com senhores cruéis. E se eram espancados injustamente? Precisavam suportar com paciência, seguindo os passos de Jesus, que não revidou, mas confiou a si mesmo e sua causa ao justo Juiz de tudo.[31] Esse último ponto, de que a não retaliação de Jesus era acompanhada por uma dedicação a Deus, é um acréscimo importante. Renunciar aos direitos não significa desculpar o mal. A razão pela qual não julgamos é que isso é prerrogativa de Deus, não nossa (Romanos 12:19). Além do mais, Cristo está voltando; assim, todo mal será julgado, e a justiça será final e publicamente vingada.

Aqui, então, temos uma perspectiva cristã sobre os direitos humanos. Em primeiro lugar, afirmamos a dignidade humana. Os seres humanos, pois, são criados à imagem de Deus para conhecê-lo, para servir uns aos outros e para ser administradores da terra; por isso, eles precisam ser respeitados. Em segundo lugar, afirmamos a igualdade humana. Os seres humanos, pois, foram todos criados à mesma imagem pelo mesmo Criador; por isso, não devemos ser obsequiosos com alguns e desdenhosos com outros, mas agir imparcialmente com todos. Em terceiro lugar, afirmamos a responsabilidade humana. Deus nos ordenou, pois, que amássemos e servíssemos ao próximo; por isso, devemos lutar por seus direitos, ao mesmo tempo que devemos estar dispostos a renunciar aos nossos próprios direitos para fazer isso.[32]

Seguem, disso, duas conclusões principais. Primeiro, precisamos aceitar que os direitos de outras pessoas são responsabilidade nossa. Somos guardiões de nossos irmãos, porque Deus nos colocou na mesma família humana e, assim, nos tornou responsáveis uns pelos outros. A Lei e os profetas, Jesus e seus apóstolos, todos eles nos impõem um dever específico de servir aos pobres e defender os impotentes. Não podemos escapar disso dizendo que eles não são responsabilidade nossa. Para citar Solzhenitsyn mais uma vez: "Não existem mais assuntos internos neste nosso planeta. A humanidade só pode ser salva se todos se interessarem pelos assuntos de todos os outros."[33] Precisamos, então, sentir a dor daqueles que sofrem opressão. "Lembrem-se dos que estão na prisão, como se aprisionados com eles; dos que estão sendo maltratados, como se vocês mesmos estivessem sendo maltratados" (Hebreus 13:3). Para podermos fazer isso, talvez tenhamos de nos informar melhor sobre as violações contemporâneas aos direitos humanos.[34] Logo, qualquer que seja a ação que acreditemos ser necessária, precisamos garantir que os métodos a serem usados não violem os mesmos direitos humanos que estamos tentando defender.

Segundo, precisamos levar a sério a intenção de Cristo de que a comunidade cristã estabeleça um exemplo para outras comunidades. Não estou pensando apenas na nossa conduta cristã em casa e no trabalho, onde, como maridos e esposas, pais ou filhos, empregadores ou funcionários devamos ser submissos uns aos outros por reverência a Cristo (Efésios 5:21). Estou pensando especialmente na vida da igreja local, que deve ser um sinal do governo de Deus. A igreja deveria ser a comunidade, no mundo, em que dignidade e igualdade humanas são reconhecidas e em que a responsabilidade das pessoas umas pelas outras é aceita; em que os direitos dos outros são respeitados e jamais violados, enquanto renunciamos aos nossos próprios direitos; em que não há parcialidade, favoritismo nem discriminação; em que os pobres e fracos são defendidos e os seres humanos são livres para serem humanos como Deus os criou.

Uma nova e empolgante iniciativa nos Estados Unidos nos dá um exemplo excelente de como cristãos podem envolver-se na defesa dos direitos de outros. Em novembro de 1994, foi encomendada uma pesquisa para examinar a necessidade de um "ministério cristão especializado capaz de ajudar pessoas que sofrem injustiça e abusos no exterior em circunstâncias sob as quais as autoridades locais não podem fornecer o alívio necessário".[35]

Dezoito meses de extensa pesquisa e consulta proporcionaram evidências esmagadoras de que trabalhadores cristãos no exterior vinham observando, no mundo inteiro, violações regulares aos direitos humanos em situações nas quais não era possível contar com as autoridades locais para prestação de ajuda. Indicaram, também, que a existência de um ministério baseado na fé, com perícia profissional para documentar violações aos direitos humanos e para interferir em nome das vítimas sem colocar os missionários e suas agências em posição comprometedora, não era apenas uma ideia bem-vinda, mas uma necessidade absoluta. Em resposta a isso, foi fundada a International Justice Mission (IJM), que começou a trabalhar em ministérios no exterior para defender os direitos de todas as pessoas, cristãs e não cristãs, diante de abuso e opressão. Mais recentemente, a atenção da IJM voltou-se para casos de exploração sexual infantil na Ásia, expropriações de terra na América Latina e prisões sem acusações ou processos legais na África. Em casos assim, a IJM busca obter perícia profissional para documentar os abusos e assegurar alívio apropriado às vítimas. Iniciativas como essa indicam ao mundo que os cristãos estão levando a sério o seu compromisso com as necessidades e os direitos de outros.

CAMPANHA PELOS DIREITOS HUMANOS

É importante, assim, que os cristãos não estejam apenas atentos às violações aos direitos humanos, mas que se empenhem ativamente contra elas. A escravidão existe, hoje, em muitas formas, seja tráfico sexual de mulheres, seja trabalho forçado, seja trabalho infantil, seja casamento forçado. Existem três grupos, muitas vezes impotentes, pelos quais nutrimos uma preocupação especial, que são as crianças, as mulheres e as pessoas com deficiência.

Em cada caso, não estamos falando de um grupo que teria direitos aplicáveis apenas a ele. Estamos dizendo que cada um dos grupos tem seus direitos humanos fundamentais negados, quando deveriam ser universais.

Os direitos das crianças

Quando olhamos para o quadro global dos direitos das crianças, vemos centenas de milhares de crianças que têm seus direitos violados numa base diária. Falei, por exemplo, sobre soldados infantis, no Capítulo 4. Contudo, muitas crianças não estão seguras nem mesmo em seus próprios lares. Na América Latina, por exemplo, existem 185 milhões de crianças e adolescentes. Nada menos do que 6 milhões estão sujeitos a agressão severa, enquanto outras 80 mil são mortas a cada ano na "segurança" de seus próprios lares. Na verdade, dos dez países com o maior número de homicídios infantis, sete se encontram na América Latina.[36] Segundo a World Vision International, estima-se que, no Brasil, 3% das crianças com menos de 18 anos de idade se vendem por sexo (aproximadamente 2 milhões). Um terço das 50 mil prostitutas no Camboja tem menos de 18 anos de idade. O problema da Aids torna-se particularmente pungente quando nos damos conta de que 1 milhão de crianças trabalham no comércio sexual na Ásia. Mas esse tipo de exploração não existe apenas no mundo em desenvolvimento. Acredita-se que quase 4 mil crianças trabalham como prostitutas na Austrália.[37] E 10 milhões de crianças no mundo trabalham como criadas domésticas.

Recentemente, o uso de trabalho infantil em fábricas que produzem bens de luxo para o mercado ocidental foi posto em destaque pelo jornalismo investigativo ocidental. O trabalho infantil é um problema grave no mundo inteiro. A organização Anti-Slavery International estima que as piores formas de trabalho infantil expõem 179 milhões de crianças a um trabalho que prejudica sua saúde e seu bem-estar. As crianças são mais vulneráveis quando famílias ou comunidades vivem em pobreza e precisam de renda. Se não conseguem encontrar um emprego num setor supervisionado, elas podem desaparecer de vista e acabar em trabalho explorador. São essas questões que precisam levar a Igreja a incluir uma defesa efetiva e prioritária em nome dos direitos das crianças.

Foi isso que levou à redação da Convenção das Nações Unidas sobre os Direitos da Criança, a convenção de direitos humanos mais rapidamente aceita. Alguns cristãos acreditam que ela é contra a família e que atribui poderes excessivos às crianças, mas o documento põe o bem-estar da criança no centro da vida familiar, dizendo que um ambiente familiar feliz é essencial para o "desenvolvimento pleno e harmonioso" da criança. Também afirma claramente os direitos dos pais. Como vimos, o desrespeito flagrante aos direitos desse grupo torna essencial a criação de normas universais para o tratamento das crianças. Pela primeira vez, a convenção dá atenção especial às necessidades de crianças refugiadas (artigo 22), a crianças com deficiência (artigo 23), a crianças de minorias étnicas ou de origem indígena (artigo 30), a crianças trabalhadoras (artigo 32), a crianças vítimas de abuso sexual, físico e outras formas de abuso (artigos 34 e 36), a crianças em guerras e conflitos armados (artigo 39) e a crianças em conflito com a lei (artigos 37 e 40).[38] No entanto, é essencial, ainda, que essa convenção seja baseada numa compreensão bíblica da natureza da humanidade, da família e do valor das crianças no nosso mundo.

Os direitos das mulheres

Um dos lemas da década de 1990 era: "direitos das mulheres são direitos humanos". Se os direitos humanos não forem universais, eles não são humanos; durante milhares de anos, contudo, as mulheres não desfrutaram de seus direitos, e, no início do século 21, milhões de mulheres ainda são abusadas e oprimidas no mundo inteiro. Isso viola os princípios gêmeos de igualdade e não discriminação, os quais representam o âmago dos direitos humanos.

Em 1792, Mary Wollstonecraft publicou *Reivindicação dos direitos da mulher*, argumentando que as mulheres não precisam de caridade, mas de justiça.[39] Desde então, muitos países no mundo inteiro têm mudado sua política a fim de aumentar a igualdade entre homens e mulheres. No entanto, ainda persiste uma discriminação substancial, e isso levou as Nações Unidas a adotar a Convenção sobre a Eliminação de Todas as Formas de Discriminação contra a Mulher, em 1979, que entrou em vigor em 1981. Os 165 Estados que a ratificaram comprometeram-se a eliminar a discriminação contra mulheres em todos os campos, a tomar medidas afirmativas e a reprimir todas as formas de tráfico de mulheres.

O documento também afirmou o direito das mulheres a voto e elegibilidade em cargos públicos, destacando a importância de sua participação na política governamental e nos ofícios públicos. Em muitas partes do mundo, as mulheres não são prioridade quando se trata de investimentos em educação, emprego e assistência médica, mas a convenção abrange esses assuntos, exigindo que seus signatários gerem igualdade entre os sexos nessas áreas. Por fim, a convenção aborda, também, direitos civis e familiares, garantindo igualdade perante a lei e ausência de discriminação em todas as questões envolvendo casamento e relações familiares. Como em outras convenções sobre direitos humanos, os Estados nacionais têm quatro deveres: respeitar os pontos acordados, protegê-los, promovê-los e garantir a sua realização.[40] Em outras palavras, eles devem colocar a dignidade e o valor da mulher no centro de sua política e fazer tudo o que estiver em seu poder para proteger e promover seus direitos humanos.

Os direitos das pessoas com deficiência

Estima-se que existam aproximadamente 600 milhões de pessoas com deficiência no mundo de hoje.[41] Se todas elas vivessem num único país, ele seria o mais pobre do mundo, pois essas pessoas são as mais pobres entre os pobres, as mais impotentes do mundo, sendo as mulheres e crianças com deficiência as mais impotentes. A maioria delas, em torno de 80%, vive em países em desenvolvimento, onde poucos têm acesso aos serviços de reabilitação necessários. Quando levamos em consideração, também, suas carreiras e suas famílias, a deficiência afeta um grande número de pessoas no mundo inteiro. Deficiência não se trata apenas de corpos limitados — trata-se também da necessidade de capacitação, defesa e direitos humanos.[42] Uma das questões-chave, nas últimas décadas, tem sido a mudança de percepção da comunidade a respeito das pessoas com deficiência, além de uma transformação da visão das pessoas com deficiência sobre si mesmas. Muitas vezes, as pessoas com deficiência são vistas como passivas, dependentes, não contribuintes à comunidade. São consumidoras dos recursos da comunidade, não contribuem para sua existência. Contudo, isso tem mudado aos poucos. Como disse Abdul Rahman Sahak, da Free Welfare Society for Afghan Disabled: "Deficiência não é incapacidade, caridade não é a solução para os nossos problemas. Precisamos de igualdade e de nossos direitos como seres humanos em todos os setores da vida. Pessoas com deficiência têm muito com que contribuir."[43]

A ênfase daquilo que veio a ser conhecido como "movimento da deficiência" está nas organizações mantidas por pessoas com deficiência para pessoas com deficiência, bem como nos seus direitos. Um de seus lemas populares é "Nada sobre nós, sem nós". Em vez de ver a deficiência primariamente como questão médica, eles a veem como uma questão social. É a sociedade que precisa adaptar-se às necessidades de pessoas com deficiência, e não as pessoas com deficiência que precisam ajustar-se para viver em uma sociedade não deficiente. O "movimento pelos direitos das pessoas com deficiência" faz campanhas por mudanças no acesso a edifícios, em assistência médica, em prioridades políticas e, até mesmo, em linguagem. Sua agenda é controversa, e sua raiva é muitas vezes palpável, mas eles querem chamar a atenção para o fato de que com frequência lhes são negados seus direitos humanos, e, em algumas culturas e em certos períodos na história, foi-lhes negada até mesmo a humanidade.

Nessa área, como em muitas outras, precisamos lembrar que não podemos simplesmente aceitar os argumentos seculares daqueles que acreditam em direitos humanos. Temos de confrontar cada ideia com as Escrituras e garantir que seja consistente com o pensamento cristão. Somente se fizermos isso é que os cristãos podem manter sua distinção. A visão cristã de dignidade, igualdade e responsabilidade indica que devemos apoiar campanhas que buscam destacar o valor de cada pessoa feita à imagem de Deus. A Igreja preocupa-se justamente em acabar com a pobreza e a opressão onde quer que sejam encontradas, além de capacitar aqueles que são pobres e impotentes, para que vivam como Deus quer que vivam.

NOTAS

1. ROBINSON, Mary. *Ethics, human rights and ethical globalisation.* In: Second Global Ethic Lecture, the Global Ethic Foundation. Germany: University of Tübingen, 21 jan. 2002.
2. Do editorial de Emilio Castro, dedicado aos "direitos humanos", em *International Review of Mission*, v. LXVI, n. 263, p. 218, jul. 1977.
3. *Amnesty International Annual Report.* [S.l.: s.n.], 1995. p. 249.
4. HAUGEN, Gary. Rwanda's carnage. *Christianity Today*, p. 52-54, 6 fev. 1995.
5. *Response*, ed. 131, p. 4-5 (China) e p. 13 (Somália), out. 2004. *Response* é a revista da Christian Solidarity Worldwide: *www.csw.org.uk* (em inglês).
6. A coleção mais prática desses textos é BROWNIE, Ian (Org.). *Basic documents on human rights*. 2. ed. Oxford: Clarendon, 1981.
7. Da introdução do doutor Malik para NOLDE, O. Frederick. *Free and equal*: human rights in ecumenical perspective. Genebra: WCC, 1968. p. 7.
8. Para uma descrição dos principais tratados e alianças sobre direitos humanos internacionais, visite *www.un.org* (em inglês).
9. MCCORQUODALE, Robert. *Contemporary human rights and Christianity*, um artigo entregue a Shaping the Christian Mind Conference, Sydney, Austrália, em julho de 1996.
10. PAINE, Thomas. *The rights of man*. 8. ed. [S.l.: s.n.], 1791. p. 47-48.
11. De uma comunicação pessoal ao autor.
12. IGNATIEFF, Michael. *Human rights as politics and idolatry*. Princeton, N. J.: Princeton Univ. Press, 2001. p. 53.
13. Ibid.
14. IGNATIEFF, Michael. *The warrior's honour*: ethnic war and the modern conscience. Londres: Vintage, 1995. p. 55-69.
15. Veja *www.constitution.org/usdeclar.htm* (em inglês).
16. TEMPLE, William. *Citizen and churchman*. Londres: Eyre & Spottiswoode, 1941. p. 74-75.
17. MCCLOUGHRY, Roy. *Rights or wrong?* [S.l.: s.n.], 2003. p. 9.
18. IGNATIEFF, *Human rights as politics and idolatry*, p. 164.
19. OESTREICHER, Paul. *Thirty years of human rights*. The British Churches' Advisory Forum on Human Rights, 1980.
20. Em discussões contemporâneas sobre direitos humanos, a expressão "não discriminação" é usada com frequência, e, muitas vezes, igualdade e não discriminação são vistas como essenciais a qualquer noção de direitos humanos que mereça esse nome.

21. O protesto profético contra esses três reis encontra-se em 2Samuel 11 e 12 (Natã e Davi), 1Reis 21 (Elias e Acabe) e Jeremias 22:13-19 (Jeremias e Joaquim).
22. Veja *www.ijm.org* (em inglês).
23. Consulte *www.barnabasfund.org* (em inglês).
24. Os *sites* das outras três organizações mencionadas aqui são: *www.amnesty.org*; *www.hrw.org/*; *www.csw.org.uk/* (em inglês).
25. No entanto, os cristãos se sentem, por vezes, incomodados com a agenda das organizações de direitos humanos. Eu me refiro especificamente aos direitos dos *gays* nesse contexto, e isso será abordado no capítulo sobre relacionamentos homoafetivos.
26. De uma entrevista publicada na revista *TIME*, em 24 de julho de 1989.
27. WOLTERSTORFF, Nicholas. *Until justice and peace embrace*. Grand Rapids: Eerdmans, 1983. p. 82, citado em MCCORQUODALE, op. cit., p. 11.
28. WRIGHT, Christopher J. H. *Human rights:* a study in biblical themes. Cambridge: Grove Books, 1979. p. 16. (Grove Booklet on Ethics no. 31.)
29. WRIGHT, Christopher J. H. *Walking in the ways of the Lord:* the ethical authority of the Old Testament. Leicester: Apollos, 1995. p. 251.
30. MCCLOUGHRY, op. cit.
31. Para essa renúncia a direitos, veja Marcos 10:42-45, 1Coríntios 13:5 (amor), 1Coríntios 6:1-8 (litígio) e 1Pedro 2:18-25 (escravos).
32. É claro que os cristãos desejam defender seu direito de se reunir para adorar sem serem perseguidos. No entanto, a existência de perseguição não impede que as igrejas se reúnam e assumam as consequências disso, como já discuti no contexto da Igreja na China e em países semelhantes.
33. Discurso na entrega do prêmio Nobel, 1970.
34. Para informações sobre violações aos direitos humanos em geral e sobre prisões e tortura em geral, escreva para Amnesty International, 1 Easton Street, London WC1X 8DJ, UK, ou visite seu *site* em *www.amnesty.org* (em inglês).
35. *A Christian witness for justice, a needs assessment and operational outline* (novembro de 1996, p. 1), pesquisa conduzida pela International Justice Mission, PO Box 58147, Washington, DC, 20037-8147, USA; ou na internet, no *site www.ijm.org* (em inglês).
36. Números baseados em: UNICEF. *Stop violence against women and girls*. [S.l.], 1999. Citado em WORLD VISION. *Faces of violence in Latin America and the Caribbean*. Monrovia, Calif.: World Vision International, 2002. p. 10.
37. WORLD VISION INTERNATIONAL. *Protecting children:* a biblical perspective on child rights. Monrovia, Calif.: World Vision International, 2002. p. 20, 22.

38. *Here we stand:* world vision and child rights. Milton Keynes: World Vision UK, 2002.
39. Cf. *Human Development Report 2000.* Nova York: United Nations Publications, 2000. p. 32, box 2.1, *The long struggle for women's rights.*
40. HÄUSERMANN, Julia. *Rights and humanity:* a human rights approach to development. Londres: Rights and Humanity, 1998. p. 76-79.
41. Foi apenas recentemente que as tentativas de medir deficiências numa escala global se tornaram mais rigorosas, visto que é difícil agregar estatísticas de países diferentes, que podem ter definições divergentes de deficiência. Estimativas variam entre 550 e 650 milhões de pessoas. Consulte *www.un.org* e *www.who.int/en/* (em inglês).
42. MCCLOUGHRY, Roy; MORRIS, Wayne. *Making a world of difference:* Christian reflections on disability. Londres: SPCK, 2002. p. 1.
43. Citado em Ibid., p. 2.

QUESTÕES SOCIAIS

CAPÍTULO 8

O mundo do trabalho

Trabalho ocupa um lugar tão significativo na vida da maioria das pessoas, que, como cristãos, devemos aprender a refletir sobre isso de modo cristão.¹ Precisamos aprender a celebrá-lo como uma dádiva de Deus, a protestar contra práticas injustas e opressivas, onde quer que existam, e a chamar as pessoas a trabalhar com integridade, num mundo de trabalho muitas vezes comprometido. Em algumas partes do mundo, quase não existe perspectiva de emprego produtivo, já que determinado país está sofrendo guerra civil, fome ou outros tipos de pobreza abjeta. Onde existe emprego assalariado, ele vem em muitas formas. O engraxate nas ruas de Nairóbi, o agente num *call center* em Bangalore, o petroleiro na Sibéria, o trabalhador infantil em Pequim, o empreendedor explorador em Kiev, o advogado em Londres e a professora em Memphis — todos eles trabalham, em algum sentido da palavra. Alguns são oprimidos por aquilo que fazem, outros são a fonte de opressão; ainda outros estão contribuindo — mesmo que modestamente — para a comunidade, de modo criativo, com os dons que receberam de Deus. Tais experiências diversas nos levam a perguntar: Qual era a intenção original de Deus para o trabalho, e o que o trabalho deveria ser hoje?

Agora, por favor, deixe-me dizer antes mesmo que você o pense: um clérigo deveria ser a última pessoa no mundo a escrever sobre trabalho, pois, como todos sabem, ele não teve um único dia de trabalho honesto em toda a sua vida. Como diz o velho ditado: ele é "invisível durante seis dias e incompreensível no sétimo dia"! Alguns anos atrás, eu estava viajando de trem pelo sul do País de Gales quando um mineiro comunista, um tanto embriagado, entrou no meu compartimento. Quando descobriu que eu era pastor, ele me deu um sermão sobre trabalho: "Está na hora de você ser produtivo, homem; você é um parasita na estrutura política."

Ele sabia que eu tinha um emprego, mas não acreditava que era "trabalho verdadeiro". Também é importante, entretanto, observar o contrário, ou seja, que nem todo trabalho é emprego. Muitas pessoas são precisamente sensíveis quando se passa a impressão de que, se alguém não é pago por seus esforços, suas atividades não constituem trabalho. Nada poderia ser mais errado. Muitas pessoas trabalham em casa e contribuem com trabalho voluntário, cuidam de crianças e de outros dependentes. Esse tipo de trabalho pode ser árduo, mas, ainda assim, passar despercebido. Muitas pessoas "aposentadas" trabalham na obra voluntária tanto quanto trabalhavam num emprego assalariado. Fato é que o trabalho daqueles que não são pagos é uma contribuição tão grande para a sociedade, que nós dependemos de pessoas dispostas a fazê-lo tanto quanto dependemos de pessoas dispostas a trabalhar num emprego assalariado. A obra da Igreja depende, em grande parte, da disposição das pessoas para doar seu tempo voluntariamente a serviço de Deus.

Refletir sobre o trabalho é especialmente importante agora, pois a maneira como trabalhamos está sendo alterada pelo advento das novas tecnologias, e as pessoas estão tentando renegociar o equilíbrio entre vida profissional e particular. Na sociedade contemporânea, nem todos estão dispostos a sacrificar tudo na busca de metas orientadas pelo trabalho. O encorajamento "arranje uma vida!" costuma ser direcionado a pessoas viciadas em trabalho e que pouco desenvolvem interesses ou fortes relacionamentos fora do mundo do trabalho. A persistência da velha piada, de que ninguém quer ter escrito em sua lápide: "Eu gostaria de ter passado mais tempo no escritório", é um indício de que, mesmo que o trabalho seja parte importante da vida, não é sua totalidade. De qualquer modo, o trabalho é uma das principais formas pelas quais expressamos o que significa ser humano.

Assim, com exceção daqueles que fogem do trabalho disponível, todos nós somos trabalhadores. Consequentemente, precisamos de uma filosofia de trabalho que determine a nossa postura em relação a ele.

O PROPÓSITO DO TRABALHO

Qual é o propósito do trabalho? Aqueles que estão tentando desenvolver uma mente cristã em relação ao trabalho costumam olhar inicialmente para a Criação. A Queda transformou o trabalho em atividade penosa (o solo foi amaldiçoado, e a cultivação tornou-se possível apenas com labuta e suor), mas o trabalho em si é uma consequência da nossa Criação à imagem de Deus. O próprio Deus é representado como trabalhador em Gênesis 1. Dia após dia, ou fase após fase, seu plano criativo se desdobrou. E, quando viu o que tinha feito, ele considerou que era "bom". Desfrutou de uma satisfação perfeita no trabalho. Seu ato final de Criação, antes de descansar no sétimo dia, foi fazer o ser humano, também como trabalhador. Deu-lhe parte de seu próprio domínio sobre a terra e o instruiu a exercer seus dons criativos ao subjugá-la. Assim, desde o início, homens e mulheres têm sido administradores privilegiados de Deus com a comissão de proteger e desenvolver o meio ambiente em seu nome.

Então, no segundo relato da Criação, que se concentra na perspectiva humana, nós lemos: "Ora, o SENHOR Deus tinha plantado um jardim [...] O SENHOR Deus colocou o homem no jardim do Éden para cuidar dele e cultivá-lo" (Gênesis 2:8,15). Dessa forma, Deus plantou o jardim e criou o homem. Em seguida, colocou o homem que ele tinha criado no jardim que ele tinha plantado e o instruiu a cultivar e protegê-lo. Assim como ele havia colocado a terra, em geral, sob os cuidados do homem, confiava-lhe, agora, o jardim (Gênesis 4:17 e seguintes). Os descendentes de Adão são retratados construindo cidades, criando gado, produzindo e tocando instrumentos musicais e fazendo ferramentas de bronze e ferro. Parece, de fato, ser a Idade da Pedra Média aqui descrita.

Aqui, então, está Deus, o trabalhador, com o homem, o trabalhador, que compartilha a imagem e o domínio de Deus. E (como os cristãos desejarão acrescentar) temos também Jesus, o trabalhador, que, como carpinteiro, demonstra a dignidade do trabalho manual.

À luz dessas verdades reveladas sobre Deus, Cristo e os seres humanos, qual é a compreensão cristã do trabalho? Em particular, qual é o paradigma bíblico que nos permite entender as intenções originais de Deus para o trabalho? E em comparação com quais dessas intenções podemos entender nossa experiência contemporânea de trabalho, tanto positiva quanto negativa?

Realização para o trabalhador

O trabalho deve servir para a satisfação do trabalhador. Ou seja, parte importante da nossa autorrealização como seres humanos é encontrada, segundo o propósito de Deus, no nosso trabalho. Podemos afirmar isso com segurança em vista da primeira instrução que Deus deu ao homem e à mulher: "Sejam férteis e multipliquem-se! Encham e subjuguem a terra!" (Gênesis 1:28). Temos aqui três ordens sucessivas, e cada uma leva, logicamente, para a seguinte. Eles não poderiam subjugar a terra sem antes enchê-la, e não poderiam enchê-la sem antes se reproduzirem. Esse mandamento original e composto expressa, portanto, um aspecto básico da nossa vocação como seres humanos.

Ao refletirmos, no Capítulo 5, sobre nossa responsabilidade para com o meio ambiente, vimos que nosso domínio sobre a natureza se deve à nossa semelhança com Deus. Ou, para expressar a mesma verdade em termos diferentes, nosso potencial para um trabalho criativo é parte essencial da nossa semelhança divina. Nosso Criador nos criou como criaturas criativas. Dorothy Sayers estava certa em seu epigrama: "O trabalho não é, primariamente, algo que fazemos para viver, mas a coisa que vivemos para fazer."[2] Já que o Criador nos deu dons, ele espera que sejam usados. Quer que nos realizemos, não que nos frustremos.

O papa João Paulo II foi claro e direto ao falar sobre o lugar fundamental do trabalho na vida humana. Em sua encíclica sobre o trabalho humano, intitulada *Laborem Exercens*, ele escreveu: "Trabalho é uma das características que distinguem o homem do resto das criaturas, cuja atividade para sustento da vida não pode ser chamada de trabalho."[3] Com base nos primeiros capítulos de Gênesis, "a Igreja está convencida de que o trabalho é uma dimensão fundamental da existência do homem na terra".[4] Por isso, ele continua, "o trabalho humano é uma chave, provavelmente a chave essencial, para toda a questão social". Se esta significa "tornar a vida mais humana", como afirmou o Concílio Vaticano II, "então a chave, o trabalho humano, adquire uma importância fundamental e decisiva".[5] Assim, "o trabalho é uma coisa boa para o homem", não só porque, por meio do trabalho, ele transforma a natureza para que ela sirva às suas necessidades, mas porque, por meio dele, "ele também alcança realização como ser humano e, de fato, em certo sentido, se torna 'um ser mais humano'".[6]

No entanto, seria um exagero afirmar que trabalho é "indispensável" à nossa humanidade, pois o clímax de Gênesis 1 não é a Criação do homem e da mulher para subjugar a terra, mas a instituição do sábado. Nós, seres humanos, vivemos nossa humanidade ao máximo não quando trabalhamos, mas quando deixamos o trabalho de lado para adorar. Assim, o sábado:

> relativiza as obras da humanidade, o conteúdo dos seis dias de trabalho. Ele protege a humanidade de ser totalmente absorvida pela tarefa de subjugar a terra, ele se antecipa à distorção que faz do trabalho a soma e o propósito da vida humana.[7]

Não podemos estar repletos apenas por meio do trabalho, pois necessitamos do ato de adoração para realizar nossa humanidade plena.

Precisamos dizer, porém, que, se formos ociosos (em vez de ativos) ou destrutivos (em vez de criativos), negamos um aspecto básico da nossa humanidade, contradizendo o propósito de Deus para as nossas vidas e, assim, abrindo mão de parte de nossa própria realização. Isso não significa, é claro, que uma criança, um paciente num hospital ou uma pessoa aposentada não seja um ser humano por não poder trabalhar. Uma criança deseja crescer, e uma pessoa doente deseja recuperar a saúde a fim de poder servir. Semelhantemente, uma pessoa aposentada age com sabedoria se buscar uma aposentadoria ativa em que ela tenha oportunidades de serviço construtivo, mesmo que não seja pago.[8] Discutirei desemprego mais adiante neste capítulo. Por mais pessimista que o pregador tenha sido, em Eclesiastes, a respeito da falta de sentido de uma vida sem Deus e do "esforço debaixo do sol", ele conseguiu ser positivo sobre o trabalho diário: "Para o homem não existe nada melhor do que comer, beber e encontrar prazer em seu trabalho." E novamente: "Não há nada melhor para o homem do que desfrutar do seu trabalho" (Eclesiastes 2:20,24; 3:22).

E. F. Schumacher não exagerou quando escreveu sobre o trabalho monótono:

Mecânico, artificial, separado da natureza, utilizando apenas a menor parte das capacidades potenciais do homem, ele condena a maioria dos trabalhadores a gastar sua vida de uma maneira que não contém desafio digno, nenhum estímulo ao aperfeiçoamento próprio, nenhuma chance de desenvolvimento, nenhum elemento de beleza, verdade ou bondade.[9]

Ele ressalta a anomalia disso observando que "o mundo moderno toma todo o cuidado para que o corpo do trabalhador não seja prejudicado por um acidente ou por alguma outra causa" e, caso seja danificado, providencia compensação. Mas e quanto a "sua alma e seu espírito"? "Se seu trabalho o prejudica, reduzindo-o a um robô — isso é muito ruim."[10] Então ele cita Ananda Coomaraswamy, que diz que "indústria sem arte é brutalidade". Por quê? Porque prejudica a alma e o espírito do trabalhador.[11] A solução de Schumacher está no conceito de "o pequeno é belo" [*small is beautiful*], com o qual seu nome será sempre associado.

Assim, quando a vida humana está centrada no trabalho e não na adoração, estamos perdendo parte essencial do nosso chamado humano. Quando o trabalho impossibilita o descanso, descobrimos que não podemos operar como seres humanos. Num mundo cada vez mais globalizado, valores econômicos estão dominando valores pessoais e comunais. Ao mesmo tempo que isso aumenta o perfil da eficiência tecnológica, ilumina o fato de que os seres humanos foram feitos para vidas produtivas e férteis, mas não devem ficar sob a tirania de quaisquer valores que não sejam centrados em Deus. O padrão de seis dias de trabalho e um dia de descanso e adoração tornou-se, portanto, um padrão profético por meio do qual a Igreja deveria chamar o mundo de volta a padrões de trabalho que melhoram a vida humana, e não que a rebaixam.

Benefício para a comunidade

O propósito do trabalho não é só a realização do trabalhador, mas também o benefício da comunidade. Adão não cultivou o jardim de Éden meramente para a sua própria satisfação, mas para alimentar e vestir sua família. Em toda a Bíblia, a produtividade do solo está relacionada às necessidades da sociedade. Assim, Deus entregou a Israel uma "terra onde manam leite e mel" e, ao mesmo tempo, deu instruções de que a colheita fosse compartilhada com o pobre, o estrangeiro, a viúva e o órfão. Semelhantemente, no Novo Testamento, o ladrão convertido é instruído a parar de roubar e a começar a trabalhar com suas próprias mãos, para que "tenha o que repartir com quem estiver em necessidade" (Efésios 4:28).

A consciência de que nosso trabalho é benéfico e apreciado aumenta consideravelmente nosso senso de realização nele. Entendo que os estudos de Henri de Man entre as guerras, na Alemanha, e os experimentos de Hawthorne, realizados no mesmo período na usina da Western Electric Company, em Chicago, foram as primeiras pesquisas científicas sobre esse fato agora universalmente aceito. Os estudos de Hawthorne, em especial, mostraram "que trabalhadores produziriam mais, ainda que as luzes fossem reduzidas à força da luz da lua, se acreditassem que outras pessoas consideram seu trabalho importante e significativo ".[12]

A Bíblia certamente vê o trabalho como um projeto comunitário, empreendido pela comunidade para a comunidade. Todo trabalho precisa ser visto, pelo menos em certo grau, como serviço público. No Capítulo 9, discutirei a relação entre o motivo do lucro e o papel do comércio na comunidade. É fácil sugerir que os comércios são honráveis apenas se servirem à comunidade, mas é preciso levar em conta que, por exemplo, empresas negociadas na bolsa também servem a seus acionistas, e a relação entre os dois é relevante quando analisamos o papel do comércio. Contudo, aqui, é importante reforçar que trabalho é uma contribuição para a comunidade, não uma detração dela. Veremos, a seguir, que todo trabalho envolve compromisso e que, por causa disso, algumas pessoas têm problemas quando tentam ver seu trabalho como contribuição para a comunidade. Mesmo que a única contribuição feita seja para alimentar a família do funcionário e para sustentar sua vida e capacitá-lo a manter seu interesse na vida comunitária, esse trabalho vale a pena.

Glória a Deus

Mais importante ainda do que o serviço à comunidade é o serviço a Deus, mesmo que os dois não possam ser separados. Os cristãos acreditam que a terceira e mais alta função do trabalho é que, por meio dele, Deus seja glorificado — isto é, que seu propósito seja revelado e cumprido. Deus, deliberadamente, arranjou a vida de tal forma que ele precisa da cooperação dos seres humanos para o cumprimento de seus propósitos. Ele não criou o planeta Terra para que fosse produtivo por si mesmo; os seres humanos precisavam subjugá-lo e desenvolvê-lo. E não plantou um jardim cujas flores e frutas amadurecessem por conta própria; ele nomeou um jardineiro para cultivar o solo. Chamamos isso de o "mandato cultural" de Deus para a humanidade. "Natureza" é o que Deus nos dá; "cultura" é o que fazemos com ela. Sem um cultivador humano, cada jardim ou campo degenera-se rapidamente e transforma-se em natureza selvagem.

Deus fornece o solo, as sementes, o sol e a chuva, mas nós precisamos arar, semear e colher. Deus fornece as árvores, mas nós precisamos podá-las e colher as frutas. Como Lutero disse, certa vez, numa preleção sobre Gênesis: "Pois Deus fará as coisas por meio de você, ele ordenhará as vacas por meio de você e realizará os deveres mais servis por meio de você, e todas as tarefas, da maior à menor, lhe serão agradáveis." De que nos adiantaria a provisão de Deus de um úbere cheio de leite se não estivermos lá para ordenhá-lo?

Existe, logo, uma cooperação, na qual nós dependemos de Deus, mas na qual (acrescentamos com reverência) ele também depende de nós. Deus é o Criador; o homem é o cultivador. Um precisa do outro. Segundo o bom propósito de Deus, criação e cultivação, natureza e nutrição, matéria-prima e artesanato humano andam juntos. Esse conceito de colaboração divino-humana é aplicável a todo trabalho honrável. Deus humilhou a si mesmo e nos honrou ao tornar-se dependente da nossa cooperação. Veja o bebê humano, talvez a mais impotente de todas as criaturas de Deus. Crianças são realmente uma "dádiva do Senhor", mas a própria procriação é uma forma de cooperação. Depois do nascimento, é como se Deus colocasse o recém-nascido nos braços da mãe e dissesse: "Agora, você assume o controle." Ele entrega aos seres humanos a criação de cada criança. Nos primeiros dias, o bebê permanece quase uma parte da mãe, tão próximos são um do outro. E, durante anos, as crianças dependem de seus pais e professores.

Mesmo na vida adulta, embora dependamos de Deus no que diz respeito à vida em si, dependemos uns dos outros para satisfazer as necessidades da vida. E isso inclui não só as necessidades básicas da vida física (comida, roupa, abrigo, calor, segurança e cuidados médicos), mas também tudo o que compõe a riqueza da vida humana (educação, recreação, esportes, viagens, cultura, música, literatura e artes), sem falar da nutrição espiritual. Logo, qualquer que seja nosso trabalho — em qualquer dos ramos (ensino, medicina, lei, serviços sociais, arquitetura ou construção), na política local ou nacional ou no serviço civil, na indústria, no comércio, na agricultura ou nas mídias, na pesquisa, na administração, nos serviços ou nas artes, no lar —, precisamos vê-lo como cooperação com Deus. As palavras de Ambroise Paré, cirurgião francês do século 16, descrito como "fundador da cirurgia moderna", estão inscritas na École de Médicine em Paris: "Eu vesti a ferida; Deus o curou."

Conta-se a história de um homem que, ao caminhar por uma estrada rural, se deparou com uma pedreira, onde vários homens estavam trabalhando. Ele perguntou o que estavam fazendo. O primeiro respondeu com certa irritação: "Você não está vendo? Estou talhando pedras." O segundo respondeu sem levantar o olhar: "Estou ganhando duzentas libras por semana." Mas, quando fez a mesma pergunta ao terceiro homem, este parou, abaixou a picareta, ergueu-se e respondeu com orgulho evidente: "Se quiser saber o que estou fazendo, estou construindo uma catedral." É, portanto, uma questão do alcance de nossa visão. O primeiro homem não conseguia enxergar além de sua picareta, e o segundo só via a folha de pagamento do fim da semana. Mas o terceiro homem via além de suas ferramentas e de seu salário, abarcando o fim último ao qual estava servindo. Ele estava cooperando com o arquiteto. Por menor que fosse sua contribuição, ele estava ajudando a construir um prédio para a adoração de Deus.

Assim, *laborare est orare*, "trabalho é adoração", contanto que possamos ver como nosso trabalho contribui para fazer avançar o propósito de Deus para a humanidade. Então, qualquer que seja o trabalho que fazemos, ele pode ser feito para a glória de Deus (1Coríntios 10:31).

Em seu livro *Work in the Spirit* [Trabalhe no espírito], porém, o doutor Miroslav Volf desafiou essa visão não como errada, mas como inadequada. Cuidadoso em sua argumentação e lúcido em seu estilo, ele desenvolveu uma teologia de trabalho abrangente. Em essência, ele nos desafia a olhar não para a Criação original, mas para a nova Criação, cuja plenitude ainda está por vir. Como haverá uma continuidade fundamental entre nosso corpo atual e nosso futuro corpo ressurreto, vivemos na expectativa não da destruição do mundo, mas da sua transformação. É essa expectativa que dá ao trabalho humano o seu significado, pois "por meio dele os seres humanos contribuem de sua maneira modesta e imperfeita para a nova Criação de Deus".[13]

O doutor Volf também rejeita o ensinamento de Lutero, sobre as nossas diferentes "vocações", em favor do ensinamento de Paulo sobre os nossos diferentes "carismas" (*charismata*, "dons do Espírito"). Estes, afirma ele, incluem o trabalho mundano diário, até mesmo o trabalho realizado pelos não cristãos, pois "todo trabalho humano [...] é viabilizado pela operação do Espírito de Deus na pessoa que trabalha".[14] No entanto, isso levanta algumas perguntas inquietantes. Ainda que o Espírito Santo esteja, de fato, operando no mundo, e ainda que as nações levem o seu "esplendor" para a nova Jerusalém (Apocalipse 21:24,26), será que a visão de Paulo sobre os carismas realmente inclui o trabalho de não cristãos? E os humanos realmente podem cooperar com Deus na transformação escatológica do mundo? O Reino de Deus, tanto em sua realidade atual quanto em sua perfeição futura, não é uma dádiva de Deus? Quando olhamos, contudo, para a regeneração futura do mundo, somos autorizados a dizer que nosso trabalho atual no Senhor não é em vão (1Coríntios 15:58).

À luz dos três propósitos do trabalho que temos contemplado, estamos prontos para tentar uma definição:

> Trabalho é o investimento de energia (manual, mental ou ambas) no serviço a outros, que traz satisfação para o trabalhador, benefício para a comunidade e glória para Deus.

Realização, serviço e adoração (ou cooperação com o propósito de Deus), todos se entrelaçam, como de fato nossas obrigações para com Deus, os outros e nós mesmos quase sempre fazem. Certamente, a realização própria não pode ser isolada do serviço. Satisfação no trabalho não é alcançada primordialmente por salário justo, condições decentes, segurança e uma medida de participação nos lucros, por mais importante que tudo isso seja. Ela resulta do trabalho em si e, em especial, daquela coisa elusiva que chamamos de "relevância". Além do mais, o componente principal de relevância quanto ao nosso trabalho nem é a combinação de habilidades, esforço e conquista, mas o senso de que, por meio dele, estamos contribuindo para o serviço à comunidade e a Deus. É serviço que traz satisfação, a descoberta de nós mesmos ao servirmos aos outros. Precisamos desenvolver essa perspectiva não só em nosso próprio trabalho, mas, se formos empregadores ou executivos, fazer de tudo para desenvolvê-la em nossos funcionários.

Alguns anos atrás, visitei o Centro de Artesanato em Daca, em Bangladesh, que era administrado pelo projeto Health, Education and Economic Development [Saúde, Educação e Desenvolvimento Econômico] (HEED). Ali, jovens do campo de refugiados aprendiam algum ofício, como fabricação de carpetes ou tapeçaria, tecelagem ou arte em palha. O que mais me impressionou foi a concentração que empenhavam naquilo que estavam fazendo. Eles mal nos perceberam, nem levantaram o olhar quando passamos. Estavam completamente imersos em sua atividade. O trabalho dava-lhes dignidade e significado, um senso de valor próprio por meio do serviço.

Numa pesquisa realizada pelo Work Foundation, em julho de 2004, muitas pessoas afirmaram que se sentiam bem em relação ao seu trabalho e que gostavam de fazê-lo. Dois terços dos trabalhadores ingleses estavam satisfeitos ou muito satisfeitos com seu trabalho ou emprego. A pesquisa concluiu que o salário era menos importante para as pessoas do que o conteúdo do trabalho e a satisfação de ambições pessoais. O interessante é que 42,2% das pessoas acreditavam que seus relacionamentos mais importantes estavam ligados ao trabalho. Assim, quem quer que sejamos e onde quer que vivamos, o trabalho é uma parte intrínseca daquilo que somos como seres humanos. Não é algo que fazemos; é um reflexo daquilo que fomos criados para ser, como um reflexo de Deus, o trabalhador. No entanto, como veremos a seguir, às vezes o trabalho dá errado, e pode ser o meio pelo qual pessoas sofrem ou causam sofrimento a outros.

QUANDO O TRABALHO DÁ ERRADO

O mundo do trabalho pode ser uma área negativa de nossas vidas por muitas razões. Essas razões podem estar relacionadas com a nossa atitude no trabalho, a nossa insatisfação com o trabalho, o impacto do estresse sobre nós ou a ausência de trabalho, e é delas que tratarei agora.

ATITUDES EM RELAÇÃO AO TRABALHO

As atitudes em relação ao trabalho mudam o tempo todo — seja porque novas tecnologias permitem a uma pessoa trabalhar em casa; seja porque um lar com duas carreiras optou por iniciar uma família e, agora, acha difícil administrar as novas pressões; seja porque foram feitas mudanças que aumentam o estresse no trabalho; seja porque conquistas levam a promoção e reconhecimento. Sob essas mudanças em nossas vidas diárias de trabalho, porém, há correntes importantes que determinam nossa atitude em relação ao trabalho em geral. São elas que vamos analisar agora.

Abordarei a seguir o impacto de um trabalho estressante sobre a vida das pessoas; antes, porém, devo dizer que algumas têm uma atitude positiva em relação ao trabalho, e outras, uma atitude negativa. Algumas querem evitar o trabalho a qualquer custo; prefeririam ter férias vitalícias, e só são impedidas de fazer isso porque não têm dinheiro para esse fim se não trabalharem. Outras veem o trabalho, basicamente, como um incômodo entediante. Reclamam e só veem o pior nele, ignorando os aspectos positivos e a realização que ele poderia proporcionar-lhes se a sua atitude fosse diferente. O trabalho é, naturalmente, um meio para um fim, no sentido de que ele fornece comida, abrigo e outros recursos para os indivíduos e suas famílias, mas é, também, um fim em si mesmo, e os cristãos deveriam ver o trabalho e a adoração como intimamente entrelaçados.

Em pesquisa da Work Foundation, realizada em julho de 2004, mais de 4 milhões de trabalhadores no Reino Unido (15%) mostraram-se insatisfeitos ou muito insatisfeitos com seu emprego. Aqueles que mais sofrem são os desempregados e economicamente inativos, cujo bem-estar é afetado por sua experiência de vida profissional. Em média, 500 mil trabalhadores ganham menos de 16 mil libras por ano, mesmo trabalhando mais de sessenta horas por semana. Quase 40% das pessoas admitem fazer horas extras por medo de perder o emprego, e isso vale especialmente para as mulheres.

Trabalho estressante

Até recentemente, o impacto negativo do trabalho concentrava-se naquelas profissões que são, por natureza, muito prejudiciais ao corpo e opressivas para o espírito. Aqueles que trabalhavam em mineração exerciam suas funções sob condições horríveis e, muitas vezes, viviam menos em decorrência disso. Alguns que trabalhavam em fábricas, nas linhas de produção, eram reduzidos a robôs num emprego opressivo. Em termos globais, também estamos cientes dos muitos lugares em que homens, mulheres e crianças trabalham por um salário miserável e, em geral, para servir a interesses ocidentais. Nos últimos anos, surgiram escândalos associados a algumas das maiores marcas de moda e de artigos esportivos no Ocidente, pois usavam trabalho infantil, com os produtos sendo fabricados em condições muito inferiores àquelas que qualquer trabalhador deveria ter por direito. Quando falamos de trabalho, portanto, precisamos ter uma perspectiva global e entender que não se trata apenas de trabalho bem remunerado: como trabalhadores, devemos defender os interesses de outros e compreender que a globalização conecta consumidores e produtores no mundo inteiro. Muitos poucos de nós olhamos para os nossos bens e imaginamos em que circunstâncias foram produzidos.

Sem desviar, porém, a atenção dos padrões de trabalho destrutivos e humilhantes, uma das tendências crescentes nos últimos cinquenta anos, em especial nos tempos recentes, é o estresse relacionado a trabalho entre pessoas cuja profissão costumava ser vista como expressão criativa de seus dons e contribuição importante para a comunidade. Segundo um relatório das Nações Unidas, os trabalhadores têm sofrido níveis recorde de estresse, e os níveis de ansiedade, *burnout* e depressão estão fugindo ao controle. O problema está custando bilhões aos empregadores, em termos de ausência no trabalho e tempo de trabalho perdido, e deixando funcionários ansiosos em constante fragilidade psicológica e emocional. Esse estudo, concentrado no Reino Unido, nos Estados Unidos, na Alemanha, na Finlândia e na Polônia, concluiu que, nos cinco países, 1 em 10 trabalhadores era afetado e que a depressão no local de trabalho é a segunda doença mais debilitante para trabalhadores depois de problemas cardíacos. No Reino Unido, em 2004/2005, mais ou menos 13 milhões de dias de trabalho foram perdidos por causa de estresse relacionado ao trabalho, depressão e ansiedade, e isso afetava meio milhão de pessoas que, em média, se afastavam do trabalho por trinta dias,[15] gerando custos de aproximadamente 3,7 bilhões de libras aos empregadores.[16] É claro que isso tem efeitos colaterais também para a assistência médica e os serviços sociais. Por esse motivo, muita atenção tem sido dada à redução do estresse no local de trabalho.

Há, ainda, um impacto enorme na indústria, já que a globalização está acelerando o mundo de trabalho, e o aumento das comunicações leva a expectativas maiores. A International Labour Organization culpa prazos irrealistas, má gestão e mecanismos inadequados de assistência às crianças. Na Finlândia, o estresse resultou em altas taxas de suicídio, e 7% dos trabalhadores finlandeses se sentem "severamente esgotados". Na Alemanha, 7% dos trabalhadores optam por uma aposentadoria precoce porque estão estressados ou deprimidos. Na Polônia, os trabalhadores estão propensos a sofrer ansiedade à medida que o desemprego aumenta em virtude do colapso do comunismo. A World Federation for Mental Health alertou que, até 2020, os distúrbios mentais relacionados a estresse ultrapassarão acidentes de trânsito, Aids e violência como causa primária do tempo de trabalho perdido.[17]

O trabalho é uma dádiva de Deus. Ele deve trazer satisfação; sabemos, porém, segundo a Bíblia, em Gênesis 3, que, desde a Queda, o ambiente em que trabalhamos pode ser hostil, e o trabalho, uma luta.

Ausência de emprego

Quando entendemos como o trabalho é central no propósito de Deus para homens e mulheres, reconhecemos de imediato a terrível agressão que o desemprego representa para a nossa humanidade. Referindo-se aos desempregados no norte da Inglaterra, durante os anos da depressão, William Temple escreveu:

> O dano mais grave e mais amargo ao seu estado não é o sofrimento animal (físico) de fome ou desconforto, nem mesmo o sofrimento mental de vazio e tédio; é o sofrimento espiritual de não ter a oportunidade de contribuir para a vida geral e o bem-estar da comunidade.[18]

É uma experiência chocante ser declarado "redundante", e muitas pessoas vivem com medo de que isso aconteça com elas.

Em 1982, havia 13% de desempregados no Reino Unido, um número extremamente alto, mas, em 2004, com a economia do Reino Unido perto da plenitude em empregos, ainda se registrava uma taxa de desemprego de 4,8%.[19] Em 2003, as taxas de desemprego na União Europeia apresentavam grande variação, de 3,8%, em Luxemburgo, e 11,4%, na Espanha, a 20%, na Polônia. Em alguns países, o desemprego estava aumentando, em outros, diminuindo, mas as taxas gerais de desemprego eram estáveis na União Europeia como um todo. No Japão, a taxa era de 4,6%; nos Estados Unidos, de 5,6%.[20] No entanto, quando analisamos os diferentes grupos, surge uma imagem surpreendente:

> As taxas de desemprego para os principais grupos de trabalhadores — homens adultos (5%), mulheres adultas (5%), adolescentes (16,8%), brancos (5%), negros (10,1%) e latinos (6,7%) [...] a taxa de desemprego para asiáticos era de 5%.[21]

O quadro é semelhante na Europa, e as taxas de desemprego entre os jovens são persistentemente altas no mundo inteiro.[22] A chance de emprego para um britânico com deficiência é 50% menor do que para alguém sem deficiência.

Além do mais, o futuro é imprevisível, e o problema global pode muito bem piorar. Ainda que a desregulamentação e globalização crescentes dos mercados apresentem muitas vantagens, elas costumam ter um impacto negativo sobre o mercado de trabalho. As companhias são livres para buscar mão de obra barata no mundo inteiro, o que, geralmente, significa perda de empregos no mundo industrializado; enquanto isso, aqueles que, por sua vez, conquistam novos empregos no mundo em desenvolvimento não obtêm amplos benefícios deles. A maioria dos empregos gerados na década de 1990 tem jornada de tempo parcial, e, apesar de atender às necessidades efetivas, muitas vezes não resulta em renda suficiente para uma família.

O desemprego não é, aliás, apenas um problema estatístico, mas pessoal. No Mundo Majoritário, onde não existe um taxa de retenção para subsídios quando de desemprego, a questão é, muitas vezes, de sobrevivência. Até mesmo no Ocidente, onde se paga alguma forma de seguro-desemprego, a qualidade de vida costuma ser bastante ruim e está associada a moradia, dieta e saúde precárias. Mas o sofrimento é também psicológico. É uma tragédia pessoal e social pungente. Claro, perder o emprego numa economia em alta, onde não faltam empregos, é diferente de perder o emprego em tempos de escassez de trabalho, mas, mesmo no primeiro caso, o impacto do desemprego pode ser considerável.

Psicólogos comparam-no ao luto, pois, em alguns aspectos, a perda de emprego assemelha-se à perda de um ente querido. Eles descrevem três estágios do trauma. O primeiro é o choque. Um jovem desempregado, em nossa congregação, falava de sua "humilhação", e uma mulher desempregada, de sua "descrença", já que tinha recebido a garantia de que seu trabalho estava seguro. Ao ouvir que foram demitidas ou dispensadas, algumas pessoas ficam com raiva, outras se sentem rejeitadas ou desprezadas. Nesse estágio, porém, elas ainda estão otimistas quanto ao futuro. O segundo estágio é de depressão e pessimismo. Suas economias, se é que possuíam alguma, estão esgotadas, e as perspectivas parecem cada vez mais desoladoras. Assim, entram em inércia. Como um homem resumiu: "Eu estagno." O terceiro estágio é o fatalismo. Após permanecer sem emprego por vários meses e sofrer repetidas decepções na tentativa de arranjar um, a luta e a esperança entram em declínio, o espírito torna-se amargurado, e a pessoa fica desmoralizada e desumanizada. A Igreja deve ser um lugar onde as pessoas se sentem aceitas e amadas e onde encontram ajuda prática na busca por trabalho.

O PAPEL DA IGREJA

Ao tratar das questões que surgem no mundo do trabalho, é importante que a igreja afirme a importância do trabalho, entenda as necessidades daqueles que se sentem estressados no trabalho e apoie os desempregados.

Afirmando a importância do trabalho

Muitas pessoas dizem que nunca ouviram um sermão sobre trabalho, mesmo que tenham sido membros de uma igreja por muitos anos. No entanto, as congregações de nossas igrejas são compostas por trabalhadores, sejam empregos assalariados, sejam trabalhos em algum outro contexto. Muitos de seus maiores desafios emocionais, éticos e espirituais surgem no contexto do trabalho. É essencial, portanto, que as igrejas demonstrem que o trabalho é importante, incluindo-o nos ensinamentos e orando por aqueles membros da igreja como trabalhadores, e não apenas como membros da família ou por aquilo que realizam na igreja. Os líderes de igreja precisam ouvir, também, em suas comunidades e congregações, as preocupações relacionadas ao mundo do trabalho. É difícil alcançar pessoas pastoralmente ou em missões se essa área vital da vida for negligenciada. Toda uma nova perspectiva pode abrir-se na vida de uma pessoa quando ela é visitada em seu local de trabalho, não só em sua casa. Em outras palavras, se o trabalho é importante na sociedade, da mesma forma deveria ser importante na igreja.

Em certa ocasião, uma igreja queria realizar mais trabalhos na comunidade, então chamou alguém de fora para analisar os projetos que poderiam ser conduzidos. Esse responsável descobriu que os membros da congregação estavam profundamente envolvidos na comunidade, seja profissionalmente, como médicos, professores, assistentes sociais etc., seja voluntariamente, como consultores financeiros, líderes de escoteiros ou prestando assistência a refugiados. Estavam dispostos a servir à igreja, mas não sentiam que podiam fazer algo mais. Ele recomendou, assim, que a igreja reconhecesse formalmente o que ela já vinha fazendo, tornando o trabalho visível por meio de oração, apoio a grupos de comunhão e compartilhamento de informações. De repente, o envolvimento da igreja na comunidade parecia ter-se multiplicado. As pessoas sentiam, agora, que o que vinham fazendo esse tempo todo, e que, antes, achavam ter sido ignorado pela igreja, era de real importância para Deus.

Os leigos precisam saber que seu trabalho diário é importante para Deus. Na verdade, isso é essencial na promoção dos propósitos de Deus para o mundo. Eles não estão numa sala de espera, criada para aqueles que não executam um "trabalho cristão", tampouco estão numa divisão inferior por não pregarem todo fim de semana. Aquilo que fazem, eles são chamados a fazer "para o Senhor", pois é serviço para ele. Cada igreja precisa saber o que seus membros fazem, sendo o trabalho remunerado ou não, pois eles *são* a igreja e precisam ser apoiados em tudo o que Deus os chamou para fazer e ser.

Entendendo o estresse no trabalho

É muito fácil para a igreja oferecer respostas simples para problemas complexos. No entanto, quando se trata daqueles que sofrem estresse excessivo no trabalho, muitas vezes ele é causado pelos sistemas sob os quais essas pessoas trabalham, pela expectativa que lhes é imposta, pelo ritmo das mudanças ao redor ou pela postura de trabalho dos colegas. Há pouco tempo, um médico disse que não conseguia mais acompanhar o ritmo da mudança em seu mundo. A papelada que precisava preencher não só era volumosa como mudava constantemente. Ele achou difícil lidar com isso, não importava quantas horas trabalhasse. De modo semelhante, um arquiteto de uma das maiores redes de hotéis do mundo relatou como as expectativas a ele impostas eram tão grandes, que ninguém poderia cumpri-las. Sentia como se estivesse "fadado ao fracasso". Em outra ocasião, uma assistente social recém-formada recebeu o dobro de casos que deveria ter, não tinha supervisão adequada e sentia que era apenas uma questão de tempo até cometer algum erro com consequências potencialmente desastrosas. Ela não dormia bem.

Essas são questões importantes, e é essencial que o estresse no trabalho não seja visto como fracasso pessoal ou derrota espiritual, mas que seja compreendido. Em alguns casos, uma pessoa pode precisar de apoio enquanto muda de emprego. Em outras, talvez tenha de tirar licença médica e passar por tratamento para que possa voltar a trabalhar. Apesar disso, também é importante mencionar que algumas pessoas exploram o sistema, citando o estresse para conseguir uns dias de folga ("ficam doentinhas"), mesmo que não haja nada de errado com elas.

Apoiando aqueles que procuram emprego

Todos os lados do debate político frequentemente se referem a iniciativas baseadas na fé como contribuições importantes para a saúde social do Reino Unido.[23] O mesmo vale para os Estados Unidos, onde as igrejas costumam estar bastante envolvidas com a comunidade, especialmente onde a ideia de Estado social não é tão prevalecente quanto na Europa e, portanto, a necessidade de envolvimento do setor voluntário é ainda mais urgente. No entanto, embora seja bom ver o governo endossando a importância de iniciativas baseadas na fé, é essencial que elas nunca sejam feitas para que o governo possa esquivar-se de suas próprias responsabilidades de prover pelos necessitados. Como disse o arcebispo de Cantuária, Rowan Williams, em sua palestra de Hinton:

Existe também uma suspeita forte e justificada de que o governo sempre procura delegar sua responsabilidade a voluntários, para economizar dinheiro e tempo administrativo — o que pode deixar serviços essenciais vulneráveis aos altos e baixos do entusiasmo voluntário, do interesse local ou da capacidade de levantar fundos e outros fatores imprevisíveis.[24]

Ajudar aqueles em busca de emprego a encontrar trabalho não deve ser tarefa delegada ao setor voluntário, mas a igreja pode contribuir muito. Candidatos a emprego têm diferentes necessidades, dependendo de sua formação, de sua competência e de suas habilidades. As necessidades de uma pessoa nascida no Reino Unido e com ensino superior são bem diferentes das de alguém que acabou de ingressar no país como refugiado; neste último caso, raramente se limitam a emprego. Em geral, pessoas nessa situação precisarão de ajuda para encontrar moradia, para garantir que recebam os benefícios corretos e para se matricular em aulas de inglês, caso seja exigido. Em outros casos, elas precisarão de ajuda para preencher formulários ou participar de entrevistas. Algumas terão de receber conselhos para criar o próprio negócio. A igreja tem muito a oferecer em todas essas áreas; aliás, diversas igrejas possuem projetos para atender a muitas dessas carências. Muitas delas tiveram suas estruturas adaptadas, e novas igrejas foram projetadas para serem multifuncionais, a fim de que grupos comunitários, encontros e sessões de aconselhamento financeiro possam ter nelas sua sede.

Depois, há toda a esfera de serviço comunitário, por meio da igreja local, de uma organização voluntária ou da iniciativa pessoal: visitar doentes, idosos ou prisioneiros; redecorar o lar de uma pessoa idosa; trabalhar com pessoas com deficiência mental ou física; cuidar de crianças; dar carona a outras crianças da escola; ensinar crianças com dificuldade de aprendizado ou famílias étnicas para as quais o inglês é uma segunda língua; ajudar no hospital, na escola ou na igreja local.

Pela Criação, a humanidade é criativa; não podemos descobrir a nós mesmos sem servir a Deus ou ao próximo; devemos ter um lugar para extravasar nossas energias criativas. Assim, se pessoas sem emprego não tiverem recursos para a gama de atividades que acabei de mencionar, e se eles não estiverem acessíveis em nenhum outro lugar na comunidade, a igreja não deveria fornecê-los? É impossível para a igreja disponibilizar uma oficina (e as ferramentas), uma garagem ou um estúdio onde as pessoas possam aprender e praticar novas habilidades? E grande parte das igrejas locais não poderia desenvolver um programa muito mais amplo de serviço à comunidade local? Um número crescente de pessoas sem emprego, semiempregados e aposentados deverá ser encorajado a usar seu tempo livre de forma criativa. Em decorrência da automatização, como escreveu Marshall McLuhan, em 1964, "somos repentinamente ameaçados por uma liberação que sobrecarrega os nossos recursos interiores de emprego próprio e de participação imaginativa na sociedade".[25]

RESOLVENDO A QUESTÃO

Trabalho é uma questão pessoal

Em primeiro lugar, como discuti anteriormente, trabalho é uma questão pessoal; são as atitudes que assumimos em relação ao nosso trabalho, o envolvimento com o nosso emprego e os resultados do nosso trabalho. É uma das principais maneiras de expressarmos nosso caráter cristão. O modo como trabalhamos indica se somos honestos, eficientes e confiáveis, e devemos tentar incorporar os mais altos padrões. Muitas vezes, o trabalho apresenta às pessoas problemas éticos difíceis de resolver. É importante que nós, como cristãos, saibamos lidar com essas questões sem ceder ao *status quo*, e isso pode significar que teremos de arcar com o preço de agir com integridade no mundo do trabalho. De qualquer forma, na maioria dos casos, empregadores desejam funcionários em quem possam confiar, e empresas transparentes e confiáveis percebem, em geral, que prosperam à medida que sua reputação cresce. Nunca devemos esquecer que o trabalho é uma expressão do caráter cristão, nem devemos dar motivo para que as pessoas sejam sarcásticas a respeito da fé cristã, tendo em vista que existe um abismo entre aquilo que falamos e aquilo que fazemos.

Em segundo lugar, uma das reações ao advento da automatização é a tendência à personalização do trabalho. Vivemos na era do trabalho flexível e do prestador de serviços que tenta controlar o que todos estão fazendo a qualquer custo. Aqui, estamos lidando com a expressão última do trabalho pessoal, e precisamos lembrar que trabalho não é apenas uma expressão moral, mas também uma questão emocional. Aqueles, por exemplo, que trabalham em casa, podem descobrir rapidamente que sentem falta de companhia, pois somos seres sociais e não fomos criados para o isolamento. Quando trabalhamos sozinhos, pode ser difícil, também, manter o equilíbrio entre trabalhar demais e não ser disciplinado o bastante. Ao avaliarmos o trabalho, portanto, devemos estar cientes do seu impacto sobre as pessoas, não só pensando em novas tecnologias, mas também nas condições de trabalho potencialmente isoladoras. Qualquer que seja o cenário em que trabalhamos, precisamos encorajar-nos uns aos outros a trabalhar com integridade, contribuir para o bem-estar de outros e fazer tudo para a glória de Deus.

Trabalho é uma questão relacional

Um dos principais problemas que as pessoas enfrentam hoje em dia é o equilíbrio entre vida pessoal e profissional.[26] Esse quadro proporcina aos empregadores o desafio de manter seus trabalhadores motivados e otimistas e de evitar que se rendam ao estresse. Também se trata de desafio aos trabalhadores que desejam ter tempo para a família, os amigos e para outros interesses fora do trabalho.

Fora do local de trabalho

Em primeiro lugar, um bom trabalho favorece relacionamentos de alta qualidade *fora* do local de trabalho. Em Gênesis 1 e 2, vemos que a identidade humana depende de vários relacionamentos — com Deus, uns com os outros, com o ambiente e com o trabalho. E discuti, também, a importância do sábado como parte do contexto do trabalho. Todas essas coisas são necessárias se quisermos colocar o trabalho sob a perspectiva correta.

Quando o materialismo se apodera de uma cultura, o trabalho pode tornar-se sinônimo de suas recompensas materiais. Com isso, a importância dos outros relacionamentos acaba desvanecendo. As pessoas perdem seu relacionamento com Deus e, por conseguinte, seu senso de identidade e propósito. Os relacionamentos com outras pessoas também podem sofrer pressão. Tempo torna-se o novo recurso raro, na medida em que as pessoas não encontram mais tempo para relaxar com o marido ou a esposa, com os filhos e os amigos.

Dentro do local de trabalho

Em segundo lugar, um bom trabalho favorece relacionamentos de alta qualidade *dentro* do local de trabalho. Se levarmos a sério o ensinamento sobre a identidade humana, em Gênesis 2, ou seja, que ela se fundamenta em relacionamentos, não em individualismo, podemos dizer que, quanto mais relacional o trabalho, mais da identidade humana ele expressa. Uma das razões de tanta inquietação entre os trabalhadores de linhas de produção, nas décadas de 1960 e 1970, era o estresse, não só por terem de executar tarefas repetitivas sob pressão, mas por não terem tempo de se relacionar com as pessoas ao redor, muito menos de trabalhar em conjunto e de forma cooperativa em projetos comuns. A indústria automotiva foi um exemplo de quando as longas linhas de produção começaram a transformar-se em construção de carros baseada em equipes, de modo que um grupo de pessoas trabalhava, todos juntos, num carro antes de passar ao carro seguinte. A produção aumentou, enquanto a inquietação e as reclamações diminuíram, pois as pessoas passaram a sentir que estavam trabalhando juntas em um objetivo comum. No livro *God in Work* [Deus no trabalho], Christian Schumacher fala sobre "seis disposições para a construção de uma equipe" — seis traços comportamentais que, quando adquiridos e praticados regularmente, resultam num trabalho de equipe produtivo.

- A determinação de sempre valorizar as próprias habilidades e as dos outros.
- A disposição de ouvir os outros e de estabelecer uma comunicação honesta e objetiva.
- O compromisso de ajuda e encorajamento entre todos.
- A prontidão de estender confiança ao líder, que a conquista esforçando-se para maximizar o bem-estar e o desempenho da equipe.
- O sentimento de responsabilidade pela equipe como um todo, a qual trabalha para cumprir uma tarefa digna.
- A disposição para contribuir com ideias criativas e permitir que elas sejam transformadas em melhores resultados para a equipe.

Schumacher observa que esses princípios, ou traços comportamentais, expressam percepções cristãs essenciais, mesmo que não sejam extraídos exclusivamente de uma visão de mundo cristã. Valores como encorajamento, honestidade, confiança, responsabilidade e transformação representam o âmago de toda interação humana positiva e frutífera. Uma coisa é trabalhar com outros de maneira puramente funcional; é algo completamente diferente trabalhar num contexto de respeito e encorajamento mútuos, buscando não só o interesse individual, mas as recompensas que beneficiam o grupo inteiro.[27]

Quando analisamos o trabalho à luz desses princípios, podemos ver que, para muitas pessoas, ele fica aquém do ideal. Elas atuam em empresas muito grandes, que acabam por alienar os funcionários; não compartilham o trabalho de forma holística, mas veem apenas uma parte muito pequena daquilo que a empresa faz; são dispostas funcionalmente, destacando somente uma pequena parte de seus dons, em vez de serem respeitadas como seres humanos que têm muito a oferecer; podem não ser capazes de contribuir para a visão da organização em que trabalham, mas têm de aceitar e executar a visão de outros, a qual pode ser distorcida; pode haver falta de comunicação e uma divisão de culturas entre os poderosos e os impotentes; e, às vezes, elas são obrigadas a atuar além ou aquém de suas capacidades reais, afetando também sua saúde e os outros relacionamentos fora do mundo do trabalho. É a negligência desses princípios básicos que subjaz a todos os relacionamentos e empreendimentos humanos saudáveis, tornando o trabalho disfuncional e, em alguns casos, mau.

Trabalho é uma questão comunal

O trabalho não é apenas pessoal — é também comunal. É comunal em termos da cultura do local de trabalho. Que ambiente criamos quando trabalhamos juntos? Será uma cultura de respeito e encorajamento mútuos, a qual favorece a excelência? Infelizmente, esse nem sempre é o caso. Nos últimos anos, vários casos de assédio sexual ocorridos no Reino Unido revelaram que até mesmo mulheres ocupando altas posições em sua profissão estão sujeitas a receber um tratamento destrutivo e humilhante, resultando ou em sua resignação ou em uma demissão injusta. Outros sofrem abuso racial ou são vítimas de preconceito por causa de alguma deficiência. Pessoas mais velhas podem ser marginalizadas ou ignoradas numa promoção porque a empresa deseja uma equipe mais jovem. A cultura do local de trabalho pode ser selvagem e mesmo desonesta em sua busca por lucros sempre mais altos. Ao trabalhar em ambientes assim, a pessoa se vê obrigada a enganar-se a si própria, a respeito da ocorrência desse tipo de situação, ou a compactuar com elas.

Não são apenas os cristãos que precisam perguntar-se até que ponto podem suportar esse tipo de prática no trabalho. Muitas pessoas trabalham em circunstâncias que desejariam que fossem de outra forma, mas acreditam não ter alternativa, visto que precisam ganhar seu sustento. Mas todos nós precisamos definir uma linha que não estamos dispostos a ultrapassar, pois somos seres humanos espirituais e morais, e podemos ser destruídos por um emprego ruim, da mesma forma como um trabalho bom nos edifica.

O trabalho é comunal, ainda, em termos do local onde vivemos. Pode bem ser que vivamos em uma área dominada por uma indústria específica, como foi o caso, em décadas passadas, das aldeias de mineração ou das cidades dominadas pela indústria de aço. Nessas circunstâncias, a diferença entre trabalho bom e trabalho ruim pode ser decisiva para comunidades inteiras. Onde o trabalho oprime e humilha o espírito humano, a comunidade sofre. Em tais cenários, a Igreja pode chegar à conclusão de que precisa não só transmitir a mensagem do amor de Deus e do valor de cada ser humano, mas também protestar lúcida e persistentemente pela melhoria das condições.

Trabalho é uma questão global

Em um mundo globalizado, temos consciência de que estamos ligados não só aos trabalhadores que vivem na região, mas também àqueles cujos bens compramos e que podem estar trabalhando a milhares de quilômetros, na Ásia ou na África. Mais do que nunca, estamos cientes, agora, da importância de um consumo ético, e há muita orientação disponível, escrita sob uma perspectiva cristã, para que aprendamos a ser consumidores éticos e, até mesmo, turistas éticos.[28] Alguns supermercados conhecidos usam o seu compromisso com produtos éticos como parte de seu perfil de *marketing*. Comprar produtos que tenham o logotipo *fair trade* (comércio justo) é uma maneira de garantir que os produtores do Mundo Majoritário recebam uma renda mais alta do que o seria de outra forma.

Logo, a globalização apresenta-nos três preocupações principais em relação ao mundo do trabalho: primeiro, a identidade dos trabalhadores; segundo, a qualidade das condições de trabalho; terceiro, a adequação do pagamento. Em primeiro lugar, então, nossa preocupação é com as pessoas que se tornam vulneráveis por causa de sua identidade. O exemplo primário é o trabalho infantil; crianças que deveriam estar na escola ou desfrutando, de algum jeito, da alegria da infância trabalham sob condições precárias e são exploradas de maneiras abomináveis. Temos a sorte de o bom jornalismo investigativo ter começado a expor as práticas de companhias ocidentais que têm usado trabalho infantil, mas, em termos globais, o trabalho infantil, ou a escravidão infantil (pois é isso que o trabalho infantil acaba sendo, em geral), é muito comum.

As mulheres também podem ser vulneráveis no mercado de trabalho, pois ocupam, por vezes, um *status* inferior em sua sociedade e podem não se sentir em condições de protestar. Nesse caso, é preciso advogar em seu nome, a fim de dar uma voz às mulheres impotentes. Um dos avanços mais significativos na comunidade internacional, nos últimos anos, tem sido o novo enfoque ao ato de advogar, especialmente o advogar em causa própria, ou seja, a capacitação de pessoas a fim de que possam mudar suas próprias vidas para melhor.

Muitos acreditam que as empresas onde pessoas são exploradas por causa de sua identidade, tornando-se impotentes por esse motivo, devam ter seus produtos boicotados, com protestos feitos nas assembleias de acionistas, e que a imprensa deve expor essas práticas ao público até que a companhia mude sua postura e passe a agir com ética.

Em segundo lugar, nossa preocupação é com as condições de trabalho. Muitas pessoas ainda são exploradas no trabalho. Isso ainda ocorre, em certa medida, em países ocidentais, mas a prevalência é maior no Mundo Majoritário. Felizmente, algumas companhias do Ocidente passaram a inspecionar as fábricas que produzem seus artigos a baixo custo em lugares como Ásia e África. Se as condições naquelas fábricas não cumprirem determinados critérios, o contrato pode ser cancelado e repassado a outros fabricantes. Em alguns lugares, a ideia de um contrato de trabalho nem existe. As pessoas trabalham longas horas, e as condições não são higiênicas nem seguras. Em alguns casos, como nas indústrias químicas ou de mineração, as condições são uma ameaça à vida; os trabalhadores não são valorizados, e suas vidas são consideradas baratas em relação aos lucros obtidos por meio delas. Em outras situações, verifica-se estresse emocional ou psicológico, quando o dono ou os executivos são cruéis com os subordinados ou detêm o poder de demitir sem justa causa; assim, mantêm os funcionários trabalhando com medo de demissão e da consequente falta de renda para garantir o sustento da família.

Em terceiro lugar, nossa preocupação é com a remuneração. Evidentemente, não esperamos que aqueles que vivem em países com padrão e custo de vida muito mais baixos recebam os mesmos salários pagos em países nos quais padrão e custo de vida são muito mais altos. O que esperamos é que o salário seja suficiente para permitir que as pessoas tenham um padrão de vida adequado, de modo a não empobrecer. O trabalho deveria ser o caminho para o fim da pobreza, não a sua causa. Uma das razões para o tamanho furor diante dos pagamentos exorbitantes aos executivos de grandes corporações ocidentais foi a vasta diferença entre aqueles no topo das organizações e aqueles na base, que trabalham numa fábrica na Ásia sem remuneração adequada e em péssimas condições, mas que fornecem os meios que garantem os lucros das companhias.

Quando analisamos os três aspectos — a identidade do trabalhador, a qualidade das condições e a adequação da remuneração —, estamos lidando com questões de justiça. A globalização trouxe os rostos de trabalhadores explorados para a tela da nossa televisão, e somos confrontados com a antiga pergunta bíblica: Como, então, devemos viver? As pessoas podem dar respostas diferentes a essa pergunta. Algumas vão priorizar um consumo ético. Outras vão lançar ou apoiar iniciativas da igreja. Muitas se afiliarão a organizações para pressionar o governo, e alguns acionistas desejarão levantar essas questões nas assembleias, exigindo que a liderança da companhia preste contas éticas. Não podemos ignorar o fato de que vivemos em um mundo de trabalho problemático. Deus quis que o mundo do trabalho fosse um lugar onde as pessoas pudessem expressar e celebrar o fato de serem feitas à imagem de Deus, o Criador. Quando olhamos para o estado atual do mundo e comparamos com as intenções originais de Deus, ficamos entristecidos, pois o trabalho é usado para desumanizar as pessoas em tal medida, que os responsáveis terão de encarar o julgamento do Deus da justiça.

No próximo capítulo, veremos que as empresas têm um importante papel a desempenhar a fim de tornar o mundo mais agradável a Deus. Se as pessoas sairão da pobreza, em muitos casos será porque lhes foi dada a condição de criarem o próprio pequeno negócio ou porque tiveram a oportunidade de desenvolver seu potencial trabalhando para outra pessoa. Quaisquer que sejam nosso chamado e nosso lugar no mundo, os cristãos precisam agarrar-se a uma visão nobre do trabalho, que nos foi dado para expressarmos o que significa ser verdadeiramente humano, pois fomos feitos à imagem de Deus, o trabalhador.

NOTAS

1. Eu gostaria de recomendar a obra de Mark Greene, atualmente diretor do London Institute for Contemporary Christianity, nessa área. Ele escreveu muito sobre esse tema, e entre seus livros estão *Segunda-feira graças a Deus*. São Paulo: GBU, [200-] e *Supporting Christians at work* [Apoiando cristãos no trabalho]. Londres: Administry and LICC, 2001. LICC desenvolveu vários recursos, cursos e outros eventos voltados à área do trabalho. Eles podem ser encontrados em *www.licc.org.uk* (em inglês).
2. Citação de SAYERS, Dorothy. Creed or chaos? In: ENGSTROM, Ted W.; MACKENZIE, Alec. *Managing your time*. Grand Rapids: Zondervan, 1967. p. 21-23.
3. PAPA JOÃO PAULO II. *Laborem Exercens*. Londres: Catholic Truth Society, 1981. p. 4.
4. Ibid., p. 13.
5. Ibid., p. 12.
6. Ibid., p. 33.
7. BLOCHER, Henri. *In the beginning*: the opening chapters of Genesis. Leicester: InterVarsity Press, 1984. p. 57.
8. O futuro da aposentadoria é discutido prestativamente em MOYNAGH, Michael; WORSLEY, Richard. *The opportunity of a lifetime*: reshaping retirement. The Tomorrow Project. [S.l.]: Chartered Institute of Personnel and Development, 2004. Cópias do relatório completo podem ser obtidas em *www.tomorrowproject.net* (em inglês).
9. SCHUMACHER, E. F. *Good work*. Londres: Abacus, 1980. p. 27.
10. Ibid., p. 119-120.
11. Ibid., p. 121.
12. De DE MAN, Henri. *Joy in work* (1929), citado em WIRT, Sherwood E. *The social conscience of the evangelical*. Londres: Scripture Union, 1968. p. 38.
13. VOLF, Miroslav. *Work in the Spirit*. Oxford: Oxford Univ. Press, 1991. p. 92.
14. Ibid., p. 114.
15. Veja *www.hse.org.gov.uk/stress/* (em inglês).
16. Veja *www.cbi.org.uk* (em inglês).
17. Elaborado por GABRIEL, Phyllis; LIINATAINEN, Marjo-Riitta. *Mental health in the workplace*: introduction. Genebra: International Labour Office, out. 2000.
18. Citado em IREMONGER, F. A. *William Temple*. Oxford: Oxford Univ. Press, 1948. p. 440. Veja também o Capítulo 1, The unemployment experience. In: MOYNAGH, Michael. *Making unemployment work*. Oxford: Lion, 1985; e WARREN, Ann. *Living with unemployment*. Londres: Hodder & Stoughton, 1986.

19. Números de junho de 2004 (Office for National Statistics).
20. Números de junho de 2004 (Statistics Bureau: Labour Force Survey, Japão; United States Department of Labor, Employment Situation Summary).
21. UNITED STATES DEPARTMENT OF LABOR. *Employment Situation Summary*. [S.l.: s.n.], [20--]. Números sem ajuste sazonal.
22. INTERNATIONAL LABOUR ORGANIZATION. *Global Employment Trends*. [S.l.: s.n.], 2004.
23. Para pesquisas recentes sobre o papel das comunidades baseadas na fé em regeneração urbana, veja FARNELL, Richard et al. *"Faith" in urban regeneration?* Engaging faith communities in urban regeneration. Londres: Policy Press, 2003.
24. A palestra Nicholas Hinton, apresentada no Annual General Meeting do National Council for Voluntary Organizations, 17 de novembro de 2004; veja *www.archbishopofcanterbury.org/sermons_speeches/2004041117.html* (em inglês).
25. MCLUHAN, Marshall. *Understanding media*. [S.l.: s.n.], 1964; Londres: Abacus, 1973. p. 381.
26. Care for the Family, entre muitas outras instituições, tem feito pesquisas sobre questões relacionadas ao equilíbrio entre vida e trabalho. Uma de suas divisões, chamada Letsdolife, trabalha com a indústria para encontrar um equilíbrio sustentável e saudável entre o trabalho e a vida de seus funcionários. Você pode encontrá-los em *www.careforthefamily.org.uk* e *www.letsdolife.com* (em inglês).
27. SCHUMACHER, Christian. *God in work*. Oxford: Lion Publishing, 1998. p. 203.
28. Veja, por exemplo, VALERIO, Ruth. *L is for lifestyle*. Para turismo ético, veja a literatura da Tearfund, por exemplo: *Tourism:* don't forget your ethics! Esse livro e todo um material para as igrejas podem ser obtidos em *www.tearfund.org* (em inglês).

CAPÍTULO 9

Relacionamentos de negócio

No início do século 21, o mundo é uma rede de mercados globais e locais interconectados. No centro desses mercados estão empresas que comercializam bens e serviços que, logo, serão vendidos para consumidores no mundo inteiro. No passado, com frequência os cristãos ignoraram o papel do comércio no mundo ou acreditaram que o envolvimento no mundo comercial significava, de alguma maneira misteriosa, comprometer sua existência cristã. No entanto, o papel do comércio no mundo de hoje é muito importante, sendo essencial que cristãos não só se envolvam, mas também se tornem influentes no mundo do comércio. Também precisamos usar nossa mente cristã para avaliar o impacto do comércio sob uma estrutura bíblica.

Abordamos nossas posturas em relação ao trabalho no Capítulo 8. Aqui, é importante analisarmos os relacionamentos dentro da cultura empresarial e o impacto de empresas sobre a cultura em geral. Como veremos, as relações empresariais dependem de amor e justiça se quisermos que sejam verdadeiramente cristãs.

Não importa o que pensemos sobre o comércio, uma coisa é certa: ele tem exercido um papel fundamental no plano de Deus para o desenvolvimento da humanidade. Algo que contribui em tantos aspectos importantes para a vida humana, como na produção de comida e de roupa para o planeta inteiro (se compartilhássemos tudo de maneira adequada), não pode ocupar uma posição inferior na lista de prioridades de Deus. Quando pensamos em comércio sob um ponto de vista global, imaginamos, muitas vezes, as grandes empresas; neste capítulo, farei uma reflexão sobre o papel das multinacionais e sobre o impacto das empresas na cultura. Mas é necessário lembrar, também, a importância estratégica das pequenas empresas. Qualquer um que viaje para países do Mundo Majoritário, como eu tenho feito, fica maravilhado diante das centenas de milhares de pequenas empresas e de como elas fornecem recursos para famílias que, às vezes, são numerosas. Seja o padeiro em Mumbai, seja o sapateiro em Nairóbi, seja o tecelão em Cabul, todos são empreendedores que usam recursos primitivos para obter renda por meio dos próprios talentos, técnicas e criatividade.

Aliás, muitas igrejas têm criado programas que oferecem pequenos empréstimos sem juros para que pessoas possam abrir a própria empresa. Em muitos casos, esses empréstimos permitem a elas iniciar um comércio que, embora pequeno, possa ser fonte de orgulho e ter o potencial de crescimento, empregando outros e sustentando suas famílias. É encorajador ver grupos de cristãos com experiência empresarial apaixonados por ajudar aqueles em situação de pobreza, capacitando-os a iniciar e gerir o próprio negócio, acreditando que emprego produtivo e investimentos empresariais são a melhor maneira de garantir que as pessoas recuperem sua dignidade, usem seus dons e alcancem independência. A seguir, no entanto, reflito sobre empresas um pouco maiores.

O ambiente empresarial pode ser um lugar poderoso, onde inovação, rigor, visão e mudanças constantes moldam o nosso mundo. Ele também tem seus perigos, como qualquer outra área de poder: ganância, orgulho e impiedade estão tão presentes quanto coragem, força e visão. De qualquer modo, quatro aspectos do ambiente empresarial bem-sucedido são especialmente notáveis.

Em primeiro lugar, empresas são *práticas*. A pergunta essencial no centro de qualquer plano de ação é: Isso resolverá o problema? Este é um dos pontos fortes do mundo dos negócios — faz as coisas funcionarem e consegue ser muito honesto sobre sua capacidade de alcançar as metas com os recursos limitados à disposição. Isso pode gerar um ambiente vigoroso, em que fracasso e sucesso são identificados com clareza e, muitas vezes, recompensados (ou punidos) diretamente.

Em segundo lugar, elas são *respons*áveis. Normalmente, existe uma linha direta de responsabilidade e prestação de contas a fim de assegurar que alguém tenha de cumprir a tarefa, e o sucesso ou o fracasso estará em suas mãos. Essa responsabilidade também gera uma atmosfera vigorosa. Você sabe o que precisa alcançar, e é sua tarefa fazê-lo. A ausência de responsabilidade pode gerar relações de negócio ruins ou até mesmo atividade fraudulenta, o que pode levar à ruína da empresa ou a um processo jurídico.

Em terceiro lugar, elas são *lucrativas*. Lucro é uma das formas de medir a administração dos recursos pela empresa — e a sua capacidade de fazer bom uso dos recursos existentes a fim de criar outros. Empresas de sucesso costumam ser aquelas que acertam a maior parte do tempo. Nenhuma companhia que insiste nas perdas pode sobreviver. Uma empresa pode, é claro, ser lucrativa, mas comportar-se de forma antiética, tratar os funcionários com severidade ou ter impacto destrutivo sobre o ambiente. Obter lucro é essencial para o sucesso de longo prazo de uma empresa, mas os custos para a comunidade e para o meio ambiente podem ser tão altos, que, em alguns casos, seria melhor que a empresa não existisse ou que mudasse radicalmente.

Em quarto lugar, elas se encontram *sob pressão*. Essa pressão pode vir de qualquer parte do ambiente comercial, interna ou externamente: de acionistas, de parceiros industriais ou clientes, da direção aos setores subordinados ou de outras seções do negócio. Logo, ela precisa ser administrada, e isso compõe as atividades diárias da empresa. Uma prática empresarial bem-sucedida consiste no uso de recursos a fim de lidar com essa pressão e de executar as tarefas que precisam ser feitas. Quando esses recursos são inadequados — pessoas ou máquinas em número insuficiente, falta de tempo —, essa pressão aumenta e pode ficar insuportável. É função da administração alcançar um ponto de equilíbrio, em que os recursos ou as competências disponíveis correspondam às exigências da tarefa. Este é um dos objetivos centrais da empresa, possuir tudo o que é necessário para que o trabalho seja bem conduzido. Infelizmente, muitos empreendedores gastam tempo demais sem os recursos de que precisam, então fazem o melhor que podem sob pressão excessiva, suportando a sensação de impotência e frustração que isso acarreta. Recursos inadequados produzem pressão, que, ao longo do tempo, gera desgaste, depois estresse e, se esse não for corrigido, colapso.

MUTUALIDADE EM RELACIONAMENTOS DE NEGÓCIO

Nesse ambiente, quais são as características desejáveis da comunidade empresarial? Qualquer comunidade precisa ser caracterizada por amor e justiça se quiser refletir o caráter de Deus, e isso vale tanto para a comunidade empresarial quanto para qualquer outra. Neste capítulo, quero analisar alguns dos princípios bíblicos que se aplicam ao caráter da comunidade empresarial antes de falar sobre como o princípio da justiça pode ser aplicado, prestativamente, a decisões empresariais difíceis, para então examinar o papel de corporações multinacionais poderosas em nosso mundo globalizado.

Em qualquer comunidade, devemos desenvolver relacionamentos corretos. Comunidades empresariais podem, muitas vezes, ser caracterizadas por conflito e compromisso, e, nessas situações, é essencial ter uma visão clara do que significa ser uma comunidade saudável. Conflito e competição podem, é claro, gerar um grande bem, na medida em que contribuem para a busca de excelência e para a rejeição do inferior. No entanto, é verdade também que, onde existe poder, impotência também está presente, e uma das preocupações primárias do cristão é defender a causa daqueles que foram desfavorecidos ou marginalizados, que são vítimas de injustiça ou são tratados como inferiores dentro de qualquer comunidade. Os cristãos devem preocupar-se não só com a busca de excelência na vida comercial e, portanto, com um desempenho de sucesso, mas também com a reconciliação, onde houver conflitos, e com a justiça, para todas as partes envolvidas.

John V. Taylor, ex-bispo de Winchester, legitimamente chamou o Reino de Deus de "o reino dos relacionamentos corretos".[1] Reconciliação ocupa o topo da agenda cristã porque é o âmago do evangelho. O pecado destrói relacionamentos; a salvação os reconstrói. Jesus veio numa missão de reconciliação. É o pacificador supremo; ele quer que seus seguidores também sejam pacificadores. Por isso, eu o convido a refletir sobre a situação em Israel após a morte do rei Salomão. Reconheço que uma indústria ou uma empresa não é um reino e que qualquer analogia entre os dois só pode ser parcial. Existem, porém, alguns paralelos significativos. A monarquia unida (sob Saul, Davi e Salomão) não tinha sido uniformemente absolutista. De vez em quando, houve algum grau razoável de consulta, como quando Davi "consultou" seus oficiais e, depois, toda a assembleia a respeito de trazer a arca para Jerusalém. Ele não quis tomar uma decisão unilateral, mas agir apenas "se vocês estão de acordo e se esta é a vontade do Senhor, o nosso Deus". Depois da consulta, "toda a assembleia concordou, pois isso pareceu bem a todo o povo" (1Crônicas 13:1-4).

Salomão, filho e sucessor de Davi, porém, a despeito de toda a sua sabedoria e grandeza, era um déspota. Seu ambicioso programa de construção foi completado apenas pelo uso de trabalho forçado. Relações industriais (se me permitem usar esse termo) tinham alcançado um ponto baixo. Quando ele morreu, o povo descreveu seu regime opressivo como um "jugo pesado" e apelou ao seu filho Roboão para que o aliviasse. Quando Roboão consultou os estadistas de seu pai, eles o aconselharam: "Se hoje fores um servo deste povo e servi-lo [...] eles sempre serão teus servos" (1Reis 12:7). Esse princípio esplêndido foi rejeitado por Roboão, e, com isso, o reino se dividiu em dois. Mas ele continua sendo uma base essencial para qualquer monarquia constitucional (o lema do Príncipe de Gales, desde o século 14, tem sido *Ich dien*, "Eu sirvo") e, na verdade, para qualquer instituição democrática em, no mínimo, dois aspectos.

Primeiro, representa o princípio do serviço mútuo: "Se servir-lhes, eles lhe servirão". Jesus foi além de um arranjo prudente (nós servimos para que sejamos servidos) e afirmou que a liderança verdadeira precisa ser interpretada em termos de serviço ("quem quiser tornar-se importante entre vocês deverá ser servo"). Mais tarde, Paulo afirmou-o claramente ("Cada um cuide, não somente dos seus interesses, mas também dos interesses dos outros") e ilustrou-o por meio da encarnação e da morte de Jesus (Marcos 10:43; Filipenses 2:4,5-8).

Segundo, trata-se de serviço mútuo baseado em respeito mútuo. Poderíamos dizer que é serviço baseado em justiça, e não só em conveniência. Sim, conveniência entra no jogo ("Se servir-lhes, eles lhe servirão"), mas o fundamento real do princípio é a justiça, o reconhecimento de que a outra parte é um grupo de seres humanos com direitos humanos, criados à imagem de Deus como nós e, portanto, merecedores do nosso respeito, assim como nós merecemos o seu. Oprimir os pobres significa insultar seu Criador; servir-lhes significa honrá-lo (veja Provérbios 14:31; 17:5; 22:2). Essa verdade estava por trás de muitas instruções sociais detalhadas do Antigo Testamento — por exemplo, o mandamento de pagar aos servos o salário no mesmo dia, de cuidar dos surdos e cegos, de ter compaixão da viúva e do órfão, de deixar uma parte da colheita para pobres e estrangeiros e de administrar justiça imparcialmente nas cortes. O mesmo princípio estava por trás, também, das instruções do Novo Testamento aos mestres e servos, de que deviam respeitar uns aos outros, pois serviam ao mesmo Senhor e eram responsáveis perante o mesmo Juiz.

Se voltarmos nossa atenção do princípio bíblico para a realidade contemporânea, o contraste é forte. Sempre que ocorre um conflito na vida empresarial, por exemplo, entre funcionários e o executivo, a culpa raramente se limita a um lado. Assim como devemos analisar as posições de todos os envolvidos para reconhecer as exigências da justiça, precisamos superar, também, o nosso próprio egocentrismo míope para reconhecer as oportunidades de reconciliação. Do contrário, vemos tudo da nossa própria perspectiva. Buscamos nossos próprios interesses, e não os do outro. É uma situação de conflito nascida de suspeita e rivalidade, não de uma situação de serviço mútuo nascida de respeito e confiança. É desnecessário dizer que tal estado é totalmente incompatível com a mente e o espírito de Jesus Cristo, e, em seu nome, deveríamos estar posicionados decididamente contra isso. Esse compromisso é ainda mais necessário num mundo em que isso pode ser enfraquecido pela existência do acionista. Os dias em que todos os acionistas se interessavam pela cultura da empresa e pelo seu bem-estar a longo prazo já se foram há muito tempo. Muitos acionistas são grandes entidades corporativas, como fundos de investimento e de pensões, chamados por Sir Fred Catherwood de "senhorio ausente".[2]

Como comentou Will Hutton, companhias se sentem tentadas, por vezes, a adotar políticas de curto prazo, as quais podem ameaçar a saúde e o crescimento de longo prazo do empreendimento. O poder do acionista, cujo interesse é alcançar altos dividendos em curto prazo, põe a empresa sob pressão e pode dar pouca prioridade a relacionamentos saudáveis. Como vimos alguns anos atrás, escândalos como o da Enron expõem o fato de que a pressão sobre a empresa levou a fraudes graves que permearam muitos relacionamentos dentro da corporação e, também, os relacionamentos com seus consultores e conselheiros.

Quando se trata de criar uma força de trabalho que se sinta valorizada e tenha dignidade, tanto amor quanto justiça são importantes. No caso do industrialista norte-americano Wayne Alderson, o respeito mútuo transformou uma companhia. O pai de Wayne costumava voltar da mina de carvão dizendo: "Queria que eles me valorizassem tanto quanto valorizam a mula" (era mais fácil substituir um minerador do que uma mula bem treinada).

No início da década de 1970, Wayne Alderson tornou-se vice-presidente de operações na Pitron Corporation, que possuía uma fundição de aço nas proximidades de Pittsburgh. Ela estava lutando para sobreviver após uma longa greve, e foi nesse período que ele colocou a importância do valor humano no centro de um plano de resgate da companhia, encerrando o antigo estilo de gestão de confronto em prol da cooperação. Ele passou a conhecer os homens pelo nome, fazia um passeio pela fundição diariamente, perguntava sobre suas famílias, visitava-os quando adoeciam e tratava-os como seres humanos. Também iniciou um pequeno grupo de estudos bíblicos que se transformou em culto num armazém sob os fornos. A confiança mútua desenvolvida foi tão grande, que o local de trabalho se transformou. As ausências e os conflitos diminuíram, e a produtividade e os lucros aumentaram consideravelmente. Ele se tornou famoso por sua visão do "valor da pessoa", que incluía três ingredientes: amor (uma postura positiva do tipo "Eu sou por você"), dignidade (pessoas contam) e respeito (apreço em vez de crítica). Certa vez, ele disse: "Cristo está no centro da abordagem do Valor da Pessoa. Mas até mesmo um ateu é capaz de aceitar o valor da pessoa."[3]

A NECESSIDADE DE ABOLIR A DISCRIMINAÇÃO

Nenhuma visão cristã para a vida empresarial pode ser sustentável se sancionar a discriminação. Tanto as realidades quanto os símbolos, que, juntos, perpetuam um confronto "eles — nós" doentio, precisam ser abolidos. Em muitas partes do mundo empresarial, ainda acontece de executivos desfrutarem de vantagens e bônus que os funcionários não têm. Em dias recentes, alguns dos bônus descomunais pagos a diretores de empresas têm sido criticados, especialmente quando pagos mesmo estando a empresa em declínio. Outros exemplos incluem entretenimentos luxuosos, viagens de primeira classe, planos de saúde particulares, esquemas de pensão generosos e ingressos de teatro gratuitos.

Os cristãos devem se opor à desigualdade de benefícios e precisam buscar garantir que todas as diferenças ocorram por questão de mérito, não de privilégios. Na verdade, é um arranjo saudável, que ajuda a construir confiança, quando a discriminação é aberta e, também, limitada ao pagamento, sem que se estenda a privilégios ocultos para a alta gerência. Nos últimos anos, muitas companhias puseram um fim nessas distinções ofensivas, mas diversas outras continuam a praticá-las.

"Sabemos que existem 'intocáveis' em outros continentes", comentou Jock Gilmour, um representante sindical na indústria automotiva. "O que não tínhamos reconhecido é que a nossa própria sociedade industrializada também pode ter seus intocáveis." Sei, é claro, que meus exemplos podem parecer banais ou até mesmo justificáveis para alguns, mas eles são símbolos de *status* que foram criados deliberadamente para dar autoestima a alguns e negá-la a outros. Além disso, por trás dos símbolos da discriminação está a realidade da injustiça social, nomeadamente a disparidade excessiva entre aqueles bem pagos e os mau pagos. No entanto, devemos reconhecer que, como sugeri no Capítulo 6, um igualitarismo total não deveria ser objetivo cristão, pois Deus não nos criou idênticos nem em nossos dotes naturais nem em nossos dotes espirituais. Os seres humanos têm um senso inato de justiça, de modo que, em todos os conflitos industriais, ocorrem apelos a "justiça" e queixas de "práticas injustas".

Esse conceito é o foco central do livro *Social Values and Industrial Relations* [Valores sociais e relações industriais], cujo subtítulo é *A Study of Fairness and Inequality* [Um estudo de justiça e desigualdade].[4] Já em 1881, Engels tinha feito a menção "um salário diário justo para um trabalho diário justo" como "a palavra central provada pelo tempo das relações industriais britânicas".[5] Uma das expressões disso foi, em 1999, a introdução do salário mínimo no Reino Unido.

Atualmente, o salário mínimo no Reino Unido* é de 5,35 libras por hora.[6] A Confederation of British Industry (CBI) estima que o salário mínimo tenha melhorado a renda de 1 milhão e 200 mil funcionários.[7] O salário mínimo deve ser visto como algo positivo, mas o que dizer sobre os aumentos ridículos de salário que os diretores do mais alto escalão costumam conceder a si mesmos? Um exemplo foi o CEO da WorldCom Corporation antes de sua falência, em 2002, que recebeu mais de 142 milhões de dólares, em 1999, e um empréstimo de 408 milhões de dólares.[8] Isso pode ser um exemplo extremo, mas Joseph Stiglitz, ex-economista-chefe do Banco Mundial, relata que, em 2000, era comum que os CEOs norte-americanos recebessem

---

* Na época de publicação da versão em inglês deste livro (2006). [N. do R.]

um salário quinhentas vezes mais alto do que o funcionário mediano. No início da década, ele tinha sido 85 vezes superior e, duas décadas antes, 42 vezes mais alto.[9]

Em 1995, o Comitê de Greenbury foi criado como resposta à indignação pública diante dos salários executivos, e o Comitê de Cadbury (estabelecido em 1991) tinha examinado os aspectos financeiros da governança corporativa em geral. Segundo as recomendações dos dois comitês, incluídas naquilo que hoje conhecemos como *Combined Code* [Código combinado], as companhias não devem pagar mais do que o necessário para atrair os diretores pertinentes à gestão bem-sucedida da companhia.[10] Em 2002, foram introduzidos, no Reino Unido, os Director's Remuneration Report Regulations [Regulamentos do relatório de remuneração de diretores]. Segundo esses regulamentos, as companhias são, agora, obrigadas a publicar um relatório anual sobre o pagamento de diretores, o que inclui pacotes de pagamentos individuais e suas justificativas. Esse relatório de remuneração é, então, submetido a um voto dos acionistas em cada assembleia anual.[11]

Essas mudanças na lei devem ser aplaudidas. Não devemos esquecer o princípio, resumido perfeitamente por John Monks, ex-secretário-geral do Trades Union Congress (TUC), de que "todos os funcionários de uma companhia contribuem para seu desempenho, e, embora as funções sejam claramente diferentes, a interdependência está no centro de qualquer bom relacionamento profissional".[12]

Confesso que admiro a Scott Bader Commonwealth desde que li sobre ela no livro *Small is Beautiful* [O pequeno é belo] (1973), de E. F. Schumacher, e me correspondi, posteriormente, com o senhor Ernest Bader. O senhor Bader, um *quaker*, que morreu em 1982, aos 91 anos de idade, foi da Suíça para a Inglaterra antes da Primeira Guerra Mundial. A empresa por ele criada tornou-se uma das maiores produtoras de plástico e, em 1951, foi transformada em uma "comunidade" (*Commonwealth*) na qual "não existem donos nem empregados", pois todos são "coproprietários e coempregados". Em 2006, a companhia ainda pertencia aos próprios funcionários, orgulhosa de sua tradição como organização socialmente responsável.

Em 1979, o celebrado autor e economista E. F. Schumacher (que foi um dos diretores da companhia de Bader) escreveu:

Definimos a diferença máxima entre os salários mais altos e os mais baixos; isto é, antes da dedução de impostos. Muitas pessoas podem ficar chocadas [ele deve referir-se aos igualitaristas] diante do fato de que, a despeito da enorme boa vontade de todos os envolvidos, essa diferença ainda continua sendo de 1 para 7. Não há pressão por parte da comunidade para que se diminua essa diferença, pois todos entendem que ela é necessária. Mas, é claro, isso inclui todos, desde o jovem com o menor salário até o funcionário sênior com o salário mais alto.

A escala é analisada e definida por "um tipo de parlamento de trabalhadores".[13] Até 2006, o conselho comunitário da Scott Bader ainda determinava a proporção entre os trabalhadores com salário mais alto e aqueles com salário mais baixo.[14]

Diferenças são necessárias. Mas discriminação injustificada em termos de pagamento, condições ou promoção — "injustificada" porque se baseia em privilégio, não em mérito — precisa ser abolida. Ela é incompatível com a justiça social e com o ideal cristão do respeito mútuo.

Uma última questão importante a ser discutida neste tópico é a discriminação relativa ao pagamento de mulheres. Mesmo que a diferença de salários entre homens e mulheres tenha diminuído nos últimos vinte anos, o pagamento por hora de mulheres que trabalham em tempo integral, no Reino Unido, ainda é 18% inferior ao de homens, e o salário de mulheres que trabalham em tempo parcial é 40% inferior ao de homens.[15] Na verdade, o Reino Unido apresentava, até 2006, a maior diferença de salários entre gêneros em toda a União Europeia, quando levados em consideração os que trabalham em tempo integral e parcial.[16] Curiosamente, a maior diferença ocorre na intermediação financeira.[17]

A revista *The Economist* relatou, em 2004, que, na Cidade de Londres, estruturas remuneratórias sem transparência, que envolvem grandes privilégios, facilitam a discriminação de mulheres; um executivo sênior disse que os salários de mulheres tendem a ser 25% mais baixos que os de homens no mesmo tipo de emprego.[18] Mas a situação parece estar melhorando. Uma pesquisa de 2004, realizada pela *Financial Times*, descobriu que 20% dos gestores de fundos municipais, tradicionalmente uma profissão dominada por homens, são agora do sexo feminino.[19] Firmas norte-americanas parecem estar liderando a luta contra a discriminação sexual, pois todos os grandes bancos de investimento em posse norte-americana têm, agora, programas de diversidade.[20] A pesquisa mostra que reduzir a discriminação contra mulheres aumenta o desempenho da empresa. O professor Welbourne, da Universidade de Michigan, usando uma amostra de 535 empresas IPO (Initial Public Offering, Oferta Pública Inicial de Ações), descobriu que ter uma mistura de homens e mulheres em cargos-chave de gestão era aspecto determinante para a valorização do preço das ações em curto e longo prazo.[21]

A NECESSIDADE DE MAIOR PARTICIPAÇÃO

Parece haver um reconhecimento cada vez maior de que os funcionários de qualquer empresa, de cujas habilidades e de cujo trabalho o sucesso da empresa depende em grande medida, deveriam ter participação tanto na tomada de decisões quanto nos lucros. Mesmo que alguns diretores e executivos resistam a essa ideia, e naturalmente se sintam ameaçados por ela, o princípio alinha-se com a justiça natural. Quero voltar-me para o conceito de tomada de decisões, já que a mente cristã verifica nele um componente básico da humanidade.

Participação na tomada de decisões

Como quer que definamos a "semelhança divina" da humanidade, ela certamente incluirá a capacidade de fazer escolhas e tomar decisões. Na história de Gênesis, Adão certamente é visto e tratado por Deus como uma pessoa moralmente responsável. Sim, a primeira ordem que lhe foi dada era idêntica àquela dirigida às criaturas vivas do mar, a de ser "fértil e se multiplicar" (Gênesis 1:22,28), e a injunção aos peixes não denotava liberdade de escolha. Mas aquilo que os animais fazem instintivamente, os humanos fazem por decisão livre. O mandato divino de subjugar a terra claramente implica responsabilidade, e um aspecto ainda mais profundo está implícito nas palavras: "Coma livremente de qualquer árvore do jardim, mas não coma da árvore do conhecimento do bem e do mal" (Gênesis 2:16,17). Aqui temos, lado a lado, uma permissão e uma única proibição. Podemos supor que Adão era capaz de distinguir entre "você pode" e "você não deve" e, também, de fazer uma escolha. Além do mais, Deus o responsabilizou por sua decisão.

A tradição cristã sempre tem ensinado essa verdade bíblica, de que a liberdade moral é um ingrediente essencial na dignidade da existência humana. "Pois a marca suprema de uma pessoa", escreveu William Temple, "é que ela ordena a sua vida segundo a própria escolha deliberada."[22] Consequentemente, ele acrescentou,

> a sociedade precisa ser organizada de modo a dar a cada cidadão a oportunidade máxima de fazer escolhas deliberadas e o melhor treinamento possível para que aproveite essa oportunidade. Em outras palavras, uma das nossas primeiras considerações será a maior extensão possível da responsabilidade pessoal; é o exercício responsável da escolha deliberada que expressa a personalidade da forma mais plena e que mais merece o grande nome da liberdade.[23]

As pessoas sabem disso instintivamente. Elas querem ser tratadas como adultos que têm a liberdade de tomar decisões por si mesmos; sabem que, se forem excluídas da tomada de decisões, sua humanidade será diminuída. Elas serão reduzidas a crianças ou a robôs.

A diferença essencial entre uma "comunidade" e uma "instituição" é que, na primeira, os membros retêm sua liberdade de escolher, já na segunda, eles são privados dela em alguma medida. O interessante livro *Asylums* [Asilos], de Erving Goffman, é uma investigação sobre "a situação social dos pacientes mentais e outros detidos".[24] Mas ele começa com algumas observações gerais. Aquilo que ele chama de "instituição total" é um lugar de residência ou trabalho onde as pessoas "levam uma vida cercada e administrada formalmente".[25] Isso inclui hospitais, orfanatos, asilos para idosos, prisões, acampamentos militares, internatos, mosteiros e (como eu tinha imaginado, apesar de não serem residenciais) muitas empresas, em particular ambientes rigidamente controlados, como algumas (mesmo que não todas) fábricas. Em lugares assim, as atividades do dia são "rigidamente agendadas" e "impostas de cima por um sistema de regras formais explícitas e um corpo de oficiais".[26] O fator-chave é o controle burocrático e a existência de uma "separação básica entre um grande grupo administrado, chamado convenientemente de 'internos', e uma pequena equipe de supervisores".²⁷ "Tipicamente, o interno é excluído do conhecimento de decisões tomadas sobre seu destino."²⁸ Logo, em "instituições totais", um interno deixa de ser "uma pessoa com autodeterminação adulta, autonomia e liberdade de ação".²⁹ Tomar decisões é um direito fundamental dos seres humanos e um componente essencial da nossa dignidade humana.

O clamor por democracia industrial, a fim de propiciar a maior participação dos trabalhadores em sua própria empresa, não faz das fábricas um caso especial, mas se trata da expressão, dentro da indústria, de um clamor universal pela humanização da sociedade. No Ocidente, a democracia política é, agora, algo que consideramos natural, e somos gratos àqueles que lutaram muito para garantir o direito de voto universal, a fim de que cidadãos comuns participassem do governo de seu país e da legislação que são obrigados a obedecer. A propriedade da democracia industrial não é igualmente evidente? Há mais de cinquenta anos, William Temple escreveu: "A causa da liberdade não se estabelecerá até que a liberdade política se cumpra em liberdade econômica."³⁰ Com sentimentos de terror, ele se lembrou do início opressivo da Revolução Industrial:

> Os pioneiros demonstraram pouco respeito pela personalidade daqueles que ganhavam sua vida trabalhando em fábricas e usinas. Muitas vezes, eram chamados de "mãos", e uma mão é, por natureza, uma "ferramenta viva", que é a definição clássica de um escravo.³¹

Numa carta histórica ao *Leeds Mercury*, em 1830, Richard Oastler, um latifundiário cristão em Yorkshire, teve a coragem de citar essa analogia, três anos antes de Wilberforce e seus amigos garantirem a abolição da escravidão nas colônias britânicas: "Milhares de nossos conterrâneos, homens e mulheres, estão, neste momento, existindo num estado de escravidão mais terrível do que o das vítimas daquele sistema infernal da escravidão colonial." Em seguida, ele se referiu especificamente às crianças de sete a catorze anos de idade, que trabalhavam treze horas por dia em fábricas com um intervalo de apenas meia hora.³² Tragicamente, isso ainda ocorre em muitos países; por exemplo, na Índia, onde crianças pequenas trabalham efetivamente como escravas, agachadas e sob luz fraca, produzindo *bidis*, um cigarro local, e em outros países asiáticos, onde produzem roupas que são exportadas para o Ocidente.³³

Percorremos um longo caminho em 170 anos, mas ainda falta muito. William Temple continuou: "Os piores terrores das primeiras fábricas foram abolidos, mas [...] normalmente, os 'trabalhadores' não têm voz no controle da indústria cujas exigências determinam uma parte tão grande de sua vida."³⁴ Ele afirma o princípio nestes termos claros: "Cada cidadão deveria ter uma voz na conduta da empresa ou indústria que sobrevive graças ao seu trabalho."³⁵ A analogia com a escravidão, apesar de muito imprecisa, é instrutiva nesse ponto. Os cristãos se opuseram à escravidão porque os seres humanos eram desumanizados ao se tornarem posse de outra pessoa. Agora, os cristãos deveriam opor-se a todas as formas de trabalho em que seres humanos são usados por outra pessoa. Sim, o mal é muito menor, pois o trabalho é feito voluntariamente e regulamentado por um contrato. No entanto, trata-se de um contrato que diminui a humanidade caso ele envolva desistência de responsabilidade pessoal e exija obediência sem consulta.

Os cristãos concordarão que, no mínimo, deveria haver um procedimento de consulta e, mais importante ainda, que isso não deveria ser apenas formalidade, mas uma discussão genuína no início do processo de planejamento que se reflete na decisão final. Afinal de contas, produção é um processo de equipe em que a contribuição do trabalhador é indispensável; então, a tomada de decisão não deveria ser, também, um processo de equipe, em que a contribuição do trabalhador é igualmente indispensável? Sem dúvida alguma, o interesse próprio subjaz ao ponto de vista de cada lado. Executivos tendem a iniciar seu raciocínio pelo lucro, do qual depende a sobrevivência da companhia, enquanto o trabalhador tende a começar pelos custos crescentes e, portanto, por seu salário, do qual depende a sua sobrevivência pessoal. Os divergentes pontos de partida são compreensíveis. Mas, na discussão, cada lado vem a entender as preocupações legítimas do outro, reconhecendo, assim, que ambos, longe de serem incompatíveis, são, na verdade, interdependentes.

O TUC Partnership Institute, lançado em 2001, reconhece essa interdependência. Ele procura fornecer perícia e conselhos a sindicatos e empregadores para que desenvolvam parcerias bem-sucedidas no local de trabalho. Uma de suas convicções principais, que serve de base a esse instituto, é que "os sindicatos precisam ser envolvidos no processo de tomada de decisões, e os funcionários individuais precisam ter mais controle sobre decisões diárias que os afetam".

Uma vez que reconhecemos o princípio da participação do trabalhador, pode haver uma legítima diferença de opinião sobre melhores maneiras e meios de garanti-la. A CBI mostra-se aberta à ideia de parcerias entre empregadores e empregados, mas não acredita que isso deva incluir, necessariamente, os sindicatos. Aliás, há o receio de que essas parcerias possam levar a um aumento indesejado da influência dos sindicatos por meios indiretos.[36]

Um elemento importante da parceria é dar informações aos funcionários sobre a empresa e consultá-los a respeito delas. Uma variedade de estruturas tem sido sugerida e experimentada, desde uma consulta intensa em todos os níveis até a eleição de diretores-trabalhadores.[37] A diretiva de 2002 da União Europeia sobre informação e consulta, implementada na lei do Reino Unido,[38] dá direitos melhores a trabalhadores de empresas com mais de cinquenta funcionários. Os trabalhadores poderão votar pela criação de um Comitê de Informação e Consulta, formado por representantes eleitos por eles próprios, os quais serão comunicados e consultados sobre, entre outras coisas, quaisquer acontecimentos ligados às atividades da organização e a seus efeitos sobre o trabalho.[39] Brendan Barber, secretário-geral do TUC, comentou: "Esses novos direitos podem resultar em maior mudança nas relações de trabalho por uma geração."[40] Ao anunciar o esboço da implementação de regulamentos para essa diretriz, em 2003, a então secretária de comércio e indústria, Patricia Hewitt, disse: "Quero que essas mudanças levem a uma cultura de 'ausência de surpresas' no trabalho, onde empregadores e empregados discutam uma base comum e encontrem soluções para problemas mútuos."[41]

Duvido que qualquer cristão discordaria daquilo que Robin Woods, então bispo de Worcester e diretor do conselho de responsabilidade social da Igreja da Inglaterra, escreveu numa carta ao *The Times*: "É consistente com a visão cristã que a sociedade deve desenvolver-se de tal forma que cada pessoa possa exercer sua capacidade de fazer escolhas, assumir responsabilidades e participar da formação de seu próprio ambiente."[42]

No Reino Unido, sindicatos mostram-se preocupados que os trabalhadores, em alguns casos, não tenham a chance de optar pela Diretiva do

Tempo de Trabalho da União Europeia, de 1998,[43] que limita a carga horária dos trabalhadores europeus a uma média de 48 horas por semana. Existem exceções automáticas, como para médicos jovens, nas provisões da diretiva, por exemplo, mas o governo britânico permite que qualquer trabalhador se exclua caso assim deseje. Em razão da quantidade de pessoas que optaram por excluir-se, porém, o número de horas extras foi reduzido em apenas 3%, e, ainda, quase 4 milhões de pessoas trabalham mais de 48 horas por semana na União Europeia.[44] Na verdade, aqueles que trabalham em tempo integral, no Reino Unido, respondem pela maior carga horária em toda a União Europeia.[45] O TUC argumenta que os trabalhadores não deveriam ser autorizados a abdicar de leis de saúde e segurança. Alega também que muitos trabalhadores são pressionados a esquivar-se dessa diretriz; pesquisa de 2003 revelou que 25% daqueles que assinaram essa exclusão não tiveram escolha.[46] Embora a CBI diga que essas alegações são exageradas,[47] é essencial que os trabalhadores não sejam coagidos a assinar nenhuma cláusula de autoexclusão.***

Participação nos lucros

O segundo tipo de participação consiste na partilha dos lucros. Outro princípio bíblico claro parece estar envolvido aqui: "O trabalhador merece o seu salário" (1Timóteo 5:18). Supomos, então, que deve existir alguma correlação entre trabalho e salário. Se uma empresa prospera, poder compartilhado (responsabilidade) deveria resultar em lucros compartilhados. Se os acionistas se beneficiam com o lucro, assim deveria ser com os funcionários, seja na forma de ações da empresa, seja na forma de benefícios (por exemplo, fundos de pensão).

Um exemplo de que a tendência está seguindo na direção contrária é o encerramento dos regimes de pensão do ordenado final, transferindo, assim, o risco de desaceleração do mercado de ações para longe do empregador, direto até o funcionário.

*** Dados estatísticos sobre o Reino Unido referentes ao ano de 2006, quando a quarta edição do livro em inglês foi publicada. [N. do R.]

O pioneiro mundial na área de participação nos lucros parece ter sido Carl Zeiss, de Jena, na Alemanha, que, em 1896, transferiu a propriedade de sua firma para os seus trabalhadores. Nos Estados Unidos, foi Sears Roebuck que, em 1916, decidiu usar 10% dos lucros, antes da dedução dos impostos, para capacitar seus funcionários a comprar ações no mercado livre. Na Grã--Bretanha, porém, o crédito por ter sido o primeiro na área de participação nos lucros parece ser de John Lewis Partnership, na Oxford Street, em Londres. John Lewis tinha 28 anos de idade quando abriu uma pequena loja de tapeçaria naquela rua, em 1864. Na virada do século, seu filho Spedan ficou de consciência pesada por ver que ele, o pai e o irmão extraíam muito mais dinheiro da firma do que todos os empregados juntos. Assim, ele decidiu desenvolver uma divisão mais igualitária das recompensas da indústria, e, em 1920, ocorreu a primeira distribuição de "benefícios de parceria", que representava sete semanas de salário adicionais. Mais tarde, Spedan Lewis fez dois acordos irrevogáveis em favor dos trabalhadores. De 1928 a 1970, o "bônus de parceria" (como é chamado agora) era pago na forma de ações, mas desde 1970 vem sendo pago completamente em dinheiro. A política da empresa é a seguinte:

> Após pagar dividendos preferenciais e juros, e após garantir amenidades, pensões e reservas apropriadas, o restante dos lucros em qualquer ano é distribuído entre os membros da parceria em proporção ao seu salário. Dessa forma, os lucros são compartilhados entre todos que trabalham na empresa.

Em 2004, John Lewis cedeu 59% de seus lucros como bônus para a equipe da parceria.[48]

Esse tipo de arranjo foi inovador na década de 1920. Hoje, arranjos semelhantes de participação nos lucros, ou planos de participação baseados no lucro, vêm multiplicando-se na Inglaterra e na Europa continental, mas, infelizmente, muito mais no nível executivo do que entre todos os trabalhadores. Como veremos mais adiante, ao analisarmos as corporações multinacionais, os arranjos de participação nos lucros também têm desvantagens, mas, em geral, devem ser bem recebidos, e, quanto mais níveis da hierarquia empresarial ele alcançar, melhor.

Ambos os aspectos da participação (tomada de decisões e participação nos lucros) apelam para a mente cristã não só no terreno da conveniência (aumento da produtividade e paz industriais), mas no da justiça (os trabalhadores têm o direito de compartilhar poder e lucros).

Volto minha atenção, agora, para as exigências de justiça. Já comentei que amor e justiça são características importantes da vida comercial do ponto de vista cristão, e os princípios de mutualidade, participação e abolição de discriminação contêm, juntos, os elementos de amor e justiça. Na verdade, amor e justiça, apesar de distintos, são interdependentes. Como eu disse em outra ocasião: "O que o amor deseja, a justiça exige". No entanto, existem muitas situações, na vida comercial, em que o amor parece ser uma reação inapropriada ou, até mesmo, um caminho inadequado tanto para o executivo quanto para o trabalhador. Qual é o papel da justiça nessas decisões difíceis que precisam ser tomadas no ambiente empresarial?

JUSTIÇA NA TOMADA DE DECISÃO

Se aceitarmos que nosso chamado nos deve levar para além do evangelismo pessoal ou mesmo da integridade pessoal (ainda que sejam essenciais), a fim de influenciar as estruturas dentro das quais operamos, para quais valores e virtudes podemos olhar e que nos podem guiar como cristãos? Já que fazer parte da vida comercial significa, também, viver em comunidade, alguns viram que o mandamento de Jesus, de amarmos uns aos outros (João 15:12), é o primeiro chamado dos cristãos na vida dos negócios. Como veremos a seguir, o amor é necessário, e até mesmo essencial, mas não suficiente. Precisamos de mais do que a simples ética de amor uns pelos outros se quisermos lidar bem e de maneira cristã com decisões difíceis e conflitos éticos. A alternativa é que os cristãos evitem todas as situações em que não existe um caminho óbvio para seguir. No entanto, isso simplesmente criaria grandes áreas de operações comerciais nas quais nenhum cristão ousaria aventurar-se. Certamente, é nessas áreas complexas que mais precisamos do testemunho e da influência cristã! Devemos ter, portanto, outra abordagem que seja forte o bastante para lidar com essas situações de forma positiva e poderosa e que corresponda aos valores estabelecidos pelo próprio Deus.

Como podemos fazer isso? Creio que precisamos de outra instrução: "Ele mostrou a você, ó homem, o que é bom e o que o SENHOR exige: pratique a justiça, ame a fidelidade e ande humildemente com o seu Deus" (Miqueias 6:8). Não devemos agir apenas com bondade, mas também *praticar a justiça*. Isso muda toda a abordagem do que significa ser um cristão no mundo comercial. Embora as comunidades empresariais possam reivindicar nenhuma isenção quanto às exigências do amor, ao pensar numa esfera corporativa, em que prevalecem poder, conflito e interesse próprio, em geral, é difícil imaginar como alguém poderia tentar "amar" uma grande e poderosa multinacional.

Talvez isso possa fornecer a ética para solucionar aquelas difíceis situações morais com as quais os cristãos se veem obrigados a lidar no mundo comercial. Amor é uma expressão para com a *comunidade* comercial, mas justiça é a reação à *estrutura* comercial. O papel de cristãos no mundo corporativo é usar todo poder à sua disposição para *alcançar* justiça. Cristãos que agem dentro da comunidade comercial percebem que amor e justiça são importantes e interdependentes, mas também que, em uma situação específica, um dos dois pode ter prioridade ou ser a reação mais apropriada, dependendo da questão a tratar, se de relacionamentos, de audiências disciplinares, de impacto ambiental ou de mudança estrutural. Entender quando um é mais importante do que o outro libera os cristãos para que executem as funções de seu chamado divino com vigor e confiança.

O papel de um cristão que busca estabelecer justiça precisa ser o de usar o poder disponível para equilibrar as exigências de sua empresa (e, assim, cumprir as responsabilidades que lhe foram impostas por seu papel) em relação à situação mais ampla de seus competidores. Ao lidar com empresas iguais (ou maiores), o que se exige é, supostamente, defender a posição justa da própria companhia. No entanto, ao lidar com partes menores ou mais fracas, a situação muda. Aqui, a tentação pode ser ou intimidar e explorar ou ser excessivamente leniente, fazendo concessões desnecessárias. Observe o "excessivamente", pois, decerto, não há nada de errado em ser generoso quando possível, mas ser livre e generoso com os recursos de sua empresa não é o que se exige. Justiça exige que *todas* as partes recebam o que lhes é devido, e não só aquela parte mais simpática ou a mais forte.

Podemos explorar algumas situações a fim de ver como isso funcionaria na prática. Então, por exemplo, o que dizer de um operador de *call center* que precisa lidar com um devedor muito pobre cujo telefone ou eletricidade está prestes a ser cortado? Empregar a pura ética da bondade amorosa pode livrar o devedor — mas trai a confiança depositada no operador pela empresa, que forneceu lealmente ao devedor os seus recursos, criteriosamente conquistados, e agora necessita do pagamento. O argumento de que a companhia pode arcar com os custos possui algum peso se empregarmos a ética do amor — mas isso dificilmente é justo para ambos os lados. Fazer justiça requer que as obrigações legítimas de todos os lados sejam reconhecidas. Alguma leniência pode ser apropriada, por exemplo, no que diz respeito ao prazo concedido para quitar as dívidas, mas empregar a ética correta nessa difícil situação permite aos cristãos agir de acordo com uma das qualidades mais fundamentais de Deus — justiça —, ao mesmo tempo que estão cumprindo suas responsabilidades para com a companhia e o devedor. Também impede que sejam demitidos por não fazerem o trabalho para o qual foram contratados.

Existem outras situações que podem beneficiar-se do emprego dessa ética? Uma dificuldade frequente dos chefes de equipe é lidar com funcionários que apresentam desempenho ruim. Quando uma equipe tem certa tarefa a executar, com determinado número de pessoas, como o gestor cristão deve lidar com um membro da equipe que, talvez por causa de problemas pessoais sérios, não tem o desempenho esperado? Qual princípio deveria ser empregado para administrar a situação corretamente?

De novo, podemos intuitivamente pensar que a abordagem deva ser a da compaixão, citando a instrução de Jesus sobre fazer concessões, perdoar "setenta vezes sete" vezes e fornecer todos os recursos necessários para ajudar o indivíduo. No entanto, precisamos reconhecer que seguir essa trilha também traz custos; primeiro para a equipe, que precisa trabalhar mais para sustentar um membro em dificuldades, segundo para a empresa, que continua a pagar por um membro da equipe que não apresenta o desempenho esperado. Por sua vez, ninguém consideraria justo se a empresa demitisse seus funcionários ao primeiro sinal de problema. Assim, temos dois extremos: de um lado, as necessidades do indivíduo têm prioridade sobre as necessidades da empresa, independentemente dos custos; de outro, as prioridades da empresa estão acima do indivíduo, e todos os funcionários com desempenho inferior são automaticamente demitidos.

Apoiar o indivíduo à custa de outros nessa equação resultaria na satisfação do indivíduo, mas traria ressentimento à equipe e ameaçaria a carreira do chefe por ter demonstrado fraqueza e, talvez, por não ter propiciado o cumprimento das metas da equipe. No fim das contas, esse tipo de comportamento, se fugir ao controle, pode levar uma empresa à falência. Mas o que acontece se dermos prioridade à justiça? Aqui, os outros fatores na situação entram em jogo, e tudo se torna uma questão de equilibrar as diferentes forças na equação até chegar a uma solução adequada. Assim, as necessidades do indivíduo aflito precisam ser equilibradas com as necessidades da equipe e os objetivos da companhia. Os fatores de pressão devem ser ponderados. O que tem de ser feito e quais são os recursos à disposição? Onde há espaço de manobra no sistema? Ou existem recursos externos que possam ser aplicados onde agora são necessários? Finalmente, o papel do conflito também precisa ser levado em consideração. O que deve ser desafiado, e qual será o efeito? Logo, o gerente está em posição de tomar uma decisão justa e de administrar as consequências. Isso pode incluir a disciplina formal do membro da equipe em questão ou o desafio ao espírito do supervisor ou da empresa. Reconhecer que justiça pode ser a prioridade em decisões empresariais introduz uma nova dinâmica à situação. É o caso, notadamente, de se ver o papel do conflito como parte natural e, muitas vezes, essencial do processo de abordagem justa de uma situação. É fácil fugir do confronto quando, na verdade, ele é parte saudável do nosso papel e algo que devemos esperar e para o qual temos de estar completamente preparados.

Expor e desafiar o mal com o poder de Deus é certamente uma das principais tarefas do cristão em qualquer situação. O problema de muitos cristãos, quando do confronto com o mal, é que a segurança e a clareza requeridas são minadas pelo medo de que uma atitude assertiva seja, de alguma forma, ímpia. Evidentemente, o contrário é verdade. Amor *verdadeiro* não tem medo de confrontar o medo com força, como demonstra o exemplo de Jesus, que expulsou os cambistas do pátio do templo; e o Antigo Testamento está cheio de casos em que Deus demonstra um julgamento destrutivo do mal para purificar Israel. Usar o ideal de justiça como referência para a conduta cristã no mundo empresarial esclarece o que é exigido nesse tipo de situação.

O que atrai muitos cristãos é o desafio de viver a vida cristã de maneira poderosa e eficaz. Estar cercado por "não cristãos" todos os dias, encarar regularmente decisões difíceis, que envolvem o emprego de vasto recurso financeiro e que afetam o bem-estar de milhares de pessoas, tudo isso faz do ambiente empresarial algo bastante estimulante e exige um nível profundo de fé prática. Algumas áreas em particular (geralmente onde até anjos temem pisar!), muitas vezes consideradas áreas de trabalho "sujas", onde compromissos morais são vistos como inevitáveis — vendas, *marketing*, jornalismo, negociações —, são, evidentemente, as que mais precisam do envolvimento cristão. É nessas áreas exigidas que altos padrões de integridade e coragem podem ser os mais bem-sucedidos e fazer diferença significativa no dia a dia das pessoas em todo o mundo.

Existe uma longa e honrável tradição de cristãos moldando o ambiente empresarial e, assim, afetando diretamente outras poderosas esferas de influência, incluindo o mundo político. No entanto, em algumas organizações administradas por cristãos, uma falha parece ser a tolerância excessiva a desempenho ruim e a operações administradas inadequadamente. Em muitas ocasiões, isso acontece porque a ética da bondade amorosa foi aplicada quando, de fato, era necessário aplicar a ética da justiça. O ato moral de contratar alguém que não seria empregado por uma operação convencional precisa ser equilibrado com as expectativas (corretas) dos clientes da organização de que seus negócios serão realizados de modo profissional. Incompetência, desleixo, atrasos ou grosseria por parte da equipe não devem ser tolerados numa companhia cristã; isso tampouco acontece numa empresa secular. Na verdade, como representação do Reino de Deus, qualquer organização cristã deve oferecer uma experiência agradável a qualquer um que com ela se envolva.

É compreensível, mas lamentável, que ainda se discuta se vale a pena ser ético no mundo empresarial. Afinal de contas, como poderíamos medir o resultado? Fato é que ser ético é fundamental, não importa qual seja o resultado. No entanto, como vimos, todos os conselhos de administração precisam encarar essa pergunta de vez em quando. *The Economist* coloca "uma bússola ética saudável" no topo de sua lista das dez qualidades necessárias a uma liderança de sucesso.⁴⁹ Joseph Reitz, codiretor do International Centre for Ethics in Business, na Universidade de Kansas, descobriu que, mesmo que haja muitas evidências de que companhias insistindo em trabalhar do jeito correto possam sofrer em curto prazo, elas se desenvolvem bem em longo prazo.⁵⁰ Que o motivo para uma conduta ética provém, em parte, da vantagem financeira, isso é demonstrado nesta citação de Clive Mather, presidente da Shell:

> Não estamos assumindo um compromisso com o desenvolvimento sustentável por causa da bondade do nosso coração. Shell vê o desenvolvimento sustentável como algo comercialmente sensato por nos diferenciar dos nossos competidores e fornecer uma vantagem comercial competitiva.⁵¹

Amar Bhide e Howard Stevenson, porém, escrevendo para *Harvard Business Review*, argumentam que uma conduta empresarial não ética, mais especificamente a quebra de confiança, não traz penalidades financeiras de longo prazo.⁵² Eles reconhecem que, sem dúvida, existe algum valor em ser honesto no mundo empresarial e que boa vontade ajuda uma empresa a sobreviver em tempos difíceis. Mas, de modo geral, os custos futuros de quebrar a confiança são menores do que os benefícios imediatos de violar acordos inconvenientes. Eles argumentam que o fato de as pessoas, no mundo empresarial, parecerem manter sua palavra, na maioria das vezes, se deve mais a uma conduta social e moral do que ao incentivo financeiro. E escrevem: "As pessoas cumprem promessas porque acreditam que é correto fazer isso, não porque é um bom negócio."⁵³

Independentemente de a postura ética ser lucrativa ou não no mundo empresarial, é imperativo, em âmbito social, que exista uma base de integridade e honestidade nos negócios. Como escreveu a doutora Sissela Bok em seu livro *Lying: Moral Choice in Public and Private Life* [Mentir: escolha moral na vida pública e privada],⁵⁴ a continuação da própria sociedade depende da aceitação da regra "Não minta" pelos membros dessa sociedade. Em sua obra de grande influência, *Confiança: as virtudes sociais e a criação da prosperidade*, de 1996, Francis Fukuyama comenta como a confiança possui valor econômico em si mesma. Fato é que a confiança ocupa o centro de qualquer sociedade saudável.

Isso me leva, para encerrar, a uma discussão breve do papel e da influência de corporações multinacionais. Creio que seja verdadeiro afirmar que muitas pessoas desconfiam delas no mundo de hoje. De um lado, elas abarcam muito poder, mas, de outro, nem sempre é claro quem se beneficia do exercício desse poder.

CORPORAÇÕES MULTINACIONAIS

As corporações multinacionais exercem enorme influência sobre a economia mundial. Hoje, elas são responsáveis por 25% da produção global e por 70% do comércio mundial, enquanto suas vendas equivalem a quase 50% do Produto Interno Bruto (PIB) mundial.[55] Empregam, atualmente, o dobro de pessoas do que em 1990.[56] Seu crescimento tem sido facilitado por diversos fatores, particularmente a desregulamentação de mercados de capitais e o rápido avanço das tecnologias de comunicação e informação.

As opiniões sobre a ascensão das corporações multinacionais divergem bastante, e duas são as críticas principais dirigidas a elas. A primeira é que são poderosas demais. A segunda é que são guiadas por um interesse próprio desmedido. Esses dois traços implícitos levaram a numerosos exemplos de conduta egoísta ou irresponsável em décadas recentes. Alguns dos seguintes casos foram identificados por Richard Higginson, em seu livro *Questions of Business Life* [Questões da vida de negócios], de 2002.[57]

- A explosão na fábrica da Union Carbide, em Bhopal, Índia, em 1984, que resultou na morte de centenas de pessoas e em prejuízo à saúde de milhares. A causa foi negligência corporativa culposa.
- A venda de leite em pó para bebês, pela Nestlé, em países nos quais a higiene da água tornava seu uso perigoso. Na verdade, essa crítica à Nestlé continuava até 2006.[58]
- Os baixos salários pagos por produtores de calçados esportivos aos trabalhadores. Supostamente, a Nike pagou a Michael Jordan, estrela do basquete norte-americano, 20 milhões de dólares em patrocínio, em 1992. Isso excedeu a folha de pagamento anual de todas as

fábricas indonésias que produziam os sapatos dos quais Jordan fazia propaganda.
- As táticas de *marketing* dos produtores de cigarros, como Philip Morris, para fazer com que as pessoas no Sul do Reino Unido começassem a fumar.
- Os fazendeiros do Sul do Reino Unido, explorados pelo agronegócio do Norte, que adquire seu conhecimento nativo e, depois, o patenteia. Vandana Shiva, autor do livro *Biopiracy* [Biopirataria], de 1997, escreveu: "O conhecimento dos pobres está sendo convertido em propriedade de corporações globais, criando uma situação em que os pobres terão de pagar pelas sementes e remédios que eles próprios desenvolveram e têm usado para satisfazer suas necessidades de nutrição e saúde."
- Pesquisas de companhias farmacêuticas centradas em doenças típicas do Norte do Reino Unido, em detrimento das doenças que assolam os países do Sul. Doenças tropicais como a malária, por exemplo, que representam cerca de 50% das doenças no mundo, atraem apenas 3% dos fundos de pesquisa.
- A distribuição de pacotes de ensino patrocinados às escolas. Na visão da US Consumer's Union, quase 80% continham "informações preconceituosas ou incompletas, promovendo um ponto de vista que favorece o consumo do produto ou do serviço do patrocinador".[59]

Passamos, agora, para a segunda crítica às corporações multinacionais: a detenção de poder excessivo. Esta é uma manchete do jornal *Guardian*, citada em *Future Perfect* [Futuro perfeito], um livro sobre globalização:

> Qual é a diferença entre a Tanzânia e o Goldman Sachs? A primeira é um país africano que produz uma renda de 2,2 bilhões de dólares ao ano, compartilhada entre 25 milhões de pessoas. O segundo é um banco de investimento com lucro de 2,6 bilhões de dólares, dividido entre 161 pessoas.[60]

Um dos defensores mais ferrenhos da noção de que as corporações multinacionais têm poder excessivo é George Monbiot. O que segue é uma citação de seu livro recente *Captive State* [Estado cativo]:

Corporações, as engenhocas que inventamos para que nos servissem, estão-nos derrubando. Estão confiscando poderes originalmente concedidos a governos e usando-os para distorcer a vida pública, a fim de que ela sirva aos seus próprios fins.[61]

É evidente que as corporações multinacionais são incrivelmente ricas. Elas representam cinquenta das cem maiores economias do mundo.[62] E dinheiro traz poder. As corporações multinacionais exercem seu poder de duas formas importantes, sobre fornecedores e governos. Comecemos analisando rapidamente os fornecedores. Vejamos, por exemplo, os supermercados, que exercem influência fenomenal no mercado do Reino Unido — as cinco maiores empresas controlam quase 80% do mercado de produtos alimentares.[63] Esse poder de mercado lhes dá grande influência sobre os fornecedores, que precisam vender para os supermercados se quiserem obter acesso à maioria do mercado. Monbiot cita exemplos de práticas insatisfatórias. Uma delas é encomendar muito mais alimentos do fornecedor do que realmente a empresa precisa, a fim de manter o preço baixo e, então, encontrar desculpas para rejeitar grande parte da encomenda sem pagar pelos produtos rejeitados.[64] Outra é que, às vezes, quando o público pede aos supermercados que façam alguma doação para instituições de caridade, eles solicitam a um dos fornecedores que faça a doação em seu nome.[65] Se isso for verdade, tais práticas desonestas deveriam ser impedidas.

As corporações multinacionais exercem influência também sobre os governos. Joseph Stiglitz, que serviu como conselheiro-sênior de Bill Clinton, compartilhou a seguinte opinião:

> Nós na administração Clinton não tínhamos a visão de uma nova ordem internacional pós-Guerra Fria, mas a comunidade empresarial e financeira tinha: ela reconheceu novas oportunidades de lucro. Para ela, o governo tinha um papel: ajudá-la a obter acesso aos mercados. A política que defendíamos no exterior era uma política que ajudaria nossas empresas a ter um bom desempenho no exterior.[66]

Um dos principais mecanismos usados pelas companhias para influenciar governos, além do *lobby* político direto, é ameaçar deixar de investir em um país. Num mercado competitivo, é compreensível que as companhias busquem reduzir os custos em linha com seus competidores, e as empresas têm tentado fazer isso na última década, terceirizando sua produção para outros países. Foi previsto que, de 2001 a 2008, o mercado global de terceirização crescesse de 33 bilhões para 214 bilhões de libras.[67] Em 2002, a empresa Accenture, de consultoria de gestão, causou grande alarde ao predizer que mais de 65 mil empregos britânicos de operadores de *call centers* poderiam ser transferidos para a Índia pelas seguradoras.[68] A razão principal pela qual as empresas decidem terceirizar para o exterior são os custos. Um funcionário de TI, nos Estados Unidos, tem custo mediano de 960 dólares por dia, e esses funcionários estão sendo substituídos por funcionários adequadamente qualificados e motivados pelo custo de apenas 200 dólares por dia.[69]

Ao mesmo tempo que se pode entender o desejo de redução de custos pelas empresas, existem desvantagens inerentes à ambição, cada vez maior, de se encontrar fonte de trabalho mais barata. Monbiot argumenta:

> As corporações descobriram que, com a ameaça de mudarem para outro lugar, antecipando a perda de milhares de empregos, elas garantem não só que as regulamentações que as incomodam sejam removidas, mas também que os governos paguem quantias altas de dinheiro para convencê-las a ficar. Ao jogar nações ou regiões umas contra as outras, as companhias conseguem leiloar seus serviços, garantindo, assim, centenas de milhões de libras [...][70]

Se a análise de Monbiot estiver correta, significa que o comércio em geral, particularmente as grandes companhias, exerce muito poder (talvez excessivo) sobre governos.

Precisamos lembrar, ainda, o quanto o poder do *marketing* pode afetar a visão das pessoas sobre si mesmas e sobre a vida ideal que deveriam estar vivendo. Além de ser um problema para as pessoas por gerar insatisfação, da qual o consumo ocidental depende, pode chegar a afetar e a distorcer a visão que temos de nossos próprios corpos, levando, por exemplo, mulheres jovens a desenvolver anorexia, em parte por causa das repetidas imagens do ideal de mulher magra. Em algumas culturas, inclusive, são retratadas imagens ocidentais inapropriadas para o terreno moral, e o sexo é usado em publicidade ofensiva àqueles que estão assistindo. Somem-se a isso as áreas de segurança e qualidade do produto, onde são vendidas mercadorias perigosas para uso; o impacto da produção sobre o meio ambiente ou a ética sobre informações privilegiadas, fusões e aquisições, afetando o dia a dia de milhões de pessoas que não têm conhecimento daquilo que está acontecendo. Essa lista só começa a delinear as áreas em que a ética nos negócios é discutida e dentro das quais é preciso agir. É fácil fazer acusações simplicistas de má conduta, mas esses problemas são complexos, e, como nas outras questões abordadas neste livro, precisamos de empresários cristãos informados para guiar esses debates.[71]

Em tudo isso, porém, precisamos lembrar que aqueles que detêm poder podem usá-lo para o bem. É fácil demonizar corporações multinacionais porque os erros e enganos que cometeram tiveram destaque na imprensa. Ao longo deste capítulo, tenho chamado a atenção para vários exemplos de empresas nas quais os valores humanos foram cruciais e a ética comercial foi relevante. É importante destacar a boa prática no comércio, pois se trata de expor a postura má e antiética onde existir.

Frequentemente se assume que, como as corporações multinacionais são muito poderosas, elas são invulneráveis, e nós, que criticamos sua conduta e desejamos uma transformação, somos impotentes e incapazes de fazer qualquer coisa. No entanto, devemos lembrar que, na luta entre Davi e Golias, foi Davi quem venceu. As corporações multinacionais, e, de fato, qualquer empresa, estão abertas a questionamentos de várias formas. A primeira é por meio da atuação de grupos de pressão e Organizações Não Governamentais (ONGs), que monitoram a área na qual o negócio se dá. A companhia de biotecnologia Monsanto sofreu pressão intensa de grupos como Greenpeace quando anunciou campos de teste para seu trigo geneticamente modificado, chamado Roundup Ready. Em maio de 2004, a empresa retirou esse trigo de circulação, sob rejeição global conjunta de seus planos. Esse é um exemplo de como o monitoramento por ONGs e a ação direta podem exercer significativa pressão sobre uma companhia, obrigando-a a mudar os planos.

A segunda vulnerabilidade é o jornalismo investigativo. Em outubro de 2000, o programa de documentários *Panorama*, da BBC, transmitiu uma investigação sobre as condições em que os produtos comercializados pela Nike eram fabricados em países como o Camboja. Embora a companhia tivesse um código ético, veio à tona que crianças com menos de 15 anos de idade estavam trabalhando nas fábricas sob condições precárias. O programa colocou a Nike na defensiva, e muita publicidade negativa afetou o preço de suas ações e resultou num processo jurídico contra ela. Somente em abril de 2005 a empresa apresentou uma resposta, dizendo que publicaria uma auditoria minuciosa de 569 das 830 fábricas, no mundo inteiro, em que os produtos da Nike eram fabricados. O relatório foi franco ao listar várias violações dos padrões de trabalho, como longas jornadas de trabalho, cálculos equivocados de salários, abuso verbal e restrições ao uso de banheiros. Ao todo, 650 mil trabalhadores estavam expostos a riscos, a maioria mulheres de 19 a 25 anos de idade. A resposta da Nike foi incomum em sua franqueza e transparência, pois ela se dispôs a publicar a auditoria em seu próprio *site* na internet. Uma das razões foi dada por Dusty Kidd, vice-presidente responsável pelo cumprimento da medida, que disse: "Eu estaria muito mais preocupado [...] três ou quatro anos atrás, mas agora não estou, porque colaboramos mais com as organizações não governamentais."[72] É evidente que os consumidores estão desenvolvendo uma consciência ética cada vez maior, não só em relação a áreas convencionais, como um café oriundo de comércio equitativo, mas também em relação às difíceis questões sobre condições de trabalho nas fábricas, práticas comerciais de supermercados e impacto de subsídios injustos e políticas protecionistas.

Por fim, corporações cotadas na bolsa são sensíveis a perguntas feitas em suas assembleias de acionistas. Qualquer pessoa que possua ações de uma corporação tem o direito de participar da assembleia de acionistas e fazer perguntas. Nos últimos anos, grandes corporações têm sido envergonhadas, nessas assembleias, pela indignação expressa a respeito de pagamentos feitos a diretores das companhias e, também, de práticas consideradas desonestas. Mais uma vez, esse tipo de pressão resulta em atenção midiática indesejada, o que afeta negativamente a participação da empresa no mercado, seus lucros e o preço das ações.

Logo, é importante que cristãos, assim como outras pessoas preocupadas com a justiça na vida empresarial, entendam que, por mais poderosa que uma empresa seja, ela pode ser questionada. A motivação para uma conduta ética pode não vir de dentro da própria companhia, mas ela depende daqueles que compram seus produtos; desse modo, se os consumidores desenvolverem uma sensibilidade ética, a empresa precisa reagir de acordo ou ser confrontada com a dura realidade de um mercado em declínio.

Empresas não são apenas empreendimentos que existem para alcançar objetivos pelo uso de recursos raros. São, também, comunidades de pessoas feitas à imagem de Deus, que precisam de dignidade e respeito. É importante, assim, que, ao analisarmos o papel do comércio sob uma perspectiva cristã, reconheçamos que amor e justiça são necessários se quisermos que a vida empresarial honre a Deus. Quando ambos se unem, a reconciliação, a cooperação e a participação serão seus subprodutos. Conforme a globalização avança, é de se esperar que nos tornemos mais sensíveis às necessidades dos pobres de todo o mundo, mais preocupados com as condições de trabalho dos trabalhadores de todo o mundo e mais ativos ao exigir das companhias a prestação de contas por sua conduta. Há evidências de que esse movimento vem acontecendo e de que ao menos algumas das maiores corporações estão descobrindo os benefícios de elevar seus padrões éticos e a qualidade de vida daqueles que trabalham para elas. Quando a vida comercial é colocada nesse contexto, podemos ver que os cristãos, nos negócios, têm um relevante chamado, pois não estão somente cumprindo o mandato de serem bons administradores dos recursos do mundo, mas acabam influenciando diretamente a vida de muitas outras pessoas.

NOTAS

1. TAYLOR, John V. *Enough is enough*. Londres: SCM, 1975. p. 102. Sobre a importância central dos relacionamentos, veja SCHLUTER, Michael; LEE, David. *The R factor*. Londres: Hodder & Stoughton, 1993.
2. CATHERWOOD, Sir Fred. *Jobs and justice, homes and hope*. Londres: Hodder & Stoughton, 1997. p. 77-79.
3. De um artigo em *Christianity Today*, em 1979, um discurso gravado em fita e, especialmente, o livro de SPROUL, R. C. *Stronger than steel:* the Wayne Alderson story. Nova York: Harper and Row, 1980.
4. HYMAN, Richard; BROUGH, Ian. *Social values and industrial relations:* a study of fairness and inequality. Oxford: Blackwell, 1975.
5. Ibid., p. 11.
6. Veja *www.dti.gov.uk/er/nmw/* (em inglês). Para trabalhadores com 21 anos de idade ou mais, o salário, nessa época, era de 5,35 libras por hora. Para trabalhadores entre 18 e 21 anos de idade, o salário era de 4,45 libras por hora.
7. Veja *www.cbi.org.uk* (em inglês), na seção sobre salário mínimo. Situação em 28 de junho de 2004.
8. STIGLITZ, Joseph. *The roaring Nineties:* seeds of destruction. Londres: Allen Lane; Penguin, 2003. p. 166.
9. Ibid., p. 124.
10. Veja *Executive pay*, em *www.guardian.co.uk* (em inglês).
11. Rewards for failure. In: *Directors' remuneration:* contracts, performance and severance. DTI Company Law Consultative Document, jun. 2003; também *Executive pay*, em *www.guardian.co.uk* (em inglês).
12. Comunicado do TUC, 20 de dezembro de 1996.
13. SCHUMACHER, E. F. *Good work*. Londres: Abacus, 1980. p. 79.
14. Consulte *www.scottbader.com/* (em inglês).
15. OFFICE FOR NATIONAL STATISTICS. *New Earnings Survey 2003*. [S.l.], 2003. Para tendências ao longo do tempo, veja *Kingsmill Review*, 2001, p. 23.
16. 1995 Structure of Earnings Survey, em *Kingsmill Review*, p. 21. Observe que essa estatística foi elaborada antes da ampliação da União Europeia, em 2004.
17. 2000 Labour Force Survey, em *Kingsmill Review*, p. 25-26.
18. Sexism and the city, em *The Economist*, 12 de junho de 2004, p. 29.
19. *The Economist*, 12 de junho de 2004, p. 29-30.

20. Ibid., p. 30.
21. Professor WELBOURNE, T. Wall Street likes its women. CAHRS, Working Paper 99-07. Ithaca, NY: Cornell University. p. 11, em *Kingsmill Review*, p. 40.
22. TEMPLE, William. *Christianity and the social order*. Londres: Penguin, 1942. p. 87.
23. Ibid., p. 61.
24. GOFFMAN, Erving. *Asylums*: essays on the social situation of mental patients and other inmates. Nova York: Anchor Books; Doubleday, 1961.
25. Ibid., p. xiii.
26. Ibid., p. 6.
27. Ibid., p. 7.
28. Ibid., p. 9.
29. Ibid., p. 43.
30. TEMPLE, op. cit., p. 96.
31. Ibid.
32. Citado em BLEAKLEY, David. *In place of work*: the sufficient society. Londres: SCM, 1981. p. 16-17.
33. HIGGINSON, Richard. *Questions of business life*. Carlisle: Authentic Lifestyle, 2002. p. 43.
34. TEMPLE, op. cit., p. 87.
35. Ibid., p. 99.
36. CONFEDERATION OF BRITISH INDUSTRY. *CBI president raises fears about trade union partnerships*. [S.l.], 23 de junho de 1999. (Comunicado CBI.) Disponível em: <www.cbi.org.uk>. Acesso em: 12 fev. 2019.
37. O princípio da "codeterminação", desenvolvido inicialmente na década de 1930, foi colocado em prática na Alemanha Ocidental após a Segunda Guerra Mundial. Em essência, ele defendia (1) um "conselho de trabalho", que representava os trabalhadores, (2) um "conselho supervisor" (dois terços de seus membros eram donos, e um terço era de representantes dos trabalhadores), que elegia (3) o conselho executivo, que dirigia a companhia. O progresso econômico pós-guerra da Alemanha Ocidental e as boas relações de trabalho se devem, segundo alguns, pelo menos em parte a esse arranjo. Veja CATHERWOOD, H. F. R. *A better way*: the case for a Christian social order. Leicester: InterVarsity Press, 1975. p. 121.
38. A implementação ocorreu entre março de 2005 e março de 2008, conforme o tamanho da organização.
39. *High performance workplaces*: informing and consulting employees. DTI Consultation Document. [S.l.: s.n.], jul. 2003. p. 6-10. Disponível em: <www.dti.gov.uk>. Acesso em: 12 fev. 2019.

40. Veja *www.partnership-at-work.com* (em inglês).
41. Ibid.
42. Bispo Robin Woods de Worcester, carta ao *The Times*, 16 de fevereiro de 1977.
43. O governo, sob a liderança do Partido Trabalhista, do Reino Unido assinou o Capítulo Social da União Europeia, que fazia parte do Tratado de Maastricht, de 1997. O Capítulo Social deu à Comunidade Europeia o poder de emitir "diretivas" para a implementação de sua política. Uma delas é a Diretiva do Tempo de Trabalho, de 1998.
44. Além disso, mais de 500 mil funcionários britânicos trabalham mais de 60 horas por semana. Veja TRADES UNION CONGRESS. *Working Time Directive Review 2003:* the use and abuse of the "opt-out" in the UK. [S.l.], 2003. p. 1. Disponível em: <www.tuc.org.uk>. Acesso em: 12 fev. 2019.
45. Ibid., p. 2.
46. Ibid., p. 7.
47. CONFEDERATION OF BRITISH INDUSTRY. *CBI chief urges ministers to fight 'Nanny State' limit on UK working hours.* (Comunicado da CBI à imprensa.) [S.l.], 25 jun. 2003. p. 2. Disponível em: <www.cbi.org.uk>. Acesso em: 12 fev. 2019.
48. Relatório anual da John Lewis de 2004. O bônus de parceria foi de 87,300 milhões de libras. O lucro, após dedução de impostos, foi de 148,800 milhões de libras.
49. How to run a company well, em *The Economist*, 23 de outubro de 2003.
50. Integrity on a global scale, em *The Economist Global Executive*, 10 de fevereiro de 2003.
51. HESLAM, Peter (Org.). *Globalisation and the good.* Londres: SPCK, 2004. p. 33.
52. BHIDE, Amar; STEVENSON, Howard H. Why be honest if honesty doesn't pay? *Harvard Business Review*, p. 121-129, set.out. 1990. Em RAE, Scott B.; WONG, Kenman L. *Beyond integrity:* a Judeo-Christian approach to business ethics. Grand Rapids: Zondervan, 1996. p. 70-78.
53. Ibid., p. 77.
54. BOK, Sissela. *Lying:* moral choice in public and private life. Nova York: Random House, 1978.
55. HELD, David em HESLAM, op. cit., p. 5.
56. Ibid., p. 4.
57. HIGGINSON, op. cit., p. 33.
58. Veja, por exemplo, *www.babymilkaction.org* (em inglês).
59. Esta última crítica às corporações multinacionais vem de MONBIOT, George. *Captive State.* Londres: Macmillan, 2000; Londres: Pan Books (2.ed.), 2001. p. 332.
60. Em HANDY, Charles. *The elephant and the flea:* looking backwards towards the future. Londres: Arrow, 2002. p. 148.

61. MONBIOT, op. cit., p. 4.
62. GORRINGE, T. em HESLAM, op. cit., p. 81. As estatísticas usam corporações transnacionais, ou seja, corporações multinacionais.
63. Consulte *www.arthurrankcentre.org.uk* (em inglês). As cinco empresas são Tesco, Sainsbury's, Asda, Safeway e Somerfield.
64. MONBIOT, op. cit., p. 182.
65. Ibid., p. 184.
66. STIGLITZ, op. cit., p. 23-24.
67. Essa estimativa foi feita por McKinsey, uma grande empresa de consultoria. Veja CRABB, Steve. East India companies. *People Management*, 20 fev. 2003.
68. Ibid. A estimativa de 2006 para todos os empregos em *call centers* no Reino Unido é de 400 mil.
69. SHAHRAWAT, Dushyant. How offshore outsourcing will hit home. *Securities Industry News*, n. 24, v. 15, 16 jun. 2003.
70. MONBIOT, op. cit., p. 348-349.
71. Um dos livros que oferece recursos bastante úteis para a ética comercial é RAE; WONG, op. cit.
72. Veja, por exemplo, a seção sobre "trabalhadores e fábricas" no *site* da Nike, em *www.nike.com/nikebiz/nikebiz.jhtml?page=25* (em inglês). O relatório completo pode ser obtido em *www.nike.com/nikebiz/nikebiz.jhtml?page=29&item=fy04* (em inglês).

CAPÍTULO 10

Celebrando a diversidade étnica

Em 28 de agosto de 1963, Martin Luther King, que estava comprometido igualmente com a não discriminação e a não violência (em outras palavras, com justiça e paz), liderou uma marcha de 250 mil pessoas, três quartos das quais eram afro-americanas,[1] até Washington, DC. Lá ele compartilhou seu sonho de uma América multiétnica:

> Eu tenho um sonho de que, um dia, nas montanhas rubras da Geórgia, os filhos dos descendentes de escravos e os filhos dos descendentes de donos de escravos poderão sentar-se juntos à mesa da fraternidade.
> Eu tenho um sonho de que, um dia, mesmo o Estado do Mississippi, um Estado desértico sufocado pelo calor da injustiça e [...] da opressão, será transformado num oásis de liberdade e justiça.
> Eu tenho um sonho de que, um dia, o Estado do Alabama, com seus racistas cruéis [...] meninos negros e meninas negras possam dar as mãos a meninos brancos e a meninas brancas, como irmãs e irmãos [...]
> Com essa fé poderemos transformar as dissonantes discórdias da nossa nação em uma linda sinfonia de fraternidade.
> Com essa fé poderemos trabalhar juntos, defender a liberdade juntos, sabendo que um dia haveremos de ser livres.[2]

Ainda estamos aguardando o cumprimento desse sonho. No entanto, é um sonho cristão. Nas Escrituras, Deus nos deu uma visão dos remidos como "uma grande multidão que ninguém podia contar, de todas as nações, tribos, povos e línguas, em pé, diante do trono" (Apocalipse 7:9). Sabemos que esse sonho se cumprirá. Enquanto isso, inspirados por ele, devemos buscar pelo menos uma aproximação a esse sonho na terra; mais especificamente, uma sociedade caracterizada por justiça (sem discriminação) e harmonia (sem conflito) para todos os grupos étnicos. Queremos uma sociedade completamente integrada que continue a celebrar a diversidade. Quando era Secretário de Estado para Assuntos Internos, Roy Jenkins disse: "Defino integração não como um processo nivelador de assimilação, mas como oportunidade igual acompanhada de diversidade cultural numa atmosfera de tolerância mútua."[3]

Antes de considerarmos algum ensinamento bíblico sobre etnicidade, pode ser útil definir racismo e racismo institucional. Essas definições provêm do relato sobre a morte de Stephen Lawrence, assassinado num ataque racista aos dezoito anos de idade, sobre o qual falarei mais adiante neste capítulo. O relato define racismo da seguinte maneira:

> Racismo, em termos gerais, consiste em conduta, palavras ou práticas que desfavorecem ou favorecem pessoas por causa de sua cor, cultura ou origem étnica. Em sua forma mais sutil ele é tão prejudicial quanto em sua forma explícita.[4]

E o mesmo relato define racismo institucional como:

> A falha coletiva de uma organização em fornecer um serviço apropriado e profissional às pessoas em razão de sua cor, cultura ou origem étnica. Ele pode ser visto ou detectado em processos, atitudes e condutas que resultam em discriminação por meio de preconceito, ignorância, insensatez e estereotipação racista involuntários que desfavorecem pessoas de uma minoria étnica.[5]

No que segue, analisarei alguns exemplos de racismo, tanto histórico quanto contemporâneo, que descrevem os fundamentos falsos nos quais o racismo se apoia. Começo pela história da escravidão.

A ESCRAVIDÃO NA AMÉRICA DO NORTE

Não é possível pular diretamente para exemplos contemporâneos de racismo na Europa e na América do Norte e ignorar os males da escravidão e do comércio de escravos dos quais o racismo nasceu em grande parte. Nenhum norte-americano sensível pode tratar das questões decorrentes de etnicidade nos Estados Unidos de hoje sem olhar para a Guerra Civil e para a crueldade e a degradação da vida nas plantações.

Existe um consenso geral de que "o escravo possui três características determinantes: sua pessoa é propriedade de outro homem, sua vontade está sujeita à autoridade de seu dono, e seu trabalho ou serviço é obtido por meio da coerção".[6] Ao serem vistos como nada além de propriedade, escravos costumam ter os direitos humanos elementares negados; por exemplo, o direito de casar e de possuir ou legar posses ou de testemunhar num tribunal da lei. Mesmo que diferentes tipos e diferentes graus de escravidão tenham sido universais no mundo antigo, é indesculpável que as nações declaradamente cristãs da Europa (Espanha e Portugal, Holanda, França e Grã-Bretanha) se tenham valido dessa prática desumana para satisfazer as necessidades de mão de obra em suas colônias no Mundo Novo. Pior ainda, cristãos praticantes desenvolveram uma defesa elaborada, porém falsa, à escravidão com base em várias alegações:

- necessidade econômica e social, já que não existiam outras fontes de trabalho nas colônias que fornecessem matéria-prima para a Revolução Industrial na Europa;
- superioridade étnica, já que os negros não mereciam um tratamento melhor;
- permissão bíblica, já que as Escrituras regulamentam, mas não condenam a escravidão;
- benefícios humanitários, já que o tráfico transferia escravos do mundo selvagem africano para a civilização americana;
- oportunidade missionária, já que os "infiéis" africanos eram apresentados ao cristianismo no Mundo Novo.

As racionalizações gritantes dos donos de escravos nos fazem enrubescer de vergonha nos dias de hoje.

O escravo como propriedade

O mal inerente à escravidão (que, em princípio, é também o mal do racismo) é que ela nega a dignidade divina dos seres humanos. Como propriedade de seus donos, os escravos eram vendidos lado a lado de gado, milho e ferramentas de plantio. Após serem capturados, acorrentados e marcados a ferro na África Ocidental, eles eram transportados pelo Atlântico em condições tão superlotadas e sujas, que mais ou menos metade deles morria durante a passagem. Quando chegavam, eram leiloados e obrigados a trabalhar, muitas vezes separados de esposa e filhos. Os desobedientes eram flagelados; os fugitivos, perseguidos por sabujos e mortos quando capturados.

O escravo como animal

Alguns autores argumentavam que a razão de os negros serem tidos como propriedade é que eram animais. Em *The History of Jamaica* [A história da Jamaica] (1774), Edward Long desenvolveu o argumento ultrajante de que, "na série do Criador, ou na progressão de um monte de barro até o homem perfeito", os negros africanos eram inferiores a seres humanos. "Quando refletimos sobre [...] sua dessemelhança em relação ao resto da humanidade, não devemos concluir que eles são uma espécie diferente do mesmo gênero?"[7] O autor francês J. H. Guenebault foi ainda mais longe em sua obra *Natural History of the Negro Race* [História natural da raça negra] (1837). Escreveu: "É, então, impossível negar que eles formam não só uma raça, mas verdadeiramente uma espécie, distinta de todas as outras raças de homens conhecidas no planeta." Eles pertencem ao "gênero dos símios", declarou, inserindo-os em algum lugar entre orangotangos e seres humanos brancos.[8]

O escravo como criança

Uma terceira teoria de inferioridade, popularizada por Ulrich B. Phillips em seu livro *American Negro Slavery* [Escravidão dos negros norte-americanos] (1918), é que os negros não eram nem propriedade nem animais, mas crianças. Na obra *Slavery* [Escravidão] (1959), Stanley M. Elkins examina a imagem popular do escravo de plantação como "*Sambo*". Ele era:

dócil, mas irresponsável; leal, mas preguiçoso; humilde, mas tendia cronicamente à mentira e ao furto [...] seu relacionamento com seu senhor era marcado por dependência total e apego infantil: era realmente a qualidade infantil a chave para o seu ser.[9]

O estereótipo de *Sambo* era "a criança eterna incapaz de maturidade".[10]

O horror da escravidão do século 18 era, portanto, que ela via homens e mulheres adultos como ferramentas, animais ou crianças. Cada uma dessas visões refletia a crença de que eles eram inferiores. Desse modo, cristãos que se opunham à escravidão reconheceram a necessidade de demonstrar que escravos negros não eram, de forma alguma, seres humanos inferiores.

Os racistas podem, relutantemente, reconhecer a humanidade daqueles grupos étnicos que eles procuram oprimir, mas, mesmo assim, acreditar que são inferiores. Podem defender sua posição como "científica" ou simplesmente nutrir "noções vagas sobre uma evolução unilinear 'do macaco para o homem'". Isso os encoraja a crer que essas pessoas são "inferiores" a eles na "escala" da evolução e que, por isso, existe "uma hierarquia de 'raças'".[11] Mas esse conceito de raça não provém da ciência, e, sim, da intolerância, e é um estratagema desenvolvido para justificar a discriminação.

Com frequência, o racismo institucional tem limitado os afro-americanos a certas regiões e certos papéis, concedendo-lhes uma educação, empregos e habitações inferiores. O exemplo mais óbvio de supremacia branca foi o surgimento do Ku Klux Klan, entre 1866 e 1869, depois do fim da Guerra Civil, e sua volta subsequente, em 1915, com o apoio vergonhoso de cristãos brancos racistas cujas igrejas eram segregadas e se mantinham em silêncio, a despeito da ocorrência de tumultos e linchamentos.

Em 1957, apesar do silêncio e da ineficácia de grande parte da igreja, formou-se a Southern Christian Leadership Conference, após o boicote aos ônibus em Montgomery, no Alabama, durante 1955 e 1956. Sob a liderança de Martin Luther King, ela apoiou ações e protestos diretos não violentos. Em 1963, em Birmingham, no Alabama, uma marcha em protesto à segregação, que incluía adolescentes e crianças, deparou-se com a resistência violenta da polícia. Quando foi transmitida pela TV, a marcha gerou apoio ao movimento dos direitos civis e ao discurso de King: "Eu tenho um sonho..." Em 1965, uma marcha de protesto no Alabama foi recebida com violência pela polícia, e setenta pessoas acabaram hospitalizadas. Mais uma vez, as cenas televisionadas chocaram a nação e geraram apoio a favor da Lei dos Direitos de Voto, de 1965.

E esse foi só o começo. Em 1968, a National Advisory Commission on Civil Disorders, que tinha sido nomeada pelo presidente Lyndon B. Johnson, publicou seu relatório (conhecido como Relatório Kerner) cuja conclusão é: "Nossa nação se movimenta em direção a duas sociedades, uma negra e uma branca — separadas e desiguais." E mais:

> Segregação e pobreza criaram, no gueto racial, um ambiente destrutivo completamente desconhecido à maioria dos norte-americanos brancos [...] Instituições brancas o criaram, instituições brancas o mantêm, e a sociedade branca o tolera.

Apesar de tudo, precisamos ser gratos porque muitos cristãos atenderam ao chamado de Deus para mudar essa situação em obediência a Jesus Cristo, o Deus da justiça.

O ANTISSEMITISMO ALEMÃO E O *APARTHEID* SUL-AFRICANO

O antissemitismo na Alemanha e o *Apartheid* na África do Sul parecem, à primeira vista, tão diferentes um do outro a ponto de uma comparação ser completamente inapropriada. Mais especificamente, o ultraje inexpressível do holocausto não tem nenhum paralelo na África do Sul. Mesmo assim, e ainda que isso possa chocar alguns leitores, a teoria de "raça" em que ambos os sistemas se apoiavam é praticamente idêntica. O mesmo vale para a compreensão, expressada por muitos alemães e sul-africanos, de que eles estão "fadados a dominar" e precisam preservar sua "pureza racial" a todo custo.

Em *Mein Kampf* [Minha luta], livro publicado oito anos antes de vir ao poder, Hitler elogiou o esplendor da raça ariana.

> Cada manifestação de cultura humana, cada produto de arte, ciência e habilidade técnica que vemos diante de nós, nos dias de hoje, é, quase que exclusivamente, o produto do poder criativo ariano [...] foi o aria-

no que, sozinho, fundou um tipo superior de humanidade [...] ele é o Prometeu da humanidade, cuja sobrancelha brilhante desde sempre emitiu a centelha divina do gênio [...][12]

Baseando suas ideias no sonho de grandeza germânica de Wagner, na noção de uma "raça superior destemida" de Nietzsche e no conceito de luta inescrupulosa necessária para a sobrevivência de Darwin, Hitler desenvolveu suas ilusões do destino ariano e sua fobia insana de judeus que, como ele declarou, destruíam a civilização em âmbito econômico, político, cultural, religioso e moral.[13] A linguagem insultante e irracional que ele usou para referir-se aos judeus não pode ser repetida aqui. Até ousou alegar que, ao lidar com eles, estaria agindo em nome do Criador Todo-poderoso.[14] Nisso, ele foi capaz de citar estudiosos cristãos que tinham desenvolvido uma "teologia da Criação" para justificar o racismo. Paul Althaus, por exemplo, ao reconhecer o casamento, a família, a raça e o *Volk* [povo] como ordem divina da Criação, escreveu: "Defendemos a causa da preservação da pureza do *Volk* e da nossa raça."[15] Aparentemente, o próprio Hitler sabia que essa teoria racial do *Herrenvolk* [raça superior] ariano não tinha base científica. Em conversas privadas, admitiu isso. No entanto, ele continuou a usá-la porque precisava dela como político: "Com seu conceito de raça, o nacional-socialismo levará sua revolução para o exterior e remodelará o mundo."[16]

As origens do senso de destino divino dos africânderes estão ligadas à sua história. Quando os holandeses chegaram ao Cabo da Boa Esperança (1652), eles se viam como os herdeiros e portadores da civilização cristã europeia. Reconheciam um paralelo entre eles mesmos e povo de Deus do êxodo, do Antigo Testamento, cujo destino era uma nova terra prometida. Os africanos eram seus equivalentes para os amalequitas e filisteus. Após derrotarem os zulus na batalha de Blood River [Rio de Sangue], firmaram uma aliança solene com Deus e, a partir de então, passaram a ver a região de Transvaal e o Estado Livre de Orange como terra prometida para a qual Deus os tinha trazido. "A nação dos africânderes não é obra de homens", disse o doutor D. F Malan, líder nacionalista que se tornou primeiro-ministro em 1948, "mas a criação de Deus."[17] Assim, os africânderes acreditavam que tinham uma vocação messiânica, que nasceram para dominar e que Deus os tinha chamado para preservar a civilização cristã na África.

Além de sua história (que lhes dava esse senso de destino), eles tinham, também, sua teologia (que lhes dava sua teoria de raça). Era essa combinação que fundamentava a sua determinação de garantir a sobrevivência distinta por meio do *Apartheid*. Como, pois, dizia a Igreja Reformada Holandesa (até 1989, veja adiante), "as Escrituras [...] ensinam e defendem a diversidade étnica da raça humana" e a veem como uma "proposição positiva" que deve ser preservada. Consequentemente, "um sistema político baseado no desenvolvimento autógeno ou separado de vários grupos populacionais pode ser justificado com a Bíblia."[18] Mas manter branca a África do Sul era algo que só podia ser alcançado por meio da dominação branca.

Em *Mein Kampf*, Hitler escreveu que relações sexuais entre grupos raciais diferentes deveriam ser impedidas com vigor extremo, a fim de preservar a pureza ariana. Casamentos inter-raciais, ele declarou, causavam invariavelmente uma degeneração física e mental. É um "pecado contra a vontade do Criador Eterno".[19] Na África do Sul, a proibição de casamentos inter-raciais tornou-se lei em 1949. Declarou-se ilegal o casamento entre "europeus e não europeus" (isto é, entre "brancos" e "não brancos"), e uma lei de 1968 estendeu a proibição a homens sul-africanos que viviam no exterior. O professor Dupreez tentou fornecer a base teológica para essa legislação. "É a vontade de Deus", ele perguntou de forma retórica, "que todas as nações por ele criadas, em tamanha diversidade, sejam igualadas e assimiladas por meio do casamento inter-racial para se formar uma raça uniforme e mista?"[20]

No entanto, a humanidade como raça é fundamentalmente híbrida. "Não existe grupo humano maior que não seja misto, tampouco existe qualquer grupo étnico puro; todos são muito misturados e de descendência altamente complexa."[21] "Sangue britânico puro", por exemplo, é fruto da imaginação. No mínimo, somos uma mistura de jutos, celtas, godos, saxões, romanos e normandos. Assim, devemos perguntar: Onde estão esses grupos étnicos "puros" que temem o hibridismo?

MUDANÇA NA ÁFRICA DO SUL

Durante a segunda metade da década de 1980, na África do Sul, várias declarações cristãs foram publicadas e muitos eventos ocorreram, trazendo a esperança de que toda a estrutura do *Apartheid* seria completamente destruída. Esses eventos se deram no contexto de uma preocupação global crescente quanto à injustiça da situação na África do Sul. Empresas que faziam negócios na África do Sul eram boicotadas, e campanhas para a libertação de Nelson Mandela foram lançadas acompanhadas de sanções, como a Lei Abrangente contra o *Apartheid*, de 1986, nos Estados Unidos. A lei proibia o comércio norte-americano e outras relações econômicas com a África do Sul.

Em setembro de 1985, Michael Cassidy e quase quatrocentos outros líderes cristãos, provenientes de uma variedade de contextos étnicos e denominações, lançaram a Iniciativa Nacional de Reconciliação. Descrevendo a Igreja como "uma comunidade de esperança", sua declaração afirmava a soberania de Deus, pedia humildade, arrependimento, oração e jejum diante da cruz, defendia a não violência mesmo a custo de sofrimento e encorajava o presidente Botha a encerrar o estado de emergência, a libertar prisioneiros e a iniciar um diálogo com líderes representativos, tendo em vista o fim da discriminação.

Algumas semanas mais tarde, um grupo de mais ou menos 150 teólogos negros publicou o Documento Kairós.[22] Passional em sua preocupação, ele procurava relacionar a teologia da libertação ao *kairos*, crise contemporânea da África do Sul, e esboçava três opções. O documento chamou a primeira de "teologia do Estado" das igrejas africânderes, que justificava o *statu quo* racista apelando a Romanos 13, à necessidade de "lei e ordem" e à ameaça do comunismo. Essa teologia, o documento declarava, "não é apenas herética, mas também blasfema". Depois, havia a opção "teologia da Igreja" das igrejas anglófonas, as quais, apesar de serem cautelosamente críticas ao *Apartheid*, buscavam reconciliação sem arrependimento e paz sem justiça. Isso também era rejeitado. A terceira opção, ardentemente recomendada, era uma "teologia profética". Alegando um retorno para a Bíblia e sua tradição profética, ela identificava o governo nacionalista como tão opressivo, que tinha perdido a legitimidade. A postura correta a se adotar em relação a tal regime era, portanto, não negociação, mas confronto. O documento encerrava com um "desafio à ação" por meio da solidariedade da Igreja aos oprimidos e por meio de campanhas e protestos, desobediência civil e participação na luta armada pela libertação.

Em julho de 1986, 130 evangélicos negros publicaram uma denúncia contundente, *Evangelical Witness in South Africa* [Testemunho evangélico na África do Sul]. Aqui estavam evangélicos negros que se identificavam deliberadamente com seus colegas evangélicos brancos a fim de condenar todo o eleitorado evangélico por seu dualismo grego (preocupando-se com o bem-estar "espiritual" das pessoas em oposição ao bem-estar "material"). Também repudiavam seu conservadorismo capitalista ocidental, sua busca de reconciliação sem arrependimento, seu abuso de Romanos 13 para defender o *statu quo*, a atitude condescendente dos "brancos" (muitos deles, inclusive, missionários) para com os "negros", as segundas intenções no evangelismo (especialmente para garantir a subserviência dos convertidos negros a um regime injusto) e a pregação de um evangelho que se calava diante das brutalidades do sistema do *Apartheid*. Além dessas críticas, o *Evangelical Witness* exigia arrependimento verdadeiro. Ou seja, fazia uma exigência radical e abrangente de mudança.

Então, em outubro de 1986, a Igreja Reformada Holandesa publicou *Church and Society* [Igreja e a sociedade], que era um "testemunho" aprovado pelo seu sínodo. Tratava-se de uma exposição minuciosa dos "princípios bíblicos fundamentais" e das "implicações práticas", em cujo decurso as seguintes declarações surpreendentes foram feitas:

> Racismo é um pecado grave que nenhuma pessoa ou igreja pode defender ou praticar [...] Como aberração moral, ele priva um ser humano de sua dignidade, de suas obrigações e de seus direitos. Deve ser rejeitado e combatido em todas as suas manifestações (parágrafo 112).

E mais: "*Apartheid* [...] uma separação e divisão forçada de povos, não pode ser considerado um imperativo bíblico. A tentativa de justificar tal ditame como derivado da Bíblia precisa ser reconhecida e denunciada como um erro" (parágrafo 305), pois "viola a essência do amor ao próximo e da justiça e, inevitavelmente, a dignidade humana de todos os envolvidos" (parágrafo 306). Isso era uma virada extraordinária para uma igreja que, anteriormente, tinha apoiado e defendido o *Apartheid*.

Parece ser de grande importância que, em 1985 e 1986, esses quatro documentos cristãos, apesar da distinção entre as chamadas teologias "do

Estado", "da Igreja" e "profética", tenham condenado, todos, o *Apartheid* como sistema indefensível e comprometido-se com sua abolição. Seu testemunho e protesto unidos parecem ter exercido influência significativa sobre o governo.

Naquele mesmo período, alguns eventos importantes, no Estado, e não na igreja, também ocorreram. Em 1986, as odiadas leis de passe, que, durante quarenta anos, haviam exigido que os chamados "não brancos" levassem consigo seu livro de passes, decretando onde podiam viver e trabalhar, foram abolidas. Então, em março de 1989, uma comissão judicial exigiu (1) o fim total do *Apartheid*, (2) a revogação de dois de seus principais pilares legais, o Group Areas Act (que proibia a integração residencial) e o Population Registration Act (que tornava obrigatória a classificação racial), ambos promulgados em 1950, e (3) o direito de voto que inevitavelmente levaria a um governo de maioria negra. Naquele mesmo ano, o senhor F. W. de Klerk substituiu o senhor P. W. Botha como presidente e, de imediato, sinalizou a direção que pretendia seguir ao liberar os líderes do Congresso Nacional Africano, presos havia muito tempo (embora, a princípio, não pretendesse libertar seu líder maior, Nelson Mandela), e ao ignorar as marchas e as demonstrações do Congresso Nacional Africano que aconteceram em seguida.

Durante a década de 1990, num ritmo quase assustador, as estruturas do *Apartheid* foram desmanteladas, e uma África do Sul democrática nasceu. Em 1990, Nelson Mandela foi liberto da prisão após 26 anos, negociações foram iniciadas entre o Partido Nacionalista e o Congresso Nacional Africano, o estado de emergência foi suspenso e, ainda, o Congresso Nacional Africano concordou em encerrar a luta armada. Ao mesmo tempo, a violência continuava, principalmente entre o Congresso Nacional Africano e o movimento Zulu Inkatha, alimentado pela polícia branca.

Em 1991, Nelson Mandela foi eleito presidente do Congresso Nacional Africano sem oposição, e um ponto de virada significativo foi alcançado quando se iniciou o diálogo multipartidário na convenção para uma África do Sul democrática. Em 1992, o referendo do Partido Nacional resultou em 69% de votos em prol da continuação do processo de reforma iniciado pelo presidente F. W. de Klerk. No final do ano, negociações oficiais culminaram nos planos para um "governo de união nacional" de compartilhamento de poder durante cinco anos. Em 1993, o prêmio Nobel da Paz foi concedido a Nelson Mandela e a F. W. de Klerk. A eleição geral de 27 de abril de 1994 entregou 252 dos 400 assentos do parlamento ao Congresso Nacional Africano, deu a Nelson Mandela a presidência e abriu o caminho para uma nova constituição.

A Comissão de Verdade e Reconciliação foi criada em 1995, tendo o arcebispo Desmond Tutu como seu presidente. Ela representava uma iniciativa notável inspirada por princípios cristãos e baseada na cláusula final da constituição provisória, que dizia:

> Esta constituição providencia uma ponte histórica entre o passado de uma sociedade profundamente dividida, caracterizada por luta, conflito, sofrimento indizível e injustiça, e um futuro fundamentado no reconhecimento de direitos humanos, democracia, coexistência pacífica e oportunidades de desenvolvimento para todos os sul-africanos, independentemente de cor, raça, classe, crença ou sexo.

A comissão coloca "verdade" e "reconciliação" corretamente entre aspas, já que sua missão primária era investigar, revelar e publicar a verdade sobre as violações de direitos humanos, servindo de única base pela qual os perpetradores poderiam ser perdoados e suas vítimas (ou seus parentes) poderiam receber uma reparação limitada e a restauração de sua honra e dignidade. Reconciliação era oferecida àqueles (1) que tinham violado direitos humanos entre 1960 e 1995, (2) cuja ofensa era politicamente motivada, (3) que revelavam completamente todos os fatos relevantes e (4) que pediam anistia.

ATITUDES E TENSÕES BRITÂNICAS

O domínio colonial britânico trouxe algo de positivo para os países colonizados, não tanto em termos materiais (por exemplo, estradas e ferrovias), mas, sim, em educação, saúde e padrões de justiça pública. Mas esses benefícios tendem a ser encobertos pela atitude ofensiva de superioridade implícita na "mentalidade de rajás britânicos".

Em alguns casos, sinto dizer, isso se expressava em termos racistas que lembram as visões alemã e sul-africana que acabamos de contemplar. Cecil

Rhodes, por exemplo, falou da "predominância da raça anglo-saxônica" e da necessidade de preservá-la. Sucessivos secretários de Estado britânicos para as colônias falavam de modo semelhante, usando até a linguagem de "destino"; felizmente, porém, tal ilusão nunca se expressou numa política oficial.

Para Jomo Kenyatta, a busca pela independência do Quênia era "não apenas uma questão de os africanos governarem a si mesmos, embora isso fosse a primeira coisa", mas também "um fim à barreira de cor, à linguagem racista dos clubes de colonos, às atitudes condescendentes do homem branco de meio século ou mais".[23] Numa demonstração política em Wundanyi, em janeiro de 1962, Kenyatta falou sobre sua atitude em relação aos europeus: "Não sou contra ninguém. Sou apenas contra *ubwana*, a mentalidade de chefe."[24] Essa mentalidade de chefe britânica era, talvez, ainda mais óbvia na Índia. Seria difícil resistir ao veredito de Arnold Toynbee, a seguir:

> Os senhores protestantes ingleses da Índia [...] se distinguiam de todos os outros senhores ocidentais contemporâneos sobre povos não ocidentais pelo rigor com que se mantinham afastados de seus súditos.[25]

O histórico colonial britânico é um contexto necessário para que se entendam as tensões raciais na Grã-Bretanha. Vou contemplá-las, agora, nos tópicos sobre imigração, relações raciais e racismo institucional.

Imigração

A imigração britânica precisa ser vista sob a perspectiva dos padrões globais de migração. Uma em 35 pessoas no mundo é migrante internacional. Acredita-se que o número total, em 2000, era de 175 milhões (2,9% da população mundial), em comparação com 105 milhões em 1985.[26] Existe, também, um vasto número de pessoas que fogem de seus países, mas não chegam a ultrapassar uma fronteira para que se tornem refugiadas ou possam requerer asilo. Estima-se que haja* 25 milhões de pessoas deslocadas internamente em todo o mundo, ou seja, duas vezes o número de refugiados.[27] Refugiados re-

---

* Estatísticas válidas na época de publicação do livro em inglês, quarta edição, ano de 2006. A observação se estende aos demais dados estatísticos apresentados no capítulo. [N. do R.]

presentam 9% do total global de migrantes, e a maioria deles está nos países em desenvolvimento, estando apenas 3 milhões nos países desenvolvidos. E é nos países em desenvolvimento que a taxa de refugiados, em comparação com a população local, é extremamente alta. Na Libéria, há 87 refugiados por mil habitantes; na Geórgia, essa taxa é de 51; no Reino Unido, porém, é de apenas de 3,2.[28] Um número tão baixo não justifica a demonização de refugiados e requerentes de asilo, a qual já tem sido parte do mito britânico por tempo demais.

Trabalhadores migrantes são necessários em toda a Europa. A Divisão de População das Nações Unidas relata que, em virtude das baixas taxas de natalidade, a União Europeia terá de importar 1,6 milhão de migrantes por ano, simplesmente para manter estável sua população ativa daqui até 2050.[29] Acredita-se que a população da União Europeia caia de 482 milhões, estatística de 2003, para 454 milhões, em 2050 — um declínio de 6%.[30]

Devemos pensar, também, que a migração pode ter efeitos positivos nas sociedades e economias dos países anfitriões. A maioria dos migrantes legais para o mundo industrializado é escolarizada — 88% dos migrantes, segundo a Organisation for Economic Co-operation and Development (OECD), têm Ensino Médio, e dois terços desses têm formação superior.[31] Muitas áreas da economia britânica necessitam desesperadamente dessas pessoas. Segundo o Conselho da Grande Londres, 23% dos médicos e 47% dos enfermeiros que trabalham no National Health Service (NHS) nasceram fora do Reino Unido.[32] Não são pessoas roubando os empregos da população nativa, como costumam temer aqueles que discriminam os migrantes. Na verdade, eles preenchem lacunas do mercado de trabalho. Um estudo concluiu que os migrantes foram responsáveis por aproximadamente 2,5 bilhões de arrecadação de imposto de renda em 1999 e 2000.[33]

Na Grã-Bretanha, a legislação e a política de imigração e asilo têm sido, frequentemente, uma reação a atitudes sociais sobre as relações raciais. A despeito de ser uma nação híbrida, muitos na Inglaterra tendem a ser xenófobos. Cerca de metade das pessoas, no Reino Unido, acredita que a imigração de grupos étnicos minoritários provocou o declínio da qualidade de vida dos nativos.[34] Posturas negativas diante de relações raciais levaram a uma política de imigração e asilo cada vez mais restritiva.

Embora o Ato de Nacionalidade Britânica, de 1948, defina cidadão britânico como qualquer um que tenha nascido na Grã-Bretanha, ou numa colônia britânica, e dê aos cidadãos a liberdade de entrada e assentamento, o ato se tornou, desde então, cada vez mais restritivo e motivado racialmente. Em 1962, o direito automático de ingresso e assentamento foi removido.[35] Em 1968, a entrada de refugiados asiáticos da África Oriental foi regulamentada.[36] Já em 1971, o direito de entrada foi limitado àqueles com pelo menos um avô nascido no Reino Unido.

Em 1981, uma reforma abrangente estabeleceu três categorias distintas de cidadania. A "cidadania britânica" era concedida apenas àqueles cujos pais eram britânicos ou "assentados" (com visto irrestrito). As outras duas categorias eram "cidadãos de territórios britânicos dependentes" e "cidadãos britânicos no exterior", que não teriam o direito de residência. Apesar da pressão exercida pelas igrejas, o ato não conseguiu expressar o caráter multiétnico verdadeiro da sociedade britânica.[37] O controle tornou-se mais rigoroso em 1988 e 1990; e, em 1991, a Asylum Bill limitou a entrada de requerentes de asilo. O Ato de Imigração e Asilo, de 1999, foi seguido por atos de mesmo nome em 2002 e em 2003. Em 2004, por sua vez, o foco voltou-se mais para requerentes de asilo do que para imigrantes em geral.

Em 1997, a atmosfera no país era tão negativa, e a cobertura midiática, tão persistente, que questões sobre requerentes de asilo tornaram-se prioridade para o governo. Em 2003, os pedidos de asilo tinham caído dramaticamente em decorrência das duras medidas introduzidas pelo governo, as quais incluíam policiamento mais severo na fronteira com a França e bloqueio do acesso de requerentes de asilo ao sistema de benefícios britânico. Esse serviço foi substituído pelo National Asylum Support Service, serviço nacional especializado de apoio ao asilo. Uma lista de "países de exceção" foi elaborada; requerentes de asilo dos países dessa lista não seriam aceitos, e a ênfase da política passou a ser controle e repatriação em vez de apoio. Como resultado de tais políticas, os requerimentos de asilo tiveram redução significativa. No ano de 2003, como um todo, após o surto de requerimentos antes que as regras mais rígidas entrassem em vigor, o número de pedidos sofreu diminuição de 41% — redução quatro vezes maior do que a média no restante da União Europeia.[38]

Em vários momentos, durante esse longo processo, líderes de igrejas têm reclamado do impacto de uma política de imigração e asilo cada vez mais restritiva. Nos últimos anos, por exemplo, eles protestaram a favor dos muitos requerentes de asilo que viviam nas ruas com pouco ou nenhum apoio financeiro. Mesmo quando eles têm habitação, 1 em cada 5 dos lugares em que vivem é impróprio como habitação humana.[39] Em alguns casos, isso tem tido impacto devastador sobre a vida familiar. Em outros, pessoas foram deportadas mesmo com evidências de que estariam enfrentando perseguição em seu país de origem. Algumas, inclusive, foram mortas em ataques racistas.

Em 2003, a Comissão de Justiça Racial das igrejas publicou o livro *Asylum Voices* [Vozes do asilo], que consistia em entrevistas com requerentes de asilo em todo o Reino Unido. Embora alguns requerentes de asilo tenham sido acolhidos por esse país, e recebido seus direitos humanos com dignidade, muitos outros têm enfrentado hostilidade e revogação de direitos humanos, sendo estereotipados como "falsos", "parasitas" e, até mesmo, potenciais terroristas, principalmente após os eventos de 11 de setembro de 2011, em Nova York. Para uma igreja que tenha paixão por justiça, é importante levantar-se contra qualquer cultura ou sistema que feche os olhos para a injustiça, em especial quando é praticada contra os membros mais fracos da sociedade. E essa injustiça vai além: nega as próprias raízes na história da Criação, segundo a qual cada pessoa foi feita à imagem de Deus e merece dignidade e respeito.

Relações raciais

Ao longo dos últimos quarenta anos, duas tendências puderam ser observadas na legislação referente a esse aspecto. De um lado, a política de imigração e asilo parece ter refletido uma atitude negativa em relação a grupos étnicos minoritários; de outro, a política de relações raciais parece ter tentado promover uma sociedade multiétnica. Isso não deveria surpreender-nos, pois atitudes positivas e negativas estão presentes em toda a sociedade britânica.

A corrente negativa dentro da sociedade britânica se concentrava, em 1967, na Frente Nacional, que se formou de uma coalizão de grupos de extrema direita, sendo abertamente fascista em suas origens e em seus valores.

Ela encontrou apoio naqueles que eram hostis aos imigrantes e aos membros de grupos étnicos minoritários. Seu compromisso com pureza racial e superioridade racial espelhava doutrinas nazistas, e não deveria ser surpresa que alguns de seus líderes admiravam Adolf Hitler e se envolviam em atividades nazistas. Em 1982, a Frente Nacional foi substituída pelo British National Party [Partido Nacional Britânico] (BNP), que era maior e, à primeira vista, parecia mais moderado, trabalhando, em parte, por meio do sistema eleitoral e apresentando cinquenta candidatos na eleição de 1997. Em 2005, o BNP concorreu a 119 assentos no parlamento e recebeu 192.850 votos ao todo, em comparação com os 47.129 votos na eleição de 2001. Sua participação no total de votos aumentou em 0,55%.

No entanto, uma análise mais minuciosa ainda revela a retórica racista que, com insolência arrogante, recorre à xenofobia que persiste na Inglaterra de hoje. Nick Griffin, o líder do partido, aparece como líder racional e semirrespeitável, embora chame o holocausto de "a farsa do século 20", se refira às "míticas câmaras de gás de Auschwitz" e prefira controlar as ruas, não as urnas eleitorais. Na década de 1990, após um breve sucesso em Millwall, no lado leste de Londres, ele comentou:

> Os eleitores de Millwall não apoiaram um partido de direita pós-modernista, mas aquilo que consideraram ser uma organização forte e disciplinada com a capacidade de impor seu lema "Defenda os direitos dos brancos" com botas e punhos bem direcionados. Quando a crise vem, poder é o produto de força e vontade, não de debates racionais.[40]

Não surpreende que, ocasionalmente, violência racial tenha irrompido no Reino Unido. Já em 1976 e 1979, houve choques em Southall (no oeste de Londres), alimentados pela Frente Nacional. Tumultos mais sérios se deram de 1980 a 1903 em Bristol, Brixton (no sul de Londres), Toxteth (Liverpool), Manchester, Nottingham, Leeds e outras cidades. Em 1985, houve um tumulto em Handsworth (Birmingham), no qual dois comerciantes morreram num incêndio, e a isso se seguiu um tumulto em Broadwater Farm, em Londres, durante o qual um policial foi assassinado. Em 2001, houve tumultos em Oldham, Burnley e Bradford, regiões fortemente influenciadas pelo BNP.

Embora as origens de cada um desses atos de violência tenham sido diferentes, todos eles cresceram no solo fértil provido pela hostilidade a grupos étnicos minoritários, sendo impulsionados também pelas condições precárias em que esses grupos viviam e trabalhavam e pela natureza do policiamento naquela área. Em 1981, o lorde Scarman, escalado pela Secretaria de Assuntos Internos para investigar as causas dos tumultos no início da década de 1980, concluiu que "houve um forte elemento racial nos tumultos".[41]

No entanto, havia e ainda há muitas pessoas que desejam celebrar a diversidade étnica. Elas veem a imigração como algo positivo e acolhem pessoas que buscam asilo para fugir de perseguição. Uma das medidas positivas foi a criação da Comissão de Igualdade Racial, no Reino Unido, em decorrência do Ato de Relações Raciais, de 1976. Ela recebeu algum poder para fazer cumprir a lei e monitorá-la, tornando ilegal a discriminação de raça em áreas como emprego e educação, transformando a "incitação a ódio racial" em ofensa criminal e dando às autoridades locais a responsabilidade de eliminar a discriminação e de promover oportunidades iguais. Seja como for, a forma mais intratável de racismo talvez fosse a institucional; apesar de o lorde Scarman alegar, em seu relatório, que isso não existia na Inglaterra, ela se revelou um problema persistente em estruturas e culturas organizacionais. E é para ela que voltamos, agora, nossa atenção.

Racismo institucional

Um dos assuntos que dominaram a condução das relações raciais na década de 1990, na Grã-Bretanha, foi o assassinato de Stephen Lawrence, de dezoito anos de idade, em 22 de abril de 1993. Ele estava esperando o ônibus quando foi vítima de um ataque racista deliberado, consumado por cinco jovens brancos. O fato de ninguém ter sido condenado por seu assassinato e a abordagem pouco profissional dada à tragédia pela polícia levaram os pais do garoto a iniciar uma campanha por justiça.[42] Em julho de 1997, o secretário de Estado para assuntos internos instalou um inquérito público para investigar as questões envolvendo sua morte. Das setenta recomendações do relatório, 66 diziam respeito a "abertura, responsabilidade e restauração da confiança" no serviço policial e a "aumento de confiança no policiamento entre comunidades étnicas minoritárias". O inquérito revelou que a polícia era culpada de racismo institucional. A fim de explicar a natureza do racismo institucional, darei dois exemplos a seguir.

A polícia e o sistema judicial criminal

O inquérito de Stephen Lawrence destacou uma questão que também tinha surgido no contexto do Relatório Scarman: a hostilidade de alguns grupos étnicos minoritários em relação à polícia. O Relatório Scarman tinha sido bastante aplaudido, mas sua agenda foi praticamente ignorada. Assim, o inquérito de Lawrence enfatizou a necessidade de ação e de responsabilidade, tanto quanto de monitoramento da relação entre grupos étnicos minoritários e polícia.

Um dos pontos centrais dizia respeito a uso e abuso da autoridade de "abordar e revistar" da polícia. Em 2004, o relatório da Secretaria de Estado para Assuntos Internos sobre progressos, realizado após o inquérito de Stephen Lawrence, confirmou sua preocupação com as tendências nessa área. A prática de abordar e revistar era duas vezes mais frequente entre a população negra do que entre a população asiática, e, a cada ano, de 1999 a 2002, houve aumento percentual de aplicação dessa prática em pessoas de minoria étnica. Mais especificamente, o relatório afirmou que "os números de 2001/2002 mostravam que os negros tinham oito vezes mais chances de serem abordados e revistados do que os brancos." Isso representava um aumento, na probabilidade dessa prática, de cinco vezes, em 1999/2000, para sete vezes, em 2000/2001.

A situação mudou ainda mais depois do Terrorism Act [Lei do terrorismo], de 2000, e da maior desconfiança a uma possível presença de ativistas da Al-Qaeda. A estatística mais notável foi o aumento, em 300%, do número de pessoas de origem asiática abordadas e revistadas pela polícia desde o Terrorism Act. Em 2003, esse número sofreu aumento de 22% em relação ao ano anterior, sendo o maior de todos os tempos, mas o percentual de detenções resultantes permaneceu no patamar de 13% pelo segundo ano consecutivo, com um percentual ainda menor resultando em condenações. Parte disso acontece, é claro, pela necessidade de a polícia responder à ameaça muito óbvia do terrorismo no Ocidente, não devendo ser atribuída a nenhum ato de racismo institucional. No entanto, até mesmo a Secretaria de Estado para

Assuntos Internos comentou que essa quantidade de abordagens com revista, centrada em minorias éticas, era inaceitável. Um comentarista observou: "Uma vez que os negros são presos e acusados, torna-se cada vez mais difícil provar sua inocência. Muitos dizem sentir que cabe a eles provar sua inocência, e não à polícia provar sua culpa."[43]

Esse problema não se limita à Grã-Bretanha. Em novembro de 2000, foi noticiado que a polícia norte-americana levava em conta perfis raciais na perseguição de pessoas que pudessem estar transportando drogas. Os policiais paravam motoristas na estrada principal que levava à cidade de Nova York — e 80% dessas pessoas eram negras. A polícia simplesmente supôs que pessoas negras e drogas eram uma combinação natural, mas 70% dos negros que eram parados não estavam transportando nenhum tipo de droga. O procurador geral de Nova Jersey disse que, do ponto de vista sociopolítico, aquilo era um desastre, e a prática foi abandonada.[44]

Existem outros aspectos de racismo institucional no sistema judicial que são extremamente perturbadores. Um número muito pequeno de policiais no Reino Unido vem de minorias étnicas. Em 1999, Jack Straw, então secretário de Estado para assuntos internos, acabou por estabelecer a meta de 6 mil policiais adicionais, de grupos étnicos minoritários, até 2009. Em 2002, porém, numa força policial de aproximadamente 130 mil, apenas 3.300 vinham de grupos étnicos minoritários, representando 2,6% da força policial, revelando, assim, que a meta indicava uma realidade distante.[45] Precisamos, também, de mais juízes e magistrados negros. O Livro Branco *Justice for All* [Justiça para todos], publicado em julho de 2002, reconhecia que havia poucas evidências de avanços significativos segundo a experiência de membros de comunidades étnicas minoritárias. Outras questões dizem respeito à imparcialidade ao lidar com as queixas, a mortes não explicadas de pessoas sob custódia policial e a erros judiciais.

Existe, contudo, motivo para encorajamento. Há uma consciência muito maior da injustiça racial, e relatos de violência racial aumentaram em 100%, mostrando que membros de grupos minoritários estão mais dispostos a prestar queixa. A polícia também está mais disposta a investigar do que antes, e projetos-piloto sobre abordagem e revista mostram que essa prática pode ser reduzida ao passo que a proporção de detenções aumenta.

Práticas de contratação

Em 1997, o primeiro-ministro Tony Blair observou que havia apenas um asiático e um negro atuando nos quatro níveis mais altos de Whitehall e meras 58 pessoas de grupos étnicos minoritários entre seus 3 mil decisores políticos sêniores. Isso destacou o fato de que o racismo institucional não se limita ao sistema judicial criminal, mas é endêmico a toda uma sociedade, inclusive nas áreas de saúde, habitação, segurança social e setor privado. Desemprego constitui outra área em que o racismo se dá tanto em âmbito institucional quanto pessoal, pois é consideravelmente mais alto entre comunidades étnicas minoritárias.

John Monks, ex-secretário-geral do TUC, não estava exagerando quando disse que o nível de discriminação racial no mercado de trabalho era "intolerável".[46] A Comissão de Justiça Racial das igrejas devidamente encoraja as companhias a adotarem os chamados "princípios de Wood-Sheppard sobre igualdade racial em contratações".[47] Batizados com os nomes dos bispos Wilfred Wood, de Croydon, o primeiro bispo negro da Igreja da Inglaterra, e David Sheppard, ex-bispo de Liverpool, esses princípios exigem "ação positiva" para que se corrijam as desigualdades atuais.

Seguindo o inquérito de Stephen Lawrence, a Igreja da Inglaterra instalou um inquérito para suas próprias práticas. Vários relatórios, livros e recursos paroquiais destacavam a necessidade de a Igreja arrepender-se de seu próprio racismo institucional a fim de se tornar a Igreja que Cristo pretendia que fosse.[48] Foi estabelecido, assim, o Domingo da Justiça Racial, no segundo domingo de setembro, e instituído o Fundo Ecumênico de Justiça Racial.

Em suma, o racismo pode ser tanto pessoal quanto institucional. Ele também tem duas origens. Uma é o mito pseudocientífico; a outra, puro preconceito. O mito, fundamental para o antissemitismo de Hitler, para o *Apartheid* da África do Sul e para a Frente Nacional da Grã-Bretanha, foi definido pela United Nations Educational, Scientific and Cultural Organization [Organização das Nações Unidas para a Educação, a Ciência e a Cultura] (UNESCO), em 1967, como "alegação falsa de que existe uma base científica para organizar grupos hierarquicamente em termos de características psicológicas e culturais imutáveis e inatas". O preconceito popular não se baseia em nenhuma teoria específica, mas é uma reação psicológica a pessoas de outros grupos étnicos resultante de ressentimento, medo ou orgulho.

Necessitamos, isso sim, da convicção igualmente poderosa de que o racismo é uma afronta à dignidade singular dos seres humanos. De tudo o que tenho lido, o que mais me ajudou a entender os danos que o racismo causa às pessoas foi a *Autobiografia de Malcolm X*. Sua ira ardente se devia, em parte, ao "crime mais monstruoso do mundo", a escravidão; em parte, à dependência econômica que os negros norte-americanos tinham dos brancos norte-americanos; e, sobretudo, à humilhação provocada pelo "complexo maligno de superioridade" do homem branco.[49] Ele escreve que o problema não são "direitos civis", mas "direitos humanos":

> Direitos humanos! Respeito como seres humanos! É isso que as massas negras querem. Esse é o verdadeiro problema. As massas negras não querem que os outros recuem diante delas como se estivessem sofrendo alguma praga. Elas não querem ser presas em favelas, em guetos, como animais. Elas querem viver numa sociedade aberta e livre onde podem andar de cabeça erguida, como homens e mulheres.[50]

FUNDAMENTOS BÍBLICOS PARA A DIVERSIDADE ÉTNICA

Deixemos de lado a mitologia, o preconceito e a tensão presentes no mundo contemporâneo e voltemos nossa atenção para a visão bíblica de uma sociedade multiétnica. Ela foi descrita minuciosamente pelo apóstolo Paulo em seu famoso sermão aos filósofos de Atenas (Atos 17:22-31). Na antiguidade, Atenas era um centro de pluralismo étnico, cultural e religioso. Desde o século 5 a.C., tinha sido a mais importante cidade-Estado grega, e, quando foi incorporada ao império romano, tornou-se uma das mais importantes cidades cosmopolitas do mundo. No que diz respeito às religiões, é fácil entender o comentário de Paulo de que os atenienses eram "muito religiosos", pois, segundo um satirista romano, ali era "mais fácil encontrar um deus do que um homem". A cidade estava abarrotada de inúmeros templos, santuários, altares, imagens e estátuas.

Qual, então, foi a atitude de Paulo em relação a essa situação multiétnica, multicultural e multirreligiosa? Ele fez quatro proclamações.

Deus é o Deus da Criação

Em primeiro lugar, Paulo proclamou a unidade da raça humana, ou o Deus da Criação. Deus é Criador e Senhor do mundo e de tudo o que nele existe, disse. Ele dá aos seres humanos vida, fôlego e as demais coisas. De um só homem fez ele todos os povos, para que povoassem toda a terra, para que os seres humanos o buscassem e encontrassem, embora não esteja longe de nenhum de nós, pois "nele vivemos, nos movemos e existimos" e "somos descendência dele". Com base nessa retratação do Deus vivo como Criador, Sustentador e Pai de toda a humanidade, o apóstolo deduz a loucura e a maldade da idolatria. Ele poderia muito bem ter deduzido dela a loucura e a maldade do racismo, pois, sendo ele o Deus de todos os seres humanos, isso afeta nossa atitude em relação a ele e aos outros.

Em termos de um relacionamento pessoal e íntimo, embora Deus seja, por meio de sua graça, o Pai de todos os que ele adota, e nossos irmãos e nossas irmãs sejam membros de sua família, Deus é, em termos mais gerais, o Pai de toda a humanidade, pois todos são sua "descendência", por Criação, e cada ser humano é nosso irmão ou nossa irmã. Sendo todos igualmente criados por ele, e como ele, somos iguais aos olhos do Pai em valor e dignidade, portanto temos o mesmo direito a respeito e justiça.

Paulo também traça nossa origem humana até Adão, o "homem único" a partir do qual Deus fez todos nós. Alguns cientistas, agora, acreditam existir evidências de que a humanidade tem os mesmos ancestrais remotos, e são evidências extraídas de estudos em anatomia, paleontologia, serologia e genética. De qualquer modo, por maiores que sejam as evidências científicas, a própria Bíblia afirma que a humanidade é uma unidade criada por Deus.

Deus é o Deus da História

Em segundo lugar, Paulo proclamou a importância da diversidade étnica e cultural, afirmando que Deus é o Deus da História. O Deus vivo não só criou todas as nações de um só homem, para que habitassem a terra, mas também determinou "os tempos anteriormente estabelecidos e os lugares exatos em que deveriam habitar" (Atos 17:26; veja Deuteronômio 32:8). Assim, os tempos e os lugares das nações estão nas mãos de Deus. Não podemos usar esse fato para justificar a conquista e a anexação de territórios estrangeiros, embora mesmo esses desenvolvimentos históricos estejam sob o controle soberano de Deus. É provável que Paulo estivesse aludindo à ordem primordial de multiplicar-se e encher a terra. Tal dispersão sob a benção de Deus resultou, inevitavelmente, no desenvolvimento de culturas distintas, para além da confusão de línguas posterior e da dispersão, em Babel, sob seu julgamento.

Agora, a cultura é o complemento da natureza. Aquilo que é "natural" foi dado por Deus e herdado; "cultural" é aquilo que o homem fez e aprendeu. Cultura é um amálgama de crenças, valores, costumes e instituições desenvolvidos por cada sociedade e transmitidos para a geração seguinte. Culturas humanas são ambíguas porque os seres humanos são ambíguos. "Por ser o homem criatura de Deus, parte de sua cultura é rica em beleza e em bondade; por ter experimentado a Queda, toda a sua cultura está manchada pelo pecado, e parte dela é demoníaca."[51]

As Escrituras celebram o colorido mosaico de culturas humanas. Elas declaram, inclusive, que a Nova Jerusalém será enriquecida por elas, pois "os reis da terra lhe trarão a sua glória" e "a glória e a honra das nações lhe serão trazidas" (Apocalipse 21:24,26). Se, no fim, elas enriquecerão a vida e comunidade humanas, podem começar a fazê-lo agora. Paulo era um produto de três culturas. Por descendência e criação, era um "hebreu dos hebreus"; também tinha cidadania romana e conhecia a língua e os conceitos gregos. Nós podemos, da mesma forma, melhorar nossa vida humana aprendendo outras línguas e experimentando outras culturas. Temos de assegurar, portanto, que uma sociedade multiétnica não seja uma sociedade monocultural. E temos de afirmar, concomitantemente, a unidade da raça humana e a diversidade das culturas étnicas.

Deus é o Deus da Revelação

Em terceiro lugar, Paulo proclamou a finalidade de Jesus Cristo, ou o Deus da Revelação. Ele concluiu o sermão com o chamado de Deus para o arrependimento universal por causa do julgamento universal vindouro, para o qual Deus tinha determinado o dia e nomeado o juiz (Atos 17:30,31). Paulo se recusou a aceitar o pluralismo religioso de Atenas e a aplaudi-lo como um museu vivo de fés religiosas. Em vez disso, a idolatria da cidade o indignou (Atos 17:16) — levando-o, provavelmente, a sentir ciúme pela honra do Deus vivo e verdadeiro. Assim, ele apelou às pessoas da cidade para que se arrependessem de adorar seus ídolos e se voltassem para Deus.

Aprendemos, então, que uma aceitação respeitosa da diversidade de culturas não significa uma aceitação equivalente da diversidade de religiões. A riqueza de cada cultura específica deve ser apreciada, mas não a idolatria que pode ocupar o centro dela. Não podemos tolerar nenhum rival de Jesus Cristo, pois acreditamos que Deus falou plena e definitivamente por meio dele e que ele é o único Salvador, que morreu e ressuscitou, bem como voltará, um dia, para ser o Juiz do mundo.

Jamais devemos, todavia, permitir que qualquer pessoa, independentemente de sua religião, sofra discriminação, como tem acontecido com tantos muçulmanos no Ocidente após os eventos de 11 de setembro de 2001. Precisamos lutar por justiça para todos, mesmo quando proclamamos a singularidade de Cristo.

Deus é o Deus da Redenção

Em quarto lugar, Paulo proclamou a glória da Igreja Cristã, ou o Deus da Redenção. Algumas das cartas do apóstolo deixam claro, mais do que o registro de Lucas sobre esse sermão, que Jesus morreu e ressuscitou para criar uma comunidade nova e reconciliada, a sua Igreja. Assim, o fluxo da história está sendo revertido. O Antigo Testamento é a história da dispersão humana, das nações espalhando-se, desfazendo-se e lutando. Todavia, o Novo Testamento é a história da reunião divina das nações em uma única sociedade internacional. O versículo 34, de Atos 17, sugere que alguns poucos creram; um deles chamado Dionísio, além de uma mulher chamada Damaris, e outros com eles. Aqui se vê, então, o núcleo da nova comunidade, em que homens e mulheres de todas as idades e de todas as origens raciais, culturais e sociais encontram sua unidade em Cristo.

Como Deus criou todas as nações e determina seus tempos e lugares, é claramente certo que cada um de nós esteja ciente da própria nacionalidade e seja grato por ela. Mas, como Deus também nos trouxe para a sua nova sociedade, ele nos chama para um novo internacionalismo. Todo cristão conhece essa tensão, e ninguém a conhece melhor do que Paulo, que era, ao mesmo tempo, judeu patriota e apóstolo para os gentios. "Internacionalismo" cristão não significa que nossa associação a Cristo e à sua Igreja destrua nossa nacionalidade, tampouco nossa masculinidade ou feminilidade. Significa, sim, que, ao mesmo tempo que permanecem as nossas distinções étnicas, nacionais, sociais e sexuais, elas não nos dividem mais. Foram transcendidas na unidade da família de Deus (Gálatas 3:28). Raymond Johnston estava correto ao dizer que "uma compreensão correta de nacionalidade faz atentar para a necessidade humana de raízes, uma segurança e uma identidade mediada pela comunidade, com base na qual cada indivíduo conhece o 'seu' lugar".[52] No entanto, precisamos acrescentar que, em Cristo, encontramos raízes ainda mais profundas e uma segurança e identidade ainda mais fortes, já que, por meio dele, Deus nos chamou para uma unidade nova e mais ampla.

A igreja precisa, portanto, exibir sua natureza multiétnica, multinacional e multicultural. Em anos recentes, discutiu-se bastante se uma igreja local poderia ou deveria ser culturalmente homogênea. Uma consulta sobre essa questão concluiu que nenhuma igreja deveria contentar-se com tal condição:

> Todos nós concordamos que, em muitas situações, uma unidade eclesiástica homogênea pode ser uma igreja legítima e autêntica. Mas concordamos também que ela jamais pode ser completa por si só. Na verdade, se ela permanecer em isolamento, não pode refletir a universalidade e a diversidade do corpo de Cristo. Tampouco pode amadurecer. Assim, cada unidade eclesiástica homogênea precisa tomar passos ativos para ampliar sua comunhão, a fim de demonstrar visivelmente a unidade e a variedade da Igreja de Cristo.[53]

A declaração sugere, ainda, como isso pode ser feito. Ademais, em seu livro sobre raça e teologia, intitulado *From Every People and Nation: A Biblical Theology of Race* [De todos os povos e nações: uma teologia bíblica de raça],[54] J. Daniel Hays fala da necessidade de ir além, da fala para a ação, dentro da igreja. Ele mostra até que ponto a história bíblica "inclui constantemente indivíduos e grupos de uma ampla gama de etnicidade".[55] Em especial, ele diz: "No contexto do problema racial entre brancos e negros nos Estados Unidos, é significativo observar que africanos negros de Cuxe/

Etiópia exercem um papel importante em todas as Escrituras."⁵⁶ A Bíblia não é povoada por "anglo-americanos brancos"! Numa conclusão categórica, ele afirma que:

> a permanência de igrejas racialmente divididas nos Estados Unidos aponta apenas para o fato de que uma maioria de cristãos naquele país se identifica, provavelmente, mais com seu contexto racial, com sua bagagem cultural, do que com Cristo e seu evangelho.⁵⁷

Esse é um desafio que todos os cristãos devem enfrentar, qualquer que seja o país em que vivam. Existem, porém, muitas histórias de reconciliação (com efeito, de regeneração) no mundo inteiro. Michael Duffey documentou vários estudos de caso na Irlanda do Norte, na África do Sul, na Polônia, na Alemanha Oriental, nos Bálcãs, no Oriente Médio e na América do Norte, mostrando ser possível romper divisões baseadas em etnicidade e promover a reconciliação uns com os outros.⁵⁸

O combate ao racismo precisa começar na educação dos nossos filhos. Desde cedo eles podem aprender a valorizar nossa sociedade multiétnica. Agora, as escolas têm programas e currículos que ressaltam a importância do respeito mútuo entre diferentes grupos étnicos, mas esse ensinamento precisa ser ressaltado no lar, na igreja e na comunidade. É muito fácil, especialmente em resposta à conduta de adultos jovens, deixar que a estereotipagem racial e a violência se tornem endêmicas na cultura. As igrejas devem estar na vanguarda da condenação do racismo, e não vê-lo como assunto para uma palestra ocasional, caso haja interesse suficiente. A verdadeira Igreja inclui pessoas de todos os contextos, oferecendo-lhes sua hospitalidade e uma comunidade acolhedora. Se esse não for o caso, ela deve examinar se está dando exemplo das boas-novas do evangelho.

Somente uma verdadeira teologia, a revelação bíblica de Deus, pode libertar-nos do racismo. Por ser ele o Deus da Criação, afirmamos a unidade da raça humana. Por ser ele o Deus da História, afirmamos a diversidade das culturas étnicas. Por ser ele o Deus da Revelação, afirmamos a finalidade de Jesus Cristo. E, por ser ele o Deus da Redenção, afirmamos a glória da Igreja Cristã. Quaisquer que sejam as políticas de integração étnica desenvolvidas, devemos tentar garantir que reflitam essas doutrinas. Por causa da unidade da humanidade, exigimos direitos iguais e respeito igual a minorias étnicas. Por causa da diversidade de grupos étnicos, renunciamos ao imperialismo cultural e buscamos preservar todas aquelas riquezas culturais compatíveis com o senhorio de Cristo. Por causa da finalidade de Cristo, afirmamos que liberdade religiosa inclui o direito de propagar o evangelho. Por causa da glória da Igreja, devemos buscar estar livres de qualquer racismo oculto e tentar transformá-la em modelo de harmonia, no qual o sonho multiétnico se torne realidade.

NOTAS

1. Neste capítulo, a linguagem usada encontra-se em transição, e algumas palavras e expressões empregadas estão mudando. O reconhecimento de que existe uma única raça humana significa que palavras como "étnico" e "etnicidade" são, às vezes, preferíveis a "raça" e "racial". Assim, o termo "multiétnico" é, em geral, preferível a "multirracial". No trabalho da Comissão de Igualdade Racial, entretanto, as palavras "racial" e "raça", por exemplo, continuam a ser usadas (Reino Unido, ano de 2006). Procurei usar os termos que me pareciam apropriados ao contexto. Evidentemente, não é possível alterar palavras que fazem parte de citações. A palavra "racismo" continua a ser importante, pois nenhuma outra consegue evocar os horrores de injustiça e dor associados a essa prática. Transformações também sondam o uso da palavra "negro" referindo-se a pessoas. Sabemos que algumas culturas empregam-na de forma pejorativa. Mas muitas pessoas de descendência africana usam-na como marca própria e, aliás, como celebração de sua etnicidade. Busquei ser sensível ao empregar todos esses termos no capítulo. É importante reconhecer, também, que a discriminação afeta muitos grupos étnicos, incluindo, por exemplo, a comunidade asiática, os habitantes dos Estados balcânicos e, particularmente desde 11 de setembro de 2001, os cidadãos do Oriente Médio.
2. O discurso *I Have a Dream* [Eu tenho um sonho], de Martin Luther King, foi documentado em KING, Coretta Scott. *My Life with Martin Luther King Jr.* Londres: Hodder & Stoughton, 1969. p. 249.
3. De uma palestra de Roy Jenkins, então secretário de Estado para assuntos internos, em maio de 1966, num encontro entre comitês voluntários de articulação.
4. *The Stephen Lawrence Enquiry Report.* [S.l.: s.n.], 1999. p. 20, parágrafo 6.4.
5. Ibid.
6. DAVIES, David Brion. *The problem of slavery in Western cultures.* Ithaca, N. Y.: Cornell Univ. Press, 1966. p. 31.
7. LONG, Edward. *The history of Jamaica.* Londres: Lowndes, 1774. p. 351-356.
8. GUENEBAULT, J. H. *The natural history of the negro race.* Traduzido para o inglês. Charleston, S. C.: Dowling, 1837. p. 1-19. Veja também as referências a este livro em ARMISTEAD, Wilson. *A tribute for the negro.* Manchester e Londres: W. Irwin, 1848. p. 36 (por exemplo).
9. ELKINS, Stanley M. *Slavery:* a problem in American institutional and intellectual life. [S.l.: s.n.], 1959; Chicago: Univ. of Chicago Press (2. ed.), 1968. p. 82.
10. Ibid., p. 84.

11. MONTAGU, M. F. Ashley. *Man's most dangerous myth:* the fallacy of race. [S.l.: s.n.], 1942; Oxford: Oxford Univ. Press (5. ed. rev. e ampl.), 1974. p. 101.
12. HITLER, Adolf. *Mein Kampf.* Tradução de James Murphy. [S.l.: s.n.], 1925; Londres: Hutchinson, 1940. p. 150.
13. Ibid., p. 284.
14. GUTTERIDGE, Richard. *Open thy mouth for the dumb!* Oxford: Basil Blackwell, 1976. p. 69.
15. Ibid., p. 48.
16. Citado em MONTAGU, op. cit., p. 50.
17. Citado em GRUCHY, John W. de. *The Church struggle in South Africa.* Grand Rapids: Eerdmans, 1979. p. 30-31. Para avaliações recentes sobre atitudes cristãs em relação ao racismo na África do Sul, veja MBALI, Zolile. *The churches and racism:* a black South African perspective. Londres: SCM, 1987; e CASSIDY, Michael. *The passing summer.* Londres: Hodder & Stoughton, 1989.
18. *Human Relations and the South African Scene in the Light of Scripture,* um relatório da Igreja Reformada Holandesa de 1974. Dutch Reformed Publishers, 1976. p. 14, 32, 71.
19. HITLER, op. cit., p. 248.
20. Professor e doutor DUPREEZ, A. B. *Inside the South African crucible.* Kapstaad-Pretoria, África do Sul: HAUM, 1959. p. 63.
21. MONTAGU, op. cit., p. 10.
22. No caso, o emprego da palavra "negro" é importante, pois não é um termo imposto ao grupo pelo regime do *Apartheid,* mas um termo que conota um senso de sua identidade cultural compartilhada na execução dessa tarefa.
23. MURRAY-BROWN, Jeremy. *Kenyatta.* Londres: George Allen & Unwin, 1972. p. 306.
24. KENYATTA, Mzee Jomo. *Suffering without bitterness.* Nairobi: East African Publishing House, 1968. p. 166. Sobre reações africanas semelhantes quando do domínio colonial francês, veja FANON, Frantz. *Black skin, white masks.* [S.l.: s.n.], 1952.
25. TOYNBEE, Arnold. A study of history. v. 1, p. 213, citado pelo arcebispo Cyril Garbett em *World problems of today.* Londres: Hodder & Stoughton, 1955. p. 135.
26. Veja *www.iom.int/DOCUMENTS/PUBLICATION/EN/MPI_series_No_2_eng.PDF* (em inglês).
27. Veja *www.oxfam.org.uk/what_we_do/issues/conflict_disasters/downloads/migration_development.pdf,* p. 12 (em inglês).
28. Ibid., p. 4.
29. Em *www.cre.gov.uk* (em inglês).

30. Em *www.oxfam.org.uk* (em inglês), p. 4.
31. Ibid., p. 9.
32. Veja *www.cre.org.uk* (em inglês).
33. Consulte *www.cre.gov.uk*, *The migrant population in the UK*: fiscal effects. (Home Office occasional paper 77.)
34. Veja *www.mmu.ac.uk* (em inglês).
35. The Commonwealth Immigrants Act (1962). A partir daquele momento, os imigrantes precisavam de uma garantia de emprego para entrar no país.
36. The Commonwealth Immigrants Act (1968). O direito de entrada e assentamento foi concedido a alguns asiáticos africanos orientais durante o programa de africanização do governo do Quênia.
37. Veja OWERS, Anne. *Sheep and goats:* British nationality law and its effects; e *Families divided:* immigration control and family life. Londres: CIO, 1984.
38. Comunicado à imprensa, Home Office do Reino Unido, 24 de fevereiro de 2004, ref.: 070/2004.
39. Veja Commission for Racial Equality em *www.cre.gov.uk* (em inglês).
40. Esta declaração foi originalmente publicada na revista *Rune* (periódico antissemita do British National Party [Partido Nacional Britânico, BNP] de Croydon). Para acessar esta e outras informações referentes a Nick Griffin e ao BNP, veja o *site* do programa *Panorama* da BBC: *news.bbc.co.uk/hi/english/static/in_depth/programmes/2001/bnp_special/ the_leader/beliefs.stm* (em inglês).
41. SCARMAN, lorde. *The Scarman Report:* The Brixton Disorders 10-12 April 1981. Harmondsworth: Penguin, 1981. p. 77-78.
42. Para uma excelente análise da reação da Igreja ao racismo institucional e também do racismo institucional em geral, veja GORDON-CARTER, Glynne. *An amazing journey*: the Church of England's response to institutional racism. Londres: Church House Publishing, 2003.
43. HASLAM, David. *Race for the millennium:* a challenge to Church and society. Londres: Church House Publishing, 1996.
44. *Stephen Lawrence: what next?*, palestra do lorde Dholakia, 22 de março de 2001, na Criminal Justice Conference, realizada em Pendley Manor.
45. *Police officer strength:* by sex, minority, ethnic group, and rank. [S.l.], 2002. (Social Trends 33.) Disponível em: <www.statistics.gov.uk/STATBASE/ssdataset.asp?vlnk=6377>. Acesso em: 14 fev. 2019.
46. Comunicado à imprensa do Trades Union Congress, abril de 1997.

47. Uma cópia dos princípios, revisados em 2003, pode ser encontrada em *www.industrialmission.org/reep/reep1.html* (em inglês).
48. Cf. *Called to lead:* a challenge to include minority ethnic people, report by the Stephen Lawrence Follow-up Staff Group. Londres: Church House Publishing, 2000; *Report of an independent inquiry into institutional racism within the structures of the Diocese of Southwark* (março de 2000); GLYNNE, op. cit., 2003.
49. MALCOLM X. *The autobiography of Malcolm X.* Nova York: Grove Press, 1964. p. 175, 275.
50. Ibid., p. 179, 272.
51. The Lausanne Covenant, parágrafo 10, e Evangelism and culture. In: STOTT, John (Org.). *Making Christ known.* Grand Rapids: Eerdmans, 1997. p. 39-42.
52. JOHNSTON, O. R. *Nationhood:* towards a Christian perspective. Oxford: Latimer Studies, n. 7, 1980. p. 14.
53. The Pasadena Statement on the Homogeneous Unit Principle. In: STOTT, John (Org.), *Making Christ known.* Grand Rapids: Eerdmans, 1997. p. 64. Para conhecer a experiência de um cristão asiático vivendo na Grã-Bretanha, veja MOHABIR, Philip. *Building bridges.* Londres: Hodder & Stoughton, 1988. Recomendamos também o Study Pack for Christians in a Multi-Racial Society, intitulado *New Humanity,* produzido por Evangelical Christians for Racial Justice, 109 Homerton High Street, Londres, E9 6DL, UK.
54. HAYS, J. Daniel. *From every people and nation:* a biblical theology of race. Leicester: InterVarsity Press, Apollos Imprint, 2003.
55. Ibid., p. 201.
56. Ibid.
57. Ibid., p. 205.
58. DUFFEY, Michael K. *Sowing justice, reaping peace:* case studies of racial, religious, and ethnic healing around the world. Franklin, Wis.: Sheed and Ward, 2001.

CAPÍTULO 11

Simplicidade, generosidade e contentamento

Não surpreende que nós, no Ocidente, sejamos frequentemente descritos como materialistas, superficiais e egoístas. Nosso desejo de possuir e consumir e nossa tendência de acreditar que valor pode ser medido em termos de riqueza são características de uma sociedade que perdeu a direção. Basta viajar ao Mundo Majoritário, encontrar pessoas que vivem nas *barriadas* e favelas da América Latina ou nos vilarejos e guetos da Índia e da África para entender que há algo de fundamentalmente errado e até mesmo indesculpável em tais atitudes.

Embora a América do Norte e a Europa sejam caracterizadas como ricas, de forma nenhuma a pobreza foi delas eliminada. Em 2003, 35 milhões e 900 mil pessoas viviam abaixo da linha de pobreza nos Estados Unidos, ou seja, 12,5% da população.[1] Na Grã-Bretanha, segundo as estatísticas do governo, aproximadamente 1 em 4 habitantes vivia abaixo da linha de pobreza.[2] De acordo com o Oxford Committee for Famine Relief [Comitê de Oxford de Combate à Fome] (OXFAM), pesquisas recentes mostram que mais ou menos 6 milhões e meio de adultos no Reino Unido sobrevivem sem roupas essenciais, como um manto quente e impermeável, por causa da falta de dinheiro. Mais de 10 milhões e meio de pessoas vivem em insegurança financeira: elas não têm condições de fazer uma poupança, de adquirir um seguro para os bens de casa nem mesmo de gastar pequenas quantias consigo mesmas. Mais ou menos 9 milhões e meio de pessoas não têm dinheiro para uma habitação adequada — provida de aquecimento, sem mofo e com decoração decente. O fator crucial, nessas descobertas, é que elas se baseiam numa pesquisa sobre aquilo que a população em geral considera necessário.³ Em 1982, a Church Action on Poverty (CAP) foi lançada como caridade ecumênica dedicada a combater a pobreza no Reino Unido. Ela vê como seu chamado ficar ao lado daqueles que convivem diariamente com a pobreza; define pobreza como um amálgama de diferentes questões: batalha de invisibilidade, falta de recursos, exclusão, impotência e culpa pelos problemas da sociedade.⁴

Em 1985, foi publicado o relatório da Commission on Urban Priority Areas [Comissão para Áreas de Prioridade Urbana], do arcebispo de Cantuária, intitulado *Faith in the City* [Fé na cidade]. Sua conclusão começa assim:

> Capítulo após capítulo do nosso relatório conta a mesma história: que um número cada vez maior de pessoas é excluído pela pobreza ou pela sua impotência de participar da vida comum de nossa nação. Uma minoria substancial — talvez uma em quatro ou cinco pessoas no país como um todo e uma proporção muito mais alta nas regiões de prioridade urbana — é obrigada a viver às margens da pobreza ou abaixo do limiar de um padrão de vida aceitável.⁵

O impacto do relatório *Faith in the City* foi tão grande que, em 2003, se estabeleceu a Commission on Urban Life and Faith [Comissão sobre Vida Urbana e Fé], a fim de relatar as mudanças ocorridas nos quase vinte anos desde a publicação do relatório.⁶

Fato é que uma grave disparidade entre riqueza e pobreza se percebe não só entre nações, mas também dentro da maioria das nações. No Reino Unido e nos Estados Unidos, os 10% mais ricos ganham cerca de 30% da renda, e os 10% mais pobres ganham apenas 2%; e, se medirmos riqueza, e não renda, a situação é ainda mais desigual, e parece estar piorando.⁷ Aquilo que os bispos católicos latino-americanos disseram em Puebla, em 1979, ainda vale hoje:

> O contraste cruel entre riqueza suntuosa e pobreza extrema, tão visível no nosso continente e que é agravado ainda mais pela corrupção

que, muitas vezes, invade a vida pública e profissional, mostra o quanto as nossas nações são dominadas pelo ídolo da riqueza.[8]

TRÊS ABORDAGENS SOBRE A POBREZA

Como os cristãos deveriam abordar a dura realidade da pobreza no mundo contemporâneo?

Uma análise empírica da pobreza

Em primeiro lugar, precisamos abordar o problema de maneira racional, com um frio desapego estatístico. No Capítulo 6, contemplei questões sobre o desenvolvimento internacional e discuti, em detalhes, aspectos ligados à pobreza. Agora, eu gostaria de enfatizar a pobreza infantil, uma reivindicação urgente de qualquer pessoa que se preocupe com justiça social. A cada ano, 4 milhões de bebês morrem no primeiro mês de vida; 70% das mortes de recém-nascidos poderiam ser evitadas por meio de intervenções oferecidas por serviços médicos.[9] Mesmo quando as crianças sobrevivem aos traumas do parto e aos primeiros meses de vida, elas ainda podem sofrer o impacto da pobreza. Um relatório patrocinado pelo Fundo das Nações Unidas para a Infância (UNICEF) revelou que mais de 1 bilhão de crianças sofre os efeitos severos da pobreza.[10]

- Uma em três crianças vive numa habitação com mais de cinco pessoas por quarto ou com chão de terra.
- Quase 20% das crianças do mundo não têm fontes seguras de água ou precisam caminhar mais de 15 minutos até uma fonte de água.
- Mais de 15% das crianças com menos de cinco anos de idade, no mundo em desenvolvimento, são severamente malnutridas. Só no Sul da Ásia, mais de 90 milhões de crianças passam fome todos os dias.
- Ao todo, 134 milhões de crianças de sete a dezoito anos de idade nunca frequentaram a escola.
- Meninas são mais propensas a não receber educação escolar do que meninos. No Oriente Médio e no Norte da África, é três vezes mais provável que uma menina nunca frequente uma escola do que um menino.

- No caso do Reino Unido,* muitas crianças ainda vivem em pobreza, mesmo que a redução da pobreza infantil se tenha tornado uma meta-chave do governo.
- Existem 3,6 milhões de crianças vivendo em pobreza — 31%.[11]
- Dois milhões de crianças britânicas precisam sobreviver sem pelo menos duas coisas de que necessitam (por exemplo, três refeições ao dia, brinquedos ou roupas apropriadas).[12]
- Um relatório da UNICEF concluiu que, numa lista de 23 nações industrializadas, a Grã-Bretanha era a quarta pior em termos da proporção de crianças que vivem em pobreza "relativa" e a sexta pior em termos de crianças que vivem em pobreza "absoluta". Na Grã-Bretanha, 30% das crianças vivem em pobreza "absoluta"; na Suécia, são menos de 5%.[13]
- O Reino Unido tem a segunda taxa mais alta de pobreza infantil na União Europeia.[14]

Por esse motivo, a pobreza infantil também é prioridade na agenda do governo britânico. Em 1999, foi lançado o relatório anual *Opportunity for All: Tackling Poverty and Social Exclusion* [Oportunidade para todos: combatendo pobreza e exclusão social], que descreve a estratégia e o progresso do governo ao tratar desses problemas.[15] Uma de suas metas centrais era reduzir a pobreza infantil em 25% entre 1998 e 2004. A Joseph Rowntree Foundation, uma das maiores organizações independentes de pesquisa política no Reino Unido, relata que o governo parece ter alcançado esse objetivo.[16] Mas, a fim de reduzir pela metade a pobreza infantil no Reino Unido, as famílias mais pobres precisariam de dez libras adicionais por semana e por filho.[17] No Reino Unido, a pobreza infantil pode não ser tão dominante quanto em regiões do Mundo Majoritário, mas é uma realidade onipresente que precisa ser enfrentada pela Igreja e pelo governo.

---

* Considere que o livro em inglês, quarta edição, foi publicado em 2006. Estenda-se a observação a quaisquer dados estatísticos apresentados no capítulo. [N. do R.]

Uma reação emocional à pobreza

Em segundo lugar, podemos abordar de um jeito emocional o fenômeno da pobreza, com a indignação ardente provocada pelas imagens, pelos sons e pelos cheiros da necessidade humana. Quando visitei o aeroporto de Calcutá, o sol já se tinha posto. Sobre toda a cidade pairava uma nuvem de fumaça acre proveniente do esterco de vacas que estava sendo queimado numa miríade de fogueiras. Do lado de fora do aeroporto, uma mulher muito magra, que segurava um bebê muito magro, estendeu uma mão muito magra, pedindo *baksheesh* [esmola]. Um homem cujas pernas tinham sido amputadas acima do joelho arrastava-se pelo asfalto com as mãos. Mais tarde, eu soube que mais de 250 mil pessoas desabrigadas dormem nas ruas, e, durante o dia, elas penduram seus cobertores — muitas vezes a única coisa que possuem — em algum corrimão conveniente. Minha experiência mais comovente foi ver homens e mulheres vasculhando os lixões da cidade como cachorros. Pobreza extrema é humilhante; ela reduz seres humanos a animais. Sim, cristãos deveriam sentir-se indignados com a idolatria de uma cidade hindu, assim como Paulo se sentiu indignado com os ídolos em Atenas, e encorajados a evangelizar. Mas, como Jesus ao ver as multidões famintas, devemos também ser movidos pela compaixão de alimentá-las (compare Atos 17:16 e seguintes com, por exemplo, Marcos 8:1-3).

Não é apenas a pobreza absoluta nas favelas do Mundo Majoritário que deveria provocar nossas emoções, mas também a pobreza relativa (mas real) das regiões urbanas decaídas e desprovidas do Ocidente, raramente vistas pelos ricos. Essa foi a ênfase de David Sheppard, bispo de Liverpool até 1997, na Richard Dimbledy Lecture (palestra Dimbleby), televisionada em 1984. Ele encorajou a "Grã-Bretanha confortável" a se colocar no lugar da "outra Grã-Bretanha". Com sentimento profundo, falou da juventude e do desemprego de longo prazo, da habitação negligenciada, das péssimas oportunidades de educação e do senso de alienação, até mesmo de deserção. Ele se sentiu indignado, até furioso, porque a pobreza "aprisiona o espírito", gera "relacionamentos humanos doentios" e desperdiça talentos concedidos por Deus.[18]

A resposta bíblica à pobreza

Em terceiro lugar, uma abordagem bíblica do problema da pobreza deveria estimular, em simultâneo, nossa razão e nossa emoção. Ao voltarmos nossa atenção, mais uma vez, para aquele livro em que Deus revelou a si mesmo e a sua vontade, perguntamos: Como devemos refletir sobre riqueza e pobreza de acordo com as Escrituras? Deus está do lado dos pobres? Nós deveríamos estar? O que dizem as Escrituras? Além disso, ao fazer essas perguntas, precisamos ter a disposição de ouvir atentamente a Palavra de Deus, sem manipulá-la. Não temos a liberdade nem de evitar seu desafio desconfortável, a fim de mantermos nossos preconceitos, nem de aceitar sem críticas as mais novas interpretações populares.

O Salmo 113 parece ser um bom lugar para começar. É um convite aos servos de Javé e a todas as pessoas, "do nascente ao poente", de louvar o nome do Senhor, pois ele "está exaltado acima de todas as nações; e acima dos céus está a sua glória". O salmo continua:

> Quem é como o SENHOR, o nosso Deus, que reina em seu trono nas alturas, mas se inclina para contemplar o que acontece nos céus e na terra? Ele levanta do pó o necessitado e ergue do lixo o pobre, para fazê-los sentar-se com príncipes, com os príncipes do seu povo. Dá um lar à estéril, e dela faz uma feliz mãe de filhos (Salmos 113:5-9).

O salmista está afirmando algo distinto — até singular — sobre Javé, que o capacita a fazer a pergunta retórica: "Quem é como o Senhor, o nosso Deus?" Não se trata apenas de ele reinar no alto, exaltado acima das nações e do céu; de se inclinar para olhar os céus e a terra; de contemplar, com compaixão, as profundezas da miséria humana, os pobres descartados nos montes de lixo da vida e aqueles pisoteados na poeira por seus opressores. É mais do que todas essas coisas. Ele exalta os miseráveis da terra; ele os ergue das profundezas para as alturas: "Ele levanta do pó o necessitado [...] para fazê-los sentar-se com príncipes." Ele tem piedade da mulher estéril (a infertilidade era vista como desgraça), por exemplo, e faz dela uma mãe feliz. Esse é o tipo de Deus que ele é. Nenhum outro Deus é igual a ele. Sua prioridade não é fraternizar com os ricos e famosos. É típico de Deus, isso sim, defender os pobres, a fim de resgatá-los de sua miséria e transformá-los em príncipes. Essa afirmação é repetida e exemplificada diversas vezes nas Escrituras, normalmente com seu corolário de que o Deus que levanta o humilde também derruba o orgulhoso. Essa era a essência do cântico de Ana quando, após anos de esterilidade, nasceu seu filho Samuel:

> Levanta do pó o necessitado e do monte de cinzas ergue o pobre; ele os faz sentar-se com príncipes e lhes dá lugar de honra (1Samuel 2:8).

Esse era também o tema do *Magnificat*, que a Virgem Maria cantou após saber que ela (e não uma mulher famosa, nobre ou rica) tinha sido escolhida para ser a mãe do Messias de Deus. Maria disse que Deus havia olhado seu estado humilde; o Poderoso tinha feito grandes coisas por ela, pelas quais ela lhe rendeu graças e louvor:

> Ele realizou poderosos feitos com seu braço; dispersou os que são soberbos no mais íntimo do coração. Derrubou governantes dos seus tronos, mas exaltou os humildes. Encheu de coisas boas os famintos, mas despediu de mãos vazias os ricos (Lucas 1:51-53).

No Salmo 113, e nas experiências de Ana e Maria, o mesmo forte contraste é representado, embora o vocabulário varie. Os orgulhosos são derrubados; e os humildes, exaltados; os ricos são empobrecidos; e os pobres, enriquecidos; os abastados são despedidos de mãos vazias; e os famintos, enchidos de coisas boas; os senhores poderosos são derrubados de seus tronos, enquanto os impotentes e oprimidos podem reinar como príncipes. "Quem é como o SENHOR, o nosso Deus?" Seus pensamentos e caminhos não pertencem a nós. Ele é um Deus de pernas para o ar. Vira os padrões e valores do mundo de ponta-cabeça.

O próprio Jesus é o melhor exemplo disso. Um de seus epigramas favoritos parece ter sido "quem se exalta será humilhado, e quem se humilha será exaltado" (por exemplo, Lucas 18:14). Ele não somente enunciou esse princípio; pessoalmente o exibiu. Após esvaziar-se de sua glória, ele se humilhou para servir, e sua obediência levou-o até as profundezas da cruz. "Por isso Deus o exaltou à mais alta posição" (Filipenses 2:5-11).

É esse o princípio, que promete inverter as fortunas humanas, a trazer esperança aos pobres. Mas quem são os "pobres" que Deus "levantará"? E o que ele faz quando os "levanta"? Essas palavras exigem uma definição.

QUEM SÃO OS POBRES? O PARADOXO DA POBREZA

Foram realizados e publicados vários estudos sobre o material bíblico.[19] Eles se concentram no Antigo Testamento, no qual um grupo de palavras para pobreza, derivadas de seis raízes hebraicas principais, ocorre mais de duzentas vezes. Os pobres podem ser classificados de muitas maneiras, mas a divisão principal parece ser quádrupla. Em primeiro lugar, e em termos econômicos, existem os pobres indigentes, que foram privados das necessidades básicas da vida. Em segundo lugar, e em termos de comportamento, existem os pobres indolentes, que empobreceram em razão da própria conduta. Em terceiro lugar, e em termos sociológicos, existem os pobres impotentes, que são vítimas oprimidas da injustiça humana. Em quarto lugar, e em termos espirituais, existem os pobres humildes, que reconhecem sua impotência e olham para Deus como sua salvação. Em cada caso, Deus é representado como aquele que vai até eles e que torna sua a causa deles, conforme sua característica de "erguer o pobre do monte de cinzas".

Os pobres indigentes

O primeiro grupo, os pobres indigentes, é economicamente desprovido. Pode faltar-lhes comida, ou roupa, ou abrigo, ou todos os três. Como vimos, milhões de pessoas no mundo encontram-se nessa posição. O Antigo Testamento concentra sua atenção na pobreza como um mal social involuntário a ser abolido, não tolerado, e representa os pobres (que incluíam viúvas, órfãos e estrangeiros) como pessoas a serem socorridas, não culpadas. Eles são vistos não como pecadores, mas como "aqueles contra os quais se pecou" (*the sinned against*) — expressão popularizada na Conferência de Melbourne, em 1980, por Raymond Fung, um pastor batista que passou onze anos servindo a trabalhadores de fábricas em Hong Kong.[20]

Na Lei, Deus ordenou ao seu povo que não endurecesse o coração nem fechasse a mão contra um irmão ou uma irmã pobre, mas que fosse generoso em sustentar aqueles que não tinham condições de manter-se a si mesmos, acolhendo-os em seus lares e alimentando-os sem cobrar nada. Seus dízimos regulares também deveriam ser usados para sustentar os levitas, os estrangeiros, os órfãos e as viúvas (Deuteronômio 15:7 e seguintes; Levítico 25:35 e seguintes; Deuteronômio 14:29; Levítico 26:12). Se um israelita emprestasse dinheiro a algum necessitado, não deveria cobrar juros. Se tomasse uma garantia (penhor) para assegurar o empréstimo feito, não deveria entrar na casa do devedor para pegá-lo, mas ficar respeitosamente do lado de fora e esperar que o penhor lhe fosse oferecido. Se tomasse como garantia o manto de seu vizinho, deveria devolvê-lo antes do pôr do sol, pois o pobre que o havia emprestado precisaria dele para deitar-se (Êxodo 22:25; Levítico 25:36 e seguinte; Deuteronômio 24:10 e seguinte; Êxodo 22:26 e seguintes; Deuteronômio 24:12). Em particular, o sustento e o socorro dos pobres eram obrigações da família que se estendiam a todos os seus membros.

Os empregadores deviam pagar o salário dos trabalhadores prontamente, no mesmo dia em que era ganho. Os fazendeiros não deviam fazer a colheita até "as extremidades" da lavoura nem voltar para pegar o que havia caído ou sido esquecido, nem colher os restos após a colheita, nem colher tudo da vinha nem reunir as uvas caídas, nem passar pelos galhos das oliveiras uma segunda vez. As beiras, os restos e as frutas caídas deviam ser deixados para o pobre, o estrangeiro, a viúva e o órfão. Eles também deviam participar da celebração da colheita. A cada três anos, um décimo dos produtos agrícolas devia ser dado aos pobres. A cada sete anos, os campos deviam ficar de pousio, e as vinhas e oliveiras não deviam ser colhidas visando ao benefício dos pobres, que podiam servir-se das frutas (Levítico 19:13; Deuteronômio 24:14 e seguintes; Levítico 19:9 e seguinte; 23:22; Deuteronômio 16:9 e seguintes; 24:19 e seguintes; 14:28 e seguintes; 26:12 e seguintes; Êxodo 23:10 e seguintes; Levítico 25:1 e seguintes).

A literatura sapiencial do Antigo Testamento confirma esse ensinamento. Uma das características do homem justo é que ele "leva em conta os direitos dos pobres"; ele é generoso e empresta livremente; e ele espalha seus presentes entre os pobres; mas, se um homem fechar seus ouvidos aos gritos do pobre, também clamará e não será ouvido (Salmos 111:1-9; Provérbios 21:13; 29:7; confira 14:20 e seguintes; 19:7; 31:20; Jó 31:16 e seguintes; Ezequiel 16:49). Os sábios mestres de Israel também fundamentaram essas obrigações em doutrina, fazendo-se saber, sobretudo, que por trás do Javé que se fez pobre estava o Criador e Senhor de todos, de modo que a atitude das pessoas em relação a ele fosse refletida na sua atitude em relação aos pobres. De um lado: "Quem zomba dos pobres mostra desprezo pelo Criador deles"; de outro: "Quem trata bem os pobres empresta ao Senhor" (Provérbios 17:5; 19:17). O próprio Jesus herdou esse rico legado de cuidar dos pobres, do Antigo Testamento, e o praticou. Fez amizade com os necessitados e alimentou os famintos. Instruiu os discípulos a vender suas posses e a dar esmolas aos pobres, e disse que, quando fizessem um banquete, deveriam convidar os pobres, os aleijados, os mancos e os cegos, que provavelmente não teriam com que retribuir. Também prometeu que, se dessem de comer aos famintos, vestissem os despidos, acolhessem os desabrigados e visitassem os enfermos, eles o estariam servindo (Lucas 12:33; 14:12 e seguintes; Mateus 25:35-40).

Os pobres indolentes

O segundo grupo, os pobres indolentes, pode tornar-se pobre como consequência de sua própria conduta, seja por preguiça, seja por extravagância, seja por gula. Felizmente, não é uma situação aplicável a muitas pessoas, e devemos ter o cuidado de não sugerir que a maioria das pessoas em situação de pobreza, no mundo, está assim por seu próprio pecado. No entanto, em algumas culturas, talvez no Ocidente em particular, somos encorajados a consumir em excesso. Em alguns casos, isso leva as pessoas a se endividar, especialmente com dívidas no cartão de crédito, porque preferem consumir em vez de economizar. Claro, é verdade que muitas delas trabalham em excesso e ficam estressadas por causa disso, mas é verdade também que algumas acreditam que a vida lhes deve algo. O livro de Provérbios tem muito a dizer sobre isso. O preguiçoso é exortado a estudar a formiga a fim de aprender sabedoria. Formigas colhem e armazenam comida durante o verão, enquanto o preguiçoso fica na cama: "Tirando uma soneca, cochilando um pouco, cruzando um pouco os braços para descansar" (Provérbios 6:6-11; confira 24:30-34). Semelhantemente: "As mãos preguiçosas empobrecem o homem, porém as mãos diligentes lhe trazem riqueza" (Provérbios 10:4; confira 19:15; 20:13; 28:19). Gula e embriaguez estão intimamente vinculadas à preguiça como causa de pobreza: "Os bêbados e os glutões se empobrecerão, e a sonolência os vestirá de trapos" (Provérbios 23:20 e seguintes; confira 21:17). No entanto, esses pecados específicos traziam pobreza não só ao indivíduo. Pobreza nacional também se devia a pecado. Durante a teocracia, quando Deus governava seu povo em Israel, ele prometeu abençoar-lhes a obediência com os frutos da terra e das árvores e amaldiçoar a desobediência com esterilidade (veja, por exemplo, Levítico 26; Deuteronômio 8 e 28; Isaías 1:19 e seguintes e Isaías 5:8 e seguintes, sobre benção e maldição nacionais).

Os pobres impotentes

O terceiro grupo, os pobres impotentes, é social ou politicamente oprimido. O Antigo Testamento reconhecia com clareza que, em geral, pobreza não acontece simplesmente. Mesmo que ela se devesse, por vezes, a pecado pessoal ou desobediência nacional, e ao julgamento de Deus sobre eles, costumava ser resultado dos pecados de outros — ou seja, de uma situação de injustiça social que facilmente se agravava porque os pobres não estavam em posição de mudá-la. Não podemos entender o ensinamento do Antigo Testamento sobre esse tema se não enxergarmos a frequência com que pobreza e impotência andavam juntas. Ao mesmo tempo, embora, muitas vezes, os pobres não tivessem quem os ajudasse, eles sabiam que Deus era seu defensor. "Ele se põe ao lado do pobre para salvá-lo." E: "Sei que o SENHOR defenderá a causa do necessitado e fará justiça aos pobres" (Salmos 109:31; 140:12).

A Lei de Moisés dava destaque especial à necessidade de justiça imparcial nos tribunais, especialmente para os pobres e impotentes. "Não perverta o direito dos pobres em seus processos [...] Não aceite suborno, pois o suborno cega até os que têm discernimento e prejudica a causa do justo." "Não cometam injustiça num julgamento; não favoreçam os pobres, nem procurem agradar os grandes, mas julguem o seu próximo com justiça." "Não neguem justiça ao estrangeiro e ao órfão." Além disso, a razão citada, repetidas vezes, era que eles mesmos tinham sido oprimidos no Egito e que o Senhor os libertara (Êxodo 23:6,8; Levítico 19:15; Deuteronômio 24:17; 27:19; 15:15).

Os livros de sabedoria eram tão explícitos quanto os livros da Lei em sua exigência de justiça para os impotentes. No Salmo 82, os juízes eram instruídos a defender a causa dos fracos e órfãos e a defender os direitos dos pobres e oprimidos. Em Provérbios 31, o rei Lemuel é exortado por sua mãe a defender aqueles que não podem falar por si mesmos e os direitos de todos os desamparados, a levantar a voz e julgar com justiça e a defender os direitos dos pobres e necessitados (Salmos 82:1-3; Provérbios 31:8-9; confira Jó 29:11 e seguintes; Provérbios 22:22 e seguintes; 29:7,14).

Sabemos que os profetas eram ainda mais explícitos. Eles não só exortaram o povo e seus líderes a buscarem justiça, a encorajarem os oprimidos, a defenderem a causa dos órfãos e da viúva, como os proibiram, em contrapartida, de oprimir a viúva e o órfão, o estrangeiro e o necessitado, e também foram ferozes em sua condenação de toda injustiça. Elias repreendeu o rei Acabe por matar Nabote e roubar sua vinha. Amós enfureceu-se contra os senhores de Israel porque eles, em troca de subornos, pisoteavam as cabeças dos pobres, esmagavam os necessitados e negavam justiça aos oprimidos, em vez de permitirem que a justiça fluísse como um rio e como uma corrente incessante. Jeremias denunciou o rei Jeoaquim por usar trabalho forçado para construir seu palácio luxuoso. Poderíamos citar outros exemplos. A vida nacional de Israel e Judá era constantemente manchada pela exploração dos pobres. E, no Novo Testamento, Tiago, ao estilo de um profeta do Antigo Testamento, também ataca os ricos. Não é a riqueza em si que ele condena, nem mesmo, aliás, seu luxo autoindulgente, mas a retenção fraudulenta de salários dos trabalhadores e a violenta opressão dos inocentes (Isaías 1:17; Zacarias 7:8 e seguintes; 1Reis 21; Amós 2:6 e seguinte; 4:1 e seguintes; 5:11 e seguintes; 8:4 e seguintes; 5:24; Jeremias 22:13 e seguintes. Outros exemplos de ênfase profética à justiça estão em Isaías 3:13 e seguintes; 5:7 e seguintes; 10:1 e seguinte; Jeremias 5:28 e seguintes; Ezequiel 18:10 e seguintes; Tiago 5:1 e seguintes).

Em contraste com essa tradição sombria das diatribes dos profetas contra a injustiça, suas predições sobre o reino justo do Messias brilham com força ainda maior: "Com retidão julgará os necessitados, com justiça tomará decisões em favor dos pobres" (Isaías 11:1-5).

Há indícios em abundância de que os autores bíblicos viam os pobres não só como pessoas destituídas, cuja condição precisava ser aliviada, mas como vítimas de injustiça social, cuja causa precisava ser defendida. A perspectiva bíblica não é "sobrevivência do mais forte", mas "proteção dos mais fracos". Já que o próprio Deus os defende e socorre, o seu povo também precisa ser a voz daqueles que não têm voz e o defensor daqueles que não podem se defender.

Os pobres humildes

O quarto grupo, os pobres humildes, é espiritualmente manso e dependente de Deus. Já que Deus vem ao socorro dos destituídos e defende os impotentes, essas verdades inevitavelmente afetam a atitude dessas pessoas em relação a ele. Elas olham para Deus em busca de misericórdia. Oprimidos por outros seres humanos e incapazes de libertar a si mesmos, colocam sua confiança em Deus. É nesse sentido que "os pobres" vieram a ser sinônimo de "os piedosos", e sua condição social tornou-se símbolo de sua dependência espiritual. Sofonias descreve-os como "mansos e humildes, que se refugiarão no nome do SENHOR", e Isaías chama o pobre de "humilde e contrito de espírito, que treme" diante da Palavra de Deus (Sofonias 2:3; 3:12; Isaías 66:2; confira 49:13).

É, porém, em Salmos que o retrato desfocado do pobre e humilde entra em nítido foco. O Saltério é o hinário dos impotentes (veja, por exemplo, os Salmos 22, 25, 37, 40, 69, 74 e 149). É aqui que ouvimos suas expressões de dependência de Deus e as promessas de Deus de socorrê-los. Eles são solitários e aflitos, clamando a Deus que seja gracioso com eles; confiam seu caminho ao Senhor, aquietam-se em sua presença e esperam pacientemente que ele aja. Recebem a garantia de que os pobres comerão até ficarem satisfeitos, que os humildes herdarão a terra e que Deus coroa os humildes com a salvação (Salmos 25:16; 37:5,7; 40:1; 22:26; 37:11; 149:4).

Ainda mais fortes do que essas referências aos pobres e humildes como grupo, contudo, são os testemunhos individuais sobre a salvação de Javé. Veja, por exemplo, o Salmo 34: "Este pobre homem clamou, e o SENHOR o ouviu; e o libertou de todas as suas tribulações." Como resultado, ele decide "gloriar-se no Senhor", com a certeza de que outros oprimidos ouvirão e se alegrarão com ele, e, juntos clamarão o nome do Senhor. Como ele, pois, continua a afirmar: "O SENHOR está perto dos que têm o coração quebrantado e salva os de espírito abatido" (Salmos 34:1-6,15-18). Outro exemplo encontra-se no Salmo 86. O salmista descreve a si próprio como ferozmente atacado por homens arrogantes, ímpios e cruéis. Sua única esperança é Deus. Ele clama: "Inclina os teus ouvidos, ó Senhor, e responde-me, pois sou pobre e necessitado. Guarda a minha vida, pois sou fiel a ti. Tu és o meu Deus; salva o teu servo que em ti confia!" E ele expressa sua confiança de que Deus o resgatará, pois ele é "Deus compassivo e misericordioso, muito paciente, rico em amor e em fidelidade" (Salmos 86:1-4,14-17).

Todo esse ensinamento bíblico permite-nos afirmar que, embora Deus desafie o pobre indolente, ele vem ao socorro do pobre indigente, defende o pobre impotente e exalta o pobre humilde. Em cada um desses três últimos casos, ele levanta o pobre do monte de cinzas, sejam as cinzas da penúria, sejam as cinzas da opressão, sejam as cinzas da impotência.

BOAS-NOVAS PARA OS POBRES

Mesmo correndo o risco de simplificar demais, será útil (especialmente se quisermos compreender qual deve ser a atitude cristã em relação à pobreza) reduzirmos as três últimas categorias citadas no parágrafo anterior em duas: a pobreza material dos destituídos e impotentes e a pobreza espiritual dos humildes e mansos. Deus se preocupa com ambas. Nos dois casos, ele levanta os pobres do monte de cinzas, mas a maneira como ele faz isso é diferente, pois o primeiro tipo de pobreza é um mal social ao qual Deus se opõe, enquanto o segundo tipo é uma virtude espiritual que ele aprova. Além do mais, existe apenas uma comunidade humana em que os dois tipos são combinados: a comunidade do reino, a nova e remida sociedade, que Deus rege por meio de Cristo pelo seu Espírito.

Isso fica evidente na expectativa do Antigo Testamento em relação ao Reino de Deus. Deus prometeu a vinda de seu rei ideal, que julgaria os pobres com justiça e daria a benção de seu domínio aos simples e humildes. Encontramos pessoas assim nos dois primeiros capítulos do evangelho de Lucas. Zacarias e Isabel, José e Maria, Simeão e Ana eram crentes pobres e humildes. Estavam aguardando o Reino de Deus, no qual Deus derrubaria os poderosos de seus tronos e exaltaria os humildes e mansos.

Mais claro ainda foi o cumprimento por meio de Jesus Cristo. Quem são os "pobres" dos quais ele falou, aqueles que ele tinha ungido para que pregassem as boas-novas do reino e aos quais o reino seria dado (Lucas 4:18

e seguintes; Mateus 11:5; confira Lucas 7:22; Mateus 5:3; confira Lucas 6:20)? Certamente não podem ser apenas os materialmente pobres (pois a salvação de Cristo não se limita ao proletariado) nem apenas os espiritualmente pobres (pois isso ignora o ministério aos necessitados). Ele deve referir-se aos dois em combinação. Os "pobres" são aqueles para os quais o reino vem como boas-novas, em parte porque é um presente gratuito e não merecido de salvação para pecadores, em parte porque promete uma nova sociedade caracterizada por liberdade e justiça.

A Igreja deveria exemplificar ambas as verdades. De um lado, ela consiste nos espiritualmente pobres, nos "pobres em espírito", que reconhecem que estão falidos diante de Deus. Eles não têm nenhuma justiça a oferecer, nenhum mérito ao qual apelar, nenhum poder para salvar a si mesmos. Sabem que o único caminho para entrar no Reino de Deus é humilhando-se a si mesmos como criancinhas e recebendo-o como presente. Assim, eles vêm como mendigos, com nada nas mãos e com a oração do publicano nos lábios, "Deus, tem misericórdia de mim, que sou pecador". A estes Jesus diz: "Bem-aventurados os pobres de espírito, pois deles é o Reino dos céus." Os ricos, por sua vez, que imaginam ter algo a oferecer, são mandados embora de mãos vazias.

De outro lado, a Igreja deve proclamar as boas-novas do reino aos materialmente pobres, acolhê-los em sua comunhão e compartilhar de suas lutas. Na verdade, a preocupação especial com os pobres, demonstrada pelos autores bíblicos e, mais especificamente, pelo próprio Jesus, levou alguns pensadores contemporâneos a falar da "parcialidade" de Deus em seu favor. O livro do bispo David Sheppard, de 1983, intitulava-se *Bias to the Poor* [Parcialidade com os pobres]. "Creio que existe uma parcialidade divina em prol dos desfavorecidos", ele escreve, "e que a Igreja precisa ser muito mais fiel em refleti-la."[21] Ele conclui sua análise da privação em Liverpool com estas palavras:

> Se nos colocarmos no lugar dos pobres e desfavorecidos, poderemos ver como as coisas se apresentam à sua consciência [...] Elas têm a ver com a justiça de Deus, que apresenta uma tendência persistente de favorecer os desfavorecidos. Têm a ver com Deus assumir carne na pessoa de Jesus, vivendo sua vida numa relação especial com os pobres.[22]

Confesso que não me sinto à vontade com a palavra "parcialidade", pois conota "preconceito", e não creio que Deus seja "preconceituoso".

Menos ambígua é a linguagem dos bispos latino-americanos. Em sua Segunda Conferência Geral, em Medellín, em 1970, eles falaram de "preferência pelos pobres e solidariedade para com eles". Em sua Terceira Conferência Geral, dez anos mais tarde, em Puebla, no México, eles afirmaram "a necessidade de conversão por parte de toda a Igreja em direção a uma opção preferencial pelos pobres".[23] É por causa do ministério de Jesus aos pobres que "os pobres merecem uma atenção preferencial".[24] No entanto, "preferencial" não significa "exclusiva", pois o capítulo seguinte do relatório da conferência traz o título "Uma opção preferencial pelos jovens". Mesmo assim, a opção pelos pobres é "exigida pela realidade escandalosa dos desequilíbrios econômicos na América Latina".[25]

Em 1980, a Conferência de Melbourne citou as conclusões de Puebla e depois as repetiu, afirmando que "Deus tem uma preferência pelos pobres".[26] Parece-me, no entanto, que a linguagem da prioridade missionária seja melhor do que o vocabulário de "parcialidade" ou "preferência". Por causa do cuidado de Deus com os pobres, e por causa da exploração dos pobres pelos inescrupulosos e da negligência que lhes aplica a Igreja, eles deveriam receber, agora, uma discriminação "positiva" ou "invertida". A Igreja deve concentrar sua missão onde a necessidade é maior e sair do centro para aproximar-se das "periferias",[27] das "vítimas do pecado" — em outras palavras, dos pobres e oprimidos.

Além disso, a Igreja não deveria tolerar pobreza material em sua própria comunhão. Quando Jesus disse: "Os pobres vocês sempre terão com vocês" (Marcos 14:7), ele não estava dando aval à permanência da pobreza. Estava, sim, repetindo a declaração do Antigo Testamento: "Sempre haverá pobres na terra" (Deuteronômio 15:11). E isso não era uma desculpa para a complacência, mas um incentivo para a generosidade, em decorrência da qual "não deverá haver pobre algum no meio de vocês" (Deuteronômio 15:4). Se existe uma comunidade no mundo em que justiça é garantida aos oprimidos, em que os pobres são libertos das indignidades da pobreza e em que a necessidade física é abolida pela partilha voluntária de recursos, essa comunidade é a nova sociedade de Jesus, o Messias. Isso aconteceu em Jerusalém após Pentecoste, quando não havia pessoas necessitadas entre eles, como Lucas faz questão de demonstrar, e isso pode (e deve) acontecer novamente agora. Como podemos aceitar que nossos próprios irmãos e irmãs na família de Deus sofram necessidade?

A Igreja, então, como comunidade chamada para exemplificar os ideais do Reino de Deus, deveria dar testemunho do paradoxo bíblico da pobreza, opondo-se a um tipo e encorajando o outro. Deveríamos fazer de tudo para erradicar o mal da pobreza material e cultivar o bem da pobreza espiritual. Deveríamos odiar a injustiça e amar a humildade. É dessas duas maneiras complementares que o evangelho se torna "boas-novas aos pobres" e que Deus pode ser descrito como estando ao lado deles.

Não que a nossa preocupação cristã deva limitar-se àqueles pobres que são membros da igreja. Apesar de termos uma responsabilidade especial para com "a família de fiéis" (ou "a família da fé"), devemos fazer "o bem a todos" (Gálatas 6:10). Como isso se expressa aos pobres? Em termos de filantropia pessoal, certamente, tentando ajudar indivíduos e famílias necessitados em nossa vizinhança e outros mais afastados. Mas não podemos deixar que nosso dever pare por aqui. A própria Bíblia indica, como vimos, que a maior parte da pobreza é culpa da sociedade, não dos pobres em si. Temos, portanto, uma responsabilidade social e pessoal para com eles, e isso começa com uma avaliação dolorosa das causas da pobreza. Digo "dolorosa" porque a tendência dos ricos é culpar os pobres ou encontrar algum outro bode expiatório, enquanto o problema pode estar na própria estrutura da sociedade em que nós mesmos estamos implicados.

Essa é a tese do livro cuidadosamente pesquisado, bem escrito e abertamente cristão de Robert Holman, *Poverty: Explanations of Social Deprivation* [Pobreza: explicações da privação social].[28] Ele rejeita e considera incompletas três explicações usadas como bode expiatório — "individual" (inadequações genéticas, econômicas ou psicológicas dos próprios pobres), "cultural" ("a transmissão de pobreza de uma geração para a próxima"[29]) e "o agente deficiente" (a ineficácia de professores, assistentes sociais e burocratas). Em vez disso, ele identifica a causa da pobreza (pelo menos na Grã-Bretanha) na estrutura estratificada da própria sociedade, em que os recursos (sobretudo renda, riqueza e poder) são divididos de forma desigual. "Pobreza existe", ele escreve, "a fim de apoiar ou manter essas divisões sociais."[30] É tolerada e até mesmo justificada porque ela (e, portanto, seu oposto rico) é apresentada como merecida e porque fornece uma reserva útil de trabalhadores que não têm escolha senão aceitar os empregos menos atraentes.

A abordagem de Bob Holman é sociológica. Consequentemente, ele evita o debate econômico polarizado entre aqueles que culpam o capitalismo pela pobreza e aqueles que culpam o socialismo com o argumento de que ele perpetua a dependência dos pobres e mina o empreendimento dos criadores de riqueza. Nenhuma das posições possui o monopólio da verdade. Os cristãos devem opor-se, em ambos os sistemas, àquilo que eles veem como incompatível com a fé bíblica.

TRÊS OPÇÕES PARA CRISTÃOS RICOS

Cristãos conscientes precisam fazer, ainda, outras perguntas. Uma coisa é distinguir qual deve ser nossa atitude em relação aos pobres; outra coisa bem diferente é definir nossa atitude em relação à pobreza em si. Pobreza material involuntária é um escândalo, como vimos; mas o que vale para a pobreza voluntária? E qual é uma atitude autenticamente cristã em relação a dinheiro e propriedade? O que um cristão rico deve fazer?

No contexto da riqueza ocidental, temos três opções. A primeira é tornar-se pobre, a segunda é permanecer rico e a terceira é cultivar generosidade, simplicidade e contentamento.

Devemos tornar-nos pobres?

Em primeiro lugar, devemos tornar-nos pobres? Paulo escreveu: "Pois vocês conhecem a graça de nosso Senhor Jesus Cristo que, sendo rico, se fez pobre por amor de vocês, para que por meio de sua pobreza vocês se tornassem ricos" (2Coríntios 8:9). Esse autoempobrecimento voluntário de Jesus era a base teológica na qual o apóstolo apoiou seu apelo aos cristãos da Grécia, a fim de que contribuíssem para o alívio dos cristãos na Judeia. Ele queria que os cristãos se livrassem de todas as suas posses para o bem de seus irmãos e irmãs judeus? Espera que façamos o mesmo? À primeira vista, parece que sim, e argumentos em defesa disso têm sido apresentados com base no exemplo e, também, no ensinamento e na Igreja Primitiva de Jesus.

O exemplo de Jesus

Renunciando à riqueza do céu, Jesus certamente nasceu num lar pobre. Quando Maria e José foram ao templo para apresentar seu filho ao Senhor, eles se beneficiaram com a provisão da lei para os pobres e ofereceram como sacrifício dois pombinhos no lugar de um cordeiro e um pombo. Durante seu ministério público como pregador itinerante, Jesus não tinha lar, e seus bens eram poucos. Certa vez, ele disse a um candidato a discípulo: "As raposas têm suas tocas e as aves do céu têm seus ninhos, mas o Filho do homem não tem onde repousar a cabeça." Ele ensinou num barco emprestado, entrou em Jerusalém num jumento emprestado, passou sua última noite numa sala emprestada e foi sepultado num túmulo emprestado. Ele e seus apóstolos compartilhavam o dinheiro, e seu sustento dependia de um grupo de mulheres que, às vezes, os acompanhavam (Lucas 2:2 e seguintes; confira Levítico 12:6 e seguintes; Lucas 9:57 e seguintes; Marcos 4:1; 11:1 e seguintes; 14:12 e seguintes; 15:42 e seguintes; João 12:6; Lucas 8:1 e seguintes). Parecem não existir dúvidas quanto à pobreza de Jesus.

Ele era carpinteiro de profissão, o que significava que pertencia à classe dos artesãos. O professor Martin Hengel escreve:

> O próprio Jesus não vinha do proletariado de diaristas e arrendatários, mas da classe média da Galileia, dos trabalhadores formados. Como seu pai, ele era um artesão, um *tektôn*, palavra grega que significa pedreiro, carpinteiro, fabricante de carroças e marceneiro [...] Pelo que sabemos, os discípulos que ele chamou para que o seguissem vinham de um ambiente social semelhante.[31]

Além do mais, as mulheres que o apoiavam, por certo, cuidavam adequadamente de suas necessidades (Marcos 15:41). Ele não era, portanto, destituído.

O ensinamento de Jesus

A possíveis seguidores Jesus disse: "Qualquer de vocês que não renunciar a tudo o que possui não pode ser meu discípulo." Os doze apóstolos fizeram isso literalmente. Simão e André "deixaram as suas redes e o seguiram"; Tiago e João "o seguiram, deixando seu pai, Zebedeu, com os empregados no barco"; e Levi/Mateus "levantou-se e o seguiu", abandonado seu trabalho como coletor de impostos. Semelhantemente, Jesus instruiu o jovem rico a vender todos os seus bens, dar o dinheiro aos pobres e, então, segui-lo. Foi isso que levou Pedro a exclamar: "Nós deixamos tudo para seguir-te!" (Lucas 14:33; Marcos 1:16 e seguintes; 2:13 e seguintes; 10:21,28).

Jesus, então, espera que todos os seus seguidores abram mão de tudo para segui-lo? Os apóstolos fizeram isso. O jovem rico foi desafiado a fazer isso. Mas se trata de uma regra universal? Para responder, precisamos ter o cuidado de não diluir o apelo radical de Jesus por uma exegese pouco prudente. Ele disse que devemos acumular tesouros no céu, e não na terra; que devemos buscar o Reino e a justiça de Deus acima das coisas materiais; que precisamos estar atentos à ganância; e que é impossível servir a Deus e ao dinheiro ao mesmo tempo (Mateus 6:19 e seguintes; confira Lucas 12:33 e seguintes; Mateus 6:33; Lucas 12:15; Mateus 6:24). Mas ele não disse a todos os seus seguidores que se livrassem de suas posses. José de Arimateia é descrito como "homem rico" e "discípulo de Jesus" ao mesmo tempo. Então, evidentemente, esses dois aspectos não eram incompatíveis. Zaqueu, o rico coletor de impostos, prometeu devolver às pessoas quatro vezes a quantia que tinha roubado delas e dar metade de seus bens aos pobres, o que, provavelmente, significa que ele ficou com a outra metade, com exceção daquilo que devolveu às suas vítimas. Ainda assim, Jesus disse que a salvação lhe foi dada (Mateus 27:57; Lucas 19:8 e seguintes). Então, quando ele disse que ninguém poderia ser seu discípulo a não ser que "renunciasse" a todos os bens e "odiasse" os pais e outros parentes, precisamos entender esses dois verbos como dramáticas figuras de linguagem. Não devemos odiar nossos pais literalmente nem renunciar a todos os nossos bens literalmente. O que somos chamados a fazer é colocar Jesus Cristo em primeiro lugar, acima até mesmo de nossa família e das propriedades.

A Igreja Primitiva de Jesus

Lucas escreve sobre a primeira comunidade cristã em Jerusalém na qual eles "tinham tudo em comum", na qual "ninguém considerava unicamente sua coisa alguma que possuísse, mas compartilhavam tudo o que tinham" e na qual "distribuíam a cada um conforme a sua necessidade"; e, por consequência, "não havia pessoas necessitadas entre eles" (Atos 2:44 e seguinte; 4:32 e seguintes). Estaria Lucas apresentando sua vida comum como um exemplo a ser copiado por todas as igrejas? No sentido de que os primeiros cristãos, cheios do Espírito, amavam uns aos outros e cuidavam uns dos outros, eliminando a pobreza de dentro da sua comunhão, sim.

Mas ele está defendendo, também, a posse compartilhada dos bens? Entre os grupos essênios, especialmente em sua comunidade central de Qumran, isso era obrigatório, e cada novato a entrar na ordem precisava entregar sua propriedade.[32] Mas a narrativa de Lucas deixa claro que a venda e a partilha de bens dos cristãos não eram universais nem compulsórias. Alguns cristãos ainda tinham casas em que se reuniam. O pecado de Ananias e Safira não foi por serem egoístas ao reter parte de sua propriedade, mas por terem enganado os outros ao fingir que tinham dado tudo. Pedro disse a Ananias: "Ela não lhe pertencia? E, depois de vendida, o dinheiro não estava em seu poder?" (Atos 5:4). Assim, o direito dos cristãos a propriedade é afirmado, bem como a natureza voluntária da doação cristã.

O exemplo, o ensinamento e a Igreja Primitiva de Jesus desafiam-nos a renunciar à ganância, ao materialismo e ao luxo, cuidando dos pobres de modo sacrificial. Todavia, eles não estabelecem que todos os cristãos devem tornar-se pobres.

Devemos permanecer ricos?

Se a primeira opção para os cristãos ricos é que se tornem pobres, a segunda, e oposta, é que permaneçam ricos. Alguns procuram defender essa postura apelando a argumentos bíblicos. No início (eles afirmam corretamente), os seres humanos foram instruídos a subjugar e desenvolver a terra — isto é, a extrair suas riquezas animais, vegetais e minerais e aproveitá-las para seu uso. Além disso, riqueza é um sinal da benção de Deus, e eles pretendem reivindicá-la e dela desfrutar. "O Senhor enviará bênçãos aos seus celeiros e a tudo o que as suas mãos fizerem. O Senhor, o seu Deus, os abençoará na terra que lhes dá [...] Vocês emprestarão a muitas nações, e de nenhuma tomarão emprestado" (Deuteronômio 28:8,12). "O que poderia ser mais claro do que isso?", eles perguntam.

O exemplo mais descarado desse raciocínio que já encontrei foi na literatura de certo evangelista pentecostal. Ele estava angariando fundos para que pudesse enviar materiais cristãos ao Mundo Majoritário. Ele argumentava, e em letras maiúsculas:

> Não existe maneira melhor de garantir sua própria segurança financeira do que plantando alguma semente financeira na obra de Deus. A lei de Deus, de semear e colher, garante a você uma colheita muito maior do que aquilo que semeia [...] Você limitou Deus a sua renda, empresa, casa ou carro atuais? A abundância de Deus não tem limites [...] Escreva num bilhete o que você precisa de Deus — salvação de um ente querido, cura, aumento de salário, emprego melhor, carro ou casa mais novo, venda ou compra de propriedade, orientação nos negócios ou investimentos [...] qualquer coisa de que você precise [...] Envie o bilhete com o dinheiro [...] Espere, em troca, a benção material de Deus.

Nossa primeira reação a isso é negar vigorosamente o que tais cristãos estão afirmando e repudiar fortemente seu falso evangelho de "prosperidade" ou de "riqueza e saúde". Quando o povo de Deus era uma nação, ele prometeu, de fato, recompensar-lhes a obediência com bênçãos materiais, mas, em Cristo, ele nos abençoou com "todas as bênçãos espirituais" (Efésios 1:3). Nossa segunda reação é chamar a atenção para o que eles omitem. Há outros princípios bíblicos que eles ignoram. A terra deveria ser desenvolvida para o bem comum, e suas riquezas deveriam ser compartilhadas com toda a humanidade. A economia do Antigo Testamento, que prometia riquezas, também ordenou que cuidássemos dos pobres. E o homem rico, na parábola de Jesus, viu-se no inferno, não por causa de suas riquezas, mas por negligenciar o mendigo ao seu portão. Ou seja, o rico satisfazia-se, enquanto Lázaro morria de fome.

À luz dessas verdades bíblicas adicionais e da destituição contemporânea de milhões, não é possível que cristãos ricos "permaneçam ricos", no sentido de não aceitarem nenhuma modificação do estilo de vida econômico. Não podemos manter uma "vida boa" (de extravagância) e uma "consciência tranquila" ao mesmo tempo. Uma das duas precisa ser sacrificada. Ou preservamos nossa consciência e reduzimos nossa riqueza ou preservamos nossa riqueza e abafamos nossa consciência. Precisamos escolher entre Deus e o dinheiro. Veja a instrução de Paulo a Timóteo a respeito de pessoas ricas:

> Ordene aos que são ricos no presente mundo que não sejam arrogantes, nem ponham sua esperança na incerteza da riqueza, mas em Deus, que de tudo nos provê ricamente, para a nossa satisfação. Ordene-lhes que pratiquem o bem, sejam ricos em boas obras, generosos e prontos para repartir. Dessa forma, eles acumularão um tesouro para si mesmos, um firme fundamento para a era que há de vir, e assim alcançarão a verdadeira vida (1Timóteo 6:17-19).

Observamos, de imediato, que o apóstolo não ordena "aos que são ricos no presente mundo" que "se tornem pobres". Mas ele não permite que "permaneçam ricos". Em vez disso, ele primeiro os alerta sobre os perigos espirituais da riqueza (como disse Jesus: não é impossível que os ricos entrem no Reino de Deus, mas é difícil), então os instrui a ser generosos, o que, inevitavelmente, resultará num padrão de vida mais baixo.

Riqueza e orgulho

O primeiro perigo da riqueza é o orgulho: "Ordene aos que são ricos [...] que não sejam arrogantes." Riqueza faz as pessoas se sentirem importantes e, portanto, "desdenhosas em relação aos outros" (J. B. Phillips). Pessoas ricas são tentadas a gabar-se de sua casa, de seu carro, de seus bens e de seus equipamentos. É fácil que se tornem esnobes, que destaquem sua "classe" social e que menosprezem os outros. Tiago retrata a ocasião em que um homem rico entra numa reunião cristã com roupas finas, então entra outro homem, pobre, em trapos. Se tratarmos a pessoa rica com subserviência e oferecermos a ela o melhor lugar, instruindo rudemente a pessoa pobre a ficar de lado ou a sentar-se no chão, seremos culpados por discriminação de classe e perturbaremos a comunhão. Não é difícil dizer se nossa riqueza nos afastou de nossos irmãos e irmãs menos favorecidos. Se isso tiver acontecido, ficaremos envergonhados na companhia um do outro.

Riqueza e materialismo

Se o primeiro perigo da riqueza é o orgulho, o segundo é o materialismo: "Ordene aos que são ricos [...] que não [...] ponham sua esperança na incerteza da riqueza, mas em Deus". "Materialismo" não é a mera posse de coisas materiais, mas uma obsessão por elas. É apenas um pequeno passo da riqueza para o materialismo, de possuir riquezas para depositar confiança nelas, e muitos dão esse passo. Mas isso é loucura. Não há segurança nas riquezas. Não é à toa que Paulo escreve sobre "a incerteza da riqueza". Ladrões, doenças, ferrugem e inflação reivindicam sua parte. Muitos vão dormir ricos e acordam pobres, ou, como o tolo rico na parábola de Jesus, nem acordam.

Confiar na riqueza não é algo apenas tolo, é também indigno de seres humanos, pois nossa confiança não deveria estar numa coisa, mas numa Pessoa, não em dinheiro, mas em Deus, que provê ricamente tudo para o nosso prazer. Isso é um acréscimo importante. O antídoto cristão ao materialismo não é o ascetismo; austeridade por si só é uma rejeição das boas dádivas do Criador.

Aqui, portanto, estão os dois maiores perigos aos quais pessoas ricas estão expostas — orgulho (desdenhar dos pobres) e materialismo (desfrutar a dádiva e esquecer o Doador). A riqueza é capaz de estragar nossos dois relacionamentos mais nobres. Ela pode levar-nos a esquecer Deus e a desprezar o próximo. Esses alertas negativos preparam-nos para a instrução positiva que segue.

Simplicidade, generosidade e contentamento

Após considerar e rejeitar as opções contrárias de tornar-se pobre e permanecer rico, chegamos à terceira opção, ser generoso e contente. O apóstolo convoca os fiéis cristãos para serem ambos. Evidentemente, não estou alegando que essa abordagem por si só resolverá o problema da pobreza no mundo, mas, pelo menos, é uma expressão apropriada de solidariedade aos pobres.

Veja a generosidade. A essência de 1Timóteo 6:17,18 é surpreendente: "Ordene aos que são ricos [...] que sejam ricos." Mais precisamente: "Ordene aos que são ricos [...] que sejam ricos em boas obras." Em outras palavras, que acrescentem um tipo de riqueza a outro. Ordene que "pratiquem o bem, sejam ricos em boas obras, generosos e prontos a repartir". Assim, imitarão nosso Deus generoso, "que de tudo nos provê ricamente". Eles também acumularão tesouros no céu (1Timóteo 6:19), como Jesus nos encorajou a fazer.

No entanto, seria impossível descrever como "generosa" a doação voluntária, para a caridade, daqueles que vivem no norte do mundo, embora essas doações nos Estados Unidos sejam maiores do que as no Reino Unido.[33] Segundo a Charities Aid Foundation (CAF), em 2004, apenas 23% das pessoas no Reino Unido doaram regularmente à caridade. Em média, o lar britânico mediano doa 1,70 libra por semana, enquanto gasta 5 libras em fumo, 6 libras em álcool e 30 libras em restaurantes. Isso representa uma queda de 25% em relação ao PIB ao longo da última década.[34]

Em seguida, contentamento precisa ser acrescentado à generosidade. Não seria normal se a doação generosa a outros resultasse em descontentamento com aquilo que nos sobra. Paulo elogia o contentamento em 1Timóteo 6:6-10:

> De fato, a piedade com contentamento é grande fonte de lucro, pois nada trouxemos para este mundo e dele nada podemos levar; por isso, tendo o que comer e com que vestir-nos, estejamos com isso satisfeitos. Os que querem ficar ricos caem em tentação, em armadilhas e em muitos desejos descontrolados e nocivos, que levam os homens a mergulharem na ruína e na destruição, pois o amor ao dinheiro é a raiz de todos os males. Algumas pessoas, por cobiçarem o dinheiro, desviaram-se da fé e se atormentaram com muitos sofrimentos.

Observamos que, enquanto o outro parágrafo, em 1Timóteo 6, que contemplamos anteriormente, se dirige "aos que são ricos" (versículo 17), este se dirige aos "que querem ficar ricos" (versículo 9), aos gananciosos. Paulo contrasta ganância e contentamento. Ganância é uma paixão autodestrutiva, um desejo que nunca se satisfaz, mesmo quando o que se desejou agora se possui. Como disse Schopenhauer: "Ouro é como água do mar — quanto mais bebemos dela, mais sedentos ficamos."[35] "Cuidado! Fiquem de sobreaviso contra todo tipo de ganância", alertou Jesus. "Cobiça [...] é idolatria", acrescentou Paulo (Lucas 12:15; Colossenses 3:15; confira Efésios 5:5, NTLH). Ela seduz o coração, então o afasta do amor de Deus e o aprisiona no amor pelo dinheiro. Traz muita dor e muito sofrimento, pois o amor ao dinheiro é a raiz de todos os males (1Timóteo 6:10).

Contentamento, por sua vez, é o segredo da paz interior. Traz à tona a dura verdade de que "nada trouxemos para este mundo e dele nada podemos levar" (1Timóteo 6:7). A vida, na verdade, é uma peregrinação entre dois momentos de nudez, o nascimento e o enterro. Assim, deveríamos viajar com pouca bagagem e viver de modo simples. O bispo John V. Taylor disse-o bem:

> A palavra "pobreza" veio a soar como algo tão negativo e extremo aos nossos ouvidos, que eu prefiro a palavra "simplicidade", pois destaca os pontos certos [...] Nosso inimigo não é a posse, mas o excesso. Nosso grito de guerra não é "nada", mas "chega!".[36]

A simplicidade diz: "[...] tendo o que comer e com que vestir-nos, estejamos com isso satisfeitos" (1Timóteo 6:8), pois o contentamento cristão está vinculado à piedade, ao conhecimento de Deus em Jesus Cristo, e "a piedade com contentamento é grande fonte de lucro" (1Timóteo 6:6).

Analisamos as três opções com as quais cristãos ricos se deparam. Devemos tornar-nos pobres? Não, não necessariamente. Mesmo que, sem dúvida alguma, Jesus Cristo ainda chame alguns, como o jovem rico, para uma vida de total pobreza voluntária, ela não é uma vocação de todos os seus discípulos. Devemos, então, permanecer ricos? Não, isso não é apenas tolo (por causa dos perigos de presunção e materialismo), mas impossível (pois devemos dar com generosidade, cujo efeito será a redução de nossa riqueza). No lugar dessas duas opções, devemos cultivar, de um lado, generosidade e, de outro, simplicidade e contentamento.

A esta altura, a tentação é definir regras e regulamentações, para nós mesmos ou para os outros, e, assim, cair em farisaísmo. Desse modo, temos três "ismos" que devemos evitar — o materialismo (obsessão pelas coisas), o ascetismo (austeridade que rejeita as boas dádivas do Criador) e o farisaísmo (vincular-se uns aos outros por meio de regras). Em vez disso, devemos ser sábios e fiéis a princípios.

O princípio da simplicidade é claro. Seu primo direto é o contentamento. Ele se concentra naquilo que precisamos, e mede isso pelo que usamos.

Regozija-se nas dádivas do Criador, mas despreza o desperdício, a ganância e o excesso. Ele diz, conforme o livro de Provérbios: "Não me dês nem pobreza nem riqueza; dá-me apenas o alimento necessário" (Provérbios 30:8 e seguintes). Ele quer estar livre de qualquer coisa que o distraia do serviço amoroso a Deus e a outros.

Uma das seções mais controversas do Pacto de Lausanne, adotado na conclusão do Congresso Internacional de Evangelização Mundial, em 1974, fala da necessidade de uma vida mais simples. Diz o seguinte:

> Todos nós estamos chocados diante da pobreza de milhões e perturbados com as injustiças que a causam. Aqueles de nós que vivem em circunstâncias de riqueza aceitam a obrigação de desenvolver um estilo de vida mais simples, a fim de contribuir de modo mais generoso para o alívio e o evangelismo.[37]

Para esclarecer as implicações dessas palavras, foi organizada, em 1980, uma Consulta Internacional sobre Estilo de Vida Simples. Ela emitiu o *Compromisso Evangélico com um Estilo de Vida Simples*, composto de nove parágrafos que merecem um cuidadoso estudo. O parágrafo 5, intitulado *Estilo de vida pessoal*, desenvolve o conceito de "simplicidade". Inclui uma determinação geral de "renunciar ao desperdício e opor-se à extravagância na vida, no vestuário, na habitação e nas viagens pessoais e construções da igreja". E não defende nenhum ascetismo negativo. Pelo contrário, empresta do artigo *Living More Simply for Evangelism and Justice* [Vivendo de modo mais simples para o evangelismo e a justiça], de Ronald Sider, várias distinções importantes: "Também aceitamos a distinção entre necessidades e luxos, *hobbies* criativos e símbolos vazios de *status*, modéstia e vaidade, celebrações ocasionais e rotina comum e entre serviço a Deus e escravidão da moda."[38] O ponto, aqui, é que uma vida simples não é incompatível com um desfrute cuidadoso.

Uma vida simples, contudo, é incompatível com o viver acima dos recursos — ou seja, tomar emprestado para comprar aquilo que não temos como pagar. Um artigo da BBC, de outubro de 2004, relatou que os "Estados Unidos estão vivendo além de seus recursos", com um fardo de dívidas pessoais de 9 trilhões e 700 bilhões de dólares.[39] No Reino Unido, a dívida pessoal total alcançou 1 trilhão em julho de 2004, o dobro da dívida em 1997.[40] A dívida mediana do lar britânico, sem contar as hipotecas, estava, por volta de 2006, em 7 mil libras,[41] mas essa média mascara os casos extremos. Ligações para o serviço de aconselhamento sobre créditos de consumo aumentaram em mais de um terço, para 90 mil, nos seis primeiros meses de 2004, e as pessoas ligando costumavam ter uma dívida mediana de 25 mil libras nesse período (sem levar em conta as hipotecas).

Em 2004, o National Consumer Council, do Reino Unido, relatou que 20% das pessoas estavam pegando dinheiro emprestado apenas para pagar as contas mensais, e 25% lutavam para pagar as contas e os juros dos créditos.[42] Se essa é a situação com taxas de juros em níveis historicamente baixos,[43] qualquer aumento relativo causará mais dificuldades, em particular para os 28% de lares na Inglaterra que não têm reservas.[44] O estudo do Jubilee Centre, *Families in Debt* [Famílias em dívida], destaca três princípios bíblicos importantes que "fornecem uma base coerente e altamente sensata para iniciativas políticas", abrangendo prevenção e cura de problemas de dívidas, quais sejam, "justiça" (levar a sério as responsabilidades de credores e devedores), "misericórdia" (credores que dão bons conselhos e são lenientes com pagadores atrasados) e "esperança" (a perspectiva de um resgate definitivo da armadilha da dívida).[45] A instituição de caridade Credit Action fornece, por meio de advocacia e conselhos, uma resposta cristã necessária aos problemas de dívida em nossa sociedade.[46]

Tão claro quanto o princípio da simplicidade é o princípio da generosidade. João o expressa nestes termos: "Se alguém tiver recursos materiais e, vendo seu irmão em necessidade, não se compadecer dele, como pode permanecer nele o amor de Deus?" (1João 3:17). Nosso Deus é um Deus generoso. Se o seu amor habita em nós, devemos relacionar aquilo que "temos" (posses) com aquilo que "vemos" (as necessidades dos outros) e agir.

Que Deus nos ajude a simplificar nosso estilo de vida, a crescer em generosidade e a viver em contentamento!

NOTAS

1. US CENSUS BUREAU. *Income, poverty & health insurance coverage in the United States:* 2003, publicado em agosto de 2004, p. 9. Um conjunto de limiares de renda monetária, que variam de acordo com o tamanho e a composição das famílias, é usado para determinar quem se encontra em pobreza. O limiar para uma pessoa, por exemplo, nesse período, é de 9.393 dólares; para duas pessoas, de 12.015 dólares; e para quatro pessoas, de 18.810 dólares; p. 39.
2. Veja *www.oxfamgb.org/ukpp/poverty/thefacts.htm#fn1* (em inglês). Aqui, a pobreza é medida como inferior a 60% da renda líquida mediana contemporânea em 2000/2001. Essa é a "linha de pobreza" aceita nesse período em toda a União Europeia para medir a extensão da pobreza em Estados-membros; não equivale a uma definição abrangente de pobreza, que inclui muitas outras dimensões. Esses números analisam as rendas na Grã-Bretanha, após a dedução de custos de habitação, e incluem os autônomos.
3. GORDON, D. et al. *Poverty and social exclusion in Britain.* NovaYork: Joseph Rowntree Foundation, 2000. Os números se referem a uma pesquisa realizada em 1999, que perguntava às pessoas em geral o que elas consideravam necessário para se viver na Grã-Bretanha, naquela época, e se elas conseguiam suprir essas necessidades.
4. CHURCH ACTION ON POVERTY. *National poverty hearing.* [S.l.], 1996.
5. *Faith in the city:* a call for action by church and nation. Londres: Church House Publishing, 1985. p. 359.
6. Para maiores detalhes, veja *cofe.anglican.org/info/socialpublic/urbanaffairs.html* (em inglês).
7. *Human Development Report 2004*, p. 188. A pesquisa norte-americana foi realizada em 2000; no Reino Unido, em 1999. Em termos de riqueza, no Reino Unido, em 2001, o 1% mais rico era dono de 23% da riqueza (17%, em 1991), enquanto os 50% menos ricos possuíam apenas 5% da riqueza (8%, em 1991). Veja *Social Trends* 34: edição de 2004. Londres: HMSO, 2004. Tabela 5.26, p. 89; também em *www.statistics.gov.uk/socialtrends/* (em inglês).
8. *Puebla: evangelization at present and in the future of Latin America. Conclusions* of the Third General Conference of Latin American Bishops. Manila: St Paul Publications, 1980. p. 107, parágrafo 494.
9. *Developments*, edição 24, 4º trimestre de 2003, p. 29.
10. GORDON, David et al. *Child poverty in the developing world.* Bristol: The Policy Press, 2003.

11. DEPARTMENT OF WORK AND PENSIONS. *Second Report on Child Poverty*. [S.l.], 31 mar. 2004. Disponível em: <www.publications.parliament.uk/pa/cm200304/cmselect/cmworpen/85/8502.htm>. Acesso em: 15 fev. 2019.
12. JOSEPH ROWNTREE FOUNDATION. *Poverty and social exclusion in Britain:* Findings Ref. 930. [S.l.], set. 2000.
13. UNITED NATIONS CHILDREN'S FUND. *League table of child poverty in rich nations.* Innocenti Research Centre, jun. 2000.
14. VLEMINCKX, Koen; SMEEDING, Timothy M. (Orgs.). *Child well-being, child poverty and child policy in modern nations*. What do we know? Bristol: The Policy Press, fev. 2001.
15. Para maiores detalhes, veja *www.dwp.gov.uk/ofa/* (em inglês).
16. BREWER, M.; SHEPHARD, A. *Has labour made work pay?* Nova York: Joseph Rowntree Foundation; Institute of Fiscal Studies, nov. 2004. p. 40.
17. Consulte *www.publications.parliament.uk/pa/cm200304/cmselect/cmworpen/85/8503.htm* (em inglês).
18. Palestra Dimbleby; a apresentação do bispo David Sheppard, The poverty that imprisons the spirit, foi publicada em *The Listener* (19 de abril de 1984). Veja também HARRISON, Paul. *Inside the inner city*. Harmondsworth: Penguin, 1983.
19. Veja, por exemplo, GELIN, Albert. *The poor of Yahweh*. Tradução para o inglês. Collegeville, Minn.: Liturgical Press, 1964; SANTA ANA, Julio de. *Good news to the poor*. Geneva: WCC, 1977; SANTA ANA, Julio de (Org.). *Towards a church of the poor*. Nova York: Orbis, 1979; BOERMA, Conrad. *Rich man, poor man and the Bible*. [S.l.: s.n.], 1978; Londres: SCM, 1979; GILL, Atholl. *Christians and the poor*. Canberra: Zadok Centre Series, no. 9, 1979; *Christian witness to the urban poor:* Lausanne Occasional Paper, no. 22, 1980, relatório de grupo da Consultation on World Evangelization, em Pattaya, Tailândia, que incorpora, como apêndice, a análise de Jim Punton das nove palavras hebraicas para "pobre"; *Your Kingdom come*. Geneva: WCC, 1980, relatório da Conferência Mundial de Missão e Evangelismo, realizada em Melbourne, em 1980; SAMUEL, Vinay; SUGDEN, Chris. *Evangelism and the poor*. ed. rev. Bangalore: Partnership in Mission, Asia, 1983; MULLIN, Redmond. *The wealth of Christians*. Carlisle, Penn.: Paternoster, 1983; LEE, Peter. *Poor man, rich man:* the priorities of Jesus and the agenda of the church. Londres: Hodder & Stoughton, 1986.
20. A palestra de Raymond Fung, Good News to the Poor, foi publicada em *Your Kingdom come*, p. 83-92.
21. SHEPPARD, David. *Bias to the poor*. Londres: Hodder & Stoughton, 1983. p. 16.

22. Ibid., p. 225.
23. *Puebla*, op. cit., p. 178, parágrafo 1134.
24. Ibid., p. 179, parágrafos 1141-1142.
25. Ibid., p. 180, parágrafo 1154.
26. *Your Kingdom come*, op. cit., p. 171.
27. Esta foi a expressão usada pelo professor Kosuke Koyama em Melbourne. Veja *Your Kingdom come*, op. cit, p. 161.
28. HOLMAN, Robert. *Poverty, explanations of social deprivation*. Londres: Martin Robertson, 1978.
29. Ibid., p. 134.
30. Ibid., p. 88.
31. HENGEL, Martin. *Property and riches in the Early Church*. Minneapolis: Fortress, 1974. p. 26-27.
32. Ibid., p. 32-33.
33. *The Economist* relata que os norte-americanos doam 1,8% do PIB, em comparação com 0,8% dos britânicos (números de 2002). Charitable lot, the rich, *The Economist*, 6 maio 2004.
34. PHAROAH, C.; CAF RESEARCH BRIEFING. *Fitting charity into household budgets*. [S.l.], out. 2004. Disponível em: <www.cafonline.org>. Acesso em: 15 fev. 2019. Os números foram arredondados.
35. Citado pelo bispo Otto Dibelius em sua autobiografia *In the service of the Lord*. Nova York: Holt, Reinhart & Winston, 1964. p. 31.
36. TAYLOR, John V. *Enough is enough*. Londres: SCM, 1975. p. 81-82.
37. Veja The Lausanne Covenant: An Exposition and Commentary. In: STOTT, John (Org.). *Making Christ known*. Grand Rapids: Eerdmans, 1997.
38. An Evangelical Commitment to Simple Lifestyle. In: STOTT, op. cit., p. 139-153. Veja também os artigos preparados para a International Consultation on Simple Lifestyle, publicados em SIDER, Ronald J. (Org.). *Lifestyle in the Eighties*. Carlisle, Penn.: Paternoster, 1982. p. 16, 35-36.
39. MADSLIEN, J. *US economy*: the challenges ahead. [S.l.: s.n.], 31 out. 2004. Disponível em: <news.bbc.co.uk/go/pr/fr/-/1/hi/business/3959867.stm>. Acesso em: 15 fev. 2019. O artigo informou, ainda, que as dívidas do governo norte-americano tinham aumentado para 7 trilhões e 400 bilhões de dólares.
40. *Creditaction*: debt facts and figures. [S.l.], 4 nov. 2004. Disponível em: <www.creditaction.org.uk>. Acesso em: 15 fev. 2019. Dessa quantia de 2005, 83% são empréstimos para casas e 17% são créditos de consumo.

41. Ibid. Se incluirmos as hipotecas, a dívida mediana é de 45 mil libras por família para esse período.
42. Veja *www.ncc.org.uk/moneymatters/index.htm*, novembro de 2004 (em inglês).
43. Para tendências históricas, veja *www.federalreserve.gov/releases/h15/data.htm* e *www.bankofengland.co.uk/index.htm* (em inglês).
44. Números de 2001/2002, como relatado em *Social Trends* 34: edição de 2004, p. 69.
45. HARTROPP, Andrew (Org.). *Families in debt:* the nature, causes and effects of debt problems, and policy proposals for their alleviation. Cambridge: Jubilee Centre Publications, no. 7, 1987; SCHLUTER, Michael; LEE, David. *Credit and debit:* sorting it out. Londres: Marshall Pickering, 1989.
46. Credit Action é, agora, a maior agência de aconselhamento em questões de dívidas no Reino Unido. Ela possui dois *sites* com muitos recursos para pessoas com problemas de endividamento: *www.creditaction.org.uk* e *www.moneybasics.co.uk* (em inglês). Nos Estados Unidos, existe uma organização semelhante, a Crown Financial Ministries, *www.crown.org* (em inglês). Keith Tondeur, director da Credit Action, recomenda dois livros para aqueles que desejam estudar o assunto mais a fundo: HOOD, Neil. *God's wealth: whose money is it anyway?* Carlisle, Penn.: Authentic Media, 2004; e ALCORN, Randy. *Money, possessions, and eternity.* Carol Stream, Ill.: Tyndale, 2003.

QUARTA PARTE

QUESTÕES PESSOAIS

CAPÍTULO 12

Mulheres, homens e Deus

O histórico de opressão das mulheres é tão longo e amplo, que existe uma necessidade de reparação pela sociedade dominada por homens.

Em minha reflexão sobre o tema, tenho sido desafiado por aquilo que mulheres, de todas as perspectivas e convicções ideológicas, estão dizendo. Procurei entender suas dores, sua frustração e, até mesmo, sua raiva. Também busquei atentar às Escrituras, e essa atenção dupla tem sido dolorosa. Mas isso deve poupar-nos tanto de negar os ensinamentos das Escrituras, numa obstinação de relevá-los a qualquer custo, quanto de afirmá-los de uma forma que ignore tais desafios e seja insensível às pessoas mais afetadas por eles.

Durante o século 20, o *status* das mulheres mudou, especialmente no Ocidente. Em muitas partes do mundo, essa mudança fundamental não ocorreu, e as mulheres ainda são tratadas como propriedade, não são consultadas sobre o próprio destino e sofrem abusos. Nos capítulos sobre direitos humanos e pobreza global, tratei dessas questões em mais detalhes. No Ocidente, contudo, as coisas têm mudado ou, pelo menos, começaram a mudar. É notável lembrar que foi apenas em 1918 que as mulheres conquistaram o direito de votar no Reino Unido, graças às corajosas campanhas das sufragistas.

Mudanças em normas culturais, legais, econômicas e políticas sofreram avanço na década de 1960. A revolução das mulheres levou vários pensadores importantes a desafiar o *status quo*, visto, agora, como desnecessariamente patriarcal e injusto do ponto de vista feminino. Escritores como Germaine

Greer, a despeito de sua tendência para expressões extremas e vulgares, alcançou fama, e seu livro *A mulher eunuco* (lançado em 1970 na versão inglesa) afirmava que as mulheres eram "a maioria verdadeiramente oprimida".[1] Sua identidade era definida pelos homens da maneira mais degradante, especialmente quando vistas por eles como objetos sexuais. Nos Estados Unidos, o livro de Kate Millett, *Política sexual*,[2] alimentou um debate já acalorado sobre a distribuição de poder entre homens e mulheres. Já a obra de Carol Gilligan, *In a Different Voice: Psychological Theory and Women's Development* [Em uma voz diferente: teoria psicológica e desenvolvimento das mulheres], tornou-se leitura essencial para aqueles que queriam encontrar novas formas de entender a psicologia masculina e feminina.[3]

Em 1970, 99% dos executivos de grandes corporações norte-americanas eram homens. Uma mulher jovem que ingressasse numa corporação tinha todo o direito de acreditar que, quando alcançasse experiência, esse percentual mudaria em seu favor. E mudou. Vinte e cinco anos depois, 95% dos executivos de grandes corporações eram homens. Nesse ritmo, teremos, até o ano 2270, as mesmas chances, para homens e mulheres, de atuação na alta gerência de grandes corporações. No congresso norte-americano, as mulheres constituíam 6% dos representantes eleitos em meados da década de 1990, o triplo dos 2% em 1950. Nesse ritmo, o congresso alcançará igualdade entre homens e mulheres em 2500.[4] E, não obstante, Margaret Thatcher, Benazir Bhutto, Golda Meir, Indira Gandhi, Mary Robinson e Edith Cresson, entre outras, tornaram-se líderes de seus respectivos países.

Na década de 1970, mudanças na legislação começaram a modificar o *status* das mulheres na sociedade. No Reino Unido, foi aprovado, em 1970, o Equal Pay Act [Lei de pagamento igual], e o Sex Discrimination Act [Lei de discriminação sexual], de dezembro de 1975, tornou ilegal discriminar mulheres em áreas como educação, contratação ou publicidade. O Employment Protection Act [Lei de proteção ao emprego] (1975) proibiu a demissão de mulheres que engravidassem. Desde a década de 1960, a sociedade abriu-se cada vez mais para as mulheres, permitindo que elas explorassem seus dons e chamados da mesma forma que os homens. Mas, na realidade, muitas mulheres ainda revelam áreas em que inexiste essa igualdade, seja em termos de oportunidade, seja em termos de renda, seja em termos de tratamento no mercado de trabalho, sendo necessárias mais reformas. O "teto de vidro" que impede injustamente o avanço das mulheres, o trabalho exploratório em tempo parcial, executado por mulheres pobres e em condições precárias, o assédio sexual no trabalho e a violência doméstica ainda são disseminados em nossas sociedades "sofisticadas" — para nossa vergonha.

No que concerne à escritora feminista Janet Radcliffe Richards, o feminismo nasceu da convicção de que "mulheres sofrem injustiça social sistemática por causa de seu sexo". Foi, portanto, um "movimento pela eliminação da injustiça baseada em sexo".[5] Esse grito por justiça deveria bastar para chamar a atenção de cada cristão, pois justiça diz respeito a direitos dados por Deus. Seria um erro, no entanto, ver o feminismo como um movimento predominantemente não cristão. Elaine Storkey corrige esse erro em sua ampla, histórica e sociológica pesquisa, intitulada *What's Right with Feminism* [O que está certo no feminismo].[6] Após analisar três correntes principais do feminismo secular — liberal, marxista e radical —, e após reconhecer seus aspectos positivos, ela as vê como inadequadas, em parte por sua visão iluminista das pessoas como autônomas. No entanto, certas respostas cristãs ao feminismo também são inadequadas. Algumas o rejeitam de antemão como algo não cristão, enquanto outras vão ao extremo oposto, seja vendo o feminismo como essencial para a salvação, seja adotando uma postura pós-cristã, tentando redefini-lo como religião centrada na mulher. Elaine Storkey encerra seu livro propondo "um terceiro caminho", que identifica as origens do feminismo na Reforma e esclarece seus fundamentos teológicos. No último parágrafo do livro, ela afirma que "um programa feminista cristão certamente não seria algo fácil":[7]

> Em tudo isso, a crítica subjacente é a de um humanismo contemporâneo e de *um humanismo em que os homens definem as normas*. Em vez disso, o desejo é recuperar uma definição cristã: discernir como as mulheres devem ser tratadas nos termos de Deus e transformar nossa sociedade de uma entidade que as rebaixa e desvaloriza para uma sociedade em que elas têm dignidade, igualdade e liberdade de serem realmente humanas. Deus criou as pessoas como homens e mulheres, e essa diferença sempre existirá. O que não precisa existir são as penalidades que as mulheres pagam por seu sexo em tantas áreas da vida. Seguindo a tradição da qual elas vêm, as feministas cristãs não

estarão trabalhando e orando por conta própria e centradas em suas próprias preocupações, mas a fim de ajudar a liberar aqueles que mais precisam disso. O programa pode ser assustador. Mas as alternativas são menos do que humanas.[8]

Está claro, então, que o feminismo, em todas as suas formas — não cristãs, cristãs ou pós-cristãs —, apresenta-se como um desafio urgente à Igreja. Ele não pode ser rejeitado liminarmente. Trata-se de criação e redenção, amor e justiça, humanidade e ministério. O feminismo obriga-nos a fazer algumas perguntas reflexivas a nós mesmos. O que "justiça" significa em relação a homens e mulheres? Que relacionamentos e papéis Deus deseja para nós? O que significam masculinidade e feminilidade? Como devemos descobrir nossa verdadeira identidade e dignidade? No esforço de sintetizar o ensinamento bíblico relativo a esses temas delicados, vou enfatizar quatro termos cruciais — igualdade, complementaridade, responsabilidade e ministério.[9]

A IGUALDADE ENTRE HOMENS E MULHERES

É essencial começar pelo começo, isto é, pelo primeiro capítulo de Gênesis.

Igualdade baseia-se na Criação

> Então disse Deus: "Façamos o homem à nossa imagem, conforme a nossa semelhança. Domine ele sobre os peixes do mar, sobre as aves do céu, sobre os grandes animais de toda a terra e sobre todos os pequenos animais que se movem rente ao chão". Criou Deus o homem à sua imagem, à imagem de Deus o criou; homem e mulher os criou. Deus os abençoou, e lhes disse: "Sejam férteis e multipliquem-se! Encham e subjuguem a terra! Dominem sobre os peixes do mar, sobre as aves do céu e sobre todos os animais que se movem pela terra" (Gênesis 1:26-28).

Se juntarmos a determinação divina ("Façamos o homem [...]"; "Domine ele [...]"), a Criação divina ("Criou Deus [...]") e a benção divina ("Sejam férteis [...] Encham e subjuguem a terra [...]"), veremos que a ênfase parece estar em três verdades fundamentais sobre os seres humanos, isto é, que Deus os criou (e cria) à sua própria imagem, que ele os criou (e cria) como homens e mulheres, dando-lhes a alegre tarefa da reprodução, e que ele lhes deu (e dá) domínio sobre a terra e sobre as suas criaturas. Assim, desde o início, a humanidade tem sido "masculina e feminina", e homens e mulheres foram igualmente beneficiários da imagem divina e do domínio terreno. Nada no texto sugere que um dos sexos é mais semelhante a Deus ou que um dos sexos é mais responsável pela terra do que o outro. Não. A semelhança com Deus e a administração da terra criada por Deus (as quais não devem ser confundidas, apesar de intimamente vinculadas) eram, desde o início, compartilhadas igualmente, visto que ambos os sexos foram igualmente criados por Deus à sua semelhança.

Além do mais, a tripla afirmação da Criação de Deus, no versículo 27, não é mero paralelismo poético. Certamente existe uma ênfase deliberada aqui, e devemos entendê-la. O texto afirma, duas vezes, que Deus criou o homem à sua própria imagem, e, na terceira vez, a referência à imagem divina é substituída pelas palavras "homem e mulher". Precisamos ter o cuidado de não especular além daquilo que o texto diz. No entanto, se ambos os sexos carregam a imagem de Deus (como o texto afirma vigorosamente), então isso parece incluir não só a nossa humanidade (a natureza humana autêntica que reflete a divindade), mas também a nossa pluralidade (nossos relacionamentos de amor que refletem aqueles que unem as pessoas da Trindade) e, ainda, ao menos em sentido mais amplo, a nossa sexualidade. Já que Deus, ao criar a humanidade à sua própria imagem, os fez homem e mulher, seria demais dizer que deve haver, dentro do próprio ser de Deus, algo que corresponda ao "feminino" e ao "masculino" na humanidade?

Não devemos, portanto, no esforço de erradicar o preconceito masculino nas Escrituras, criar uma linguagem andrógina para nos referirmos a Deus. O que devemos fazer é dar peso total àquelas passagens bíblicas que falam de Deus em termos femininos — especialmente maternos —, pois ajudam a iluminar a natureza e a qualidade da "paternidade" de Deus. Por exemplo, segundo o Cântico de Moisés, Javé não era apenas "a Rocha que os gerou", mas também "o Deus que os fez nascer". Essa é uma declaração notável: ele era, simultaneamente, Pai e Mãe de Israel. Em consequência, Israel podia ter certeza da fidelidade preservadora de Deus — pois, mesmo que uma mãe humana possa esquecer-se do seu bebê que ainda mama e não ter compaixão da criança que gerou, Javé prometeu: "Eu não me esquecerei de você!" Ele amaria e confortaria seu povo sem falhas: "Assim como uma mãe consola seu filho, também eu os consolarei." Além do mais, se, nesses textos, Javé revelou-se como a mãe do povo de Israel, o israelita individualmente se sentia à vontade de entrar nesse relacionamento. O salmista até ousou comparar sua confiança em Deus com a humilde confiança de uma criança amamentada. Então, o próprio Jesus usou imagens femininas, como quando comparou Deus a uma mulher que tinha perdido uma moeda, e ainda a um pai que tinha perdido um filho, e comparando a si mesmo, em sua angústia por causa da impertinente Jerusalém, a uma galinha que desejava reunir seus pintinhos sob suas asas (Deuteronômio 32:18; confira Isaías 42:14; Isaías 49:15; 66:13; Salmos 131:1 e seguintes; Lucas 15:8 e seguintes; Mateus 23:37).

Assim, retornando para a história da Criação, é evidente que, desde o primeiro capítulo da Bíblia, a igualdade fundamental dos sexos é afirmada. Tudo o que é essencialmente humano, tanto no homem quanto na mulher, reflete a imagem divina que igualmente carregamos. E somos igualmente chamados para dominar a terra e para cooperar com o Criador no desenvolvimento de seus recursos para o bem comum.

Igualdade é distorcida pela Queda

Essa igualdade sexual primordial, porém, foi distorcida pela Queda. Parte do julgamento de Deus sobre nossos progenitores desobedientes foi esta palavra à mulher: "Seu desejo será para o seu marido, e ele a dominará." Assim, os sexos experimentariam uma medida de alienação um do outro. No lugar da igualdade entre os dois e da complementaridade dos dois (que abordaremos a seguir), um dos sexos viria a dominar sobre o outro. A dominação da mulher pelo homem se deve à Queda, não à Criação.

Além disso, os homens têm abusado desse julgamento de Deus, usando-o como desculpa para maltratar e subjugar mulheres de maneiras que Deus jamais desejou. Poderíamos dar exemplos de muitas culturas e períodos históricos. Apresentarei quatro. Inicialmente, da autobiografia de Gandhi: "Um marido hindu se vê como senhor e mestre de sua esposa, que precisa sempre estar pronta para atendê-lo."[10] Em seguida, consideremos a sura 4 do Alcorão, intitulada *Mulheres*: "Homens têm autoridade sobre mulheres porque Alá fez um superior ao outro [...] Quanto àquelas que vocês receiam ser desobedientes, repreendam-nas e mandem-nas para camas separadas e as disciplinem [...]"[11] Meu terceiro exemplo vem dos esquimós. Raymond de Coccola passou doze anos entre os "Krangmalit", no Ártico canadense, como missionário católico romano, tendo vindo a conhecê-los bem. Ele ficou chocado quando um caçador esquimó usou, para referir-se a uma mulher, uma palavra que também foi usada em referência a lobas ou cadelas. Coccola escreveu:

> Treinada para executar todo tipo de tarefas baixas, a mulher esquimó está acostumada a suportar as fraquezas e o apetite dos homens. Mas eu não conseguia acostumar-me com o que parecia ser uma relação de mestre e escravo, que ocorria entre o caçador e sua esposa.[12]

Como quarto exemplo, escolho a pornografia, um grande símbolo da decadência ocidental, que transforma mulheres em objetos de abuso e violência masculina.

Esses são exemplos da exploração de mulheres. No Antigo Testamento, o marido era certamente o patriarca e *ba'al* (senhor ou governante) de seu clã. No entanto, suas mulheres não eram desprezadas nem maltratadas. Eram vistas como parte integral da comunidade pactual, de modo que "homens, mulheres e crianças" se reuniam para ouvir a leitura pública da Torá e participar da adoração (por exemplo, Deuteronômio 31:12). O casamento era altamente honrado e respeitado, modelado segundo a aliança amorosa de Javé com Israel; a beleza do amor sexual era celebrada (como no Cântico dos Cânticos); as capacidades de uma boa esposa eram elogiadas (veja Provérbios 31); mulheres piedosas e ativas, como Ana, Abigail, Noemi, Rute e Ester, eram admiradas; e sempre se destacava que a sociedade precisava cuidar das viúvas.

Mas os profetas viviam na expectativa dos dias da nova aliança, em que a igualdade original dos sexos seria restabelecida. Deus, pois, derramaria seu Espírito sobre toda carne, incluindo filhos e filhas, servos e servas. Não haveria disqualificação por conta do sexo.

Igualdade é afirmada por Jesus

Quando Jesus veio, ele nasceu de mulher (Gálatas 4:4). Embora os protestantes tentem ansiosamente evitar a veneração exagerada da Virgem Maria, que lhe é concedida nas Igrejas Católica Romana e Ortodoxa, devemos, também, evitar cair no outro extremo, o de não honrá-la. Se o anjo Gabriel dirigiu-se a ela como "agraciada", e se sua prima Isabel chamou-a de "bendita entre as mulheres", não devemos hesitar em falar de Maria nos mesmos termos, por causa da grandeza de seu Filho (Lucas 1:28,42).

No entanto, não foi apenas o fato de Jesus ter nascido de mulher que devolveu a elas aquela medida de dignidade perdida na Queda, mas também a atitude dele em relação a elas. Além dos apóstolos, que eram todos homens, Jesus era acompanhado, em suas viagens, por um grupo de mulheres que ele tinha curado e que, então, o sustentavam com seus recursos. Jesus também teve uma discussão teológica com uma pessoa, no poço de Jacó, embora essa pessoa fosse mulher, samaritana e pecadora, três razões pelas quais ele poderia tê-la ignorado. Agiu semelhantemente com a mulher que tinha sido pega em adultério; foi gentil com ela e se recusou a condená-la. Permitiu que uma prostituta se aproximasse, enquanto ele estava reclinado à mesa, para molhar seus pés com suas lágrimas, enxugá-los com seus cabelos e cobri-los de beijos. Ele aceitou seu amor, que interpretou como gratidão pelo perdão. Ao fazê-lo, ele arriscou sua reputação e ignorou a indignação silenciosa de seu anfitrião. Deve ter sido o primeiro homem a tratar aquela mulher com respeito; antes, os homens a haviam apenas usado (Lucas 8:1 e seguintes; Marcos 15:41; João 8:1 e seguintes; Lucas 7:36 e seguintes).

Temos, aqui, três ocasiões em que Jesus recebeu uma mulher pecaminosa em público. Era proibido a um homem judeu falar com uma mulher na rua, mesmo que fosse sua esposa, filha ou irmã. Também era visto como impiedoso ensinar a Lei a uma mulher; era melhor queimar as palavras da Lei do que confiá-las a uma mulher, dizia o Talmude. Mas Jesus violou essas regras da tradição e convenção. Quando Maria de Betânia sentou aos pés de Jesus, ouvindo seu ensinamento, ele a elogiou por fazer a coisa necessária, e honrou outra Maria, fazendo dela a primeira testemunha de sua ressurreição.[13] Tudo isso era inédito. Sem alarde ou publicidade, Jesus encerrou a maldição da Queda, devolveu à mulher a nobreza parcialmente perdida e reivindicou para a comunidade de seu novo reino a benção da igualdade sexual da Criação original.

Igualdade é celebrada por Paulo

O apóstolo Paulo compreendeu isso, o que se evidencia em sua grande declaração sobre a liberdade cristã: "Não há judeu nem grego, escravo nem livre, homem nem mulher; pois todos são um em Cristo Jesus" (Gálatas 3:28). Isso não significa que judeus e gregos tenham perdido suas diferenças físicas, nem mesmo suas distinções culturais, pois ainda falavam, se vestiam e comiam de forma diferente; tampouco que escravos e pessoas livres tenham perdido suas diferenças sociais, pois a maioria dos escravos permaneceu escrava; e as pessoas livres, livres; tampouco que os homens tenham perdido sua masculinidade, e as mulheres, sua feminilidade. Significa que, no que diz respeito à nossa posição perante Deus, por estarmos "em Cristo" e desfrutarmos de um relacionamento comum com ele, distinções raciais, nacionais, sociais e sexuais são irrelevantes. Pessoas de todas as raças e classes, e de ambos os sexos, são iguais perante ele. O contexto é de justificação somente pela graça, somente por meio da fé. Quer dizer que todos aqueles que, por meio da fé, estão em Cristo são igualmente aceitos, igualmente filhos de Deus, sem nenhuma distinção, discriminação ou favoritismo segundo raça, sexo ou classe. Assim, o que quer que deva ser dito, mais adiante, sobre papéis sexuais, não pode haver dúvida de que um sexo não é superior nem inferior ao outro. Diante de Deus, e em Cristo, "não há homem nem mulher". Somos iguais.

Então, a igualdade sexual, estabelecida pela Criação, mas pervertida pela Queda, foi recuperada pela redenção em Cristo. O que a redenção remedia é a Queda; o que ela recupera e restabelece é a Criação. Assim, homens e mulheres são absolutamente iguais em valor perante Deus — igualmente criados por Deus como Deus, igualmente justificados apenas pela graça por meio da fé, igualmente regenerados pelo Espírito derramado. Em outras palavras, na nova comunidade de Jesus, não só carregamos igualmente a imagem de Deus, mas também somos igualmente herdeiros de sua graça em Cristo (1Pedro 3:7) e igualmente habitados pelo seu Espírito. Não existe nada que possa destruir essa igualdade trina (nossa participação comum no

Pai, no Filho e no Espírito Santo). Cristãos e igrejas em diferentes culturas têm negado isso, mas é um fato indestrutível do evangelho.

A COMPLEMENTARIDADE DE HOMENS E MULHERES

Embora homens e mulheres sejam iguais, eles não são idênticos. Igualdade e identidade não devem ser confundidas. Somos diferentes uns dos outros, e complementamos uns aos outros nas qualidades distintas de nossa própria sexualidade, tanto psicológicas quanto fisiológicas. Esse fato influencia nossos diferentes e apropriados papéis na sociedade. Como escreveu J. H. Yoder: "Igualdade de valor não é identidade de função."[14]

Ao investigarmos os papéis masculinos e femininos, precisamos ter o cuidado de não ratificar acriticamente os estereótipos que nossa cultura possa ter desenvolvido, muito menos imaginar que Moisés os tenha trazido consigo quando desceu do Monte Sinai com os Dez Mandamentos. Isso seria uma confusão séria de Escrituras e convenção.

É compreensível que as feministas se revoltem contra a expectativa de que as mulheres se encaixem num papel predeterminado. Quem, pois, preparou o molde senão os homens? Foi a isso que a autora norte-americana Betty Friedman se referiu com a expressão "a mística feminina", em seu livro homônimo (1963). É uma imagem que lhes foi imposta por uma sociedade dominada por homens. Ela escreveu:

> Esta é minha tese, a de que o núcleo do problema das mulheres hoje em dia não é de natureza sexual, mas um problema de identidade — uma obstrução ou evasão de crescimento perpetuada pela mística feminina [...] Nossa cultura não permite que mulheres aceitem ou satisfaçam sua necessidade básica de crescer e cumprir suas potencialidades como seres humanos [...][15]

A maternidade é, de fato, uma vocação divina e exige grandes sacrifícios. Mas não é a única vocação da mulher. Existem outras formas igualmente sérias e altruístas de serviço à sociedade que ela pode ser chamada a prestar.

Não há nada nas Escrituras que sugira, por exemplo, que mulheres não devem seguir uma carreira para ganhar o próprio sustento; ou que mulheres casadas precisem fazer as compras, cozinhar e limpar a casa, enquanto seus maridos permanecem beneficiários não contribuintes de seu trabalho; ou que a criação dos filhos seja uma área exclusivamente feminina, que nenhum homem possa ultrapassar. O ditado alemão que limita o campo das mulheres a *Kinder, Küche und Kirche* ("crianças, cozinha e igreja") é um exemplo de chauvinismo masculino descarado. As Escrituras nada dizem sobre esse tipo de divisão de trabalho. Elas dizem algo sobre papéis e relacionamentos sexuais?

É, sem dúvida alguma, por deliberada providência de Deus que nos foram dadas duas histórias distintas da Criação; Gênesis 2 complementando e enriquecendo Gênesis 1:

> Então o SENHOR Deus declarou: "Não é bom que o homem esteja só; farei para ele alguém que o auxilie e lhe corresponda". Depois que formou da terra todos os animais do campo e todas as aves do céu, o SENHOR Deus os trouxe ao homem para ver como este lhes chamaria; e o nome que o homem desse a cada ser vivo, esse seria o seu nome. Assim o homem deu nomes a todos os rebanhos domésticos, às aves do céu e a todos os animais selvagens. Todavia não se encontrou para o homem alguém que o auxiliasse e lhe correspondesse. Então o SENHOR Deus fez o homem cair em profundo sono e, enquanto este dormia, tirou-lhe uma das costelas, fechando o lugar com carne. Com a costela que havia tirado do homem, o SENHOR Deus fez uma mulher e a levou até ele (Gênesis 2:18-22).

Essa segunda história da Criação revela que, apesar de Deus ter criado o homem e a mulher como iguais, ele também os criou diferentes. Em Gênesis 1, a masculinidade e a feminilidade estão relacionadas à imagem de Deus, mas, em Gênesis 2, elas estão relacionadas uma com a outra: Eva é tirada de Adão e levada até ele. Gênesis 1 declara a igualdade dos sexos; Gênesis 2 esclarece que "igualdade" não significa "identidade", mas "complementaridade". É esse estado "igual, mas diferente" que achamos difícil de preservar. No entanto, esses aspectos não são incompatíveis; pertencem um ao outro como fatores essenciais da revelação bíblica.

Visto que homens e mulheres são iguais (por Criação e em Cristo), não temos como sugerir a inferioridade de um em relação ao outro. Mas, por serem complementares, também não temos como sugerir a identidade de um com o outro. Além do mais, essa verdade dupla lança luz nos relacionamentos e papéis masculinos e femininos. Porque foram criados por Deus com dignidade igual, homens e mulheres precisam respeitar-se, amar-se, servir uns aos outros e não desdenhar uns dos outros. Porque foram criados como complementares, homens e mulheres devem reconhecer suas diferenças, e não tentar eliminá-las ou usurpar as características do outro. Ao comentar a criação especial de Eva, Matthew Henry escreveu, com exótica profundidade, há mais de trezentos anos, que ela "não foi feita de sua cabeça para não superá-lo, nem de seus pés para ser pisoteada por ele, mas de seu lado para ser igual a ele, sob seu braço para ser protegida e perto de seu coração para ser amada". Talvez ele tenha tomado emprestada essa ideia de Pedro Lombardo, que, por volta de 1157 d.C., pouco antes de se tornar bispo de Paris, escreveu em seu *Livro das Sentenças*: "Eva não foi tirada dos pés de Adão para ser sua escrava, nem de sua cabeça para ser sua senhora, mas de seu lado para ser sua parceira."[16]

Quando tentamos elaborar o significado de complementaridade, explicar de que formas os dois sexos se complementam e definir os aspectos distintivos de homens e mulheres, é aí que nos metemos numa enrascada. As feministas começam a se sentir desconfortáveis. Suspeitam de qualquer tentativa de definir feminilidade, em parte porque as definições costumam ser feitas por homens, que têm (ou pelo menos podem ter) segundas intenções em assegurar uma definição que lhes seja congenial, e em parte porque os muitos aspectos sexuais distintivos não são, como vimos, intrínsecos, mas estabelecidos por pressões sociais. Como Janet Radcliffe Richards disse, as feministas acreditam que "não é por natureza que as mulheres são tão diferentes, mas por artifício".[17]

Talvez seja por causa dessa confusão de identidade que as pessoas optam por livros e programas prescritivos que alegam solucionar seus problemas. O livro *Homens são de Marte, mulheres são de Vênus*, do doutor John Gray, tem sido um sucesso fenomenal. Para ele, as diferenças entre os sexos são tão profundas, que homens e mulheres parecem ter vindo de planetas diferentes. Os "marcianos" (homens) prezam poder e competência, as "venusianas" (mulheres) prezam amor e relacionamentos. O doutor Gray ilustra as diferenças pela forma como as pessoas se comunicam. Quando uma mulher está sofrendo, "ela quer empatia, mas ele pensa que ela quer soluções".[18] Homens e mulheres são diferentes, também, na maneira como lidam com o estresse. "Os marcianos vão para suas cavernas para resolver seus problemas sozinhos", enquanto "as venusianas se encontram e falam abertamente sobre seus problemas".[19] Homens ficam motivados "quando se sentem necessários"; as mulheres, "quando se sentem acalentadas".[20] Cristãos acham as generalizações do livro um tanto ingênuas e observam que seu autor é descritivo, não avaliativo. Ele não sugere que tentemos mudar uns aos outros, apenas que entendamos e aceitemos uns aos outros. Mas, ao menos, ele nos encoraja a lembrar que devemos "ser diferentes".[21]

Houve muita discussão sobre as implicações disso para os homens, e, recentemente, foram escritos muitos livros sobre a crise na masculinidade.[22] Alguns argumentam que os homens deveriam ser mais como as mulheres, aprendendo a ser mais íntimos, abertos e expressivos. Outros, como o movimento Promise Keepers, nos Estados Unidos, argumentam que os homens perderam aquilo que é sua masculinidade essencial, na qual se baseia a liderança em casa e na igreja. Por isso, os homens precisariam recuperar o distintivo da masculinidade e concentrar-se na diferença entre homens e mulheres. Evidentemente, não existe um único estilo de personalidade que exemplifique a masculinidade de Jesus. Jesus respeitava João Batista, mas também amava João, o Discípulo Amado. Esses homens eram muito diferentes um do outro, mas ambos eram respeitados e amados por Jesus.

Em seu livro *Fathers and Sons: The Search for a New Masculinity* [Pais e filhos: a busca de uma nova masculinidade], a psicóloga Mary Stewart van Leeuwen fala da necessidade de mudança pessoal e estrutural se quisermos alcançar "um modelo mais justo e criacionalmente saudável para os sexos e as relações familiares".[23] A suposição tradicional tem sido a de que as mulheres é que devem adaptar-se para que casamento, criação dos filhos e emprego sejam equilibrados. Todavia, argumenta ela, é apenas quando os homens, tanto individual quanto corporativamente, estiverem dispostos a arriscar mudanças em sua visão do mundo e em seus padrões de comportamento que as coisas mudarão para homens e mulheres. Ela comenta:

> Mais especificamente, os homens cristãos precisam estar preparados para substituir os ideais duvidosos do código de honra masculino,

que se reinventa constantemente, como uma Hidra, em cada geração, por noções bíblicas de responsabilidade e serviço.[24]

Parte do problema em uma sociedade de consumo é a aceitação tácita, pelos homens, de que, numa sociedade caracterizada por crescimento econômico, não deve haver limites para as ambições dos homens. O código de honra do guerreiro foi substituído pela linguagem da carreira bem-sucedida, na qual os homens investem suas energias. Mas, ela observa, existe outra imagem que os homens devem contemplar, a do administrador que protege os recursos de Deus e é mais vigilante do que o guerreiro. Sua tarefa, compartilhada com a das mulheres, é "proteger *shalom*". Aqui, voltamos à complementaridade de homens e mulheres, bem como à sua igualdade, pois é somente quando recuperarmos o fato de que a Criação e o mandato cultural foram dados a ambos, e quando os homens rejeitarem o conceito de crescimento econômico ilimitado, que abriremos espaço para os dons das mulheres, para a importância da vida familiar e para o lugar legítimo das dádivas de Deus ao mundo em *shalom*. Talvez, observa a autora, as coisas seriam melhores se deixássemos de pensar em homens e mulheres como "sexos opostos", como se competissem um com o outro, imaginando-os, em vez disso, como "sexos vizinhos", o que introduz um espírito de cooperação na complementaridade entre eles.

O PAPEL DA RESPONSABILIDADE

Todos os estudiosos de Gênesis concordam que o Capítulo 1 ensina igualdade sexual e que o Capítulo 2 ensina complementaridade. Contudo, o apóstolo Paulo acrescenta a esses conceitos a ideia da "cabeça masculina". Ele escreve que "o marido é o cabeça da esposa" (Efésios 5:23) e, de modo mais geral, que "o cabeça de todo homem é Cristo, e o cabeça da mulher é o homem, e o cabeça de Cristo é Deus" (1Coríntios 11:3). Mas o que isso significa? Como isso pode ser conciliado com igualdade sexual e complementaridade? Essas perguntas ainda me parecem ocupar o centro do debate sobre relacionamentos entre homens e mulheres e sobre ordenação e ministério de mulheres.

Três tentativas de resolver o paradoxo entre igualdade sexual e liderança masculina têm sido apresentadas. Alguns afirmam a liderança com tanta força, a ponto de contradizer a igualdade (ou assim parece). Outros negam a liderança porque a veem como incompatível com a igualdade. O terceiro grupo procura interpretar a liderança e afirmá-la de tal modo que ela entre em harmonia com a igualdade, evitando contradizê-la.

Liderança autoritária

A primeira dessas opções poderia ser chamada "tradicionalista" ou, até mesmo, "linha dura". Ela supõe que "liderança" é igual a "senhorio", visto que a Bíblia diz que o marido é o cabeça de sua esposa, assim como Cristo é o cabeça da igreja. Segundo essa visão, quando Paulo proíbe as mulheres de falarem na igreja ou de ensinarem aos homens, e quando ele exige submissão e silêncio feminino, tudo isso é injunção literal, permanente e universal. Assim, deduz-se que, embora as mulheres tenham, sim, ministérios, a liderança e a tomada de decisões na igreja e no lar são prerrogativas masculinas. Uma das exposições mais explícitas e persuasivas desse ponto de vista é o livro *Leadership Is Male* [Liderança é masculina], de David Pawson. Ele define "o paradoxo de gênero" em termos de "igualdade vertical" (iguais em relação a Deus) e "desigualdade horizontal" (desiguais em relação um ao outro). Mas "desigualdade" (mesmo quando limitada ao plano horizontal) é um termo enganoso ("complementaridade" é melhor), e parece ser impossível reconciliá-lo com aquela igualdade plena dos sexos estabelecida pela Criação, pela redenção e por Pentecoste.[25]

Negação de liderança

Segundo, há aqueles que vão ao extremo oposto. Eles negam todo e qualquer conceito de liderança masculina, vendo cada um deles como irreconciliável com a unidade dos sexos em Cristo. Declaram que o ensinamento de Paulo é inaplicável por causa de uma ou outra de quatro razões; dizem que é equivocado, confuso, cultural ou puramente situacional.

O ensinamento de Paulo é equivocado?

Como afirma o doutor Paul Jewett em seu livro, entre outros adjetivos, admirável, *Man as Male and Female* [Homem como macho e fêmea],[26] talvez

Paulo tenha tido duas visões impossíveis de harmonizar. De um lado, ele afirmava a igualdade (Gálatas 3:28); de outro, ele favorecia a sujeição das mulheres (1Coríntios 11:13). Isso reflete a dialética entre o Antigo Testamento hierárquico e o Jesus que tratava homens e mulheres como iguais.[27] "Essas duas perspectivas", continua o doutor Jewett, "são incompatíveis, não existe maneira satisfatória de harmonizá-las."[28] De fato, "subordinação feminina" é "incompatível com (a) as narrativas bíblicas sobre a criação do homem, (b) a revelação que nos foi dada na vida de Jesus e (c) a afirmação fundamental de Paulo sobre a liberdade cristã" (isto é, Gálatas 3:28).[29]

Essa incongruidade, ele conclui, deve-se ao fato de que as Escrituras são humanas e também divinas e de que o ensinamento de Paulo tem "limitações históricas".[30] Em outras palavras, Paulo estava errado. Ele não entendeu as implicações plenas de sua própria afirmação de que, em Cristo, não há homem nem mulher. Temos, portanto, a liberdade de escolher entre o apóstolo da liberdade cristã e o rabino não reformado, e, afirma o doutor Jewett, de longe preferimos o primeiro.

Existe muita coisa excelente no livro do doutor Jewett, em particular sua exposição das atitudes e do ensinamento de Jesus. Mas abandonar a tarefa de harmonização e declarar que o apóstolo Paulo é ambíguo e equivocado é um conselho de desespero. É melhor dar a ele o crédito de consistência de pensamento. A verdade é que submissão não implica inferioridade; e distintos papéis e identidades sexuais não são incompatíveis com igualdade de valor.

O ensinamento de Paulo é confuso?

A segunda maneira de rejeitar o conceito de liderança consiste em declarar que o ensinamento de Paulo é confuso demais para ser útil. Essa é a posição adotada por Gretchen Gaebelein Hull em seu livro *Equal to Serve* [Servir por igual]. Seu estudo das "passagens difíceis" de Paulo levaram-na à descoberta de que "não existe consenso acadêmico sobre o significado ou a interpretação dessas passagens".[31] Consequentemente, ela decidiu ignorá-las como periféricas e se concentrar na "verdade maior da redenção igual das mulheres e nos direitos iguais de herança"[32] e em sua "oportunidade igual de servir a Deus".[33] E escreve:

O fato de todos os cristãos serem igualmente remidos e, portanto, igualmente elegíveis para servir forma a base para qualquer filosofia de vida e serviço cristão. Deus não faz distinção segundo raça, classe ou gênero.[34]

Gostei de ler o livro da senhora Hull e apreciei especialmente sua ênfase repetida ao serviço sacrificial e sofredor para o qual todo o povo de Cristo é chamado.[35] No entanto, não me sinto capaz, ao deparar-me com textos difíceis, de desistir das tarefas de interpretação e harmonização, tampouco creio ser lógico argumentar que nossa redenção igual implique necessariamente serviço igual.

O ensinamento de Paulo é cultural?

Se o ensinamento de Paulo não era nem equivocado nem confuso demais para entender, então ele era cultural? Ou seja, podemos argumentar que sua posição em relação à liderança masculina era válida para o seu próprio tempo, para as igrejas do primeiro século no mundo greco-romano, mas que ela não vale mais para nós no mundo de hoje? Minha reação imediata a essas questões precisa ser a de chamar a atenção para o perigo inerente ao argumento. Se pudermos rejeitar o ensinamento de Paulo sobre homens e mulheres, argumentando que era cultural, não poderíamos rejeitar, com o mesmo argumento, seu ensino sobre casamento, divórcio, relacionamentos homossexuais e, na verdade, sobre Deus, Cristo e a salvação?[36] Se o ensinamento dos apóstolos estava vinculado apenas a sua própria geração, então nada dele tem qualquer relevância para nós, nem possui autoridade sobre nós. Mas não temos a liberdade de exercer rejeição cultural (isto é, repudiar a revelação de Deus por causa de seu revestimento cultural do primeiro século); nossa tarefa é a transposição cultural (ou melhor, guardar a revelação essencial de Deus e traduzi-la para um idioma moderno apropriado).

Às vezes, alguns tentam fortalecer o argumento cultural com uma referência à escravidão. Paulo disse que as esposas deviam submeter-se aos seus maridos, mas ele também disse que os escravos deviam submeter-se aos seus mestres. Já que os escravos foram libertos há muito tempo, não está na hora, também, de libertar as mulheres? No entanto, o argumento é falho. A analogia entre mulheres e escravos é extremamente imprecisa por duas razões. Em primeiro lugar, as mulheres não eram propriedades, compradas e vendidas no mercado, como acontecia com os escravos. Em segundo lugar, mesmo que Paulo tenha tentado regular a conduta de escravos e senhores, ele, em nenhum ponto, apelou às Escrituras em defesa da escravidão, mas, por sua vez, baseou seu ensinamento sobre liderança masculina na doutrina bíblica da Criação. Ele chamou a atenção de seus leitores para a prioridade da Criação (primeiro foi formado Adão, depois Eva; 1Timóteo 2:13), para o modo de Criação (o homem não se originou da mulher, mas a mulher do homem; 1Coríntios 11:8) e para o propósito da Criação (o homem não foi criado por causa da mulher, mas a mulher por causa do homem; 1Coríntios 11:9). Assim, segundo as Escrituras, mesmo que o homem nasça da mulher e os sexos dependam um do outro (1Coríntios 11:11 e seguinte), a mulher foi criada depois do homem, do homem e para o homem.

Não podemos rejeitar esses três argumentos (como fazem alguns escritores), vendo-os como "exegese rabínica tortuosa". Pelo contrário, como demonstra o doutor James B. Hurley em seu livro *Man and Woman in Biblical Perspective* [Homem e mulher na perspectiva bíblica], eles são rigidamente bem fundamentados. E a razão: (a) pelo direito de primogenitura, "o primogênito herdava o controle de recursos e a responsabilidade de liderança"; (b) quando Eva foi tirada de Adão e levada até ele, ele a chamou de "mulher", e "o poder de atribuir [...] um nome era vinculado a controle"; e (c) ela foi feita para ele, não como consideração *a posteriori* nem como brinquedo, mas como sua companheira e colega, para compartilhar com ele "no serviço a Deus e no domínio sobre a terra".[37]

É essencial observar que os três argumentos de Paulo são retirados de Gênesis 2, não de Gênesis 3. Ou seja, são baseados na Criação, não na Queda. E, ao refletirem os fatos da nossa criação humana, eles não são afetados pelas modas de uma cultura passageira. O que a Criação estabeleceu nenhuma cultura consegue destruir. O uso de véu ou de um penteado específico era realmente expressão cultural de submissão à liderança masculina,[38] podendo ser substituído por outros símbolos mais apropriados para o século 21, mas a liderança em si é criacional, não cultural.

O ensinamento de Paulo é situacional?

Se não pudermos rejeitar o ensinamento de Paulo sobre liderança masculina com argumentos de que era equivocado, confuso ou cultural, podemos fazê-lo porque era situacional — ou seja, porque se dirigia a situações bem específicas que não existem mais nos dias de hoje? Esse argumento é semelhante ao anterior, mas diverge num aspecto importante. Declarar que o ensinamento de Paulo é "cultural" constitui um julgamento que nós formamos, ou seja, achamos que ele nos parece antiquado e, portanto, irrelevante; chamá-lo de "cultural" significa reconhecer a particularidade da instrução do apóstolo e argumentar que ele próprio não a via como aplicável a todos os tempos e lugares.

Essa sugestão costuma ser feita em relação à exigência de Paulo: "permaneçam as mulheres em silêncio nas igrejas", pois "não lhes é permitido falar" (1Coríntios 14:34,35). Mais uma vez: "Não permito que a mulher ensine, nem que tenha autoridade sobre o homem. Esteja, porém, em silêncio" (1Timóteo 2:12). A tentativa acadêmica de limitar essas proibições a situações específicas, em Corinto e Éfeso, está associada aos nomes de Richard e Catherine Clark Kroeger, que trataram dessas questões numa série de artigos e livros acadêmicos.[39] Em um artigo intitulado *Pandemonium and Silence in Corinth* [Pandemônio e silêncio em Corinto],[40] eles observam que o antigo Corinto era um conhecido centro de adoração a Baco (chamado pelos gregos de Dionísio), no qual se presenciavam gritos frenéticos, especialmente de mulheres. Por isso, eles sugerem que Paulo estava encorajando o autocontrole na adoração, em vez de êxtases selvagens, e que o *lalein* (palavra onomatopaica) proibido por ele era ou o grito ritual de "alala" ou a fofoca vã.

Os Kroegers sugerem, ainda, num artigo subsequente, que um tipo diferente de movimento feminista se havia desenvolvido em Éfeso, onde Timóteo supervisionava as igrejas e onde Diana (Ártemis), a grande deusa mãe, reinava, servida por suas numerosas sacerdotisas de fertilidade. Eles apontam que há uma forte ênfase, nas epístolas pastorais, à necessidade de "silenciar" enganadores (por exemplo, 1Timóteo 1:3; Tito 1:10); que a proibição do ensino pelas mulheres pode muito bem se referir à sua prática de ensinar heresias; e que a heresia combatida por Paulo nas epístolas pastorais pode ter sido o início do gnosticismo, cujos desenvolvimentos posteriores "baseavam sua *gnosis* numa revelação especial dada a uma mulher", notavelmente Eva. Ela foi a primeira a comer da árvore do conhecimento (*gnosis*), tinha desfrutado também (como ensinavam alguns) de uma existência anterior e era, inclusive, a criadora de Adão. Ela era, portanto, muito qualificada para instruir Adão. Se tal heresia já era comum em Éfeso, a insistência de Paulo em dizer que Adão foi formado primeiro, e que Eva foi enganada — e não iluminada — primeiro (1Timóteo 2:13,14), certamente assumiria importância adicional.[41]

Quanto ao verbo *authenteô*, cuja única ocorrência, no Novo Testamento, é em 1Timóteo 2:12 e que significa "dominar", alguns argumentam que, em alguns casos, ele tinha conotações sexuais. Logo, alguns estudiosos têm sugerido que Paulo estava proibindo a sedução dos homens, algo comum na prostituição dos templos em Éfeso. Catherine Clark Kroeger, porém, prefere traduzi-lo como "proclamar-se a si mesmo o autor ou originador de algo" e entendê-lo como proibição da mitologia gnóstica de que "Eva era anterior a Adão e sua criadora".[42]

Essas teorias têm sido desenvolvidas com erudição e criatividade consideráveis. No entanto, não passam de especulação. Não só é anacrônico referir-se ao "gnosticismo" como se ele já tivesse sido um sistema reconhecível na década de 60 do primeiro século d.C., como também não há nada no texto, nem de 1Coríntios 14:3-5 nem de 1Timóteo 2:11,12, que indique que Paulo fazia alusão a movimentos feministas específicos em Corinto e Éfeso. Pelo contrário, a ordem de ficar em silêncio, em ambas as passagens, seria uma maneira estranhamente velada de proibir as crenças e práticas que esses estudiosos descreveram. Além disso, Paulo dá instruções sobre "uma mulher" e sobre "mulheres". Suas referências são genéricas, não específicas. Por fim, mesmo que essa instrução apostólica possa ser comprovada como situacional, ela permanece aplicável a situações semelhantes nos dias de hoje. Afinal de contas, cada epístola do Novo Testamento é um documento ocasional, que se dirige a problemas específicos em igrejas específicas. Mesmo assim, as epístolas continuam a falar sobre nossa condição atual.

Harmonização entre igualdade e liderança

Até agora, temos analisado os dois pontos de vista contrários sobre relacionamentos entre homens e mulheres. De um lado, existem aqueles que afirmam a liderança masculina (corretamente, em minha opinião), mas o fazem com tanta força, que parecem negar a plena igualdade dos sexos. De outro, existem aqueles que negam a liderança para afirmar (corretamente, em minha opinião) a igualdade dos sexos. Mas, como busquei demonstrar, todas as tentativas de anular o ensinamento de Paulo sobre liderança (argumentando que ele é equivocado, confuso, cultural ou situacional) precisam ser declaradas malsucedidas. O ensino, teimosamente, não sai dali. Está arraigado na revelação divina, não na opinião humana, e na Criação divina, não na cultura humana. Em essência, ele deve, por isso, ser preservado como possuidor de autoridade permanente e universal.

Não há, então, nenhuma maneira de resolver o paradoxo entre igualdade sexual e liderança masculina sem negar alguma delas? Elas não podem ser afirmadas em conjunto? Muitos acreditam que isso é possível, pois as próprias Escrituras o fazem. A maneira correta de avançar parece ser fazendo duas perguntas. Em primeiro lugar, o que significa "liderança"? Ela pode ser compreendida de modo a ser compatível com igualdade, sem manipulá-la ou esvaziá-la de sentido? Em segundo lugar, após definirmos liderança, o que ela proíbe? Quais ministérios (se é que existem) ela declara inapropriados para mulheres? Assim, o significado e a aplicação de "liderança" são cruciais para o debate atual.

O significado de liderança

Como, então, podemos interpretar, com cuidado e integridade, o significado de liderança e permitir que as Escrituras reformem nossas tradições nesse sentido? Certamente, devemos rejeitar toda a linguagem emotiva de hierarquia, como se liderança significasse patriarcado ou paternalismo condescendente, autocracia ou dominação, e como se a submissão a ela significasse subordinação, sujeição ou subjugação. Precisamos desenvolver uma compreensão bíblica de liderança masculina, que seja plenamente consistente com a igualdade criada de Gênesis 1, com o derramamento do Espírito sobre ambos os sexos em Pentecoste (Atos 2:17 e seguintes) e com a unidade do povo em Cristo e na nova comunidade divina (Gálatas 3:28).

Liderança como "fonte"

Duas interpretações de liderança vêm sendo propostas. A primeira é que *kephale* ("cabeça") não significa "chefe" nem "senhor", mas "fonte" ou "início", e que Paulo estava descrevendo o homem como "origem" da mulher, referindo-se à prioridade em torno de sua criação. Essa visão remete a um artigo de Stephen Bedale, intitulado *The Meaning of Kephale in the Pauline Epistles* [O significado de *kephale* nas epístolas paulinas], publicado no *Journal of Theological Studies*, em 1954. Em 1971, a ideia foi acatada e endossada pelos professores F. F. Bruce e C. K. Barrett, em seus respectivos comentários sobre 1Coríntios, e tem sido citada por muitos autores desde então. Em 1977, porém, o doutor Wayne Grudem publicou um levantamento computadorizado com 2.336 usos do termo *kephale* na antiga literatura grega, por 36 autores, do século 8 a.C. até o século 4 d.C. Em seu artigo, ele rejeita o argumento de Bedale de que *kephale* significaria "fonte"; apresenta evidências de que a palavra significa "autoridade sobre".[43] A tese do doutor Grudem, por sua vez, tem sido criticada e reafirmada.[44] Assim, o que a revista *Christianity Today* tem chamado de "a batalha dos léxicos" continua.[45]

Liderança como "autoridade"

Eu me pergunto, no entanto, se essa controvérsia lexical não é, em certa medida, uma trilha errada. Sim, é importante determinar como *kephale* era usado fora do Novo Testamento. Muito mais importante, porém, é seu significado no Novo Testamento, e isso nós determinamos menos por sua etimologia e mais por seu uso em cada contexto. "Cabeça" parece implicar claramente algum tipo de "autoridade" a que é apropriado submeter-se, como quando "Deus colocou todas as coisas debaixo de seus pés e o designou cabeça de todas as coisas para a igreja" (Efésios 1:22). Mas precisamos ter o cuidado de não exagerar na interpretação.

É verdade que a mesma exigência de submissão vale para as esposas em relação aos maridos, para os filhos em relação aos pais, para os escravos em relação aos mestres e para os cidadãos em relação ao Estado. Precisa existir, portanto, algum denominador comum entre essas posturas. Não posso acreditar que alguém de fato imagine que a submissão da esposa ao marido seja idêntica à obediência esperada de filhos, escravos ou cidadãos. O que se pensa é num relacionamento bem diferente. Além disso, no Novo Testamento, a palavra "autoridade" nunca é usada para descrever o papel do marido, nem "obediência" para referir-se ao papel da esposa. "Subordinação" também não me parece a palavra certa para descrever sua submissão. Apesar de ser uma tradução formalmente correta da palavra grega *hupotagç*, ela tem, em linguagem moderna, conotações infelizes de inferioridade, até mesmo de hierarquia militar e disciplina.[46]

Liderança como "responsabilidade"

Como, então, devemos entender *kephale*, "cabeça", e que tipo de liderança masculina Paulo estaria imaginando? Infelizmente, o debate lexical limita nossa escolha entre "fonte de" e "autoridade sobre". Existe uma terceira opção que contém um elemento de ambos. De um lado, liderança precisa ser compatível com igualdade. Se o cabeça da mulher é o homem, assim como o cabeça de Cristo é Deus, então homem e mulher precisam ser iguais, assim como o Pai e o Filho são iguais. De outro, cabeça implica algum grau de liderança, melhor expressa, contudo, não em termos de "autoridade", mas de "responsabilidade". A escolha dessa palavra não é arbitrária. Ela se baseia na maneira como *kephale* é empregado em Efésios 5[47] e nos dois modelos que Paulo desenvolve para ilustrar a atitude da cabeça em relação ao corpo. O primeiro é a atitude de Cristo relativamente ao seu corpo, a Igreja, e o segundo é a preocupação pessoal que todos os seres humanos têm com o bem-estar de seus próprios corpos.

A responsabilidade de amar sacrificialmente

Em primeiro lugar: "o marido é o cabeça da mulher, como também Cristo é o cabeça da igreja, que é o seu corpo, do qual ele é o Salvador" (Efésios 5:23). Essas últimas palavras são reveladoras. Cristo é "cabeça" da Igreja no sentido de que é seu "Salvador". Mudando a metáfora, ele amou a Igreja como sua noiva e "entregou-se por ela para santificá-la [...] e para apresentá-la a si mesmo [...] santa e inculpável" (Efésios 5:25-27). Assim, a essência da liderança da Igreja por Cristo é o seu amor sacrificial por ela.

A responsabilidade de cuidar de modo altruísta

Em segundo lugar:

> [...] os maridos devem amar cada um a sua mulher como a seu próprio corpo. Quem ama sua mulher, ama a si mesmo. Além do mais, ninguém jamais odiou o seu próprio corpo, antes o alimenta e dele cuida, como também Cristo faz com a igreja, pois somos membros do seu corpo (Efésios 5:28-30).

O mundo antigo não imaginava a relação da cabeça com o corpo em termos neurológicos modernos, pois nada sabia do sistema nervoso central. As pessoas pensavam na integração e na alimentação do corpo. Assim, em outro lugar, Paulo escreveu sobre Cristo como cabeça da Igreja, por meio da qual o corpo inteiro é "ajustado e unido" e por meio da qual ele "cresce" (Efésios 4:16; Colossenses 2:19). A liderança do marido sobre a esposa é, portanto, uma mistura liberadora de cuidado e responsabilidade, não de controle e autoridade. Essa distinção tem importância de longo alcance. Afasta nossa visão do papel do marido em questões de dominação e tomada de decisão, levando-a para a esfera do serviço e do nutrimento. Fico feliz que, em seu enorme simpósio *Recovering Biblical Manhood and Womanhood* [Recuperando a masculinidade e a feminilidade bíblicas], John Piper e Wayne Grudem tenham optado pela palavra "responsabilidade": "No centro da masculinidade madura, há um senso de responsabilidade benevolente de liderar, sustentar e proteger as mulheres [...]"[48] Tudo isso ocorre na esfera do amor que se doa a si mesmo.

Mesmo correndo o risco de ser ofensivo, creio ser necessário encarar a descrição, feita pelo apóstolo Pedro, das mulheres como "sexo mais frágil" (1Pedro 3:7). As mulheres podem, é claro, ser extremamente fortes e, em muitos países, exercer um árduo trabalho manual. O fato de que, em algum sentido, as mulheres são mais "frágeis" do que os homens é embaraçoso, pois isso não é visto como qualidade a ser admirada no século 21. Absorvemos (inconscientemente, sem dúvida alguma) algo da filosofia de poder de Nietzsche. Em consequência disso, tendemos a desprezar a fraqueza, enquanto

Pedro nos diz que ela deve ser honrada. Também não é incompatível com a outra declaração de Pedro, no mesmo versículo, de que ela e seu marido são igualmente herdeiros do dom gracioso da vida eterna. Embora as mulheres tenham muitos traços de personalidade diferentes, as características da feminilidade sempre se concentraram em palavras como "meiga", "sensível", "mansa" e "paciente". Num mundo obcecado com poder, tais virtudes merecem respeito e promoção, pois são facilmente ignoradas ou abusadas. Em 1Pedro 3:7, pois, Pedro diz que os maridos devem tratar suas esposas com respeito e honra por duas razões: a primeira é que, em certo sentido, elas são a parte "mais frágil"; a segunda, que participam igualmente do dom gracioso da vida [eterna].

O desejo resoluto, entre as mulheres, de conhecer e de ser elas mesmas, de desenvolver a si próprias e de usar seus dons para servir neste mundo é tão obviamente a vontade de Deus para elas, que negá-lo ou frustrá-lo constitui uma opressão extremamente séria. É direito e responsabilidade básica de uma mulher descobrir a si mesma, bem como a sua identidade e a sua vocação. A pergunta fundamental é: Em que tipo de relacionamento com os homens as mulheres podem encontrar-se e ser elas mesmas? Certamente, não numa subordinação que implica inferioridade aos homens e prejudica a autoestima. Apenas o ideal bíblico de liderança, que, por ser amor altruísta, pode justamente ser chamado de "semelhante a Cristo", será capaz de convencê-las de que a liderança facilitará, e não de que destruirá, sua verdadeira identidade.

Essa verdade aplica-se apenas a mulheres casadas cujo cabeça amoroso é o marido? E quanto às solteiras? A razão pela qual essa pergunta, talvez, não seja discutida diretamente nas Escrituras é que, naqueles dias, mulheres solteiras encontravam-se sob o cuidado protetor de seus pais, enquanto as casadas estavam sob o cuidado de seus maridos. Hoje, porém, pelo menos no Ocidente, é comum que mulheres solteiras saiam da casa dos pais e estabeleçam o próprio lar independentemente. Não vejo motivo para resistir a isso. Mas penso que não seria natural se essas mulheres se isolassem totalmente dos homens, tampouco não seria natural que os homens solteiros se isolassem das mulheres. Homens e mulheres precisam experimentar o cuidado respeitoso e apoiador de cada um.

AS IMPLICAÇÕES DA LIDERANÇA PARA O MINISTÉRIO

É praticamente desnecessário demonstrar que Deus chamou as mulheres para o ministério. "Ministério" é "serviço" (*diakonia*), e cada cristão, homem ou mulher, jovem ou velho, é chamado para seguir os passos daquele que disse não ter vindo para ser servido, mas para servir (Marcos 10:45). A única pergunta é sobre a forma que o ministério das mulheres deve assumir; se quaisquer limites devem ser impostos a ele e, sobretudo, se as mulheres devem ser ordenadas. Como diaconisas e missionárias pioneiras, é claro, as mulheres já têm um histórico extraordinário de serviço dedicado.

As Igrejas Católica Romana e Ortodoxa não têm sacerdotisas. Muitas Igrejas Luteranas têm pastoras, por exemplo, na Escandinávia, mesmo que o debate sobre a questão continue. A Igreja Reformada Francesa aceitou ministras em 1965; e a Igreja da Escócia, em 1966. Entre as igrejas livres britânicas, os congregacionalistas têm pastoras desde 1917, enquanto os metodistas e batistas seguiram seu exemplo recentemente. Na Igreja Anglicana, não há padrão. O bispo R. O. Hall, de Hong Kong, foi o primeiro a ordenar uma sacerdotisa (isto é, uma presbítera), em 1944. Em 1968, a conferência de bispos anglicanos, em Lambeth, declarou que "os argumentos teológicos apresentados pró e contra a ordenação de mulheres ao sacerdócio são inconclusivos".

Em 1975, porém, o sínodo geral da Igreja da Inglaterra expressou a visão de que "não existem objeções fundamentais à ordenação de mulheres ao sacerdócio". Mesmo assim, nenhuma mulher havia sido ordenada até ali. Então, na conferência de Lambeth, em 1978, os bispos reconheceram que algumas províncias anglicanas tinham, agora, um clero feminino e concordaram em aceitar a disciplina recíproca nessa questão. (Devemos observar que onze bispas de várias regiões da comunhão anglicana participaram dessa conferência.) As primeiras sacerdotisas da Igreja da Inglaterra foram ordenadas na catedral de Bristol, em março de 1994, mas, em 2000, ainda existiam cerca de mil congregações, na Igreja da Inglaterra, que se recusavam a aceitar a autoridade de sacerdotisas.[49] No entanto, permanece uma divisão profunda, que é, em parte, teológica e, em parte, ecumênica, sobre o impacto da ordenação de mulheres em relações anglicanas com as Igrejas Católica Romana e Ortodoxa. Algumas paróquias que se recusam a reconhecer a ordenação de mulheres aceitaram a opção de serem pastoreadas por um "bispo itinerante" no lugar do bispo de sua própria diocese. Ele serve às congregações quando solicitado, seja como complemento, seja como alternativa ao bispo diocesano. Isso é um rompimento radical da tradição anglicana, que sempre reconheceu a autoridade de um único bispo em cada diocese.

Alguns cristãos, que desejam pensar e agir biblicamente, dirão de imediato que a ordenação de mulheres é inadmissível. Todos os apóstolos e presbíteros nos tempos do Novo Testamento eram homens, e instruções específicas de que as mulheres precisam permanecer em silêncio nas igrejas, além de não ensinar nem ter autoridade sobre homem (1Coríntios 14:34; 1Timóteo 2:12), resolvem a questão. No entanto, isso é apenas um lado do argumento. De outro lado, é possível apresentar um forte argumento bíblico *prima facie* em prol da liderança feminina na igreja, inclusive no ministério de ensino. No Antigo Testamento, havia profetisas e profetas, chamadas e enviadas por Deus como portadoras de sua palavra, mulheres como Hulda, no tempo do rei Josias. Antes dela, Miriã, a irmã de Moisés, foi descrita como "profetisa", enquanto Débora foi mais do que isso — ela também "julgou" Israel por vários anos, resolvendo disputas e liderando o povo na batalha contra os cananeus (2Reis 22:11 e seguintes; confira 2Crônicas 34:19 e seguintes; Êxodo 15:20; Juízes 4 e 5).

No Novo Testamento, embora Jesus realmente não tenha tido apóstolas, ele se revelou primeiramente a mulheres após a ressurreição, confiando-lhes as boas-novas de sua vitória (João 20:10 e seguintes; Mateus 28:8 e seguintes). Além disso, Atos e as epístolas contêm muitas referências a oradoras e trabalhadoras. As quatro filhas solteiras de Filipe, o evangelista, tinham o dom da profecia, e Paulo menciona mulheres que oravam e profetizavam na Igreja de Corinto. Em várias ocasiões, ele parece ter permanecido com Áquila e Priscila (chamou-os de "meus colaboradores em Cristo"), e Priscila era evidentemente ativa para Cristo em sua parceria casada, pois duas vezes ela é mencionada antes de seu marido, e juntos eles convidaram Apolo "à sua casa e lhe explicaram com mais exatidão o caminho de Deus" (Atos 21:9; 1Coríntios 11:5; confira Joel 2:28; Atos 2:17; Atos 18:26).

Paulo também parece ter tido ajudantes mulheres em sua comitiva, assim como Jesus teve as suas. É impressionante ver o número de mulheres que ele menciona em suas cartas. Descreve Evódia e Síntique, em Filipos, como cooperadoras (termo que ele também atribuiu a homens como Timóteo e

Tito) que tinham lutado ao seu lado na causa do evangelho. Em Romanos 16, ele se refere positivamente a oito mulheres. Começa elogiando "nossa irmã Febe, serva [ou, talvez, "diaconisa"] da igreja em Cencreia", que tinha sido de grande auxílio para muita gente, incluindo o próprio Paulo, e então envia saudações a (entre outros) Maria, Trifena, Trifosa e Pérside, que, todas elas, diz ele, trabalharam arduamente no serviço do Senhor (Filipenses 4:2 e seguintes; Romanos 16:1 e seguintes). Então, no versículo 7, ele saúda "Andrônico e Júnias" e os descreve como notáveis entre os apóstolos. Parece claro (e isso foi suposto pelos primeiros pais da Igreja) que Júnias era mulher.[50] Mas era uma apóstola? Pode ter sido uma "representante das igrejas" (2Coríntios 8:23) — ou seja, um tipo de missionária —, mas, como não é mencionada em outros textos, é bem improvável que tenha pertencido ao pequeno grupo dos "apóstolos de Cristo". Pode ser, também, que Paulo tenha pretendido dizer que ela era conhecida entre os apóstolos.

É verdade que todos os exemplos bíblicos, nos parágrafos anteriores, são de ministérios femininos que eram ou "carismáticos", em vez de "institucionais" (isto é, apontados diretamente por Deus, como as profetisas, e não pela Igreja, como os presbíteros), ou informais e privados (como Priscila, que instruiu Apolo em sua casa), em vez de oficiais e públicos (como o ensino durante o culto dominical). Mesmo assim, se Deus não viu nenhum impedimento para chamar mulheres ao papel do ensino, o ônus da prova está com a Igreja, que precisa mostrar por que não deve indicar mulheres para responsabilidades semelhantes.

Existe, porém, outro argumento a favor do ministério das mulheres (incluindo liderança e ensino), mais geral do que essas referências específicas. Em Pentecoste, no cumprimento da profecia, Deus derramou seu espírito sobre "todos os povos", incluindo "filhos e filhas" e seus "servos e servas". Se o dom do Espírito foi concedido a todos os fiéis, de ambos os sexos, o mesmo vale para todos os seus dons. Não há evidências, nem mesmo indícios, de que os carismas, em geral, estivessem restritos aos homens, ainda que pareça ter sido o caso com o apostolado. Pelo contrário, os dons do Espírito foram distribuídos a todos para o bem comum, tornando possível o que costuma ser chamado de "ministério de todos os membros do corpo de Cristo" (Atos 2:17 e seguintes; 1Coríntios 12:14 e seguintes). Devemos concluir, portanto, não só que Cristo concede carismas (incluindo os dons de ensino) a mulheres, mas que, com os seus dons, ele lança seu chamado de desenvolvê-las e exercitá-las em seu serviço e em serviço de outros para a constituição do corpo de Cristo.

Tudo isso está claro. Agora, voltemos ao comando duplo, dado a mulheres, de manter silêncio na reunião pública. Como devemos lidar com esses textos? Em 1Coríntios 14, Paulo se preocupa com a edificação da Igreja (1Coríntios 14:3-5,26) e com a conduta apropriada e ordenada da adoração pública (1Coríntios 14:40). Talvez, então, sua ordem de silêncio se dirija mais a mulheres loquazes na congregação do que a todas as outras. Certamente não era uma ordem absoluta, pois ele pressupôs que algumas mulheres orariam e profetizariam publicamente (1Coríntios 11:5). Da mesma forma, aqueles que falavam em língua deveriam ficar em silêncio na igreja se não houvesse intérprete (1Coríntios 14:28); um profeta deveria silenciar caso a revelação fosse dada a outra pessoa (1Coríntios 14:30); mulheres loquazes deveriam permanecer em silêncio nas igrejas e, se tivessem alguma pergunta, que a apresentassem aos respectivos maridos em casa (1Coríntios 14:34 e seguinte). Isso porque (e este é o princípio que parece reger todo o comportamento público na igreja) "Deus não é um Deus de desordem, mas de paz" (1Coríntios 14:33). é improvável que seja uma proibição de todo tipo de fala às mulheres na igreja, pois Paulo não só se referiu anteriormente às profetisas (1Coríntios 11:5), mas também permite, aqui, que "cada um de vocês" contribua com "um salmo, ou uma palavra de instrução, uma revelação, uma palavra em uma língua ou uma interpretação" (1Coríntios 14:26), sem limitar isso explicitamente aos homens.

Quanto a 1Timóteo 2:11-15?[51] A tentativa de limitar esses versículos a movimentos específicos, heréticos e feministas não conseguiu obter uma aceitação ampla. O apóstolo está dando instruções sobre a adoração pública e sobre os respectivos papéis dos homens (1Timóteo 2:8) e das mulheres (1Timóteo 2:9 e seguintes) quanto a ela. A instrução parece ter um tom bem geral: "A mulher deve aprender em silêncio, com toda a sujeição. Não permito que a mulher ensine, nem que tenha autoridade sobre o homem. Esteja, porém, em silêncio." O que me surpreende nessas passagens (e em 1Coríntios 14:34), e que não tem sido contemplado suficientemente pelos que as comentam, é que Paulo expressa duas antíteses; a primeira entre "aprender em silêncio" ou "estar em silêncio" e "ensinar", e a segunda, entre "toda a sujeição" e "autoridade". Essa última é um ponto substancial; confirma o ensino constante de Paulo sobre submissão feminina e liderança masculina e está firmemente arraigada no relato bíblico da Criação (porque primeiro foi formado Adão, e depois Eva). Mas a outra instrução (a exigência de silêncio e a proibição de ensino), a despeito da referência que se contrapõe ao fato de Eva ter sido "enganada", e não Adão, parece tratar-se de uma expressão de autoridade — síndrome de submissão, não um acréscimo a ela. Não parece existir nada inerente às nossas sexualidades distintas que tornasse universalmente inapropriado a uma mulher ensinar um homem. Então, seria possível (eu me pergunto) que, embora a exigência de "submissão" seja de validade permanente e universal, por estar fundamentada na Criação, a exigência de "silêncio", assim como a de cobrir a cabeça, em 1Coríntios 11, fosse uma aplicação cultural do primeiro século? Logo, seria também possível que a exigência de silêncio tenha sido não uma proibição absoluta de que uma mulher ensinasse um homem, mas uma proibição de todo tipo de ensino, por mulheres, que tentasse inverter os papéis sexuais e até dominar os homens?

Minha tentativa de resposta às duas perguntas que sugeri é afirmativa. Acredito que, em alguma situações, é inteiramente apropriado a uma mulher ensinar (e ensinar os homens), desde que, ao fazê-lo, ela não esteja usurpando nenhuma autoridade imprópria. Para tanto, três condições precisam ser cumpridas, relativas a conteúdo, contexto e estilo de ensino.

O conteúdo do ensino das mulheres

Em primeiro lugar, o conteúdo. Jesus escolheu, nomeou e inspirou seus apóstolos como mestres infalíveis de sua Igreja. Todos eles eram homens, supostamente porque seu ensino fundacional exigia um grau maior de autoridade. Hoje, porém, a situação é completamente diferente. O cânone das Escrituras foi concluído há muito tempo, e não há apóstolos de Cristo vivos que sejam comparáveis aos Doze ou a Paulo. Em vez disso, a função primária dos mestres cristãos é "proteger o depósito" da doutrina apostólica no Novo Testamento e expô-lo. Eles não reivindicam, portanto, autoridade para si mesmos, mas colocam a si mesmos e seu ensino sob a autoridade das Escrituras. Sendo assim, mulheres podem, certamente, estar incluídas entre eles. Além do mais, se a referência à enganação de Eva (1Timóteo 2:14) pretende indicar que mulheres são vulneráveis ao engano, sua determinação de ensinar somente por meio da Bíblia, por sua vez, deveria ser uma garantia adequada contra ela.

O contexto para o ensino das mulheres

Em segundo lugar, temos o contexto do ensino, que deveria ser um ministério de equipe na igreja local. Direta ou indiretamente, Paulo nomeou "presbíteros" (plural) em cada igreja (por exemplo, Atos 14:23; 20:17; Filipenses 1:1; Tito 1:5). Hoje em dia, muitas igrejas locais estão arrependidas de um ministério não bíblico de um único homem, voltando-se a um padrão neotestamentário saudável de supervisão pastoral plural. Membros de uma equipe podem beneficiar-se com a soma de seus dons, e, nessa equipe, por certo haverá uma ou várias mulheres. Algumas vão ainda mais longe. Obedecendo ao que elas consideram um ensinamento bíblico sobre liderança masculina, ainda acreditam (pelo menos no caso ideal) que o líder da equipe deva ser um homem. Outras levam em consideração a abrangência das Escrituras sobre homens e mulheres em posições de liderança e destacam o valor da liderança na equipe, mas não insistem num único líder homem.

O debate continua. O conceito de equipe deveria resolver, também, o problema da disciplina eclesiástica. Disciplina envolve autoridade, como corretamente se afirma, e, portanto, não deveria ser exercida por uma mulher. Mas, então, não deveria ser exercida por um único homem (especialmente em sua forma extrema de excomunhão). Deve, idealmente, ser administrada por todos os membros da igreja e, antes da decisão final, por uma equipe de líderes ou presbíteros (por exemplo, Mateus 18:17; 1Coríntios 5:4-5; Hebreus 13:17).

O estilo do ensino das mulheres

Em terceiro lugar, o estilo é outra condição para um ensino aceitável por mulheres. Mestres cristãos nunca devem ser fanfarrões, sejam homens, sejam mulheres. Sua humildade deve ser notada tanto em sua submissão à autoridade das Escrituras quanto em seu espírito de modéstia pessoal. Jesus alertou os apóstolos contra a imitação do autoritarismo presunçoso dos fariseus ou da arrogância dos governantes seculares sedentos de poder (Mateus 23:1 e seguintes; Marcos 10:42 e seguintes). O apóstolo Pedro, sensível à tentação do orgulho enfrentada por todos os líderes cristãos, instou aos presbíteros que se revestissem de humildade, que não se elevassem sobre aqueles confiados aos seus cuidados pastorais, mas que fossem exemplos do rebanho de Cristo (1Pedro 5:1 e seguintes).

Parece, então, ser biblicamente permissível que mulheres instruam homens, contanto que o conteúdo de seu ensino seja bíblico, que ele se dê no contexto de uma equipe e que tenha estilo humilde (e essas são coisas importantes também para homens). Em tal situação, elas estariam exercendo o seu dom sem reivindicar uma liderança responsável que não pertence a elas. Isso significa, portanto, que mulheres podem e devem ser ordenadas como presbíteras e consagradas como bispas? A dificuldade que tenho em dar uma resposta direta a essa pergunta se deve às camadas de confusão ao redor dela. Mas, se a ordenação reconhece publicamente o chamado e os dons de Deus e autoriza a pessoa a exercer o tipo de ministério descrito anteriormente, não existe razão *a priori* que impeça a ordenação ou a consagração de mulheres.

O fato de, nos últimos anos, na comunhão anglicana, algumas mulheres terem sido nomeadas reitoras ou vigárias e, enquanto escrevo este livro, catorze se terem tornado bispas (oito diocesanas e seis sufragâneas) não mudou minha opinião sobre o arranjo ideal. Agora, porém, que os eventos têm-nos atropelado, como devemos responder? Devemos, certamente, evitar as duas reações extremas. Não podemos entregar-nos à pressão cultural nem desistir e nos afastar da igreja. Então o quê? Devemos continuar o diálogo, recusando-nos a considerar resolvida a questão. Em paralelo, temos de encorajar mulheres ordenadas a exercer seu ministério voluntariamente de maneiras que reconheçam a liderança masculina, por exemplo, em situações de equipe.

O princípio da liderança masculina aplica-se ao mundo tanto quanto à igreja? Mesmo que as Escrituras não tratem diretamente dessa questão, algo precisa ser dito sobre isso. Para começar, muitas mulheres foram ricamente dotadas pela Criação e devem ser encorajadas (como também os homens) a desenvolver seu potencial dado por Deus, sem que sejam impedidas de alcançar o auge de sua profissão, não importa o campo: lei, educação, política, medicina, comércio, indústria ou qualquer outra área. Mas as Escrituras também nos alertam contra o isolamento, segundo o provérbio francês *qui s'éleve s'isole* (aquele que se eleva se isola). Mulheres na liderança agem sabiamente se aceitarem uma medida de responsabilidade, e o mesmo vale para os homens. A rainha é comedida pela constituição; o primeiro-ministro, pelo gabinete; o CEO, pelo conselho de diretores; e os profissionais, por suas entidades profissionais. O conceito de equipe é saudável também aqui.

O CHAMADO PARA A LIDERANÇA SERVIL

Aqueles que começam pela visão católica do padre como ícone de Cristo (que era homem), representando Deus para nós e nós para Deus, concluem que é impossível para uma mulher exercer esse papel.[52]

Já aqueles que, em vez disso, começam pela visão reformada do presbítero como uma figura dominante, responsável pela instrução e pela disciplina da igreja, concluem que seria inapropriado uma mulher preencher um papel de tamanha autoridade.

E se a supervisão da igreja prevista no Novo Testamento não for sacerdotal no sentido católico, mas pastoral, nem presbiterial no sentido reformado rígido, porém mais fluida, modesta e variada, oferecendo tipos e graus diferentes de ministério? E se começarmos, em vez disso, com o ensinamento de Jesus Cristo sobre o líder-servo? Sim, a Bíblia diz que pastores estão "acima" da congregação, liderando no Senhor, e que as pessoas devem "obedecer" aos seus líderes (1Tessalonicenses 5:12; Hebreus 13:17). Mas essa não era a ênfase principal de Jesus.

Ele descreveu duas comunidades, uma secular e outra santa, cada qual com seu estilo de liderança distinto. No mundo, "aqueles que são considerados governantes das nações as dominam, e as pessoas importantes exercem poder sobre elas". Mas, ele acrescentou de pronto, "não será assim entre vocês". "Ao contrário, quem quiser tornar-se importante entre vocês deverá ser servo", pois ele mesmo não tinha vindo para ser servido, mas para servir (Marcos 10:42-45). Dessa forma, Jesus introduziu no mundo um estilo completamente novo de liderança.

Logo, se a nossa visão fundamental de liderança na igreja não é o sacerdote da tradição católica, nem o presbítero da tradição reformada, nem o prelado da tradição medieval, mas o servo descrito por Jesus, por que as mulheres deveriam ser desqualificadas? Se a essência do cuidado pastoral é o amor, e seu estilo, a humildade, então não violamos nenhum princípio bíblico se convidarmos as mulheres para serem participantes. A questão fundamental não é nem "ordenação" nem "sacerdócio", mas o grau de autoridade que necessariamente inere ao presbiterado. Pode ser difícil imaginarmos presbíteros (ou até mesmo reitores e bispos) cujo estilo de vida exemplifique o serviço humilde no Reino de Deus, pois a história da Igreja ilustra a constante tendência a autocracia e prelacia, e conhecemos o orgulho do nosso próprio coração. Esta é a realidade que deveríamos estar buscando, isto é, um ministério caracterizado por humildade, e não por autoridade. Para os homens, isso significa expressar sua liderança num serviço de sacrifício próprio. Para as mulheres, significa submeter-se a essa liderança, e não tentar descartá-la ou usurpá-la. Dessa maneira, homens permanecerão homens; e mulheres, mulheres, e uma confusão não bíblica é evitada.

Nossa luta cristã, no meio do secularismo predominante e contra ele, consiste em dar testemunho dos dois princípios bíblicos, de igualdade sexual e liderança masculina, na igreja e na sociedade, como também no lar, mesmo enquanto continuamos a discutir como fazer isso da forma mais apropriada. O doutor J. I. Packer expressou bem essa tensão. As Escrituras continuam a convencê-lo, ele escreve, de "que o relacionamento homem-mulher é intrinsicamente irreversível [...] Isso é parte da realidade da Criação, um fato que nada pode mudar. Certamente, a redenção não o mudará, pois a graça restaura a natureza, não a abole". Precisamos, então:

> teologizar reciprocidade, igualdade espiritual, liberdade para o ministério, submissão e respeito mútuos entre homens e mulheres dentro dessa estrutura de irreversibilidade [...] É importante que a causa da não imposição de restrições a mulheres, que as Escrituras não impõem, não seja confundida com os objetivos bem diferentes da minimização da diferença entre os sexos como criados e da redução das responsabilidades inalienáveis do homem nas relações homem-mulher como tais.[53]

A Bíblia não proíbe as mulheres de exercer liderança, mas de dominar os homens (1Timóteo 2:12), pois isso mina a complementaridade criada dos papéis dos sexos, sendo também incompatível com a humildade fundamental do Reino de Deus. A questão central não é quais *ofícios* estão abertos às mulheres (presbítera, reitora, bispa), mas se o seu *estilo* de liderança é consistente com o ensino de Jesus sobre a servilidade. A imagem do prelado paira sobre nós e precisa ser abolida.

Concluo com algumas simplicidades centrais. Se Deus dota as mulheres de dons espirituais (e ele faz) e, assim, as chama para que exerçam seus dons para o bem comum (e ele faz), a igreja precisa reconhecer os dons e o chamado de Deus, apresentar esferas de serviço apropriadas às mulheres e "ordenar" (ou seja, comissionar e autorizar) que as mulheres exerçam seu ministério divino, pelo menos em situações de equipe. Nossas doutrinas cristãs sobre Criação e redenção dizem-nos que Deus espera que seu povo se sinta realizado, e não que se frustre, e que a sua Igreja seja enriquecida por seu serviço.

NOTAS

1. GREER, Germaine. *The female eunuch*. Londres: Paladin, 1971. p. 12, 18, 22. Em seu livro mais recente, *Sex and destiny:* the politics of human fertility (Londres: Secker & Warburg, 1984), mesmo conservando o poder de surpreender e chocar com opiniões não convencionais, Germaine Greer é muito mais positiva em relação à família. Na verdade, ela quase romantiza as relações tradicionais entre pais e filhos na Ásia e na África, ao contrário da tendência da família nuclear ocidental, que (aos seus olhos) despreza e negligencia as crianças.
2. MILLETT, Kate. *Sexual politics*. Londres: Virago, 1977.
3. GILLIGAN, Carol. *In a different voice:* psychological theory and women's development. Cambridge, Mass.: Harvard Univ. Press, 1982.
4. MCCORDUCK, Pamela; RAMSEY, Nancy. *The futures of women:* scenarios for the 21st century. Nova York: Warner Books, 1997.
5. RICHARDS, Janet Radcliffe. *The sceptical feminist*. Harmondsworth: Penguin, 1982. p. 13-14, 16.
6. STORKEY, Elaine. *What's right with feminism*. Londres: SPCK/Third Way Books, 1985. Veja também VAN LEEUWEN, Mary Stewart. *Gender and grace*. Downers Grove: InterVarsity Press, 1990.
7. STORKEY, op. cit., p. 178.
8. Ibid.
9. Um simpósio recomendado que aborda as questões de maneira justa está em LEES, Shirley (Org.). *The role of women*. Leicester: InterVarsity Press, 1984, em que oito cristãos proeminentes conduzem um debate. Seu equivalente norte-americano é CLOUSE, Bonnidell; CLOUSE, Robert G. *Women in ministry:* four views. Downers Grove: InterVarsity Press, 1989.
10. GANDHI, Mahatma. *An autobiography*. [S.l.: s.n.], 1949; Londres: Jonathan Cape, 1966. p. 155.
11. *The Koran*. Tradução de N. J. Dawood. Londres: Penguin, 1956. p. 360 et seq.
12. COCCOLA, Raymond de. *Ayorama*. [S.l.: s.n.], 1955; Ontario: Paper Jacks, 1973. p. 212.
13. Lucas 10:38 e seguintes; João 20:10 e seguintes. John Wenham argumenta de forma convincente, em *Easter enigma* (Carlisle, Penn.: Paternoster, 1984), que "Maria de Betânia" era Maria Madalena (p. 22-33).
14. YODER, J. H. *The politics of Jesus*. [S.l.: s.n.], p. 177, nota de rodapé 23.
15. FRIEDAN, Betty. *The feminine mystique*. Harmondsworth: Pelican, 1963. p. 68. Em seu livro subsequente, *The second stage* ([S.l.: s.n.], 1981; Londres: Abacus, 1983), Betty

Friedan declara que a primeira etapa da batalha feminina terminou. As mulheres foram liberadas de seus estereótipos quanto ao papel feminino e alcançaram, agora, igualdade com os homens. A segunda etapa será transcender a polarização entre homens e mulheres, e isso envolve uma reestruturação da sociedade, principalmente da família. A mística feminina foi superada; agora, é preciso renunciar à mística feminista, que negou a necessidade de um ambiente familiar acolhedor.

16. CHURCH, Leslie F. (Org.). *Matthew Henry's commentary*. [S.l.: s.n.], 1708; Londres: Marshall, Morgan & Scott, 1960. p. 7.
17. RICHARDS, op. cit., p. 65.
18. GRAY, John. *Homens são de Marte, mulheres são de Venus*. Tradução de Alexandre Jordão. Rio de Janeiro: Rocco, 1995. p. 17.
19. Ibid., p. 27.
20. Ibid., p. 34.
21. Ibid., p. 13, 187.
22. Veja, por exemplo, CLARE, Anthony. *On men:* masculinity in crisis. Londres: Chatto & Windus, 2000; MCCLOUGHRY, Roy. *Hearing men's voices:* men in search of their soul. Londres: Hodder & Stoughton, 1999.
23. VAN LEEUWEN, Mary Stewart. *Fathers and son:* the search for a new masculinity. Leicester: InterVarsity Press, 2002. p. 247.
24. Ibid.
25. PAWSON, David. *Leadership is male*: a challenge to Christian feminism. Godalming: Highland Books, 1988. p. 17-18, 57-58.
26. JEWETT, Paul. *Man as male and female*. Grand Rapids: Eerdmans, 1975.
27. Ibid., p. 86.
28. Ibid., p. 112.
29. Ibid., p. 134.
30. Ibid., p. 138.
31. HULL, Gretchen Gaebelein. *Equal to serve:* women and men in the church and home. Grand Rapids: Revell, 1987. p. 65.
32. Ibid., p. 229.
33. Ibid., p. 210.
34. Ibid., p. 73-74.
35. Ibid., p. 55-56, 128, 210, 240, 244.
36. Sobre isso, veja também WEBB, William J. *Slaves, women and homosexuals:* exploring the hermeneutics of cultural analysis. Downers Grove: InterVarsity Press, 2001. Buscan-

do desenvolver ferramentas hermenêuticas consistentes para analisar essas três questões, William Webb conclui que os textos homossexuais são transculturais e que os textos sobre mulheres e escravos são culturais, portanto existem maneiras consistentes de distinguir esses assuntos.

37. HURLEY, James B. *Man and woman in biblical perspective*: a study in role relationships and authority. Leicester: InterVarsity Press, 1981. p. 206-214.

38. James B. Hurley nos oferece uma exposição minuciosa sobre os "véus". Ele observa que o Antigo Testamento não contém nenhuma lei sobre o uso de véu e, ainda, que, segundo os costumes hebraico e greco-romano, as mulheres, no geral, não deveriam usar véu. Em ambas as culturas, era comum, também, que as mulheres prendessem os cabelos: cabelos soltos eram sinal de luto ou de separação da comunidade (por exemplo, por causa de lepra, votos de nazireu ou suspeita de adultério). Assim, o doutor Hurley argumenta que o "cobrir" e o "descobrir", mencionados por Paulo, referem-se ao prender ou soltar os cabelos. A NIV, em suas notas, também adota essa interpretação (Ibid., p. 45-47, 66-68, 162-171, 178-179, 254-271).

39. KROEGER, Richard; KROEGER, Catherine Clark. *I suffer now a woman*: rethinking 1Timothy 2:11-15 in the light of ancient evidence. Grand Rapids: Baker Academic, 1998. Veja minha crítica apreciativa a esse livro em *The message of 1Timothy and Titus*. Leicester: InterVarsity Press, 1996. p. 76-77.

40. *The Reformed Journal*, v. 28, n. 6, jun. 1978.

41. May women teach? Heresy in the pastoral epistles. *The Reformed Journal*, v. 30, n. 10, out. 1980. Veja também KROEGER, Catherine. 1Timothy 2:12: a classicist's view. In: MICKELSON, Alvera (Org.). *Women, authority and the Bible*. [S.l.; s.n.], 1986; Londres: Marshall Pickering, 1987. p. 225-244.

42. MICKELSON, op. cit., p. 229-232. Veja também KROEGER, C. C. Ancient heresies and a strange Greek verb. *The Reformed Journal*, v. 29, n. 3, mar. 1979.

43. Does kephale (head) mean "source" or "authority over" in Greek literature? A survey of 2,336 examples, originalmente publicado em 1977, reimpresso em *Trinity Journal*, n. 6, 1985.

44. Veja, por exemplo, MICKELSON, Berkeley; MICKELSON, Alvera. What does kephale mean in the New Testament? In: MICKELSON, op. cit., p. 97-110; e, especialmente, Philip Barton Payne, em resposta a seu artigo, Ibid., p. 118-132. Consulte ainda BILEZIKIAN, Gilbert. *Beyond sex roles*. Grand Rapids: Baker, 1985; e KROEGER, C. C. The classical concept of head as "source", apêndice III de HULL, op. cit., embora nenhum autor denuncie, nessas obras, qualquer conhecimento da pesquisa de Grudem. O doutor

Bilezikian, porém, desafiou diretamente a tese de Grudem numa reunião da Evangelical Theological Society, em Atlanta, novembro de 1986. Veja também o artigo do doutor Grudem, The meaning of kephale ("head"): a response to recent studies, publicado como apêndice I em PIPER, John; GRUDEM, Wayne. *Recovering biblical manhood and womanhood*. Wheaton: Crossway Books, 1991. p. 425-468.

45. 16 de janeiro de 1987.
46. Stephen B. Clark escolhe essa palavra em sua pesquisa magisterial *Man and woman in Christ*: an examination of the roles of men and women in the light of Scripture and the Social Sciences. Ann Arbor: Servant Books, 1980. p. 23-45. A despeito de suas distinções entre subordinação "coerciva", "mercenária" e "voluntária", continuo pouco à vontade com o termo; e escrevi mais sobre "autoridade" e "submissão" (1Timóteo 2:11-15) em *The message of 1 Timothy and Titus*, p. 73-88.
47. Para uma exposição mais completa de Efésios 5:21-33 e de suas implicações para o casamento, veja meu livro *Message of Ephesians*. Leicester: InterVarsity Press, 1979. p. 213-236. (Bible Speaks Today.)
48. PIPER; GRUDEM, op. cit., p. 36-45.
49. BATES, Stephen. Church of England takes cautious step towards female bishops: England's Anglican branch has resisted the trend toward women bishops accepted in the US, Canada, and New Zealand. *Guardian Unlimited*, 10 jul. 2000.
50. Veja, por exemplo, CRANFIELD, C. E. B. *Commentary on Romans*. Edimburgo: T. & T. Clark, 1979. p. 788. v. II.
51. Acompanhe minha exposição mais completa sobre esses versículos cruciais em *The message of 1Timothy and Titus*, p. 73-88.
52. Sobre uma defesa minuciosa da doutrina católica do sacerdócio, veja HAUKE, Manfred. *Women in the priesthood?* A systematic analysis in the light of the order of creation and redemption; publicado originalmente em alemão, em 1986; tradução para o inglês, San Francisco: Ignatius, 1988.
53. MICKELSON, *Women, authority and the Bible*, p. 299.

CAPÍTULO 13

Casamento, coabitação e divórcio

Em todas as sociedades, o casamento é uma instituição humana reconhecida e regulamentada. Mas não é uma invenção humana. O ensinamento cristão sobre esse tema começa com a afirmação jubilosa de que o casamento é ideia de Deus, não nossa. Segundo o prefácio ao *1662 Book of Common Prayer Marriage Service* [Livro de Oração Comum para o Serviço Matrimonial, de 1662], ele foi "instituído pelo próprio Deus no tempo da inocência do homem"; ele foi "adornado e embelezado" pela presença de Cristo quando ele participou do casamento em Caná; e ele simboliza "a união mística entre Cristo e sua Igreja". Foi assim que Deus moldou, endossou e enobreceu o casamento. Sim, ele chama algumas pessoas a renunciar ao casamento e a permanecer solteiras nesta vida (Mateus 19:11 e seguintes; 1Coríntios 7:7), e, no próximo mundo, após a ressurreição, ele será abolido (Marcos 12:25). Mesmo assim, enquanto permanecer a ordem presente, o casamento deve ser honrado por todos; aqueles que "proíbem o casamento" são falsos mestres que foram desviados por espíritos enganadores (Hebreus 13:4; 1Timóteo 4:1 e seguintes). Além do mais, por ser uma ordenança da Criação, anterior à Queda, ele deve ser visto como dádiva graciosa de Deus para toda a humanidade.

O PROPÓSITO DO CASAMENTO[1]

A teologia clássica tem seguido a revelação bíblica ao identificar três propósitos principais pelos quais Deus ordenou o casamento. Ela também costuma listá-los na ordem em que são mencionados em Gênesis 1 e 2, acrescentando, ao mesmo tempo, que a prioridade de ordem não significa necessariamente prioridade de importância.

Primeiro, homem e mulher receberam a ordem "sejam férteis e multipliquem-se" (Gênesis 1:28). Assim, a procriação de filhos tem, normalmente, encabeçado a lista, ao lado da criação dos filhos dentro do amor e da disciplina da família. Segundo, Deus disse: "Não é bom que o homem esteja só; farei para ele alguém que o auxilie e lhe corresponda" (Gênesis 2:18). Logo, Deus quis o casamento (para citar novamente o *Book of Common Prayer*, de 1662) para "a sociedade mútua, como ajuda e consolo que um deve receber do outro, em prosperidade e adversidade". Terceiro, o casamento pretende ser aquele compromisso recíproco de amor doador que encontra sua expressão natural na união sexual ou no tornar-se "uma só carne" (Gênesis 2:24).

Essas três necessidades foram fortalecidas pela Queda. A disciplina amorosa da vida familiar tornou-se ainda mais necessária por causa da imprevisibilidade das crianças; o apoio mútuo, por causa dos sofrimentos de um mundo danificado; e a união sexual, por causa da tentação da imoralidade. Mas todos os três propósitos existiam antes da Queda e precisam ser vistos como parte da provisão amorosa de Deus na instituição do casamento.

Quanto mais elevado nosso conceito sobre o propósito original de Deus para o casamento e a família, mais devastadora a experiência do divórcio está fadada a ser. A ruína marital é sempre uma tragédia. Ela contradiz a vontade de Deus, frustra o seu propósito, traz, para o marido e a esposa, dores agudas de alienação, desilusão, recriminação e culpa, além de precipitar em qualquer filho uma crise de confusão, insegurança e, muitas vezes, raiva.[2]

O mais próximo que a Bíblia chega de uma definição de casamento é em Gênesis 2:24, citado pelo próprio Jesus, mais tarde, como uma Palavra de Deus, quando questionado sobre razões permissíveis para o divórcio (Mateus 19:4-5). Imediatamente depois de Eva ser criada e levada até Adão, e de Adão reconhecê-la (num ímpeto de poesia de amor) como sua esposa dada por Deus, o narrador comenta: "Por essa razão, o homem deixará pai e mãe e se unirá à sua mulher, e eles se tornarão uma só carne."

Disso podemos deduzir que um casamento existe aos olhos de Deus quando um homem deixa seus pais, não só para viver longe deles, mas para unir-se à sua esposa e tornar-se uma só carne com ela. O "deixar" e o "unir-se" andam juntos e deveriam ocorrer nessa ordem. Eles denotam a substituição de um relacionamento humano (filho — pais) por outro (marido — esposa). Existem algumas semelhanças entre esses relacionamentos, pois ambos são complexos e contêm vários elementos. São físicos (em um caso, a concepção, o nascimento e a criação; em outro, a relação sexual), emocionais ("crescer" como processo de sair da dependência na infância para a maturidade na parceria) e sociais (as crianças herdam uma unidade familiar já existente, os pais criam outra). No entanto, existe uma dessemelhança essencial entre os dois, pois a expressão bíblica "uma só carne" indica claramente que a unidade física, emocional e social de marido e esposa é mais profunda e misteriosamente pessoal do que o relacionamento dos filhos com os pais.

Assim, Gênesis 2:24 dá a entender que a união matrimonial é um relacionamento exclusivo entre homem e mulher ("o homem [...] sua mulher [...]"),publicamente reconhecido em algum evento social ("deixará pai e mãe"), permanente ("se unirá à usa mulher") e consumado pela relação sexual ("eles se tornarão uma só carne"). Uma definição bíblica de casamento poderia, então, ser: "Casamento é uma aliança heterossexual exclusiva entre um homem e uma mulher, ordenada e selada por Deus, precedida por uma separação pública dos pais, consumada na união sexual, resultando numa parceria permanente de apoio mútuo e, normalmente, coroada pelo presente de filhos."

MUDANÇA DE ATITUDES

O número de divórcios continua alto, apesar de tudo. Em 2001, nos Estados Unidos, a taxa de casamento por mil habitantes era de 8,4; e a de divórcio, 4,0.[3] No final do século 20, o casamento era protelado por mais tempo, os casamentos duravam menos do que antes, no mesmo século, e as chances de divórcio aumentaram. Um em cada dois casamentos primários termina, agora, em divórcio.[4]

Em 2002, na Inglaterra e no País de Gales, houve 254.400 casamentos, 59% dos quais eram primeiros casamentos para ambos. Segundos casamentos para ambas as partes eram responsáveis por 18%.[5] Houve 160 mil divórcios, o número mais alto de divórcios desde 1997, mas ainda menor do que o pico de 180 mil, em 1993. Essa queda na taxa de divórcios tem sido atribuída a menos casamentos e ao fato de as pessoas optarem por casar-se mais tarde na vida. Em 2002, 8,4% da população adulta estava divorciada, o que corresponde a treze pessoas por mil pessoas casadas.[6]

O divórcio pode ser relacionado a muitos fatores, incluindo renda, educação e religiosidade, mas, entre as razões, devemos considerar, agora, a capacidade de sustento próprio das mulheres, não dependendo mais de seus maridos; o estresse que muitos casamentos de carreiras duplas sofrem por causa da pressão no trabalho; a pressão causada pelo desemprego e a ansiedade financeira; e a postura mais liberal em relação ao divórcio dentro da sociedade, incluindo a disponibilidade de "divórcio sem culpa". Mas, sem dúvida alguma, a maior razão é o declínio da fé cristã no Ocidente, além da perda de compromisso com uma compreensão cristã acerca da santidade e da permanência do casamento, e o crescente ataque não cristão a conceitos tradicionais de sexo, casamento e família. Uma indicação clara de secularização nessa área é o fato de que, enquanto apenas 4% dos casamentos britânicos ocorriam num cartório no ano de 1850 (em comparação com igreja, capela ou sinagoga), 66% dos casamentos, em 2002, eram cerimônias civis. Foi um aumento considerável, mesmo se comparado a 1991, quando menos da metade de todos os casamentos era solenizado numa cerimônia civil.[7]

A visão cristã do casamento como compromisso ou contrato vitalício é, agora, minoritária no Ocidente, e a Igreja corre o perigo de ceder ao mundo. Também entre os cristãos, os casamentos não são mais tão estáveis quanto costumavam ser, e divórcios têm-se tornado algo comum. Até mesmo alguns líderes cristãos se divorciam e casam de novo, ao mesmo tempo que permanecem em sua posição de liderança cristã. A mente cristã está mostrando sinais de capitulação diante do secularismo. A visão de mundo dominante parece ser a do individualismo egoísta.[8]

Minha preocupação, neste capítulo, limita-se à compreensão cristã do casamento de acordo com as Escrituras, incluindo as questões pessoais e pastorais que dela resultam. Mas de importância primária para a mente cristã são as perguntas bíblicas. Mesmo o trauma de um casamento fracassado não pode ser usado como desculpa para evitá-las. O que Deus revelou como sua vontade em relação ao casamento e à possibilidade de divórcio e de novo casamento? Como podemos moldar nossa política e nossa prática de acordo com os princípios bíblicos? Não existem respostas fáceis. Em especial, a Igreja sofre a tensão entre sua responsabilidade profética de dar testemunho dos padrões revelados por Deus e sua responsabilidade pastoral de demonstrar compaixão para com aqueles que não conseguiram manter esses padrões. John Williams está certo ao lembrar-nos de que:

> o mesmo Deus que disse, por meio de Malaquias, "Eu odeio o divórcio" (2:16) disse também, por meio de Oseias (cuja parceira tinha sido descaradamente imoral): "Eu curarei a infidelidade deles e os amarei de todo o meu coração, pois a minha ira desviou-se deles" (14:4).[9]

COABITAÇÃO

Com a definição anterior de casamento em mente, estamos, agora, numa posição em que podemos avaliar a coabitação — ou seja, a prática, entre homem e mulher, de viverem juntos sem casamento. Esse estilo de vida tem-se tornado cada vez mais popular. O relatório de um grupo de trabalho da Igreja da Inglaterra, intitulado *Something to Celebrate* [Algo para celebrar], com o subtítulo *Valuing Families in Church and Society* [Valorizando famílias na igreja e na sociedade], incluía uma seção de dez páginas sobre esse tema.[10] É uma pena que a mídia se tenha concentrado na declaração de que a Igreja deveria "abandonar a expressão 'vivendo em pecado'", mas não tenha tomado conhecimento do motivo da recomendação, ou seja, que as questões eram complexas e não podiam ser reduzidas a uma única expressão pejorativa. O grupo de trabalho teria merecido um tratamento melhor e, em minha opinião, agiu corretamente ao ouvir com mente aberta, e até mesmo com simpatia, aqueles que não estavam dispostos a condenar prontamente a coabitação.

As pessoas podem decidir coabitar por aquilo que veem como as melhores razões. Por exemplo, podem não querer repetir os erros de seus pais casados, nem ceder ao materialismo de casamentos caros, nem reduzir a relação a um contrato de casamento. É seguramente verdade que, se um homem e uma mulher se encontram abandonados numa ilha deserta, eles podem ter um casamento válido aos olhos de Deus, mesmo que nenhum dos adereços de um casamento tradicional esteja à sua disposição. O que constitui um casamento perante Deus não é um documento legal ou um culto na igreja, nem uma recepção elaborada, nem um chá de casamento, mas, sim, uma aliança recíproca, com votos de fidelidade vitalícia, consumada na união sexual.

À luz disso, algumas formas de coabitação podem quase ser consideradas casamentos, já que a essência do casamento (um compromisso pactual) está presente. No entanto, dois elementos essenciais costumam estar ausentes. O primeiro é a promessa de um compromisso vitalício. Muitas formas de coabitação são arranjos com final aberto, um tipo de teste de casamento, em que o compromisso permanente foi substituído por um experimento temporário. Isso não pode ser chamado de casamento; além do mais, sua natureza provisória está fadada a desestabilizar o relacionamento.

Coabitação é instável

Em primeiro lugar, o período de coabitação tende a ser curto. Conforme relatório publicado nos Estados Unidos, em 2002, ao todo, coabitações são menos estáveis do que casamentos. A probabilidade de um primeiro casamento terminar em separação ou divórcio dentro de cinco anos é de 20%, mas a probabilidade de uma coabitação pré-marital romper-se dentro de cinco anos é de 49%. Após dez anos, a chance de um primeiro casamento terminar é de 33%, em comparação com 66% para coabitações.[11]

Em segundo lugar, para todas as mulheres, a probabilidade de que uma primeira coabitação leve a um casamento é de 58% após três anos de coabitação e de 70% após cinco anos de coabitação.[12] Mas esses números mudam quando são incluídos *status* de trabalho, contexto educacional e etnicidade. No Reino Unido, cerca de três em cada cinco coabitações terminam em casamento.

Em terceiro lugar, a alegação de que um período de teste torna um casamento posterior mais estável não se fundamenta em fatos. "Os casais que se casaram na década de 1980, tendo antes coabitado, eram 50% mais propensos a se divorciar dentro de cinco anos do que aqueles que não tinham coabitado antes."[13]

Em quarto lugar, há uma probabilidade maior, dentro da coabitação, de que um parceiro, especialmente o homem, tenha mais de um relacionamento sexual.[14] Nenhum relacionamento pode comparar-se ao casamento se não incluir a intenção de fidelidade pelo resto da vida. "O que Deus uniu", disse Jesus, "ninguém separe" (Mateus 19:6).

Em quinto lugar, a coabitação está relacionada a uma série de indicadores disfuncionais quando comparada ao casamento. Um estudo realizado nos Estados Unidos mostra que a prevalência vitalícia de alcoolismo, depressão e doenças mentais em geral é muito mais alta para aqueles que coabitam do que para aqueles que têm um casamento intacto.[15]

Coabitação é informal

O próximo elemento ausente na coabitação é o contexto público em que se dá o casamento. Vimos que a definição bíblica de casamento (Gênesis 2:24) inclui deixar a casa dos pais. Na cultura daqueles dias, tal saída não teria sido privada, muito menos clandestina, mas pública. Nos dias de hoje, isso não pode ser aplicado a uma saída casual do lar, como quando um aluno solteiro vai para a universidade. Trata-se de um ato público e simbólico de dependência para independência, do velho para o novo, do lar dos pais para o estabelecimento de um lar próprio. Um relacionamento público como esse (um homem e uma mulher que passam a viver juntos como parceiros) precisa ter um início público. Isso, é claro, seria impossível numa ilha deserta, mas, na sociedade, a família e os amigos têm o direito de saber que tipo de relacionamento existe, para que possam adaptar-se a ele. Naturalmente, desejariam, também, ter a oportunidade de se despedir, de celebrar e de prometer apoio no futuro. Não é nem justo nem gentil abandonar a família no escuro e no frio.

Não são, todavia, apenas os pais nem apenas o círculo maior de família e amigos que têm o direito de saber e de participar do novo relacionamento, mas também a sociedade como um todo. A intimidade sexual é, claro, essencialmente privada, mas não o relacionamento no qual ela ocorre. No entanto, as pessoas que coabitam não fazem essa distinção e cometem o erro de considerar todo o seu relacionamento um assunto totalmente privado. O casamento, porém, é público — tanto o evento que o inicia quanto o relacionamento que ele gera. Mesmo que o devido reconhecimento pela lei não seja essencial ao casamento (casamentos em ilhas desertas são registrados no céu, e não na terra), sua promulgação legal é decerto vantajosa. Um voto solene dificilmente pode ser considerado "vinculativo" sem as sanções da lei. Além do mais, um casal que se compromete precisa da proteção que a lei garante. O contexto público para o casamento é importante, pois a comunidade é testemunha das promessas feitas pelo homem e pela mulher. Entende-se que ambos concordam com a definição de casamento e com o propósito do casamento. Cada um dá seu consentimento livremente aos olhos do público. Eles não são coagidos; são responsáveis um pelo outro, e isso é testemunhado pela comunidade.

No caso da coabitação, o relacionamento é ambíguo, e o grau de compromisso entre as duas pessoas pode ser desigual. Nenhuma pessoa tem qualquer compromisso público de gerar segurança.[16] Antigamente, a relação sexual possuía um *status* icônico e denotava uma lealdade vitalícia, pública e exclusiva. Sexo não tinha nada de casual, e, se um homem engravidasse uma mulher, a comunidade local via ambos como casados. Christopher Ash insiste que "ambos os coabitantes aceitam as obrigações da fidelidade; caso contrário, seu relacionamento é imoral; eles não podem ser ao mesmo tempo morais e descompromissados com a fidelidade".[17] Ele continua:

> Quando um homem e uma mulher desejam viver juntos moralmente, eles devem um ao outro fidelidade vitalícia exclusiva. Esse é o único contexto moral para relações sexuais. Deus os chama para a fidelidade, quer eles reconheçam isso, quer não. Aquele que abandona um relacionamento de coabitação não se livra da condenação de Deus simplesmente porque nunca prometeu ficar. Os votos públicos não são um nível extra de compromisso louvável que um casal especialmente virtuoso assume de modo voluntário, levando, assim, seu relacionamento a um nível ético mais alto. Os votos públicos admitem e reconhecem a obrigação moral que Deus impôs a ambos em virtude de seu relacionamento existente.[18]

Coabitação é inadequado

Um culto na igreja não é mais essencial a um casamento, aos olhos de Deus, do que as respectivas formalidades seculares. Não encontramos nem igreja nem cartório numa ilha deserta. Mesmo assim, já que os votos vitalícios são solenes e devem, sempre que possível, ser feitos publicamente, um culto religioso é absolutamente apropriado, em especial para cristãos, pois permite que os votos recíprocos sejam feitos na presença de Deus e de seu povo. Mesmo que o casamento não seja um "sacramento" no sentido do batismo, ambos incluem um compromisso público, que deve ser assumido na presença de testemunhas selecionadas.

Resumindo, devemos ser capazes de concordar que um casal pode casar-se de modo válido aos olhos de Deus numa ilha deserta, contanto que eles façam votos vitalícios um ao outro, mesmo que não haja representantes da família, da lei ou da igreja para testemunhar o ato. Mas, no mundo real, o compromisso de um casal precisa ser público e permanente, e o papel da família, da lei e da igreja faz a diferença entre casamento e coabitação.

A meu ver, portanto, o relatório *Something to Celebrate* não agiu com sabedoria ao assumir uma abordagem dupla e recomendar aos cristãos que se agarrassem à "centralidade do casamento e, ao mesmo tempo, aceitassem que a coabitação é, para muitas pessoas, um passo em direção a um compromisso mais pleno e mais completo".[19] Em seu desejo louvável de demonstrar empatia e não julgar, os autores do relatório borraram a distinção entre casamento e coabitação. É mais preciso e mais útil falar da coabitação como algo que fica aquém do casamento, e não como um passo em sua direção. Nossa visita imaginária a uma ilha deserta deve ter-nos ajudado a esclarecer teologicamente a essência do casamento aos olhos de Deus. Todavia, a nossa responsabilidade é que permaneçamos no mundo real e mantenhamos, sem compromisso, a definição bíblica do casamento, incluindo sua natureza pública e permanente.

Logo, podemos afirmar o que o doutor George Carey, então arcebispo de Cantuária, disse durante o debate do sínodo geral sobre *Something to Celebrate*:

> Coabitação não é e não pode ser casamento. Casamento é público e formal, enquanto [...] relacionamentos de coabitação [...] permanecem privados e provisórios em seu *status* [...] Casamento, não coabitação, é a instituição no centro da boa sociedade, e não sejamos relutantes em afirmá-lo. Não digo isso em condenação, digo isso como um convite para um caminho melhor [...][20]

O ENSINAMENTO DO ANTIGO TESTAMENTO

No ensinamento do Antigo Testamento sobre casamento e divórcio, Deuteronômio 24:1-4 é especialmente importante, pois é a única passagem no Antigo Testamento que faz referência a razões ou procedimentos para o divórcio.

> Se um homem casar-se com uma mulher e depois não a quiser mais por encontrar nela algo que ele reprova, dará certidão de divórcio à mulher e a mandará embora. Se, depois de sair da casa, ela se tornar mulher de outro homem, e este não gostar mais dela, lhe dará certidão de divórcio, e a mandará embora. Ou se o segundo marido morrer, o primeiro, que se divorciou dela, não poderá casar-se com ela de novo, visto que ela foi contaminada. Seria detestável para o SENHOR. Não tragam pecado sobre a terra que o SENHOR, o seu Deus, lhes dá por herança.

Três pontos dessa legislação precisam ser esclarecidos.

Novo casamento com ex-esposa

Em primeiro lugar, que impulso e propósito se veem nessa passagem? Ela não exige, nem recomenda, nem sanciona o divórcio. Sua preocupação primária não é o divórcio, nem mesmo a certidão de divórcio. Seu objetivo é proibir que um homem se case novamente com a ex-esposa, pois isso seria "detestável para o SENHOR". Acredita-se que a regra pretendia proteger a mulher de um ex-marido caprichoso e, talvez, cruel. Em todo caso, os três primeiros versículos são a introdução ou a parte condicional do parágrafo; a consequência só começa no versículo 4. A lei não está aprovando o divórcio; ela apenas diz que, se um homem se divorciar de sua esposa, e der a ela a certidão de divórcio, casando-se ela novamente após isso, eles não podem reaver o casamento caso o segundo marido deixe de gostar dela e se divorcie ou caso venha a morrer.

Divórcio por causa de indecência

Em segundo lugar, embora o divórcio não seja encorajado, se ocorrer, a razão é que o marido encontra "algo que ele reprova" (NVI) ou "algo indecente" (ARA) em sua esposa. Isso não pode referir-se a adultério da parte dela, pois a punição para adultério era morte, não divórcio (Deuteronômio 22:20 e seguintes; confira Levítico 20:10). O que, então, era isso? Durante o primeiro século a.C., os partidos fariseus rivais, liderados pelos rabinos Shammai e Hillel, debateram esse assunto.

Shammai foi estrito e entendeu "algo indecente" (cuja raiz hebraica alude a "nudez" ou "exposição") como ofensa sexual de algum tipo que, ainda que não definida, ficava aquém de adultério ou promiscuidade. O rabino Hillel, por sua vez, foi mais abrangente. Ele se voltou para as frases que afirmavam que a esposa "não é agradável" ao primeiro marido (Deuteronômio 24:1, ARA) ou que o segundo marido "não gosta mais" dela (Deuteronômio 24:3), e incluiu, em sua interpretação, até mesmo contravenções triviais; por exemplo, se ela estragasse a comida que estava preparando para o marido ou se fosse briguenta, ou se ele encontrasse uma mulher mais bonita ou perdesse o interesse nela.[21] Na verdade, segundo Hillel, "qualquer coisa que causasse aborrecimento ou embaraço a um marido era razão legítima para um divórcio".[22]

Liberdade da mulher para novo casamento

Em terceiro lugar, se o divórcio era permitido, assim era também o segundo casamento. O texto pressupõe que, estando a mulher divorciada, ela tinha a liberdade de casar-se novamente, mesmo sendo ela a parte culpada, por ter feito "algo indecente (ARA)". Na verdade, pelo que sabemos, as culturas do mundo antigo entendiam, todas, que o divórcio trazia consigo a permissão de novo casamento.

O doutor James B. Hurley resume as leis de casamento e divórcio do Código de Hamurabi, que foi rei da Babilônia no início do século 8, quando Abraão saiu de Ur, e também as rígidas leis assírias na época do êxodo israelita do Egito.[23] O doutor Gordon Wenham acrescentou informações dos papiros de Elefantina, século 5 a.C., pequena cidade de guarnição judaica ao sul do Egito, bem como dos escritos de Filo, Josefo e dos mundos grego e romano.[24] Todas essas culturas fornecem evidências para o divórcio do marido e, em alguns casos, também da esposa, com a liberdade para um novo casamento. Normalmente, o dote era devolvido à esposa divorciada, e ela também recebia algum dinheiro de divórcio. Se, no mundo antigo, o divórcio era comparativamente raro, isso se devia à onerosidade financeira relativa ao término de um casamento e ao arranjo de um segundo.

O ENSINAMENTO DE JESUS

As instruções do nosso Senhor sobre casamento e divórcio foram dadas em resposta a uma pergunta dos fariseus. Marcos diz que a intenção da pergunta era "pô-lo à prova" (Marcos 10:2), e Mateus a relata: "É permitido ao homem divorciar-se de sua mulher por qualquer motivo?" (Mateus 19:3). Por trás da questão talvez estivesse o escândalo público de Herodias, que tinha deixado o marido Filipe para se casar com o rei Herodes Antipas. João Batista corajosamente denunciou essa união como ilegítima (Marcos 6:17 e seguintes), tendo sido preso por causa disso. Jesus seria igualmente explícito, em especial por estar, à época, como parece provável, dentro da jurisdição de Herodes (Marcos 10:1)? Certamente, os fariseus pretendiam envolvê-lo no debate entre Shammai e Hillel já mencionado. Daí a ênfase, em sua pergunta, às "razões" ou às "causas" que justificam o divórcio.

> Alguns fariseus aproximaram-se dele para pô-lo à prova. E perguntaram-lhe: "É permitido ao homem divorciar-se de sua mulher por qualquer motivo?" Ele respondeu: "Vocês não leram que, no princípio, o Criador 'os fez homem e mulher' e disse: 'Por essa razão, o homem deixará pai e mãe e se unirá à sua mulher, e os dois se tornarão uma só carne'? Assim, eles já não são dois, mas sim uma só carne. Portanto, o que Deus uniu, ninguém separe". Perguntaram eles: "Então, por que Moisés mandou dar uma certidão de divórcio à mulher e mandá-la embora?" Jesus respondeu: "Moisés permitiu que vocês se divorciassem de suas mulheres por causa da dureza de coração de vocês. Mas não foi assim desde o princípio. Eu lhes digo que todo aquele que se divorciar de sua mulher, exceto por imoralidade sexual, e se casar com outra mulher, estará cometendo adultério". Os discípulos lhe disseram: "Se esta é a situação entre o homem e sua mulher, é melhor não casar". Jesus respondeu: "Nem todos têm condições de aceitar esta palavra; somente aqueles a quem isso é dado. Alguns são

eunucos porque nasceram assim; outros foram feitos assim pelos homens; outros ainda se fizeram eunucos por causa do Reino dos céus. Quem puder aceitar isso, aceite" (Mateus 19:3-12).

É evidente que Jesus dissociou-se do laxismo do rabino Hillel. Ele já tinha feito isso no Sermão do Monte. Seu ensinamento sobre o divórcio, naquela passagem, foi dado como uma de seis antíteses, introduzidas pela fórmula: "Vocês ouviram o que foi dito [...] mas eu lhes digo [...]" O que ele estava contrapondo naquelas antíteses não eram as Escrituras ("o que está escrito"), mas a tradição ("o que foi dito"); não a revelação de Deus, mas as interpretações perversas dos escribas. O objetivo das distorções, pelos escribas, era reduzir as exigências da lei e torná-la mais confortável. Na antítese do divórcio, a citação escribal "Foi dito: 'Aquele que se divorciar de sua mulher deverá dar-lhe certidão de divórcio'" parece ser uma abreviação deliberadamente enganosa da passagem em Deuteronômio 24. Passa a impressão de que o divórcio já era permissível, mesmo por razões triviais (como ensinava Hillel), sob a única condição de que uma certidão fosse entregue. Jesus rejeitou isso categoricamente. O que ele ensinou?

A permanência do casamento

Em primeiro lugar, Jesus endossou a permanência do casamento. É significativo que ele não tenha dado uma resposta direta à pergunta dos fariseus sobre o divórcio. Em vez disso, falou sobre o casamento. Ele os remeteu a Gênesis 1 e 2 e, incrédulo, perguntou se não tinham lido aqueles capítulos. Chamou-lhes a atenção para dois fatos, que a sexualidade humana era criação divina e que o casamento humano era ordenança divina. Destacou dois textos (Gênesis 1:27 e 2:24) e declarou Deus o autor de ambos, pois o mesmo Criador que, no início, havia feito homem e mulher disse também (no texto bíblico): "Por essa razão, o homem deixará pai e mãe e se unirá à sua mulher, e os dois se tornarão uma só carne." "Assim", disse Jesus, acrescentando sua própria afirmação explicativa, "eles já não são dois, mas uma só carne." E: "Portanto", falou, acrescentando sua própria proibição, "o que Deus uniu [literalmente "bem vinculados"], ninguém separe."

O ensinamento é inequívoco. O vínculo matrimonial é mais do que um contrato humano: é um jugo divino. A maneira como Deus coloca esse jugo sobre um casal não é criando algum tipo de união mística, mas declarando seu propósito em sua Palavra. A ruína conjugal, até mesmo a chamada "morte" de um relacionamento, não pode ser vista por si só como motivo de dissolução. A base da união não é a experiência humana oscilante ("Eu o amo, eu não o amo"), mas a vontade e a Palavra divinas (os dois se tornam "uma só carne").

A concessão do divórcio

Em segundo lugar, Jesus declarou que a provisão mosaica do divórcio era uma concessão à pecaminosidade humana. Os fariseus responderam à sua citação de Gênesis com uma segunda pergunta: "Então, por que Moisés mandou dar uma certidão de divórcio à mulher e mandá-la embora?" A isso Jesus respondeu: "Moisés permitiu que vocês se divorciassem de suas mulheres por causa da dureza de coração de vocês. Mas não foi assim desde o princípio." Logo, aquilo que eles declaravam ser uma ordem, Jesus chamou de "permissão", uma permissão relutante em razão da teimosia humana, e não da intenção divina.[25]

Como Jesus se referiu à provisão mosaica como concessão ao pecado humano, que pretendia também limitar seus efeitos vis, ela não pode ser entendida como aprovação do divórcio por Deus. Sim, era uma concessão divina, pois, segundo Jesus, o que quer que Moisés dissesse, Deus o disse. Mas a concessão divina do divórcio era contrária à instituição divina do casamento "desde o princípio". O erro dos rabinos foi ignorar a distinção entre a vontade de Deus (Gênesis 1 e 2) e a provisão legal de Deus quanto à pecaminosidade humana (Deuteronômio 24).

> A conduta humana que fica aquém do comando absoluto de Deus é pecado e está sob o julgamento divino. As provisões feitas pela misericórdia de Deus para a limitação das consequências do pecado humano não podem ser interpretadas como aprovação divina do pecado.[26]

Segundo casamento como adultério

Em terceiro lugar, Jesus chamou o segundo casamento, após o divórcio, de "adultério". Levando em conta o ensinamento de Cristo nos evangelhos sinópticos, e, por ora, deixando de lado a cláusula exceptiva, podemos resumi-lo da seguinte forma: um homem que se divorcia de sua esposa e depois volta a casar-se comete adultério (Mateus 19:9; Marcos 10:11; Lucas 16:18), e, visto que se supõe que sua esposa divorciada também se casará novamente, ela, por extensão, também comete adultério (Mateus 5:32). Uma mulher que se divorcia de seu marido e depois se casa novamente comete adultério da mesma forma (Marcos 10:12). Além do mais, um homem (e, supostamente, também a mulher) que se casa com uma divorciada comete adultério (Mateus 5:32; Lucas 16:18). São palavras duras. Elas expõem com franqueza as consequências lógicas do pecado. Se ocorrerem um divórcio e um segundo casamento, que não tenham a sanção de Deus, qualquer união nova que disso segue, sendo ilegítima, é adúltera.

DIVÓRCIO POR MOTIVO DE IMORALIDADE

Jesus permitia o divórcio e um novo casamento apenas em caso de imoralidade (*porneia*). Sabemos que Mateus 5:32 e 19:9 contêm uma "cláusula exceptiva", cujo propósito é excluir uma seção de divórcio e segundo casamento da categoria "adultério". Tem havido muita controvérsia em razão dessa cláusula. Não acredito que possa fazer mais do que indicar três conclusões às quais cheguei em relação a ela.

É uma declaração autêntica

Inicialmente, a cláusula exceptiva deve ser aceita como declaração autêntica de Jesus. Visto que ela não ocorre nas falas paralelas, em Marcos e Lucas, muitos eruditos foram rápidos em rejeitá-la. Alguns sugerem que se trata de uma interpolação por parte dos escribas e que não fazia parte do texto original de Mateus. Mas não existem evidências, em manuscritos, de que tenha sido uma glosa; nem mesmo a leitura alternativa do *Codex Vaticanus* omite a cláusula.

Outros estudiosos atribuem a cláusula ao próprio Mateus e/ou à igreja em que ele estava escrevendo, mas negam que Jesus tenha proferido essas palavras. Mas a omissão por Marcos e Lucas não é motivo suficiente para rejeitá-la como invenção editorial ou interpretação pelo primeiro evangelista. É perfeitamente possível supor que Mateus a tenha incluído para seus leitores judeus, que se preocupavam com motivos permissíveis para o divórcio, enquanto Marcos e Lucas, que escreviam para leitores gentios, não tinham a mesma preocupação. Seu silêncio não se deve, necessariamente, à sua ignorância: é igualmente possível que, para eles, a cláusula fosse algo visto como certo. Culturas pagãs consideravam o adultério motivo de divórcio. O mesmo vale para as escolas judaicas de Hillel e Shammai, a despeito de não concordarem em outros aspectos. Esse ponto não foi contestado.

Ela precisa de uma definição apropriada

A palavra *porneia* significa imoralidade sexual. Na tentativa de traduzir *porneia*, precisamos evitar os dois extremos de laxismo e rigidez.

Várias visões "rígidas" têm sido defendidas, que identificam *porneia* como um pecado sexual específico — ou "fornicação", no sentido de descoberta da imoralidade pré-nupcial, ou um casamento dentro de relacionamentos familiares proibidos, ou adultério após o casamento. A razão principal para se rejeitar qualquer uma dessas traduções é que, mesmo que *porneia* possa significar tudo isso, a palavra não teria sido entendida como referência a uma dessas definições em específico sem qualificação adicional. *Porneia* era, na verdade, uma palavra genérica para infidelidade sexual ou "infidelidade marital", e incluía todo tipo de "relações sexuais ilícitas" (ARA).

A visão "laxa" é que *porneia* inclui ofensas que podem ser vistas como amplamente "sexuais" em termos psicológicos, e não físicos, abarcando, desse modo, até uma incompatibilidade temperamental básica. É possível usar outros argumentos para a legitimidade do divórcio com fundamentações desse tipo, mas não é possível fazer isso com base no significado da palavra *porneia*. *Porneia* significa imoralidade sexual física; a razão pela qual Jesus a aceitou como único motivo permissível para o divórcio deve ser que ela viola o princípio de "uma só carne", fundamental para o casamento, como ordenado de maneira divina e definido biblicamente.

O divórcio é permitido, mas não encorajado

Divórcio por imoralidade é permissível, mas não obrigatório. Jesus não ensinou que a parte inocente precisa divorciar-se do parceiro infiel, muito menos que infidelidade sexual *ispo facto* dissolve o casamento. Ele nem mesmo encorajou ou recomendou divórcio em caso de infidelidade. Pelo contrário, toda a sua ênfase estava na permanência do casamento segundo o propósito de Deus e na inadmissibilidade do divórcio e do segundo casamento. Sua razão para o acréscimo da cláusula exceptiva era esclarecer que o único segundo casamento após o divórcio não correspondente a adultério era aquele de uma pessoa inocente cujo parceiro tinha sido sexualmente infiel, pois, nesse caso, a infidelidade já tinha sido cometida pelo parceiro culpado. O propósito de Jesus era, enfaticamente, não encorajar o divórcio por essa razão, mas proibi-lo por todas as outras razões. Como escreveu John Murray: "É a única exceção que dá proeminência à ilegitimidade de todas as outras razões. Preocupação com a única exceção jamais deveria deixar obscurecer a força da negação de todos os outros casos."[27]

Depois desse longo desvio para discutir o significado da cláusula exceptiva e o motivo permissível para o divórcio, é importante voltarmos para onde começamos. Embora Jesus conhecesse as realidades da Queda e a dureza do coração humano, ele lembrou seus contemporâneos da norma da Criação e do propósito imutável de Deus. Ressaltou reconciliação, não separação; casamento, não divórcio. Jamais devemos ficar afastados de sua súplica: "O que Deus uniu, ninguém separe."

O ENSINAMENTO DE PAULO

O ensinamento de Paulo que temos de contemplar encontra-se em 1Coríntios 7:10-16 e se refere, especificamente, ao chamado "privilégio paulino":

> Aos casados dou este mandamento, não eu, mas o Senhor: Que a esposa não se separe do seu marido. Mas, se o fizer, que permaneça sem se casar ou, então, reconcilie-se com o seu marido. E o marido não se divorcie da sua mulher. Aos outros, eu mesmo digo isto, não o Senhor: Se um irmão tem mulher descrente, e ela se dispõe a viver com ele,

não se divorcie dela. E, se uma mulher tem marido descrente, e ele se dispõe a viver com ela, não se divorcie dele. Pois o marido descrente é santificado por meio da mulher, e a mulher descrente é santificada por meio do marido. Se assim não fosse, seus filhos seriam impuros, mas agora são santos. Todavia, se o descrente separar-se, que se separe. Em tais casos, o irmão ou a irmã não fica debaixo de servidão; Deus nos chamou para vivermos em paz. Você, mulher, como sabe se salvará seu marido? Ou você, marido, como sabe se salvará sua mulher?

Paulo ensina com autoridade

Precisamos observar, em primeiro lugar, que Paulo está dando instruções apostólicas autoritativas. A antítese que ele faz entre o versículo 10 — "dou este mandamento, não eu, mas o Senhor" — e o versículo 12 – "Aos outros, eu mesmo digo isto, não o Senhor" — tem sofrido muitas interpretações equivocadas. É errado imaginar que ele está colocando em oposição o ensinamento de Cristo e o seu próprio, com a implicação de que o de Cristo tem autoridade, mas não o seu. Não, seu contraste não é entre o ensino divino e infalível (de Cristo) e o ensino humano e falível (o seu próprio), mas entre duas formas de ensino divino e infalível, o primeiro sendo dominical (do Senhor), e o segundo, apostólico (o seu próprio). Não pode haver dúvida de que esteja correto, pois Paulo continua a usar o *ego* ("eu") apostólico de autoridade nesse capítulo, nos versículos 17 ("Esta é a minha ordem para todas as igrejas"), 25 ("não tenho mandamento do Senhor", isto é, nenhuma palavra documentada de Jesus, "mas dou meu parecer como alguém que, pela misericórdia de Deus, é digno de confiança") e 40 ("penso que também tenho o Espírito de Deus"). Mais tarde, e similarmente, ele coloca sua autoridade acima da autoridade dos profetas e declara que sua instrução é mandamento do Senhor: "Se alguém pensa que é profeta ou espiritual, reconheça que o que lhes estou escrevendo é mandamento do Senhor" (1Coríntios 14:37).

Paulo afirma o ensinamento de Jesus

Em segundo lugar, Paulo repete e confirma a proibição do divórcio por Jesus. Nos versículos 10 e 11, bem como no seu ensinamento em Romanos 7:1-3 e, ainda, no ensinamento do Senhor, registrado por Marcos e Lucas, a proibição do divórcio é afirmada em termos absolutos. "A esposa não se separe do seu marido [...] E o marido não se divorcie da sua mulher." Isso porque ele está expressando um princípio geral. Não é necessário supor que Paulo não conhecia a cláusula exceptiva do Senhor. No versículo 11, ele acrescenta um detalhe importante, dizendo que, se uma esposa "se separa" de seu marido, "que permaneça sem se casar ou, então, reconcilie-se com o seu marido". O verbo "separar" (*chôrizô*), usado por Paulo, pode referir-se ao divórcio, e era usado em contratos de casamento em papiros, tanto quanto por alguns dos primeiros pais da Igreja (Arndt-Gingrich). Contudo, o contexto sugere que Paulo não se refere ao divórcio. Ele parece estar supondo uma situação em que o marido não tem sido sexualmente infiel, portanto a esposa não tem a liberdade de se divorciar dele. Alguma outra razão (implícita) levou-a a "separar-se" dele. Assim, Paulo destaca que, nesse caso, ela não pode casar-se novamente. Seu chamado cristão é permanecer solteira ou reconciliar-se com o marido, mas não casar novamente.

O caso da deserção

Em terceiro lugar, Paulo permite o divórcio quando uma parte cristã é abandonada por uma parte não cristã. Ele dirige três parágrafos sucessivos "aos solteiros e às viúvas" (1Coríntios 7:8,9), "aos casados" (1Coríntios 7:10,11) e "aos outros" (1Coríntios 12-16). O contexto revela que "os outros" representam um tipo específico de casamento misto. Ele não dá liberdade a um cristão de se casar com alguém que não seja cristão, pois uma mulher cristã pode "se casar com quem quiser, contanto que ele pertença ao Senhor" (1Coríntios 7:39). O inverso vale igualmente para homens cristãos (2Coríntios 6:14 e seguintes). Paulo está lidando com a situação em que dois não cristãos se casam e, subsequentemente, um dos dois se converte. Os coríntios o tinham questionado sobre isso. O casamento era impuro? O parceiro cristão devia divorciar-se da parte não cristã? Qual era a situação das crianças? A resposta de Paulo é clara.

Se a parte incrédula "se dispõe a viver" com a parte cristã, então o cristão não deve recorrer ao divórcio. A razão dada é que o parceiro incrédulo "é santificado" por meio de sua parte cristã, como foram também os filhos.

A "santificação" em mente é, claramente, não a transformação de caráter à semelhança de Cristo. Nas palavras de John Murray: "A santificação da qual Paulo fala [...] deve ser a santificação de privilégio, conexão e relacionamento."[28]

Mas se, por sua vez, o parceiro incrédulo não quiser ficar e decidir separar-se, então "que se separe. Em tais casos, o irmão ou a irmã não fica debaixo de servidão". As razões dadas são que Deus nos chamou para vivermos em paz e, também, que o cristão não pode garantir que conquistará a parte incrédula, insistindo na perpetuação de uma união que a parte incrédula não está disposta a continuar.[29]

É importante entender a situação que o apóstolo imagina, e não tirar deduções infundadas de seu ensinamento. Ele afirma que, se a parte incrédula se recusar a ficar, a parte cristã não está presa — ou seja, não é obrigada a ficar com ele, ou ela, ou a permanecer no casamento.[30] Vários pontos negativos precisam ser mencionados sobre a liberdade que o parceiro cristão recebe aqui.

Ela não se deve à conversão do cristão

A liberdade do cristão não vem da sua conversão, mas, sim, da não conversão da outra parte, que se indispõe a ficar. Às vezes, os cristãos apelam ao que chamam de "realismo do evangelho", argumentando que, visto que a conversão faz novas todas as coisas, um casamento firmado antes da conversão não é necessariamente válido e, em seu lugar, está sendo feito um novo começo. No entanto, esse é um raciocínio perigoso. Todos os contratos pré-conversão são cancelados, incluindo as dívidas do convertido? Não. O ensinamento de Paulo não apoia essa visão. Ele a contradiz. Seu ensinamento não é que, após a conversão, a parte convertida é manchada pela parte incrédula e, por isso, deve sair do relacionamento. Pelo contrário, a parte incrédula foi "santificada" pela parte cristã, e, por isso, o cristão não deve tentar escapar. Além do mais, Paulo encoraja, nos versículos 17-24, que os cristãos permaneçam na condição em que se encontravam quando Deus os chamou, e que nós somos capazes de fazê-lo, pois, agora, "pertencemos a Deus".

Ela não resulta da iniciativa do cristão

A liberdade do cristão não se deve a nenhuma decisão própria de iniciar os procedimentos de divórcio, mas somente ao seu relutante aceite da deserção ou da indisposição de ficar da outra parte. A iniciativa não deve partir do cristão. Pelo contrário, se o parceiro incrédulo estiver disposto a permanecer, "não se divorcie dela" e "não se divorcie dele" (1Coríntios 7:12,13). O máximo que Paulo consegue dizer é que, se o incrédulo insistir em partir, "que se separe" (1Coríntios 7:15). Talvez essa seja a maneira de reconciliar as declarações aparentemente inconsistentes de que (a) Jesus permitiu o divórcio por um único motivo e que (b) Paulo acrescentou outro. O primeiro é um caso de divórcio; o segundo é o aceite da deserção.

Ela é fundamentada na dor da rejeição

A liberdade do cristão não vem da "deserção" seja de qual tipo for, nem da deserção por qualquer forma de descrença (por exemplo, a visão da Igreja Católica Romana de que o casamento não é *ratum* se um parceiro não for batizado), mas apenas da decisão específica de uma pessoa não convertida que, por motivos religiosos, se indispõe a continuar vivendo com seu parceiro agora convertido. O "privilégio paulino" não fornece suporte, portanto, para o divórcio com base nos motivos gerais da deserção; essa não é uma opção cristã.

Resumindo o que as Escrituras ensinam nas passagens que contemplamos até agora, podemos fazer as três seguintes afirmações.

- Deus criou, no início, a humanidade masculina e feminina, e ele próprio instituiu o casamento. Sua intenção era, e é, que a sexualidade humana encontre satisfação no casamento e que o casamento seja uma união exclusiva, amorosa e vitalícia. Esse é o seu propósito.
- O divórcio não é ordenado, nem mesmo encorajado, em parte alguma das Escrituras. Pelo contrário, mesmo se biblicamente justificado, ele permanece um desvio triste e pecaminoso da norma divina.
- Divórcio e segundo casamento são permissíveis (não obrigatórios) por dois motivos. Primeiro, uma pessoa inocente pode divorciar-se

de seu parceiro se este for culpado de séria imoralidade sexual. Segundo, uma pessoa cristã pode aceitar a deserção da outra parte incrédula se essa se recusar a continuar vivendo com ela. Em ambos os casos, porém, a permissão é dada em termos negativos e relutantes. Apenas se alguém se divorcia por motivo de infidelidade conjugal da outra parte é que o seu segundo casamento não será adúltero. Apenas se o incrédulo insistir em partir é que o cristão está "livre".

RUPTURA IRREPARÁVEL

Minha posição, definida anteriormente, foi criticada pelo doutor David Atkinson em seu livro *To Have and To Hold* [Ter e manter] (1979). Ele a chamou de "legislativa" e expressou seu desconforto com as seguintes palavras:

> A dificuldade com essa visão é que, na prática pastoral, ela pode levar ao tipo de casuística que poderia transformar-se em legalismo negativo. Ela se concentra no adultério físico, mas negligencia outras "infidelidades" e pode significar que a benção da igreja para um segundo casamento se limita apenas aos que têm a sorte (!) de ter tido o ex-parceiro cometendo adultério contra eles. Ela suscita a pergunta sobre o que rompe os laços matrimoniais.[31]

É, de fato, por causa dos problemas práticos que nos assolam, quando insistimos numa "ofensa matrimonial" como único fundamento legítimo para o divórcio, que uma abordagem alternativa e mais flexível foi procurada. No Reino Unido, o relatório da Igreja da Inglaterra, *Putting Asunder* [Colocando em partes] (1966), recomendou o conceito de "ruptura irreparável" como alternativa, e o Divorce Reform Act [Lei de reforma do divórcio], de 1969, baseou-se nele. Ele exigia que a ruptura irreparável fosse demonstrada por uma de cinco evidências, três delas sendo culpas (adultério, deserção e conduta insensata) e duas delas indicando separação *de facto* (de dois anos, se o casal concordasse com o divórcio, e de cinco anos, se não concordasse). Em seguida, a comissão da Igreja da Inglaterra, presidida pelo professor de cânone Howard Root, responsável pelas declarações em *Marriage, Divorce and the Church* [Casamento, divórcio e a Igreja] (1971), investigou mais a fundo o conceito de que alguns casamentos "morrem", mesmo quando os dois parceiros casados continuam vivos. Alguns anos mais tarde, a comissão liderada pelo bispo Kenneth Skelton, de Lichfield, cujas declarações estão em *Marriage and the Church's Task* [O casamento e a tarefa da Igreja] (1978), assumiu uma linha semelhante.

Desde 1º de março de 2001, os casais que desejam divorciar-se precisam cumprir um dos critérios de jurisdição padronizados em toda a União Europeia. Os fundamentos para o divórcio são que o casamento rompeu-se de forma irreparável e que a pessoa a pedir o divórcio precisa provar um de cinco fatos.*

- O cônjuge cometeu adultério, e o requerente não pode continuar a viver com ele.
- O cônjuge exibiu conduta insensata, e o requerente não pode continuar a viver com ele.
- O cônjuge desertou o requerente por um período de dois anos.
- O requerente e o cônjuge têm vivido separados por mais de dois anos, e ambas as partes concordam com o divórcio.
- O requerente e o cônjuge têm vivido separados por mais de cinco anos, quer o cônjuge concorde com o divórcio, quer não.[32]

Na prática, porém, muitas vezes, é possível contornar alguns desses critérios quando os casais concordam em citar conduta insensata a fim de conseguir um divórcio rápido. Divórcios rápidos podem ser feitos também pela internet. Tais práticas minam a seriedade do divórcio, bem como o período de reflexão e a possibilidade de reconciliação devida a um casamento em dificuldades.

O Family Law Act [Lei de direito da família], de 1996, sugeriu incluir a ruptura irreparável sem a necessidade de citar qualquer um dos cinco critérios anteriormente mencionados. Isso deveria passar a ter efeito em 1998. O sínodo geral debateu as questões e aprovou as propostas, mas, embora parte do Family Law Act, de 1996, tenha passado a valer, o governo do Reino

---

* Considere a localidade — Reino Unido e União Europeia — quando das considerações legais acerca do divórcio. Dados descritos em 2006. [N. do R.]

Unido anunciou, em 2000, que muitas de suas propostas seriam adiadas por vários anos.

Entendemos o desejo de evitar que seja preciso estabelecer culpabilidade. Mas os argumentos contrários não parecem ter sido contemplados adequadamente. O conceito de ruptura irreparável tem consequências indesejáveis. (1) Ele torna o divórcio fácil demais; praticamente abre as portas para o divórcio sob demanda. (2) Ele representa o casamento em termos de realização própria, não de doação conjunta. Se o compromisso não nos der o que esperávamos, então, em vez de trabalhar nele, declaramos que o casamento não funciona para nós. (3) Ele passa a impressão de que casamentos acabam por si sós. Faz do casamento o bode expiatório e exonera os parceiros casados. Mas, se a essência do casamento é o compromisso de amor e fidelidade, logo, apenas um fracasso nesses pontos pode ameaçá-lo. Ao adotarem a abordagem secular de ruptura sem culpa, escreve o doutor Alan Storkey, as igrejas se prenderam numa contradição, "afirmando [...] uma visão de casamento e, ao mesmo tempo, aceitando uma dinâmica completamente diferente por trás da reforma do divórcio".[33] (4) Ele é uma expressão de pessimismo secular. Se duas pessoas são "incompatíveis" e a ruptura é "irreparável", o que aconteceu com a graça de Deus e o evangelho da reconciliação?

Aqui, portanto, estão duas abordagens diferentes à controversa questão do divórcio — "culpa" ou "nenhuma culpa", culpabilidade humana ou ruptura irreparável. Somos obrigados a escolher entre elas? Talvez a resposta se encontre na noção bíblica de "aliança" e "fidelidade pactual". Ela poderia ser descrita como um terceiro caminho no sentido de que a base para o divórcio não é nem uma ruptura pela qual ninguém assume a responsabilidade, nem uma culpa individual específica que precise ser demonstrada, mas uma violação culposa da aliança do casamento.

É evidente que as Escrituras veem o casamento como uma aliança; na verdade — embora uma aliança entre dois seres humanos —, como uma "aliança de seu Deus" (Provérbios 2:17, literalmente), instituída e testemunhada por ele. Numa carta que recebi vários anos atrás, Roger Beckwith, administrador da Latimer House, em Oxford, resumiu o que ele definia como os cinco termos da aliança do casamento: (1) amor (como em qualquer aliança), mas amor matrimonial com obrigações específicas; (2) convivência como único lar e família; (3) fidelidade à cama matrimonial; (4) sustento da esposa pelo marido; e (5) submissão da esposa ao marido.

Em seu livro *To Have and To Hold* [Ter e manter], cujo subtítulo é *The Marriage Covenant and the Discipline of Divorce* [A aliança do casamento e a disciplina do divórcio], David Atkinson desenvolve ainda mais a ideia de aliança. Ele define aliança como:

> um acordo entre partes baseado em promessa, que inclui estes quatro elementos: primeiro, um compromisso de fidelidade feito por uma parte à outra (ou por cada uma das partes); segundo, a aceitação desse compromisso pela outra parte; terceiro, o conhecimento público de tal compromisso e sua aceitação; e, quarto, o crescimento de uma relação pessoal baseada em, e como expressão de, tal compromisso.[34]

Não é difícil aplicar essa definição à "aliança" do casamento, especialmente porque o casamento humano é usado nas Escrituras como um modelo para a aliança de Deus com seu povo; e a aliança de Deus como modelo para o casamento humano.[35] David Atkinson cita o desenvolvimento dessa analogia pelo professor G. R. Dunstan, no sentido de que a aliança de Deus e o casamento humano incluem ambos: (1) uma iniciativa de amor, que encoraja uma resposta e, assim, cria um relacionamento; (2) um voto de consentimento, que protege a união contra a irregularidade das emoções; (3) obrigações de fidelidade; (4) a promessa de benção para aqueles que são fiéis às obrigações da aliança; e (5) o sacrifício, a entrega da vida na morte (nesse caso, especialmente, a morte da antiga independência e do egocentrismo).[36]

David Atkinson argumenta, então, que "a estrutura pactual do casamento dá peso à visão [...] de que o casamento não é um estado metafísico que não pode ser destruído; é, antes, um compromisso moral que deve ser honrado".[37] No entanto, alianças podem ser rompidas. "Alianças não 'ruem' simplesmente", mas "elas são quebradas; o divórcio expressa pecado tanto quanto tragédia". Assim, "de uma perspectiva bíblica moral, não podemos dissolver a categoria de 'ofensa matrimonial' totalmente no conceito menos pessoal de 'ruptura irreparável'".[38] Em vez disso, "o modelo da aliança para os casamentos insere a questão do divórcio no campo da responsabilidade moral".[39] Sua conclusão é que:

> qualquer ação que constitua infidelidade à aliança do casamento, tão persistente e impenitente, que a reconciliação se torne impossível,

pode ser suficiente para romper o laço do casamento e, assim, libertar o outro parceiro de sua promessa pactual.[40]

Há muita coisa de convincente no modelo do casamento como aliança. Para começar, é uma noção profundamente bíblica. Também ressalta a grande solenidade tanto de se firmar uma aliança quanto de se romper uma aliança — no primeiro caso, ressaltando-se amor, compromisso, reconhecimento público, fidelidade e sacrifício; no segundo, o pecado de voltar atrás nas promessas e de romper um relacionamento de amor. Confesso, porém, que meu problema reside em como unir os conceitos de lealdade pactual e ofensa matrimonial. Eu consigo entender as razões pelas quais não se deseje basear a permissão para o divórcio em duas ofensas. Mas, se as Escrituras consideram que uma aliança de casamento pode ser quebrada de várias formas, como devemos explicar a única ofensa mencionada na cláusula exceptiva de nosso Senhor? Certamente, o relacionamento pactual projetado no casamento (na união de "uma só carne") é muito mais profundo do que outras alianças, seja um tratado de suserania, seja um acordo de negócios, seja, até mesmo, um pacto de amizade. Não poderia ser, portanto, que nada menos do que uma violação (por infidelidade sexual) desse relacionamento fundamental seja capaz de quebrar a aliança do casamento?

A aliança de casamento de Deus com "Jerusalém" (que representa seu povo), descrita na extensa passagem de Ezequiel 16, é relevante para essa questão. Deus diz a Jerusalém: "Fiz um juramento e estabeleci uma aliança com você [...] e você se tornou minha" (Ezequiel 16:8). Mas Jerusalém agiu como "prostituta" ou, ainda (porque deu salário em vez de recebê-lo), foi uma esposa culpada de adultério promíscuo (Ezequiel 16:15-34). Por isso, Deus disse que a condenaria "ao castigo determinado para mulheres que cometem adultério" (Ezequiel 16:38). Mesmo assim, apesar de sua conduta ter sido pior do que a de sua "irmã mais nova Sodoma" (Ezequiel 16:48-52), e apesar de ter desprezado o juramento de Deus "rompendo a aliança" (Ezequiel 16:59), Deus disse: "Contudo, eu me lembrarei da aliança que fiz com você nos dias da sua infância, e com você estabelecerei uma aliança eterna" (Ezequiel 16:60), trazendo perdão e penitência.

Parece-me que devemos permitir que essas perspectivas da aliança de Deus moldem a nossa compreensão sobre a aliança do casamento. A aliança do casamento não é um contrato humano comum que, se renegado por uma parte, pode ser renunciado pela outra. Ela se parece mais com a aliança de Deus com seu povo. Nessa analogia (desenvolvida pelas Escrituras), apenas a infidelidade sexual fundamental rompe a aliança. E nem mesmo isso leva automática ou necessariamente ao divórcio; pode ser também uma oportunidade de reconciliação e perdão.

REALIDADES PESSOAIS E PASTORAIS

Este foi um longo capítulo. Alguns leitores devem ter sido provocados por ele, considerando-o secamente acadêmico, ou acharam-no insensível em relação aos sofrimentos profundos daqueles cujo casamento rui, ou, ainda, distante das realidades do mundo ocidental contemporâneo, ou todos os três. Entendo as reações. Ainda assin, foi necessário atribuir ao material bíblico uma análise minuciosa, pois este livro trata do desenvolvimento de uma mente cristã sobre questões atuais. Discípulos conscientes de Jesus sabem que ação cristã é impossível sem pensamento cristão; eles resistem à tentação de tomar atalhos. Ao mesmo tempo, o processo de "formar uma opinião" significa chegar a uma decisão que tenha consequências práticas. Quais, então, devem ser elas? Tendo em vista a grande seriedade com que as Escrituras veem o casamento e o divórcio, encerro com quatro necessidades pastorais urgentes.

Em primeiro lugar, existe a necessidade de um ensinamento bíblico profundo sobre casamento e reconciliação. Os pastores precisam dar instruções positivas sobre esses temas. Em sermões, na escola dominical e nas aulas de confirmação, devemos apresentar à congregação na qual atuamos a intenção divina e a norma de fidelidade exclusiva, comprometida e vitalícia no casamento. Devemos oferecer, também, um ensinamento claro e prático sobre a obrigação e o caminho do perdão, pois a reconciliação ocupa o centro do cristianismo. Há alguns anos, venho seguindo uma regra simples: sempre que alguém me faz uma pergunta sobre divórcio, eu me recuso a respondê-la antes de ter conversado sobre dois outros temas, quais sejam, casamento e reconciliação. É uma tentativa simples de seguir Jesus em suas próprias prioridades. Quando os fariseus lhe fizeram a pergunta sobre as razões para o divórcio, ele os remeteu à instituição original do casamento. Se nos preocuparmos com o divórcio e seus motivos, e não com o casamento e seus aspectos essenciais, cairemos em farisaísmo. O propósito de Deus é o casamento, não o divórcio, e seu evangelho consiste nas boas-novas da reconciliação. Precisamos ver as Escrituras como um todo, não isolar o tema do divórcio.

Em segundo lugar, existe a necessidade de preparação para o casamento. Casais que se preparam para o casamento costumam entreter altos ideais para o futuro e estão prontos, até mesmo ansiosos, para receber ajuda. Mas, muitas vezes, o ocupado clero só consegue dar a cada casal uma única entrevista, e, mesmo nesse caso, questões legais e sociais costumam sobrepor-se às dimensões espirituais e morais do casamento. Alguns clérigos organizam cursos para grupos de noivos ou os encorajam a frequentar retiros apropriados de fim de semana. Outros dão aos casais um livro ou uma curta lista de leitura sugerida.[41] O melhor de tudo, talvez, seja a decisão de aproveitar os serviços de casais leigos, mas amadurecidos, na congregação, que estariam dispostos a passar várias noites com um casal de noivos, a encontrá-los novamente após o casamento e a manter contato com o casal durante os primeiros dias de adaptação.

Em terceiro lugar, existe a necessidade de um ministério de reconciliação. No Reino Unido, durante a década de 1980, foram desenvolvidos serviços de conciliação dentro e fora dos tribunais, e existe um desejo crescente de incluir tentativas de conciliação nas fases iniciais de procedimentos legais, a fim de evitar uma abordagem adversa. Existem também organizações voluntárias, como RELATE,[42] Marriage Care (antigamente Catholic Marriage Advisory Council),[43] Care for the Family[44] e Marriage Resource (rede de grupos cristãos de apoio ao casamento, que patrocina a National Marriage Week).[45] Eu gostaria que as igrejas se envolvessem ainda mais nesse ministério, especialmente em âmbito local. É obrigação dos cristãos envolver-se nas atividades de reconciliação. Muitas pessoas buscariam ajuda, e buscariam cedo, quando mais precisam dela, se soubessem onde encontrar simpatia, compreensão e conselho. Por vezes, uma terapia matrimonial especializada pode ser necessária, mas, em muitos casos, um ouvinte paciente pode bastar.

Em quarto lugar, existe a necessidade de ministério pastoral para os divorciados. Visto que o casamento é uma "ordenança da Criação", os propósitos de Deus para ele não variam; valem igualmente para o mundo e para a Igreja. Muitas vezes, o mundo não cristão é incapaz de cumpri-los, e está indisposto para tal, por causa da dureza do coração humano; assim, acabam por ter sua própria legislação para o divórcio. No entanto, é correto exigir padrões mais altos da nova comunidade de Jesus. Ele instruiu seus seguidores, repetidas vezes, a não irem pelo caminho do mundo. "Não será assim entre vocês", ele disse (Marcos 10:43). No casamento, portanto, o chamado da Igreja é não se submeter a tendências populares, mas dar testemunho do propósito de permanência de Deus.

A "dureza de coração", entretanto, não se limita ao mundo não cristão. Tal como foi o caso com o povo de Deus no Antigo Testamento, precisamos fazer concessões à falibilidade e ao fracasso humano também do povo da nova aliança. Quais arranjos institucionais uma igreja deveria fazer? O professor Oliver O'Donovan escreve: "A pergunta primária seria como ela pode encontrar algum arranjo que dê forma adequada às suas crenças sobre a permanência do casamento e às suas crenças sobre o perdão do pecador penitente."[46] Ela poderia expressar essa ambivalência permitindo o segundo casamento na igreja (ressaltando o evangelho da redenção) e aplicando, ao mesmo tempo, algum tipo de disciplina (reconhecendo a norma de Deus para o casamento), ou recusando o segundo casamento na igreja (ressaltando a norma) e acrescentando, ao mesmo tempo, alguma expressão de aceitação (reconhecendo o evangelho). Eu tendo a defender a primeira alternativa. Mas, antes que se permita qualquer celebração na igreja para o casamento de uma pessoa divorciada, a igreja precisa exemplificar, de duas maneiras, sua lealdade à revelação de Deus. Deve certificar-se, em primeiro lugar, de que o segundo casamento ocorre dentro do escopo das permissões bíblicas e, em segundo lugar, de que o casal aceita a intenção divina da permanência do casamento.

A política da Igreja da Inglaterra, durante várias décadas, tem sido recusar a celebração de casamento, na igreja, de qualquer pessoa que tenha um ex-cônjuge ainda vivo e tentar, simultaneamente, oferecer um ministério de compaixão e cuidado pastoral para os divorciados. Após mais de vinte anos de debate, porém, o sínodo geral da Igreja da Inglaterra deu sua benção ao casamento de pessoas divorciadas, sob circunstâncias excepcionais, em 14 de novembro de 2002. Mesmo assim, essa decisão gerou problemas para o clero local, pois muitos sentiam que um fardo havia sido colocado em seus ombros, o de decidir quais casais eram dignos de casar e quais não eram. Eles haviam recebido a instrução de considerar, antes de tudo, se o casamento geraria comentários públicos hostis, escândalo, se consagraria uma infidelidade de longa data ou se minaria a credibilidade da igreja. Nenhum vigário seria obrigado a conduzir uma celebração, mas era reconhecido que alguns segundos casamentos vinham ocorrendo em secreto, e cerimônias de benção após cerimônias civis também estavam acontecendo. De mais ou menos 7.500 casamentos na igreja por ano, no Reino Unido, 11% do total já inclui pelo menos um parceiro divorciado. Aqueles que se opunham a essa decisão acreditavam que tal pressão faria o clero começar a ceder à demanda de segundos casamentos e, eventualmente, aceitar todos os candidatos. Acreditavam, também, que é extremamente importante continuar a afirmar o casamento como relacionamento permanente, público e exclusivo, ressaltando, em conjunto, o perdão de Deus e a possibilidade de um novo começo.

Jesus e seu apóstolo Paulo permitiam o divórcio e o segundo casamento em certas circunstâncias, e essa permissão de um novo começo precisa daquilo que o professor O'Donovon tem chamado de "visibilidade institucional".[47] Se a posição atual mantém a fidelidade necessária às Escrituras, bem como a sensibilidade pastoral necessária, ainda não sabemos. Nesse caso, a cerimônia na igreja não pode ser idêntica a uma cerimônia de casamento habitual. Alguma expressão de penitência deve ser incluída, ou num ritual preliminar privado (como sugere o Relatório Root, nos parágrafos 143-147) ou na própria cerimônia pública. Isso seria um reconhecimento de que cada divórcio, mesmo o biblicamente permissível, é um desvio da norma divina. Não significa julgar as pessoas envolvidas de um jeito orgulhoso ou paternalista, mas admitir que nós, e eles, somos pecadores.

Em tudo isso, continuamos presos na tensão entre lei e graça, testemunho e compaixão, ministério profético e cuidado pastoral. De um lado, precisamos de coragem para resistir aos ventos dominantes de permissibilidade e para defender o casamento e manter oposição ao divórcio. O Estado continuará a promulgar suas próprias leis de divórcio, mas a Igreja também precisa dar o próprio testemunho do ensinamento de seu Senhor divino e exercer sua própria disciplina. De outro lado, devemos buscar compartilhar, com profunda compaixão, o sofrimento daqueles cujo casamento fracassou, especialmente daqueles a quem não podemos aconselhar, conscientemente, uma fuga por meio do divórcio. Em certas ocasiões, podemos sentir-nos em liberdade de aconselhar a legitimidade de uma separação sem divórcio ou, até mesmo, um divórcio sem novo casamento, apoiando-nos em 1Coríntios 7:11. Mas não temos liberdade para ir além das permissões de nosso Senhor. Ele conhecia a vontade do Pai e se preocupava com o bem-estar de seus discípulos. Ao segui-lo, encontraremos sabedoria, justiça e compaixão.

NOTAS

1. Aqueles que desejam examinar a teologia bíblica em torno do propósito do casamento encontrarão uma análise detalhada desse tema nos Capítulos 6-10 de ASH, Christopher. *Marriage:* sex in the service of God. Leicester: InterVarsity Press, 2003.
2. Veja SWIHART, Judson J.; BRIGHAM, Steven L. *Helping children of divorce.* Downers Grove: InterVarsity Press, 1982.
3. Em www.census.gov/prod/2003pubs/02statab/vitstat.pdf (em inglês). É difícil apresentar o quadro real do número de divórcios, pois vários Estados não divulgam seus dados. O número de casamentos nos Estados Unidos, em 2001, era de 2,327 milhões.
4. O aumento da taxa de divórcio nas décadas de 1970 e 1980 estabilizou-se na década de 1990. Veja KREIDER, Rose M.; FIELDS, Jason M. *Number, timing and duration of marriages and divorces:* 1996. Household Economic Studies, fev. 2001. Disponível em: <www.census.gov/prod/2002pubs/p70-80.pdf>. Acesso em: 19 fev. 2019.
5. GOV.UK NATIONAL STATISTICS. *Marriages in 2002:* England and Wales. Disponível em: <www.statistics.gov.uk>. Acesso em: 19 fev. 2019.
6. *UK statistics on families.* [S.l.]: Mothers' Union, mar. 2004.
7. Hoje em dia, nem todos os casamentos civis ocorrem em cartório, já que muitos locais são licenciados como apropriados para casamentos.
8. Para uma meditação lírica sobre o amor matrimonial e seu chamado à doação própria, veja MASON, Mike. *The mystery of marriage.* Londres: Triangle; SPCK, 1997. Ele escreve: "Amor é um terremoto que realoca o centro do universo" (p. 26).
9. WILLIAMS, John. *For every cause?* A biblical study of divorce. Carlisle, Penn.: Paternoster, 1981. p. 12.
10. DAWSON, Rosemary. *Something to celebrate.* Londres: Church House Publishing, 1995.
11. BRAMLETT, Matthew D.; MOSHER, William D. Cohabitation, marriage, divorce and remarriage in the United States. *National Survey of Family Growth,* series 23, n. 22, jul. 2002. Disponível em: <https://www.cdc.gov/nchs/data/series/sr_23/sr23_022.pdf>. Acesso em: 19 fev. 2019.
12. Ibid., p. 12.
13. WAITE, L.; GALLAGHER, M. *The case for marriage:* why married people are happier, healthier, and better off financially. Nova York: Doubleday, 2000. p. 46. Citado em www.civitas.org.uk/hwu/cohabitation.php#4 (em inglês). Veja também STORKEY, Elaine. *The search for intimacy.* Londres: Hodder & Stoughton, 1995. p. 173.
14. WELLINGS, K. et al. Sexual behaviour in Britain. In: *The National Survey of Sexual Atti-*

tudes and Lifestyles. Londres: Penguin, 1994. p. 116; STEINHAISER, J. No marriage, no apologies. *New York Times*, 6 jul. 1995.

15. Sobre alcoolismo, veja ROBBINS, Lee; REGIER, Darrel. *Psychiatric disorders in America:* the epidemiologic catchment area study. Nova York: Free Press, 1991. p. 64. Sobre depressão, veja Ibid., p. 64. Sobre doença mental geral, veja Ibid., p. 334.
16. ASH, op. cit., p. 222.
17. Ibid., p. 224.
18. Ibid., p. 224.
19. DAWSON, op. cit., p. 115-116.
20. Londres, 30 de novembro de 1995.
21. Os detalhes podem ser encontrados no tratado Gittin do Talmude Babilônico. Veja também Eclesiastes 25:26.
22. LANE, William L. *The gospel of mark*. Grand Rapids: Eerdmans; Londres: Marshall, Morgan & Scott, 1974. p. 353. (New International Commentary Series.)
23. HURLEY, James B. *Man and woman in biblical perspective*. Leicester: InterVarsity Press, 1981. p. 22-28.
24. The biblical view of marriage and divorce, três artigos publicados em *Third Way*, v. 1, n. 20-22, out./nov. 1977.
25. É verdade que, em Marcos 10:3 e seguintes, Jesus usa o verbo "ordenar", mas parece ter sido uma referência ou à legislação mosaica em geral ou à emissão da certidão de divórcio em especial.
26. CRANFIELD, C. E. B. *The gospel according to Mark*: Cambridge Greek Testament Commentary. Cambridge: Cambridge Univ. Press, 1959. p. 319-320.
27. MURRAY, John. *Divorce*. Committee on Christian Education, Orthodox Presbyterian Church, 1953. p. 21. É justo acrescentar que a posição moderada desenvolvida nestas páginas, mesmo que baseada em exegese cuidadosa, não é aceitável para todos. Alguns entendem que Jesus foi mais leniente do que o aqui sugerido, e outros têm sido mais estritos. A visão mais leniente foi expressa por Ken Crispin, advogado australiano, em *Divorce: The Forgivable Sin?* (Londres: Hodder & Stoughton, 1989). Enfurecido por líderes de igreja "insensíveis e irresponsáveis", ele interpretou *porneia* de modo bastante amplo, a ponto de incluir todo tipo de má conduta que mina um casamento. A posição mais estrita foi apresentada por William A. Heth e Gordon J. Wenham, em *Jesus and Divorce* (Londres: Hodder & Stoughton, 1984). Eles argumentaram, com base nas Escrituras e na história da Igreja, que Jesus impôs um banimento absoluto a divórcio e segundo casamento. Andrew Cornes, em *Divorce and Remarriage* (Londres: Hodder & Stoughton,

1993), assume posição semelhantemente estrita. Ele admite que Jesus permitia o divórcio no caso de uma séria ofensa sexual e que Paulo permitiu que um cristão cedesse à parte não cristã, caso ela insistisse na separação. Mas, ele adverte, Jesus não permitiu um segundo casamento aos divorciados. "Não porque ele é divorciado, mas porque continua casado. É porque Deus o amarrou ao seu parceiro original. É porque, aos olhos de Deus, no casamento, eles deixaram de ser duas pessoas e se tornaram uma só" (p. 307-308). Embora eu mesmo não esteja convencido quanto ao banimento total do segundo casamento, Andrew Cornes combina erudição bíblica e experiência pastoral, coragem e compaixão. Seu livro provocará alguma reflexão furiosa; é leitura indispensável àqueles que desejam desenvolver uma mente cristã sobre esses temas. Eu não pude ler a obra erudita de David Instone-Brewer, *Divorce and Remarriage in the Bible* (Grand Rapids: Eerdmans, 2002), mas ela é altamente recomendada por muitos estudiosos, como contribuição significativa a esses debates.

28. MURRAY, op. cit., p. 65.
29. As versões ARA e NIV traduzem, respectivamente, "Como sabes, ó mulher/ó marido, se salvarás teu marido/tua mulher?"; "Como sabe se salvará seu marido/sua mulher?"; assim, a pergunta é interpretada como expressão de dúvida ou até mesmo de resignação. No entanto, pode ser que o apóstolo estivesse exprimindo esperança. A NTLH traduz o versículo: "[...] como é que você pode ter a certeza de que não vai salvar o seu marido/a sua esposa?" A NEB (*The New English Bible*) é ainda mais profunda, com a seguinte tradução: "Pense nisso: como esposa você pode ser a salvação de seu marido..." Como diz F. F. Bruce: "Um casamento misto tem potenciais missionários" (*New Century Bible*, 1971, p. 70). Desse modo, o parceiro cristão precisa fazer o máximo para preservar o casamento.
30. Em *The Teaching of the New Testament on Divorce* (Londres: Williams & Norgate, 1921), R. H. Charles argumentou que, em 1Coríntios 7:39, como o oposto de preso é "livre para se casar", no versículo 9, por conseguinte, "o direito de um novo casamento é aqui concedido a marido ou esposa cristão que seja abandonado por parceiro(a) incrédulo" (p. 58).
31. ATKINSON, David. *To have and to hold:* the marriage covenant and the discipline of divorce. Londres: Collins, 1979. p. 28.
32. Nos Estados Unidos, os fundamentos para o divórcio variam de Estado a Estado. Ruptura irreparável costuma ser aceita, e outros motivos incluem embriaguez habitual, impotência, insanidade, crueldade intolerável ou adultério.
33. STORKEY, Alan. *Marriage and its modern crisis*. Londres: Hodder & Stoughton, 1996. p. 197.

34. ATKINSON, op. cit., p. 70.
35. Ibid., p. 71.
36. Ibid., p. 75-76.
37. Ibid., p. 91.
38. Ibid., p. 151.
39. Ibid., p. 152.
40. Ibid., p. 154.
41. Recomendo especialmente um livro do bispo Michael e da senhora Myrtle Baughen, *Your Marriage* (Londres: Hodder & Stoughton, 1994; edição norte-americana intitulada *Christian Marriage*, Grand Rapids: Baker, 1994).
42. Visite *www.relate.org.uk/* (em inglês).
43. Consulte *www.plymouth-diocese.org.uk/organisations/marr_care.htm* (em inglês).
44. Veja *www.care-for-the-family.org.uk* (em inglês).
45. Acesse *www.marriageresource.org.uk* (em inglês).
46. O'DONOVAN, Oliver. *Marriage and permanence*. Cambridge: Grove Books, 1978. p. 21. (Grove Booklet on Ethics no. 26.)
47. Ibid., p. 20.

CAPÍTULO 14

Aborto e eutanásia

Os debates sobre aborto e eutanásia são complexos. Incluem aspectos médicos, legais, teológicos, éticos, sociais e pessoais. São temas bastante emocionais, pois tocam nos mistérios da sexualidade e da reprodução humana, da vida e da morte. Ambos costumam envolver dilemas intensamente dolorosos. Mas os cristãos não podem esquivar-se da tomada de decisões pessoal ou da discussão pública sobre esses temas simplesmente por causa de sua complexidade.

AS DOUTRINAS DE DEUS E DA HUMANIDADE

O que está em jogo nos debates sobre aborto e eutanásia é nada menos do que a nossa doutrina cristã sobre Deus e a humanidade. Todos os cristãos acreditam que o Deus Todo-poderoso é o único que dá, sustenta e tira a vida. De um lado, "ele mesmo dá a todos a vida, o fôlego e as demais coisas" e "nele vivemos, nos movemos e existimos". De outro, como diz o salmista a Deus: "Quando lhes retiras o fôlego, morrem e voltam ao pó." Na verdade, sempre que alguém morre, a fé cristã luta para afirmar com Jó: "O Senhor o deu, o Senhor o levou; louvado seja o nome do Senhor" (Atos 17:25,28; Salmos 104:29; Jó 1:21). Para o cristão, dar e tirar a vida são prerrogativas divinas. E, embora não possamos interpretar "não matarás" como uma proibição absoluta, já que a mesma lei que proibia matar também a sancionava em algumas situações (por exemplo, pena capital e guerra santa), tirar uma vida humana é prerrogativa divina, permitida aos seres humanos apenas por um mandato divino específico. Sem ele, encerrar uma vida humana é o cúmulo da arrogância.

As questões de aborto e eutanásia dizem respeito à nossa doutrina de humanidade e à nossa doutrina de Deus. Por mais subdesenvolvido que o embrião ainda possa ser, e por mais mentalmente debilitada que uma pessoa idosa possa ser, todos concordam que eles estão vivendo e que essas vidas são humanas. No entanto, a decisão de terminar uma vida humana envolve o julgamento implícito de que uma forma específica de vida humana não é digna de respeito máximo.

Logo, se tanto a soberania divina quanto a dignidade humana estão sendo desafiadas pelos debates sobre aborto e eutanásia, nenhum cristão consciente pode excluir-se deles. Analisaremos, de início, o aborto e a discussão em torno dele, voltando nossa atenção, no fim do capítulo, para a eutanásia e para alguns problemas específicos que ela suscita.

A REVOLUÇÃO NAS ATITUDES PÚBLICAS

Recentemente, tem ocorrido uma revolução nas atitudes públicas quanto a esses assuntos. Tendo ou não assinado o Juramento Hipocrático (século 5 a.C.), presumia-se, em geral, que os médicos subscreviam aos seus pontos principais.

> Aplicarei os regimes para o bem do doente segundo o meu poder e entendimento, nunca para causar dano ou mal a alguém. A ninguém darei [...] nem remédio mortal nem um conselho que induza a perda. Do mesmo modo não darei a nenhuma mulher uma substância abortiva.

Visto que algumas outras cláusulas do juramento são decididamente antiquadas, a Declaração de Genebra (1948) o atualizou, tendo o cuidado de incluir a seguinte promessa: "Manterei o mais alto respeito pela vida humana, desde sua concepção."

Contudo, as expectativas quanto à situação no Ocidente, herdeiro de muitos séculos de tradição cristã, são naturalmente mais altas. Na Grã-Bretanha, o aborto permaneceu ilegal até o Infant Life (Preservation) Act [Lei (de preservação) da vida infantil], de 1929, que determinou que nenhuma ação seria punível "se cometida em boa-fé com a intenção de salvar a vida da mãe". O Abortion Act [Lei do aborto] de 1967, de David Steel, pareceu a muitos apenas uma extensão cautelosa disso. Dois médicos registrados precisavam expressar sua opinião, "formada em boa-fé", de que a continuação da gravidez envolveria ou (1) o risco de vida para a mulher grávida, ou (2) o risco de danos à saúde física ou mental dela ou de seus filhos existentes "maior do que se sua gravidez fosse encerrada", ou (3) o risco de a criança, se nascesse, sofrer de anormalidades físicas ou mentais a ponto de ser seriamente deficiente".

Quaisquer que tenham sido as intenções da Abortion Law Reform Association (que projetou a lei), parece claro que suas consequências catastróficas não foram previstas por seus patrocinadores parlamentares. Antes de a lei entrar em vigor, o número de abortos legais realizados por ano nos hospitais públicos, na Inglaterra e no País de Gales, tinha aumentado lentamente para 6.100 (1966).[1] Em 1968, porém, o número já era de 24 mil; em 1973, foram realizados 167 mil abortos; e, em 1983, mais de 184 mil. Em 2000, foram realizados 185.376 abortos.[2] Em 2002, mais de 5 milhões de abortos legais haviam sido realizados no Reino Unido desde a lei de 1967. Mais de 98% dos abortos são realizados por razões "sociais", e menos de 1 em mil abortos é realizado por risco à vida da mãe. Uma estimativa diz que o número total de abortos legais e ilegais no mundo inteiro, em 1968, foi de 30 a 35 milhões.[3] Hoje, a estimativa é que 55 milhões de abortos ocorram a cada ano,[4] o que significa mais de um aborto por segundo.

Além disso, muitos abortos precoces podem não ter sido registrados. No Reino Unido, a "pílula do dia seguinte" (que frequentemente induz um aborto, impedindo a implantação do embrião fertilizado) tem estado disponível em farmácias desde 2001, sem necessidade de receita médica. Atualmente, em média 1 em 5 gravidezes termina em aborto, e mais de 1 em 4 mulheres na idade fértil tiveram um aborto.

A situação nos Estados Unidos é igualmente perturbadora. Em 1970, uma mulher texana chamada Norma McCorvey (sob o pseudônimo de Jane Roe) engravidou e decidiu combater a legislação antiaborto de seu Estado. Ela levou Henry Wade, o procurador do distrito de Dallas, ao tribunal. Em janeiro de 1973, no famoso caso *Roe versus Wade*, a Suprema Corte dos Estados Unidos declarou, por sete votos a dois, que a lei do Texas era inconstitucional.[5] Seu julgamento inibiu qualquer regulamentação do aborto durante os três primeiros meses da gravidez, e durante o segundo e terceiro trimestres, ela o regulamentava apenas em relação à saúde física ou mental da mãe. Implicitamente, essa sentença permitiu o aborto sob demanda em cada fase da gravidez. O número de abortos legais nos Estados Unidos, em 1969, era inferior a 20 mil. Em 1975, passou para a marca de 1 milhão, e, em 1980, chegou a quase 1 milhão e meio. Durante toda a década de 1980, o número permaneceu mais ou menos nesse patamar a cada ano. Isso significa que, nesse período, para cada mil partos (naturais ou induzidos), houve trezentos abortos.

Notavelmente, Norma McCorvey tornou-se cristã em 1995, e sua verdadeira história veio a público. Norma nunca tivera um aborto; seu filho era adotado. Ela se tornou uma voz ativa na oposição à prática atual de aborto nos Estados Unidos, tendo pedido que a Suprema Corte dos Estados Unidos ouvisse seu caso novamente.

Por sua vez, o debate nacional tem-se desenvolvido num confronto entrincheirado. Aborto sempre é um grande tema nas eleições norte-americanas, e grupos pró-vida e pró-escolha realizam marchas anuais em Washington.

Qualquer sociedade que tolera o aborto nessa escala deixou de ser civilizada. Um dos principais sinais de decadência no Império Romano foi que seus bebês indesejados eram "expostos" — isto é, abandonados e entregues à morte.[6] Podemos alegar que a sociedade ocidental contemporânea é menos decadente porque entrega seus bebês indesejados ao incinerador do hospital, e não ao lixão municipal? Na verdade, o aborto moderno é ainda pior do que a exposição antiga, porque ele tem sido comercializado e se tornou, pelo menos para alguns médicos e algumas clínicas, uma prática extremamente lucrativa. No entanto, a reverência pela vida humana é característica indisputável de uma sociedade humana e civilizada.

A QUESTÃO-CHAVE[7]

Aqueles que defendem uma política branda de aborto e aqueles que defendem uma política estrita iniciam seus argumentos de posições contrárias.

Aqueles a favor de um aborto liberal destacam os direitos da mãe, especialmente o seu direito de escolha; aquele que se opõem ao aborto destacam os direitos do filho nascituro, especialmente o seu direito de viver. Os primeiros veem o aborto como pouco mais do que um contraceptivo retroativo; os segundos, como pouco menos do que um infanticídio pré-natal. Os defensores do aborto apelam, muitas vezes, à compaixão (e também à justiça daquilo que eles consideram um direito da mulher); eles citam situações em que a mãe ou o resto da família existente sofreria pressão insuportável se uma gravidez indesejada fosse levada adiante. Os que se opõem ao aborto apelam especialmente à justiça; eles destacam a necessidade de defender os direitos da criança nascitura, que não tem como defender a si mesma. Aos que se opõem à postural liberal em relação ao aborto não falta compaixão. Eles reconhecem as dificuldades e até mesmo as tragédias que a chegada de um bebê não planejado pode trazer. A angústia psicológica, as dificuldades financeiras e o impacto de uma gravidez indesejada sobre os outros filhos podem ser devastadores. Talvez o pai do bebê seja violento ou cruel; talvez, um alcoólatra ou, até mesmo, um psicopata. Talvez a mãe seja aluna escolar ou universitária, e a continuação de sua gravidez interferiria em sua educação e em sua carreira. Talvez a gravidez tenha acontecido em decorrência de adultério, incesto ou estupro, e essas tragédias são grandes o bastante por si sós, sem o acréscimo de uma criança não planejada e indesejada. Talvez a mãe tenha contraído rubéola durante a gravidez e teme que o filho nasça com alguma deficiência.

No entanto, existem cada vez mais evidências dos efeitos danosos do aborto sobre as mulheres, incluindo taxas mais elevadas de depressão, hospitalização psiquiátrica e suicídio, além de uma incidência significativamente maior de trabalho de parto prematuro em gravidezes subsequentes.[8]

Devemos perguntar-nos quais são os princípios envolvidos. Nossa compaixão precisa de orientações teológicas e morais. Se ela se expressa a custo de verdade ou justiça, deixa de ser compaixão genuína.

A questão central, então, é de natureza moral e teológica. Diz respeito à natureza do feto (*fetos* é o termo latino para "cria"). Como devemos pensar sobre o embrião no ventre da mãe? É a nossa avaliação do feto que determinará, em grande parte, a nossa postura em relação ao aborto.

O feto como objeto inanimado

A primeira opção defendida por alguns (e que os cristãos rejeitam como totalmente falsa e profundamente abominável) é que o feto é apenas um nódulo de geleia, uma bola de tecido ou um tumor no ventre da mãe e que, por isso, pode ser extraído e destruído como um dente, um tumor ou uma amígdala. K. Hindell e Madelaine Simms (defensores pró-escolha), por exemplo, escreveram que, "médica e legalmente, embrião e feto são meramente partes do corpo da mãe e ainda não são humanos".⁹ Tais pessoas insistem que o feto pertence à mulher que o carrega e, ainda, que a decisão de abortar ou não cabe totalmente à mulher. Já que se trata de seu corpo, a escolha é sua. Nenhuma pessoa (e certamente nenhum homem, acrescentariam as feministas) tem o direito de dizer nada a respeito disso.

Após uma demonstração em massa no Hyde Park, em Londres, organizada pela Society for the Protection of Unborn Children (SPUC), em junho de 1983, estávamos caminhando até 10 Downing Street, a fim de apresentar uma petição ao primeiro-ministro, quando, no topo de Whitehall, um grupo de mulheres jovens começou a cantar:

> Não a Igreja, não o Estado
> Deixem a que mulher decida o seu destino.

Fui até elas para falar-lhes e calmamente mostrei que nós não estávamos preocupados com o destino da mulher, mas com o destino de seu filho nascituro. Sua única resposta foi gritar obscenidades irrepetíveis e mostrar-me o ponto um tanto óbvio de que eu não era capaz de dar à luz um filho nem em 1 milhão de anos. Não estou dizendo que elas estavam inteiramente erradas.

Reconheço que o aborto é mais um assunto de mulher do que de homem. É ela quem foi engravidada, talvez sem consentimento, é ela quem precisa suportar a gravidez e quem terá de lidar com o fardo da criação do filho. Homens se esquecem facilmente desses fatos. Nós também deveríamos ser "pró-escolha" no sentido de que reconhecemos o direito da mulher de decidir se ela quer ter um bebê ou não. Mas o momento de exercer esse direito e de fazer a escolha (ainda supondo que a mulher não tenha sido forçada) é antes da concepção, não depois. Uma vez que tenha engravidado, seu filho possui direitos independentes antes e depois do nascimento.

Humanização e implantação

Uma segunda opção concentra-se no momento decisivo da "humanização" do embrião em algum ponto entre concepção e nascimento. Alguns acreditam que ela aconteça na implantação, quando o embrião, seis dias após a fertilização, desce pela trompa de falópio e se prende à parede do útero. É verdade que a implantação é uma fase indispensável ao desenvolvimento do feto e, também, que o maior número de abortos espontâneos (muitas vezes, em virtude de uma anormalidade fetal) ocorre antes desse estágio. No entanto, a implantação altera apenas o ambiente do feto, não a sua constituição. Em gerações passadas, muitos viam essa "ativação" como o momento, ou pelo menos a evidência, de "animação" do embrião, mas sabemos, agora, que esse novo começo não representa o movimento da criança, mas a percepção dele pela mãe.

Viabilidade e sobrevivência

Uma terceira opção é a "viabilidade", o período em que o feto, se nascido prematuramente, seria capaz de sobreviver. Avanços em técnicas medicinais, todavia, constantemente ampliam esse período. Quando o Abortion Act, de 1967, foi promulgado no Reino Unido, 28 semanas eram vistas como limite de viabilidade. Agora, é comum que bebês sobrevivam com 23 ou mesmo com 22 semanas. Na próxima década, novas técnicas poderão garantir a sobrevivência muito mais cedo. Por que o *status* moral do feto dependeria do estado da tecnologia médica?

Nascimento e acolhimento

A quarta opção é ver o nascimento em si como momento crucial. Essa foi a posição adotada por Rex Gardner em seu livro *Abortion: The Personal Dilemma* [Aborto: o dilema pessoal] (1972). Ele escreveu:

> Minha visão pessoal é que, enquanto o feto deve ser valorizado cada vez mais à medida que se desenvolve, devemos considerar seu primeiro respiro, ao nascer, como o momento em que Deus lhe dá não apenas a vida, mas a oferta de Vida.

Ele citou Gênesis 2:7 como evidência bíblica, onde Deus sopra nas narinas do homem, dando-lhe "o fôlego de vida". Apelou também à experiência humana comum: "Todos na sala de parto soltam um suspiro de alívio quando o bebê enche os pulmões pela primeira vez."[10] É certamente verdade que as Escrituras costumam falar de "vida nova", que começa com um "novo nascimento". No entanto, isso não resolve a questão, pois as Escrituras falam também que Deus nos "gerou" e citam a "semente" implantada, que leva ao novo nascimento (veja, por exemplo, Tiago 1:18; 1Pedro 1:23-25; 1João 3:9). Além disso, a compreensão científica moderna é que não existe diferença fundamental entre o nascituro e o recém-nascido: ambos dependem de sua mãe, mesmo que de maneiras diferentes.

Concepção e humanidade

A quinta opção, que, acredito, todos os cristãos deveriam defender, ainda que usem formulações diferentes e tirem deduções diferentes, vê a concepção ou a fusão como o momento decisivo em que um ser humano começa. Essa é a posição oficial da Igreja Católica Romana. O papa Pio XII, por exemplo, em seu discurso à Sociedade Católica Italiana de Parteiras, em 1951, disse: "O bebê, ainda não nascido, é um homem (isto é, um ser humano) no mesmo grau e pela mesma razão que a mãe."[11] Semelhantemente, muitos protestantes, embora alguns tenham dificuldade com o não reconhecimento de "grau", afirmam, também, que não existe ponto entre concepção e morte em que possamos dizer: "Depois daquele ponto eu era uma pessoa, mas antes dele eu não era." Certamente o feto está vivo, e certamente a vida que ele possui é humana. Na verdade, muitas pessoas da área médica que não professam a fé cristã reconhecem esse fato. Assim, a Primeira Conferência Internacional sobre o Aborto, ocorrida em 1967, em Washington, DC, declarou: "Não conseguimos encontrar o ponto no tempo entre a união do espermatozoide com o óvulo e o nascimento de uma criança no qual possamos dizer que essa não é uma vida humana."[12]

Existe, agora, outra opção, mas ela deliberadamente evita uma decisão sobre a identidade exata do feto. Tem sido apresentada convincentemente pelo professor Ronald Dworkin em seu influente livro *Domínio da vida*.[13]

Existe consenso e dissenso entre as posições liberal e conservadora, afirma ele. Ambas acreditam no valor intrínseco da vida humana, mas divergem em sua compreensão desse valor. Os conservadores tendem a ver o feto, desde a concepção, como "uma pessoa com direitos e interesses próprios", enquanto os liberais afirmam "a santidade da vida compreendida de maneira mais impessoal".[14] Mas, quando o professor Dworkin passa a explicar o "valor" da vida humana, ele parece enfrentar dificuldades. Vidas humanas são intrinsecamente valiosas no sentido de grandes pinturas. Seu valor se mede pelo grau de "investimento" atribuído à sua criação (natural e humana) e pelo grau de "desperdício" envolvido em sua destruição. Por exemplo, um feto seriamente deformado deveria ter a permissão de nascer ou deveria ser abortado? Em todo caso, haveria uma séria "frustração de vida". O aborto significaria destruição de vida.

> [O nascimento] acrescentaria, ao triste desperdício de uma criação biológica de um humano deformado, o desperdício triste de um investimento emocional pessoal feito nessa vida por outros, mas principalmente pela própria criança antes de sua inevitável morte precoce.[15]

Qual é o "investimento" maior? Qual seria o "desperdício" maior?

Mesmo que apreciem a ênfase do professor Dworkin ao "valor" do feto, os cristãos se sentirão desconfortáveis com a maneira como ele desenvolve sua tese. (1) Ele é otimista demais em sua avaliação da posição dos liberais. Eles não parecem afirmar (como ele alega) a "santidade", muito menos a "inviolabilidade" da vida do nascituro. (2) Sua personificação de "natureza" (por exemplo, "não destruir o que a natureza criou"[16]) não é plausível. Uma maneira melhor e bíblica de explicar o valor intrínseco do feto humano é reconhecer Deus como Criador e nós mesmos como aqueles que carregam a sua imagem. Não é "investimento", mas "criação" que estabelece o valor inato dos seres humanos. (3) O vocabulário do professor Dworkin, de "investimento" e "desperdício", parece inapropriado em relação a seres humanos. "Desperdício" sugere a perda de uma comodidade, e "investimento" é um gasto que visa a um lucro. Mas a essência do amor é dar sem esperar nada em troca.

A BASE BÍBLICA

Para mim, o fundamento mais sólido, nas Escrituras, a respeito da quinta opção encontra-se no Salmo 139, onde o autor fica maravilhado diante da onisciência e da onipresença de Deus e, no decurso de sua meditação, faz declarações importantes sobre nossa existência pré-natal. Sim, o Salmo 139 não alega ser um livro de embriologia. Ele usa imagens poéticas e uma linguagem altamente figurada (por exemplo, o versículo 15: "Fui formado e entretecido como nas profundezas da terra"). De qualquer modo, o salmista está afirmando pelo menos três verdades importantes.

Criação

A primeira diz respeito à sua criação. "Tu criaste o íntimo do meu ser e me teceste no ventre de minha mãe" (Salmos 139:13). Duas metáforas singelas são usadas para ilustrar a habilidade criativa de Deus, a do oleiro e a do tecelão. Deus é como um artesão hábil, que o "criou" ("formou" seria uma palavra melhor) da mesma forma que o oleiro trabalha o barro. O mesmo pensamento ocorre em Jó 10:8, quando Jó afirma que as mãos de Deus o formaram e fizeram. A outra imagem é a do tecelão que o "teceu" (Salmos 139:13). Semelhantemente, Jó pergunta: "Não me vestiste de pele e carne e não me juntaste com ossos e tendões?" (Jó 10:11). Em consequência, o salmista continua: "Eu te louvo porque me fizeste de modo especial e admirável. Tuas obras são maravilhosas!" (Salmos 139:14).

Embora a intenção não seja apresentar um relato científico do desenvolvimento fetal, os autores bíblicos afirmam, mesmo assim (nas imagens familiares do antigo Oriente Próximo), que o processo de crescimento do embrião não é nem aleatório nem mesmo automático, mas uma obra divina de habilidade criativa.

Continuidade

A segunda ênfase do salmista é a continuidade. Ele é, agora, um adulto, mas faz uma retrospectiva de sua vida até o antes do nascer. Refere-se a si mesmo, antes e depois do nascimento, com o mesmo pronome, "eu", pois está ciente de que, durante sua vida pré-natal e pós-natal, ele era, e é, a mesma pessoa. Revê sua existência em quatro etapas. Primeira (Salmos 139:1, ARC): "Tu me sondaste" (o passado). Segunda (Salmos 139:2,3): "Sabes quando me sento e quando me levanto [...] todos os meus caminhos são bem conhecidos por ti" (o presente). Terceira (Salmos 139:10): "tua mão direita me guiará e me susterá" (o futuro). E quarta (Salmos 139:13): "[...] me teceste no ventre de minha mãe" (a fase pré-natal). Ainda, em todas as quatro fases (antes do nascimento, do nascimento até o presente, o presente e o futuro), ele se refere a si mesmo como "eu". Aquele que está pensando e escrevendo como um homem adulto tem a mesma identidade pessoal que o feto no ventre. Ele está ciente de que não há nenhuma descontinuidade entre sua existência pré-natal e a pós-natal. Pelo contrário, dentro e fora do ventre de sua mãe, antes e depois de seu nascimento, como embrião, bebê, jovem e adulto, ele está ciente de ser a mesma pessoa.

Comunhão

Chamarei a terceira verdade expressa pelo salmista de comunhão, pois ele está ciente de uma comunhão muito pessoal e particular entre Deus e ele. É o mesmo Deus que o criou, que agora o sustenta, que o conhece e ama e que sempre vai segurá-lo firme. O Salmo 139 talvez seja a declaração pessoal mais radical, no Antigo Testamento, sobre o relacionamento de Deus com o indivíduo fiel. O relacionamento "eu — tu" se expressa em quase todas as linhas. Ou o pronome ou o possessivo em primeira pessoa ("eu/me/mim/meu, minha") aparecem 34 vezes no salmo, e 19 vezes em segunda pessoa ("tu/te/ti/teu, tua"). Mais importante do que o relacionamento "eu — tu" é sua consciência do relacionamento "tu — eu", o fato de Deus o conhecer e de o cercar e segurar (Salmos 139:1-6), bem como de permanecer ao seu lado em fidelidade pactual e de nunca o abandonar (Salmos 139:7-12).

Na verdade, "comunhão" pode não ser a melhor descrição dessa terceira consciência, pois a palavra implica um relacionamento recíproco, enquanto o salmista está dando testemunho de um relacionamento que Deus estabeleceu e que Deus sustenta. Assim, talvez "aliança" seja uma palavra melhor, até mesmo uma aliança unilateral, ou aliança de "graça" que Deus iniciou e que Deus mantém, pois Deus, nosso Criador, nos amou e se relacionou conosco muito antes que pudéssemos responder a um relacionamento consciente com ele. O que nos torna pessoas, então, não é o conhecer a Deus, mas o fato de ele nos conhecer; não o amar a Deus, mas o fato de ele nos amar. Assim, cada um de nós já era uma pessoa no ventre materno, porque Deus já nos conhecia e nos amava.

São estas três palavras (criação, continuidade e comunhão ou aliança) que nos oferecem a perspectiva bíblica essencial por meio da qual devemos refletir. O feto não é um tumor no corpo da mãe, nem mesmo um ser humano em potencial, mas já uma vida humana que, apesar de não ser madura ainda, tem o potencial de crescer para a plenitude da humanidade individual que ele ou ela já possui.

Outras passagens bíblicas expressam o mesmo senso de continuidade pessoal em virtude da graça divina. Na literatura de sabedoria do Antigo Testamento, várias vezes se expressa a convicção de que é Deus quem "me fez no ventre" (Jó 31:15; Salmos 119:73), mesmo que não compreendamos como (Eclesiastes 11:5), que "me tiraste do ventre" e que, "desde o ventre materno" tem sido o meu Deus (Salmos 22:9,10; 71:6). Os profetas compartilhavam a mesma crença, seja em relação ao indivíduo, como Jeremias 1:5 ("Antes de formá-lo no ventre eu o escolhi"), seja em relação ao "servo do Senhor" (formado e chamado pelo Senhor no ventre; Isaías 49:1,5), ou, ainda, por analogia com a nação de Israel (Isaías 46:3,4).

As implicações desses textos para a continuidade pessoal não podem ser evitadas por analogia com as afirmações do Novo Testamento, de que Deus nos "escolheu" em Cristo e nos "deu" sua graça em Cristo "antes da criação do mundo" (por exemplo, Efésios 1:4; 2Timóteo 1:9). O argumento seria, então, que, assim como não existíamos antes do início do tempo, exceto na mente de Deus, também não tínhamos uma existência pessoal no ventre, mesmo que Deus nos tenha "conhecido" em ambos os casos. No entanto, a analogia não é exata, pois as situações são diferentes. Em passagens que se referem à eleição, a ênfase está na salvação pela graça, e não por obras, isto é, Deus nos escolheu antes que existíssemos ou que pudéssemos fazer qualquer boa obra. Em passagens sobre a vocação, porém (o chamado de profetas como Jeremias ou de apóstolos como Paulo — confira Gálatas 1:16), a ênfase está não só na escolha graciosa por Deus, mas em "formá-los" ou "fazê-los" para o serviço que lhes era específico. Isso não ocorreu "antes da criação do mundo", nem mesmo "antes da concepção", mas "antes do nascimento", antes de serem completamente formados — ou seja, enquanto ainda estavam sendo formados no ventre. Continuidade pessoal antes e depois do nascimento é essencial a esse ensinamento.

Existe apenas uma passagem no Antigo Testamento que, alguns intérpretes acreditam, desvaloriza o feto humano: Êxodo 21:22-25.[17] A situação vislumbrada não está em discussão. Enquanto dois homens estão lutando, eles acidentalmente acertam uma mulher grávida; como resultado, ou ela perde o bebê ou "dá à luz prematuramente". A penalidade estabelecida depende da seriedade de qualquer ferimento sofrido. Se o ferimento não é sério, uma multa é imposta. Se é sério, deve haver uma retribuição exata, "vida por vida" etc. Alguns têm argumentado que a primeira categoria (nenhum ferimento grave) significa a morte da criança, enquanto a segunda categoria é dano sério à mãe; e que, portanto, a mera imposição de uma multa no primeiro caso indica que o feto era considerado menos valioso do que a mãe. No entanto, essa é uma interpretação sem fundamento. Parece muito mais provável que a escala de penalidade correspondesse ao grau do ferimento, seja da mãe, seja do filho, caso em que mãe e filho são igualmente valorizados.

Voltando nossa atenção para o Novo Testamento, muitos têm observado que, quando Maria e Isabel se encontraram, ambas estando grávidas, o bebê de Isabel (João Batista) "agitou-se em seu ventre" em saudação ao bebê de Maria (Jesus), e que, aqui, Lucas usa, para um bebê nascituro (Lucas 1:41,44), a mesma palavra — *brephos* — que usa mais tarde para o bebê recém-nascido (Lucas 2:12,16) e para as criancinhas levadas até Jesus a fim de que ele as abençoasse (Lucas 18:15).

É em completa conformidade com toda essa continuidade implícita que a tradição cristã fala de Jesus Cristo no Credo Apostólico, afirmando que ele foi "concebido pelo Espírito Santo, nasceu da Virgem Maria, sofreu sob Pôncio Pilatos, foi crucificado, morto e sepultado [...] e no terceiro dia ressuscitou". Em todos esses eventos, do início ao fim, da concepção até a ressurreição, é a mesma pessoa, Jesus Cristo, em quem cremos.

A medicina moderna parece confirmar esse ensinamento bíblico. Foi apenas na década de 1960 que o código genético começou a ser decifrado. Agora, sabemos que, no momento em que o óvulo é fertilizado pela penetração do espermatozoide, os 23 pares de cromossomos estão completos, que o zigoto tem um genótipo único, distinto de seus pais, e que sexo, tamanho e forma, bem como cor da pele, dos cabelos e dos olhos da criança, seu temperamento e sua inteligência, já estão determinados. Cada ser humano começa com uma única célula fertilizada, enquanto um adulto tem mais ou menos 30 milhões de milhões de células. Entre esses dois pontos (fusão e maturidade), 45 gerações de divisões de células são necessárias, e 41 delas ocorrem antes do nascimento.

A fotografia médica pré-natal revelou as maravilhas do desenvolvimento fetal. Estou pensando, em particular, nas imagens incrivelmente lindas no livro *A Child Is Born* [Nasce uma criança], do fotógrafo sueco Lennart Nilsson.[18] De três a três semanas e meia, o coração minúsculo começa a bater. Após quatro semanas, mesmo que o feto meça apenas seis milímetros, é possível reconhecer a cabeça, o corpo e os olhos, as orelhas e a boca rudimentares. Depois de seis ou sete semanas, é possível detectar atividade cerebral, e, após oito semanas (quando a maioria dos abortos é realizada), todos os membros da criança são visíveis, incluindo dedos, as impressões digitais. Após nove ou dez semanas, o bebê consegue usar as mãos para segurar e a boca para engolir; consegue até chupar seu polegar. Após treze semanas, ao completar o primeiro trimestre, o embrião está completamente organizado, e um bebê em miniatura encontra-se no ventre da mãe; o bebê consegue mudar de posição, reagir a dor, barulho e luz, e pode até ter uma crise de soluço. A partir de então, a criança se desenvolve apenas em termos de tamanho e força. No final do quinto mês e no início do sexto (antes de completar o segundo semestre e antes de a gravidez completar dois terços), o bebê tem cabelo, cílios, unhas e mamilos e consegue chorar, socar e chutar (o que, às vezes, acontece após um aborto por histerotomia, causando angústia extrema na equipe médica). Por experiência própria, as mães grávidas confirmam a sensação de estarem carregando uma criança viva. Sim, às vezes, os pais dão ao seu pequenino um apelido divertido, especialmente quando não sabem o sexo. Dizem, também, com orgulho: "Um bebê está a caminho." Durante a gravidez, uma mãe disse que "ela se sentia mãe de uma pessoa, que tem certas responsabilidades maternas antes do nascimento e outras depois do nascimento". Outra escreveu: "Meus sentimentos sabem que se trata de uma pessoa, que tem seus próprios direitos independentes perante Deus."

UM DEBATE CRISTÃO CONTEMPORÂNEO

Não seria honesto alegar que todos os cristãos têm a mesma opinião sobre essa questão, mesmo que todos eles procurem submeter-se à autoridade das Escrituras. Canon Oliver O'Donovan, professor de teologia moral e pastoral na Universidade de Oxford, argumentou que a pergunta "Quem é uma pessoa?" não pode ser respondida de forma especulativa. Em vez disso, reconhecemos alguém como pessoa "apenas a partir de uma postura anterior de compromisso moral para então tratá-lo como pessoa". Mais tarde, viremos a conhecer esse alguém como pessoa à medida que ele se revelar para nós em relacionamentos pessoais. Não que a qualidade de pessoa seja conferida a alguém por nossa decisão de tratá-lo dessa maneira, mas a sua natureza como pessoa nos é revelada dessa forma. Ao mesmo tempo, antes de nos comprometermos na lida com uma pessoa, é correto buscar evidências de que é apropriado fazê-lo, seja pela aparência, seja (no caso de um feto) pelo conhecimento científico de seu genótipo singular. Existem, portanto, três fases. Em primeiro lugar, deve haver reconhecimento, tornando apropriado interagir com uma pessoa como pessoa. Depois, vem o compromisso de cuidar dele ou dela como pessoa. Em terceiro lugar, vem o encontro: "Aqueles que tratamos como pessoas antes de nascerem se tornam conhecidos para nós como pessoas quando são crianças." Essas três fases reconhecem a progressão do desenvolvimento num encontro pessoal, afirmando a realidade da pessoa desde a concepção.[19]

Outros têm criticado essa perspectiva, argumentando que, no desenvolvimento do feto, é preciso um nível crítico de complexidade, especialmente de desenvolvimento cerebral, antes que o feto possa ser visto como agente pessoal consciente. Podemos, então, dizer que um óvulo fertilizado é um "ser humano em potencial"? Sim, no sentido de que chegará à maturidade se a gestação correr normalmente, e não, se isso nos levar a atribuir ao óvulo propriedades específicas do produto final. O valor da linguagem de "potencialidade" é que ela destaca a importância dos inícios, das expectativas e das obrigações resultantes; seu perigo é imaginar que todos os atributos e direitos do produto final já pertencem ao início. Não é o caso, mesmo que haja uma linha direta de continuidade entre os dois. De um lado, o óvulo fertilizado é uma "estrutura física com o repertório mais rico e mais misterioso conhecido pelo homem", pois ele pode desenvolver-se e transformar-se na "encarnação de um novo ser humano à imagem de Deus, amado por Deus, cheio de potencialidades de significado não apenas terreno, mas eterno". De outro, tratá-lo como "uma pessoa com os direitos de uma pessoa" é um exemplo conspícuo de primeiro passo para uma ingerência sistemática.[20]

Resumindo, alguns argumentam que o feto possui "personalidade" desde a fusão, por isso precisamos levar em conta o seu cuidado, mesmo que essa personalidade se revele apenas mais tarde, em relacionamentos pessoais. Outros concordam que, desde o momento da fusão, o feto possui vida biológica e um repertório maravilhoso de potencialidade, mas acrescentam que ele só se torna pessoa dotada de direitos, e que requer cuidado, quando o desenvolvimento cerebral possibilita a supervisão própria.

O conflito entre as duas posições parece irreconciliável. Mas isso não é a base da antiga tensão (com a qual nos familiarizamos no Novo Testamento) entre o "já" e o "ainda não"? Tertuliano expressou isso logo no século 2: "Ele é também um homem que está prestes a ser um; tens o fruto já em sua semente."[21] Nos nossos dias, Paul Ramsey expressou-o assim:

> O indivíduo humano entra na existência como um pontinho minúsculo de informação [...] Seu desenvolvimento pré e pós-natal subsequente pode ser descrito como um processo de se tornar o que ele já é desde o momento em que foi concebido.[22]

Lewis Smedes chama o *status* de um feto de "profunda ambiguidade ontológica — a ambiguidade de ainda não ser algo e, ao mesmo tempo, ter a essência daquilo que será".[23] É a linguagem de "potencialidade" em relação ao embrião que nos tem confundido. O professor Thomas F. Torrance esclareceu isso, explicando que "a potencialidade em questão não é a de se tornar algo diferente, mas a de se tornar o que já é em essência".[24]

Isso me traz de volta ao Salmo 139 e à razão do senso de continuidade do salmista, o amor inabalável de Deus. A iniciativa soberana de Deus em criar e amar é o entendimento bíblico da graça. Alguns cristãos se negam a atribuir personalidade ao embrião recém-concebido porque ele ainda não tem um cérebro para sustentar, nem autossupervisão, nem relacionamentos conscientes. Mas e se o relacionamento vital, a conferir personalidade ao feto, for o compromisso consciente e amoroso de Deus para com ele? Tal relacionamento unilateral pode ser visto nos pais que amam o filho e se dedicam a cuidar dele e a protegê-lo, muito antes que a criança seja capaz de responder a isso. Uma iniciativa unilateral é o que faz a graça ser graça. É, na verdade, a graça de Deus que confere ao nascituro, desde a sua concepção, o *status* singular que ele já possui e o destino singular que ele herdará mais tarde. É a graça que mantém unida essa dualidade do atual e do potencial, do já e do ainda não.

TÉCNICAS E EXCEÇÕES

Como a nossa avaliação da singularidade do feto humano (independentemente de como a formulemos) influencia nosso pensamento e nosso agir, especialmente em relação ao aborto? Para começar, isso mudará nossas atitudes. Já que a vida do feto humano é uma vida humana, com o potencial de se tornar um ser humano maduro, devemos aprender a refletir sobre mãe e nascituro como dois seres humanos em fases diferentes de desenvolvimento. Médicos e enfermeiros precisam levar em consideração que têm dois pacientes, não um só, e buscar o bem-estar de ambos. Advogados e políticos precisam pensar de forma semelhante. Como o expressa a Declaração dos Direitos da Criança (1959), das Nações Unidas, a criança "precisa de proteção e cuidado especiais, incluindo uma proteção legal apropriada antes e depois do nascimento". Os cristãos acrescentariam "cuidado especial antes do nascimento", pois a Bíblia tem muito a dizer sobre a preocupação de Deus com os indefesos, e os mais indefesos de todos são as crianças nascituras. Elas não têm voz para defender a própria causa e são impotentes para proteger a própria vida. Assim, é nossa responsabilidade fazer por elas o que elas não podem fazer por si mesmas.

Por isso, todos os cristãos deveriam poder concordar que o feto humano é inviolável em princípio. Lord Ramsey, quando se dirigiu à assembleia da igreja, como arcebispo de Cantuária, em 1967, disse:

> Precisamos afirmar como normativa a inviolabilidade geral do feto [...] Estamos corretos em continuar a ver como uma das maiores dádivas do cristianismo para o mundo a convicção de que o feto humano

deve ser reverenciado como o embrião de uma vida capaz de vir a refletir a glória de Deus [...]

É a combinação daquilo que o feto humano já é com aquilo que um dia será que torna as realidades do aborto tão terríveis. Como alguém pode conciliar a realidade do aborto com o conceito do feto como espelho da glória de Deus?

Precisamos rever nosso vocabulário. Os eufemismos populares facilitam ocultar a verdade de nós mesmos. O ocupante do ventre da mãe não é um "produto de concepção" ou um "material gamético", mas uma criança nascitura. Até mesmo "gravidez" nos diz apenas que uma mulher foi "engravidada", enquanto a linguagem mais antiga nos diz que ela "carrega um filho". Como podemos falar de "encerramento de uma gravidez" se o que está sendo encerrado não é apenas a gravidez da mãe, mas a vida de uma criança? Como podemos descrever o aborto mediano de hoje como "terapêutico" (palavra originalmente usada somente quando a vida da mãe estava em perigo) se a gravidez não é uma doença que necessita de terapia? E que efeitos de um aborto hoje em dia não são cura, mas homicídio? E como as pessoas conseguem ver o aborto como nada além de um tipo de contraceptivo quando o que ele faz não é impedir a concepção, mas destruir a vida concebida? Precisamos ter a coragem de usar uma linguagem precisa. Aborto induzido é feticídio, a destruição deliberada de uma criança nascitura, o derramamento de sangue inocente.

Não surpreende que um aborto possa ter consequências emocionais de longo prazo para todos os envolvidos. Embora uma doença psiquiátrica severa seja, felizmente, uma consequência rara do aborto, conselheiros têm reconhecido cada vez mais que muitas mulheres (e alguns homens) sofrem traumas significativos, mas ocultos, após um aborto, traumas que podem emergir anos ou décadas após o evento.

Existe, então, uma situação em que o aborto seja justificado? Para responder a essa pergunta de maneira fiel e realista, teólogos e médicos precisam uns dos outros. É preciso mais consulta interdisciplinar. Compreensivelmente, os médicos são impacientes com os teólogos, pois estes tendem a ser pouco práticos, fazendo pronunciamentos acadêmicos sem relação com os dolorosos dilemas clínicos. Os teólogos, por sua vez, são compreensivelmente impacientes com os médicos, pois estes tendem a ser pragmáticos, tomando decisões clínicas sem princípios teológicos.

O princípio com o qual todos nós deveríamos ser capazes de concordar é expresso como o primeiro objetivo da SPUC, isto é, "que a vida humana não deve ser tirada exceto em casos de necessidade urgente". O professor G. R. Dunstan talvez esteja certo ao dizer que existe uma ética de "feticídio justificável", em analogia ao "homicídio justificável".[25] Mas, se aceitarmos a inviolabilidade geral do feto humano, então toda exceção precisa ser argumentada rigorosa e especificamente. Desde o Infant Life (Preservation) Act (1929), um aborto para salvar a vida da mãe tem sido legal na Inglaterra, mesmo que sem a sanção da Igreja Católica Romana. Mas, com a disponibilidade de um exercício obstétrico e pediátrico moderno, a necessidade de aborto praticamente deixou de existir. Em geral, pode-se deixar que a gravidez continue até uma fase gestacional em que a sobrevivência da criança seja possível com cuidado intensivo. Segundo a tradição cristã, uma vida humana pode ser tirada para proteger e preservar outra vida — por exemplo, em defesa própria; mas não temos a liberdade de introduzir a morte numa situação em que ela já não está presente, seja como fato, seja como ameaça.

E quanto ao "risco substancial" de a criança nascer com "deficiência grave", de que trata a quarta cláusula do Abortion Act, de 1967? Testes pré-natais com exames de sangue, ultrassonografia e amniocentese (que testa o líquido amniótico) podem, agora, revelar anormalidades no feto já no início da gravidez, mesmo que algumas condições só possam ser detectadas após a vigésima semana. Nesses casos, um aborto é moralmente justificado? Muitos acreditam que sim. O doutor Glanville Williams foi veemente ao expressar-se sobre essa questão: "Permitir o nascimento de crianças defeituosas é um mal terrível, muito pior do que qualquer mal que possa ser identificado no aborto."[26] Ao discutir o dilema trágico de uma mãe que dá à luz "um monstro ou uma criança idiota", ele até chegou a escrever: "Um homicídio eugênico por uma mãe, cujo paralelo exato é uma cadela que mata seus filhotes deformados, não pode ser pronunciado imoral."[27] Como uma consciência cristã deve reagir a essa possibilidade? Certamente com horror.

Existem ao menos três razões pelas quais o aborto deve ser reservado somente aos casos mais excepcionais, como anencefalia (não desenvolvimento do cérebro), em que não há possibilidade de sobrevivência após o nascimento, não devendo ser estendido a outras anomalias — mesmo que severas.

Santidade da vida

Em primeiro lugar, costuma-se dizer, agora, que a questão não é a "santidade" da vida, mas a "qualidade" de vida, e que a vida de uma pessoa severamente deficiente não merece ser vivida. Mas quem pode arrogar-se o direito de decidir isso? Numa demonstração, em 1983, daqueles que se opunham ao aborto, o argumento mais comovente, aos meus olhos, foi feito por Alison Davis, que se descreveu como uma "feliz adulta *spina bifida*" e discursou sentada numa cadeira de rodas. "Não consigo imaginar conceito mais assustador", ela disse, "do que dizer que certas pessoas estariam melhor se mortas e que, por isso, podem ser mortas para o seu próprio bem."

Um médico, ao ouvi-la dizer que ela estava feliz por estar viva, "fez a incrível observação de que ninguém pode julgar a própria qualidade de vida, e outras pessoas podem muito bem considerar miserável uma vida como a minha!" Pelo contrário, ela insistiu: "A maioria das pessoas com deficiência está bastante contente com a qualidade da própria vida." Afinal de contas, é o amor que dá qualidade de vida e a torna digna de ser vivida, e somos nós — seus próximos — que podemos decidir dar nosso amor às pessoas com deficiência ou retê-lo. A qualidade de vida dessas pessoas está em nossas mãos.

Respeito pela vida

Em segundo lugar, uma vez que aceitamos que uma criança com deficiência pode ser destruída antes do nascimento, por que não fazê-lo também depois do nascimento? Na verdade, a prática do infanticídio médico já começou. É claro que os médicos não usam essa palavra, e alguns tentam convencer a si mesmos de que privar bebês de comida até a morte não é homicídio intencional. O fato solene é que, se a sociedade está preparada para matar uma criança nascitura pelo único motivo de ela ter alguma deficiência, não existe razão lógica pela qual não deveríamos matar um recém-nascido com deformações congênitas, a vítima em coma de um acidente de carro, os mentalmente comprometidos e os senis. Os deficientes tornam-se descartáveis quando sua vida é considerada "sem valor" ou "improdutiva", e já estamos de volta ao terrível Terceiro *Reich* de Hitler.

Os cristãos concordarão com Jean Rostan, biólogo francês que escreveu:

Eu, de minha parte, acredito que não existe vida tão degradada, humilhada, deteriorada ou empobrecida que não mereça respeito e não seja digna de ser defendida com zelo e convicção [...] Tenho a fraqueza de crer que é uma honra para a nossa sociedade desejar o luxo caro de sustentar a vida de seus membros inúteis, incompetentes e incuravelmente doentes. Eu quase mediria o grau de civilização de uma sociedade pelo esforço e pela vigilância que ela impõe a si mesma por mero respeito à vida.[28]

Decisões sobre a vida

Uma terceira razão para não se abortar um feto malformado é que fazer isso equivaleria a mortais falíveis brincando de ser Deus. Não temos essa autoridade, e aqueles que se arrogam o direito a isso estão fadados a cometer graves erros. Maurice Baring costumava contar a história de um médico que perguntou a um colega: "Quero sua opinião sobre o encerramento de uma gravidez. O pai é sifilítico, a mãe tem tuberculose. Dos quatro filhos nascidos, o primeiro é cego, o segundo morreu, o terceiro é surdo e idiota, e o quarto também tem tuberculose. O que você faria?" "Eu teria encerrado a gravidez", ele respondeu. "Então, você teria matado Beethoven."[29]

Em toda essa discussão, precisamos estar atentos a racionalizações egoístas. Temo que a razão verdadeira pela qual dizemos que uma deficiência grave seria um fardo insuportável para uma criança é que, se permitíssemos que ela nascesse, ela seria um fardo insuportável para nós. Mas os cristãos precisam lembrar que o Deus da Bíblia expressou seu cuidado protetor para com os vulneráveis e fracos.

UM CHAMADO PARA A AÇÃO

O que, então, devemos fazer? Em primeiro lugar, precisamos chegar ao arrependimento. Concordo com Raymond Johnston, falecido diretor fundador de CARE Trust, quando escreveu num artigo de jornal:

> Pessoalmente, tenho certeza de que a destruição dos nascituros, nessa escala enorme e deliberada, é a maior ofensa cometida regularmente

na Grã-Bretanha nos dias de hoje e seria a primeira coisa pela qual um profeta *redivivus* do Antigo Testamento nos repreenderia.

Os doutores Francis Schaeffer e Everett Koop dedicaram seu livro e filme *Whatever Happened to the Human Race?* [O que aconteceu com a raça humana?] "àqueles cuja vida lhes foi roubada, aos nascituros, aos fracos, aos enfermos e aos idosos durante as eras sombrias de loucura, egoísmo, desejo e ganância pelas quais as últimas décadas do século 20 serão lembradas". Eles estavam certos ao condenar a nossa civilização ocidental "esclarecida", chamando-na de "eras sombrias"? Ao menos nesse ponto, creio que sim, e me envergonho de que nós, cristãos, não tenhamos sido "a luz do mundo" que Jesus desejou que fôssemos. Também nos devemos arrepender da nossa tendência de protestar seletivamente. Falta-nos a integridade de lutarmos pela vida dos nascituros, mas não nos preocuparmos com o cuidado da vida dos nascidos — por exemplo, de crianças abusadas e negligenciadas, de mães violentadas e abandonadas, de residentes de favelas ou refugiados. Os cristãos têm um compromisso com a vida humana, tanto de defender sua santidade como de promover sua qualidade.

Em segundo lugar, precisamos assumir total responsabilidade pelos efeitos de uma política de aborto mais restritiva, se ela puder ser alcançada. Lutar por ela sem que estejamos preparados para arcar com seus custos seria pura hipocrisia. Nossa intenção não é criar um clima no qual os abortos ilegais, de "fundo de quintal", se tornem mais comuns. Em vez disso, queremos criar um clima social no qual alternativas positivas ao aborto sejam amplamente promovidas e reconhecidas. Toda mulher que tem uma gravidez indesejada merece apoio pessoal, médico, social e financeiro. Deus nos instrui a levar os fardos uns dos outros e, assim, cumprir a lei de Cristo (Gálatas 6:2). Queremos garantir que, embora alguns bebês não sejam desejados (nem mesmo amados) por seus pais, nenhum bebê seja indesejado pela sociedade em geral e pela Igreja em especial.

Sou grato a Deus pelas organizações que têm sido pioneiras no ministério de apoio a mulheres grávidas, como Birthright e Heartbeat International, nos Estados Unidos e no Canadá, e CARE Centres Network, LIFE e SPUC, na Grã-Bretanha.[30] Nos Estados Unidos, existem, agora, mais de 3 mil centros que oferecem aconselhamento e apoio prático a mulheres em gravidez de "crise", e esse movimento tem crescido em quinze países. De maneiras diferentes, esses centros, mantidos, em grande parte, por voluntários, oferecem um serviço de cuidado, incluindo aconselhamento para mulheres que tiveram uma gravidez não planejada, ajuda emergencial para aquelas em angústia, conselho sobre problemas práticos, abrigo para as mães antes e depois do nascimento do filho, ajuda na busca por emprego, auxílio financeiro e aconselhamento àquelas que sofrem de traumas emocionais por causa de um aborto. Como escreveu Louise Summerhill, fundadora de Birthright: "Nós ajudamos em vez de abortar, acreditamos em fazer um mundo melhor para os bebês em vez de matá-los."[31]

Em terceiro lugar, precisamos apoiar uma campanha educacional e social positiva, sobretudo nas escolas. Os cristãos não devem envergonhar-se de ensinar minuciosa e constantemente a compreensão bíblica de humanidade e do valor, até mesmo da sacralidade, da vida humana. Precisamos reconhecer que todos os abortos se devem a gravidezes indesejadas e que todas as gravidezes indesejadas se devem a um erro de algum tipo.

Trata-se, em muitos casos, de erro sexual, seja falta de autocontrole sexual (especialmente nos homens, que em geral escapam das consequências trágicas de seus atos), seja uso irresponsável de contraceptivos. O Conselho de Responsabilidade Social do sínodo geral da Igreja da Inglaterra tem exigido "um esforço significativo em educação social" (e, acrescentamos, em educação moral) a fim de "reduzir o número de gravidezes indesejadas", de "minar o hábito da mente que leva do reconhecimento da gravidez diretamente à procura do aborto" e de encorajar o público "a encontrar uma solução melhor".[32]

Gravidezes indesejadas também ocorrem, com frequência, por privação social, por condições como pobreza, desemprego e superpopulação. Por esse motivo, devemos trabalhar por uma sociedade melhor. Os males sociais devem ser combatidos; eles não serão resolvidos com um número maior de abortos.

Nos países menos desenvolvidos, muitas pessoas têm famílias numerosas na tentativa de garantir que tenham filhos para cuidar delas na velhice. Assim, paradoxalmente, a resposta a uma população em rápido crescimento não é uma política liberal de aborto, mas melhorias sociais e médicas que levem a uma redução significativa da taxa de mortalidade infantil, a uma educação materna melhor e à disponibilidade de contraceptivos seguros, baratos e eficientes. No fim, mais importante do que educação e ação social, por mais vitais que sejam, é a boa-nova de Jesus Cristo. Ele veio para confortar os angustiados e apoiar os fracos. Ele nos chama para tratarmos toda a vida humana com reverência, seja o nascituro, seja o recém-nascido, seja o deficiente, seja o senil.

Não tenho nenhum intuito de julgar as mulheres que recorreram a um aborto ou os homens cuja entrega ao desejo sexual é responsável pela maioria das gravidezes indesejadas. Em vez disso, quero dizer-lhes: há perdão em Deus (Salmos 130:4). Cristo morreu pelos nossos pecados e nos oferece um recomeço. Ele ressuscitou e vive, e, por meio de seu Espírito, pode dar-nos um novo poder de autocontrole. Ele também está construindo uma nova comunidade caracterizada por amor, alegria, paz, liberdade e justiça. Um novo começo. Um novo poder. Uma nova comunidade. Esse é o evangelho de Cristo.

EUTANÁSIA

Os paralelos óbvios entre aborto e eutanásia tornam natural que eles sejam discutidos no mesmo capítulo. Mesmo que o aborto se refira ao início da vida humana, e a eutanásia, ao seu fim, os dois são decisões pela morte. Ambos, portanto, levantam a mesma pergunta urgente, se existe alguma justificação moral para encerrar a vida e antecipar a morte.

O debate sobre eutanásia pode ter suas origens identificadas, no mínimo, na era dourada da filosofia grega. Mas alguns fatores se combinaram para trazê-lo aos holofotes da preocupação pública — avanços na tecnologia medicinal, os quais prolongam a vida e são responsáveis por uma população cada vez mais idosa; epidemia de Aids; alguns casos especialmente pungentes e muito publicados que parecem exigir a eutanásia por motivos de compaixão; e as campanhas insistentes da EXIT (anteriormente Voluntary Euthanasia Society), no Reino Unido, e da Hemlock Society, seu equivalente nos Estados Unidos.

Uma definição amplamente reconhecida de eutanásia é esta: "Eutanásia é a morte intencional, por ato ou omissão, de uma pessoa cuja vida é considerada indigna de ser vivida."

Popularmente, ela é chamada de "morte misericordiosa", e se divide entre "eutanásia voluntária" ("suicídio assistido", quando a morte ocorre a pedido explícito do paciente) e "eutanásia involuntária" (quando a morte é causada pela decisão de outra pessoa por ser o paciente incapaz de dar seu consentimento). É essencial esclarecer que a eutanásia, voluntária ou involuntária, é homicídio intencional. Deliberadamente introduz a morte numa situação em que ela não existia anteriormente. Mas negar, ou retirar, tratamento inútil a um doente terminal não é eutanásia. Tampouco o é a administração de analgésicos que podem acelerar a morte, mas cuja intenção primária é aliviar a dor. Nesses dois casos, a morte já está irreversivelmente presente. Intervir com tratamentos adicionais apenas prolongaria o processo de morte. Mesmo que essa distinção nem sempre possa ser definida com exatidão, existe uma diferença fundamental entre causar a morte de alguém (que é eutanásia) e permitir que a pessoa morra (que não é eutanásia). Durante a doença terminal do doutor Martyn Lloyd-Jones, no hospital, houve um momento em que ele recusou tratamentos adicionais, queixando-se ao seu médico: "O senhor está-me impedindo da glória!"

Parecem existir três questões básicas no debate sobre eutanásia, as quais eu chamarei de "valor" (que valor tem a vida humana?), "medo" (que medos principais a eutanásia pretende aliviar?) e "autonomia" (que direito temos sobre nossa própria vida?).

A QUESTÃO DO VALOR

Em primeiro lugar, há a questão do valor. Alguns escritores contemporâneos não cristãos negam redondamente que a vida humana tenha qualquer valor absoluto ou intrínseco. Notável entre eles é o professor Peter Singer, em seu livro *Rethinking Life and Death* [Repensando a vida e a morte], cujo subtítulo é *The Collapse of Our Traditional Ethics* [O colapso da nossa ética tradicional].[33] Ele é famoso por sua rejeição do "especiesismo", ou seja, da "discriminação ou exploração de certas espécies animais por seres humanos, baseada na suposição de superioridade da humanidade" (como a define o Oxford English Dictionary). Acatando a visão darwinista de que "nós também somos animais" e a visão correspondente de que animais mais desenvolvidos também são "pessoas", ele argumenta que precisamos "abandonar a distinção entre humanos e animais não humanos".³⁴ Visto, então, que "nem um recém-nascido humano nem um peixe são uma pessoa",³⁵ podemos imaginar as consequências lógicas de tal posição para aborto e eutanásia.

Existem, porém, outros estudiosos não cristãos que ainda defendem, embora sem fundamentos bíblicos, que os seres humanos possuem valor singular. Por exemplo, tanto em relação ao aborto quanto em relação à eutanásia, o professor Dworkin consegue afirmar "a importância cósmica intrínseca da vida humana".³⁶ Até aqui, vimos que, em relação ao aborto, ele formulou o valor de uma pessoa em termos do "investimento", tanto natural quanto humano, nela feito, acrescentando que o investimento natural numa vida humana é mais importante do que o investimento humano. Logo, podemos argumentar que a morte frustraria o investimento da natureza e, assim, "enganaria a natureza".³⁷ Agora, porém, em relação à eutanásia, o professor Dworkin desenvolve uma visão de "valor" humano que se baseia em nossos "melhores interesses", fazendo uma distinção entre interesses "experienciais" (o que causa prazer ou dor) e interesses "críticos" (o que dá sentido à vida). Apenas após essa distinção ele é capaz de perguntar se a morte poderia, em algum caso, estar nos "melhores interesses" de uma pessoa. Certamente, a conclusão da nossa vida deve estar em conformidade com as convicções e os compromissos que a motivaram, já que "nenhum de nós deseja encerrar a vida em contradição".³⁸ Pelo contrário, isso comprometeria nossa dignidade, nosso senso de ser "alguém com interesses críticos".³⁹

Esses conceitos de "investimento" e "interesses críticos" são tentativas corajosas de construir uma compreensão secular do valor humano. No entanto, não convencem e parecem abstratos demais para conquistar apelo popular. A alternativa cristã, que precisamos defender e promover com mais determinação, é que temos valor intrínseco porque Deus nos criou à sua imagem. Seres humanos são seres semelhantes a Deus, possuidores de um conjunto de faculdades singulares (racionais, morais e sociais) que os distinguem dos animais. Em especial, somos capacitados para relacionamentos de amor, pois Deus é amor.

Mas isso levanta um problema. O amor não é, essencialmente, um relacionamento recíproco? Como podemos amar uma pessoa que não é capaz de responder ao nosso amor; por exemplo, uma pessoa com danos cerebrais num "estado vegetativo persistente" ou, até mesmo, um feto nascituro? Sua ausência de reação não os desqualifica, impedindo que sejam vistos e tratados como seres humanos? Não, pois é aqui que a graça entra em jogo — graça, pois, é precisamente o amor aos que não respondem. Graça é o amor que toma uma iniciativa unilateral. Graça é o amor livre, espontâneo, não solicitado e, inclusive, não respondido de Deus, que tem sua origem em si mesmo, não em seu objeto. Anteriormente, contemplamos o Salmo 139, no qual o salmista afirma que, em cada fase de sua vida (como feto, bebê, jovem e adulto), ele é a mesma pessoa com a mesma identidade. Também está ciente de um relacionamento pessoal especial com Deus, iniciado e sustentado por Deus. Ele encontra sua humanidade e dignidade não em seu conhecimento e amor de Deus, mas na verdade fundamental de que Deus o conhece e ama, respondendo ele a Deus ou não. Não é a nossa reação que nos torna humanos; é o amor — não apenas amar, mas sermos amados.

O ESPECTRO DO MEDO

Em segundo lugar, o espectro do medo assombra o debate sobre eutanásia. Um dos incentivos mais fortes para aqueles que defendem a eutanásia é que (compreensivelmente) eles têm medo daquilo que veem como única alternativa, ou seja, ter de suportar um fim conturbado. O professor John Wyatt, pediatra neonatal no University College Hospital, analisou esse medo, muitas vezes inarticulado, em seu trabalho para a série London Lectures in Contemporary Christianity (*Matters of Life and Death*), de 1977. Primeiro, é o medo de dor incontrolável e insuportável. Segundo, é o medo de indignidade, de ser submetido ao efeito desumano da tecnologia médica moderna, "com tubos em cada orifício". Terceiro, é o medo de dependência. "Queremos escrever nosso próprio roteiro e determinar nossa própria saída", e não sofrer a humilhação última de total impotência.

Além do mais, se quisermos obter uma compreensão equilibrada do lugar do medo no debate sobre eutanásia, precisamos acrescentar um quarto medo, mesmo que ele não seja experimentado por aqueles que defendem a eutanásia, mas por aqueles que se opõem a ela. É o medo de que o médico possa ser seu assassino. Uma cláusula crucial no Juramento Hipocrático diz o seguinte: "Aplicarei os regimes para o bem do doente segundo o meu poder e entendimento, nunca para causar dano ou mal a alguém." Essa promessa geral de curar e não causar dano explica as duas rejeições específicas que seguem, o suicídio assistido e o aborto, mesmo que ambos tenham sido muito comuns no mundo antigo: "A ninguém darei por comprazer [...] remédio mortal [...] não darei a nenhuma mulher uma substância abortiva." Temos, aqui, um reconhecimento claro de que a vocação de um médico é ser curador. A tradição hipocrática estabelecia uma distinção clara entre cura e dano. Margaret Mead, distinta antropóloga, comentou da seguinte maneira:

> Pela primeira vez na história da humanidade, houve uma separação completa entre matar e curar. Em todo o mundo primitivo, médico e feiticeiro tendiam a ser a mesma pessoa. Aquele com o poder de matar tinha também o poder de curar [...] mas os gregos fizeram uma distinção clara. Nossa profissão devia ser dedicada completamente à vida sob todas as circunstâncias — à vida de um escravo, à vida do imperador, à vida do imigrante, à vida da criança com deficiência.[40]

Existe, portanto, uma anomalia fundamental quando o curador se transforma em assassino em ambos os extremos da vida humana. Isso mina o relacionamento entre médico e paciente, que se baseia em confiança, não em medo. Médicos são os servos da vida; eles não devem tornar-se agentes da morte.[41]

Revertendo os medos que cercam o processo de morrer, muitos veem a eutanásia como única maneira de escapar desse trauma triplo (dor, indignidade, dependência). Mas existe uma alternativa, que os cristãos desejam promover, o cuidado paliativo moderno. A senhora Cicely Saunders, fundadora do hospício St Christopher, no sul de Londres, foi uma das pioneiras nesse assunto.[42] Outro pioneiro é o doutor Robert Twycross, que, desde 1971, atua como médico de hospício em tempo integral. Ele diz aos seus pacientes: "Não apenas daremos a vocês condições de uma morte digna, mas também daremos condições de que vivam antes de morrer." Parece, contudo, que grande número de médicos não tem consciência desse desenvolvimento. Notavelmente, o doutor Nigel Cox, que, em 1992, aplicou uma injeção letal em sua paciente de longa data, Lilian Boyes, foi repreendido pelo conselho médico geral por seu desconhecimento quanto aos recursos disponíveis da medicina paliativa, tendo recebido a ordem de fazer um curso nessa área.

Especialistas em cuidados paliativos afirmam que a maioria das dores em doenças terminais pode ser ou controlada completamente ou aliviada em medida significativa. E os cristãos podem e devem envolver-se mais ativamente, dando amor e apoio aos pacientes terminais em casa ou no hospital mais próximo.

O DIREITO À AUTONOMIA

Em terceiro lugar, o debate sobre eutanásia envolve a questão da autonomia ou da autodeterminação humana. Os defensores da eutanásia insistem, muitas vezes em tons estridentes, que todos os seres humanos (contanto que sejam racionais e competentes) têm o direito de tomar as próprias decisões e de abrir mão da própria vida, e que nenhuma instituição ou indivíduo tem a autoridade de negar-lhes esse direito.

É certamente uma verdade bíblica fundamental que Deus nos criou como seres racionais e dotados de vontade. Ou seja, temos mente e vontade próprias que nos foram dadas por Deus. Consequentemente, um aspecto essencial de nossa identidade e de nossa maturidade, como seres humanos, é que vivemos por escolha, não por coerção, e que somos responsáveis diante de Deus por nossas decisões. Esse é o significado de liberdade. Liberdade pressupõe escolha, e "liberdade é a exigência cardeal absoluta do autorrespeito".[43] No entanto, ao mesmo tempo que afirmamos, em termos gerais, a bondade da escolha, precisamos de imediato qualificar nossa afirmação em relação a liberdade, dependência e vida.

Nossa liberdade

A noção de liberdade absoluta é uma ilusão. Mesmo Deus, que é perfeito em sua liberdade, não está livre para fazer absolutamente tudo. Esse não é o significado de sua onipotência. As próprias Escrituras mencionam várias coisas que Deus "não pode" fazer, destacando, especialmente, que ele não pode negar-se a si mesmo nem se contradizer (2Timóteo 2:13). A liberdade de Deus é limitada por sua natureza. Ele tem a liberdade de fazer absolutamente tudo o que for consistente com sua natureza. O mesmo princípio se aplica aos seres humanos. A liberdade humana não é ilimitada. Encontramos liberdade apenas vivendo de acordo com a nossa natureza, que nos foi dada por Deus, não em rebelião contra ela. A noção de autonomia humana total é um mito.

Nossa dependência

Dependência pode ser algo bom, mesmo que seja o oposto de autonomia. É bastante significativo que Jesus tenha escolhido criancinhas como seu modelo de humildade. A "humildade" das crianças não está em seu caráter (que, muitas vezes, é egocêntrico e teimoso), mas em seu *status* (dependentes de seus pais). Da mesma forma, nós, seres humanos, devemos reconhecer humildemente a nossa dependência de Deus, não só no que diz respeito ao sustento da nossa existência física, mas também no que diz respeito à nossa salvação, que se deve à sua graça, e não ao nosso próprio merecimento. A proclamação de nossa autonomia nessa área, alegando que podemos conhecer e alcançar Deus por esforço próprio, é a essência do pecado, não da maturidade. Dependência nada tem a ver com o mal absoluto e indigno de algum medo.

Nossa gratidão

A vida é uma dádiva de Deus. "Eu sei, SENHOR", exclamou Jeremias, "que não está nas mãos do homem o seu futuro" (Jeremias 10:23). Ele estava certo. A vida pertence a Deus. Segundo uma consistente tradição bíblica de longa data, Deus é aquele que cria, dá, sustenta e tira a vida. Ele afirma no Cântico de Moisés: "Não há Deus além de mim. Faço morrer e faço viver" (Deuteronômio 32:39; confira Gênesis 39:2; 1Samuel 2:6; Jó 1:21). Semelhantemente, o rei de Israel ficou indignado quando o rei da Síria escreveu-lhe sobre a lepra de Naamã: "Por acaso sou Deus, capaz de conceder vida ou morte?" (2Reis 5:7).

Além do mais, tendo recebido a dádiva divina das mãos de Deus, somos administradores e guardiões dela, e ele nos convida a cooperar com ele em sua promoção. Isso inclui cura e cuidado, assistência àqueles que não conseguem cuidar de si mesmos e restauração da saúde dos que estão doentes. Seres humanos não são animais, a despeito do que afirmam o professor Peter Singer e outros que rejeitam o "especiesismo". Quando necessário, "matamos" ou "colocamos para dormir" um animal doméstico, mas não podemos usar esse vocabulário em relação às pessoas com deficiência ou aos senis, aos nascituros ou aos moribundos. O médico não deve pensar ou agir como um veterinário.

No entanto, "existe na cultura contemporânea", escreveu o papa João Paulo II, "uma certa atitude prometeica que leva as pessoas a pensar que elas podem controlar a vida e a morte tomando decisões sobre elas".[44] O nome correto para essa postura mental não é autonomia, mas húbris, presunção perante Deus. Mesmo que as linhas de demarcação entre a responsabilidade de Deus e a nossa nem sempre sejam nítidas, e mesmo que Deus nos chame para uma parceria privilegiada com ele, nós, seres humanos, não devemos invadir esse território ou assumir as prerrogativas do Senhor. Em vez disso, precisamos permitir que Deus seja Deus em sua majestade e poder singulares, humilhando-nos diante dele em adoração.

NOTAS

1. *Report of the Committee on the Working of the Abortion Act 1967*. HMSO, Cmnd, 5579, abr. 1974. p. 11. v. 1.
2. NATIONAL STATISTICS OFFICE. *Abortions in England and Wales*. 28 set. 2001.
3. Citação de CALLAHAN, Daniel. *Abortion:* law, choice and morality. p. 298, em SMEDES, Lewis B. *Mere morality*. Grand Rapids: Eerdmans, 1983. p. 267, nota de rodapé 21.
4. Veja, por exemplo, WINTER, Richard. *Choose life:* a Christian perspective on abortion and embryo experimentation. Londres: Marshall Pickering, 1988. p. 8.
5. Uma descrição e discussão abrangentes do caso *Roe versus Wade* pode ser encontrada em BROWN, Harold O. J. *Death before birth*. Nashville: Thomas Nelson, 1977. p. 73-96.
6. Para perspectivas e práticas antigas, veja GORMAN, Michael J. *Abortion and the Early Church:* Christian, Jewish and Pagan attitudes in the Graeco-Roman world. Leicester: InterVarsity Press, 1982.
7. Uma das abordagens mais minuciosas sobre esse tema é *Abortion:* a Christian understanding and response. Grand Rapids: Baker, 1987. Trata-se de um simpósio norte-americano, organizado por James K. Hoffmeier. Quinze de seus contribuintes são membros da faculdade do Wheaton College. Veja também CAMERON, Nigel M. de S. *Is life really sacred?* Eastbourne: Kingsway, 1990.
8. Veja BEER, Dominic. Psychological trauma after abortion, *Triple Helix*, Christian Medical Fellowship, outono 2002; e MOREAU, C. et al. Previous induced abortions and the risk of very preterm delivery: results of the EPIPAGE study. *British Journal of Obstetrics & Gynaecology*, n. 112, p. 430-437, 2005.
9. Citado de Abortion Law Reformed (1971) em GARDNER, R. F. R. *Abortion:* the personal dilemma. Carlisle, Penn.: Paternoster, 1972. p. 62.
10. Ibid., p. 126.
11. Citado por John T. Noonan em *The morality of abortion*. Cambridge, Mass.: Harvard Univ. Press, 1970. p. 45.
12. Citado em KOOP, C. Everett. *The right to live; the right to die*. Toronto: Life Cycle Books, 1981. p. 43-44.
13. DWORKIN, Ronald. *Life's dominion:* an argument about abortion, euthanasia and individual freedom. Londres: HarperCollins, 1993.
14. Ibid., p. 39.
15. Ibid., p. 90.
16. Ibid., p. 76.

17. John M. Frame discute essa passagem a fundo, incluindo o significado das palavras hebraicas usadas, em seu capítulo disponível em GANZ, Richard L. *Thou Shalt Not Kill*: the Christian case against abortion. New Rochelle, N.Y.: Arlington House, 1978. p. 50-57.
18. Publicado pela primeira vez por Faber, em 1965.
19. Para a posição de Oliver O'Donovan, veja seu livro *The Christian and the unborn child*. Cambridge: Grove Books, 1973 (Grove Booklets on Ethics no. 1.); e seu trabalho de 1983 para a série London Lectures in Contemporary Christianity: *Begotten or made?* Human procreation and medical technique. Oxford: Oxford Univ. Press, 1984. Veja também FOWLER, Paul. *Abortion:* toward an evangelical consensus. Sisters, Ore.: Multnomah, 1987.
20. Donald MacKay expôs sua posição num ensaio intitulado The beginnings of personal life, publicado na revista *In the Service of Medicine*, n. 30, v. 2, p. 9-13, 1984, da Christian Medical Fellowship. Veja também seus trabalhos de 1977 para a série London Lectures in Contemporary Christianity: *Human science and human dignity*. Londres: Hodder & Stoughton, 1979, especialmente p. 64-65, 98-102. As duas posições representadas pelos professores O'Donovan e MacKay foram destacadas pelo relatório *Personal Origins* (CIO, 1985), do Church of England Board for Social Responsibility. A minoria do conselho ressaltou a continuidade do indivíduo desde o momento da fusão, enquanto a maioria destacou a consciência como necessária para a pessoalidade e certa estrutura cerebral como necessária para a consciência. Então, em 1987, o professor Gareth Jones contribuiu com uma discussão plena sobre "personalidade" em relação ao feto em seu livro *Manufacturing humans:* the challenge of the new reproductive technologies. Leicester: InterVarsity Press. Capítulo 5, p. 125-167.
21. TERTULIANO. *Apologia*, capítulo ix. Michael J. Gorman oferece um relato popular, mas minucioso, da posição unânime pró-vida e antiaborto dos cinco primeiros séculos do cristianismo em seu livro *Abortion and the Early Church*. Suas referências a Tertuliano estão nas páginas 54-58.
22. RAMSEY, Paul. *Fabricated man:* the ethics of genetic control. New Haven, Conn.: Yale Univ. Press, 1970. p. 11.
23. SMEDES, op. cit., p. 129.
24. Citado no relatório do Church of Scotland's Board of Social Responsibility, de 1985, para a assembleia geral. Veja o livro do professor Torrance: *Test-tube babies*. Edimburgo: Scottish Academic Press, 1984.
25. DUNSTAN, G. R. The moral status of the embryo: a tradition recalled. *Journal of Medical Ethics*, n. 1, p. 38-44, 1984. Veja também a contribuição do professor G. R. Dunstan ao

artigo Abortion, em DUNCAN, A. S.; DUNSTAN, G. R.; WELBOURN, R. B. (Orgs.). *Dictionary of medical ethics*. Londres: Darton, Longman and Todd, 1981.

26. WILLIAMS, Glanville. *The sanctity of life and the criminal law*. Londres: Faber, 1958. p. 212.
27. Ibid., p. 31.
28. Citação de seu texto *Humanly possible*, no início de KOOP, op. cit.
29. Citado por Norman St John Stevas em *The right to life*. Londres: Hodder & Stoughton, 1963. p. 20.
30. Seguem os endereços dessas organizações: Birthright (777 Coxwell Avenue, Toronto, Ontario, Canada M4C 3C6); Alternatives to Abortion, International (2606 ½ West 8th Street, Los Angeles, California 90057, USA); LIFE (7 The Parade, Leamington Spa, Warwickshire, UK); SPUC (7 Tufton Street, London SW1, UK); CARE Trust (53 Romney Street, London SW1P 3RF, UK); CARENET (109 Carpenter Dr., Suite 100, Sterling, Virginia 20164, USA).
31. Citado em GARDNER, op. cit., p. 276. Veja também SUMMERHILL, Louise. *The story of birthright:* the alternative to abortion. Kenosha, Wisc.: Prow Books, 1973.
32. BOARD FOR SOCIAL RESPONSIBILITY. *Abortion:* an ethical dilemma. CIO, 1965. p. 57.
33. SINGER, Peter. *Rethinking life and death*. [S.l.: s.n.], 1994; Oxford: Oxford Univ. Press, 1995.
34. Ibid., p. 176, 180-183.
35. Ibid., p. 220.
36. DWORKIN, op. cit., p. 217.
37. Ibid., p. 214.
38. Ibid., p. 213.
39. Ibid., p. 237.
40. Margaret Mead, citada em CAMERON, Nigel M. de S. *The new medicine*. Londres: Hoddert Stoughton, 1991. p. 9.
41. Consulte CAMERON, Nigel M. de S. *The new medicine:* life and death after Hippocrates. Wheaton: Crossway, 1991.
42. Veja, por exemplo, sua contribuição em Euthanasia: the hospice alternative. In: CAMERON, Nigel M. de S. (Org.). *Death without dignity*. Edimburgo: Rutherford House Books, 1990.
43. DWORKIN, op. cit., p. 239.
44. Da encíclica *Evangelium Vitae*, março de 1995.

CAPÍTULO 15

A nova biotecnologia

John Wyatt

Historicamente, as principais questões bioéticas com as quais os cristãos são confrontados dizem respeito à destruição de vida humana inocente, tanto em seu início, por meio do aborto, quanto em seu fim, por meio da eutanásia. Essas questões foram tratadas no capítulo anterior. Embora aborto e eutanásia permaneçam como tópicos cruciais no início do século 21, uma variedade de novos e preocupantes dilemas bioéticos tem surgido ao longo dos últimos vinte anos. Em vez da *destruição* de vida humana, eles se voltam à *criação* e à *manipulação* de vida humana. Este capítulo fará uma rápida revisão dos avanços tecnológicos por trás desses dilemas bioéticos. Em seguida, ter-se-á uma visão geral de algumas das forças sociais e filosóficas subjacentes e, por fim, uma tentativa de desenvolver os esboços de uma reação cristã bíblica.

AVANÇOS TECNOLÓGICOS

Fertilização *in vitro* (FIV)

Em 1978, a colaboração do doutor e embriólogo Robert Edwards e do ginecologista Patrick Steptoe resultou no nascimento de Louise Brown, o primeiro "bebê de proveta" do mundo, no Oldham District General Hospital, norte da Inglaterra. Um comentarista descreveu esse nascimento como "um momento singular na evolução humana".[1] Steptoe e Edwards foram os pais fundadores de uma nova ciência de tecnologia reprodutiva. De um único nascimento num hospital britânico, o uso de fertilização *in vitro* (FIV) expandiu-se rapidamente pelo mundo.

Em 2000, mais de cinquenta países tinham estabelecido programas de FIV, incluindo vários países menos desenvolvidos. Estima-se que, durante a escrita deste texto, mais de 1 milhão de crianças já tenham sido concebidas como resultado de FIV no mundo inteiro. (Notavelmente, a maioria dessas crianças tem menos de sete anos de idade* a esta altura.) No entanto, deve haver mais de 2 milhões de casais, apenas nos Estados Unidos, que desejam ter um filho, mas são inférteis; logo, existe um notável potencial de ampliação do uso de FIV. Também há lucros consideráveis a serem gerados. Numa clínica norte-americana típica de FIV, um casal pode gastar de 40 a 200 mil dólares por gravidez, e pesquisas têm mostrado que especialistas reprodutivos estão entre os médicos com os mais altos salários nos Estados Unidos.

A FIV não só ofereceu meios de providenciar filhos a casais inférteis, como também deu ao laboratório acesso a óvulos e embriões humanos, permitindo a realização de testes, pesquisas e manipulações em embriões. Não exagero quando digo que o desenvolvimento da FIV mudou para sempre a nossa compreensão de reprodução e paternidade humana. É um exemplo clássico de como um desenvolvimento tecnológico pode mudar a maneira como pensamos sobre nós mesmos.

Após o desenvolvimento da FIV, cada criança pode, agora, ser vista como o produto de quatro componentes: (1) óvulo como fonte, (2) espermatozoide como fonte, (3) um ventre ou um útero e (4) um ou mais tutores após o nascimento. Outra maneira de ver isso é que cada criança pode ter três mães: uma *mãe genética* — a fonte do óvulo; uma *mãe gestante* — a fornecedora do útero; e uma *mãe social* — aquela que providencia cuidado após o nascimento.

As possíveis permutações e combinações são notáveis. Doação de esperma ou de óvulo significa que um elemento do material genético do embrião é fornecido por um doador anônimo; alternativamente, existe a doação do

---

* Considere o ano de publicação da quarta edição em inglês (2006). [N. do R.]

embrião — quando os pais genéticos doam o embrião a uma mãe gestante, que, então, cuida da criança. Existe também a maternidade de substituição, quando os pais genéticos doam um embrião a uma mãe gestante com a intenção de que a criança lhes seja devolvida após o nascimento. Embriões, uma vez criados, podem ser congelados indefinidamente em nitrogênio líquido e descongelados para reimplantação mais de uma década após o congelamento. Por fim, existe a adoção de embriões, quando um embrião "abandonado" é doado a uma mãe gestante, que, então, passa a criança a pais adotivos que cuidarão dele após o nascimento. Embriões podem ser usados, ainda, em pesquisa ou sofrer manipulações para criação de células-tronco embrionárias com propósitos terapêuticos.

Escolha do sexo

Uma das muitas opções à disposição dos pais são as sofisticadas técnicas genéticas para determinar características desejadas num embrião. Elas podem ser usadas para evitar a implantação de um embrião que apresente uma doença séria ou fatal. Mas também podem ser usadas para a escolha do sexo do futuro bebê. O filósofo John Harris, da Universidade de Manchester, argumentou que, dentro de uma visão de mundo secular, a escolha parental deveria ser primordial. Os pais deveriam ser capazes de escolher o sexo do filho, e não entregar isso ao acaso. "Ou o sexo de seu filho é moralmente significativo, caso em que ele é importante demais para ser entregue ao acaso, ou é moralmente insignificante, caso em que não importa se deixarmos a escolha para os pais."

A lógica é impecável. Deixar algo tão importante quanto o sexo do futuro filho ao acaso não faz nenhum sentido num universo materialista. Isso só faz sentido numa visão de mundo teísta, onde uma criança pode ser vista como um presente misterioso, e não como um produto de planejamento e engenhosidade humanos. No entanto, uma relevante enquete pública, realizada pela Human Fertilization and Embryology Authority, do Reino Unido, em 2003, mostrou que a maioria do público se opunha fortemente à escolha do sexo, exceto por motivos estritamente médicos, para evitar doenças vinculadas ao sexo. Embora existam razões pragmáticas para uma oposição à escolha do sexo, entre elas a possível alteração do equilíbrio entre homens e mulheres na sociedade, a razão principal parece ser a básica intuição humana de que escolher o sexo do filho é errado.

Vários especialistas em fertilidade têm argumentado, por sua vez, que a escolha do sexo é um direito humano essencial. Em 2001, a American Society for Reproductive Medicine determinou que ajudar casais a escolher o sexo de seus bebês por motivos de "variedade de gêneros" era correto e ético. Numa carta a um especialista em infertilidade, o presidente do Comitê de Ética da sociedade afirmou que era aceitável um casal escolher um embrião do sexo oposto para um irmão mais velho.

Claro, a escolha do sexo com a ajuda de diagnóstico pré-implantação é uma versão de alta tecnologia para um processo que vem acontecendo há milhares de anos. Existem muitas pessoas no mundo inteiro que enfrentam grande pressão pessoal para produzir bebês de um sexo específico. Na Índia, com frequência as mulheres são coagidas, por seus parentes, a passar por testes pré-natais, como uma ultrassonografia de alta resolução ou, inclusive, uma amniocentese, para identificar o sexo do feto. Caso seja uma menina, um aborto é realizado. Um relatório do *British Medical Journal* acredita que ao menos 50 mil fetos femininos são abortados a cada ano na Índia por essa razão.[2] A maioria desses abortos ocorre em clínicas de aborto privadas, havendo 2 mil delas somente em Deli. Grandes lucros são obtidos com os testes de determinação do sexo, e, mesmo que o parlamento indiano tenha promulgado uma legislação que proíba essa prática, é difícil, se não impossível, controlá-la. Estima-se que 70% de todos os abortos em Deli são casos de feticídio feminino. Em algumas regiões da Índia, nascem oitocentas meninas para cada mil meninos. Outro relatório recente calcula que a escolha do sexo foi responsável pelo "desaparecimento" de aproximadamente 50 milhões de mulheres na população indiana como um todo.[3] Os pais veem meninas como um fardo econômico, pois precisam de um dote quando elas se casam. São vistas também como uma vergonha em potencial, porque são vulneráveis a assédio sexual. Não surpreende, então, que muitos críticos norte-americanos e europeus tenham expressado sua indignação diante dessas práticas discriminatórias. Parece que a escolha de sexo é ética, mas apenas quando praticada por pessoas que compartilham dos princípios liberais do Ocidente.

Diagnóstico genético pré-implantação e seleção do embrião

Atualmente, o diagnóstico genético pré-implantação e a seleção de embriões estão restritos à detecção de doenças infantis — como anemia falciforme e fibrose cística — que tenham impacto severo sobre a qualidade de vida. O rápido aumento na identificação de genes predisponentes a doenças, porém, permitirá aos cientistas detectar variantes genéticas com impacto menos severo sobre a vida da criança, como predisposições a obesidade, diabetes, doença cardíaca, asma e várias formas de câncer. Parece provável que também sejam identificadas variações genéticas que aumentam a resistência a doenças infecciosas. A identificação e a modificação de genes com predisposição a "características socialmente desejáveis" é muito mais especulativa e ainda pertence ao mundo da ficção científica. No entanto, a rapidez do avanço em genética molecular e em tecnologia reprodutiva basta para afastar qualquer complacência.

Normalmente, uma distinção é feita entre seleção *negativa*, contra embriões que carregam variações genéticas propensas a causar doenças, e seleção *positiva*, em favor de embriões que carregam variações genéticas socialmente desejáveis. Na realidade, essa distinção é menos clara do que parece à primeira vista. Se decidirmos não escolher um embrião com um genótipo que pode causar uma doença, deveríamos recusar-nos a selecionar um embrião com um genótipo que seja portador de uma doença, mas não afetado por ela, podendo transmiti-la para algum descendente futuro? Deveríamos escolher uma variação genética associada a um risco *reduzido* de doença em comparação com a população geral? Entre todos os embriões disponíveis, por que não escolher aqueles com o menor risco de doença e a melhor chance de bem-estar futuro?

Muitos, como o biotecnólogo Lee Silver, predizem que a seleção de embriões veio para ficar, pelo menos na sociedade norte-americana, onde a maioria "se agarra à suma importância da liberdade pessoal e da fortuna pessoal como guias para o que indivíduos podem e são capazes de fazer". A seleção de embriões é usada, atualmente, por uma minúscula fração de pais futuros, a fim de identificar um número pequeno de genótipos de doenças. Apesar disso:

> a cada ano o poder da tecnologia aumenta, e sua aplicação se tornará mais eficiente. Aos poucos, a seleção de embriões será incorporada à cultura norte-americana, como aconteceu com outras tecnologias reprodutivas no passado [...] Ambiente e genes estão lado a lado. Ambos contribuem para as chances de uma criança ter sucesso na vida, mesmo que nenhum dos dois ofereça garantia total. Se permitirmos que o dinheiro compre uma vantagem em um deles, a reivindicação de parar o outro é difícil, especialmente numa sociedade que dá à mulher o direito de abortar por qualquer razão.[4]

Em outras palavras, se a sociedade aceitou que é prática legal destruir um feto indesejado, quais seriam os fundamentos lógicos para impedirmos a seleção de embriões com características desejadas?

Em alguns países, o processo de busca de um doador de óvulo ou esperma está sendo cada vez mais comercializado. Pela internet, perfis de doadores podem ser estudados, e é possível selecionar a origem étnica apropriada, a cor dos olhos, a estatura, o desempenho educacional e os interesses. Doadoras de óvulos são especialmente procuradas, e acredita-se que a doação de óvulos tornou-se o meio preferido, encontrado por aquelas estudantes sem dinheiro, de financiar os estudos.

A seleção de doadores segundo preferências individuais pode ter resultados inesperados. Um casal lésbico com surdez severa deliberadamente escolheu ter uma criança surda e escolheu um amigo com surdez na família como doador de esperma. Como membros da comunidade surda, elas desejavam uma criança que se inserisse facilmente em seu estilo de vida. O caso provocou discussões sobre até que ponto a liberdade de escolha deve determinar a aplicação de tecnologias reprodutivas.

Irmãos salvadores

Testes genéticos pré-implantação possibilitam a seleção de embriões para a formação de uma criança que sirva como doadora de órgãos para um irmão já nascido. No Reino Unido, Raj e Shahana Hashmi apelaram às cortes, em 2003, pedindo permissão para criar um bebê, por meio de seleção embrionária, que seria doador de medula óssea para Zain, seu filho de quatro anos que sofria de betatalassemia. Após uma longa batalha judicial, a corte de apelação concordou com os pais. Num caso semelhante, outra família do Reino Unido viajou até Chicago para fazer a seleção de um embrião, a fim de criar um bebê que seria doador de células-tronco para o irmão mais velho, que sofria de anemia de Diamond-Blackfan, uma rara condição. Esse caso ilustrou a facilidade com que o "turismo medicinal" internacional pode circundar estruturas regulatórias bioéticas nacionais.

Clonagem

A criação de Dolly, a ovelha clonada, em fevereiro de 1997, foi mais um marco da biotecnologia. Dolly foi criada usando-se DNA retirado de uma linha celular cultivada com base na célula glandular mamária de uma ovelha adulta. O material nuclear foi transferido para um óvulo não fertilizado cujo núcleo original tinha sido removido. O recém-criado embrião foi, então, inserido no útero de outra ovelha, crescendo e tornando-se Dolly.

Críticos e especialistas em ética concentraram-se, de imediato, na possibilidade de aplicar o mesmo procedimento em humanos. Não era uma ideia nova. Em seu romance *Admirável mundo novo*, Aldous Huxley introduziu o conceito a um público em massa.

> O processo de Bokanovsky [...] um óvulo, um embrião, um adulto — normalmente. Mas um óvulo bokanovskificado vai brotar, vai proliferar-se, vai dividir-se. De oito para 96 brotos, e cada embrião formará um adulto. Fazendo crescer 96 seres humanos onde, antes, só crescia um. Progresso.[5]

O filme de Ira Levin, *The Boys from Brazil* [Os meninos do Brasil], foi baseado no uso de clonagem em uma conspiração que visava a duplicar um exército de bandidos neonazistas.

Com essas imagens assustadoras na consciência pública, não surpreende que a reação à criação da Dolly tenha sido tão intensa. Muitos cientistas que trabalhavam no campo da genética mamífera e da embriologia ficaram decepcionados com a atenção indesejada voltada à sua pesquisa. As visões de Huxley e Levin são enganosas no sentido de que é improvável que a tecnologia seja usada por governos totalitários ou ditadores neonazistas num futuro próximo. A demanda por clonagem de embriões humanos está vindo da arena médica.

É importante fazer uma distinção entre clonagem reprodutiva e a chamada clonagem "terapêutica". A *clonagem reprodutiva* envolve a criação de um embrião para implantação num ventre humano, levando ao desenvolvimento de um indivíduo. A *clonagem terapêutica* é a criação de um embrião humano que pode ser manipulado para produzir células-tronco com propósitos médicos. Nenhum desenvolvimento embrional ocorre para além de catorze dias, portanto também não haverá nenhum indivíduo desenvolvido. Desde a criação de Dolly, a maioria dos legisladores e cientistas tem manifestado oposição à clonagem reprodutiva, quase inteiramente com base nos riscos conhecidos e desconhecidos para a saúde da criança clonada. Mas os possíveis benefícios terapêuticos de células-tronco derivadas de embriões têm sido fortemente aclamados.

Terapias com células-tronco

Células-tronco geneticamente compatíveis oferecem a perspectiva de novos e incríveis tratamentos para toda uma gama de doenças. Células de sangue, de pele e de cérebro poderiam ser cultivadas em laboratório e implantadas sem a necessidade de tratamento antirrejeição por causa da identidade genética com o paciente. Se estivermos preparados para gerar, manipular e destruir embriões humanos, poderemos ter acesso a uma série de novos tratamentos para doenças hereditárias, degenerativas e cancerígenas. Após um longo debate, as autoridades do Reino Unido permitiram a clonagem terapêutica e a criação de culturas de células-tronco de embriões humanos sob um regime regulatório estrito.

Outro uso sugerido das técnicas de transferência nuclear é para impedir doenças raras hereditárias (que afetam a mitocôndria, um componente celular), transmitidas no citoplasma do óvulo da mãe. Se o DNA nuclear da mãe fosse transferido para o óvulo doado (cujo núcleo foi removido), seguido de FIV, seria possível à mãe ter um filho geneticamente relacionado sem o risco de transmissão de doença mitocondrial para a geração seguinte. Um terceiro cenário possível é para aquela mãe que, após dar à luz, recebe quimioterapia, o que significa esterilidade permanente. Se, então, seu bebê morresse (por exemplo, num acidente trágico), a clonagem de células retiradas antes ou até mesmo depois da morte do bebê permitiria à mãe ter outro filho com a sua genética.

A clonagem pode até permitir que casais lésbicos compartilhem um parentesco biológico com a criança e evitar a introdução de genes estranhos em seu relacionamento. Uma das partes poderia fornecer a célula doadora; a outra, o óvulo recipiente não fertilizado. O embrião assim formado poderia, então, ser introduzido no útero da segunda mulher, tornando a criança parente biológico das duas mulheres.

Tecnologia de aprimoramento

A nova biotecnologia pode ser usada não só para combater doenças sérias e deficiências. Ela promete conceder aos seres humanos poderes notáveis para mudar a estrutura e as capacidades do corpo humano. Num futuro próximo, teremos condições de escolher crianças com base em uma gama de características desejáveis, de usar terapia genética para manipular o DNA em diferentes partes do nosso corpo, de aprimorar a força muscular, de substituir e consertar partes do corpo com o uso de células-tronco ou substitutos artificiais, de aprimorar a função cerebral por meio de drogas psicoativas ou uma conexão direta com computadores e de prolongar a expectativa de vida pela modificação dos mecanismos de envelhecimento dentro das estruturas celulares. Todas essas técnicas estão sendo investigadas, hoje em dia, em experimentos com animais, e muitas estão prestes a invadir o cenário humano.

TEMAS

Por trás do leque desnorteador de temas suscitados pelos avanços na biotecnologia humana, alguns mais recorrentes podem ser identificados.

A biotecnologia anula a diferença entre natural e artificial

Historicamente, sempre dividimos o mundo em objetos naturais — parte fornecida pelo mundo natural — e em artefatos — originários do propósito humano e feitos por mão humana. À medida que a tecnologia avança, o mundo dos artefatos aumenta em importância, já o mundo natural diminui. Como disse o professor Oliver O'Donovan, da Universidade de Oxford: "Quando toda atividade é entendida como produção, cada situação é vista como matéria-prima esperando que alguém faça algo dela."[6]

Oliver O'Donovan tem argumentado que a relação dos seres humanos com seu próprio corpo é, em alguns sentidos, a última fronteira da natureza. Por mais que modifiquemos o ambiente natural e nos cerquemos com produtos da nossa invenção, não podemos fugir da constituição de nossos próprios corpos. Mas, agora, essa última fronteira do natural está sendo destruída cada vez mais. Não precisamos mais aceitar as limitações do nosso corpo como ele nos foi dado. Compreendendo os mecanismos moleculares e biológicos que constituem o corpo humano, podemos aprender a manipulá-los e aprimorá-los. O antigo sonho tecnológico de controlar e melhorar a natureza, que tem origem no Iluminismo, pode ser estendido ao próprio corpo humano. Nosso corpo pode ser visto como matéria-prima com potencial para modificações ou aprimoramentos segundo os nossos desejos. Se o corpo humano é visto como produto de forças aleatórias e cegas, ao longo de milhões de anos de história evolutiva, por que, então, deveríamos hesitar em usar nossa inteligência evoluída para melhorá-lo?

A biotecnologia altera a natureza da paternidade

À medida que a tecnologia reprodutiva se desenvolve, ela oferece, aos pais, novas oportunidades de controle do processo de procriação. Podemos selecionar a doadora do óvulo e o esperma a ser usado para produzir um embrião. Podemos testar embriões, a fim de selecionar aquele com melhor potencial genético. Alguns críticos têm argumentado que não existe diferença entre gastar dinheiro com educação e gastar dinheiro para garantir que o filho possua o melhor potencial genético. Ambos são investimentos que buscam melhorar as chances dos filhos na loteria da vida. E, se aprendermos a manipular o DNA de um embrião com segurança, a fim de melhorar seu futuro potencial, não existe razão ética para não embarcar nesse processo, aprimorando a natureza humana aos poucos.

Na verdade, alguns biólogos alegam que o aprimoramento do material genético de cada indivíduo é um objetivo essencial da comunidade humana. Estas são as palavras do biólogo molecular Lee Silver:

> Enquanto genes egoístas controlam todas as outras formas de vida, mestre e escravo mudaram de posição entre os seres humanos, que agora têm o poder não só de controlar, mas de criar genes para si mesmos. Por que não aproveitar esse poder? Por que não controlar o que, até então, estava entregue ao acaso? Com efeito, controlamos todos os outros aspectos da vida e da identidade de nossos filhos por meio de poderosas influências sociais e ambientais [...] Com que justificativa podemos rejeitar influências genéticas positivas sobre a essência de uma pessoa se aceitamos o direito dos pais de beneficiarem os filhos de todas as outras maneiras?[7]

Bentley Glass usa a linguagem dos direitos para ressaltar o papel da tecnologia genética: "O direito de procriação dos indivíduos precisa ceder lugar a um novo direito primordial; o direito que toda criança tem de entrar na vida com um dote físico e mental adequado."[8]

Num futuro não tão distante, talvez seja possível testar embriões para determinar inúmeras características, incluindo aspectos de inteligência, força física e tamanho, além de suscetibilidade a um grande número de doenças. Pela primeira vez, os casais poderão escolher o filho que esperam, o filho que combinará com seu estilo de vida. Em breve, talvez, selecionar o melhor embrião será visto como parte essencial de uma paternidade responsável. "Devo a mim e ao meu futuro filho dar-lhe o melhor começo genético possível na vida." Sob o disfarce de responsabilidade da classe média, a garra do consumismo finalmente se estenderá à paternidade.

A biotecnologia oferece a possibilidade de soluções para os antigos problemas da humanidade

Desde o início da civilização, os seres humanos têm lutado para aceitar as limitações provenientes de sua natureza física. Cada geração precisa aprender as realidades humanas de envelhecimento, doença, infertilidade, deficiência, fragilidade, depressão e morte. Diante dessas realidades, lutamos para adquirir sabedoria, conhecimento e aceitação. É assim que fomos feitos — essa é a "condição humana". Mas, agora, pela primeira vez na história humana, a biotecnologia tem avançado a ponto de oferecer, ao que parece, uma solução para esses problemas de longa data. Não precisamos encarar essas realidades dolorosas com aceitação e resignação passivas. Temos a tecnologia. Podemos aprender a romper as limitações que nos foram impostas por nossa natureza física. Esse é um sonho potente para muitos cientistas e filósofos.

A filosofia emergente do transumanismo promove a visão de que as tecnologias de aprimoramento humano devem ser disponibilizadas amplamente; de que indivíduos devem ter total liberdade para decidir quais dessas tecnologias eles querem aplicar a si mesmos; de que os pais devem ter a liberdade de decidir quais tecnologias reprodutivas vão usar quando decidirem ter filhos. Muitos transumanistas acreditam que a tecnologia de aprimoramento pode gerar uma nova forma de "seres pós-humanos", seres cuja vida possa durar indefinidamente, com faculdades intelectuais muito maiores em comparação com os seres humanos atuais, com novos tipos de percepção sensória e um controle maior sobre o próprio funcionamento intelectual e emocional.[9]

A possibilidade de futuras terapias espetaculares supera preocupações éticas no presente

Na década de 1980, quando ocorreram os primeiros debates públicos sobre pesquisas do embrião humano, muitos cientistas se expressaram com grande eloquência sobre os dramáticos avanços terapêuticos que resultariam desse trabalho. Quando a pesquisa do embrião humano foi legalizada, afirmou-se que a infertilidade se tornaria muito mais rara, que as causas de abortos naturais seriam descobertas, que doenças congênitas letais seriam curadas e que o desenvolvimento fetal anormal passaria a ser tratável. O editorial de um jornal afirmou: "Num mundo com tanto sofrimento, seria antiético *não* permitir a pesquisa do embrião." Mais de quinze anos depois, os avanços terapêuticos resultantes da pesquisa sobre o embrião humano se apresentaram notavelmente modestos. Algumas técnicas para exames genéticos de embriões foram desenvolvidas, mas a promessa de novas e maravilhosas terapias ainda não se cumpriu. A predição do provável resultado de pesquisas médicas é, notoriamente, pouco confiável, e a história científica e médica está repleta de exemplos de vias de investigação promissoras que acabaram num beco sem saída.

No entanto, em debates públicos sobre biotecnologia, como aqueles em torno da pesquisa de células-tronco embrionárias, o que domina a discussão e conquista as manchetes é a possibilidade de futuras terapias espetaculares: reparo da medula espinhal de vítimas de trauma, como foi Christopher Reeve, nova esperança para pessoas com doença de Alzheimer, órgãos substitutos para pacientes com falhas cardíacas, renais e hepáticas. Quando os possíveis benefícios futuros da pesquisa são contrapostos a preocupações éticas relacionadas à manipulação de embriões numa análise utilitária simplista, é a perspectiva de novas terapias, por mais especulativa que seja, que sempre domina.

RESPOSTAS CRISTÃS

Em resposta a esses desafios, precisamos começar desenvolvendo uma compreensão autenticamente bíblica da humanidade à luz da revelação de Deus.

A ordem da Criação

Um tema central na narrativa da Criação, em Gênesis, é que Deus imbui sua Criação com ordem. Tudo, tanto animado quanto inanimado, tem seu lugar e sua função. Na visão bíblica, o mar é, muitas vezes, usado como imagem de desordem e caos. No entanto, na Criação, Deus impõe limites ao mar. Como Deus disse a Jó:

> Quem represou o mar pondo-lhe portas, quando ele irrompeu do ventre materno [...] quando fixei os seus limites e lhe coloquei portas e barreiras, quando eu lhe disse: Até aqui você pode vir, além deste ponto não (Jó 38:8-11).

Deus estabelece os limites que sua Criação não pode ultrapassar. Não existe parte da Criação, por mais caótica e autônoma que seja, que não esteja sujeita aos limites intrínsecos estabelecidos pelo Criador. Deus não só criou a estrutura física do nosso corpo, como também criou uma ordem moral oculta que diz como essa estrutura deve ser usada; em outras palavras, como nós nos devemos comportar.

É como se existisse uma "fibra" oculta em toda a Criação. Se vivermos nossa vida "ao longo" dessa fibra, comportando-nos em conformidade com a ordem moral criada, nossa vida funcionará e florescerá. É isso que a Bíblia chama de "caminho da sabedoria"; por exemplo, Provérbios 4:10-13:

> Ouça, meu filho, e aceite o que digo, e você terá vida longa. Eu o conduzi pelo caminho da sabedoria e o encaminhei por veredas retas. Assim, quando você por elas seguir, não encontrará obstáculos; quando correr, não tropeçará. Apegue-se à instrução, não a abandone; guarde-a bem, pois dela depende a sua vida.

Desse modo, sabedoria, ou vida sábia, significa viver de acordo com a ordem moral oculta do universo. Deus imprime sua ordem moral no plano da Criação; ele cria aqueles que carregam a sua imagem como seres racionais e moralmente responsáveis, capazes de entender seus mandamentos e de responder a eles livremente. A liberdade humana só pode funcionar dentro dos limites estabelecidos por Deus. Essa é a diferença entre liberdade humana — liberdade dentro dos limites estabelecidos por nossa natureza física e pela ordem moral — e liberdade divina — liberdade sem limites, exceto aqueles determinados pelo próprio caráter imutável de Deus. Deus é aquele que impõe ordem, significado e propósito a toda a sua Criação. Na narrativa bíblica, tanto a origem da espécie humana (Gênesis 1 e 2) quanto o desenvolvimento do feto individual dentro do ventre (Salmos 139:13-16) são representados em termos de uma criação meticulosa e amorosa. Essa é a ordem da Criação imposta pela vontade do Criador.

A imagem de Deus

Os seres humanos são especiais em toda a vasta gama da Criação, pois apenas eles foram criados à imagem de Deus — ou, em tradução alternativa, como imagem de Deus (Gênesis 1:27). Os seres humanos são seres semelhantes a Deus. Deus não escolheu outros que carregassem a sua imagem, nem animados nem inanimados, no planeta Terra. No mundo antigo, era aparentemente comum que um rei erguesse uma imagem de si mesmo, de pedra ou metal, como símbolo físico de sua soberania sobre determinado território. Ela o representava diante de seus povos súditos. A imagem de Deus se revela não só em nossas capacidades e em nossos atributos, naquilo que podemos fazer e nas obrigações que Deus nos dá, mas também naquilo que somos por Criação, na essência da nossa humanidade.

A revelação bíblica lembra-nos de que os seres humanos não são autoexplicativos. Seu significado deriva de algo externo a eles, de Deus, à cuja imagem foram feitos. Não somos indivíduos autônomos, que nos criamos constantemente a nós mesmos pelas decisões e escolhas que fazemos. Não; somos imagens, reflexos. A dignidade da nossa humanidade é derivada; ela provém daquele cuja imagem carregamos. Somos seres dependentes.

O especialista em ética Paul Ramsey, ao falar da criança nascitura, expressou-o da seguinte forma:

> A dignidade de um ser humano é resultado da interação de Deus com ele ou ela, e não primariamente uma antecipação de qualquer coisa que eles possam vir a ser por si mesmos. O Senhor não derramou seu amor sobre você porque você é intrinsecamente mais do que um pedacinho de tecido no útero.

O teólogo Helmut Thielicke usou estas palavras: "A semelhança divina apoia-se no fato de que Deus se lembra de nós." A imagem divina é como um espelho que reflete a glória de Deus. E, como espelho, ela apaga se a fonte de luz for retirada. Nas palavras de Thielicke: "Ela possui apenas luz emprestada."[10]

Na história da minha vida, tenho certa medida de independência, a dignidade da escolha genuína, a liberdade relativa de uma criatura. Mas não é simplesmente a "minha" vida, para que eu faça o que bem me agrada. Minha vida só pode ter significado em relação a Deus. Para uma sociedade como a nossa, permeada pelo individualismo liberal, esse conceito é peculiar, despido de sentido e, até mesmo, ultrajante. A revelação bíblica, contudo, destaca nossa dependência como criaturas. Jó expressa isso de maneira poética:

Foram as tuas mãos que me formaram e me fizeram [...] me moldaste como o barro [...] Acaso não me despejaste como leite e não me coalhaste como queijo? Não me vestiste de pele e carne e não me juntaste com ossos e tendões? Deste-me vida e foste bondoso para comigo, e na tua providência cuidaste do meu espírito (Jó 10:8-12).

Semelhantemente, Eliú, no livro de Jó, reflete sobre a dependência, relativa a toda a raça humana, do sustento contínuo de Deus: "Se fosse intenção dele, e de fato retirasse o seu espírito e o seu sopro, a humanidade pereceria toda de uma vez, e o homem voltaria ao pó" (Jó 34:14,15). Encontramos o mesmo conceito nas palavras de Jeremias: "Eu sei, Senhor, que não está nas mãos do homem o seu futuro; não compete ao homem dirigir os seus passos" (Jeremias 10:23). A revelação bíblica lembra-nos de que "somos mais nós mesmos não quando buscamos controlar e orientar o próprio destino, mas quando reconhecemos e admitimos que nossa vida se fundamenta em Deus e é sustentada por ele".[11]

No pensamento bíblico, toda vida humana possui dignidade singular por causa da imagem divina. Por isso, cada vida é de valor incalculável ou incomensurável. Em outras palavras, não é possível calcular o valor da vida humana em termos materiais, e não é possível comparar o valor último entre uma vida humana e outra. Cada ser humano é uma obra-prima única da Criação de Deus. Nas palavras literais do oitavo salmo, cada um de nós é "um pouco menor do que Deus" (Salmos 8:5).

Para muitos pensadores seculares, a dignidade da pessoa depende de sua função — daquilo que pode fazer, do funcionamento de seu córtex, da sua capacidade de escolher e exercer autonomia pessoal. Se o seu nível de funcionamento for criticamente reduzido, seu valor será menor. Mas, no pensamento cristão, a dignidade de um ser humano depende não daquilo que ele é capaz de fazer, mas daquilo que é por Criação. Os seres humanos não precisam merecer o direito de serem tratados como semelhantes a Deus. Nossa dignidade é *intrínseca*, está na maneira como fomos criados, em como Deus se lembra de nós e nos chama. Assim, a ética bíblica, a maneira como somos chamados a tratar uns dos outros, deriva da antropologia bíblica, do modo como fomos feitos.

As consequências da Queda

O cerne do relato da Queda, em Gênesis 3, é ocupado por uma rejeição, pelos seres humanos, da ordem da Criação que Deus instituiu para o seu prazer e bem-estar. Adão e Eva executam uma tentativa de autonomia moral independente de Deus. Ao comer da fruta proibida, eles descobrem as consequências catastróficas da desobediência.

Embora o universo esteja partido e danificado após a Queda, uma parte crucial do entendimento bíblico é que o universo ainda manifesta uma ordem moral, escondida em suas fibras. Seu dano é um dano à ordem, não caos. Como Deus os tinha alertado, a desobediência de Adão e Eva provocou a entrada da morte no mundo: "Não comam do fruto da árvore [...] do contrário vocês morrerão." No imaginário poético das narrativas da Criação, dentro do jardim do Éden, Adão e Eva tinham acesso não só a todas as outras frutas do jardim, mas também à árvore da vida. Eles poderiam ter escolhido comer do fruto da árvore da vida e vivido para sempre. Em vez disso, decidiram desobedecer a Deus e comer da única fruta que lhes fora proibida. Ao dar acesso à fruta da árvore da vida, Deus mostrou que sua intenção original para os seres humanos era a vida eterna. No pensamento bíblico, a morte dos seres humanos, em todo seu horror e mistério, não é "natural", não faz parte da intenção original de Deus. A profunda intuição que a maioria de nós tem, de que a morte física, especialmente a morte de uma criança ou de uma pessoa jovem, é um ultraje, uma interrupção alheia na natureza do ser, e o nosso desejo inexprimível pela eternidade refletem a ordem original da Criação. Não fomos feitos para morrer, fomos feitos para viver eternamente. É por isso que a morte é o "último inimigo" (1Coríntios 15:26). Parece fútil especular sobre o que teria acontecido se os seres humanos não tivessem desobedecido. O que se mostra claro é que, no pensamento bíblico, a morte não faz parte da ordem da Criação de Deus. É uma interrupção terrível na natureza do ser. E, visto que os seres humanos estão "em Adão", temos uma solidariedade física e orgânica com ele. Nós também estamos sujeitos à morte e à decadência.

Vemos um eco disso no entendimento biológico do envelhecimento e da morte humana. É interessante notar que a morte não é uma necessidade biológica. Cada célula viva e cada organismo são equipados com o mecanismo necessário para garantir reparo e renovação, de modo que a vida poderia continuar indefinidamente. Por mais surpreendente que seja, vida eterna não é uma impossibilidade biológica! Em certo sentido, mesmo que as células individuais estejam fadadas a morrer, os organismos parecem ter sido criados para viver perpetuamente.

O processo de envelhecimento envolve mecanismos biológicos ativos, ainda pouco entendidos, que fazem os processos de reparo e renovação deixarem de funcionar corretamente, levando à decadência e à morte biológica. Talvez isso seja uma contraparte física da verdade bíblica de que, por meio da maldade humana, a Criação está na "escravidão da decadência" (Romanos 8:21).

O acompanhante inevitável da morte é o medo. A benção da vida humana é transformada em escravidão do medo, especialmente do medo da morte. O medo terrível da morte, que permeia tudo, leva os seres humanos a esforços extraordinários e, frequentemente, patéticos. O mais excêntrico exemplo talvez seja o congelamento do corpo em nitrogênio líquido na esperança vã de que uma geração futura descubra o elixir da vida eterna. Contudo, de maneiras menos óbvias, o medo da morte impulsiona a pesquisa médica e nossas tentativas desesperadas de usar a tecnologia para prolongar a vida.

Existe, porém, uma resposta melhor ao medo da morte. Como afirma o escritor de Hebreus, Cristo veio para libertar "aqueles que durante toda a vida estiveram escravizados pelo medo da morte" (Hebreus 2:15). Apesar de todo o seu terror e mistério, na visão de mundo bíblica, a morte não é de todo um conceito negativo. Ela pode ser, nas maravilhosas palavras de C. S. Lewis, "uma misericórdia severa". No final do relato da Queda, os seres humanos são banidos do jardim do Éden, precisamente para que fossem impedidos de comer da fruta da árvore da vida e de viver para sempre. E, a fim de impedir seu retorno e a tomada da fruta pela força de armas, querubins e uma espada flamejante são colocados para guardar o caminho para a árvore da vida (Gênesis 3:21-24). Assim, no cuidado providencial de Deus por sua Criação, os seres humanos não devem viver eternamente em seu estado caído degradado. A duração da vida humana é limitada, não só como maldição, mas *pela graça de Deus*.

Mais adiante, no livro de Gênesis, por causa da crescente maldade da raça humana, a longevidade humana é limitada a 120 anos (Gênesis 6:3).

O Salmo 90, atribuído tradicionalmente a Moisés, ensina que, por causa da pecaminosidade humana, "os anos de nossa vida chegam a setenta, ou a oitenta para os que têm mais vigor; entretanto, são anos difíceis e cheios de sofrimento, pois a vida passa depressa, e nós voamos!" (Salmos 90:10). O salmista expressa luto e arrependimento diante da evanescência da existência humana e da necessidade de levar isso em conta. "Ensina-nos a contar os nossos dias para que o nosso coração alcance sabedoria" (Salmos 90:12).

Na providência de Deus, a morte pode ser uma libertação misericordiosa de uma existência presa num corpo caído em decomposição. Atitudes cristãs em relação à morte deveriam refletir uma curiosa ambivalência. Precisamos reter, em primeiro lugar, um senso de ultraje diante de seu caráter destrutivo alheio; em segundo lugar, uma aceitação de que o fim da vida física pode ser evidência da graça de Deus, uma "misericórdia severa"; e, por fim, um senso de esperança futura no conhecimento de que, no fim, a morte será destruída. Profissionais cristãos da área de saúde são chamados para lutar contra a morte e, ao mesmo tempo, reconhecer a futilidade de sua luta, procurando discernir quando um tratamento ativo de sustentar a vida pode ser inapropriado, quando o processo de morte se torna uma misericórdia severa, até mesmo uma estranha forma de cura.

A entrada da morte na vida humana condena a nossa existência física a uma futilidade terrível. Os humanos são condenados a retornar para a terra, da qual foram tirados. "Você é pó, e ao pó voltará" (Gênesis 3:19). Nas palavras poéticas, mas sombrias, do funeral anglicano, o ciclo fútil da existência humana é exposto: "Pó ao pó, cinzas às cinzas." Assim, o pó do chão, que é a origem do nosso corpo humano e a fonte de seu alimento, torna-se símbolo de sua eventual decadência e morte.

A realidade da morte prende os seres humanos ao mesmo ciclo de futilidade do restante do mundo animal.

> Deus prova os homens para que vejam que são como os animais. O destino do homem é o mesmo do animal; o mesmo destino os aguarda. Assim como morre um, também morre o outro. Todos têm o mesmo fôlego de vida; o homem não tem vantagem alguma sobre o animal. Nada faz sentido! Todos vão para o mesmo lugar; vieram todos do pó, e ao pó todos retornarão (Eclesiastes 3:18-20).

A futilidade e a tristeza do envelhecimento, a decadência física e o mau funcionamento biológico são também ilustrados pelo pregador no fim do livro de Eclesiastes (12:1-8). São "dias difíceis", quando você dirá: "Não tenho satisfação neles." Para o pregador, o envelhecimento traz escuridão, fraqueza física, medo, deficiência, apatia e perda de libido — "o desejo já não se desperta" —, antes que a morte traga a libertação inevitável. A revelação bíblica é generosa em sua retratação sombria do ciclo da vida humana de um ponto de vista terreno.

Essa perspectiva bíblica nos ajuda a preservar um senso das limitações da medicina e da assistência à saúde. Apesar de todo o nosso conhecimento e tecnologia maravilhosos, não somos capazes de remir nosso corpo físico do ciclo de decadência e morte. Não pode haver nenhum conserto tecnológico ou biológico para os mistérios últimos da condição humana. Não podemos superar o envelhecimento e a eventual morte com tecnologia médica. Na misericórdia providencial de Deus, esse caminho para a árvore da vida permanece obstruído por uma espada flamejante.

Nos primeiros capítulos de Gênesis, vemos o advento do artifício humano e da tecnologia primitiva. Jabal foi o pai de todos aqueles que moram em tendas e criam rebanhos, Jubal foi o pai de todos os que tocam harpa e flauta. Tubalcaim fabricava todo tipo de ferramentas de bronze e de ferro (Gênesis 4:19-22). Para o autor da narrativa, é provável que esses personagens estejam cumprindo os mandatos da Criação, subjugando a terra e realizando o potencial maravilhosamente diverso preso na matéria-prima da terra.

Em Babel, vemos um lado mais sombrio da tecnologia. Os construtores são movidos por um desejo duplo: "nosso nome será famoso" e "não seremos espalhados pela face da terra". Vinoth Ramachandra sugere que Babel é a fusão de três sonhos humanos: o sonho tecnológico (construir uma cidade invejada pelos deuses e pelas nações), o sonho religioso (divinizar a humanidade, alcançando os céus) e o sonho político (construir uma sociedade totalitária baseada em tecnologia).[12] Babel simboliza o uso de artefatos e tecnologias humanas para celebrar a autonomia humana. As palavras: "Vamos fazer [...]" (Gênesis 11:3) buscam repetir as palavras de Deus ao criar os seres humanos: "Façamos o homem à nossa imagem [...]" (Gênesis 1:26).

Babel simboliza o mito de tecnologia que não reconhece limites para as possibilidades técnicas humanas — tecnologia que é usada para assumir o lugar legítimo de Deus como Criador e derrubar a ordem da Criação. É uma ação humana coletiva tempestuosa, uma unidade que termina em confusão e dispersão. Mas a confusão criada por Deus é um ato de julgamento e, novamente, um ato de misericórdia. A torre inacabada é um monumento à loucura da arrogância humana e um sinal de misericórdia de Deus, que intervém para impedir um sonho (ou pesadelo) tecnológico.

Na encarnação e na ressurreição de Cristo, a ordem criada é confirmada e cumprida

Quando Deus invade a história humana para trazer redenção ao seu povo caído, ele derruba a ordem criada, que estabelecera anteriormente, para introduzir um tipo completamente novo de realidade, uma criação radicalmente nova? Não. Deus se revela na forma de um "modelo original" do ser humano.

Na encarnação, na morte e na ressurreição de Cristo, a ordem criada é restabelecida e cumprida. Antes da ressurreição, teria sido possível que alguém questionasse se a humanidade e a Criação eram uma causa perdida. Talvez o único final possível para a trágica história de uma criação caída seja o juízo final e a destruição da ordem criada. Mas, quando Cristo ressurge como um *ser humano físico*, Deus proclama seu voto de confiança na ordem criada. O projeto original para o ser humano não é abandonado, desprezado nem marginalizado; ele é afirmado e cumprido. E, no pensamento trino bíblico, por meio do advento de Cristo, a natureza humana física foi assumida de modo misterioso na Trindade. Assim, os cristãos deveriam tratar o corpo humano com respeito especial. Por quê? *Porque essa é a forma pela qual Deus se fez carne.*

Jesus compartilha da Criação. Seu corpo é feito de pó, como o nosso. Os autores dos evangelhos fazem questão de ressaltar a humanidade plena de Cristo. Ele se cansa, se irrita, tem fome, fica angustiado e agonizado. E, na ressurreição de Cristo, a criação física não é derrubada, mas submetida, ou aprisionada, a uma realidade maior e mais rica. Em Jesus, o segundo Adão, vemos tanto o ser humano perfeito, que o Adão original deveria ter sido, quanto o pioneiro, o protótipo de um novo tipo de pessoa, aquele à cuja semelhança uma outra Criação surgirá, as primícias daqueles que estão por vir (1Coríntios 15:20).

Em vez de começar do zero, na ressurreição de Cristo, Deus declara que, por todo o futuro, ele sustentará, redimirá e transformará a humanidade originalmente criada. Assim, a ressurreição de Cristo aponta ao mesmo tempo para trás, para a Criação dos seres humanos, e para a frente, para a transformação dos seres humanos. Nossa humanidade é justificada e transformada. No propósito misterioso de Deus, isso é o que os seres humanos deveriam ter sido desde sempre. Esse é o objetivo último da ordem criada. Assim, Paulo escreve: "Assim como tivemos a imagem do homem terreno, teremos também a imagem do homem celestial" (1Coríntios 15:49). A imagem de Deus herdada de Adão será transformada e cumprida numa imagem nova e muito mais gloriosa. Sim, ainda seremos reflexos. Não perdemos nossa dependência de criaturas. Mas descobriremos a verdadeira semelhança que sempre deveríamos ter carregado.

A ressurreição é o "sim" final e irrevogável de Deus à humanidade. Se levamos a sério as doutrinas bíblicas da encarnação e da ressurreição, devemos concluir que a estrutura física do nosso corpo não é algo que temos a liberdade de mudar sem uma reflexão séria.

No entanto, precisamos levar a sério, também, a realidade do mal no mundo de Deus, as distorções e as manchas da Queda. A obra-prima original, criada com tanto amor e com tanta maestria, tornou-se falha, contaminada e decadente. O verniz está rachado e amarelado. A moldura está comida de cupins. O reflexo do caráter de Deus está distorcido e parcialmente obscurecido. Mas, a despeito das imperfeições, ainda conseguimos reconhecer traços da obra-prima original. Ela ainda inspira um senso de maravilha.

Que responsabilidade devemos a essa obra-prima falha? Qual é a nossa obrigação como comunidade humana? Se enxergarmos os seres humanos como obras-primas falhas, então nossa responsabilidade será agir como restauradores de arte. Somos chamados para proteger as obras-primas de danos adicionais e para tentar restaurá-las *em linha com as intenções originais do artista*.

Tecnologia médica como restauração de arte

Assim como os médicos, restauradores de arte responsáveis e profissionais precisam agir de acordo com um código de prática ética. O que é normativo é a *intenção do criador original* ou artista. O restaurador precisa usar todas as informações à sua disposição — análise de radiografia, registros históricos, testes químicos sofisticados etc. — para determinar a "constituição" original do objeto, para avaliar as informações que o próprio objeto incorpora sobre a intenção do criador. Apenas quando a intenção do criador original é revelada, o restaurador pode decidir a forma de intervenção apropriada. Restauração antiética é o uso de tecnologia para alterar, melhorar ou aprimorar a aparência da peça de arte.

Evidentemente, a restauração de arte é apenas uma analogia do papel da tecnologia médica, e, como todas as analogias, ela tem suas limitações e seus inconvenientes. Mesmo assim, creio que a analogia seja útil para tentarmos avaliar as possibilidades oferecidas pela biotecnologia. Somos chamados a usar a tecnologia para preservar e proteger o plano original, para manter e preservar a ordem da Criação contida na estrutura do corpo humano. Por mais tentador que seja, por mais espetaculares que pareçam ser as possíveis consequências, não devemos recorrer a uma restauração antiética. Não temos a liberdade de melhorar o projeto fundamental da nossa humanidade.

Sob a perspectiva da medicina como restauração de arte, que tipo de biotecnologia é apropriado para "obras-primas falhas"? Em minha opinião, o uso de tecnologia, como a manipulação genética ou a terapia de células-tronco, que pretende ser *restauradora*, recriando um trecho danificado de DNA ou substituindo tecido danificado por um equivalente normal, parece ser consistente com a prática ética. O objetivo é preservar e restaurar o projeto original do artista. Parece não haver nenhuma diferença fundamental entre fornecer hormônio tireoidiano artificial a um paciente com hipotireoidismo congênito e substituir um segmento de DNA para que o paciente seja capaz de sintetizar seu próprio hormônio tireoidiano. Ambas as ações visam à preservação do projeto original. Da mesma forma, o uso de FIV para possibilitar que um casal conceba um filho com seu perfil genético pode ser considerado restaurador. No entanto, uma terapia que pretende *melhorar*, destinada a produzir crianças com membros mais fortes, melhor crescimento e cérebros mais rápidos, parece-me ultrapassar os limites da responsabilidade humana. Como cristãos bíblicos, devemos levar a sério a ordem da Criação. Na restauração ética de arte, a intenção do artista original deve ser normativa.

Obviamente, a distinção entre terapia restauradora e de aprimoramento nem sempre é nítida. Veja, por exemplo, a terapia genética, que pretende garantir maior resistência a doenças infecciosas, como o HIV. Ou, ainda, o aprimoramento de mecanismos de reparo celular que prolongarão a vida humana em até 120 ou 150 anos. Ou uma medicação psicoativa que aprimore a concentração, a vigilância ou a memória para além dos níveis normais. Essas terapias devem ser vistas como restauradoras do projeto original ou elas representam uma mudança fundamental da ordem criada?

A nova biotecnologia nos está forçando a refletir mais profundamente sobre a ordem natural atribuída na Criação. O que significa ser humano? Quais são os limites estabelecidos pela estrutura física e pela ordem moral de nossa criação?

Paternidade

Semelhantemente, a criação e a seleção de embriões, a fim de determinar o sexo requerido ou a constituição genética de uma criança, ou a clonagem reprodutiva, a fim de criar uma criança com estrutura genética específica, parecem carregadas de problemas. Na ordem original da Criação, uma criança pode ser vista como um presente, como um ser misterioso igual a nós em *status* e importância. Mas com o teste e a seleção de embriões, e, também, com a clonagem reprodutiva, nossa criança se torna uma comodidade, aquele ser que escolhemos, que reflete nossos desejos. Para mim, isso parece alterar a natureza da paternidade. Significa entregar-se ao espírito controlador da época.

Pais modernos correm o perigo de ficar viciados em controle. Queremos controlar e projetar nossa criança a fim de cumprir nossos desejos mais profundos. Talvez queiramos viver, nela, as nossas expectativas não cumpridas. Mas uma percepção bíblica de paternidade nos ensina que precisamos desapegar. Mesmo que tenhamos a responsabilidade de proteger, nutrir e educar, temos de *respeitar* nossos filhos como seres misteriosos, como aqueles que são iguais a nós num nível fundamental. Nas palavras de Gilbert Meilander: "Somos muito relutantes em permitir que o mistério da pessoalidade — igual a nós em dignidade — se desdobre na vida de nossos filhos." Em vez disso, "precisamos da virtude da humildade diante do mistério da pessoalidade e da sucessão de gerações. Precisamos da percepção de que os filhos, que vêm depois de nós, não são simplesmente um produto que podemos moldar".[13]

Quanto à seleção de embriões para criar doadores de órgãos compatíveis para irmãos? Aqui, o dilema é agonizante e pungente. Devemos ter empatia pela dor daqueles pais que veem seus filhos sofrendo as consequências de uma desordem genética letal. Como pode ser errado criar outra criança que não só será amada por ser ela mesma, mas que também será capaz de agir como doadora para o irmão ou a irmã e, assim, salvar sua vida? No entanto, o respeito pela integridade e pelo mistério da pessoalidade precisa causar-nos algum desconforto quanto à criação deliberada de irmãos salvadores. Trazer uma criança ao mundo com segundas intenções e obrigá-la a exercer um papel, por mais nobre que seja, é, em certo sentido, manipulador. É sabido que a instrumentalização de crianças não é novidade na história das famílias. Pais têm concebido filhos para que ajudem na colheita, para que cuidem deles na velhice, para que haja um herdeiro na dinastia da família, para que exista companhia nos momentos de solidão. Mas o uso de biotecnologia a fim de criar crianças com características específicas significa levar esse processo um passo adiante. Significa submeter o ser de uma criança à nossa vontade.

No pensamento bíblico, nós não criamos filhos, nós os *geramos*. Como observou Oliver O'Donovan em seus trabalhos *Begotten or Made?*, para Londres Lectures, existe um pensamento profundo que remete ao Credo Niceno e ao evangelho de João. Nas palavras do credo, o Filho de Deus foi "gerado, não criado". A formulação pretendia ressaltar que o Filho não faz parte da Criação, não é um produto da vontade criativa de Deus. Pelo contrário, ele é eternamente "de um só ser com o Pai". Como seres criados à imagem de Deus, compartilhamos do milagre da geração. Nossa descendência são seres humanos que compartilham conosco uma natureza humana comum. Segundo a intenção de Deus, não determinamos o que a nossa descendência será; nós a recebemos como um presente, como seres que são iguais a nós num nível fundamental, da mesma forma que o Filho é igual ao Pai. Por sua vez, aquilo que criamos é *diferente* de nós. É um artefato, alheio à nossa humanidade. O que criamos está fundamentalmente à nossa disposição, é um produto da nossa *vontade*, não um produto do nosso *ser*. Um dos perigos da tecnologia reprodutiva é que ela reflete sutilmente, e contribui para, uma mudança no nosso relacionamento com os próprios filhos. Eles se tornam um produto da nossa vontade, uma comodidade à nossa disposição.

Isso significa que não existe alternativa ética para o dilema pungente das crianças afetadas por doenças hereditárias letais? Nos debates públicos sobre a criação de irmãos salvadores, sugere-se, muitas vezes, que a única alternativa à criação de irmãos salvadores é a morte inevitável da criança afetada. Mas, na realidade, existem alternativas, incluindo a introdução e o uso de bancos de órgãos, que permitem encontrar doadores adultos compatíveis. Essa abordagem já tem sido extremamente bem-sucedida, devendo tornar-se mais eficaz no futuro, com a tipificação de doadores potenciais em comunidades no mundo inteiro.

RESUMO DAS RESPOSTAS CRISTÃS

Em conclusão, não existem soluções fáceis ou panaceias óbvias para os desafios e as perguntas que a biotecnologia suscita. O que fica evidente é que precisamos lutar juntos, como comunidade cristã, para entender com mais clareza as rápidas mudanças ocorrendo em nosso meio e para discernir como responder com uma posição de fé cristã. Seguem alguns esboços de resposta cristã.

Em primeiro lugar, acredito que somos chamados a *demonstrar empatia* pela dor profunda e oculta de casais sem filhos, de famílias devastadas por doenças genéticas e de indivíduos que enfrentam condições degenerativas, como a doença de Alzheimer. A realidade dessa dor oculta, o medo da morte e da deficiência e a busca de soluções tecnológicas são o que impulsiona a pesquisa e o desenvolvimento na nova biotecnologia. Infelizmente, em geral é a incapacidade de um cuidado prático, em nossa sociedade, que parece impulsionar uma busca desesperada por soluções tecnológicas para as realidades dolorosas da condição humana. A comunidade cristã deveria estar na vanguarda da assistência prática às pessoas com deficiência, aos marginalizados e aos moribundos.

Em segundo lugar, a comunidade cristã é chamada para *desafiar* a mentalidade reducionista que tem começado a permear a sociedade moderna e os sistemas de assistência à saúde dentro dela. Num âmbito social, precisamos desafiar a base de poder econômica e política que a nova manipulação genética e a biotecnologia estão criando e exigir responsabilidade democrática, transparência e justiça nas ações daqueles que controlam a tecnologia.

Em terceiro lugar, acreditamos que existe uma necessidade urgente de desenvolver uma *compreensão* mais profunda daquilo que significa ser um ser humano criado à imagem de Deus, contaminado pelo mal, mas afirmado e remido pelo evento de Cristo — encarnação, morte e ressurreição de Jesus de Nazaré. Precisamos da participação de renovados teólogos e estudiosos bíblicos capazes de refletir sobre a natureza e as implicações da ordem natural criada e do nosso papel dentro dela. Ao mesmo tempo, precisamos do conhecimento e da experiência prática de médicos, geneticistas e cientistas reprodutivos que consigam construir uma ponte entre o mundo bíblico e o mundo da ciência moderna.

Em quarto lugar, precisamos *apresentar* uma visão de mundo bíblica alternativa à nossa sociedade. Uma visão de mundo que considere os seres humanos obras-primas maravilhosas, mas com falhas, em vez de organismos gerados arbitrariamente que se autorreplicam. Uma visão de mundo que abarque maravilha, respeito, empatia e proteção pelos fracos e pelos vulneráveis na nossa sociedade. Uma visão de mundo que respeite as contribuições de nossa humanidade, apoiando e encorajando terapias restauradoras, ao mesmo tempo que resiste às possibilidades abusivas de aprimoramento ofertadas pela biotecnologia. Uma visão de mundo que respeite a estrutura física do nosso corpo, enquanto aponta para uma realidade maior, uma cura mais profunda e uma esperança que transcende o túmulo.

Por fim, devemos lutar pela *justiça global* na aplicação da biotecnologia. A cada ano, bilhões de dólares são gastos em pesquisas biotecnológicas sofisticadas para detectar e tratar doenças genéticas raras, em pesquisas sobre terapia genética e aplicação de células-tronco, em pesquisas para adiar o processo de envelhecimento. Em paralelo, centenas de milhares de crianças estão morrendo nos países pobres deste mundo em decorrência de doenças que seriam facilmente tratáveis com um mínimo de tecnologia medicinal. Crianças estão ficando permanentemente cegas porque lhes faltam alguns centavos em vitamina A. Bebês estão morrendo de pneumonia, que poderia ser tratada com uma única injeção de antibióticos. Mães estão morrendo durante o parto por falta de cuidados obstétricos básicos. Enquanto debatemos o uso apropriado de biotecnologia, nós, cristãos, não podemos ignorar as exigências de igualdade e justiça global quando da aplicação dos ilimitados recursos médicos.

NOTAS

1. SILVER, Lee. *Remaking Eden*. Nova York: Avon, 1997. p. 224-225.
2. IMAM, Z. India bans female feticide. *British Medical Journal*, n. 309, p. 428, 1994.
3. SILVER, op. cit.
4. ALLAHBADIA, G. N. The 50 million missing women. *Journal of Assisted Reproduction and Genetics*, n. 19, p. 411-416, 2002.
5. HUXLEY, Aldous. *Brave new world*. Londres: Chatto & Windus, 1932.
6. O'DONOVAN, Oliver. *Begotten or made?* Oxford: Oxford Univ. Press, 1984.
7. SILVER, op. cit.
8. GLASS, Bentley. Science, endless horizons or golden age? *Science*, n. 171, p. 23-29, 1971.
9. BOSTROM, Nick. Transhumanist values. *Review of Contemporary Philosophy*, v. 4, 2005. Disponível em: <www.nickbostrom.com/>. Acesso em: 22 fev. 2019.
10. O'DONOVAN, op. cit.
11. MEILANDER, Gilbert. *Bioethics:* a primer for Christians. Carlisle, Penn.: Paternoster, 1997.
12. RAMACHANDRA, Vinoth. *Gods that fail*. Carlisle, Penn.: Paternoster, 1996.
13. MEILANDER, op. cit.

CAPÍTULO 16

Relacionamentos homossexuais

Poucos temas têm sido tão explosivos quanto a homossexualidade nos últimos anos. Rápidas mudanças sociais levaram a um grau de aceitação da homossexualidade sem precedentes. Isso tem causado uma mudança nas percepções ocidentais de temas como a natureza da sexualidade, o conceito de família, a educação dos filhos e a natureza dos direitos humanos. É nesse contexto que a Igreja precisa oferecer liderança, refletindo biblicamente e respondendo de forma apropriada à agenda. Ela o faz num tempo em que muitos ativistas homossexuais veem o cristianismo como uma das fontes primárias de resistência às suas reivindicações. Quando refletimos sobre a mensagem da Bíblia e as exigências da nossa cultura, precisamos reafirmar nossa crença na autoridade das Escrituras. Se vacilarmos na crença de que Deus falou conosco por meio das Escrituras, restam-nos apenas conjecturas e opiniões. Também precisamos ser sensíveis ao fato de que estamos lidando com as emoções das pessoas, com sua identidade sexual e com seu sonho de encontrar amor e aceitação. Temos o mandato de dizer a verdade, mas somos chamados para dizer a verdade em amor.

Todos nós somos humanos, e todos nós somos sexuais. Se viermos a estereotipar e estigmatizar uns aos outros, então não tratamos uns aos outros com o respeito que cada pessoa merece. Afinal de contas, no que concerne à Bíblia, não existe fenômeno chamado "um homossexual": existem apenas pessoas feitas à imagem de Deus. Todos nós compartilhamos a glória e a tragédia de sermos humanos, e compartilhamos isso em nossa sexualidade, assim como em outras áreas de nossa vida. Podemos rejeitar práticas homossexuais, mas não temos a liberdade de desumanizar aqueles que as praticam. Todos somos fracos e vulneráveis, e ninguém tem sido sexualmente imaculado além de Jesus. Embora não devamos ter medo de fazer julgamentos sobre o que é certo e errado à luz das Escrituras, não podemos condenar. Seremos julgados pelos mesmos padrões com que julgamos os outros. Ninguém tem o direito de ser moralmente superior. Além disso, os pecados sexuais não são os únicos pecados, nem mesmo necessariamente os mais pecaminosos; orgulho e hipocrisia certamente são piores.

No que segue, quero explorar o que a Bíblia tem a dizer sobre relacionamentos homossexuais de um ponto de vista cristão. É possível que alguns dos meus leitores não sejam cristãos, mas aqueles que são certamente desejarão saber que tipo de luz as Escrituras podem lançar sobre esse tema. Tendo descoberto isso, desejarão buscar a graça de Deus para viver de maneira consistente com a sua Palavra, em obediência à sua vontade e como testemunha de seu mundo. Ainda assim, espero que aqueles leitores não cristãos possam ouvir a voz de Deus, e ela os chama para que descubram a liberdade da obediência à vontade de Deus nessa área de suas vidas.

A INCIDÊNCIA DA HOMOSSEXUALIDADE

Nem todos são exclusivamente homossexuais ou heterossexuais por inclinação. Algumas pessoas descobrem que podem sentir-se atraídas por pessoas do mesmo sexo, mesmo que brevemente, durante a vida. Uma grande pesquisa nos Estados Unidos, a *National Health and Social Life Survey*, publicada em 1994, revelou que 2,7% dos homens tinham parceiros do mesmo sexo no último ano; 4,1%, nos últimos cinco anos; e 4,9%, desde os dezoito anos. Os números equivalentes para as mulheres eram de 1,3%, 2,2% e 4,1%.[1]

Quando questionados sobre "terem feito algo sexual" com uma pessoa do mesmo sexo desde a puberdade, esses números subiram para 9,1% no caso dos homens e 4,3% no caso das mulheres.[2] A taxa de 9,1% é mais alta do que qualquer outra relatada em pesquisas semelhantes até então, mas, se estiver correta, significa que mais ou menos 4% dos homens entrevistados se envolveram em algum tipo de atividade sexual com outro homem antes de completar dezoito anos, mas não depois.[3] Ao avaliar pessoas que experimentaram apenas relacionamentos homossexuais, o estudo descobriu que, desde a puberdade, 0,6% dos homens fizeram sexo apenas com outros garotos ou homens, nunca com uma parceira. Para as mulheres, a proporção é de 0,2%. *Sexual Behaviour in Britain*, um vasto estudo publicado em 1994, revelou que 3,6% dos homens (e 1,7% das mulheres) tiveram, alguma vez, contato genital homossexual,[4] mesmo que, em 50% dos casos, tenha sido um ato isolado.[5] Além disso, 1,1% dos homens tiveram um parceiro homossexual durante o último ano (0,4% das mulheres); e 1,4% (0,6% das mulheres), nos últimos cinco anos.[6] Apenas 0,3% dos homens (e 0,1% das mulheres) relataram ter tido parceiros exclusivamente do mesmo sexo.[7] Um grande estudo britânico, mais recente, revelou que a proporção de homens, de 16 a 44 anos de idade, que já tiveram um parceiro homossexual em algum momento era de 5,4%, e a proporção de homens que tiveram um parceiro homossexual durante os últimos cinco anos era de 2,6%. Os números equivalentes para mulheres eram surpreendentemente altos: 4,9 e 2,6%.[8]

Esses estudos sugerem que, no mundo ocidental, deixando de lado os experimentos adolescentes, de 3 a 5,5% dos homens têm praticado um ato homossexual em sua vida adulta,[9] de 1,5 a 4% dos homens tiveram um parceiro homossexual nos últimos cinco anos, e menos de 2% da população masculina e menos de 1% da população feminina são exclusivamente homossexuais em inclinação e prática.

FAZENDO A PERGUNTA-CHAVE

Tendo esboçado o contexto para a nossa discussão, estou pronto para fazer a pergunta: As parcerias homossexuais são uma opção cristã? Formulo minha pergunta com cautela, pois ela nos apresenta três distinções necessárias.

A distinção entre pecados e crimes

Em primeiro lugar, pelo menos desde o Relatório Wolfenden, de 1957, e o Sexual Offences Act [Lei de ofensas sexuais], de 1967, que dele resultou, aprendemos a distinguir pecados e crimes.

Adultério sempre foi um pecado (segundo a lei de Deus), mas, na maioria dos países, não é uma ofensa punível pelo Estado. Estupro, por sua vez, é pecado e crime. O Sexual Offences Act, de 1967, declarou que um ato homossexual praticado voluntariamente e em privado por dois adultos acima de 21 anos de idade não deveria mais ser considerado ofensa criminal. Contudo, existe uma diferença entre descriminalizar um ato e legalizá-lo. Em toda a Europa, após uma decisão do Tribunal dos Direitos Humanos, as leis que criminalizavam o sexo privado consensual entre homens adultos foram invalidadas. No entanto, a Dinamarca e os Países Baixos, por exemplo, têm concedido *status* legal pleno a parcerias homossexuais.

Em termos globais, as atitudes são variadas. Em aproximadamente setenta países, relacionamentos homossexuais são ilegais, e, em alguns deles, relacionamentos homossexuais levam à pena de morte. Em outros países, as sentenças de prisão são longas, e as pessoas são tratadas duramente. Às vezes, essa antipatia à homossexualidade pode ameaçar os fundamentos de nossa humanidade compartilhada. Numa sessão das Nações Unidas que tratou dessas questões, o presidente Robert Mugabe, do Zimbábue, disse que lésbicas e homens *gays* são "menos do que humanos" e, por isso, não possuem direitos humanos.[10] No entanto, direitos humanos são aqueles devidos a um ser humano em virtude de ele ou ela ser humano, e nada mais.

A distinção entre preferência e prática

Em segundo lugar, é importante observar, desde o início, que o motivo de preocupação, aqui, é a prática homossexual (pela qual uma pessoa é responsável), e não a orientação ou a preferência homossexual (pela qual ela não é responsável). A importância dessa distinção vai além da atribuição de responsabilidade, vai à atribuição de culpa. Não podemos culpar uma pessoa por aquilo que é, mas por aquilo que faz. Em qualquer discussão sobre homossexualidade, precisamos ser rigorosos na distinção entre "ser" e "fazer" — ou seja, entre a identidade e a atividade de uma pessoa, entre sua preferência e a prática sexual, entre constituição e conduta.

Qualquer que seja a nossa inclinação, devemos entregar cada pensamento a Cristo e reconhecer que a relação sexual é uma celebração alegre da unidade entre um homem e uma mulher por toda a vida. A pessoa que não pode casar-se e que vive uma vida em celibato e castidade, qualquer que seja a sua orientação sexual, está vivendo uma vida que agrada a Deus.

A distinção entre casual e comprometido

Em terceiro lugar, precisamos distinguir atos casuais de compromissos sérios, que (afirma-se) são tão expressivos do amor humano autêntico quanto a relação heterossexual no casamento. Nenhuma pessoa homossexual responsável (cristã ou não) defende relações promíscuas de uma noite. No entanto, o que alguns afirmam, especialmente no Lesbian and Gay Christian Movement (LGCM), é que um casamento heterossexual e uma parceria homossexual são "duas alternativas igualmente válidas",[11] sendo igualmente tenras, maduras e fiéis. A Statement of Conviction [Declaração de convicção] do LGCM afirma que "é inteiramente compatível com a fé não só amar outra pessoa do mesmo sexo, mas também expressar plenamente esse amor num relacionamento sexual pessoal".[12]

Em 2003, tais visões estavam no centro de uma série de eventos muito dolorosos para a Igreja Cristã. Mencionarei apenas três. O primeiro ocorreu em 28 de maio de 2003, quando Michael Ingham, bispo da diocese de New Westminster, no Canadá, anunciou que aprovaria que seis paróquias da região de Vancouver abençoassem uniões homossexuais. Essa atitude provocou uma tempestade de protestos nessa igreja pelo mundo todo. O arcebispo de Cantuária, doutor Rowan Williams, disse que New Westminster estava "ignorando as consideráveis restrições da igreja" e que agia "significativamente além do que o ensinamento da igreja ou o cuidado pastoral poderiam justificar". E continuou: "Eu lamento muitíssimo a tensão e as divisões inevitáveis que resultarão desse desenvolvimento."[13] J. I. Packer, respeitado teólogo conservador e líder de igreja, foi um dos que abandonaram o sínodo que havia aprovado a benção de uniões homossexuais. Para ele, não era legítimo permitir que a experiência julgasse ou moldasse as Escrituras a fim de providenciar uma base para a benção de relacionamentos homoafetivos.[14] Tal movimento desviava-se do ensinamento bíblico, enganava as pessoas, pois não as ajudava a viver uma vida casta, e as iludia, fazendo-as pensar que Deus abençoa um comportamento que ele condena. Packer simplesmente se perguntava: "Como eu poderia fazer isso?"

O segundo evento foi a consagração do reverendo cônego Gene Robinson como bispo de New Hampshire, nos Estados Unidos, em 2 de novembro de 2003. Robinson tinha vivido um relacionamento *gay* por quinze anos.

O impacto dessa consagração sobre a comunhão anglicana global foi ainda maior do que os eventos em New Westminster. Novamente, o arcebispo de Cantuária, Rowan Williams, teve de dar uma resposta, e, ao fazê-lo, reconheceu que divisões estavam sendo abertas no mundo inteiro em consequência desse evento, que ele chamou de uma "questão de profundo pesar". A consagração ocorreu, a despeito do encontro de 37 arcebispos no palácio Lambeth, um mês antes, a fim de alertar sobre as consequências de tal ato. Seus receios se confirmaram quando primazes no mundo inteiro expressaram sua inquietação e, em alguns casos, seu sentimento de ultraje diante desse acontecimento.

O terceiro evento foi a proposta de nomeação do reverendo cônego doutor Jeffrey John, como bispo de Reading, no Reino Unido, anunciada em 21 de maio de 2003 e sugerida pelo bispo de Oxford, doutor Richard Harries. Jeffrey John estivera num relacionamento *gay* durante mais de vinte anos, mas disse que, embora o relacionamento continuasse, não era mais sexual, e ele e o parceiro não viviam mais juntos por causa de suas diferentes responsabilidades ministeriais. No entanto, ele tinha sido extremamente crítico a respeito do ensinamento ortodoxo sobre sexualidade, especialmente do ensinamento resultante da Conferência de Lambeth, em 1998. Apesar de afirmar que obedeceria ao ensinamento e à disciplina da igreja na área da sexualidade se viesse a ser consagrado bispo, muitos sentiam que não havia evidência real de arrependimento quanto a seu estilo de vida anterior, tampouco havia confiança suficiente de que ele apoiaria o ensinamento ortodoxo como bispo, em razão de suas visões pessoais. Após uma reunião com o arcebispo Rowan Williams, ele desistiu da nomeação; mais tarde, porém, foi aceito como decano de St Albans.

Esses três eventos foram extremamente dolorosos para a Igreja da Inglaterra, pois expuseram as divisões profundas que ainda existem nas questões de sexualidade humana, em particular nos relacionamentos homoafetivos. É importante, assim, que, como cristãos que acreditam na Bíblia, examinemos o texto original das Escrituras, a fim de identificar a luz a ser lançada sobre essas questões.

Logo, a pergunta que se coloca diante de nós não diz respeito a práticas homossexuais de natureza casual, mas a parcerias homossexuais — vitalícias e amorosas — como possível opção cristã. Nossa preocupação é submeter as atitudes prevalecentes (que vão da repulsa total a um consentimento igualmente acrítico) ao escrutínio bíblico. Nossa "preferência" sexual é puramente uma questão de "gosto" pessoal? Ou Deus revelou sua vontade relativamente a uma norma? Em particular, podemos demonstrar que a Bíblia sanciona parcerias homossexuais ou, pelo menos, que não as condena? O que a Bíblia de fato condena?

AS PROIBIÇÕES BÍBLICAS

Existem quatro passagens bíblicas principais que se referem (ou parecem referir-se) negativamente à questão homossexual: (1) a história de Sodoma (Gênesis 19:1-13), com a qual naturalmente se associa a história muito similar de Gibeá (Juízes 19); (2) os textos levíticos (Levítico 18:22; 20:13), que proíbem explicitamente o deitar-se com um homem como se deita com uma mulher; (3) o relato do apóstolo Paulo a respeito de uma sociedade pagã decadente (Romanos 1:18-32); e (4) duas listas paulinas de pecadores, cada qual com uma referência a práticas homossexuais de algum tipo (1Coríntios 6:9,10; 1Timóteo 1:8-11).

As histórias de Sodoma e Gibeá

A narrativa de Gênesis não deixa dúvida de que "os homens de Sodoma eram extremamente perversos e pecadores contra o SENHOR" (Gênesis 13:13) e que "as acusações contra Sodoma e Gomorra são tantas e o seu pecado é tão grave", que Deus decidiu investigar (Gênesis 18:20,21) e, no fim, "destruiu aquelas cidades e toda a planície, com todos os habitantes das cidades e a vegetação" (Gênesis 19:25) por um ato de julgamento inteiramente consistente com a justiça do "Juiz de toda a terra" (Gênesis 18:25). Não existem controvérsias sobre esse contexto da história bíblica. A pergunta é: Que pecado do povo de Sodoma (e Gomorra) justificou a sua destruição? Segundo a visão cristã tradicional, eles eram culpados de práticas homossexuais que tentaram (sem sucesso) infligir a dois anjos acolhidos por Ló em seu lar. Daí a palavra "sodomia". Todavia, o teólogo Sherwin Bailey, ao reavaliar as evidências, questionou essa interpretação com base em dois argumentos principais, e é importante que os consideremos.

Em primeiro lugar, segundo ele, a expressão "Traze-os fora a nós, para que os conheçamos" não precisa significar necessariamente "para que possamos ter relações sexuais com eles" (Gênesis 19:5, ARC). A palavra hebraica para "conhecer" (*yada*) aparece quase mil vezes no Antigo Testamento; dentre elas, somente dez ocorrências se referem a relações sexuais, e, mesmo assim, somente a relações heterossexuais. Logo, seria melhor a seguinte tradução: "para que nos possamos familiarizar com eles". Podemos, então, entender a violência dos homens como resultante de sua raiva, já que Ló excedeu-se em seus direitos como estrangeiro residente ao receber em sua casa dois estranhos "cujas intenções poderiam ter sido hostis, sem exame de suas credenciais".[15] Nesse caso, o pecado de Sodoma foi ter invadido a privacidade do lar de Ló e ignorar antigas regras de hospitalidade. Ló implorou que desistissem porque, disse ele, os dois homens "se acham debaixo da proteção do meu teto" (Gênesis 19:8).

Robert Gagnon, entretanto, naquilo que deve ser o tratado mais abrangente e enciclopédico sobre a Bíblia e a homossexualidade, intitulado *The Bible and Homosexual Practice: Texts and Hermeneutics* [A Bíblia e a prática homossexual: textos e hermenêutica], comenta que, embora a hospitalidade possa ser parte da história, o foco está no ato humilhante e desumano do estupro homossexual. Ao comentar os pecados de Sodoma, ele diz que a relação homossexual tratou um homem como:

> se a sua identidade masculina não contasse nada, como se ele não fosse homem, mas mulher. Penetrar outro homem significava tratá-lo como um *assinnu*, como alguém cuja "masculinidade se tinha transformado em feminilidade". Assim, três elementos (tentativa de penetração de homens, tentativa de estupro, inospitalidade) e, talvez, um quarto elemento (tentativa inconsciente de fazer sexo com anjos) combinaram-se para fazer disso um exemplo especialmente abominável de depravação humana que justifica o ato de total destruição por Deus.[16]

Em segundo lugar, Bailey argumentou que o resto do Antigo Testamento não sugere, em lugar nenhum, que a ofensa de Sodoma era homossexual. Em vez disso, Isaías dá a entender que eram hipocrisia e injustiça social;

Jeremias sugere adultério, mentira e iniquidade geral, e Ezequiel, arrogância, ganância e indiferença em relação aos pobres (Isaías 1:10 e seguintes; Jeremias 23:14; Ezequiel 16:49 e seguintes; confira as referências, nos apócrifos, ao orgulho, em Eclesiástico 16:8, e à inospitalidade, em Sabedoria 19:8). Então, o próprio Jesus (mesmo que Bailey não mencione isso) aludiu, em três ocasiões separadas, aos habitantes de Sodoma e Gomorra, declarando que, para eles, "haverá menor rigor" no dia do juízo do que para aqueles que rejeitam o seu evangelho (Mateus 10:15; 11:24; Lucas 10:12). Mesmo assim, em todas essas referências não há nenhum indício ou menção de prática homossexual. É apenas quando chegamos aos escritos pseudoepigráficos da Palestina, do século 2 a.C., que o pecado de Sodoma é identificado como conduta sexual não natural.[17] Isso ecoa claramente na carta de Judas, quando ele diz que "Sodoma e Gomorra e as cidades em redor se entregaram à imoralidade e a relações sexuais antinaturais" (versículo 7), e nas obras de Filo e Josefo, escritores judeus que ficaram chocados com as práticas homossexuais da sociedade grega.

Sherwin Bailey tratou da história de Gibeá da mesma forma, pois são muito semelhantes. Outro residente estrangeiro (dessa vez, um "homem velho" anônimo) convida dois estranhos (não anjos, mas um levita e sua concubina) para o seu lar. Homens maus cercam a casa e fazem a mesma exigência dos sodomitas, que o visitante seja levado para fora "para que o conheçamos" (Juízes 19:22, ARC). O dono da casa implora, primeiro, que não sejam tão "perversos" com seu "hóspede", então lhes oferece sua filha e a concubina no lugar dele. O pecado dos homens de Gibeá, ele sugere novamente, não foi a proposta de relações homossexuais, mas a violação das leis de hospitalidade.

Embora Bailey devesse saber que a sua reconstrução de ambas as histórias era, no máximo, uma sondagem, ele fez a alegação exagerada de que "não há a menor razão para acreditar que, como questão de fato histórico ou verdade revelada, a cidade de Sodoma e seus vizinhos tenham sido destruídos por causa de suas práticas homossexuais".[18] Em vez disso, a tradição cristã sobre "sodomia" foi derivada de fontes judaicas tardias e apócrifas.

Mas o caso de Sherwin Bailey não convence por várias razões:

- Os termos "perversidade", "perversos" e "loucura" (Gênesis 19:7; Juízes 19:23) não parecem apropriados para descrever uma violação de hospitalidade.
- A oferta das mulheres "aparenta sugerir alguma conotação sexual no episódio".[19]
- Mesmo que o verbo *yada'* seja usado apenas dez vezes para indicar relações sexuais, Bailey não menciona que seis dessas ocorrem em Gênesis e uma aparece na própria história de Sodoma (sobre as filhas de Ló, que não "conheceram" varão; Gênesis 19:8, ARC).
- Para aqueles, entre nós, que levam os registros do Novo Testamento a sério, a referência inequívoca de Judas à "imoralidade e a relações sexuais antinaturais" de Sodoma e Gomorra (versículo 7) não pode ser descartada como um simples erro copiado dos escritos pseudo-epigráficos judeus.

Sim, a conduta homossexual não era o único pecado de Sodoma, mas, segundo as Escrituras, era certamente um de seus pecados, que provocou o julgamento temeroso de Deus.

Os textos levíticos

Ambos os textos em Levítico pertencem ao "Código de Santidade", que representa o cerne do livro e que desafia o povo de Deus a seguir suas leis e não copiar as práticas do Egito (onde eles costumavam viver) ou de Canaã (para onde Deus estava levando seu povo). Essas práticas incluíam relações sexuais dentro dos graus proibidos, uma variedade de desvios sexuais, sacrifício infantil, idolatria e injustiça social de diversos tipos. É nesse contexto que devemos ler os dois seguintes textos:

> Não se deite com um homem como quem se deita com uma mulher; é repugnante (Levítico 18:22).

> Se um homem se deitar com outro homem como quem se deita com uma mulher, ambos praticaram um ato repugnante. Terão que ser executados, pois merecem a morte (Levítico 20:13).

"É difícil duvidar", escreveu Bailey, "que ambas as leis em Levítico se refiram a atos homossexuais ordinários entre homens, e não a rituais ou outros atos realizados em nome da religião."[20] Outros, porém, não pensam assim. Eles observam que os dois textos estão inseridos num contexto preocupado, principalmente, com a pureza ritual, e Peter Coleman acrescenta que a palavra traduzida como "repugnante", em ambos os versículos, está associada à idolatria. "Em inglês, a palavra expressa desdém ou desaprovação, mas, na Bíblia, seu sentido predominante preocupa-se com verdade religiosa, e não com moralidade ou estética."[21] Então, essas proibições são meramente tabus religiosos? Elas estão ligadas àquela outra proibição: "Nenhum israelita, homem ou mulher, poderá tornar-se prostituto cultual" (Deuteronômio 23:17)? Certamente, o culto de fertilidade cananeu incluía prostituição ritual e, portanto, fornecia "prostitutos e prostitutas sagradas" (mesmo que não exista evidência clara de que praticavam relações homossexuais). Os reis ímpios de Israel e Judá constantemente os introduziam na religião de Javé, e os reis justos constantemente os expeliam (veja, por exemplo, 1Reis 14:22 e seguintes; 15:12; 22:46; 2Reis 23:7).

Assim, os defensores da homossexualidade argumentam que os textos de Levítico proíbem práticas religiosas que há muito deixaram de existir e não têm relevância para as parcerias homoafetivas de hoje. No entanto, o ônus da prova está com eles. Como observa William J. Webb em sua obra recente sobre hermenêutica, a questão aqui é concernente, em especial, a um dos limites sexuais.[22] As leis referentes ao incesto protegem os limites entre pai e filho; as leis referentes à bestialidade protegem os limites entre humanos e animais. Semelhantemente, os limites homossexuais proíbem relações sexuais entre membros do mesmo sexo. Esses limites não são culturais, no sentido de que mudam à medida que as Escrituras se desenvolvem, mas transculturais, sendo tais atividades proibidas em qualquer lugar e em qualquer época.

Assim, a interpretação clara e natural desses dois versículos é que eles proíbem relações homossexuais de todo tipo. A exigência da pena de morte (há muito abolida, é claro) indica a extrema seriedade com que as práticas homossexuais eram vistas.

O ensinamento de Paulo em Romanos 1

> Por causa disso Deus os entregou a paixões vergonhosas. Até suas mulheres trocaram suas relações sexuais naturais por outras, contrárias à natureza. Da mesma forma, os homens também abandonaram as relações naturais com as mulheres e se inflamaram de paixão uns pelos outros. Começaram a cometer atos indecentes, homens com homens, e receberam em si mesmos o castigo merecido pela sua perversão (Romanos 1:26,27).

Todos concordam que o apóstolo está descrevendo pagãos idólatras no mundo greco-romano de seus dias. Eles tinham um certo conhecimento de Deus, por meio do universo criado (Romanos 1:19,20), e o seu próprio senso moral (Romanos 1:32); mesmo assim, suprimiam a verdade que conheciam a fim de praticar a iniquidade. Em vez de darem a Deus a honra que lhe é devida, voltaram-se para ídolos, confundindo o Criador com suas criaturas. No julgamento contra eles, Deus os entregou à sua mente depravada e às suas práticas decadentes (Romanos 1:24,26,28), incluindo relações sexuais "contrárias à natureza". Robert Gagnon comenta:

> Apropriadamente, uma troca absurda de Deus por ídolos leva a uma troca absurda de relações heterossexuais por relações homossexuais. Um ato de desonrar a Deus leva a um ato de desonrar a si mesmos. Uma falha de reconhecer Deus leva a uma mente inapropriada e a uma conduta depravada.[23]

Assim, à primeira vista, a passagem parece ser uma condenação definitiva da conduta homossexual. Mas dois argumentos contrários apresentam-se. Em primeiro lugar, argumenta-se, Paulo não pode estar falando daqueles de orientação homossexual, pois ele diz que seus atos homossexuais eram "contrários à natureza" e que eles tinham tido sexo com mulheres anteriormente. Mas pessoas de orientação homossexual não teriam tido relações com o sexo oposto, tampouco o sexo homossexual seria "contrário à natureza" deles. Em segundo lugar, já que Paulo evidentemente retrata a conduta imprudente e promíscua de pessoas de quem Deus tinha judicialmente "desistido", que relevância isso teria para parcerias homoafetivas comprometidas e amorosas?

No entanto, esses dois argumentos podem ser refutados, especialmente pela referência do apóstolo à "natureza", ou seja, à ordem criada, como espero demonstrar mais adiante.

Os outros textos paulinos

> Vocês não sabem que os perversos não herdarão o Reino de Deus? Não se deixem enganar: nem imorais, nem idólatras, nem adúlteros, nem homossexuais passivos [*malakoi*] ou ativos [*arsenokoitai*], nem ladrões, nem avarentos, nem alcoólatras, nem caluniadores, nem trapaceiros herdarão o Reino de Deus (1Coríntios 6:9,10).

> Também sabemos que ela não é feita para os justos, mas para os transgressores e insubordinados, para os ímpios e pecadores, para os profanos e irreverentes, para os que matam pai e mãe, para os homicidas, para os que praticam imoralidade sexual e os homossexuais [*arsenokoitai*], para os sequestradores, para os mentirosos e os que juram falsamente; e para todo aquele que se opõe à sã doutrina (1Timóteo 1:9,10).

Temos, aqui, duas listas feias de pecados que Paulo afirma serem incompatíveis, em primeiro lugar, com o Reino de Deus e, em segundo lugar, com a Lei e o evangelho. É possível observar que um grupo de ofensores é chamado de *malakoi*, e o outro (em ambas as listas), de *arsenokoitai*. O que essas palavras significam?

O ponto é que todas as dez categorias listadas em 1Coríntios 6:9,10 (com a possível exceção dos avarentos) denotam pessoas que cometeram ofensa por meio de suas ações — por exemplo, idólatras, adúlteros e ladrões.

As duas palavras gregas *malakoi* e *arsenokoitai*, por sua vez, não devem ser combinadas, visto que elas têm "significados precisos".

> A primeira é, literalmente, "sensível ao toque", e indicava, em sentido metafórico, entre os gregos, homens (não necessariamente garotos) que exerciam o papel passivo nas relações homossexuais. A segunda palavra significa, literalmente, "homem numa cama", e os gregos usavam essa expressão para descrever aquele que assumia o papel ativo.[24]

Robert Gagnon traduz *malakoi* como "os sensíveis" e *arsenokoitai* como "homens que levam outros homens para a cama".[25] A Bíblia de Jerusalém segue James Mofatt usando as feias palavras "catamitas e sodomitas", enquanto, em suas conclusões, Peter Coleman sugere que "provavelmente, Paulo estava pensando em pederastia comercial entre homens mais velhos e garotos pós-puberdade, o padrão mais comum de conduta homossexual no mundo clássico".[26] Se assim for, então, mais uma vez, é possível argumentar (e foi argumentado) que as condenações paulinas não são relevantes para adultos homossexuais que concordam e são comprometidos um com o outro. No entanto, não é essa a conclusão a que chega o próprio Peter Coleman. Seu resumo é este: "Vistos juntos, os escritos de São Paulo repudiam a conduta homossexual como vício dos gentios em Romanos, como obstáculo para o reino em Coríntios e como ofensa a ser repudiada pela lei moral em 1Timóteo."[27]

Revendo essas referências bíblicas sobre a conduta homossexual, que eu agrupei, temos de concordar que existem apenas quatro delas. Devemos, então, concluir que o tema é marginal ao impulso principal da Bíblia? Devemos, ainda, admitir que elas constituem uma base um tanto fraca para que se possa assumir uma postura firme contra o estilo de vida homossexual? Esses protagonistas estão certos quando alegam que as proibições bíblicas são "altamente específicas"[28] — contra violações de hospitalidade (Sodoma e Gibeá), contra tabus culturais (Levítico), contra orgias descaradas (Romanos) e contra prostituição masculina ou corrupção dos jovens (1Coríntios e 1Timóteo), e que nenhuma dessas passagens alude a, muito menos condena, uma parceria amorosa entre pessoas de orientação homossexual?

Mas não, por mais plausível que possa parecer, não podemos lidar com o material bíblico dessa maneira. A rejeição cristã a práticas homossexuais não se apoia em "poucos textos isolados e obscuros" (como dizem às vezes), cuja explicação tradicional (como também é alegado) pode ser derrubada. Os posicionamentos proibitivos a práticas homossexuais nas Escrituras fazem sentido apenas à luz de seu ensinamento permissivo, em Gênesis 1 e 2, sobre a sexualidade humana e o casamento heterossexual.[29] No entanto, sem o ensinamento permissivo da Bíblia sobre sexo e casamento, nossa perspectiva sobre a questão homossexual está fadada a ser distorcida.

SEXUALIDADE E CASAMENTO NA BÍBLIA

O lugar essencial para iniciarmos nossa investigação, parece-me, é a instituição do casamento em Gênesis 2. Dediquei um capítulo inteiro deste livro ao casamento, e os leitores podem reportar-se a ele também. Visto que membros do LGCM estabelecem, deliberadamente, um paralelo entre casamentos heterossexuais e parcerias homossexuais, é necessário perguntar se esse paralelo pode ser justificado.

Verificamos que, em sua providência, Deus nos deu dois relatos distintos da Criação. O primeiro (Gênesis 1) é geral e afirma a igualdade dos sexos, pois ambos carregam a responsabilidade de administrar a terra. O segundo (Gênesis 2) é específico e afirma a complementaridade dos sexos, que constitui a base para o casamento heterossexual. Desse segundo relato da Criação emergem três verdades fundamentais.

Gênero heterossexual: uma criação divina

A primeira é a necessidade humana de companheirismo. "Não é bom que o homem esteja só" (Gênesis 2:18). Sim, essa afirmação foi qualificada mais tarde quando o apóstolo Paulo (certamente reiterando Gênesis) escreveu: "É bom que o homem não toque em mulher" (1Coríntios 7:1). Ou seja, mesmo que o casamento seja uma boa instituição de Deus, o chamado ao solteirismo também é a boa vocação de alguns. Mesmo assim, como regra geral, "não é bom que o homem esteja só". Deus nos criou como seres sociais. Como ele é amor e nos criou à sua imagem, deu-nos a capacidade de amar e de sermos amados. Ele quer que vivamos em comunidade, não em solidão. Deus continuou: "Farei para ele alguém que o auxilie." Esse alguém "auxiliador" ou essa companhia, que Deus declarou apropriada para ele, deveria constituir-se também em sua parceria sexual, com quem ele se tornaria "uma só carne", para que, assim, os dois pudessem consumar o seu amor e gerar filhos.

Casamento heterossexual: uma instituição divina

Tendo afirmado a necessidade de uma companhia para Adão, começou a busca por alguém apropriado. Os animais não eram apropriados como parceiros iguais, por isso ocorreu uma obra especial de criação divina. Os sexos se diferenciaram. Da humanidade não diferenciada de Adão surgiram homem e mulher. Adão encontrou um reflexo de si mesmo, um complemento; na verdade, uma parte de si mesmo. Tendo criado a mulher do homem, Deus a levou até ele, semelhantemente a um pai, hoje em dia, que entrega a noiva ao noivo. E Adão criou espontaneamente o primeiro poema de amor, dizendo que agora, enfim, estava diante dele uma criatura de tamanha beleza e semelhança, que ela parecia ser (e realmente era) "feita para ele":

> Esta, sim, é osso dos meus ossos e carne da minha carne! Ela será chamada mulher, porque do homem foi tirada (Gênesis 2:23).

Não há como duvidar da ênfase dessa história. Segundo Gênesis 1, Eva, assim como Adão, foi criada à imagem de Deus. Mas, quanto à maneira de sua criação, segundo Gênesis 2, ela não foi criada do nada (como o universo), nem do "pó da terra" (como Adão, versículo 7), mas de Adão.

Fidelidade heterossexual: a intenção divina

A terceira grande verdade de Gênesis 2 diz respeito à instituição resultante do casamento. O poema de amor de Adão está registrado no versículo 23. O "por essa razão" do versículo 24 é a dedução do narrador: "Por essa razão, o homem deixará pai e mãe e se unirá à sua mulher, e eles se tornarão uma só carne."

Até mesmo o leitor desatento perceberá as três referências a "carne": "[...] carne da minha carne [...] se tornarão uma só carne." Podemos estar certos de que essa repetição é deliberada, não acidental. Ensina que a relação sexual no casamento é mais do que uma união; é um tipo de reunião. Não é uma união de pessoas estranhas que não pertencem uma à outra e não podem tornar-se apropriadamente uma só carne. Pelo contrário, é a união de duas pessoas que, originalmente, foram uma só, separadas uma da outra, e, agora, no encontro sexual do casamento, reúnem-se mais uma vez.

A relação heterossexual é muito mais do que uma união de corpos; é uma fusão de personalidades complementares por meio da qual a rica unidade criada dos seres humanos volta a ser experimentada. A complementaridade dos órgãos sexuais do homem e da mulher é apenas um símbolo físico numa complementaridade espiritual muito mais profunda.

Para que se tornem uma só carne, porém, e experimentem esse mistério sagrado, certas questões preliminares são necessárias, as quais são partes constituintes do casamento.

"Por essa razão" (Gênesis 2:24), "o homem [o singular indica que o casamento é uma união exclusiva entre dois indivíduos] deixará pai e mãe [uma ocasião social pública está em vista] e se unirá à sua mulher [o casamento é um compromisso amoroso ou uma aliança, que é heterossexual e permanente], e eles se tornarão uma só carne" [pois o casamento precisa ser consumado na relação sexual, que é um sinal e um selo da aliança do casamento e sobre a qual nenhuma sombra de vergonha foi lançada; versículo 25]."

É de extrema importância observar que o próprio Jesus confirmou essa definição de casamento do Antigo Testamento. Ao fazê-lo, ele começou com palavras de Gênesis 1:27 (que o Criador "homem e mulher os criou") e concluiu com um comentário próprio ("Assim, eles já não são dois, mas sim uma só carne. Portanto, o que Deus uniu, ninguém o separe"; Mateus 19:6). Logo, aqui estão três verdades que Jesus afirmou: (1) gênero heterossexual é uma criação divina; (2) casamento heterossexual é uma instituição divina; e (3) fidelidade heterossexual é a intenção divina. Ligação homossexual é uma violação de todos esses três propósitos.

O livro *Strangers and Friends* [Estranhos e amigos], de Michael Vasey,[30] tenta combinar fé evangélica com defesa homossexual. Desse modo, ele vê Gênesis 2:24 como tendo sido usado para impor às Escrituras os ideais domésticos da família nuclear com sua "idolatria" e seu "egocentrismo".[31] Jesus, diz ele, renuncia ao casamento como parte da ordem atual do mundo em favor da "liberdade cristã". Após denunciar a família como opressiva, o caminho está aberto para parcerias homossexuais como opção alternativa e até melhor.

Mas ele distorceu o material bíblico para adequá-lo aos seus propósitos. Nem o celibato de Jesus nem o seu ensinamento de que o celibato é uma vocação divina para alguns (Mateus 19:11,12) podem ser interpretados como evidência de que ele se opunha ao casamento e à família, pois ambos pertencem à ordem criada. Tampouco a família imaginada em Gênesis 1 e 2 é "nuclear" num sentido negativo ou egoísta. Sim, Jesus inaugurou uma nova ordem, referindo-se à sua nova comunidade como sua família (Marcos 3:34), e alertou que, se um conflito inevitável surgisse entre nossa lealdade a ele e nossa lealdade à nossa família natural, então nossa lealdade a ele seria mais importante (Mateus 10:37; Lucas 14:26). Mas Jesus e os apóstolos também insistiram que cristãos têm uma obrigação contínua para com sua família natural, inclusive obrigações recíprocas entre pais e filhos e entre maridos e esposas (por exemplo, Marcos 7:9-13; Efésios 5:22; 6:4). A nova criação restaura e redime a antiga; ela não a rejeita nem substitui. Quanto aos ídolos, cada boa dádiva de Deus pode tornar-se um ídolo, inclusive casamento e família; mas em si sós, nenhum deles é idólatra ou escravizador. Uma parceria homossexual, contudo, é essencialmente incompatível com o casamento conforme o contexto ordenado por Deus para a intimidade em uma só carne.

Assim, as Escrituras definem o casamento que Deus instituiu em termos de uma monogamia heterossexual. É a união de um homem com uma mulher que precisa ser reconhecida publicamente (deixar os pais), ser selada permanentemente (ele "se unirá à sua mulher") e ser consumada fisicamente ("uma só carne"). E as Escrituras não imaginam nenhum outro tipo de casamento ou relação sexual, pois Deus não forneceu alternativas.

Os cristãos, portanto, não devem isolar a relação homossexual para impor-lhe uma condenação especial. Fato é que todo tipo de relação e de atividade sexual que se desvia da intenção revelada de Deus é, *ipso facto*, desagradável para ele e está sob seu julgamento. Isso inclui poligamia e poliandria (que fere o princípio "um homem, uma mulher"), coabitação e uniões clandestinas (já que essas não envolvem uma separação pública dos pais), encontros casuais e vínculos temporários, adultério e muitos divórcios (que contrariam a "união" e a proibição de Jesus "ninguém separe") e parcerias homossexuais (que violam a declaração de que "um homem" se unirá à "sua mulher").

Em suma, a única experiência de "uma só carne" que Deus deseja e que as Escrituras contemplam é a união sexual de um homem com sua esposa, que ele reconhece como "carne de sua carne". Como disse George Carey, então arcebispo de Cantuária, numa palestra no Virginia Theological Seminary, em 10 de fevereiro de 1997: "Eu não encontro nenhuma justificativa, nem na Bíblia, nem em toda a tradição cristã, para atividade sexual fora do casamento."

ARGUMENTOS CONTEMPORÂNEOS SOB CONSIDERAÇÃO

Os cristãos homossexuais não estão satisfeitos com esse ensinamento bíblico sobre a sexualidade humana e a instituição do casamento heterossexual. Eles apresentam uma série de objeções, a fim de defender a legitimidade das parcerias homossexuais.

O argumento sobre Escrituras e cultura

Tradicionalmente, tem-se suposto que a Bíblia condena todos os atos homossexuais. Mas será que todos os autores bíblicos são guias confiáveis nessa questão? Seus horizontes não eram limitados por sua própria experiência e cultura? O argumento cultural costuma assumir duas formas.

Para começar, os autores bíblicos manifestavam-se sobre questões relevantes às suas próprias circunstâncias, mas elas eram bem diferentes das nossas. Nas histórias de Sodoma e Gibeá, eles estavam preocupados ou com convenções de hospitalidade no antigo Oriente Próximo, que agora são obsoletas, ou (se é que o pecado era de todo sexual) com o fenômeno extremamente incomum do estupro em bando. Nas leis levíticas, a preocupação eram os rituais antiquados de fertilidade, enquanto Paulo se manifestou sobre preferências sexuais específicas dos pederastas gregos. É tudo muito antiquado. O vínculo dos autores bíblicos com suas próprias culturas torna seu ensinamento sobre esse tema irrelevante.

O segundo problema cultural complementar é que os autores bíblicos não estavam tratando das nossas questões. Assim, o problema das Escrituras é não somente com seu ensinamento, mas também com seu silêncio. Paulo (sem falar dos autores do Antigo Testamento) não sabia nada de psicologia pós-freudiana. Eles nunca tinham ouvido falar em "orientação homossexual"; só conheciam certas práticas. A noção de que dois homens ou duas mulheres podiam apaixonar-se e desenvolver um relacionamento profundamente amoroso e estável, comparável ao casamento, simplesmente nunca passou por suas cabeças.

Se o único ensinamento bíblico sobre esse tema se encontrasse nos textos de proibição, seria difícil responder a essas objeções. Mas, uma vez que esses textos são vistos em relação à instituição divina do casamento, temos um princípio de revelação divina que é universalmente aplicável. Era aplicável a situações culturais do antigo Oriente Próximo e ao mundo greco-romano do primeiro século, sendo igualmente aplicável a questões sexuais modernas que os antigos não conheciam. A razão para as proibições bíblicas é a mesma pela qual parcerias homossexuais amorosas também precisam ser condenadas, porque são incompatíveis com a ordem criada de Deus. Já que essa ordem (a monogamia heterossexual) foi estabelecida por criação, e não por cultura, sua validade é permanente e universal. Não pode haver "libertação" das normas criadas de Deus; a libertação verdadeira é encontrada apenas quando as aceitamos.

Essa argumentação é o oposto do "literalismo bíblico" do qual o *lobby gay* tende a nos acusar. É, antes, uma olhada sob a superfície das proibições bíblicas para que se vejam os aspectos essenciais da revelação divina sobre sexualidade e casamento. Note-se que os que defendem parcerias homoafetivas costumam omitir Gênesis 1 e 2 em sua discussão, mesmo que Jesus, nosso Senhor, tenha endossado seu ensinamento. Agora, é importante analisarmos os relacionamentos *gays* e seu contexto social um pouco mais a fundo, levando em conta os argumentos usados para apoiar relacionamentos *gays* comprometidos.

O argumento sobre criação e natureza

As pessoas, às vezes, fazem este tipo de declaração: "Sou *gay* porque Deus me fez assim. Então, ser *gay* deve ser bom. Não posso acreditar que Deus criaria pessoas homossexuais para, então, negar-lhes o direito de autoexpressão sexual. Pretendo, portanto, afirmar e até mesmo celebrar o que sou por criação." Ou: "Você pode dizer que a prática homossexual é contrária à natureza e à normalidade, mas não é contrária à minha natureza, tampouco é anormal para mim." Norman Pittenger foi bastante explícito ao fazer uso desse argumento. Uma pessoa homossexual, ele escreveu, "não é uma pessoa 'anormal' com desejos e hábitos 'contrários à natureza'". Pelo contrário:

> Uma pessoa com orientação heterossexual age "naturalmente" quando age heterossexualmente, enquanto uma pessoa com orientação homossexual age de forma igualmente "natural" quando age de acordo com seu desejo homossexual básico e inato.[32]

Outros argumentam que o comportamento heterossexual é "natural" (a) porque, em muitas sociedades primitivas, ele é bastante aceitável, (b) porque, em algumas civilizações avançadas (como na Grécia antiga), ele era até idealizado e (c) porque é bastante comum entre os animais: uma questão ainda muito debatida entre zoólogos.³³

Em todo caso, esses argumentos expressam uma visão extremamente subjetiva daquilo que é "natural" e "normal". Não devemos aceitar a declaração de Norman Pittenger de que "não existem padrões eternos de normalidade e naturalidade".³⁴ Tampouco podemos concordar que o comportamento animal estabelece os padrões para a conduta humana! Deus estabeleceu uma norma para sexo e casamento por criação. Isso já era reconhecido na época do Antigo Testamento. Assim, relações sexuais com um animal eram proibidas, porque era depravação (Levítico 18:23); em outras palavras, uma violação ou uma confusão da natureza, que indica um "senso embrional de lei natural".³⁵ O mesmo veredito é feito sobre Sodoma, no século 2 a.C., no Testamento de Naftali:

> Assim como o sol e as estrelas não mudam sua ordem, a tribo de Naftali deve obedecer a Deus, e não à desordem da idolatria. Reconhecendo em todas as coisas criadas o Senhor que as fez, eles não devem tornar-se como Sodoma, que mudou a ordem da natureza [...]³⁶

Paulo tinha o mesmo conceito em mente em Romanos 1. Quando escreveu sobre mulheres que tinham trocado relações naturais por relações contrárias à natureza e sobre homens que tinham abandonado relações naturais, "natureza" (*physis*) significava, para ele, a ordem natural das coisas que Deus tinha estabelecido (como em Romanos 2:14,27; 11:24). Logo, o que Paulo estava condenando não era a conduta pervertida das pessoas heterossexuais, que estavam agindo contra sua natureza, como argumentou John Boswell,³⁷ mas qualquer conduta humana contrária à "natureza" — isto é, contra a ordem criada por Deus. Richard B. Hays escreveu uma refutação minuciosa da exegese de Romanos 1, de John Boswell. Ele apresenta amplas evidências contemporâneas de que a oposição entre "natural" (*kata physin*) e "não natural" (*para physin*) era "usada com frequência [...] como maneira de distinguir conduta heterossexual e homossexual."³⁸

Críticos britânicos, sobre Romanos 1, confirmam essa conclusão. Como diz C. K. Barrett: "Nos prazeres obscenos aos quais Paulo se refere vemos precisamente aquela perversão da ordem criada que podemos esperar quando homens colocam a criação no lugar do Criador."[39] Semelhantemente, Charles Cranfield escreve que, com "natural" e "contrárias à natureza", "Paulo quer dizer claramente 'de acordo com a intenção do Criador' e 'contrárias à intenção do Criador'". E:

> O fator decisivo no uso da palavra [*physis*, "natureza"] por Paulo é sua doutrina bíblica da Criação. Ela denota aquela ordem que se manifesta na Criação de Deus e que os homens não devem deixar de reconhecer e respeitar.[40]

Robert Gagnon afirma que "relações homossexuais estão 'além' ou 'em excesso da' natureza no sentido de que elas ultrapassam os limites da sexualidade estabelecidos por Deus e transparentes na natureza, até mesmo para os gentios".[41]

Um apelo à ordem criada deveria ser, também, a nossa resposta a outro argumento. Alguns ressaltam que a Igreja Primitiva fazia distinção entre questões primárias e secundárias, insistindo, em consenso, no que diz respeito às primeiras, mas permitindo liberdade de dissenso no que diz respeito às segundas. Os dois exemplos de liberdade cristã que eles costumam citar são a circuncisão e a carne oferecida a ídolos. Eles, então, estabelecem um paralelo com a prática homossexual, sugerindo que é uma questão de segunda ordem em que se pode dar liberdade uns aos outros. Na verdade, porém, a Igreja Primitiva era mais sutil do que isso. O Concílio de Jerusalém (Atos 15) decretou que a circuncisão era definitivamente desnecessária para a salvação (uma questão de primeira ordem), mas permitiu sua continuação como questão de política ou cultura (segunda ordem). O Concílio decidiu também que, apesar da proibição óbvia da idolatria (primeira ordem), comer carnes oferecidas a ídolos não era necessariamente idolatria, de modo que cristãos com uma consciência forte e educada podiam comê-las (segunda ordem). Assim, as questões de segunda ordem, em que era concedida liberdade aos cristãos, não eram de natureza nem teológica nem moral, mas cultural. Não é esse o caso com a prática homossexual.

Um segundo paralelo é, por vezes, estabelecido. Quando o debate sobre a ordenação de mulheres alcançou o auge, o sínodo geral concordou que a Igreja não deveria ser obrigada a escolher entre as duas posições (a favor e contra), declarando uma como certa e a outra como errada, mas deveria preservar a unidade, reconhecendo que ambas tinham integridade. Em consequência, estamos vivendo com "as duas integridades". Por que, perguntam, não deveríamos reconhecer igualmente "duas integridades" em relação a parcerias homoafetivas, e não obrigar as pessoas a escolher? A resposta deveria ser clara. Mesmo que a ordenação de mulheres seja uma questão de segunda ordem (o que muitos negariam), as parcerias homossexuais não o são. Gênero em relação ao casamento é uma questão muito mais fundamental do que gênero em relação ao ministério. O casamento tem sido reconhecido como união heterossexual desde o início da Criação e da instituição de Deus; é fundamental para a sociedade humana, como Deus pretendia, e sua base bíblica não é controversa. O doutor Wolfhart Pannenberg, professor de teologia na Universidade de Munique, é bem claro ao falar sobre esse tema. Tendo declarado que "as avaliações bíblicas da prática homossexual são inequívocas em sua rejeição", ele conclui que uma igreja que reconhecesse uniões homossexuais como equivalentes ao casamento "deixaria de ser a igreja única, santa, católica e apostólica".[42]

O argumento sobre qualidade de relacionamentos

O LGCM toma emprestada, das Escrituras, a verdade de que o amor é a maior coisa no mundo (ele o é mesmo), e, da "nova moralidade" ou "situação ética" da década de 1960, a noção de que o amor é um critério adequado para julgar cada relacionamento (o que não é verdade). Mas essa visão tem conquistado terreno hoje em dia. Um dos primeiros documentos oficiais a acatá-la foi o Relatório do The Friend, *Towards a Quaker View of Sex* [Para uma visão *quaker* do sexo] (1963). Ele incluía as declarações: "Não se deve deplorar a 'homossexualidade' mais do que o canhotismo"[43] e: "Certamente, a natureza e a qualidade de um relacionamento é o que importa."[44] Semelhantemente, em 1979, a Divisão de Responsabilidade Social da Igreja Metodista argumentou, em seu relatório *A Christian Understanding of Human Sexuality* [Uma compreensão cristã da sexualidade humana], que "atividades homossexuais" não são "intrinsecamente erradas", já que:

a qualidade de qualquer relacionamento homossexual deve [...] ser avaliada segundo os mesmos critérios básicos que têm sido aplicados a relacionamentos heterossexuais. Para homens e mulheres homossexuais, relacionamentos permanentes caracterizados por amor podem ser uma maneira cristã apropriada de expressar sua sexualidade.[45]

No mesmo ano (1979), um grupo de trabalho anglicano publicou o relatório *Homosexual Relationships: A Contribution to Discussion* [Relacionamentos homossexuais: uma contribuição para a discussão]. Ele foi mais cauteloso, criterioso e ambivalente do que os relatórios dos *quakers* e dos metodistas. Seus autores não se sentiram capazes de repudiar séculos de tradição cristã, mas "não acharam ser possível negar" que, em algumas circunstâncias, indivíduos podem "escolher justificadamente" um relacionamento homossexual em sua busca de companheirismo e amor sexual "semelhante" aos encontrados no casamento.[46] Qualquer relacionamento por certo caracterizado por compromisso mútuo, afeto, fidelidade e apoio deve ser declarado bom, não rejeitado como mau? Ele resgata as pessoas da solidão, do egoísmo e da promiscuidade, e pode ser tão rico e responsável, tão libertador e satisfatório quanto um casamento heterossexual.

Na primavera de 1997, numa palestra feita em St Martin-in-the-Fields, em Londres, o bispo John Austin Baker apresentou sua própria versão desse argumento. Ex-bispo de Salisbury, presidente da Comissão de Doutrina da Igreja da Inglaterra e presidente do grupo redacional que produziu o comedido relatório *Issues in Human Sexuality* [Questões sobre sexualidade humana] (1991), ele surpreendeu a igreja por sua aparente reviravolta. O objetivo do discipulado cristão, ele afirmou corretamente, é a "semelhança de Cristo" — ou seja, "um viver criativo sob os valores, as prioridades e as atitudes que marcaram a humanidade de Cristo", especialmente o amor. Agora, o sexo no casamento pode ser "uma verdadeira construção de amor", e "o amor erótico pode ter, e muitas vezes tem, os mesmos efeitos benéficos na vida de casais homossexuais". Existem, porém, três razões pelas quais esse argumento em prol da qualidade do amor homossexual é falho.

Relacionamentos exclusivos são raros

Para começar, o conceito de fidelidade vitalícia, quase matrimonial, em parcerias homossexuais é, em grande parte, um mito, uma ideia teórica contrariada pelos fatos. A verdade é que relacionamentos *gays* são caracterizados mais pela promiscuidade do que pela fidelidade. Segundo a pesquisa *National Gay Men's Sex Survey*, de 2001, um grande estudo britânico com 14.600 entrevistados, 73% dos homens *gays* entrevistados tiveram mais de um parceiro sexual durante o último ano.[47] Isso se compara a 30% de homens heterossexuais.[48] Thomas Schmidt comentou:

> Promiscuidade entre homens homossexuais não é um mero estereótipo nem apenas a experiência majoritária — é praticamente a única experiência [...] Em suma, não existe quase nenhuma comparação com o casamento heterossexual em termos de fidelidade ou longevidade. Tragicamente, fidelidade vitalícia é quase inexistente na experiência homossexual.[49]

"Para muitos homens, relacionamentos não exclusivos são simplesmente mais satisfatórios do que relacionamentos monógamos", relata SIGMA, organização de pesquisa que analisa prática homossexual e Aids.[50] Parece haver algo inerentemente instável em parcerias homossexuais. O argumento da qualidade de relacionamentos não se sustenta mais.

Sexo gay pode ser prejudicial

Escrevi extensamente a respeito da Aids no Capítulo 6, sobre pobreza global, já que Aids é um fenômeno global e frequentemente associado à pobreza. Por isso, limitarei minhas observações, aqui, à comunidade *gay*, em especial às práticas de homens *gays*. São as práticas sexuais de homens *gays* que fazem deles um grupo de risco especialmente alto.

É difícil sustentar a ideia de que parcerias homossexuais são uma expressão de amor tanto quanto casamentos heterossexuais à luz dos danos e perigos envolvidos em práticas sexuais *gays*. O grau de promiscuidade e a natureza da prática indicam que homens *gays* correm o risco de contrair todos os tipos de doenças sexualmente transmissíveis (DSTs), em particular Aids, como também hepatite, câncer retal, infecções virais e não virais e, ainda, sofrer diminuição da expectativa de vida. É verdade que algumas doenças podem ser transmitidas também por atividades semelhantes entre pessoas heterossexuais, mas "esses problemas de saúde correm soltos na população homossexual porque são facilmente propagados pela promiscuidade e pela maioria das práticas favorecidas pelos homossexuais".[51] Se esses perigos físicos acometem atividades sexuais *gays* comuns, amantes autênticos podem praticá-las?

Esses perigos não podem ser evitados somente com o uso de preservativos, contraceptivos conhecidamente não confiáveis. Duas observações que já apresentei merecem ser repetidas aqui. O doutor Patrick Dixon, fundador da Aids Care, Education and Training (ACET), resume a questão da seguinte forma:

> Camisinhas não tornam o sexo seguro; elas simplesmente o tornam mais seguro. Sexo seguro é sexo entre dois parceiros não infectados! Isso significa uma parceria vitalícia e fiel entre duas pessoas que eram virgens e que permanecem fiéis uma a outra por toda a vida.[52]

Ou, para citar a Conferência Católica dos Estados Unidos:

> Abstinência fora do casamento e fidelidade dentro do casamento, assim como evitar o abuso de drogas intravenosas, são as únicas maneiras moralmente corretas e medicamente seguras de impedir a propagação da Aids.[53]

A comunidade *gay* foi dizimada em algumas áreas com o advento da Aids. No início da década de 1980, a Aids era chamada de a "praga *gay*", precisamente porque parecia afetar mais a comunidade *gay*. Agora, sabemos que a Aids pode afetar qualquer pessoa, homem ou mulher, heterossexual ou homossexual, criança ou adulto. Não está confinada a um país qualquer, mas é, hoje, uma pandemia global, que Nelson Mandela chamou de "emergência global". Transmitida com mais frequência por meio de relações sexuais ou pelo uso de drogas intravenosas (com agulhas contaminadas), ela é incurável, embora drogas modernas consigam adiar a morte por dez anos ou mais. Eventualmente, porém, o HIV transforma-se em Aids, manifestando-se, atacando e danificando os sistemas imunológico e nervoso do corpo e, assim, deixando-o indefeso contra determinadas doenças fatais.

A incidência de Aids permanece alta na comunidade *gay*. Segundo a UNAIDS:

> Em termos globais, 5-10% de todos os casos de HIV se devem à transmissão sexual entre homens. Em algumas partes do mundo, incluindo a América do Norte, regiões da América Latina e a maior parte da Europa, da Austrália e da Nova Zelândia, o sexo entre homens é a via principal de transmissão de HIV, sendo responsável por até 70% dos casos de HIV nesses locais. Em outros lugares, é uma via secundária. Em todos os países, porém, a dimensão aproximada de sexo entre homens é, provavelmente, subestimada.[54]

O maior risco advém da prática de sexo anal, pois podem ocorrer rupturas e haver pequenas lesões através das quais o vírus tem fácil acesso. A presença de outras DSTs também pode aumentar o risco de transmissão do HIV. O HIV pode ser transmitido por meio de outros atos sexuais, incluindo sexo oral, mas a incidência é muito mais baixa. Em muitas partes do mundo, o sexo entre homens se dá em oculto e é difícil de mensurar, pois é ilegal e, por isso, mantido em segredo. Sua ocorrência é, portanto, frequentemente subestimada.

Na comunidade daqueles que estudam HIV/Aids, a designação "HSH" veio a ser usada, e se refere a "homens que têm sexo com homens". Isso é um reconhecimento de que não é a identidade sexual ou a inclinação de homens que tem importância primária na discussão sobre a Aids, mas a prática sexual em si. Admite-se que alguns HSM podem ser homens heterossexuais que desejam ter um encontro casual com outro homem ou que não conseguem assumir-se como *gays* por causa da cultura em que vivem.

Nos Estados Unidos, o número estimado de mortes por Aids, de 1998 a 2002, foi de 501.669. Dessas, a metade foi de homens que tinham feito sexo com homens.[55] A incidência nesse grupo tem diminuído gradualmente, segundo *The American Journal of Public Health*, não por causa de mudanças no comportamento, mas por causa da eficácia da terapia antirretroviral.⁵⁶ Aproximadamente 40 mil infecções por HIV ocorrem a cada ano nos Estados Unidos, mais ou menos 70% entre homens e 30% entre mulheres.⁵⁷ Dessas pessoas recém-infectadas, metade tem idade inferior a 25 anos.⁵⁸ O Centres for Disease Control and Prevention estima que, das novas infecções entre homens nos Estados Unidos, aproximadamente 60% são causadas por sexo homossexual.

Nossa resposta a HIV/Aids precisa ser teológica, pastoral e educacional. Apresentei essa resposta em mais detalhes no Capítulo 6, por isso destacarei aqui apenas alguns breves (e, lógico, semelhantes) pontos. Em primeiro lugar, nossa resposta precisa ser teológica. Precisamos lembrar que colhemos o que semeamos. Mesmo que a Aids possa não ser o julgamento de Deus sobre um indivíduo, os cristãos não podem vê-la como acidente. Existe, como já mencionei no Capítulo 6, um processo de causa e efeito em nosso mundo, tanto moral quanto físico, e isso significa que nós colhemos o que semeamos. Caso rejeitemos perpetuamente os caminhos de Deus, podemos, por exemplo, cauterizar nossa consciência e ficar menos sensíveis às suas manifestações. Em termos físicos, temos de viver com as consequências de nossas ações. Se formos promíscuos, arriscamos uma doença sexualmente transmissível; se formos gulosos, arriscamos desenvolver uma doença cardíaca ou diabete. Existem consequências que precisamos encarar por nossas ações. Assim, embora não possamos afirmar que HIV/Aids é o julgamento de Deus sobre qualquer indivíduo em particular, podemos dizer que, se uma sociedade tolera transgressões e até mesmo as celebra, chamando "ao mal bem e ao bem, mal", então ela precisa encarar as consequências disso (Romanos 1:18-32). O julgamento já está acontecendo neste mundo (João 3:18-21; 5:24-29).

Em segundo lugar, nossa resposta precisa ser pastoral. "Não me julguem", disse um paciente com Aids chamado Jerome. "Estou vivendo sob meu próprio julgamento. O que preciso é que vocês caminhem ao meu lado."⁵⁹ As igrejas locais precisam estender a mão aos pacientes com Aids em sua própria irmandade e na comunidade mais ampla. Podemos sentir-nos gratos ao ver que as origens do movimento de cuidados paliativos, bem como a sua extensão, de pacientes com câncer terminal a pacientes com Aids, são devidas, em grande parte, mesmo que não exclusivamente, a iniciativas cristãs.⁶⁰

Em terceiro lugar, nossa resposta precisa ser educacional. Os cristãos tendem a preferir um programa educacional completo como maneira mais humana e cristã de combater a ignorância, o preconceito, o medo e a conduta promíscua, a fim de reverter o curso da Aids. Certamente, a complacência e indiferença atuais, que estão ajudando a propagar a doença, só podem ser vencidas pela força implacável dos fatos. As igrejas deveriam ter um papel importante num programa de educação preventiva. Não é o fracasso das igrejas em ensinar e exemplificar os padrões de moralidade sexual de Deus que, mais do que qualquer outra coisa, deve ser o culpado pela crise atual?[61] Não podemos falhar novamente, mas desafiar a sociedade a exercer autocontrole e fidelidade sexual, indicando Jesus como fonte de perdão e poder. Vários grupos cristãos foram formados para alertar as igrejas quanto às suas responsabilidades, para fornecer recursos educacionais e para encorajar grupos de apoio.[62]

Acima de tudo, "a crise da Aids desafia-nos profundamente a que sejamos a Igreja de fato e de verdade: a que sejamos a Igreja como uma comunidade de cura". Sim, por causa da nossa tendência à hipocrisia, "a própria comunidade de cura precisará ser curada pelo perdão de Cristo".[63]

O amor precisa da Lei

Se a primeira razão pela qual os cristãos não podem aceitar o argumento da qualidade do amor é que a exclusividade é rara, e se a segunda razão é que o sexo *gay* pode ser prejudicial, a terceira razão é que o amor precisa da Lei. Os cristãos não podem aceitar a ideia de que amor é o único absoluto, pois ele precisa da Lei para guiá-lo. A lei moral não foi abolida. Ao enfatizar o amor a Deus e ao próximo como os dois grandes mandamentos, Jesus e seus apóstolos não descartaram todos os outros mandamentos. Pelo contrário, Jesus disse: "Se vocês me amam, obedecerão aos meus mandamentos", e Paulo escreveu: "Amor é o cumprimento [não a abolição] da Lei" (João 14:15; Romanos 13:8-10).

Então, mesmo que a qualidade amorosa de um relacionamento seja essencial, ela não é, por si só, um critério suficiente para autenticá-lo. Por exemplo, se o amor fosse o único teste de autenticidade, não haveria nenhum argumento contra a poligamia, pois um polígamo pode certamente desfrutar um relacionamento com várias esposas. Ou, ainda, deixem-me dar uma ilustração melhor, emprestada da minha própria experiência pastoral. Em várias ocasiões diferentes, um homem casado contou-me que ele se apaixonou por outra mulher. Quando o repreendi gentilmente, ele respondeu com palavras como estas: "Sim, concordo, eu já tenho esposa e família. Mas esse relacionamento novo é a coisa real. Fomos feitos um para o outro. Nosso amor possui uma qualidade e profundeza que nunca havíamos conhecido até agora. Deve estar certo." Mas não, eu tive de dizer a ele, não está certo. Nenhum homem tem o direito de violar sua aliança de casamento com a esposa, alegando que a qualidade de seu amor por outra mulher é mais rica. Qualidade de amor não é o único padrão para medir o que é certo e errado.

Semelhantemente, não devemos negar que relacionamentos homossexuais podem ser amorosos (mesmo que, *a priori*, eles não sejam capazes de alcançar a mesma riqueza da complementaridade heterossexual que Deus ordenou). Como o expressou o Colóquio de Ramsey, de 1994: "Até mesmo um amor distorcido retém traços da grandeza do amor."[64] Mas a qualidade do amor de relacionamentos *gays* não é suficiente para justificá-los. Na verdade, devo acrescentar que eles são incompatíveis com o amor verdadeiro porque são incompatíveis com a Lei de Deus. O amor se preocupa com o mais alto bem-estar do amado. E nosso mais alto bem-estar encontra-se na obediência à Lei e ao propósito de Deus, não na revolta contra eles.

Alguns líderes do LGCM parecem estar seguindo a lógica de sua própria posição, pois dizem que até mesmo a monogamia poderia ser abandonada pelos interesses do "amor". Malcolm Macourt, por exemplo, escreveu que a visão liberacionista *gay* é a de "uma grande variedade de padrões de vida", cada um dos quais é "igualmente respeitado na sociedade". Entre eles, Macourt menciona as seguintes alternativas: monogamia e parcerias múltiplas; parcerias vitalícias e parcerias para um período de crescimento mútuo; parceiros homossexuais e heterossexuais; viver em comunidade e viver em pequenas unidades familiares.[65] Parece não haver limites para o que as pessoas tentam justificar em nome do amor.

O argumento sobre justiça e direitos

Se alguns argumentam em favor de parcerias homossexuais com base no amor envolvido, outros o fazem com base na justiça. Desmond Tutu, por exemplo, ex-arcebispo da Cidade do Cabo e universalmente admirado por sua postura corajosa contra o *Apartheid* e em prol da igualdade racial, disse várias vezes que, para ele, a questão homossexual é uma simples questão de justiça. Outros concordam. O argumento com base na justiça é o seguinte: "Assim como não podemos discriminar pessoas por conta de seu gênero, de sua cor, de sua etnicidade ou de sua classe, também não podemos discriminar pessoas por conta de sua preferência sexual. O Deus da Bíblia, pois, é o Deus da justiça, que é descrito como aquele que ama a justiça e odeia a injustiça. Assim, a busca da justiça precisa ser a obrigação máxima do povo de Deus. Agora que escravos, mulheres e negros foram libertos, chegou a hora da libertação *gay*. O que os ativistas dos direitos civis foram nas décadas de 1950 e 1960 hoje o são os ativistas dos direitos *gays*. Devemos apoiá-los em sua causa e juntar-nos a eles em sua luta."

O vocabulário de opressão, libertação, direitos e justiça, porém, exige uma definição cuidadosa. "Libertação *gay*" pressupõe uma opressão da qual as pessoas homossexuais precisam ser libertas, e "direitos *gays*" indicam que as pessoas homossexuais estão sofrendo uma injustiça que precisa ser corrigida. Mas o que é essa opressão, esse engano, essa injustiça? Se estão sendo desprezados e rejeitados por parte da sociedade por conta de sua orientação sexual, e realmente são vítimas de homofobia, então de fato estão sofrendo uma injustiça que precisa ser corrigida. Deus se opõe a tal discriminação; ele exige que amemos e respeitemos todos os seres humanos sem distinção. Se, de outro modo, o "mal" ou a "injustiça" for a recusa da sociedade em reconhecer parcerias homossexuais como alternativa legítima a casamentos heterossexuais, então falar de "injustiça" é inapropriado, pois os seres humanos não podem reivindicar como "direito" algo que Deus não lhes deu.

A analogia entre escravidão, racismo, opressão das mulheres e homossexualidade é inexata e enganosa. Em cada caso, precisamos esclarecer a intenção original do Criador. Assim, a despeito das tentativas de justificar a escravidão e o racismo com base nas Escrituras, ambos são fundamentalmente incompatíveis com a igualdade criada dos seres humanos. Semelhantemente, a Bíblia honra a mulher, afirmando que homens e mulheres compartilham igualmente da imagem de Deus e da administração do meio ambiente, e seu ensinamento de "liderança" ou responsabilidade masculina não pode ser interpretado como contraditório dessa igualdade. Mas relações sexuais pertencem, segundo o claro ensinamento das Escrituras, exclusivamente ao casamento heterossexual. Logo, relações heterossexuais não podem ser consideradas um equivalente permissível, muito menos um direito divino. A verdadeira libertação *gay* (como toda libertação autêntica) não é o libertar-se do propósito revelado de Deus a fim de construir a própria moralidade; é, antes, o libertar-se da nossa rebelião a fim de amar e obedecer a Deus.

O argumento sobre aceitação e evangelho

"Certamente", dizem algumas pessoas, "a obrigação do cristão heterossexual é aceitar o cristão homossexual. Paulo nos ordenou a aceitar — e acolher — uns aos outros. Se Deus acolheu alguém, quem somos nós para julgá-lo (Romanos 14:1 e seguintes; 15:7)?" Norman Pittenger diz: "Toda a essência do evangelho cristão é que Deus nos ama e nos aceita como somos."[66]

Essa, porém, é uma declaração muito confusa do evangelho. Deus realmente nos aceita "do jeito que somos", e nós não temos de nos tornar bons primeiro; na verdade, nem podemos fazer isso. Mas sua "aceitação" significa que ele perdoa plena e livremente todos aqueles que se arrependem e creem, não que ele sanciona nossa continuidade no pecado. Novamente, é verdade que precisamos aceitar uns aos outros, mas apenas como copenitentes e coperegrinos, não como copecadores determinados a persistir no pecado.

Michael Vasey dá muita importância ao fato de Jesus ter sido chamado (e foi mesmo) "o amigo de pecadores". Sua oferta de amizade a pecadores como nós é verdadeiramente maravilhosa. Mas ele nos acolhe a fim de nos remir e transformar, e não para nos abandonar em nosso pecado. Nenhuma aceitação, seja por Deus, seja pela Igreja, nos é prometida se endurecermos nosso coração contra a Palavra e a vontade de Deus. Apenas julgamento.

FÉ, ESPERANÇA E AMOR

Se, à luz de toda a revelação bíblica, a prática homossexual precisa ser vista não como variante dentro da ampla gama de normalidade aceita, mas como um desvio da norma de Deus, e se, portanto, devemos incentivar que pessoas com inclinação homossexual se abstenham de práticas e parcerias homossexuais, que conselho e ajuda podemos oferecer para encorajá-las a responder a esse chamado? Quero tomar emprestada a tríade paulina de fé, esperança e amor para aplicá-la às pessoas com inclinação homossexual.

O chamado cristão para a fé

Fé é a nossa resposta humana à revelação divina: significa crer na Palavra de Deus. Em primeiro lugar, a fé aceita os padrões de Deus. A única alternativa para o casamento heterossexual é o solteirismo com abstinência sexual. Creio que conheço as implicações disso. Nada me ajudou a entender melhor a dor do celibato homossexual do que o livro comovente de Alex Davidson *The Returns of Love* [O retorno do amor]. Ele escreve sobre "essa tensão incessante entre lei e desejo", "esse monstro que está à espreita nas profundezas", esse "tormento ardente".[67]

O mundo secular diz: "Sexo é essencial à realização humana. Esperar que pessoas homossexuais se abstenham da prática homossexual significa condená-las à frustração e levá-las à neurose, ao desespero e até mesmo ao suicídio. É ultrajante negar-lhes o que é seu modo normal e natural de expressão sexual. É 'inumano e desumano'.[68] Na verdade, é afirmativamente cruel."

Não, o ensinamento da Palavra de Deus é diferente. Experiência sexual não é essencial à realização humana. Sim, é uma boa dádiva de Deus, mas ela não é dada a todos e não é indispensável para a existência humana. Nos dias de Paulo, as pessoas diziam que sim. Seu lema era: "Alimentos para o estômago, e o estômago para os alimentos; sexo para o corpo, e o corpo para o sexo" (veja 1Coríntios 6:13). Mas isso é uma mentira do diabo. Jesus Cristo era solteiro, mas perfeito em sua humanidade.

Assim, é possível ser solteiro e humano ao mesmo tempo. Além disso, os mandamentos de Deus são bons. O jugo de Cristo traz descanso, não inquietação; conflito vem apenas para aqueles que resistem a ele.

O centro do discipulado cristão é ocupado por nossa participação na morte e na ressurreição de Jesus Cristo. A Declaração de St Andrew's Day a respeito do debate sobre homossexualidade (1995), feita pelo Conselho Evangélico da Igreja da Inglaterra, ressaltou isso. Somos "chamados para seguir o caminho da cruz", pois "todos nós somos convocados para várias formas de negação própria. A luta contra desejos desordenados ou o desvio de desejos inocentes faz parte da vida de cada cristão". Mas após a luta vem a vitória, da morte nasce a ressurreição.[69]

Assim, no fim das contas, trata-se de uma crise de fé: Em quem devemos acreditar? Em Deus ou no mundo? Devemos estar submetidos ao senhorio de Jesus ou ceder às pressões da cultura dominante? A "orientação" verdadeira dos cristãos não é o que somos por constituição (hormônios), mas aquilo que somos por escolha (coração, mente e vontade).

Em segundo lugar, a fé aceita a graça de Deus. Abstinência não é apenas boa se Deus nos chamar para o celibato; é também possível. Muitos, porém, negam isso. "Vocês conhecem a força imperiosa do nosso impulso sexual", eles dizem. "Pedir que nos controlemos simplesmente não cola." Isso "está tão perto de uma impossibilidade", escreve Norman Pittenger, "que nem vale a pena falar".[70]

Sério? O que, então, devemos fazer com a declaração de Paulo após seu alerta aos coríntios, dizendo que prostitutos e ofensores homossexuais não herdarão o Reino de Deus? Ele exclama: "Assim foram alguns de vocês. Mas vocês foram lavados, foram santificados, foram justificados no nome do Senhor Jesus Cristo e no Espírito de nosso Deus" (1Coríntios 6:11). E o que dizer aos milhões de heterossexuais solteiros? Sim, todas as pessoas solteiras experimentam a dor da luta e da solidão. Mas como nos dizemos cristãos se declaramos que a castidade é impossível? Ela é dificultada pela obsessão sexual da sociedade contemporânea. E nós dificultamos as coisas para nós mesmos se dermos ouvidos aos argumentos plausíveis do mundo, se cairmos em autocomiseração, se alimentarmos nossa imaginação com material pornográfico e, assim, habitarmos um mundo de fantasia em que Cristo não é Senhor, ou, ainda, se ignorarmos seu mandamento de arrancar nossos olhos e cortar nossas mãos e nossos pés — ou seja, de sermos impiedosos com as vias da tentação. Mas, qualquer que seja nosso "espinho na carne", Cristo vem até nós, assim como veio até Paulo, e diz: "Minha graça é suficiente para você, pois o meu poder se aperfeiçoa na fraqueza" (2Coríntios 12:9). Negar isso significa retratar os cristãos como vítimas impotentes do mundo, da carne e do diabo, afirmar que são menos do que humanos e contradizer o evangelho da graça de Deus.

O chamado cristão para a esperança

Até aqui, eu não disse nada sobre "cura" para pessoas homossexuais, compreendida, agora, não como domínio próprio, mas como inversão da sua orientação sexual. Nossa expectativa dessa possibilidade dependerá, em grande parte, da nossa compreensão de etiologia da condição homossexual, e ainda não existe consenso final em relação a isso. Muitos estudos foram realizados, mas eles não conseguiram identificar uma causa única, seja herdada, seja adquirida. Assim, os estudiosos tendem a voltar sua atenção para teorias de causas múltiplas, combinando uma predisposição biológica (genética e hormonal) com influências culturais e morais, ambiente e experiências durante a infância e escolhas pessoais repetidamente reforçadas. O doutor Jeffrey Satinover conclui sua investigação com um apelo ao senso comum: "Os traços do nosso caráter são em parte inatos, mas estão sujeitos a modificações por experiência e escolha."[71] Desse modo, se a homossexualidade é em parte aprendida, ela pode ser desaprendida?

As opiniões divergem tanto em relação às causas da homossexualidade como em relação às possibilidades e aos recursos de "cura". Essa questão divide as pessoas em três categorias — aquelas que consideram a cura desnecessária, aquelas que a consideram possível e as que a consideram impossível.

Em primeiro lugar, precisamos reconhecer que muitas pessoas homossexuais rejeitam categoricamente a linguagem de "cura". Elas não veem necessidade e não desejam mudar. Sua posição tem sido resumida em três convicções. Biologicamente, sua condição é inata (foi herdada); psicologicamente, é irreversível; e sociologicamente, é normal.[72] Veem como grande vitória que, em 1973, os fiduciários da American Psychiatric Association tenham removido a homossexualidade de sua lista oficial de doenças mentais. Michael Vasey declara que essa decisão não era o resultado de alguma conspiração "liberal".[73] Mas era exatamente isso. Setenta anos de opinião psiquiátrica foram derrubados não pela ciência (pois nenhuma evidência nova foi apresentada), mas pela política.[74] Pelo menos a Igreja Católica Romana não se impressionou nem se convenceu. Os bispos norte-americanos, em sua Carta Pastoral de 1986, continuaram a descrever a homossexualidade como "desordem intrínseca" (parágrafo 3).

Em segundo lugar, há aqueles que veem a "cura", compreendida como inversão da orientação sexual, como impossível. "Nenhum método de tratamento ou punição conhecido", escreve D. J. West, "oferece esperança de se obter qualquer redução substancial do grande exército de adultos que praticam a homossexualidade." Seria "mais realista encontrar espaço para eles na sociedade". Ele apela à "tolerância", mesmo que não ao "encorajamento" em relação à conduta homossexual.[75]

Essas visões não são, porém, as opiniões desesperadas da mente secular? Elas nos desafiam a articular uma terceira posição, que é acreditar que ao menos algum grau de mudança seja possível. Os cristãos sabem que a condição homossexual, sendo um desvio da norma de Deus, não é um sinal da ordem criada, mas da desordem caída. Como, então, podemos estar conformados com ela ou declarar que é irreversível? Não podemos. A única pergunta é quando e como devemos esperar que ocorram intervenção e restauração divinas. Fato é que, embora cristãos aleguem que "curas" homossexuais são realizadas, ou por meio da regeneração ou por meio de uma obra subsequente do Espírito Santo, não é fácil substanciá-las.[76] Martin Hallett, que, antes de sua conversão, era ativo na cena *gay*, escreveu um relato muito honesto de sua experiência naquilo que ele chama "a saída de Cristo para a homossexualidade". Ele é honesto sobre sua vulnerabilidade contínua, sua necessidade de proteções, seu desejo de amor e suas crises eventuais de tumulto emocional. Fico feliz que ele tenha intitulado seu esboço autobiográfico de *I Am Learning to Love* [Estou aprendendo a amar] no tempo verbal presente e por ter-lhe dado o subtítulo *A Personal Journey to Wholeness in Christ* [Uma jornada pessoal para a plenitude em Cristo]. Seu último parágrafo começa assim: "Eu aprendi; estou aprendendo; aprenderei a amar a Deus, outras pessoas e a mim mesmo. Esse processo de cura só estará completo quando eu estiver com Jesus."[77] Seu livro mais recente dá continuidade ao assunto; intitula-se *Still Learning to Love* [Ainda aprendendo a amar].

True Freedom Trust publicou um panfleto intitulado *Testimonies* [Testemunhos]. Nele, homens e mulheres homossexuais cristãos dão testemunho daquilo que Cristo tem feito em seu favor. Eles encontraram em Cristo uma nova identidade e possuem, agora, um novo senso de realização pessoal como filhos de Deus. Foram libertos de culpa, vergonha e medo, pela aceitação e pelo perdão de Deus, e libertos da escravidão do antigo estilo de vida homossexual, pelo poder do Espírito Santo. Mas eles não foram libertos de sua inclinação homossexual, portanto alguma dor interior continua ao lado de sua nova paz e alegria. Aqui estão dois exemplos: "Minhas orações não foram respondidas da maneira como eu esperava, mas o Senhor me abençoou em grande medida ao me dar dois amigos cristãos que me aceitaram do jeito que sou"; "Após orarem por mim com imposição de mãos, um espírito de perversão me abandonou. Eu louvo a Deus pela libertação que encontrei naquela tarde [...] Posso dar testemunho de mais de três anos livre das atividades homossexuais. Mas não me transformei num heterossexual nesse tempo."

Nos Estados Unidos, uma organização proeminente nesse campo é Exodus International.[78] Na edição de 18 de agosto de 1989 de *Christianity Today*, Tim Stafford descreve sua investigação de vários casos. Sua conclusão foi de "otimismo cauteloso". O que os ex-*gays* estavam alegando não era "uma rápida inversão de seus desejos sexuais", mas "uma inversão gradual em sua compreensão espiritual de si mesmos como homens e mulheres em relação a Deus". Essa nova autocompreensão os estava "ajudando a reaprender padrões distorcidos de pensamento e relacionamento. Eles se apresentam como pessoas em processo".

Não existe, então, nenhuma esperança de mudança substancial na inclinação? A doutora Elizabeth Moberly acredita que existe. Apoiada em suas pesquisas, ela tem sido guiada a assumir a visão de que:

> uma orientação homossexual não depende de uma predisposição genética, de um desequilíbrio hormonal ou de um processo de aprendizado anormal, mas de dificuldades no relacionamento entre pais e filho, especialmente nos primeiros anos da vida.

E continua:

> [O] princípio subjacente [é] que o homossexual — homem ou mulher — sofreu algum déficit no relacionamento com um dos pais, aquele de mesmo sexo, e que existe um impulso correspondente para compensar esse déficit por meio de relacionamentos "homossexuais".[79]

O déficit e o impulso andam juntos. O impulso reparador para o amor homossexual não é, em si, patológico, mas "pelo contrário — é a tentativa de resolver e curar a patologia". "A condição homossexual não envolve necessidades anormais, mas necessidades normais que, anormalmente, não foram satisfeitas no processo ordinário de crescimento." Homossexualidade "é essencialmente um estado de desenvolvimento incompleto" ou de necessidades não satisfeitas.[80] Assim, a solução correta é "a satisfação das necessidades homossexuais sem atividade sexual", pois erotizar déficits de crescimento significa confundir necessidades emocionais com desejos fisiológicos.[81] Como, então, essas necessidades podem ser satisfeitas? As necessidades são legítimas, mas quais os meios legítimos para satisfazê-las? A doutora Moberly responde que "substituir relacionamentos por cuidado parental está no plano redentor de Deus, assim como relacionamentos parentais estão em seu plano criativo".[82] O que é preciso são relacionamentos profundos, amorosos, duradouros, por pessoas do mesmo sexo, mas não sexuais, especialmente na igreja. Ela conclui:

> Amor em oração e em relacionamentos é a terapia básica [...] Amor é o problema de fundo, a grande necessidade e a única solução. Se estivermos dispostos a buscar e a mediar o amor curador e redentor de Cristo, então a cura para o homossexual se tornará uma grande e gloriosa realidade.[83]

Mesmo assim, porém, a cura completa de corpo, mente e espírito não ocorrerá nesta vida. Algum grau de déficit ou desordem permanece em cada um de nós. Mas não para sempre. Os horizontes do cristão não se limitam a este mundo. Jesus Cristo está voltando; nossos corpos serão remidos; pecado, dor e morte serão abolidos; e nós e o universo seremos transformados. Então, seremos finalmente libertos de tudo aquilo que mancha ou distorce nossa personalidade. Essa garantia cristã nos ajuda a suportar qualquer que seja a nossa dor atual. A dor, pois, existe em meio à paz.

> Sabemos que toda a natureza criada geme até agora, como em dores de parto. E não só isso, mas nós mesmos, que temos os primeiros frutos do Espírito, gememos interiormente, esperando ansiosamente nossa adoção como filhos, a redenção do nosso corpo (Romanos 8:22,23).

Assim, nossos gemidos expressam as dores de parto da nova era. Sabemos "que os nossos sofrimentos atuais não podem ser comparados com a glória que em nós será revelada" (Romanos 8:18). Essa esperança nos sustenta.

Alex Davidson encontra conforto, em meio à sua homossexualidade, na sua esperança cristã. Ele escreve:

> Uma das coisas mais terríveis sobre esta condição não é que, quando você olha para o futuro, a mesma estrada impossível parece continuar indefinidamente? Você é levado à rebelião quando pensa que não há ponto final e ao desespero quando pensa que não existe limite para isso. É por esse motivo que encontro conforto, quando me sinto desesperado, ou rebelde, ou ambos, ao lembrar-me da promessa de Deus de que, algum dia, isso acabará.[84]

O chamado cristão para o amor

Atualmente, estamos vivendo "entre tempos", entre a graça que obtemos pela fé e a glória que antecipamos em esperança. Entre elas está o amor. Mas o amor é justamente o que a Igreja não tem demonstrado a pessoas homossexuais. Jim Cotter queixa-se amargamente por ser tratado como "objeto de desdém e insulto, de medo, preconceito e opressão".[85] Norman Pittenger descreve as cartas "injuriosas" que tem recebido, em que os homossexuais são descartados até mesmo por cristãos professos, vistos como "criaturas imundas", "perversos repugnantes", "pecadores malditos" ou coisa parecida.[86]

Rictor Norton expressa-o com mais veemência: "O histórico da Igreja em relação aos homossexuais é uma atrocidade do início ao fim; não cabe a nós buscar perdão, mas à Igreja fazer expiação."[87] Peter Tatchell, famoso ativista britânico pelos "direitos *gays*", disse: "A Bíblia é para os *gays* o que *Mein Kampf* é para os judeus. É a teoria e a prática do holocausto homossexual."[88]

A atitude de antipatia pessoal em relação aos homossexuais é hoje chamada de "homofobia".[89] É uma mistura de medo irracional, hostilidade e até repulsa. Ignora o fato de que a maioria das pessoas homossexuais não é responsável por sua condição (apesar de serem responsáveis por sua conduta, é claro). Já que não são perversos deliberados, eles merecem nossa compreensão e compaixão (mesmo que muitos considerem isso condescendente), não nossa rejeição. Não surpreende que Richard Lovelace exija "um arrependimento duplo", ou seja, "que cristãos *gays* renunciem ao estilo de vida ativo" e que "cristãos heterossexuais renunciem à homofobia".[90] O doutor David Atkinson está certo ao acrescentar: "Não temos a liberdade de exigir que o homossexual cristão leve uma vida em celibato e que desista de seus relacionamentos, a não ser que apoio e oportunidades lhe sejam oferecidos em amor genuíno."[91] Acredito que a mera existência do LGCM constitua um voto de censura à Igreja. No centro da condição homossexual se encontram uma solidão profunda, a fome humana natural de amor mútuo, uma busca por identidade e um desejo de integridade. Se a pessoa homossexual não consegue encontrar essas coisas na "família da igreja" local, perdemos o direito de usar essa expressão. A alternativa não é entre o caloroso contato físico da relação homossexual e a dor do isolamento no frio. Existe uma terceira opção, um ambiente cristão de amor, compreensão, aceitação e apoio. Não acredito que haja qualquer necessidade de encorajar homossexuais a revelar suas inclinações sexuais a todos; isso não é necessário e não ajuda. Mas eles precisam de ao menos uma pessoa confiável com quem possam compartilhar seu fardo, que não os desprezará nem rejeitará, mas que os apoiará com amizade e oração; provavelmente algum conselheiro pastoral profissional, privado e confidencial; possivelmente o apoio de um grupo de terapia com supervisão profissional; e (como todos os solteiros) muitas amizades com pessoas de ambos os sexos.

Amizades entre pessoas do mesmo sexo, como as amizades bíblicas entre Rute e Noemi, Davi e Jônatas, Paulo e Timóteo, devem ser encorajadas. Não existe qualquer sinal de que essas amizades tenham sido homossexuais no sentido erótico, mas eram afetuosas e (pelo menos no caso de Davi e Jônatas) demonstrativas (por exemplo, 1Samuel 18:1-4; 20:41; 2Samuel 1:26). É claro, sensatez é importante. Mas, nas culturas africanas e asiáticas, é comum ver dois homens andarem pela rua de mãos dadas sem vergonha. É triste que a nossa cultura ocidental iniba o desenvolvimento de amizades ricas entre pessoas do mesmo sexo, gerando o medo de que sejam ridicularizadas ou rejeitadas como "esquisitas".

A melhor contribuição do livro *Strangers and Friends* [Estranhos e amigos], de Michael Vasey, em minha opinião, é sua ênfase à amizade. "Amizade não é um tema secundário na fé cristã", ele escreve, "mas integral à sua visão de vida."⁹² Ele vê a sociedade como "uma rede de amizades sustentada por laços de afeto". Também observa que as Escrituras "não limitam a noção de aliança à instituição do casamento".⁹³ Assim como Davi e Jônatas fizeram uma aliança um com o outro (1Samuel 18:3), nós também podemos ter amizades pactuais especiais. Esses e outros relacionamentos, com o mesmo sexo e com o sexo oposto, precisam ser desenvolvidos dentro da família de Deus que, apesar de universal, tem sua comunidade local. Quando digo "aceitar", não quero dizer "consentir"; semelhantemente, rejeitar a "homofobia" não significa desconsiderar a adequada desaprovação cristã da conduta homossexual. Não, amor verdadeiro não é incompatível com a manutenção de padrões morais. Pelo contrário, ele insiste neles, para o bem de todos. Existe, portanto, um lugar para a disciplina eclesiástica no caso de membros que se recusam a arrepender-se e insistem teimosamente em relacionamentos homossexuais. Mas ela precisa ser exercida num espírito de humildade e gentileza (Gálatas 6:1 e seguinte); precisamos ter o cuidado de não discriminar homens e mulheres nem de fazer distinção entre ofensas homossexuais e heterossexuais; e a disciplina necessária no caso de um escândalo público não deve ser confundida com uma caça às bruxas.

Por mais perturbador e doloroso que seja o dilema do cristão homossexual, Jesus Cristo oferece-lhe (na verdade, a todos nós) fé, esperança e amor — a fé para aceitar os padrões de Cristo e também a sua graça para mantê-los; a esperança para olhar além do sofrimento atual, em direção à glória futura; e o amor para cuidar uns dos outros e apoiar uns aos outros. "O maior deles, porém, é o amor" (1Coríntios 13:13).

NOTAS

1. Pesquisa realizada com pessoas entre 18 e 95 anos de idade. Relatada em LAUMANN, Edward O. et al. *The social organization of sexuality*: sexual practices in the United States. Chicago: University of Chicago Press, 1994. p. 294, 303. Esse estudo foi "a pesquisa sobre sexo mais abrangente já realizada nos Estados Unidos", segundo *USA Today*. Veja *www.press.uchicago.edu/cgi-bin/hfs.cgi/00/12747.ct* (em inglês).
2. Ibid., p. 296.
3. Ibid., p. 296. O alto valor de 9,1% levou os autores da pesquisa a sugerir dois outros fatores explicativos: em primeiro lugar, que essa pergunta específica foi feita num questionário privado, e não face a face, e, em segundo lugar, a formulação mais ampla da pergunta sobre a natureza da atividade sexual. Uma pergunta semelhante foi levantada no estudo *Sexual Behaviour in Britain*. Perguntou-se aos entrevistados se eles tiveram "algum tipo de experiência sexual" com uma pessoa do mesmo sexo, também num questionário privado. O resultado mostrou que 6,1% dos homens e 3,4% das mulheres tiveram tal experiência. Veja WELLINGS, K. et al. *Sexual Behaviour in Britain*. Londres: Penguin, 1994. p. 187.
4. Ibid., p. 187. Pesquisa realizada com 18.900 adultos com idade entre 16 e 59 anos. Os dados aqui citados tiveram base em um questionário confidencial.
5. Ibid., p. 213; e como citado em HART, C.; CALVERT, S.; BAINBRIDGE, I. *Homosexuality and young people*. Newcastle: The Christian Institute, 1998. p. 32.
6. WELLINGS et al., op. cit., p. 187.
7. Ibid., p. 209.
8. *National Survey of Sexual Attitudes and Lifestyles* (Natsal, 2000), com 11.200 entrevistados, todos com idade entre 16 e 44 anos, citado em *The Lancet*, v. 358, p. 1839, 1 dez. 2001. É provável que, ao manter a faixa etária superior em 44 anos, a pesquisa esteja superestimando a proporção de homens homossexuais na população geral. Veja, por exemplo, a análise por idade em LAUMANN, E. O.; MICHAEL, R. T. (Orgs.). *Sex, love and health in America*. Chicago: University of Chicago Press, 2000. cap. 12, T12.2. Além disso, uma pesquisa de 1997, do National Statistics Office, feita com 7.560 adultos entre 16 e 69 anos de idade, descobriu que 3,2% dos homens, na Grã-Bretanha, haviam tido relações sexuais com pelo menos um outro homem, e 1,7% deles nunca tiveram relações heterossexuais. Veja *Contraception and Sexual Health 1997*, relatório baseado em *The ONS Omnibus Survey*, pesquisa feita em nome do Departamento de Saúde (Office for National Statistics, Londres, 1999), p. 11, e em harmonia com o ONS.

9. Observa-se, porém, que a incidência de homossexualidade é maior nos Estados Unidos do que no Reino Unido. Veja, por exemplo, LAUMANN; MICHAEL, op. cit., p. 442-443; e HART et al., op. cit., p. 49.
10. Citado em WHITAKER, Brian. Government disorientation. *Guardian Unlimited*, 29 abr. 2003. Disponível em: <https://www.theguardian.com/world/2003/apr/29/worlddispatch.gayrights>. Acesso em: 24 fev. 2019.
11. MACOURT, Malcolm (Org.). *Towards a theology of gay liberation*. Londres: SCM Press, 1977. p. 3. A citação consta na introdução do próprio senhor Macourt ao livro.
12. Veja *www.lgcm.org.uk/* (em inglês).
13. A íntegra da declaração pode ser encontrada em *www.archbishopofcanterbury.org/releases/2003/030529.html* (em inglês).
14. PACKER, J. I. Why I walked. *Christianity Today*, 21 jan. 2003.
15. BAILEY, Derrick Sherwin. *Homosexuality and the Western Christian tradition*. Londres: Longmans; Green, 1955. p. 4.
16. GAGNON, Robert A. J. *The Bible and homosexual practice*: texts and hermeneutics. Nashville: Abingdon Press, 2001. p. 75-76.
17. Sherwin Bailey, em *Homosexuality and the Western Christian tradition*, p. 11-20, dá referências no Livro dos Jubileus e nos Testamentos dos Doze Patriarcas. Existe uma avaliação ainda mais completa dos escritos do período intertestamentário em COLEMAN, Peter. *Christian attitudes to homosexuality*. Londres: SPCK, 1980. p. 58-85.
18. BAILEY, op. cit., p. 27.
19. Veja James D. Martin, em MACOURT, op. cit., p. 53.
20. BAILEY, op. cit., p. 30.
21. COLEMAN, op. cit., p. 49.
22. WEBB, William J. *Slaves, women and homosexuals*: exploring the hermeneutics of cultural analysis. Downers Grove: InterVarsity, 2001. p. 250-251.
23. GAGNON, op. cit., p. 253.
24. COLEMAN, op. cit., p. 95-96.
25. GAGNON, op. cit., p. 306.
26. COLEMAN, op. cit., p. 277.
27. Ibid., p. 101.
28. Rictor Norton, em MACOURT, op. cit., p. 58.
29. O livro de Sherwin Bailey não faz nenhuma alusão a esses capítulos. Até mesmo Peter Coleman, cujo livro *Christian Attitudes to Homosexuality* [Atitudes cristãs acerca da homossexualidade] é abrangente, menciona-os apenas numa breve referência a 1Coríntios 6, onde Paulo cita Gênesis 2:24.

30. VASEY, Michael. *Strangers and friends*. Londres: Hodder & Stoughton, 1995. p. 46, 82-83.
31. Ibid., p. 116.
32. PITTENGER, Norman. *Time for consent*. Londres: SCM, 1976. p. 7, 73.
33. Sobre as evidências de que a homossexualidade é comum entre animais, veja *www.subversions.com/french/pages/science/animals.html* (em inglês) e a obra acadêmica de BAGEMIHL, Bruce. *Biological exuberance:* Animal hospitality and natural diversity. Nova York: St Martin's Press, 1999.
34. PITTENGER, op. cit., p. 7.
35. COLEMAN, op. cit., p. 50.
36. Ibid., p. 71, Capítulo 3.3-5.
37. BOSWELL, John. *Christianity, social tolerance and homosexuality*. Chicago: University of Chicago Press, 1981. p. 107 et seq.
38. HAYS, Richard B. A response to John Boswell's exegesis of Romans 1. *Journal of Religious Ethics*, p. 192, primavera de 1986. Veja também seu livro *The moral vision of the New Testament*. Edimburgo: T. & T. Clark, 1996. p. 383-389.
39. BARRETT, C. K. *Commentary on the epistle to the Romans*. Londres: A. & C. Black, 1962. p. 39.
40. CRANFIELD, C. E. B. Commentary on Romans. In: *International Critical Commentary*. Edimburgo: T. & T. Clark, 1975. p. 126. v. 1. Ele atribui o mesmo significado a *physis* em seu comentário sobre 1Coríntios 11:14. O que a NIV traduz como "natureza das coisas", o professor Cranfield traduz como "a maneira como Deus nos fez".
41. GAGNON, op. cit., p. 299-302.
42. *Christianity Today*, 11 de novembro de 1996.
43. THE FRIEND. *Towards a quaker view of sex*. [S.l.], 1963. p. 21.
44. Ibid., p. 36.
45. METHODIST CHURCH'S DIVISION OF SOCIAL RESPONSIBILITY. *A Christian understanding of human sexuality*. [S.l.], 1979, Capítulo 9.
46. Veja o Capítulo 5 do relatório.
47. REID, David et al. Know the score: findings from the National Gay Men's Sex Survey 2001. *Sigma Research*, Londres, p. 12, 24 set. 2002. A idade média dos entrevistados era de 32 anos.
48. JOHNSON, Anne M. et al. Sexual behaviour in Britain: partnerships, practices and HIV risk behaviours. *The Lancet*, v. 358, p. 1838, 1 dez. 2001. Homens entre 16 e 44 anos de idade. Nos Estados Unidos, a pesquisa *National Health and Social Life Survey* revelou

que homens sem parceiros do mesmo sexo tiveram, em média, cinco parceiros sexuais nos últimos cinco anos, em comparação com entre 12 e 21 parcerias sexuais para homens com parceiros do mesmo sexo. Veja LAUMANN et al., *The social organization of sexuality*, p. 314.

49. SCHMIDT, Thomas E. *Straight and narrow?* Downer's Grove: InterVarsity Press, 1995. p. 108.
50. HICKSON, F. C. I. et al. Maintenance of open gay relationships: some strategies for protection against HIV. *Aids Care*, v. 4, n. 4, p. 410, 1992. O projeto SIGMA tem sua base em Londres e se encontra sob os auspícios da Universidade de Portsmouth. É abertamente simpatizante dos direitos *gays*.Veja http://sigmaresearch.org/ (em inglês).
51. SCHMIDT, Thomas E. *Straight and narrow?* Compassion and clarity in the homosexuality debate. Leicester: InterVarsity Press, 1995. p. 122.
52. DIXON, Patrick. *The truth about Aids*. [S.l.: s.n.], p. 113. Veja também a p. 88 e todo o capítulo intitulado *Condoms are unsafe*, p. 110-122.
53. *The many faces of Aids*: a gospel response. United States Catholic Conference, 1987. p. 18.
54. Veja www.unaids.org/en/ (em inglês).
55. CENTRES FOR DISEASE CONTROL AND PREVENTION. *CDC Survey Report*. v. 14, Table 7. Disponível em: <www.cdc.gov>. Acesso em: 24 fev. 2019.
56. KARON, J. et al. HIV in the United States at the Turn of the century: an epidemic in transition. *The American Journal of Public Health*, v. 91, p. 1060-1068, jul. 2001.
57. CENTRES FOR DISEASE CONTROL AND PREVENTION. *HIV and Aids:* United States 1981-2001. MMWR, n. 50, 2001. p. 430-434.
58. CENTRES FOR DISEASE CONTROL AND PREVENTION. *HIV prevention strategic plan through 2005*. [S.l.], jan. 2001.
59. Citado em *Christianity Today*, 7 ago. 1987, p. 17.
60. Por exemplo, o London Lighthouse (um asilo com 26 camas para pacientes com Aids), 178 Lancaster Road, London W11 1QU, UK; e a ala internacionalmente conhecida para pacientes com Aids, com 36 suítes, no Mildmay Mission Hospital, Hackney Road, London E2 7NA, UK. Ambas as instituições também providenciam cuidados domésticos. Aids Care, Compassion in Action (ACACIA) cuida de, em média, 75 pessoas com HIV/Aids em seus próprios lares, em Manchester, Reino Unido.
61. Assim argumenta corretamente Gavin Reid, em seu livro *Beyond Aids:* the real crisis and the only hope. Eastbourne: Kingsway, 1987.
62. Aids Care, Education and Training (ACET) tem uma rede internacional de projetos relacionados com a Aids. Seu endereço é ACET International Alliance Network, 1 Carlton Gardens, Ealing, London, W5 2AN, UK.

63. *Aids:* a report by the Church of England Board for Social Responsibility. GS 795, 1987. p. 29.
64. The homosexual movement: a response by the Ramsey Colloquium, originalmente publicado em *First Things*, mar. 1994.
65. MACOURT, op. cit., p. 25.
66. PITTENGER, op. cit.
67. DAVIDSON, Alex. *The returns of love.* Londres: InterVarsity Press, 1970. p. 12, 16, 49.
68. Norman Pittenger, em MACOURT, op. cit., p. 87.
69. A Declaração de St Andrew's Day (publicada em 30 de novembro de 1995) começa com três "princípios" teológicos relacionados ao Senhor encarnado (no qual viemos a conhecer a Deus e a nós mesmos), ao Espírito Santo (que nos capacita a interpretar os tempos) e a Deus Pai (que restaura em Cristo a Criação danificada). A segunda metade da declaração consiste em três "aplicações" relacionadas a questões tais quais a nossa identidade humana, observações empíricas e a reafirmação das boas-novas da salvação com a esperança de cumprimento final em Cristo. Dois anos mais tarde, foi publicado *The Way Forward?* [O caminho a seguir?], com o subtítulo *Christian Voices on Homosexuality and the Church* [Vozes cristãs sobre a homossexualidade e a Igreja]. Esse simpósio, organizado por Tim Bradshaw, consiste em treze respostas à declaração de St Andrew's Day, com vários e distintos pontos de vista. Mas é impreciso escrever sobre "diálogo" e "diatribe" como se fossem as únicas opções. Alguns de nós têm ouvido e refletido por trinta ou quarenta anos! Quanto tempo mais o processo deve continuar até que cheguemos a uma conclusão? A despeito das alegações contrárias, nenhuma evidência nova foi produzida que pudesse derrubar o testemunho claro das Escrituras e a tradição de longa data da Igreja. A Declaração de St Andrew's Day afirma que a Igreja reconhece duas vocações (casamento e celibato) e acrescenta que "não existe lugar na Igreja para conferir legitimidade a alternativas". Além do mais, os autores da declaração não consideram que "o substancial ônus de prova, para apoiar uma mudança grande no ensino e na prática da Igreja, tenha sido cumprido" pelos colaboradores do livro (p. 3). No entanto, o livro parece ter um tom mais incerto do que a declaração. Assim, por todos os meios, que haja uma séria reflexão teológica, mas que se deixe a Igreja decidir.
70. PITTENGER, op. cit., p. 7. Contraste *The courage to be chaste:* an uncompromising call to the biblical standard of chastity. Nova York: Paulist Press, 1986. Escrito por Benedict J. Groeschel, um frade capuchinho, o livro contém muitos conselhos práticos.
71. SATINOVER, Jeffrey. *Homosexuality and the politics of truth.* Grand Rapids: Baker, 1996. p. 117.

72. Ibid., p. 18-19, 71.
73. VASEY, op. cit., p. 103.
74. Veja SATINOVER, op. cit., p. 31-40.
75. WEST, D. J. *Homosexuality*. [S.l.: s.n.], 1955; 2. ed., Londres: Pelican, 1960; 3. ed., Londres: Duckworth, 1968. p. 266, 273.
76. O artigo de Nelson Gonzalez: Exploding ex-gay myths, em *Regeneration Quarterly*, v. 1, n. 3, verão de 1995, questionou os objetivos e as alegações do movimento ex-*gay*. Em 1991, Charles Socarides fundou a National Association for Research and Therapy of Homosexuality (NARTH), que investiga as possibilidades de "cura".
77. HALLETT, Martin. *I am learning to love*. Grand Rapids: Zondervan, 1987. p. 155. A organização de Martin Hallett chama-se True Freedom Trust (TfT) e pode ser contatada em PO Box 13, Prenton, Wirral, CH43 6BY, UK. Ela oferece um ministério de ensino e aconselhamento interdenominacional sobre homossexualidade e problemas relativos. O site é *www.truefreedomtrust.co.uk/index.html* (em inglês). O novo livro de Martin Hallett só pode ser adquirido por meio da TfT.
78. Exodus International pode ser contatada em PO Box 540119, Orlando, FL 32854, USA, ou pelo site *http://exodus.to/about_exodus.shtml* (em inglês).
79. MOBERLY, Elizabeth R. *Homosexuality*: a new Christian ethic. Cambridge: James Clarke, 1983. p. 2. Veja também PIERSON, Lance. *No-gay areas*: pastoral care of homosexual Christians. Cambridge: Grove Books, 1989. (Grove Pastoral Studies, no. 38.), obra que se aplica ao ensinamento de Elizabeth Moberly.
80. Ibid., p. 28.
81. Ibid., p. 18-20.
82. Ibid., p. 35-36.
83. Ibid., p. 52.
84. DAVIDSON, op. cit., p. 51.
85. MACOURT, op. cit., p. 63.
86. PITTENGER, op. cit., p. 2.
87. MACOURT, op. cit., p. 45
88. Veja *www.petertatchell.net* (em inglês).
89. A palavra parece ter sido usada pela primeira vez por George Weinberg, em *Society and the healthy homosexual*. Nova York: Doubleday, 1973.
90. LOVELACE, Richard R. *Homosexuality and the Church*. Grand Rapids: Revell, 1978. p. 129; cf. p. 125.

91. ATKINSON, David J. *Homosexuals in the Christian fellowship*. Oxford: Latimer House, 1979. p. 118. Veja também uma abordagem mais extensiva do doutor Atkinson em seu livro *Pastoral ethics in practice*. Londres: Monarch, 1989. O doutor Roger Moss volta-se para questões pastorais em seu livro *Christians and homosexuality*. Carlisle, Penn.: Paternoster, 1977.
92. VASEY, op. cit., p. 12
93. Ibid., p. 233.

CONCLUSÃO

CAPÍTULO 17

Um chamado para a liderança cristã

Há uma séria escassez de líderes no mundo contemporâneo. Temos sido confrontados por enormes problemas, alguns dos quais analisamos neste livro. Globalmente, ainda existem armas de destruição em massa, amplas violações de direitos humanos, crises ambientais e de energia, mudança climática e desigualdade econômica de um ponto a outro do mundo. Socialmente, existem irrupções de violência racial, abusos crescentes de drogas e de álcool, além do trauma contínuo da pobreza. Moralmente, os cristãos estão preocupados com as forças que têm minado a estabilidade do casamento e da família, com os desafios aos padrões sexuais e com o escândalo do aborto sob demanda. Espiritualmente, eu poderia acrescentar, existem a propagação do materialismo e a perda correspondente de qualquer senso de realidade transcendente. Muitas pessoas vêm alertando que o mundo está à beira do desastre; poucas oferecem conselhos de como evitar isso. O conhecimento técnico é abundante, mas falta sabedoria. As pessoas se sentem confusas, assustadas, alienadas. Tomando emprestadas as metáforas de Jesus, parecemos "ovelhas sem pastor", enquanto nossos líderes muitas vezes parecem ser "guias cegos".

Existem muitos tipos e graus de liderança. Liderança não se limita a uma pequena minoria de estadistas globais ou à elite de uma nação. Em cada sociedade, ela assume uma variedade de formas. Clérigos são líderes na igreja e na comunidade local. Pais são líderes em seu lar e na família. Professores o são na escola e na universidade. Os executivos, em empresas e indústrias; juízes, médicos, políticos e assistentes sociais têm responsabilidades de liderança em suas respectivas esferas. Isso vale também para formadores de opinião que trabalham na mídia — autores e roteiristas, jornalistas, artistas e produtores. Líderes estudantis, especialmente desde a década de 1960, têm exercido uma influência que transcende sua idade e experiência. Em todas essas situações, há uma grande necessidade de líderes dedicados e corajosos com uma visão mais clara.

Eles tanto nascem líderes como são criados. Como Bennie E. Goodwin, educador afro-americano, escreveu: "Embora líderes em potencial nasçam, líderes eficientes são feitos."[1] Nas famosas linhas de Shakespeare: "Não tenha medo da grandeza! Alguns nascem grandes, alguns alcançam grandeza e alguns têm a grandeza imposta a eles."[2] Livros sobre gestão falam de líderes natos, de homens e mulheres dotados de sólidos intelecto, caráter e personalidade. E é importante acrescentar, com Oswald Sanders, que liderança cristã é "uma fusão de qualidades naturais e espirituais"[3] ou de talentos naturais e dons espirituais. Mesmo assim, os dons de Deus precisam ser cultivados, e o potencial de liderança precisa ser desenvolvido.

Quais, então, são as características da liderança em geral e da liderança particularmente cristã? Como podemos deixar de ficar sentados, esperando que outra pessoa tome a iniciativa, tomando-a nós mesmos? O que devemos fazer para desbravar uma trilha que outros seguirão?

Embora muitas análises diferentes de liderança tenham sido feitas, gostaria de sugerir que ela tem cinco ingredientes essenciais, a seguir elencados.

VISÃO

"Onde não há visão, as pessoas perecem" é uma tradução livre de um provérbio bíblico, passando a uso comum. Apesar de ser, quase certamente, uma tradução equivocada do hebraico, é, mesmo assim, uma declaração verdadeira.[4] De fato, uma característica da era pós-Pentecoste foi que "os jovens terão visões, os velhos terão sonhos" (Atos 2:17). O monsenhor Ronald Knox, de Oxford, conclui seu livro crítico *Enthusiasm* [Entusiasmo] com estas palavras: "Homens não vivem sem visão; fazemos bem em levar conosco essa moral de contemplar as muitas formas estranhas do histórico dos visionários. Se nos contentarmos com a monotonia, o segundo melhor, isso não nos será perdoado."[5]

"Sonhos" e "visões", sonhadores e visionários, tudo isso soa pouco prático e distante das duras realidades da vida na terra. Por isso, palavras mais prosaicas tendem a ser usadas. Especialistas em gestão dizem-nos que precisamos estabelecer objetivos de longo e de curto prazo. Políticos publicam manifestos eleitorais. Militares expõem estratégias de campanha. E, *não importa se você chama isso de "objetivo", "manifesto" ou "estratégia", é uma visão* que você está expondo.

O que, portanto, é visão? É o ato de ver, isso é claro; uma percepção imaginária das coisas, combinando conhecimento e previsão. E, mais especificamente, no sentido em que emprego a palavra, ela é composta de uma profunda insatisfação com o que se é e de uma compreensão clara do que se poderia ser. Inicia-se com uma indignação com o *statu quo*, crescendo na busca sincera por uma alternativa. Esses dois aspectos são bastante claros no ministério público de Jesus. Ele se indignou com a doença, a morte e a fome do povo, pois percebeu essas coisas como alheias ao propósito de Deus. Daí sua compaixão por suas vítimas. Indignação e compaixão formam uma combinação poderosa. Elas são indispensáveis à visão e, portanto, à liderança (veja, por exemplo, João 11:32-37).

O leitor deve lembrar que Bobby Kennedy foi assassinado em 1968, aos 42 anos de idade. Em um texto sobre ele, publicado dez anos depois, David S. Broder escreveu o seguinte:

> Sua qualidade distintiva era a capacidade para o que só pode ser chamado de revolta moral. "Isso é inaceitável", ele dizia a respeito de muitas condições que a maioria de nós aceitava como inevitável [...] Pobreza, analfabetismo, desnutrição, preconceito, desonestidade, conivência — todos esses males aceitos eram uma afronta pessoal para ele.[6]

Apatia é a aceitação do inaceitável; liderança começa com uma recusa decidida de tal aceitação. Como George F. Will escreveu, em dezembro de 1981, após a declaração da lei marcial na Polônia: "O que é revoltante é a ausência de revolta." Existe uma grande necessidade, hoje, de mais indignação íntegra, ira e revolta contra os males que são uma ofensa a Deus. Como podemos tolerar o que, para ele, é intolerável?

Contudo, a ira é estéril se não nos levar a uma ação positiva para remediar o que a provocou. "É preciso opor-se àquelas coisas que acreditamos estar erradas", escreve Robert Greenleaf, "mas não podemos liderar com uma postura predominantemente negativa."[7] Antes de Robert McNamara se aposentar, em 1981, como presidente do Banco Mundial após treze anos, ele citou George Bernard Shaw em seu discurso de despedida: "Vocês veem as coisas como são e perguntam: 'Por quê?'. Mas eu sonho coisas que nunca foram e pergunto: 'Por que não?'"

A história está repleta de exemplos, tanto bíblicos quanto seculares. Moisés ficou aterrorizado com a cruel opressão dos seus compatriotas israelitas no Egito, lembrou-se da aliança de Deus com Abraão, Isaque e Jacó e, então, foi sustentado por toda a sua longa vida pela visão da "Terra Prometida". Em seu exílio persa, Neemias ouviu que o muro da Cidade Santa estava em ruínas e que seus habitantes sofriam grande angústia. As notícias o deixaram assolado, até que Deus colocou em seu coração o que ele poderia e deveria fazer. "Venham, vamos reconstruir os muros de Jerusalém", ele disse. E o povo respondeu: "Sim, vamos começar a reconstrução" (Neemias 2:12,17,18).

Passando à época do Novo Testamento, os primeiros cristãos estavam cientes do poder de Roma e da hostilidade dos judeus. Mas Jesus os tinha instruído a serem suas testemunhas "até os confins do mundo", e a visão que receberam dele os transformou. Saulo de Tarso tinha sido criado para aceitar como inevitável e insuperável o abismo entre judeus e gentios. Mas Jesus o convocou a levar o evangelho ao mundo gentio, e ele não foi desobediente à visão celestial. Na verdade, a visão de uma única humanidade, nova e reconciliada, cativou tanto o seu coração e a sua mente, que ele trabalhou, sofreu e morreu por sua causa (veja, por exemplo, Atos 26:16-20; Efésios 2:11; 3:13 sobre a visão de Paulo).

Em nossa própria geração, presidentes norte-americanos têm tido visões nobres de um "Novo Acordo" e de uma "Grande Sociedade", e o fato de suas expectativas não se terem concretizado completamente não é uma crítica à sua visão. Martin Luther King, inflamado pela injustiça da segregação, tinha um sonho de dignidade para todos numa América livre e multiétnica; ele viveu e morreu para que seu sonho se realizasse.

Não pode haver dúvida de que o fenomenal sucesso inicial dos comunistas (dentro de cinquenta anos após a Revolução Russa de 1917, eles haviam conquistado mais de um terço do mundo) devia-se à visão de uma sociedade melhor com a qual conseguiram inspirar seus seguidores. Essa, pelo menos, foi a opinião de Douglas Hyde, que, em março de 1948, se desligou do Partido Comunista Britânico (após ter sido membro por vinte anos) e se demitiu do cargo de editor do *Daily Worker*, convertendo-se ao catolicismo romano. O subtítulo que ele deu ao seu livro *Dedication and Leadership* [Dedicação e liderança] foi *Learning from the Communists* [Aprendendo dos comunistas], e ele o escreveu para responder à pergunta: "Por que os comunistas são tão dedicados e bem-sucedidos como líderes, enquanto outros muitas vezes não o são?" E respondeu da seguinte forma: "Se vocês me perguntarem qual é o distintivo do comunista, o que os comunistas têm em comum [...] eu diria que, sem sombra de dúvida, é o seu idealismo."[8] Eles sonham, ele continuou, com uma nova sociedade em que (citando Liu Shao-chi) não haverá "oprimidos e explorados, nenhuma escuridão, ignorância, atraso" e "nenhuma coisa tão irracional quanto enganação mútua, antagonismo mútuo, massacre mútuo e guerra".[9] Marx escreveu em suas *Teses sobre Feuerbach* (1888): "Os filósofos apenas interpretaram o mundo de várias maneiras: a questão, porém, é mudá-lo." Esse lema "mudar o mundo", comenta Douglas Hyde, "provou ser um dos mais dinâmicos dos últimos 120 anos [...] Marx concluiu seu Manifesto Comunista com as palavras: 'Vocês têm um mundo a conquistar'".[10] Essa visão incendiou a imaginação e o entusiasmo de jovens comunistas idealistas. Por causa dela, Hyde escreveu a respeito da primeira metade do século 20: "O recruta é levado a sentir que uma grande batalha está sendo travada no mundo inteiro" e "que isso inclui seu próprio país, sua própria cidade, sua própria vizinhança, o prédio em que ele vive, a fábrica ou o escritório em que trabalha."[11] "Uma razão pela qual o comunista está preparado para fazer seus sacrifícios excepcionais", Douglas Hyde argumentou, "é que ele acredita que está participando de uma cruzada."[12]

Jesus Cristo, no entanto, é um líder muito maior e mais glorioso do que Karl Marx jamais poderia ser, e as boas-novas cristãs são uma mensagem muito mais radical e libertadora do que o Manifesto Comunista. O mundo pode ser conquistado para Cristo pelo evangelismo e pode tornar-se mais agradável a Cristo pela ação social. Por que, então, essa perspectiva não inflama nosso coração? Onde estão, hoje, os cristãos que veem o *status quo*, que não gostam do que veem (porque há coisas que são inaceitáveis para Deus), que, portanto, se recusam a acomodar-se, que sonham sonhos de uma sociedade alternativa mais aceitável para Deus e que decidem fazer algo a respeito? "Pouca coisa acontece sem um sonho. E, para que algo grande aconteça, é preciso haver um grande sonho. Por trás de cada grande conquista há um sonhador de grandes sonhos."[13]

Vemos mentalmente os 2 bilhões de pessoas que podem nunca ter ouvido falar de Jesus e os outros 2 bilhões que ouviram, mas não tiveram uma oportunidade válida de responder ao evangelho;[14] vemos os pobres, os famintos e os desfavorecidos; pessoas esmagadas pela opressão política, econômica ou étnica; os milhões de bebês abortados e incinerados; a ameaça séria da mudança climática. Vemos essas coisas; nós nos importamos? Vemos o que é; não vemos o que poderia ser? As coisas poderiam ser diferentes. Os não evangelizados poderiam ser alcançados pelas boas-novas de Jesus; os famintos poderiam ser alimentados; os oprimidos, libertos; os alienados, levados para casa. Precisamos de uma visão do propósito e do poder de Deus.

David Bleakley escreveu sobre tais visionários, "as pessoas com uma alternativa por intuição, aquelas que acreditam que é possível construir um mundo melhor". Ele as chama de "desbravadoras", que são "amantes do nosso planeta, que se sentem responsáveis pela Criação de Deus e que desejam dar um sentido verdadeiro às vidas de todo o seu povo". Sim, ele está confiante, assim como eu, de que esses "desbravadores representam uma onda crescente de mudança na nossa sociedade e em outras sociedades mundo afora".[15]

ENGENHOSIDADE

O mundo sempre desprezou os sonhadores. "Lá vem aquele sonhador!", diziam uns aos outros os irmãos mais velhos de José. "Vamos matá-lo [...] Veremos então o que será dos seus sonhos" (Gênesis 37:19 e seguintes). Os sonhos da noite tendem a evaporar na fria luz da manhã.

Assim, os sonhadores precisam transformar-se em pensadores, planejadores e trabalhadores, e isso exige engenhosidade ou trabalho duro. Pessoas de visão precisam transformar-se em pessoas de ação. Foi Thomas Carlyle, escritor escocês do século 19, que disse a Frederico, o Grande, que gênio significa, acima de tudo, "a capacidade transcendente de enfrentar dificuldades", e foi Thomas Alva Edison, inventor de aparelhos elétricos, que definiu gênio como "1% de inspiração e 99% de transpiração". Todos os grandes líderes, e também os grandes artistas, sabem que isso é verdade. Por trás de seu desempenho aparentemente sem esforço está uma autodisciplina sumamente rigorosa e meticulosa. Um bom exemplo é o famoso pianista Paderewski. Ele passava horas ensaiando todos os dias. Para ele, era comum repetir um compasso ou uma frase cinquenta vezes para aperfeiçoá-lo. A rainha Vitória certa vez disse a ele, após ouvi-lo tocar: "Senhor Paderewski, o senhor é um gênio." "Pode ser, Majestade", ele respondeu, "mas, antes de ser um gênio, eu fui um escravo."[16]

Esse acréscimo de engenhosidade à visão é uma marca evidente dos grandes líderes da história. Não bastou que Moisés sonhasse com uma terra onde manam leite e mel; ele precisou organizar a multidão israelita em algo que ao menos se parecesse com uma nação e guiá-la através dos perigos e das dificuldades do deserto antes que eles pudessem tomar posse da Terra Prometida. Semelhantemente, Neemias foi inspirado por sua visão de reconstruir a Cidade Santa, mas, antes, ele teve de reunir material para reconstruir o muro e armas para defendê-lo. Winston Churchill odiava a tirania nazista e sonhava com a libertação da Europa. Mas ele não teve ilusões quanto aos custos do empreendimento. Em 13 de maio de 1940, em seu primeiro discurso na Câmara dos Comuns como primeiro-ministro, ele alertou os membros de que "nada tinha a oferecer senão sangue, labuta, lágrimas e suor" e "muitos longos meses de luta e sofrimento".

Além disso, a mesma combinação de visão e engenhosidade é necessária em nossas vidas individuais mais comuns. William Morris, que se tornou lorde Nuffield, o benfeitor público, iniciou sua carreira consertando bicicletas. Qual foi o segredo de seu sucesso? Foi a "imaginação criativa unida a uma indústria indomável".[17] Assim, o sonho e a realidade, a paixão e os aspectos práticos precisam andar juntos. Sem o sonho, a campanha perde sua direção e seu fervor; sem, porém, trabalho duro e projetos práticos, o sonho desaparece no ar.

PERSEVERANÇA

Thomas Sutcliffe Mort foi um colono do início do século 19, em Sydney, na Austrália, que emprestou seu nome às "Mort Docks". Ele estava decidido a resolver o problema da refrigeração, de modo que a carne pudesse ser exportada da Austrália para a Inglaterra, e planejou fazê-lo em três anos.

Mas levou 26 anos. Ele viveu o bastante para ver a primeira carga de carne refrigerada deixar o porto de Sydney, mas morreu antes de saber se ela havia alcançado o destino com segurança. A casa que ele construiu em Edgecliffe é, agora, Bishopscourt, a residência do arcebispo anglicano de Sydney. Pintadas vinte vezes ao redor da cornija no teto de seu escritório estavam as palavras "Perseverar é ter sucesso", e, gravado em pedra do lado de fora da porta de frente está o lema da família Mott (um jogo de palavras com seu nome huguenote): *Fidèle à la Mort.*

Perseverança é, certamente, uma qualidade indispensável à liderança. Uma coisa é ter sonhos e visões. Outra bem diferente é converter um sonho em plano de ação. Ainda mais importante é perseverar quando vier oposição. A oposição, pois, está fadada a surgir. Assim que uma campanha é lançada, as forças de reação se reúnem, os privilégios entrincheirados cavam ainda mais fundo, os interesses comerciais ficam ameaçados e soam o alarme, o cínico zomba da loucura do "benfeitor" e a apatia se transforma em hostilidade.

Uma verdadeira obra de Deus, no entanto, cresce ainda mais diante de oposição. Sua prata é refinada, e seu aço é endurecido. É claro, aqueles sem a visão, que são simplesmente levados pelo impulso da campanha, logo capitularão. É assim que a juventude a protestar numa década se torna a instituição conservadora da próxima. Jovens rebeldes caem na mediocridade da classe média, da meia-idade, do meio-termo. Até mesmo revolucionários, uma vez que a revolução acaba, tendem a perder seus ideais. Mas não os líderes verdadeiros. Eles possuem a resiliência para ignorar reveses, a tenacidade para superar fadiga e desencorajamento, bem como a sabedoria (numa expressão favorita de John Mott) de transformar "pedras de tropeço em degraus".[18] Líderes verdadeiros acrescentam à visão e à engenhosidade a graça da perseverança.

No Antigo Testamento, Moisés é, mais uma vez, o exemplo que se destaca. Em aproximadamente doze ocasiões distintas, o povo "murmurou" contra ele, e ele teve de lidar com o início de um motim. Quando o exército de Faraó estava ameaçando o povo, quando a água acabava ou era amarga demais para beber, quando não havia carne para comer, quando os espiões voltaram com um relatório negativo sobre o poderio das fortificações cananeias, quando mentes pequenas sentiram inveja de sua posição — todas essas foram ocasiões em que o povo se queixou da liderança de Moisés e desafiou sua autoridade. Um homem menor teria desistido e abandonado o povo. Mas não Moisés. Ele nunca se esqueceu de que aquele era o povo da aliança de Deus, o qual, pela promessa de Deus, herdaria a terra.

No Novo Testamento, o homem que alcançou o fim de sua vida com ideais intactos e padrões inalterados foi o apóstolo Paulo. Ele também encarou oposição amarga e violenta. Teve de suportar aflições físicas severas, pois, em várias ocasiões, foi surrado, apedrejado e preso. Também sofreu mentalmente, pois foi perseguido por falsos profetas que contrariavam seus ensinamentos e difamavam seu nome. Ele também experimentou grande solidão. Já quase no fim da vida, escreveu que "todos os da província da Ásia me abandonaram" e que "na minha primeira defesa [...] todos me abandonaram" (2Timóteo 1:15; 4:16). Mas ele nunca perdeu a visão da nova sociedade remida de Deus e nunca desistiu de proclamá-la. Em sua prisão subterrânea, da qual não havia escape senão a morte, ele escreveu: "Combati o bom combate, terminei a corrida, guardei a fé" (2Timóteo 4:7). Ele perseverou até o fim.

Nos últimos séculos, talvez não exista ninguém que tenha exemplificado melhor a perseverança do que William Wilberforce. A respeito dele escreveu Sir Reginald Coupland, declarando que, a fim de romper a apatia do parlamento, um futuro reformador social:

> precisa possuir, acima de tudo, as virtudes de um fanático sem seus vícios. Ele precisa ser palpavelmente focado e altruísta. Ele precisa ser forte o bastante para encarar oposição e ridicularização, resistente o bastante para suportar obstrução e atraso.[19]

Wilberforce possuía essas qualidades em abundância. Foi em 1787 que ele decidiu apresentar uma moção, na Câmara dos Comuns, referente ao comércio de escravos. Esse tráfico nefário vinha acontecendo há três séculos, e os donos de escravos das Índias Ocidentais estavam determinados a opor-se à abolição até o fim. Além disso, Wilberforce não era um homem de aparência cativante. Ele era baixo e um tanto feio, tinha as vistas fracas e um nariz arrebitado. Quando Boswell o ouviu falar, ele o considerou "um camarão perfeito", mas, depois, teve de admitir que "agora o camarão se transformou em baleia".[20] Em 1789, na Câmara dos Comuns, Wilberforce falou sobre o comércio de escravos:

> Essa iniquidade apresentou-se tão enorme, tão terrível e tão irremediável, que minha mente voltou-se completamente em prol da abolição [...] Sejam quais forem as consequências, eu, a partir deste momento, concebi que jamais descansarei até alcançar a abolição.[21]

Assim, projetos de lei sobre abolição (referentes ao comércio de escravos) e sobre escravos estrangeiros (proibindo o envolvimento de navios britânicos) foram debatidos na Câmara dos Comuns em 1789, 1791, 1792, 1794, 1796 (quando a abolição se tinha tornado "o grande objeto da minha existência parlamentar"), 1798 e 1799. Mas todos eles falharam. A Foreign Slave Bill [Lei sobre escravos estrangeiros] só foi promulgada em 1806, e a Abolition of the Slave Trade Bill [Abolição da lei do comércio de escravos], em 1807. Essa parte da campanha levou dezoito anos.

Em seguida, logo após o encerramento das guerras napoleônicas, Wilberforce começou a direcionar suas energias para a abolição da escravidão em si e para a emancipação dos escravos. Em 1823, formou-se a Anti-Slavery Society [Sociedade anti-escravidão]. Duas vezes naquele ano e duas vezes no ano seguinte, Wilberforce defendeu a causa dos escravos na Câmara dos Comuns. Mas, em 1825, problemas de saúde obrigaram-no a retirar-se como membro do parlamento e a continuar sua campanha de fora. Em 1831, ele enviou uma mensagem à Anti-Slavery Society, dizendo: "Nosso lema precisa continuar a ser a perseverança. E confio que o Todo-poderoso coroará nossos esforços com sucesso."[22] Foi o que ele fez. Em julho de 1833, a lei de abolição da escravatura foi votada em ambas as câmaras do parlamento, apesar de incluir a promessa de pagar 20 milhões de libras em compensação aos donos de escravos. "Graças a Deus", escreveu Wilberforce, "eu vivi para testemunhar o dia em que a Inglaterra está disposta a gastar 20 milhões de libras pela abolição da escravidão."[23] Três dias depois, ele morreu.

Ele foi enterrado na catedral de Westminster, um reconhecimento nacional pelos seus 45 anos de luta perseverante em nome dos escravos africanos. Perseverança, porém, não é sinônimo de obstinação. Líderes verdadeiros não são insensíveis à crítica. Pelo contrário, eles a ouvem e a ponderam, podendo até modificar o seu programa. Mas eles não vacilam em sua convicção básica de que Deus os chamou. Qualquer que seja a oposição que surgir ou qualquer que seja o sacrifício exigido, eles perseveram.

SERVIÇO

Uma nota de cautela precisa ser acrescentada a esta altura. "Liderança" é um conceito usado pela Igreja e pelo mundo. Não devemos supor, porém, que as compreensões cristã e não cristã sejam idênticas. Tampouco devemos adotar modelos de gestão secular sem sujeitá-los, antes, ao escrutínio crítico cristão. Jesus introduziu no mundo um estilo completamente novo de liderança. Ele expressou a diferença entre o velho e o novo nestes termos:

> Vocês sabem que aqueles que são considerados governantes das nações as dominam, e as pessoas importantes exercem poder sobre elas. Não será assim entre vocês. Pelo contrário, quem quiser tornar-se importante entre vocês deverá ser servo; e quem quiser ser o primeiro deverá ser escravo de todos. Pois nem mesmo o Filho do homem veio para ser servido, mas para servir e dar a sua vida em resgate por muitos (Marcos 10:42-45).

Logo, entre os seguidores de Jesus, liderança não é sinônimo de senhorio. Nosso chamado é para que sejamos servos, não chefes; escravos, não mestres. Sim, certa autoridade cabe a todos os líderes, e liderança seria impossível sem ela. Os apóstolos receberam autoridade de Jesus e exerceram-na no ensinamento e na disciplina da Igreja. Até os pastores cristãos de hoje devem ser "considerados" por causa de sua posição sobre a congregação (1Tessalonicenses 5:12 e seguintes) e "obedecidos" (Hebreus 13:17). A ênfase de Jesus, contudo, não estava na autoridade de um líder-governante, mas na humildade de um servo-líder. A autoridade pela qual o líder cristão lidera não é poder, mas amor; não é força, mas exemplo; não é coerção, mas persuasão sensata. Líderes têm poder, mas poder é seguro apenas nas mãos daqueles que se humilham para servir.

Qual é a razão da ênfase de Jesus ao serviço do líder? Em parte, sem dúvida alguma, porque o principal acidente ocupacional da liderança é o orgulho. O modelo farisaico não funcionaria na nova comunidade que Jesus estava construindo. Os fariseus adoravam títulos diferenciais como "pai", "mestre", "rabino", mas isso era uma ofensa a Deus, a quem esses títulos pertencem por direito, e prejudicial à irmandade cristã (Mateus 23:1-12).

A principal razão, porém, de Jesus ter destacado o papel de servo do líder foi, certamente, porque o serviço de outros é um reconhecimento tácito do valor que eles têm. Recentemente, tenho ficado perturbado ao observar que o modelo "serviço" de liderança está sendo emprestado pelo mundo e recomendado pelas razões erradas. Robert K. Greenleaf, por exemplo, especialista no campo de pesquisa de gestão e educação, escreveu, em 1977, um longo livro chamado *Servant Leadership* [Liderança servidora], ao qual ele deu o subtítulo *A Journey into the Nature of Legitimate Power and Greatness* [Uma jornada pela natureza de poder e grandeza legítimos]. Ele nos conta que o conceito de "servo como líder" ocorreu-lhe ao ler o livro *Viagem ao Oriente*, de Hermann Hesse, em que Leo, o servo de um grupo de viajantes, acaba revelando-se seu líder. O "princípio moral" que o senhor Greenleaf extrai disso é que "o grande líder é visto primeiro como servo". Ou, em termos mais extensos:

> A única autoridade que merece nossa lealdade é aquela concedida livre e conscientemente por aqueles que são liderados pelo líder em resposta a, e em proporção a, uma evidente estatura servil do líder. Aqueles que decidem seguir esse princípio [...] responderão livremente apenas a indivíduos que são escolhidos como líderes porque provaram ser servos confiáveis.[24]

Eu não nego a verdade disso, que líderes precisam, primeiro, conquistar sua reputação pelo serviço. Mas o perigo do princípio assim afirmado é que ele vê o serviço apenas como meio para outro fim (isto é, para qualificar alguém como líder), sendo, por isso, recomendado apenas por causa da sua utilidade pragmática. Mas não foi isso que Jesus ensinou. Para ele, o serviço era um fim em si mesmo. T. W. Manson expressou a diferença lindamente quando escreveu: "No Reino de Deus, o serviço não é um degrau para a nobreza: ele é nobreza, o único tipo de nobreza que é reconhecido."[25]

Por que, então, Jesus igualou grandeza a serviço? Nossa resposta não deveria estar relacionada ao valor intrínseco dos seres humanos, que foi o pressuposto subjacente ao próprio ministério de Cristo, do amor que se doa, e que é um elemento essencial da perspectiva cristã? Se seres humanos são seres semelhantes a Deus, então eles precisam ser servidos, e não explorados;

respeitados, e não manipulados. Como o expressou Oswald Sanders: "Grandeza verdadeira, liderança verdadeira, é alcançada não menosprezando os homens a nosso serviço, mas dando-nos em serviço altruísta a eles."[26] Aqui se esconde também o perigo de enxergar a liderança em termos de projetos e programas. Liderança envolverá, inevitavelmente, esse desenvolvimento, mas as pessoas são mais importantes do que os projetos. E elas não devem nem ser "manipuladas" nem "administradas". Mesmo que esse segundo aspecto seja menos humilhante para os seres humanos do que o primeiro, ambas as palavras derivam de *manus*, que significa "mão", e ambas expressam o "manuseio" de pessoas, como se fossem comodidades, e não pessoas.

Desse modo, líderes cristãos servem — na verdade, eles servem não aos próprios interesses, mas aos interesses dos outros (Filipenses 2:4). Esse princípio simples deveria livrar o líder de um individualismo excessivo, do extremo isolamento e da construção egocêntrica de um império, pois aqueles que servem a outros servem melhor numa equipe. Equipes de liderança são mais saudáveis do que lideranças solo, por várias razões. Em primeiro lugar, membros de uma equipe complementam uns aos outros, apoiam-se nas qualidades uns dos outros e compensam as fraquezas uns dos outros. Nenhum líder tem todos os dons, então nenhum líder deveria ficar com todas as rédeas de liderança nas próprias mãos. Em segundo lugar, membros de uma equipe encorajam uns aos outros, identificando os dons uns dos outros e motivando uns aos outros para desenvolvê-los e usá-los. Como Max Warren costumava dizer: "Liderança cristã nada tem a ver com afirmação própria, mas tudo com encorajamento de outras pessoas para afirmarem a si mesmas."[27] Em terceiro lugar, os membros de uma equipe precisam prestar contas uns aos outros. Trabalho compartilhado significa responsabilidade compartilhada. Ouvimos uns aos outros e aprendemos uns dos outros. Tanto a família humana quanto a família divina (o corpo de Cristo) são contextos de solidariedade em que ilusões de grandeza são afastadas rapidamente. "O caminho do insensato parece-lhe justo, mas o sábio ouve os conselhos" (Provérbios 12:15).

Em toda essa ênfase cristã ao serviço, o discípulo está apenas tentando seguir e refletir seu mestre. Apesar de ter sido Senhor de todos, Jesus tornou-se o servo de todos. Vestindo o avental do servo, ele ficou de joelhos para lavar os pés dos apóstolos. Agora, ele nos instrui a fazer o que ele fez, a nos revestirmos de humildade e, em amor, servirmos uns aos outros (João 13:12-17; 1Pedro 5:5; Gálatas 5:13). Nenhuma liderança é autenticamente semelhante a Cristo se ela não for marcada pelo espírito de serviço humilde e alegre.

DISCIPLINA

Cada visão tem a tendência de desvanecer. Cada visionário é sujeito ao desencorajamento. Um trabalho duro iniciado com zelo pode facilmente degenerar em rotina. Sofrimento e solidão não passam despercebidos. O líder sente-se pouco valorizado e cansa. O ideal cristão de serviço humilde soa legal em teoria, mas parece impraticável. Assim, líderes podem pegar-se falando consigo mesmos: "É mais fácil passar por cima das pessoas; é assim que as coisas são feitas. E, se o resultado for bom, realmente importam os meios que usamos para alcançá-lo? Mesmo uma pequena concessão prudente pode ser justificada, ou não?"

É evidente, então, que líderes são feitos de carne e osso, não de gesso, mármore ou vidro. Na verdade, como Peter Drucker escreveu: "Pessoas fortes sempre têm fraquezas também."[28] Até mesmo os grandes líderes da história bíblica tinham falhas fatais. Eles também eram caídos, e falíveis, e frágeis. O justo Noé embriagou-se. O fiel Abraão foi desprezível o bastante para arriscar a castidade de sua esposa em nome da própria segurança. Moisés perdeu o controle. Davi violou todos os cinco mandamentos da segunda tábua da Lei, cometendo adultério, assassinato, roubo, falso testemunho e cobiça naquele único episódio de rebelião por causa de Bate-Seba. A coragem solitária de Jeremias foi manchada de autocomiseração. João Batista, que Jesus descreveu como o maior dos homens já nascidos, foi tomado pela dúvida. E a impetuosidade de Pedro era, sem dúvida, uma máscara para sua profunda insegurança pessoal. Se esses heróis das Escrituras falharam, que esperança existe para nós?

A última marca dos líderes cristãos é disciplina, não só disciplina própria em geral (no domínio de suas paixões, de seu tempo e de suas energias), mas, em particular, a disciplina com que esperam em Deus. Eles conhecem as próprias fraquezas. Eles sabem da grandeza da tarefa e da força da oposição. Mas conhecem, também, as riquezas inesgotáveis da graça de Deus.

Muitos exemplos bíblicos poderiam ser citados. Moisés procurou Deus, e o Senhor falava com Moisés face a face, assim como um homem fala com seu amigo. Davi olhou para Deus como seu pastor, sua luz e salvação, sua rocha, a fortaleza de sua vida, e em tempos de profunda angústia encontrou força no Senhor, seu Deus. O apóstolo Paulo, suportando o fardo de uma enfermidade física ou psicológica que ele chamou de "espinho na carne", ouviu Jesus dizer-lhe: "Minha graça é suficiente para você", e aprendeu que, quando era fraco, na verdade era forte.

Nosso exemplo supremo, porém, é o nosso Senhor Jesus. Dizem que ele sempre estava à disposição do povo. Isso não é verdade. Havia momentos em que ele mandava embora a multidão. Ele se recusava a permitir que o urgente tomasse o lugar do importante. Regularmente, ele se retirava das pressões de seu ministério público a fim de buscar o Pai em solidão e reabastecer suas reservas de força. Então, quando se aproximou do fim, ele e seus apóstolos enfrentaram o último teste juntos. Como é, perguntei-me muitas vezes, que eles o abandonaram e fugiram, enquanto ele foi para a cruz com tanta serenidade? A resposta não é que, enquanto eles dormiam, ele orava? (Para Moisés, veja Êxodo 33:11 e Deuteronômio 34:10; para Davi, Salmos 23:1, 27:1 e 1Samuel 30:6; para Paulo, 2Coríntios 12:7-10; para Jesus, Marcos 4:36, 6:45, 14:32-42 e 50.) É só Deus que "fortalece o cansado e dá grande vigor ao que está sem forças". Pois: "Até os jovens se cansam e ficam exaustos, e os moços tropeçam e caem." Mas aqueles que "esperam no SENHOR", e esperam pacientemente nele, "renovam as suas forças. Voam alto como águias; correm e não ficam exaustos, andam e não se cansam" (Isaías 40:29-31). Somente aqueles que se disciplinam a si mesmos para buscar a face de Deus mantêm a visão nítida. Somente aqueles que vivem diante da cruz de Cristo têm seu fogo interior constantemente reaceso, e ele nunca se apaga. Aqueles líderes que acreditam serem fortes por si sós são os mais pateticamente fracos entre todas as pessoas; apenas aqueles que conhecem e admitem sua fraqueza podem tornar-se fortes com a força de Cristo.

Busquei analisar o conceito de liderança cristã. Ele parece consistir em cinco ingredientes principais — visão clara, trabalho duro, perseverança obstinada, serviço humilde e disciplina de ferro.

Concluindo, parece-me que temos de nos arrepender de dois pecados especialmente hórridos. O primeiro é o pessimismo, que desonra a Deus e é incompatível com a fé cristã. Sim, não esquecemos nosso estado caído, a depravação dos seres humanos. Estamos cientes do mal que tudo permeia. Não somos tolos a ponto de imaginar que a sociedade se tornará perfeita antes de Cristo voltar e estabelecer a plenitude de seu domínio.[29] Mesmo assim, também acreditamos no poder de Deus — no poder do evangelho de Deus para mudar a sociedade. Precisamos renunciar tanto ao otimismo ingênuo quanto ao pessimismo cínico e substituir ambos pelo realismo sóbrio, mas confiante, da Bíblia.

O segundo pecado do qual temos de nos arrepender é a mediocridade, bem como a aceitação dela. Eu me pego querendo dizer especialmente aos jovens: "Não se contentem com o medíocre! Não aceitem nada menos do que todo o potencial que Deus lhes deu! Sejam ambiciosos e aventureiros por Deus! Deus os fez pessoas tão singulares em sua constituição genética, em sua criação e educação. Ele mesmo os criou e lhes deu dons, e ele não deseja que seu trabalho seja desperdiçado. Ele quer que vocês se realizem, não que se frustrem. O propósito de Deus é que tudo aquilo que vocês têm e que são seja usado em seu serviço e no serviço a outros." Isso significa que Deus tem um papel de liderança, em alguma medida e de algum tipo, para cada um de nós. Precisamos, então, buscar sua vontade de todo o coração, clamar que ele nos dê uma visão do chamado de nossa vida e orar pela graça de sermos fiéis (e não necessariamente bem-sucedidos), em obediência à visão celestial.

Apenas com isso podemos esperar ouvir de Cristo aquelas mais cobiçadas palavras: "Muito bem, servo bom e fiel!"

NOTAS

1. GOODWIN II, Bennie E. *The effective leader:* a basic guide to Christian leadership. Downer's Grove: InterVarsity Press, 1971. p. 8.
2. SHAKESPEARE, William. *Twelfth night.* Ato II, cena iv, linha 158.
3. SANDERS, J. Oswald. *Spiritual leadership.* Londres: Marshall, Morgan & Scott, 1967; Lakeland ed., 1981. p. 20.
4. Provérbios 29:18. A Nova Versão Internacional (NIV) traduz: "Onde não há revelação divina, o povo se desvia."
5. KNOX, Ronald A. *Enthusiasm:* a chapter in the history of religion. Oxford: Oxford Univ. Press, 1950. p. 591.
6. De *Washington Post*, publicado novamente em *Guardian Weekly*, junho de 1978.
7. GREENLEAF, Robert K. *Servant leadership:* a journey into the nature of legitimate power and greatness. Nova York: Paulist Press, 1977. p. 236.
8. HYDE, Douglas. *Dedication and leadership:* learning from the communists. Chicago: Univ. Notre Dame Press, 1966. p. 15-16.
9. Ibid., p. 121.
10. Ibid., p. 30-31.
11. Ibid., p. 52.
12. Ibid., p. 59.
13. GREENLEAF, op. cit., p. 16.
14. Veja The Manila Manifesto, 1989, parágrafo 11, em STOTT, John (Org.). *Making Christ known.* Grand Rapids: Eerdmans, 1997. p. 245-246.
15. BLEAKLEY, David. *Work:* the shadow and the substance, a reappraisal of life and labour. Londres: SCM, 1983. p. 85.
16. Citado por William Barclay em *Spiritual autobiography* ou *Testament of faith*. Oxford: Mowbray; Grand Rapids: Eerdmans, 1975. p. 112.
17. De uma revisão, por Canon R. W. Howard, de LEASOR, James. *Wheels to fortune:* the life and times of Lord Nuffield. Londres: J. Lane, 1954.
18. MATTHEWS, Basil; MOTT, John R. *World citizen.* Londres: SCM, 1934. p. 357.
19. COUPLAND, Reginald. *Wilberforce.* Londres: Collins, 1923; 2. ed., 1945. p. 77.
20. POLLOCK, John C. *Wilberforce.* Oxford: Lion, 1977. p. 27. (Sir Reginald Coupland relata o mesmo incidente em outras palavras, em *Wilberforce*, p. 9.)
21. Ibid., p. 56.
22. Ibid., p. 304.

23. Ibid., p. 308.
24. GREENLEAF, op. cit., p. 7-10.
25. MANSON, T. W. *The Church's ministry*. Londres: Hodder & Stoughton, 1948. p. 27. Veja também STOTT, John. *Calling Christian leaders*. Leicester: InterVarsity Press, 2002.
26. SANDERS, op. cit., p. 13.
27. WARREN, M. A. C. *Crowded Canvas*. Londres: Hodder & Stoughton, 1974. p. 44.
28. DRUCKER, Peter F. *The effective executive*. Nova York: Harper & Row, 1966. p. 72.
29. Veja The Lausanne Covenant, parágrafo 15, em STOTT, John, op. cit., p. 49-53.

GUIA DE ESTUDOS

Compilado por Matthew Smith

ANTES DE COMEÇAR

Esta série de perguntas foi desenvolvida principalmente para estudo em grupo, incluindo grupos de igrejas e salas de aula, mas também é adequada à reflexão individual. Para uma discussão eficaz, é importante que cada pessoa do grupo tenha lido o capítulo correspondente de antemão e que o líder do grupo não só tenha assimilado o material, mas também escolhido os tópicos em especial que merecem ser discutidos no tempo disponível, avaliando se quaisquer perguntas adicionais seriam úteis. O objetivo de cada discussão deve ser tanto a compreensão quanto a aplicação do ensinamento bíblico apresentado, e, por isso, sugerimos que se comece e termine com uma oração.

Capítulo 1. Nosso mundo em transformação: o envolvimento cristão é necessário?

1. Leia Mateus 4:23, 9:35 e Atos 10:38. Em que medida você concorda que evangelismo e ação social fazem parte da nossa obrigação cristã? Algo se ganha se dermos mais valor a um do que ao outro?
2. Qual é a sua reação quando ouve pessoas dizendo que a Igreja deveria ficar fora da política? Em vista dessa resposta, você concorda que a Igreja deveria preocupar-se apenas com princípios políticos, mas não com a política em si?
3. A democracia é a única forma legítima de governo de um ponto de vista cristão?
4. Você concorda que cristãos deveriam envolver-se na sociedade em vez de fugir dela? De que maneiras você corre o risco de isolar-se do mundo a sua volta? Em que medida seu compromisso atual com a igreja o impede de envolver-se com a sociedade em geral?

5. Quando relembramos a escravidão e nos perguntamos como os cristãos puderam tolerá-la por tanto tempo, que temas, de hoje, as futuras gerações de cristãos nos acusarão de termos ignorado?

Capítulo 2. Nosso mundo complexo: o pensamento cristão é distintivo?

1. Ao discutir questões éticas complexas, você acredita que pode haver "uma visão cristã" ou apenas uma variedade de visões cristãs?
2. Você acredita que Deus se interessa não só pelo "sagrado", mas também pelo "secular"? Suas posturas e decisões de vida diárias refletem a resposta que você acabou de dar?
3. Leia Amós 1:3 e 2:8. Analise a razão principal para o julgamento de Deus sobre cada uma das nações mencionadas. A preocupação de Deus com a justiça é menor hoje do que foi naquela época?
4. Tome uma notícia recente e tente entendê-la usando o arcabouço bíblico de Criação, Queda, Redenção e Consumação.
5. Que experiência você teve, no passado, de cristãos argumentando que o uso da mente não é espiritual? Como esse tipo de argumento se compara com 1Coríntios 14:20?

Capítulo 3. Nosso mundo plural: o testemunho cristão é influente?

1. O que é pluralismo? Quais são os seus perigos? Ele oferece alguma vantagem?
2. Os cristãos deveriam tentar impor suas visões a uma nação predominantemente não cristã? Tentar legislar em algumas questões morais pode ser contraprodutivo? Que critérios devem ser usados para decidir quando cometer um pecado contra Deus em um crime contra a nação?
3. Em que medida o pós-modernismo tem permeado o pensamento de seus amigos e colegas? Que dificuldades você têm encontrado ao tentar convencê-los a afastar-se da visão pós-moderna de que não existe verdade absoluta?
4. "Como cristãos, somos chamados a testificar a lei e o evangelho de Deus, sem medo nem desculpas." Existem medos que o impedem

de expressar os valores de Deus a serem defendidos na sociedade? E como você pode lidar com esses medos?
5. A que questão social você realmente se dedica? Existe algum grupo, em sua igreja, por meio do qual você pode desenvolver essa dedicação? Se esse não for o caso, você contemplaria a possibilidade de começar tal grupo?

Capítulo 4. Guerra e paz

1. Pense num conflito recente e discuta a sua legitimidade usando os princípios da teoria de *guerra justa*.
2. Leia Romanos 12:17-21 e, depois, Romanos 13:1-7. Como você concilia a aparente discrepância entre o chamado para o serviço amoroso a inimigos e o chamado para a punição de malfeitores?
3. Leia Gênesis 9:6 e Romanos 13:4. Vem necessariamente desses textos que o homicídio merece pena capital?
4. O uso indiscriminado de armas convencionais, por exemplo, o bombardeamento de Dresden, em 1945, pode ser justificado em algum caso?
5. Imagine uma situação em que o Reino Unido e os Estados Unidos, ameaçados de derrota por um exército invasor equipado com armas convencionais superiores, encaram a decisão de recorrer a armas nucleares e, assim, lançar o mundo numa guerra nuclear. Nesse cenário, não seria melhor viver sob um regime opressivo, com todo o sofrimento e escravidão envolvidos, do que ser responsável pela destruição de toda a civilização humana?

Capítulo 5. Cuidando da Criação

1. Qual é a sua reação quando você lê estatísticas ambientais assustadoras? Até que ponto você está preparado para mudar seu modo de viver e ajudar a promover a sustentabilidade ambiental?
2. Em seu entendimento, qual é a interpretação correta de Gênesis 1:26,28?
3. "A cada cinquenta anos, no Ano do Jubileu, toda a terra devia ser devolvida ao dono original." Quais princípios bíblicos subjazem ao Ano do Jubileu e como eles deveriam ser aplicados hoje?

4. Em termos de administração ambiental, que dívida a geração atual tem com a geração futura? Qual é a resposta apropriada, para nações desenvolvidas e em desenvolvimento, ao aquecimento global e ao Protocolo de Quioto?
5. "Faz mais sentido falar de nossas responsabilidades em relação aos animais do que de direitos dos animais em si." Em que medida essa responsabilidade inclui:
   a. encorajar a produção de ovos de galinhas criadas ao ar livre e de carne orgânica?
   b. proibir esportes como caça e pesca?
   c. impedir vivissecção para a pesquisa médica (e cosmética)?
   d. comer carne e usar sapatos de couro?

Capítulo 6. Convivendo com a pobreza global

1. Você concorda que, "embora todas as culturas mereçam respeito, elas não merecem proteção e promoção iguais"?
2. Você aceita o princípio de que, assim como estamos prontos a pagar impostos em nosso próprio país, por sermos uma nação, deveríamos também estar dispostos a pagar uma taxa internacional, por sermos um só mundo?
3. O que você pode e está preparado a fazer como indivíduo para ajudar a combater a desigualdade econômica entre o norte e o sul?
4. Em 2Coríntios 8:15, Paulo "apela a uma citação do Antigo Testamento sobre o maná. Deus providenciou o suficiente para todos. Famílias maiores colhiam muito, mas não demais, pois nada sobrava depois; famílias menores colhiam um pouco, mas não de menos, pois nada lhes faltava. Cada família tinha o bastante, pois eles colhiam segundo a necessidade, não segundo a ganância". Em vista das escolhas feitas em seu estilo de vida atual, se você tivesse nascido durante aquele período, teria colhido o suficiente ou demais?
5. "Nós, cristãos, deveríamos ter a ambição de nos tornar internacionalistas mais dedicados" — lendo sobre outros países, visitando-os (se possível), acolhendo visitantes do exterior, aprendendo uma segunda língua e fazendo amizades com pessoas de outras culturas.

Você concorda? Existe alguma ação que você desejaria tomar em resposta a esse desafio?

6. "Quando Paulo escreveu 'enquanto temos oportunidade, façamos o bem a todos, especialmente aos da família da fé' (Gálatas 6:10), o propósito de 'especialmente' não era excluir os não cristãos, mas apenas nos lembrar de que a nossa primeira responsabilidade é para com os nossos irmãos e irmãs cristãos." Nós, como cristãos, deveríamos doar apenas para ações de caridade cristãs? Sua doação, para qualquer que seja a causa, poderia ser descrita como "sacrificial"?

Capítulo 7. Direitos humanos

1. Você concorda com William Temple quando ele escreve: "Não pode haver nenhum direito do homem, exceto na base da fé em Deus. Mas, se Deus é real, e todos os homens são seus filhos, esse é o valor verdadeiro de cada um deles"?
2. (a) Leia Jó 31:13-15, Provérbios 14:31 e Efésios 6:9. O que essas passagens nos dizem sobre a nossa igualdade inata como seres humanos? E de onde ela vem?
3. (b) "Não devemos demonstrar 'nenhuma parcialidade' em nossa atitude para com outras pessoas nem conceder tratamento especial a alguém por ser rico, famoso ou influente." Quais passos podemos tomar para alcançar isso?
4. Leia Romanos 12:19,20, 1Coríntios 6:7, 9:1-19 e Filipenses 2:6,7. Até que ponto devemos deixar de lado nossos próprios direitos a fim de garantir os direitos de outras pessoas? Discuta as dificuldades experimentadas ao colocar esses versículos em prática.
5. "Nos dias de hoje, ditadores tentam defender prisões e detenções arbitrárias e até mesmo cárcere e execução sem julgamento público, alegando 'segurança nacional'. Como um profeta bíblico reagiria?" Qual é a nossa reação quando democracias amadurecidas tomam medidas aparentemente semelhantes, como deter prisioneiros na Baía de Guantánamo, em Cuba, os quais, mais tarde, são liberados sem acusação?
6. Parece que, nas sociedades ocidentais, direitos e liberdades individuais têm aumentado, mas, ao mesmo tempo, estão sendo negados

os direitos dos cristãos de expressar visões bíblicas. Como um cristão deveria reagir?

7. "A igreja deveria ser a comunidade, no mundo, em que dignidade e igualdade humanas são reconhecidas e em que a responsabilidade das pessoas umas pelas outras é aceita; em que os direitos dos outros são respeitados e jamais violados, enquanto renunciamos aos nossos próprios direitos; em que não há parcialidade, favoritismo nem discriminação; em que os pobres e fracos são defendidos e os seres humanos são livres para serem humanos como Deus os criou." O que você pode fazer para ajudar a tornar isso uma realidade em sua igreja?

Capítulo 8. O mundo do trabalho

1. Discuta Gênesis 1:28 e Gênesis 2:8,15 quanto às incumbências dos seres humanos antes da Queda. Mais especificamente:

    a) Você vê o trabalho como um meio para um fim ou acredita que ele tenha um fim em si mesmo?
    b) Você concorda que cristãos deveriam ver o trabalho e a adoração como intimamente entrelaçados?
    c) De que forma o trabalho (ainda que amplamente definido) traz a você satisfação, beneficia a comunidade e glorifica a Deus?

2. Sua igreja apoia você em seu trabalho? Como ela o encoraja a trabalhar "para o Senhor" porque se trata de um serviço a ele? Como ela poderia apoiá-lo melhor?

3. Existem muitas dificuldades na vida profissional; por exemplo, redundância, um chefe difícil, dilemas éticos. Discuta algumas das dificuldades laborais que você tem enfrentado no trabalho e qual seria a reação cristã apropriada.

4. Discuta o padrão bíblico de seis dias de trabalho e um dia de descanso e adoração. De que maneiras você trata o sábado como um dia especial?

5. O trabalho tem exigido bastante em termos de tempo e de emoções, a ponto de prejudicar seu relacionamento com família e amigos? Se esse for o caso, qual é a reação correta?

Capítulo 9. Relacionamentos de negócio

1. Leia 1Crônicas 13:1-4. O que essa passagem nos ensina sobre tomadas de decisão? E como podemos aplicar esse ensinamento ao contexto comercial?
2. Existe tal coisa como uma diferença "justa" entre salários de executivos e funcionários comuns? Se assim for, essa diferença deve ser definida pelo mercado, por discussões internas na empresa ou pela lei?
3. Você aprova a ideia de consulta e parceria entre empregados e empregadores? Acredita que essa parceria deva necessariamente incluir sindicatos? Em seu ambiente de trabalho, como ideias úteis, dadas por empregados, podem ser mais bem incluídas no processo de tomada de decisão?
4. Usando os princípios de amor e justiça descritos neste capítulo, discuta a maneira "certa" de lidar com um membro que apresente desempenho ruim numa equipe de trabalho. Devemos optar por uma abordagem mais leniente quando da perspectiva de uma igreja ou organização cristã?
5. Você concorda com a análise de George Monbiot de que as corporações multinacionais exercem poder demais no mundo de hoje? Qual deveria ser a nossa resposta?

Capítulo 10. Celebrando a diversidade étnica

1. Leia Atos 17:22-31 e Gálatas 3:28. Comente o que esses versículos nos ensinam sobre:
    a. a origem de cada ser humano e a unidade da raça humana.
    b. a diversidade de nações e culturas e o controle de Deus sobre elas.
    c. a finalidade de Jesus Cristo.
    d. o nosso relacionamento com cristãos de outras nações.
2. (a) Quando foi a última vez que você experimentou uma atitude racista por parte de um indivíduo ou de uma organização? Como se deu essa atitude e de que modo você procurou desafiá-la?

3. (b) Havendo uma ameaça de terrorismo comprovada, da parte de grupos étnicos específicos, é legítimo que as autoridades "abordem e revistem" um percentual mais elevado de pessoas desses grupos? Quando tais ações se transformam em racismo? Que proteções são necessárias para assegurar a liberdade da maioria das pessoas, dentro desses grupos, que não estejam ligadas ao terrorismo?
4. Você faz parte dos 50% de indivíduos (pelo menos no Reino Unido) que acreditam na imigração de grupos étnicos minoritários como causa do declínio na qualidade de vida dos demais? Por quais razões algumas pessoas reagem contra imigrantes?
5. Como os governos do Ocidente deveriam abordar a política de imigração e asilo? Por exemplo:

   a. Ela deveria ser completamente aberta?
   b. Ela deveria basear-se na capacidade de contribuição do imigrante para o país?
   c. O país de origem do imigrante deveria ser relevante?

6. Pensando em sua própria cultura:

   a. Que aspectos dela estão especialmente manchados pelo pecado?
   b. Leia Apocalipse 21:24,26, onde a Bíblia declara que a Nova Jerusalém será enriquecida por culturas humanas. Que aspectos positivos de sua própria cultura você pode desfrutar e apreciar para trazer glória a Deus?

7. De que modo a sua igreja exibe e ressalta a universalidade e a diversidade do corpo de Cristo? Como você pode ajudar a melhorar isso?

Capítulo 11. Simplicidade, generosidade e contentamento

1. Que casos de pobreza abjeta você experimentou ou testemunhou? Quais foram os efeitos sobre você? E quanto tempo os efeitos duraram?
2. Quais são os princípios por trás, e os equivalentes modernos, das leis do Antigo Testamento a seguir? E esses equivalentes deveriam ser praticados hoje?

a. Os fazendeiros não deviam fazer a colheita até as extremidades de seus campos.
b. A cada três anos, um décimo dos produtos agrícolas era doado aos pobres.
c. A cada sete anos, os campos deviam ficar em pousio.

3. Numa economia capitalista, onde a lei é a "sobrevivência do mais forte", como os cristãos podem manter a perspectiva bíblica da "proteção do mais fraco"?
4. Leia 1Samuel 2:8 e Salmos 113:5-9. Você concorda que uma característica inerente a Deus é defender a causa dos pobres e resgatá-los da pobreza material?
5. Há algum mérito em simplificar o próprio estilo de vida (ou mesmo em viver um estilo de vida "simples") em solidariedade aos pobres e a fim de doar mais recursos para aliviar a pobreza? Isso deveria valer especialmente para pessoas envolvidas em liderança cristã?

Capítulo 12. Mulheres, homens e Deus

1. Como você definiria feminismo? Com quais de seus aspectos você concorda? E de quais discorda?
2. Leia Gênesis 1:26-28, Deuteronômio 32:18, Isaías 66:13 e Mateus 23:37. "Já que Deus, ao criar a humanidade à sua própria imagem, os fez homem e mulher, seria demais dizer que deve haver, dentro do próprio ser de Deus, algo que corresponda ao 'feminino' e ao 'masculino' na humanidade?"
3. Analise Lucas 7:36-50, 8:1-3, João 4:4-30 e 8:1-11. Para cada passagem, identifique a maneira como Jesus rompeu a tradição prevalecente em sua postura em relação às mulheres.
4. Leia 1Coríntios 11:3-12, 14:34,35, Gálatas 3:28, Efésios 5:22-33 e 1Timóteo 2:11-15. Como os textos de Paulo sobre "liderança masculina" deveriam ser aplicados hoje:
   a. ao casamento?
   b. ao ensino e à liderança na igreja?
   c. à sociedade em geral?

5. Reflita sobre o quanto Cristo amou a Igreja. Como os maridos, em sua própria família da igreja, podem ser encorajados a amar melhor suas esposas "assim como Cristo amou a igreja" (Efésios 5:25)?

Capítulo 13. Casamento, coabitação e divórcio

1. Leia Mateus 5:31,32 e 19:3-12. Você acredita que pessoas divorciadas deveriam poder casar novamente na igreja? Sua resposta seria diferente se o divórcio tiver acontecido por infidelidade conjugal?
2. Leia 1Coríntios 7:10-16. Como você responde às seguintes alegações?

   a. Os versículos 10 e 11 possuem autoridade especial, já que são "do Senhor", e não "de Paulo".

   b. Jesus permitiu o divórcio por um único motivo, mas Paulo acrescentou mais um.

3. (a) Você concorda que "é mais preciso e mais útil falar da coabitação como algo que fica aquém do casamento, e não como um passo em sua direção"?
4. (b) Os cristãos devem falar sobre os reveses da coabitação para amigos não cristãos, os quais podem percebê-los como críticos?
5. Qual é a melhor abordagem pastoral em relação a casais cristãos que dormem juntos antes do casamento?
6. De que modo a sua igreja pode encorajar e ajudar:

   a. pessoas casadas, a fim de fortalecer o casamento?

   b. pessoas solteiras — aquelas que nunca se casaram e aquelas que se divorciaram?

Capítulo 14. Aborto e eutanásia

1. Leia os seguintes textos: Salmos 139:13-16, Jó 31:15, Salmos 119:73, Salmos 22:9,10, Jeremias 1:5, Isaías 49:1,5 e Lucas 1:41,44.

   a. Em que momento entre a concepção e o nascimento você acha que uma célula ou um conjunto de células se torna um ser humano?

b. Pensando em sua própria história, em que momento você acha que se tornou "você"? Efésios 1:4 é útil aqui?

2. Com qual das seguintes afirmações você concorda e como a resposta reflete sua visão da "pílula do dia seguinte"?

   a. "O feto possui 'personalidade' desde a fusão, por isso precisamos levar em conta o seu cuidado."
   b. "Desde o momento da fusão, o feto possui vida biológica e um repertório maravilhoso de potencialidade, mas [...] ele só se torna pessoa dotada de direitos, e que requer cuidados, quando o desenvolvimento cerebral possibilita a supervisão própria."

3. Em 1990, o limite máximo para abortos, no Reino Unido, foi reduzido de 28 para 24 semanas. Visto que, agora, é comum que bebês sobrevivam mesmo quando nascem com 23 semanas, o limite deveria ser reduzido ainda mais?

4. O aborto é justificado nos casos a seguir?

   a. Quando a vida da mãe pode estar em perigo.
   b. Para evitar danos à saúde física ou mental da mãe ou de filhos anteriores.
   c. Descoberta de uma deficiência séria.
   d. Gravidez decorrente de incesto ou estupro.

5. Sabendo-se que 1 em 4 mulheres já teve um aborto, o que mais pode ser feito nas igrejas a fim de apoiar mulheres (e homens) que possam estar sofrendo em silêncio?

6. Você acredita que alguém tem o direito de ordenar a própria morte? Sob quais circunstâncias?

Capítulo 15. A nova biotecnologia

1. (a) Você concorda que, em geral, o uso de biotecnologia para propósitos restauradores deve ser aceito, enquanto o uso de biotecnologia para o aprimoramento do ser humano está além da responsabilidade humana?
   b. Nesse contexto:

- Você concorda, em princípio, com a prática de fertilização *in vitro* (FIV) como meio de fornecer filhos a casais inférteis?
- Se sim, você concorda que embriões devem ser testados quanto a doenças genéticas, como anemia falciforme ou fibrose cística?
- Se sim, você concorda que testes devem ser feitos para potenciais portadores dessas doenças, bem como para potenciais vítimas?
- Se sim, você concorda que a triagem deve ocorrer para embriões com risco reduzido (em vez de certeza médica) de acometimento por doenças sérias?
- Se sim, você acredita que embriões devem ser escolhidos com base no sexo ou em outras características positivas do embrião (por exemplo, membros mais fortes, crescimento melhor e cérebro mais rápido)?

2. A pesquisa de células-tronco que envolve criação e destruição de embriões humanos até catorze dias de idade é consistente com a visão de mundo cristã?
3. Leia Gênesis 3:21-24. Você concorda que, nessa passagem, Deus está protegendo os seres humanos de uma vida permanente em seu estado caído, portanto "a duração da vida humana é limitada, não só como maldição, mas *pela graça de Deus*"? Se sim, até que ponto devemos tentar estender a vida humana além da expectativa atual de setenta a oitenta anos (Salmo 90)?
4. Contemple a situação de "irmãos salvadores", em que uma criança é criada para servir como doadora compatível de órgãos para um irmão mais velho que tenha um defeito genético. Fazer um segundo filho com segundas intenções e obrigar a criança a exercer um papel na salvação da vida do primeiro filho deve ser considerado um ato compassivo ou manipulador?
5. Leia Gênesis 11:1-9. Discuta as implicações dessa passagem para o debate sobre biotecnologia. Quais medidas podemos tomar, como indivíduos, para impedir que a tecnologia bioética se transforme numa Torre de Babel?

Capítulo 16. Relacionamentos homossexuais

1. Leia Gênesis 19:1-13 e textos relacionados: Isaías 1:1-17, Jeremias 23:14, Ezequiel 16:49,50, Mateus 10:15, 11:24 e Judas 7. No texto de Gênesis, a tradução alternativa de *yada'* torna permissível a interpretação de Bailey para: "Traze-os fora a nós, para que os conheçamos." Em vista disso, você concorda com Bailey que nenhuma proposta de relação homossexual foi feita pelo grupo do lado de fora da casa de Ló? Alternativamente, você concorda que foi o estupro homossexual coletivo o motivo de condenação, e não a relação homossexual em si?
2. Examine Levítico 18:22 e 20:13. Você acredita que o propósito principal desses textos é proibir a prostituição ritual homossexual ou banir relações homossexuais de qualquer tipo? O que torna esses textos vinculados aos dias de hoje quando inseridos no contexto de outras leis, como Levítico 19:19: "Não usem roupas feitas com dois tipos de tecido"?
3. Leia Romanos 1:18-32, 1Coríntios 6:9-10 e 1Timóteo 1:8-11.

    a. A descrição de relações homossexuais como "contrárias à natureza" por Paulo, em Romanos 1, refere-se a pessoas heterossexuais agindo contra sua própria natureza (como argumenta Boswell) ou a todos os atos homossexuais, qualquer que seja a orientação do participante?

    b. Dados os significados dos termos traduzidos como "homossexuais passivos ou ativos", em 1Coríntios 6:9,10, e "imorais", em 1Timóteo 1:10, você acredita que esses dois textos correspondem exclusivamente à prostituição masculina e à pederastia comercial ou eles se aplicam a todas as relações homossexuais?

    c. Você concorda com Peter Coleman, que escreve: "Vistos juntos, os escritos de São Paulo repudiam a conduta homossexual como vício dos gentios em Romanos, como obstáculo para o reino em Coríntios e como ofensa a ser repudiada pela lei moral em 1Timóteo"?

4. O que Gênesis 2:4-25 nos ensina sobre o casamento heterossexual? E como ele é confirmado por Jesus em Mateus 19:4-7? Existe qual-

quer espaço nesse quadro para um endossamento bíblico de uma parceria homossexual vitalícia? Você concorda que, já que a monogamia heterossexual foi estabelecida por criação, e não por cultura, sua validade é permanente e universal?

5. Em que medida os cristãos deveriam insistir que as crenças bíblicas sobre a homossexualidade sejam incluídas na legislação? O que você acha de:

   a. parcerias homossexuais legitimadas pelo Estado?
   b. casamentos homossexuais legitimados pelo Estado?

6. Releia a citação de Alex Davidson, no final do capítulo. De que forma podemos ficar ao lado de nossos amigos cristãos que lutam com as questões da homossexualidade e ajudá-los? Como os cristãos devem reagir a acusações de homofobia?

Capítulo 17. Um chamado para a liderança cristã

1. Que problemas do mundo deixam você indignado?
2. Qual dos temas abordados neste livro mais o cativou? E como você pode envolver-se mais com ele?
3. Qual é a sua visão para a vida?
4. "O mundo pode ser conquistado para Cristo pelo evangelismo e pode tornar-se mais agradável a Cristo pela ação social." Quais fatores impedem que essa visão inflame nosso coração? Como podemos vencê-los?
5. Leia Marcos 4:36, 6:45, 14:32-42 e 50. Como podemos aprender com o exemplo de Jesus para garantir que o urgente não ofusque o importante?
6. "Não se contentem com o medíocre! Não aceitem nada menos do que todo o potencial que Deus lhes deu! Sejam ambiciosos e aventureiros por Deus!" Como podemos encorajar uns aos outros a aceitar esse desafio e nele perseverar?

ÍNDICE REMISSIVO

A

Abortion: The Personal Dilemma (Gardner), 468
aborto: atitudes em relação ao, 465-6; visões bíblicas sobre, 470-5; chamado para a ação, 481-4; concepção e humanidade em relação ao, 468-9, 474-8; debate cristão contemporâneo sobre, 475-7; e decisões sobre a vida, 481; doutrinas de Deus e da humanidade relacionadas ao, 461-2; consequências emocionais do, 466,478; e fetos retratados como objetos inanimados, 465-6; de crianças com deficiência, 479; justificativa para, 450-51; questões-chave no debate sobre, 464-9; e momento de implantação do feto, 467; e crescimento populacional, 483-4; revolução nas atitudes públicas em relação ao, 462-4; e os direitos das crianças, 449-50; santidade da vida e, 480; guia de estudos, 602; viabilidade e sobrevivência do feto e, 467
abstinência, Aids e, 199-200
Acordo Geral de Tarifas e Comércio, 215
Admirável mundo novo (Huxley), 501
adultério, 434-35, 439, 538-40; divórcio por motivos de, 439-41
Afeganistão, 142; crise de dívidas no, 195-7; ajuda econômica para o, 194
África do Sul: mudança na, 324-7, 345; estabelecimento do domínio africânder na, 323-4
África, 191-2. *Veja também* África do Sul; Aids na, 197-9; violações de direitos humanos na, 224-5
Ahmadinejad, Mahmoud, 116
Aids: na África, 197-9; resposta educacional a, 181-2; homossexualidade e Aids, 197-8, 548-9; resposta pastoral a, 181; resposta profética a, 181-2; resposta teológica a, 181; impacto mundial da, 197-81
ajuda financeira internacional, 192-3
ajuda internacional, 165-6
Al-Qaeda, 142-3, 337
Albright, Madeleine, 144
Alderson, Wayne, 290-91
Alemanha, antissemitismo na, 85-6, 323-5, 345
Aliança Evangélica, 187-8
alienação e fragmentação em sociedades pluralistas, 89-92
Allende, Salvador, 58

almas dos seres humanos, 57
Althaus, Paul, 325
American Journal of Public Health, The, 549
American Negro Slavery (Phillips), 322
Amin, Idi, 224
amizade, 562-3
amor: chamado cristão para o, 561-3; fé, esperança e, 554-63; graça e, 469-70; justiça e, 301-2; e a lei, 562-3
análise empírica da pobreza, 352-4
anarquia, 39
Anderson, Norman, 31
Angola, 112
antissemitismo, 86-7, 324-6, 293
antraz, 117-19
Apartheid, 324-6
aplicações do esquema bíblico quádruplo, realidade de Deus em, 69-71
Aquino, Tomás de, 175
Arábia Saudita, 231
Argentina, 224
armas: e o equilíbrio entre dissuasão e desarmamento, 137-8; biológicas, 117-19; químicas, 119-21, 135-6; discriminadas *versus* indiscriminadas, 135-6; e a distinção entre subjugação e aniquilação, 139-40; distinção entre uso e posse de, 136-9; nucleares, 115-18; pacifismo e, 129-32
Ash, Christopher, 432
assédio sexual, 277
Asylum Voices, 334
ataques terroristas em 11 de setembro de 2001, 140-3
atitude do *laissez-faire* no pluralismo, 83-5
atitudes: em relação ao casamento, 427-9; em relação ao trabalho, 266, 275-6
Atkinson, David, 466, 449, 562
Autobiografia de Malcolm X, 340
autodisciplina, 496-8
autonomia dos seres humanos, 578-80
autoritarismo, 39-40

ÍNDICE REMISSIVO

B

Babel, 514
Babington, Thomas, 25
Bader, Ernest, 293
Bader, Scott, 293
Baía de Guantánamo, Cuba, 226
Bailey, Sherwin, 529-31, 605
Baker, Austin, 546
Bakunin, 39
Bálcãs, 345
Banco Mundial, 215
Barber, Brendan, 299
Baring, Maurice, 481
Barrett, C. K., 406, 544
Barth, Karl, 85-6
Barud, Nur, 225
Battiscombe, Georgina, 26
Beckwith, Roger, 448
Bedale, Stephen, 406
Benim, 196
Bentham, Jeremy, 175
Berdyaev, Nikolai, 92
Bhide, Amar, 307
Bhutto, Benazir, 386
Bible and Homosexual Practice, The (Gagnon), 530
Bíblia, a: afirmação do casamento na, 425, 434-6, 446-8; sobre direitos animais, 175; consumação na, 67-8; Criação na, 66, 508-10; sobre o divórcio, 433-5, 457 (nota 27); sobre a existência de nações, 209; a Queda na, 66-7; fundamentos para a diversidade étnica, 340-6; estrutura quádrupla da, 66-8; como dádiva de Deus, 73; sobre conduta homossexual, 529-31, 541-54; sobre dignidade humana, 232-4; sobre igualdade humana, 237-40; sobre responsabilidade humana, 240-3; fundamentos dos direitos humanos na, 229-40; sobre o valor intrínseco dos seres humanos desde a concepção, 469-74; sobre liberdade moral, 294-5; sobre mutualidade, 287-8; perspectiva do

meio ambiente, 168-73; realidade de Deus revelada na, 68-70; redenção na, 67; resposta à pobreza na, 355-7; sexualidade e casamento na, 537-40; sobre salários, 303; testemunho da, 91-2; sobre mulheres no ministério, 410-14; sobre ensino de mulheres, 415-17; sobre trabalho, 257-65, 259-60

Bielorrússia, 167

bin Laden, Osama, 142

biodiversidade, 161-2

Biopiracy (Shiva), 309

biotecnologia: como restauração de arte, 516-18; altera a natureza da paternidade, 504-5, 518-20; respostas cristãs à, 503-21; clonagem, 501-2; colapso da distinção entre natural e artificial, 503-4; e consequências da Queda, 509-13; e ordem da Criação, 506-7; aprimoramento, 503; e seres humanos feitos à imagem de Deus, 507-9; e encarnação e ressurreição de Jesus Cristo, 515-16; fertilização *in vitro* (FIV), 495-7; questões morais na, 503-6; oferece a possibilidade de soluções para problemas da humanidade, 502-3; possibilidade de futuras terapias espetaculares supera preocupações éticas, 503; diagnóstico genético pré-implantação e seleção de embriões, 498-9, 504-5; irmãos salvadores, 501; seleção de sexo, 497-8; terapias com células-tronco, 502-3; guia de estudos, 603-4

Blackham, H. J., 77 (nota 2)

Blair, Tony, 339

Blamires, Harry, 65

Bleakley, David, 578

Bockmuhl, Klaus, 180

Bok, Sissela, 307-8

Bolívia, 195

Bonhoeffer, Dietrich, 61, 86

Bósnia, 111, 145, 224-5

Botha, P. W., 329

botulismo, 117

Boyes, Lilian, 488

Boys from Brazil, The, 501

Brandt, Willy, 205

Bready, J. Wesley, 23-4

British Medical Journal, 498

Broder, David S., 575
Brown, Gordon, 191-3, 197
Brown, Louise, 495
Brown, Mark Malloch, 155-6
Bruce, F. F., 406
Brundtland, Gro Harlem, 203
Buerk, Michael, 188
Burke, Edmund, 92
Bush, George W., 33, 115, 142, 155; sobre o Protocolo de Quioto, 167

C

Calcutta (Moorhouse), 99
Câmara, Dom Hélder, 104-5
Camboja, 245
campanha pelos direitos humanos, 245-9
capitalismo, 43-4, 174
Captive State (Monbiot), 309
Carey, George, 433, 540
Carlyle, Thomas, 578
Carter, Vernon Gill, 172
casamento: apóstolo Paulo sobre, 441-5; afirmação bíblica do, 425, 434-6; mudança nas atitudes em relação ao, 425-6; comparado com coabitação, 426-30; estrutura pactual do, 448-90; divórcio e, 425-6, 436-8; ruptura irreparável no, 445-50; permanência do, 438; realidades pessoais e pastorais do, 451-5; propósito do, 425-7; e sexualidade na Bíblia, 542-5; guia de estudos, 602-3; ensinamentos de Jesus Cristo sobre, 435-8
Cassidy, Michael, 327
Castro, Emilio, 224
Catherwood, Fred, 31, 290
Cazaquistão, 167
Child Is Born, A (Nilsson), 474
China, 114-15, 167, 225
Choque de civilizações e a recomposição da ordem mundial, O (Huntington), 114
Christian Observer (jornal), 27
Christian Understanding of Human Sexuality, A (Igreja Metodista), 545-6

Christianity and the Social Order (Temple), 37
Christianity Today, 30, 406
Christopher, Warren, 144
Chronic Poverty Report 2004, 189
Church Action on Poverty, 352
Church and the Atom, The (Igreja da Inglaterra), 131
Churchill, Winston, 42, 579
Clarkson, Thomas, 25
classe média, ascensão da, 29-30
Clinton, Bill, 310
clonagem reprodutiva, 502
clonagem terapêutica, 502
clonagem, 501-2
clorofluorocarbonetos (CFCs), 164
coabitação: crescimento da, 429-30; inadequação da, 432-3; informalidade da, 431-2; instabilidade da, 430-1; guia de estudos, 602
Código da Vinci, O (Brown), 57
Coleman, Peter, 536
colonialismo, 329-30
Colson, Charles, 92, 236
combatentes *versus* não combatentes na guerra, 130-4
comércio internacional, 193-4
participação nos lucros, 300-2
complementaridade de homens e mulheres, 394-8
compromisso social de evangélicos: para aliviar a pobreza global, 214-7; e biotecnologia, 507-21; comparado aos cristãos liberais, 72; declínio do, 27-30; para abolir o aborto, 482-4; história do, 23-6, 72; moderno, 29-30; no século 19, 23-6; com a pacificação, 147-50; e a possibilidade de mudança social, 72-4; e a relação entre princípios e programas, 39-40; serviço social/ação social e, 35-6; guia de estudos, 593-4
comunhão entre Deus e os seres humanos, 471-3
comunidade cristã, 74-5, 244; amor na, 302-3; paz na, 148-9; trabalho em benefício a, 259-60; questões de trabalho na, 278
comunismo, 42
concepção e humanidade, 468-9, 474-8

Confiança: as virtudes sociais e a criação da prosperidade (Fukuyama), 307-8
Congresso Anglicano Evangélico Nacional, 31
Congresso Internacional sobre Evangelização Mundial, 31
Congresso Nacional Africano, 329-30
consciência contemporânea, 179-81; e debate sobre aborto, 475-7
Consenso de Monterrey, 192
consequências da Queda, 511-5
Conservation and Lifestyle (Bockmuhl), 180
consumação escritural, 68
contentamento, 351-3, 600
Coomaraswamy, Ananda, 260
Cooper, Alfred Duff, 209
Cooper, Anthony Ashley, 26
cooperação com a terra, 171-2
Coreia do Norte, 115
corporações multinacionais, 308-14
Cotter, Jim, 561
Coupland, Reginald, 26, 581
Cox, Nigel, 488
crescimento populacional, 157-8; aborto e, 204; lixo e, 168
Cresson, Edith, 386
criação, 66, 469; igualdade baseada na, 388-90; Deus como o Deus da, 341; homossexualidade, natureza e, 542-4; ordem na, 507-8
crianças: emprego de, 27, 255; com deficiência, 480; Jesus Cristo sobre, 71; em pobreza, 352-4; direitos das, 245-6, 477-8; escravos retratados como, 322-3; ensinando tolerância racial a, 345; em guerra, 112, 134
cristãos liberais, 72
cristianismo. *Veja também* igrejas; ministério: abordagens à pobreza, 352-7; biotecnologia e, 503-21; chamado para a fé, 555-6; chamado para a esperança, 556-8; e a mente cristã, 60-2, 68-9, 71, 594; Igreja e política, 32-7; comunidade no, 74-5, 244, 302-3; distinção do, 93-4; estrutura quádrupla do, 66-8; doutrina plena da igreja no, 59-60; imposição do, 84; influência do, 93-5; envolvimento na sociedade moderna, 23-4; justiça e, 301-6; temores do Oriente Médio em relação ao, 145; responsabilidade política do, 44-7; politização do, 36-7; e cristãos ricos, 368-76; três aplicações do, 69-75

cristofobia, 145
Cuba, 226
cultura: transformada pelo evangelho, 99-100; homossexualidade e, 542-4; e liderança masculina, 403-4; pobreza e transformação da, 205-7

D

Dádivas de Deus, quatro, 75-6
Dale, Tom, 172
Darby, J. N., 29
Davidson, Alex, 555, 561
Davis, Alison, 480
Dayton, Donald W., 26-7
de Coccola, Raymond, 391
de Klerk, F. W., 329-30
debate conservacional, o, 174-8
debate público e pacificação, 150
Declaração de St Andrew's Day, 555, 568 (nota 69)
Declaração Universal dos Direitos Humanos, 224
Dedication and Leadership (Hyde), 577
degradação da terra, 159-60
degradações da Criação, 182 (nota 2)
democracia industrial, 297-8
democracia, 40-4; industrial, 297-8
Democracy and Participation (Lucas), 41, 50 (nota 37), 90
demonstração e organização, 103-6
Dent, Martin, 196
desarmamento e dissuasão, 137
desemprego, 269-70, 271-3; racismo e, 338-9
deserção marital, 443-6
desmatamento, 160
destruição da camada de ozônio, 164-8
Deus. *Veja também* Jesus Cristo: comunhão entre os seres humanos e, 471-4; criação de homens e mulheres por, 388-90; quatro dádivas de, 74-5; doutrina plena de, 51-3; deu aos seres humanos domínio sobre a terra, 169-171, 256; glorificado pelo trabalho dos seres humanos, 261-2; como Deus

da Criação, 341; como Deus da História, 341; como Deus da Redenção, 342-3; como Deus da Revelação, 342; gratidão a, 490-1; seres humanos feitos à imagem de, 72-3, 508-10; justificação por, 53; Reino de, 59-60; natureza de, 85-6; ordem imposta por, 506-7; pobreza e a vontade de, 355-7; realidade de, 68-70; domínio sobre todas as nações, 52-3; domínio sobre a natureza, 51-2; salvação e, 59-60; vontade de, 87; como trabalhador, 258; zelo por, 83

DeWitt, Calvin B., 163-4, 182 (nota 2)

diagnóstico genético e seleção de embriões, 498-9, 504-5, 518-20

diagnóstico genético pré-implantação e seleção de embriões, 498-9, 504-5, 439-40

dignidade humana, 233-6

direitos animais, 174-5; e espécies ameaçadas, 162

direitos de bem-estar, 224-5

direitos das pessoas com deficiência, 247-9

direitos humanos: fundamentos bíblicos dos, 229-40; defesa dos, 245-9; de crianças, 245-6; e comunidade cristã, 244; de pessoas com deficiência, 249-50; elementos dos, 224-5; emergência dos, 227-9; violações dos, 224-7; homossexualidade e, 552-3; e dignidade humana, 233-6; e igualdade humana, 237-40; e responsabilidade humana, 241-4; como idolatria, 232; guia de estudos, 597-8; de mulheres, 232-3, 235, 246-8, 386

disciplina e liderança, 586-8

Discovering an Evangelical Heritage (Dayton), 27

discriminação no mundo profissional, 291-5

dissuasão e desarmamento, 137

distintivos do cristão, 93-4

diversidade étnica. *Veja também* racismo: fundamentos bíblicos para a diversidade étnica e, 340-6; e definição de raça, 347 (nota 1); e relações raciais, 334-5; guia de estudos, 599-600

divórcio, 427-9; apóstolo Paulo sobre, 441-5; ensinamento bíblico sobre, 434-6, 457 (nota 27); motivos para o, 445-50; por motivos de imoralidade, 439-41; Jesus Cristo sobre, 438-9; deserção marital e, 443-6; guia de estudos, 602-3

Dixon, Patrick, 200, 548

doação caritativa, 351-3

Domínio da vida (Dworkin), 469

domínio sobre a terra, 169-71, 174

Drucker, Peter, 586
Duffey, Michael, 345
Dunstan, G. R., 449, 479
Dupreez, A. B., 326
Dworkin, Ronald, 468-9,486

E

Economist, The, 306
Edison, Thomas Alva, 578
Educação: Aids, 201-2; pobreza e, 215
Edwards, Robert, 495-6
Effects of Nuclear War, The (Congresso dos Estados Unidos), 117
Egito, 225, 242
Eliot, T. S., 70
Elkins, Stanley M., 322
emergência dos direitos humanos, 227-9
emissões de efeito estufa, 166
emprego. *Veja* trabalho
End of Poverty, The (Sachs), 198
England: Before and After Wesley (Bready), 23
enigma humano, 71-2
Enron, 290
Enthusiasm (Knox), 574
Equal to Serve (Hull), 400
escassez de água, 158-9
escolha do sexo do feto, 497-8
escravidão. *Veja também* racismo: nos Estados Unidos, 320-4; e escravos como animais, 321-2; e escravos como crianças, 322-3; e escravos como propriedade, 321; e o comércio de escravos, 25-7, 132-3, 581
Espanha, 269, 321
espécies em extinção, 161-2
esperança, chamado cristão para a, 557-61
Espírito Santo, 75
esquema bíblico quádruplo: aplicações do, 66-8; componentes do, 63-66; possibilidade de mudança social no, 72-4

Essays in Liberality (Vidler), 77 (nota 5)

Estados Unidos: aborto nos, 463-4; filiação à igreja nos, 95; mudanças climáticas nos, 166; emergência dos direitos humanos nos, 227-8; conduta homossexual nos, 524; violações de direitos humanos pelos, 227; direitos humanos nos, 234; taxas de casamento e divórcio nos, 427; armas nucleares, 113, 135; dívida pessoal nos, 378; pobreza nos, 350; perfis raciais nos, 339-41; escravidão nos, 320-4; terrorismo contra os, 140, 142-4; lixo nos, 168

estupro, 525, 530

ética: em biotecnologia, 506; em negócios, 302-8

Etiópia, 182, 344-45

eutanásia: doutrinas de Deus e da humanidade relacionadas a, 461-2; valor intrínseco dos seres humanos e, 485-7; paralelos entre aborto e, 484-5; revolução nas posturas públicas em relação a, 462-4; e o direito a autonomia, 488-93; o espectro do medo e a, 487-90; guia de estudos, 602-3

evangelho social rejeitado pelos evangélicos, 28-9

evangelho, poder do, 97-8

evangélicos: que evitam o mundo, 24; negros, 328; preocupados com a escravidão, 24-6; definidos, 48 (nota 2); luta contra o liberalismo, 28; "Grande Reversão", A, 27-30; história de compromisso social dos, 25-8, 72; impacto da guerra sobre os, 28-9; preocupação social moderna e os, 30-1; persuasão pelos, 87; envolvimento político dos, 32; pré-milenarismo e os, 29; rejeição do evangelho social pelos, 28; ascensão da classe média e os, 29-30; responsabilidade social dos, 23

evangelismo: culturas transformadas pelo, 99-100; oração e, 97-9; melhorias sociais pelo, 98-9

Exodus International, 559

exploração dos recursos naturais, 158-60

F

Faith in the City (arcebispo de Cantuária), 352

Faiths in Conflict (Ramachandra), 144

fardo de dívidas e pobreza global, 194-7

fascismo, 42

Fathers and Sons (van Leeuwen), 397

fé, chamado cristão para a, 555-6

feminismo, 387-8, 601
fertilização *in vitro* (FIV), 495-7
Filipinas, 215, 345
Finlândia, 268
Finney, Charles G., 27, 73
fome, 187-9
Foolishness to the Greeks (Newbigin), 182 (nota 7)
fragmentação e alienação em sociedades pluralistas, 89-91
França, 115, 194, 333; emergência dos direitos humanos na, 227-8
Francisco de Assis, 175
Frederico, o Grande, 578
Friedan, Betty, 394, 420 (nota 15)
From Every People and Nation (Hays), 344
Fukuyama, Francis, 307-8
fundamentalismo, 28
Fundamentals, The, 28
Fundo Monetário Internacional, 195
Fung, Raymond, 358
Furacão Katrina, 166

G

Gagnon, Robert, 530, 534, 536
Galbraith, J. K., 44
Gana, 194
Gandhi, Indira, 386, 390
Gardner, Rex, 467
Geldof, Bob, 188, 196
generosidade, 351-3, 600
Geórgia (nação), 332
Gibeá, 529-31
Gilligan, Carol, 386
Gilmour, Jock, 292
Glass, Bentley, 505
Global Monitoring Report 2005, 190-1
globalização: e aquecimento global, 164-5; padrões de migração e, 331-3; e corporações multinacionais, 308-14; de trabalho, 277-80

Goffman, Erving, 296
Goodwin, Bennie E., 574
Gorbachev, Mikhail, 113, 121
governos: anarquia e, 39; autoritários, 38-9; democráticos, 40-3
Goyder, George, 31
Grã-Bretanha: aborto na, 462-3; doação a instituições de caridade na, 351; crianças na, 353-4; domínio colonial pela, 329-30; divórcio na, 446-7; primeiro evangelismo na, 23-6; emergência dos direitos humanos na, 226; conduta homossexual na, 528-9; abusos de direitos humanos pela, 225-6; imigração para a, 331-4; e a guerra do Iraque, 102-3; leis trabalhistas na, 299; casamento e divórcios na, 427-8, 452-5; salário mínimo na, 292; vida da Igreja moderna na, 103; armas nucleares, 113; dívida pessoal na, 378; crescimento populacional na, 282; pobreza na, 354-8; relações raciais na, 334; perfil racial na, 336-7; escravidão e, 321; terrorismo contra a, 140-2; desemprego na, 268, 271-2; lixo na, 163
graça, 486-7
Grande Reversão, A, 27-30
Grant, Charles, 25
gratidão a Deus, 490-1
gravidezes substitutas, 496-7
Gray, John, 396
Greene, Mark, 196, 282 (nota 1)
Greenleaf, Robert, 575, 584
Greer, Germaine, 385, 420 (nota 1)
Griffin, Nick, 335
Griffiths, Brian, 100, 205-6
Grudem, Wayne, 406-8
Guardian, 309
Guenebault, J. H., 322
Guerra Fria, a, 113-17, 135
guerra. *Veja também* terrorismo: crianças na, 112, 134; a Guerra Fria, 112-14, 116, 135; combatentes e não combatentes na, 129-33; e a distinção entre armas discriminadas e não discriminadas, 134-5; e a distinção entre subjugação e aniquilação, 138-9; e a distinção entre uso e posse de armas, 135-8; evangelicalismo e, 29-30; "justa", 122-7; pacifismo e, 127-33; guia de estudos,

595-6; sofrimento causado pela, 110-11; reflexões teológicas e morais sobre, 121-30; armas de destruição em massa e a, 115-9
Guerras do Golfo, 113, 118
Guillebaud, John, 158
Gummer, John, 205
Gutteridge, Richard, 85-6

H

Halevy, Elie, 48 (nota 3)
Hall, R. O., 410
Hallett, Martin, 558
Hamas, 142
Harries, Richard, 528
Harris, John, 497
Harvard Business Review, 307
Hashmi, Raj, 500
Hashmi, Shahana, 500
Haugen, Gary, 230
Havel, Vaclav, 113
Hays, J. Daniel, 344
Hengel, Martin, 173
Henrique III, Rei, 227
Henry, Carl F. H., 30
Henry, Matthew, 396
Hesse, Hermann, 584
Higgins, Ronald, 180-1
Higginson, Richard, 308
Hindell, K., 466
hinduísmo, 390-1
história, Deus como o Deus da, 341-2
History of Jamaica, The (Long), 322
Hitler, Adolf, 86, 227, 324-6, 335, 339
HIV. *Veja* Aids
Hoffman, George, 188
Holanda, 321

Holman, Robert, 367-8
holocausto, 85-6, 324-5
Homem e o mundo natural, O (Thomas), 177
Homens são de Marte, mulheres são de Venus (Gray), 396
homens. *Veja também* relacionamentos: liderança autoritária dos, 399-409; complementaridade de mulheres e, 394-8; igualdade entre mulheres e, 388-94; guia de estudos, 601-2
Homosexual Relationships, 546
homossexualidade, 421 (nota 36), 523-4. *Veja também* sexualidade; aceitação do, 469-70; Aids e, 197-201, 200-3; apóstolo Paulo sobre, 535-7, 543, 554; proibições bíblicas do, 531-3; causas do, 559- 561; fé, esperança e amor cristãos aplicados a pessoas que praticam o, 554-61; igrejas lidando com o, 529-31, 554, 565 (nota 69); argumentos contemporâneos sobre, 540-63; criação e natureza em relação ao, 542-4; cultura e, 541-2; e a distinção entre casual e comprometido, 529-31; e a distinção entre preferência e prática, 446; e a distinção entre pecados e crimes, 528-30; incidência de, 528-9, 564 (nota 3), 564 (nota 8); justiça e, 552-3; textos levíticos sobre, 532; promiscuidade e, 463-4; qualidade de relacionamento e, 544-5; direitos e, 552-3; e a Declaração de St Andrew's Day, 555, 568 (nota 69); guia de estudos, 605-6
Hull, Gretchen Gaebelein, 400
Humanism (Blackham), 77 (nota 2)
humanistas seculares, 55-6, 77 (nota 2)
Hungria, 113
Huntington, Samuel P., 114
Hurley, James B., 402, 422 (nota 38), 435
Hussein, Saddam, 40, 143, 224
Hutton, Will, 196, 290
Huxley, Aldous, 501-2
Huxley, Julian, 55-6
Hyde, Douglas, 577-8

I

I Am Learning to Love (Hallett), 558
idolatria, direitos humanos como, 231
Ignatieff, Michael, 231-2, 236

Igreja de Cristo, 27
Igreja Paroquial de Clapham, 25
Igreja Reformada Holandesa, 325-8
Igrejas da Paz, 124-5
igrejas. *Veja também* cristianismo: como clubes, 61; e a homossexualidade, 526-8, 556, 568 (nota 69); declínio da adesão de membros a, 71-2; igualdade racial em, 339; papel no debate sobre questões de trabalho, 270-3; caladas durante o holocausto, 84; mulheres no ministério em, 410-13
igualdade: afirmada por Jesus, 392; apóstolo Paulo sobre, 180-2, 393; baseada na Criação, 388-90; distorcida pela Queda, 390-1; harmonia entre liderança e, 407-10; humana, 237-40; entre homens e mulheres, 388-91; princípio da, 210-13; papel de responsabilidade em igualdade sexual, 397-406
imigração na Grã-Bretanha, 331-4
imoralidade: e o reavivamento evangélico, 24-5; do século 18, 24-5
imposição da lei, 126, 151 (nota 23); racismo e, 337-8
imposição de convicções cristãs, 82
In a Different Voice (Gilligan), 386
Índia, 114, 167, 242, 331; aborto na, 498-9; pobreza na, 308
Índice de Desenvolvimento Humano (IDH), 203
Indonésia, 225
indústria e liderança, 578-9
influência cristã, 93-5
Ingham, Michael, 527
inimigos, amor aos, 121-2
International Campaign to Ban Land Mines, 112-3
Irã, 115, 225
Iraque, 42, 102-3, 112; violações dos direitos humanos no, 224, 226; guerra no, 142-3; armas de destruição em massa do, 118
Irish Republican Army, 142, 226
Irlanda do Norte, 345
irmãos salvadores, 500-1
Islã. *Veja* muçulmanos
islamofobia, 144-5
Israel, 115-6
Issues in Human Sexuality (Igreja da Inglaterra), 546

J

Japão, 118, 120, 167; violações dos direitos humanos pelo, 227
Jefferson, Thomas, 227
Jenkins, Roy, 320
Jesus Cristo. *Veja também* Deus: sobre adultério, 439-41; sobre direitos animais, 175; apóstolos de, 415, 416; sobre crianças, 71; Igreja Primitiva de, 371; igualdade afirmada por, 393; expectativas de, 94; doutrina plena de, 56-8; como ser humano, 57-8; encarnação e ressurreição de, 515-16; liderança de, 577; sobre casamento e divórcio, 435-7; a mente de, 63-4; como modelo de responsabilidade humana para outros, 241-2; mãe de, 473-4; sociedades multiétnicas e o corpo de, 344; mutualidade e, 290-1; pacifistas e, 127; sobre pessoas envolvidas no mundo, 61-2; atividades políticas de, 34; e os pobres, 365-6; sobre posses e pobres, 365, 369-70; pobreza e, 357-8; pobreza de, 366-7; redenção por meio de, 66-7, 82; retorno de, 66-7; salvação por meio de, 59-60; autodisciplina de, 587; liderança servil de, 417-19, 583-6; verdade por meio de, 79
Jewett, Paul, 399-400
Jó, livro de, 238-9, 461, 507
Joad, E. M., 73
João, apóstolo, sobre verdade, 101-2
João Paulo II, papa, 138, 173, 258, 491
John, Jeffrey, 528
Johnson, Lyndon B., 324
Johnston, Raymond, 481-2
Jordan, Michael, 308
jornalismo investigativo, 279
Jubilee Debt Campaign, 196-7
Judeus na Alemanha nazista. *Veja* antissemitismo
Juergensmeyer, Mark, 141, 144, 146
justiça: criminal, 337-8; em tomada de decisões, 302-8; homossexualidade e, 552-3; para os pobres impotentes, 361-3
justificação por Deus, 53

K

Kennedy, Bobby, 575
Kenyatta, Jomo, 331

Kidd, Dusty, 313
King, Martin Luther, 319, 323, 576
Kingdoms in Conflict (Colson), 92
Klotz, John, 179
Knox, Ronald, 574
Koop, Everett, 482
Kroeger, Catherine Clark, 403-4
Kroeger, Richard, 403
Ku Klux Klan, 323
Künneth, Walter, 86

L

L Is for Lifestyle (Valerio), 181
Latourette, K. S., 91
Lautenbacher, Conrad C., Jr., 165
Lawrence, Stephen, 270, 283, 286
Lectures on Revivals of Religion (Finney), 26
Lesbian and Gay Christian Movement, 527, 537, 545, 552, 562
Levin, Ira, 501-2
Lewis, C. S., 412
Lewis, John, 301
Lewis, Spedan, 301
liberdade moral, 94-5, 488-90
liberalismo, luta contra o liberalismo no início do século 18, 28
Libéria, 332
Libertação animal (Singer), 175
Líbia, 115
liderança: disciplina e, 586-8; indústria e, 579; de Jesus Cristo, 417-19, 583-6; tipos e graus de, 573-4; perseverança e, 580-2; servil, 417-19, 583-6; guia de estudos, 516; visão e, 574-7
liderança masculina: autoritária, 399; como "autoridade", 405; definida, 399, 404; negação de, 399-403; harmonia entre igualdade e, 403-7; implicações para o ministério, 407-14; significado de, 404; como "responsabilidade", 405-7; e liderança servil, 418; como "fonte", 404-5
liderança servil, 417-19, 583-6

Lilje, Hanns, 86
Lincoln, Abraham, 42, 107 (nota 7)
Livro das Sentenças (Lombard), 396
lixo, 163-4
Lloyd-Jones, Martyn, 485
Lombardo, Pedro, 396
Lomberg, Bjorn, 156
Lovelace, Richard, 562
Lucas, apóstolo, 357
Lucas, John R., 41, 50 (nota 37), 90
Lutero, Martinho, 262
Luxemburgo, 269
Lying: Moral Choice in Public and Private Life (Bok), 307

M

Macaulay, Zachary, 25
maioria moral, 33
Malan, D. F., 325
Malawi, 195
Malcolm X, 340
Malik, Charles H., 228
Man and Woman in Biblical Perspective (Hurley), 402
Man as Male and Female (Jewett), 399-400
Mandela, Nelson, 329-30
Manifesto Comunista, 577
Manson, T. W., 584
Maria, mãe de Jesus, 473-4
Marriage, Divorce and the Church (Root), 446-7
marxismo, 58-9, 237-8, 576-7
materialismo e riqueza, 374
Mather, Clive, 307
Maxwell, Gavin, 174, 177
McCorvey, Norma, 463-4
McHarg, Ian L., 177-8
McNamara, Robert, 576

Mead, Margaret, 488
medidas de construção de confiança e pacificação, 149-50
medo e eutanásia, 487-8
Mein Kampf (Hitler), 324-6
meio ambiente: perspectiva bíblica sobre, 166-51; biodiversidade e, 160-1; mudanças climáticas e, 162-6; e o debate sobre conservação, 174-9; consciência contemporânea do, 179-81; debates sobre, 155-6; e seres humanos aos quais a terra foi confiada, 172-4, 234; e nossa cooperação com a terra, 171-2, 198; efeito do crescimento populacional sobre o, 156-8; exploração de recursos e, 158-60; guia de estudos, 505-6; efeito do lixo sobre o, 161-2
Meir, Golda, 386
mente cristã, 62-4, 68-9, 594; como dádiva de Deus, 70
Micah Network, 207
migração, 331-3
Millennium Development Goals, 189-90
Millett, Kate, 386
minas terrestres, 112
ministério. *Veja também* cristianismo: referente a casamento e divórcio, 450-5; implicações da liderança para o, 407-14; liderança servil e, 418-20; mulheres no, 410-4
Mística feminina, A (Friedan), 394, 421 (nota 15)
Moberg, David O., 28
Moberly, Elizabeth, 559
Moçambique, 194
Moffatt, James, 536
Moisés, 576-9, 581
Monbiot, George, 309-11, 599
Monks, John, 293
Moorhouse, Geoffrey, 99
Morris, Brian, 39
Morris, William, 579
Mort, Thomas Sutcliffe, 579-80
Mothers' Union, 196
Mott, John, 580

Moule, C. F. D., 175

Mountbatten, lorde Earl, 116

muçulmanos: discriminação contra, 342-3; direitos humanos e, 231; islamofobia e, 144-5; nos países ocidentais, 81; ocidentofobia e, 145

mudanças climáticas, 165-6

Mugabe, Robert, 526

mulheres. *Veja também* relacionamentos: complementaridade de homens e, 394-8; emprego de, 277-8, 387; igualdade entre homens e, 388-94; e a Queda, 390-1; feminismo e, 387-8; e liderança de homens, 398-407; no ministério, 410-4; muçulmanas, 231-2; em pobreza, 203-4; na prostituição, 392; direitos das, 231-2, 234, 246-7, 386-7; liderança servil pelas, 419-20; guia de estudos, 597-8; ensino pelas, 416-8; salários de, 294, 387

Mulher eunuco, A (Greer), 386, 420 (nota 1)

Mustard Seed Conspiracy, The (Sine), 105

mutualidade em relacionamentos de negócio, 287-91

Myers, Bryant, 206

N

nacionalismo, 209

nações, Deus governa sobre todas as, 52-3

Nações Unidas: Conferência sobre Meio Ambiente e Desenvolvimento, 155, 168; Convenção sobre a Eliminação de Todas as Formas de Discriminação contra a Mulher, 247-8; Convenção sobre os Direitos da Criança, 246, 477; sobre direitos humanos, 227-8

National Health and Social Life Survey, 524

Natural History of the Negro Race (Guenebault), 322

natureza, Deus governa sobre toda a, 51-2

nazistas na Alemanha, 85-6

Neuhaus, Richard, 50 (nota 39)

Newbigin, Lesslie, 83, 182 (nota 7)

Niebuhr, Reinhold, 42

Niemöller, Martin, 86

Nietzsche, Friedrich, 71, 325, 408

Nike, 313

Nilsson, Lennart, 474

Norte-Sul: um programa para a sobrevivência (Comissão Brandt), 187
Norton, Rictor, 561
Noruega, 193
Nyerere, Julius, 214

O

Objetivos de Desenvolvimento do Milênio, 189-92
O'Donovan, Oliver, 453, 475, 504, 519
Oastler, Richard, 251
Obote, Milton, 224
Observer, 196
ocidentofobia, 145
Oestreicher, Paul, 237
Open Thy Mouth for the Dumb! (Gutteridge), 85
Opportunity for All, 354
oração, poder da, 96-7; na pacificação, 148
ordem da Criação, 507-8
organização e demonstração política, 103-6
orgulho e riqueza, 373
Our Common Future, 168, 203

P

pacificação cristã, 147-50
pacifismo nuclear, 122, 128-33
pacifismo total, 127-8
pacifismo relativo, 122, 128-33
pacifismo: relativo ou nuclear, 122, 128-33; total, 127-8
Packer, J. I., 418, 527
Pacto de Lausanne, 31, 337
Paine, Thomas, 227, 229
Paquistão, 115, 132, 242
Paré, Ambroise, 263
paternidade e biotecnologia, 504-5, 518-20
patriotismo, 209

Paulo, apóstolo: sobre aceitação, 554; sobre a mente cristã, 60-2; sobre cons-ciência, 86; sobre cobiça, 376; sobre igualdade, 210-2, 393; sobre as autoridades governamentais, 121; sobre liderança dos homens, 399-403; sobre homossexualidade, 534-6, 541, 552; sobre igualdade humana, 237-8; sobre julgamento, 201; sobre amor, 551-2; sobre casamento e divórcio, 441-5;sobre liderança masculina, 398; sobre sociedades multiétnicas, 340; sobre mutualidade em relacionamentos, 289; sobre pluralismo, 342; sobre pobreza, 368; sobre o poder do evangelho, 98; sobre oração, 97; sobre pessoas ricas, 372; sobre a verdade, 100; sobre mulheres no ministério, 410-11

Pawson, David, 399
pecados e crimes, distinção entre, 525-6
Perez de Cuellar, General, 115
perseverança, 580-3
persuasão: sobre a natureza de Deus, 85-6; respeito pela consciência e, 86-8
pessimismo cristão, 91-2
pessoas transformadas pelo evangelho, 98-99
Peters, Bill, 196
Pettifor, Ann, 196
Phillips, J. B., 373
Phillips, Ulrich B., 322
Pio XII, papa, 468
Piper, John, 408
Pittenger, Norman, 542, 554, 561
pluralismo racial, 227-8
pluralismo: apóstolo Paulo sobre, 342; fragmentação e alienação no, 89-91; imposição do cristianismo como resposta ao, 84; aumento em alternativas religiosas com, 81-2; *laissez-faire* no, 84-6; persuasão por argumento, 85-8; imaginação pós-moderna e, 82-3; e o processo de secularização, 80-1; radical, 227-8; respostas ao, 83-9; guia de estudos, 594-5
pobres humildes, 363-4
pobres impotentes, 361-3
pobres indigentes, 358-60
pobres indolentes, 360-1
pobreza: aborto e, 466-7; Aids e, 196-201; apóstolo Paulo sobre, 368; resposta bíblica para a, 355-8; na Grã-Bretanha, 354-8; crianças e, 353-5; aborda-

gens cristãs sobre, 353-7, 371-9; pagamentos de dívida e, 194-6; educação e, 215; reações emocionais a, 355; análise empírica da, 353-5; boas-novas para aqueles em, 364-8; história da atenção política dada à, 187-8; desenvolvimento holístico ao lidar com, 201-3; dos pobres humildes, 363-4; dos pobres indigentes, 357-60; dos pobres indolentes, 360; participação internacional no alívio da, 192-4, 215-17; comércio internacional e, 193-4; de Jesus Cristo, 368-9; os ensinamentos de Jesus Cristo sobre, 365, 370-1; Millennium Development Goals [Objetivos de Desenvolvimento do Milênio] e, 189-91; o paradoxo da, 357-60; repercussões pessoais e econômicas ao lidar com a, 214-17; dos pobres impotentes, 362-3; prevalência da, 188-9; e o princípio da igualdade, 210-13; e o princípio da unidade, 208-10; cristãos ricos e, 368-76; guia de estudos, 596-7; transformação da cultura e, 206-8; nos Estados Unidos, 351; mulheres e, 205-6

poder: do evangelho, 96-9; da oração, 96

polícia. *Veja* imposição da lei

política: anarquia e, 39; autoritarismo e, 38-9; responsabilidade cristã na, 44-7; definição de, 33-5; democracia e, 40-4; demonstração e organização na, 103-6; envolvimento de cristãos, 32-3; e a politização do cristianismo, 36-7; e a relação entre princípios e programas, 37-8; serviço social, ação social e, 35-6; testemunho e protesto na, 100-3

Política sexual (Millett), 386

Polônia, 268, 345

Population Growth and Christian Ethics (McCloughry), 158

Portugal, 321

pós-modernismo, 82-3; direitos humanos e, 230-1

Poverty: Explanations of Social Deprivation (Holman), 367

Powell, Colin, 118

peste, 117

Prance, Ghillean, 161

pré-milenarismo, 30

Primeira Guerra Mundial, 29-30; armas químicas usadas durante a, 119

Proaño, Leonidas, 58

processo de secularização, 79-80

programas sociais, 37-8

promiscuidade e homossexualidade, 545-7

Promise Keepers, 397
propósito: do casamento, 425-7; do trabalho, 257-65
prostituição, 404
protesto e testemunho, 100-3
Protocolo de Quioto, 167, 596
Putting Asunder (Igreja da Inglaterra), 446

Q

Queda, 67; consequências da, 511-15; igualdade distorcida pela, 390-2
Quênia, 331
Questions of Business Life (Higginson), 308

R

racismo institucional, 320, 322-3, 336-40
racismo, 320. *Veja também* escravidão; *Apartheid* e, 325-6; práticas de emprego e, 338-9;
Ramachandra, Vinoth, 144
Ramsey, Paul, 476
Rauschenbusch, Walter, 28
Reagan, Ronald, 121
realidade de Deus, 69-71
reavivamento evangélico, 24-7
Recovering Biblical Manhood and Womanhood (Piper e Grudem), 408
Recovery of Belief (Joad), 74
redenção, 67-8, 92; Deus como o Deus da, 343-6
Reino Unido. *Veja* Grã-Bretanha
Reitz, Joseph, 307
Reivindicação dos direitos da mulher (Wollstonecraft), 247
relacionamentos. *Veja também* relacionamentos de negócio: liderança autoritária em, 399-409; e divisão de trabalho entre os sexos, 394-5; homossexuais, 545-52; guia de estudos, 601-2; trabalho e, 275-8
relacionamentos de negócio. *Veja também* relacionamentos; trabalho: características de empresas e, 286-7; participação na tomada de decisões em, 295-9; discriminação em, 291-5; éticos, 302-8; impacto sobre a cultura, 285-6;

justiça em, 302-3; e corporações multinacionais, 308-14; mutualidade em, 287-90; a necessidade de aumento da participação em, 295-301; compartilhamento de lucros em, 300-2; guia de estudos, 598
Relatório de Willowbank, 213
República Democrática do Congo, 111, 224
respeito: pela consciência, 87-89; pela vida, 402; mútuo, 290; último, 236
responsabilidade, humana, 240-5, 397-8; igualdade sexual e, 398-404
restauração de arte, tecnologia médica como, 516-18
Rethinking Life and Death (Singer), 485
Returns of Love, The (Davidson), 555
Revelação, Deus como o Deus da, 342-3
Rhodes, Cecil, 330-31
Richards, Janet Radcliffe, 387, 396
Rights of Man, The (Paine), 227
Ring of Bright Water (Maxwell), 174
riqueza, 371-3. *Veja também* pobreza; e materialismo, 373-4; e orgulho, 373; simplicidade, generosidade e contentamento com, 374-8
Robinson, Gene, 527-8
Robinson, Mary, 223, 386
Romênia, 113
Roosevelt, Eleanor, 227
Roosevelt, Franklin D., 187, 227
Root, Howard, 446, 454
Rostan, Jean, 480-1
Roszak, Theodore, 70
Ruanda, 97, 224-5, 230
Rússia, 113, 115, 167. *Veja também* União Soviética

S

Sachs, Jeffrey, 201
Sahak, Abdul Rahman, 248
salário executivo, 293
salário mínimo, 292
salários, 292-4, 386
salvação, doutrina plena da, 59-60

santidade da vida, 479-80
Saunders, Cicely, 488
Schaeffer, Francis, 82, 482
Schneider, Stephen, 162-3
Schumacher, E. F., 158, 172, 182 (nota 7), 293; sobre trabalho em equipe, 276; sobre trabalho, 260
Second Stage, The (Friedan), 420 (nota 15)
Segunda Guerra Mundial, 120-3; antissemitismo e, 86-7, 324-6; violações dos direitos humanos durante a, 224, 227; razões para a luta dos aliados, 187
seita de Aum Shinrikyo, 119-20
seres humanos: autonomia dos, 489-491; comunhão entre Deus e os, 471-4; continuidade de, 470-1; dignidade de, 233-7; domínio sobre a terra, 169-171, 174, 256; enigma dos, 71-2; igualdade dos, 237-40; quatro dádivas de Deus, 75-6; doutrina plena dos, 55-6; Deus como o Deus da Criação e dos, 341-2; gratidão a Deus, 490-1; valor intrínseco dos, 469-70, 486; Jesus Cristo como, 57-8; feitos à imagem de Deus, 72-3, 508-10; liberdade moral dos, 294-5, 488-90; relacionamentos uns com os outros, 233-4; respeito pela consciência, 87-9; responsabilidade dos, 240-5, 517; humanismo secular e, 54-5; almas dos, 55-6
Servant Leadership (Greenleaf), 584
serviço social e ação social, 35-6
Seventh Enemy, The (Higgins), 180
Sex and Destiny (Greer), 420 (nota 1)
Sexual Behaviour in Britain, 525
sexualidade. *Veja também* homossexualidade: e Aids, 197-200; e casamento na Bíblia, 537-40
Sharp, Granville, 26
Shaw, George Bernard, 576
Sheppard, David, 355, 365
Shiva, Vandana, 309
Shore, John, 26
Sider, Ronald, 377
Silver, Lee, 499, 505-6
Simms, Madelaine, 466
simplicidade, 374-8, 600

Sine, Tom, 95, 105
Singer, Peter, 175, 485, 490
sistemas de justiça criminal, 337-8
sistemas prisionais, 24
Skeptical Environmentalist, The (Lomberg), 156
Slavery (Elkins), 322
Small Is Beautiful (Schumacher), 159, 182 (nota 7)
Smedes, Lewis, 476
Smith, Timothy L., 27
socialismo cristão, 28
sociedade moderna: envolvimento cristão na, 23-4; problemas na, 23
Sodoma e Gomorra, 529-31
Solzhenitsyn, Alexander, 241, 243
Somália, 225-6
Something to Celebrate, 429, 433
Southern Christian Leadership Conference, 323
Sri Lanka, 112, 242
Stafford, Tim, 559
Stalin, Joseph, 224
Steel, David, 463
Stephen, James, 25
Steptoe, Patrick, 495-6
Stevenson, Howard, 307
Stiglitz, Joseph, 310
Still Learning to Love (Hallett), 558
Storkey, Alan, 448
Storkey, Elaine, 387-8
Strangers and Friends (Vasey), 539, 562-3
Straw, Jack, 338
subjugação e aniquilação, distinção entre, 139-40
Sudão, 112, 225

T

Tanzânia, 196
Tatchell, Peter, 561

Taylor, John V., 99, 288

Tchecoslováquia, 113

Temple, William, 61, 94, 597; sobre direitos humanos, 235; sobre liberdade moral, 296; sobre princípios *versus* programas sociais, 37-8; sobre desemprego, 268; sobre utopia, 36; sobre trabalho, 297-8

terapias com células-tronco, 502-3

Terror in the Mind of God (Juergensmeyer), 141

terrorismo, 111; contra a Grã-Bretanha, 140-2; ascensão do, 140-7; raízes do, 143-5; contra os Estados Unidos, 140, 142-4; armas de destruição em massa e, 115-7

terroristas palestinos, 141

testemunho: a Bíblia, 91; história, 81; protesto e, 100-3

Testimonies (True Freedom Trust), 558

textos levíticos sobre homossexualidade, 532-3

Thatcher, Margaret, 386

Thomas, Keith, 177-8

Thornton, Henry, 25

Tillich, Paul, 85

To Have and To Hold (Atkinson), 446, 449

tolerância, 85

tomada de decisões: justiça na, 302-8; participação dos trabalhadores, 295-300

Torrance, Thomas F., 476

Towards a Quaker View of Sex (The Friend), 545

Toynbee, Arnold, 331

trabalho. *Veja também* relacionamentos profissionais: afirmando a importância do, 270-1; atitudes em relação ao, 266; como benefício para a comunidade, 260-1; mudanças no mundo do, 274-5; como questão comunal, 277-8; e o emprego de crianças, 245, 255; e o emprego de mulheres, 277-8; e realização para o trabalhador, 257-8; como questão global, 278-81; para a glória de Deus, 261-2; por Deus, 257; e democracia industrial, 297-8; como questão pessoal, 274-5; problemas com o, 268-70; e compartilhamento de lucros, 300-2; propósito do, 257-65; relações raciais e, 338-9; como questão relacional, 275-7; papel da Igreja ao tratar de questões de, 270-2; e assédio sexual, 277; estressante, 267-8, 271; guia de estudos, 598; e desemprego, 269-70, 271-3; e salários, 292-4; mulheres e, 277-8, 386

tradição da "guerra justa", 122-7
transplante de medula óssea, 500
Trevelyan, G. M., 48 (nota 3)
True Freedom Trust, 558
Turquia, 167
Tutu, Desmond, 35, 330, 552
Twycross, Robert, 488

U

Ucrânia, 102
Uganda, 196, 199
Uneasy Conscience of Modern Fundamentalism, The (Henry), 30
União Europeia: emissão de gases de efeito estufa e, 167; lei trabalhista na, 299; países-membros da, 113; crescimento populacional na, 332; desemprego na, 268; salários na, 294
União Soviética, 112-14, 224. *Veja também* Rússia; armas nucleares, 113, 132-3
UNICEF, 353-4
Unidade, princípio da, 207-8
Utopismo, 37

V

Valerio, Ruth, 181
valor intrínseco dos seres humanos, 467-8, 485-7
van Leeuwen, Mary Stewart, 397
varíola, 117
Vasey, Michael, 539, 554
Venn, John, 25
verdade por meio de Jesus Cristo, 83
véu, 422 (nota 38)
Viagem ao Oriente (Hesse), 584
Vitória, Rainha, 579
vida: decisões sobre, 481; expectativa de, 202-3; respeito pela, 480-1; santidade da, 480

Vidler, Alec, 61, 77 (nota 5)
Vietnã, 191
visão e liderança, 574-5
Volf, Miroslav, 263

W

Walesa, Lech, 113
Walking with the Poor (Myers), 206
Ward, Barbara, 179
Ward, Keith, 138
Warren, Max, 585
Wesley, John, 25
West, D. J., 558
What's Right with Feminism (Storkey), 387
Whatever Happened to the Human Race? (Schaeffer e Koop), 482
Where the Wasteland Ends (Roszak), 70
White, Lynn, 176
Wilberforce, William, 25-6, 581-2
Will, George F., 575
Williams, John, 429
Williams, Rowan, 272, 527
Wollstonecraft, Mary, 247
Wolterstorff, Nicholas, 241
Wood, Wilfred, 339
Woods, Robin, 299
Work Foundation, 265
Work in the Spirit (Volf), 263
Wright, Christopher, 218 (nota 1), 241
Wyatt, John, 487

X

xenofobia. *Veja* racismo

Y

Yeltsin, Boris, 113, 118
Yoder, John Howard, 103, 394
Yushchenko, Viktor, 102

Z

Zâmbia, 195, 197, 199, 215
Zimbábue, 526